# 욕망의 진화

# 욕망의 진화

### 사랑, 연애, 섹스, 결혼
### 남녀의 엇갈린 욕망에 담긴 진실

데이비드 버스 | 전중환 옮김

사이언스
SCIENCE 북스
BOOKS

# 한국어판 서문

『욕망의 진화』 개정판이 한국에서 번역, 출간되는 것을 크나큰 영광으로 생각한다. 몇 가지 이유로 필자는 한국에 대해 강한 친밀감을 느끼고 있다. 우선 필자가 과거에 쓴 책들의 상당수가 한국에서 출간된 바 있다. 이 책의 초판뿐만 아니라 질투와 부정에 관해 다룬 책(『위험한 열정 질투』), 왜 살인이 일어나는가를 다룬 책(『이웃집 살인마』), 그리고 진화심리학 교과서(『마음의 기원』) 등이 한국 독자들에게 이미 소개되었다. 두 번째로 이 개정판에 새로 추가된 연구 가운데 하나인 성적 질투와 감정적 질투에 따른 심리적 스트레스에 대한 분석은 이화 여자 대학교의 세계적인 과학자 최재천 교수와의 공동 연구로부터 얻어진 것이다. 세 번째로 필자가 가장 아끼는 제자 가운데 한 명인 전중환 박사가 이 책을 한국어로 번역해 주어서 특별히 더 기쁘다. 전중환 박사는 진화심리학이라는 분야에 벌써 중요한 학문적 기여를 하고 있는 신진 연구자이다. 한국의 독자들이 이 책을 마음껏 즐기기를 바란다.

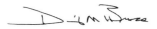

# 개정판 서문

『욕망의 진화』가 1994년 출간된 이래 인간 짝짓기에 대한 새로운 연구들이 봇물처럼 쏟아져 나왔다. 수십 년간 주류 심리학에서 외면받아 온 이 짝짓기라는 문제가 응당 받았어야 할 주목을 비로소 끌기 시작한 것이다. 사실 진화 과정의 핵심 동력인 번식에 이보다 더 직결된 것도 없다. 짝짓기에 실패한 사람은 우리의 조상이 되지 못했다. 그러므로 오늘날 생존하는 모든 사람들은 수백만 년 동안 끊이지 않고 성공적인 짝짓기를 거듭해 온 기나긴 대열의 끝자락에 자리하는 셈이다. 만약 우리의 직계 조상들 가운데 어느 한 사람이라도 짝짓기에 따르는 험난한 장애들을 뛰어넘지 못했다면 현재의 우리는 이토록 경이로운 사실을 감탄할 수도 없었을 것이다. 짝짓기를 담당하는 우리 안의 마음(연애의 환희, 열정의 분출, 사랑의 기쁨)은 진화가 낳은 행운의 산물이다.

　『욕망의 진화』 초판은 주로 호의적인 찬사들을 받았지만 일부 감정 섞인 질책도 있었다. 이런 예민한 반응은 아마도 그만큼 이 주제가 중요함을 시사하리라. 인간은 자신의 사적 영역에 깊숙이 연관되는 주제를 놓고 냉철한 지적 논의를 벌이는 일에는 그리 잘 설계되지 않은 것 같다. 책이 출간되기도 전에 어떤 독자는 그 속에 담길 지식이 대중에게 전해져서는 안 된다고 나를 몰아세우기까지 했다. 어떤 독자들은 짝짓기 전략에 성차가 존재한다는 사실을 믿길 거부했다. 오랜 세월 동안 사회과학을 지배해 온 교의에 따르면 여성과 남성의 성 심리는 본질적으로 동일하기 때문이다. 다른 이들은 성차를 입증하는 수많은 과학적 증거들을 마지못해 인정하기는 했지만 성차에 진화적 기원이 있다는 설명은 끝내 받아들이려 하지 않았다. 이 모든 싸늘한 시선들이 지금은 상당 부분 잦아들었다는 사실이, 물론 완전히 없어진 것은 아니지만, 무척 반갑게 느껴진다. 짝짓기 연구는 이제 완연히 주류로 대접받고 있으며 전 세계에 널리 알려졌다. 일례로『욕망의 진화』초판은 10개 언어로 번역되었다.

『욕망의 진화』초판이 인간 짝짓기에 대한 미스터리를 푸는 데 일부 기여하기는 했지만, 우리가 가진 지식이 아직 일천하다는 점도 드러내 주었다. 특히 여성의 성행동에 내재된 복잡성은 당시에는 거의 알려지지 않았다. 초판 출간 이래 행해진 연구들이 이에 대한 새로운 사실들을 상당수 밝혀냈기 때문에 나는『욕망의 진화』의 개정판을 내놓자는 제안을 기꺼이 받아들였다. 개정판에 새로 포함된 두 장에서 이 새로운 연구 성과들을 조망했다.

'여성의 은밀한 성 전략'은 여성의 오르가슴이 지닌 잠재적인 기능에 대한 새로운 이론 및 연구들에서 시작해서 왜 여성이 혼외정사를 하는지 다루고 있다. 이 두 가지 문제는 예전의 이론가들이 전혀 생각하지 못한 방식으로 연관되어 있음이 밝혀졌다. 후반부에서는 월경 주기가 여성의 성 전략에 영향을 끼치는지, 그리고 남성이 여성의 배란 시기를 알아차릴 수 있는지 여부에 초점을 맞추었다. 여성의 성 전략에서 발견되는 이 흥미로운 문제들은 이 책이 처음 출간될 당시에는 거의 탐구되지 않은 상태였다. 이제 이들을 다루려면 오롯이 한 장을 할애해야 한다.

 '인간 짝짓기의 미스터리'는 수백 년간 학자들을 끈질기게 괴롭혀 온 수수께끼 가운데 몇 가지를 살펴보고 있다. 동성애는 왜 존재하는가? 남성과 여성은 '그냥 친구'가 될 수 있을까? 남성에게 강간을 담당하는 적응이 있을까? 여성은 남성의 강간에 맞서는 방어 기제를 진화시켰을까? 남성과 여성이 서로의 속마음을 정확하게 유추해 내는 것은 애초부터 기대하기 어려운 일일까? 이런 문제들은 초판에서는 간략하게 언급하고 넘어갔었다. 개정판에서는 최근의 연구 성과들을 통해 보다 깊숙한 속내를 엿볼 수 있다.


 새로 첨부된 두 개의 장에서 소개되는 과학적 발견들 가운데 일부를 밝힐 수 있게 도와준 공동 연구자들과 예전의 대학원생들에게 진심으로 감사를 드린다. 하이디 그레일링과는 여성의 감추어진 성 심리에 대해서 여러 가지 연구를 함께 수행했다. 마티 헤이즐턴과 함께 남녀가 서로의 짝짓기 심리를 추론할 때 저지르는 인지 오류의 일부를 규명할 수 있었다. 에이프릴 블레스케와 함께 남성과 여성이 과연 '그냥 친구' 사이가 될 수 있는가에 대한 새로운 해답을 얻을 수 있었다. 데이비드 슈미트와 함께 배우자 밀렵에 대한 체계적인 연구를 최초로 수행할 수 있었다. 토드 쉐켈포드, 케빈 베넷, 브람 분크, 최재천, 마리코 하세가와, 토시 하세가와, 리 커크패트릭, 랜디 라슨 등과의 공동 연구를 통해서 성적 배신에 대한 방어 기제를 탐구할 수 있었다.

 초판에서 감사드린 동료들 외에도 이번에 개정판에 새로 덧붙인 내용을 준비하는 데 여러 모로 큰 도움을 준 친구와 동료들이 있다. 로

잘린드 아덴, 마이클 베일리, 에이프릴 블레스케, 루스 버스, 그렉 코크랜, 조시 던틀리, 트리시 엘리스, 폴 이왈드, 스티브 갱지스태드, 하이디 그레일링, 마티 헤이즐턴, 킴 힐, 오웬 존스, 크레이그 파머, 데이비드 슈미트, 토드 쉬켈포드, 존 고트쉘, 랜디 손힐 등이다. 베이직북스의 편집 주간 조 앤 밀러는 작업 내내 따뜻한 조언을 아끼지 않았다. 새로 씌여진 두 개 장의 거의 모든 문장들에 대해서 하나하나 훌륭한 충고를 해 준 스티브 핑커와 도널드 시몬즈에게 특별히 깊은 감사를 드린다.

# 초판 서문

지난 20세기에 나온 인간 성의 진화를 탐구한 책들 가운데 가장 중요한 저서(1979년에 출간된 『인간 섹슈얼리티의 진화(*The evolution of human sexuality*)』를 가리킨다. — 옮긴이)를 쓴 도널드 시먼즈는 이 책의 모든 장들에 세심한 비평을 해 주고 우정 어린 조언을 아끼지 않는 등 이 책이 이만큼 진화할 수 있도록 도와주었다. 내가 1981년 하버드 대학교에서 리다 코스미즈와 존 투비 부부를 처음 만났을 때 그들은 아직 대학원생에 불과했지만 이미 진화심리학이라는 야심 찬 이론을 세우고 있었다. 인간의 성 전략에 대한 나의 사고는 이 새로운 이론에 의해 크나큰 영향을 받았다. 성과 폭력의 진화를 연구한 마틴 데일리와 마고 윌슨 부부 역시 내게 상당한 영향을 끼쳤다. 캘리포니아의 팰러앨토에 위치한 행동과학 고등 연구소에서 나는 운 좋게도 마틴, 마고, 리다, 존과 더불어 '진화 심리학의 초석'이라는 특별 프로젝트를 주관할 수 있었다. 이 책은 그 프로젝트에서 잉태되었다.

나의 탁월한 공동 연구자들에게 진심으로 감사드린다. 앨로이스 앤글라이트너, 아렌 애쉬리안, 마이크 반즈, 마이크 보트윈, 마이클 첸, 리사 치오도, 켄 크레이크, 리사 데튼, 토드 디케이, 잭 드마스트, 브루스 엘리스, 마리 고메스, 알릿 그리어, 하이디 그레일링, 돌리 히긴스, 팀 케텔라, 카렌 클라인스미스, 리이사 킬헤쿠, 랜디 라슨, 카렌 로이터

바하, 앤 맥과이어, 데이비드 슈미트, 제니퍼 셈멜로스, 토드 쉐켈포드, 드류 웨스틴이 그들이다.

국제 연구에 참여한 전 세계 50명의 공동 연구자들에게 특별히 감사드린다. M. 애보트, A. 앤글라이트너, A. 애쉬리안, A. 비아지오, A. 블랑코빌라세요르, M. 브루천슈바이처, 하이웬 츄, J. 챠핀스키, B. 디라드, B. 에키해머, M. 피오라반티, J. 지오가스, P. 제르디, R. 거트맨, F. 헤이잔, S. 이바바키, N. 자나키라마이아, F. 코스로샤니, S. 크라이틀러, L. 라크니히트, M. 리, K. 리크, B. 리틀, N. 로하미, S. 마킴, S. 미카, M. 모아델샤히드, G. 메인, M. 몬테로, A. C. 문디캐슬, T. 니트, E. 은센둘루카, K. 펠처, R. 피엔코프스키, A. 퍼틸라백맨, J. 폰스 디 레온, J. 루소, M. A. 룬코, M. P. 사피어, C. 사무엘스, R. 산티오소, R. 서펠, N. 스미드, C. 스펜서, M. 타디낙, E. N. 토도로바, K. 트롤랜드, L. 반 덴 브란데, G. 반 헤크, L. 반 라넨호프, 쿠슈 양이 그들이다.

많은 친구와 동료들이 이 책의 초고를 읽고 제안을 해 주었다. 제프리 밀러는 책 전체를 읽고 독창적인 비평을 해 주었다. 존 앨콕, 딕 알렉산더, 로라 벳직, 리다 코스미즈, 마틴 데일리, 빌 더햄, 스티브 갱지스태드, 엘리자베스 힐, 킴 힐, 더그 존스, 더그 켄릭, 바비 로, 닐 맬라무스, 캐슬린 무크, 댄 오저, 콜린 세이퍼트, 제니퍼 셈멜로스, 바브 스무츠, 발레리 스톤, 프랭크 설로웨이, 낸시 손힐, 랜디 손힐, 피터 토드, 존 투비, 폴 투크, 그리고 마고 윌슨이 책의 일부를 읽고 크나큰 도움을 주었다.

내 첫 번째 편집자인 수전 아렐라노는 초기 단계에서 많은 격려와 편집상의 조언을 해 주었다. 조 앤 밀러의 예리한 판단력과 침착성이 이 책이 완성되도록 인도해 주었다. 어떤 저자라도 버지니아 라플랑트의 지력과 편집으로부터 도움을 받는 엄청난 행운을 누려야 할 것이다. 그는 내가 쓴 산만한 초고들이 읽을 수 있는 글로, 일관성 있는 책으로 변모하도록 도와주었다.

여러 기관에서 나를 지원해 준 것에 감사드린다. 하버드 대학교는 나에게 국제적인 연구를 시작할 수 있는 시간과 자원을 제공했다. 미시간 대학교로부터도 여러 가지 도움을 받았다. 심리학과의 알 카인과 팻 귀린에게 감사드린다. 동 대학교의 진화와 인간 행동 프로그램의 딕 알렉산더, 로라 벳직, 킴 힐, 워렌 홈스, 바비 로, 존 미타니, 랜디 네스, 바브 스무츠, 낸시 손힐, 리차드 랭엄에게 감사드린다. 동 대학교 사회 연구 기관의 집단 동역학 연구 센터의 유진 번스타인, 낸시 칸토어, 피비 엘스웨스, 제임스 힐튼, 제임스 잭슨, 닐 맬라무스, 헤이즐 마커스, 딕 니스벳, 그리고 밥 제이종크에게 감사드린다. 국립 정신 건강 연구소가 지원해 준 연구비도 연구 수행에 큰 도움이 되었다. 1989년에서 1990년까지 행동과학 고등 연구소에서 받은 펠로십, 고든 P. 게티 재단과 국립 과학 재단이 지원해 준 연구비 덕분에 이 책의 초고를 완성하는 데 필요했던 시간과 지적인 환경을 구할 수 있었다.

# 차례

# 짝짓기
# 행동의
# 기원

이 세상 어딘가에 자연과 인간이 서로 완벽하게 조화를
이루며 살아가는 곳이 있고, 우리 역시 타락한 서구
문화의 폐해만 없다면 그렇게 살아갈 수 있으리라는
막연한 기대를 우린 아직까지 떨쳐 버리지 못했다.

— 멜빈 코너, 『왜 무모한 자들이 살아남는가』

남녀가 서로 만나 사랑하는 행위는 참으로 기쁘고 즐거울 뿐 아니라 일
상의 대화를 풍성하게 하지만, 그만큼 우리 마음을 아프게 만들기도 한
다. 인간사의 여러 단면들 가운데 문화를 초월해서 이보다 더 우리로
하여금 열띤 격론을 벌이게 하고 법률을 제정케 하며 정교한 예식을 행
하게 하는 요인도 없을 것이다. 하지만 인간의 짝짓기는 이해하기 힘든
점투성이다. 남녀는 때때로 자기 자신을 심리적으로, 육체적으로 학대
하는 상대를 배우자로 택하기도 한다. 이성에게 접근하려는 노력은 종
종 역효과를 불러일으킨다. 부부 사이에도 갈등이 불거져 나와 서로 비
난하고 상처받는 악순환으로 치닫는다. 평생을 함께하겠다는 혼인 서

약과 엄청난 노력에도 불구하고 결혼한 부부의 절반이 이혼을 겪는다.

아픔, 배신, 그리고 상실감은 흔히 사랑에 대해 품는 낭만과 크게 배치된다. 우리는 진정한 사랑을 믿으라고, '오직 한 사람'을 꼭 찾으라고 교육받았다. 일단 내 사랑을 찾기만 하면 축복 속에 결혼식을 올리고 그 후 영원히 행복하게 살게 될 것이다. 그러나 현실은 종종 우리의 기대와 어긋난다. 이혼율을 힐끗 보기만 해도, 또는 30~50퍼센트에 이르는 혼외정사의 빈도나, 연인 사이를 한순간에 뒤흔드는 질투심의 폭발을 잠깐이나마 되새겨 보더라도 우리의 환상은 여지없이 무너져 내린다.

배우자 사이에 벌어지는 반목과 불화는 흔히 그 결혼이 실패로 끝날 것이라는 불길한 징조로 여겨진다. 이러한 갈등은 결혼 생활의 참모습을 망가뜨리거나 훼손하는 행태로 받아들여진다. 또한 개인적인 무능함이나 미숙함, 신경증, 의지박약 등등을 의미하거나 단순히 배우자를 잘못 선택했음을 암시하기도 한다. 이 관점은 근본적으로 틀렸다. 짝짓기 전 단계에 걸쳐서 갈등은 늘 일어나는 정상적인 현상이며, 단순히 예외로 넘길 수 없는 일이다. 여성에게 치근거리다가 거절당한 남성이 터뜨리는 울화통에서부터 집안일을 나 몰라라 하는 남편에게 아내가 느끼는 실망감에 이르기까지 갈등은 어디에나 존재한다. 이처럼 광범위하게 스며들어 있는 남녀 간의 갈등을 한마디로 설명하기란 어려운 일이다. 좀더 심오한 무엇이, 인간 본성을 잘 드러내 주는 그 무엇이 관련되어 있는 문제다. 아직 우리가 다 이해하지 못하는 그 무엇이.

사랑은 인간의 삶에서 핵심적인 위치를 차지하기 때문에 이 문제는 더욱 복잡해진다. 사랑이란 감정은 우리가 누군가를 사랑할 때 우리를 황홀하게 휘감고 사랑을 하지 않을 때에도 우리의 상상력을 자극한다. 사랑의 아픔은 시나 소설 등의 문학 작품과 음악, 드라마, 그리고 애정 소설에서 아마도 가장 흔하게 등장하는 주제일 것이다. 통념과는 달리 사랑은 서구의 유한계급이 극히 최근에 만들어 낸 산물이 아니다. 모든 문화권의 사람들이 사랑을 체험하며 사랑을 뜻하는 단어를 각자 가지고 있다.[1] 사랑이 이렇게 보편적으로 침투해 있음을 고려하면, 상대에 대한 헌신, 다정, 열정 등을 포괄하는 이 감정이 인간의 삶에 필수적이며 누구나 손만 뻗으면 경험할 수 있는 것이라는 사실에 모두가 동감할 것이다.[2]

인간의 짝짓기가 지닌 모순적인 속성을 정확히 이해하지 못하는 데서 오는 손실은 학문적으로나 사회적으로 자못 크다. 학문적으로는 왜 사람들은 사랑을 얻고 관계를 지속하기 위해 인생의 상당 기간을 기꺼이 희생하는가와 같이 삶의 가장 궁극적인 질문들에 대한 해답을 빈칸으로 남겨둘 수밖에 없다. 사회적으로는 직장에서나 가정에서 혹은 연인과 사랑을 키워 나가는 과정에서 일이 뜻대로 진행되지 않을 때 쉽게 좌절하고 깊은 무력감에 빠지게 된다.

인류가 추구하는 진정한 사랑을 우리의 가장 소중한 대인 관계 곳곳에 깊숙이 침투해 있는 갈등과 조화시킬 필요가 있다. 요컨대 우리의 꿈을 현실에 맞춰야 한다. 이 까다로운 모순을 이해하기 위해서는 우리가 진화해 온 과거를 되짚어 보아야 한다. 우리의 신체뿐만 아니라 우리의 마음까지, 그리고 우리의 생존 전략뿐만 아니라 짝짓기 전략까지 오선지 위에 그리고 연주해 온 당사자인 진화적 과거를 말이다.

## 진화적 근거

1세기 훨씬 전에 찰스 다윈이 짝짓기의 미스터리에 대한 혁신적인 설명을 제시했다.[3] 그는 동물들이 자신의 생존 가능성을 떨어뜨릴 것 같은 형질들을 종종 발달시킨다는 사실에 커다란 흥미를 느꼈다. 많은 동물들이 드러내는 화려한 깃털, 커다란 뿔, 그리고 다른 이채로운 특질들은 생존이라는 점만 놓고 보면 손해만 끼칠 것처럼 보인다. 공작의 눈부신 깃털은 스스로를 포식자들 눈에 더 잘 띄게 만들어 생존에 크게 해를 끼칠 것이 분명함에도 어떻게 진화를 하여 널리 퍼지게 되었을까? 다윈이 내린 대답은 공작의 꼬리가 각 개체의 번식 성공도를 높여 주었다는 것이다. 즉 화려한 꼬리를 가진 공작 수컷들은 우수한 배우자를 얻는 경쟁에서 우위를 점해서 그러한 유전적 특질을 계속해서 전해 줄 수 있었기 때문에 진화하였다는 것이다. 생존상의 이득이 아니라 번식상의 이득을 제공해 주기 때문에 어떤 형질이 선택되어 진화하는 현상을 다윈은 성선택(sexual selection)이라 이름 붙였다.

다윈에 따르면 성선택은 두 가지 형태를 띤다. 우선 동성의 개체들이 이성 배우자들에게 성적으로 접근할 기회를 놓고 경쟁을 벌여서 경쟁에서 이긴 개체가 더 많은 기회를 얻는 형태가 있다. 두 마리 산양이 서로 뿔을 부딪치며 싸우는 모습은 이러한 성 내 경쟁(intrasexual competition)을 생생하게 보여 주는 예이다. 성 내 경쟁에서 승리를 거둘 수 있게 해 주는 특질들인 강한 힘, 지능, 동료들과의 친화력 등은 경쟁의 승자가 더 자주 짝짓기를 해서 더 많은 후손들에게 유전자를 전해 주게끔 도와주었기 때문에 진화하였다. 성선택의 또 다른 형태에서는 하나의 성(性)에

속하는 개체들이 특정한 특질을 지닌 이성 배우자를 다른 배우자보다 더 선호한다. 이렇게 배우자로 더 자주 선택받는 개체들은 유전자를 후대에 보다 많이 남길 수 있기 때문에 결과적으로 이러한 특질들이 진화하게 된다. 선호받는 특질이 없는 동물들은 짝짓기의 향연에 초대받지 못하고 그들의 유전자는 종착점에 다다른다. 공작 암컷들이 화려하고 휘황찬란한 깃털을 내보이는 수컷들을 선호했기 때문에, 변변찮은 깃털을 지닌 수컷들은 진화의 먼지 속으로 내동댕이쳐 잊혀졌다. 오늘날 공작 수컷들이 모두 눈부신 깃털을 뽐내는 까닭은 진화의 역사를 통해 공작 암컷들이 아름답고 현란한 수컷들과 짝짓기하는 것을 더 선호했기 때문이다.

다윈의 성선택 이론은 진화적 변화가 일어날 수 있는 두 가지 핵심 과정인 배우자에 대한 선호와 배우자를 얻기 위한 경쟁을 밝혀 줌으로써 짝짓기 행동을 효과적으로 설명하였다. 그러나 성선택 이론은 1세기 이상 남성 과학자들로부터 강도 높은 비판을 받았다. 암컷들이 배우자를 능동적으로 선택한다는 이론이 그동안 짝짓기 과정에서 수동적인 역할만 담당한다고 알려졌던 암컷들에게 너무 큰 위상을 허락하는 것처럼 비춰진 까닭도 어느 정도 있을 것이다. 성선택 이론은 주류 사회 과학자들로부터도 격한 반발을 불러일으켰는데, 이 이론이 인간의 본성은 주로 본능적인 행동에 따라 결정되며 인간의 특별함과 유연성은 별로 중요하지 않다고 주장하는 것으로 받아들여졌기 때문이다. 인간의 문화와 의식(意識) 덕분에 우리 인간은 진화의 영향으로부터 자유롭다는 믿음은 계속 유지되었다. 1970년대 후반과 1980년대에 이르러 내가 내 동료들과 함께 심리학과 인류학 분야에서 새로운 이론적 접근을 시작하면서, 성선택을 인간 연구에 응용하려는 시도가 획기적인 도약을 이루게 되었다.[4] 우리는 진화의 산물인 근원적인 심리 기제(psychological mechanism), 즉 남성과 여성이 열심히 추구하는 짝짓기 전략뿐만 아니라 인간 행동의 엄청난 유연성까지 설명할 수 있는 심리 기제를 밝혀내고자 했다. 이 새로운 학문 분야를 진화심리학(evolutionary psychology)이라 한다.

내가 처음 인간의 짝짓기를 연구하기 시작했을 때 인간의 실제 짝짓기 행동에 대해서는 거의 알려진 바가 없었다. 여러 인간 사회에서 다양하게 행해지는 짝짓기에 대한 기초적인 자료조차 턱없이 부족했으니, 진화의 관점에서 거대한 이론을 세우는 데 필요한 문헌이나 증거는 사실상 전무했다. 짝짓기에 대한 욕망은 전 세계적으로 보편적인가, 성차는 모든 문화권의 모든 사람들에게 공통적으로 나타나는가, 아니면 인간의 문화는 마땅히 진화했을 법한 성적 선호도까지 압도할 정도로 강력한 영향력을 끼치는가와 같은 질문들에 대해 아무도 그 대답을 알지 못했다. 그래서 나는 주류 심리학의 전통적인 행로에서 이탈해서 인간의 짝짓기 행동이 과연 어느 정도나 진화적 원리에 의해 매끄럽게 설명 가능한지 탐구했다. 처음에 나는 진화 이론이 맞다면 응당 존재해야 하는 짝짓기 선호의 성차에 대한 명백한 예측 몇 가지를 그저 확인하고자 했다. 예를 들어 배우자를 고를 때 남성은 젊음과 신체적 매력을 원하는 반면, 여성은 지위와 경제적 안정을 원하는지를 확인하려고 했다. 이를 위해서 나는 미국 내 186명의 기혼자들과 100명의 미혼 대학생들을 인터뷰하고 설문 조사를 실시했다.

다음 단계는 이 연구에 의해 밝혀진 심리 현상들이 우리 인간 종의 보편적인 특성으로 존재하는가를 확증하는 작업이었다. 만약 짝짓기에 대한 욕망을 비롯해 인간 심리의 다른 특성들이 우리의 진화 역사의 산물이라면, 그들은 미국 안에서뿐만 아니라 전 세계에서 보편적으로 발견되어야 한다. 그래서 나는 다른 문화권에서는 어떤 기준에 의해 배우자가 선택되는지 알아보고자 독일과 네덜란드를 비롯한 몇몇 유럽 국가들을 시작으로 국제적인 연구를 시작했다. 하지만 유럽의 국가들은 매우 많은 특성들을 공유하기 때문에 진화심리학의 원리를 엄밀히 검증하기에 부적합하다는 사실을 곧 깨달았다. 그 후 5년이 넘는 기간 동안 나는 이 연구를 확대시켜 50명의 공동 연구자들과 함께 오스트레일리아에서 잠비아에 이르기까지 6개 대륙과 5개의 섬에 위치한 37개 문화를 조사하기에 이르렀다. 각 나라의 공동 연구자들은 짝짓기 욕망에 대한 설문지를 그들의 모국어로 번역해 설문 조사를 실시하였다. 우리는 브라질의 리우데자네이루와 상파울루, 중국의 상해, 인도의 방갈로르와 아마다바드, 이스라엘의 예루살렘과 텔아비브, 이란의 테헤란 같은 대도시에서 표본을 추출하였으며, 인도 구자라트 주민들이나 남아프리카의 줄루 족 등 시골에서도 표본을 얻었다. 학력이 높은 사람들과 낮은 사람들을 모두 대상으로 했으며, 14세에서 70세에 이르는 모든 연령의 사람들, 그리고 자본주의에서 공산주의와 사회주의까지 모든 정치 체제를 아우르는 광범위한 지역의 사람들을 대상으로 했다. 모든 주요한 인종 집단, 종교 집단, 그리고 소수 민족 집단들이 포함되었다. 모두 합해 우리는 전 세계 1만 47명의 사람들을 대상으로 설문 조사를 하였다.

　　인간의 짝짓기 욕망에 대해 그동안 실시된 연구들 가운데 가장 큰 규모였던 이 연구는 단지 시작에 불과했다. 이로부터 얻어진 새로운 발견들은 데이트에서 결혼, 혼외정사, 이혼에 이르기까지 인간 성생활의 모든 측면에 중요한 시사점을 던졌다. 또한 성희롱, 가정 내 학대, 음란물, 가부장제처럼 오늘날의 중요한 사회 문제들과도 관련되어 있었다. 짝짓기와 관련한 여러 연구 주제들을 가능한 한 더 많이 살펴보기 위해 나는 수천 명의 사람들을 대상으로 50가지 새로운 연구를 출범시켰다. 독신자 술집이나 대학 캠퍼스에서 이성을 물색하는 남녀, 결혼하기 전의 여러 단계에 있는 데이트 커플, 결혼한 지 채 5년이 안 된 신혼 부부, 이혼한 부부 등이 연구 대상이었다.

이러한 모든 연구들로부터 얻어진 발견은 여러 가지 면에서 기존의 사고를 깨뜨리는 내용이었기 때문에 학계에 논쟁과 혼란을 불러일으켰다. 남성과 여성의 성 심리에 대한 표준적인 관점을 과감히 벗어버릴 때가 온 것이다. 내가 이 책을 쓴 목적 가운데 하나는 이러한 발견들을 통해서 낭만적인 희망이나 낡고 진부한 이론이 아닌, 현대 과학적 증거들에 탄탄히 기반을 둔 인간 짝짓기의 통합 이론을 형성하는 것이다. 인간의 짝짓기에 대해 내가 발견한 사실들 가운데 대다수는 윤리적이라 볼 수 없다. 예컨대 성적인 목표를 무자비하게 추구하는 과정에서 남녀는 경쟁자를 깎아내리거나, 이성을 기만하거나, 심지어 자기 자신의 배우자를 파멸시키기도 한다. 이러한 발견들은 나를 불편하게 했다. 인간의 짝짓기에서 경쟁적이고, 갈등을 유발하고, 속임수에 능한 측면은 차라리 없는 게 더 나았을 것이다. 그러나 어떤 발견이 불쾌하다고 해서 그 사실을 외면할 수는 없다. 궁극적으로 인간 짝짓기의 불순한 측면으로 인해 생기는 가혹한 결과들을 치유하고자 한다면 그들과 맞닥뜨리는 수밖에 없다.

## 성 전략

전략은 목적을 달성하기 위한 방법, 다시 말해 문제를 해결하는 수단이다. 인간의 짝짓기, 연애, 섹스, 그리고 사랑을 근본적으로 전략의 일환이라 보는 관점이 이상하게 여겨질 수도 있다. 그러나 우리는 결코 무작위적으로 배우자를 선택하지 않는다. 우리는 아무에게나 무차별적으로 끌리지 않는다. 우리는 사랑의 경쟁자를 그저 심심해서 헐뜯지 않는다. 우리의 짝짓기는 전략에 의거하며, 이 전략은 성공적으로 짝짓기하는 데 따르는 여러 특정한 문제들을 해결하게끔 설계되었다. 어떻게 사람들이 그런 문제들을 해결하는지 이해하려면 성 전략을 분석해야 한다. 전략은 짝짓기라는 전장에서 승리하여 살아남기 위해 꼭 필요하다.

적응(adaptation)은 생존과 번식에 관련된 문제들을 풀기 위한 진화적 해결책이다. 수백만 년에 걸친 진화를 통해서 자연선택은 체내 영양분 공급이라는 문제를 해결하고자 배고픔이라는 기제를 우리 몸에 장착시켰다. 지방과 당분에 민감하게 반응함으로써 무엇을 입속에 집어넣어야 하는지(견과류와 딸기 등을 먹을 것, 흙이나 자갈은 먹지 말 것) 알게 해 주는 미뢰(味蕾), 지독한 더위나 추위를 견디게 해 주는 땀샘과 떨림 기제, 육식 동물이나 위험한 적수에 잘 대처하게끔 맞서 싸우거나 바로 도망가게 해 주는 두려움과 분노 같은 감정, 질병과 기생체에 대적하게 해 주는 복잡한 면역 체계들도 모두 마찬가지다. 이러한 적응들은 자연의 엄혹한 힘에 맞서서 생존하기 위해 풀어야만 했던 여러 문제들에 대한 우리 인간의 해결책이다. 즉 우리의 생존 전략인 것이다. 이처럼 생존에 필요한 특질들을 갖추지 못한 조상들은 모두 살아남지 못했다.

마찬가지로 성 전략(sexual strategy)은 짝짓기 문제를 풀기 위한 진화적 해결책이다. 진화 역사를 통해서 성공적으로 짝짓기하지 못한 사람들은 우리의 조상이 되지 못했다. 오늘날의 우리 모두는 바람직한 배우자를 얻기 위해 동성 간에 벌어지는 경쟁에서 승리하고, 번식 가치가 높은 배우자를 유혹하고, 그와 함께 실제로 자식을 낳고, 자기 배우자에게 관심을 보이는 동성 경쟁자를 잘 물리치고, 번식 성공을 거두는데 장애가 되었을 다른 문제들까지 잘 해결해 냈던 조상들의 길고 끊임없는 대열에서 나온 후손들이다. 우리는 이러한 성공담을 물려받아 지니고 있다.

각각의 성 전략은 바람직한 배우자를 판별해 내거나 다른 경쟁자를 물리치고서 그러한 배우자를 차지하는 것 같은 특정한 적응적 문제들에 꼭 맞추어져 있다. 각 전략에는 특정한 배우자에 대한 선호, 사랑의 감정, 섹스에 대한 욕망, 질투 등의 심리 기제가 밑바탕으로 깔려 있다. 이 심리 기제들은 신체적 특질, 성적 관심의 표시, 배우자의 부정(不貞)에 대한 낌새 등 외부 세계로부터 받는 정보나 단서에 따라 민감하게 작동한다. 이들은 일정한 정도의 배우자 가치를 지닌 이성을 실제로 유혹할 수 있는 능력이 되느냐처럼 우리 자신에 대한 정보에 의해서도 민감하게 작동한다. 이 책의 목적은 남성과 여성이 짝짓기 과정에서 부딪혀 왔던 적응적 문제들을 한 겹 한 겹 벗겨 내고, 그 문제들을 해결하기 위해 진화해 온 복잡한 성 전략들을 밝혀내는 것이다.

성 전략이라는 용어가 짝짓기 문제를 푸는 해결책들을 생각해 보기 위한 쓸모 있는 은유이긴 하지만, 모든 성 전략이 의식적으로 의도된 행위라는 잘못된 인식을 줄 수도 있다. 성 전략은 의식적인 계획이나 지각을 요구하지 않는다. 땀샘은 체온 조절이라는 목표를 달성하기 위한 '전략'이지만 우리가 그 목표를 의식적으로 계획했거나 알고 있기 때문에 땀을 흘리는 것은 아니다. 사실 피아노 연주자가 자기의 손놀림을 갑자기 의식하게 되면 오히려 연주를 망치기 쉽듯이, 대부분의 성 전략들은 무엇이 어떻게 쓰이고 있는지 철저히 베일에 싸여 있을 때 그 목표를 가장 잘 달성할 수 있다.


## 배우자 선택하기

모든 이성을 자로 잰 듯이 똑같은 정도로 원하는 사람은 어디에도 없다. 어디서나 어떤 사람들은 배우자로 선호되고, 어떤 사람들은 기피된다. 우리의 성적 욕망은 다른 것들에 대한 욕망이 생겨난 것과 동일한 방식으로 생겨났다. 어떤 음식을 먹어야 하는가 하는 생존상의 문제를 생각해 보자. 인간이 입에 집어넣을 수 있는 종류는 주체할 수 없을 만큼 많고 다양하다. 딸기류, 나무열매, 견과류, 고기, 흙, 돌, 독초, 나뭇가지, 배설물 등등. 만약 우리가 맛에 대한 어떤 선호도 없이 주변에 보이는 대로 아무거나 먹어 댔다고 가정해 보자. 어떤 이들은 순전히 우연에 의해 잘 익은 과일이나 신선한 견과류, 그리고 높은 열량과 영양분을 가져다주는 다른 음식물들을 섭취했을 것이다. 다른 이들은 역시 우연에 의해 썩은 고기나 상한 과일, 그리고 독초를 먹었을 것이다. 양분이 많은 물질을 선호했던 이들만이 살아남아서 우리의 조상이 되었다.

음식에 대한 우리의 선호는 이러한 진화 과정을 잘 입증해 준다. 우리는 지방, 당분, 단백질, 염분 등이 풍부한 물질을 대단히 좋아하는 반면 쓰거나 시고 유독한 물질에는 고개를 젓는다.[5] 이러한 음식 선호는 생존이라는 근본적인 문제를 해결해 준다. 오늘날에도 우리가 이러한 선호를 지니고 있는 까닭은 그것이 우리 조상들의 중대한 적응적 문제를 해결해 주었기 때문이다.

배우자에 대한 우리의 욕망도 이와 유사한 적응적 목적을 달성하기 위해서지만, 그 기능이 꼭 생존을 위해서라고는 할 수 없다. 우리 조상들이 아주 오래전에 영위했던 생활을 상상해 보자. 그들은 불을 피워서 따뜻하게 지내려고 애쓰고, 가족을 위해 야생 동물을 사냥하고, 견류나 딸기류, 식용 식물들을 채집하고, 위험한 짐승이나 다른 사람들을 피하면서 살아야 했다. 만일 우리가 자원을 애초에 약속한 만큼 제공하지 않거나, 바람을 피우거나, 게으르거나, 사냥 솜씨가 형편없거나, 폭력이나 학대를 일삼는 사람을 배우자로 선택했다면, 우리의 생존 가능성은 급락하고 번식을 못할 위험에 처했을 것이다. 그와 반대로 자원을 풍부하게 제공해 주고, 우리와 우리 자녀들을 보호해 주고, 가족을 위해 시간과 에너지와 노력을 아끼지 않는 사람을 배우자로 택했다면 크나큰 이득을 보았을 것이다. 배우자를 현명하게 선택했던 우리 조상들이 누렸던 생존 및 번식상의 강력한 이득으로 인해서 배우자에 대한 뚜렷한 선호가 진화하였다. 그러한 사람들의 후손으로서 오늘날 우리들은 그러한 욕망을 우리 안에 지니고 있다.

다른 많은 종에서도 배우자에 대한 선호가 진화하였다. 아프리카의 베짜기새는 아주 좋은 실례이다.[6] 수컷 베짜기새는 암컷을 발견하면, 둥지 바닥에 거꾸로 매달려 요란스럽게 날개를 퍼덕거리며 자기가 막 지은 둥지를 광고한다. 수컷이 이 일차 관문을 일단 통과하면, 암컷은 둥지 안에 직접 들어가서 길게는 10여 분간 둥지 내벽을 이리저리 찔러 보거나 잡아당겨 보면서 둥지가 잘 지어졌는지 검사한다. 암컷이 이렇게 둥지를 검사하고 있는 동안 수컷은 옆에서 암컷을 위해 노래를 부른다. 이 과정에서 둥지가 암컷의 합격 기준에 못 미친다고 판단되면 암컷은 언제라도 둥지를 버리고 다른 수컷의 둥지를 찾아 곧바로 날아가 버린다. 이런 식으로 여러 명의 암컷들에게 불합격 통보를 받은 수컷은 종종 둥지를 아예 부숴 버리고 처음부터 다시 짓곤 한다. 훌륭한 둥지를 지을 수 있는 수컷을 배우자로 선호하는 전략을 취함으로써 암컷 베짜기새들은 장차 낳을 자식들을 보호하고 잘 키워 내야 한다는 적응적 문제를 해결한다. 이러한 배우자 선호가 진화한 까닭은 어떤 특정한 선호도 없이 주변에 돌아다니는 수컷들과 되는 대로 짝짓기한 암컷들보다 이런 배우자 선호를 가진 암컷들이 번식상의 이득을 보았기 때문이다.

베짜기새처럼 여성도 바람직한 '둥지'를 가진 남성을 더 선호한다. 진화의 역사를 통해서 여성들이 풀어야 했던 문제 하나를 생각해 보자. 바로 장기적인 애정 관계에 기꺼이 헌신할 자세가 되어 있는 남성을 택하는 것이다. 경박스럽고 충동적이며 바람둥이에다가 오래 관계를 지속하지 못하는 남성을 택했던 여성은 다른 남성을 맞이했더라면 마땅히 제공받았을 도움이나 자원, 보호를 전혀 받지 못한 채 혼자서 자식을 키워야 했을 것이다. 반면에 아내에게 헌신하는 믿음직스러운 남성을 배우자로 택했던 여성은 좀더 쉽게 여러 자식들을 낳아서 잘 길러 냈을 것이다. 수천 세대에 걸쳐서 아내에게 헌신할 수 있을 뿐만 아니라 기꺼이 그럴 의향이 있는 남성을 배우자로 선호하는 경향이 인간 여성들 사이에 진화하였다. 훌륭한 둥지를 짓는 수컷을 선호하는 경향이 베짜기새에서 진화했듯이 말이다. 특정한 음식에 대한 선호가 생존상의 중요한 문제를 해결했듯이, 배우자에 대한 이러한 선호는 번식상의 중요한 문제를 해결해 주었다.

사람들이 장기적인 짝짓기에서 요구되는 지속적인 헌신을 항상 달가워하는 것은 아니다. 남성과 여성은 때때로 일시적인 방탕, 스쳐 지나가는 밀회, 짧은 혼외정사를 진심으로 추구하곤 한다. 그리고 그런 단기적인 관계에서는 배우자 선호가 때로는 급격히 변한다. 배우자를 선택할 때 우리가 반드시 염두에 두어야 하는 사항 가운데 하나가 단기적인 상대를 찾고 있는가 아니면 장기적인 배우자를 찾고 있는가 하는 것이다. 어떤 성 전략을 구사할지는 이에 달려 있다. 이 책은 배우자의 특정한 자질들에 대해 남녀가 갖고 있는 보편적인 선호 경향을 밝히고, 남녀의 각기 다른 욕망에 깔린 진화적 논리를 드러내며, 사람들이 일시적인 연애에서 상호 헌신적인 애정 관계로 목표를 바꿀 때 어떤 변화가 일어나는지를 탐구한다.

## 배우자 유혹하기

바람직한 특질을 빠지지 않고 모두 소유한 사람은 그리 흔치 않다. 깊은 골짜기 아래에 무성하게 열린 잘 익은 딸기를 힐끔거리는 것만으로는 딸기를 입에 집어넣을 수 없듯이, 매력적인 배우자를 가려내는 것만으로는 성공적인 짝짓기에 도달할 수 없다.

캘리포니아 해안에 있는 바다코끼리 수컷들은 교미기에 접어들면 날카로운 어금니를 부딪혀 가며 다른 경쟁자 수컷과 머리가 터지도록 싸운다.[7] 이 처절하고 치열한 전투는 종종 밤낮을 이어 가며 계속된다. 패자는 이 냉혹한 싸움의 제물이 되어 해변가에 찢기고 상처 입은 채 내동댕이쳐진다. 하지만 승자가 할 일은 아직 남아 있다. 승자는 대략 10마리 이상의 암컷을 거느린 자신의 하렘 주변을 돌아다니면서 위세를 과시한다. 이 우위 수컷은 밖을 기웃거리는 암컷들을 다시 자기 하렘으로 몰아넣고 안에 몰래 숨어들어 교미하려는 수컷들을 내쫓아 가면서 중요한 교미기에 자기의 위치를 탄탄히 지킨다.

수많은 세대를 거치면서 보다 강하고, 크고, 교활한 수컷 바다코끼리들만이 성공적으로 배우자를 차지했다. 더 크고 더 공격적인 수컷들이 암컷에 성적으로 접근할 수 있으며 따라서 자기 아들들에게도 이러한 자질을 지정하는 유전자를 물려준다. 사실 수컷들은 몸무게가 대략 1,800킬로그램이나 나가며 이는 보통 암컷의 4배에 해당하기 때문에 사람의 눈으로 보면 암컷들이 교미하다가 찌부러지지나 않을까 짐짓 걱정이 들 정도다.

바다코끼리 암컷들은 승자와의 짝짓기를 선호하며 따라서 자기

딸들에게도 이러한 선호를 지정하는 유전자를 물려준다. 또한 더 크고 강한 승자를 택함에 따라 동시에 자기 아들들에게도 큰 몸집과 뛰어난 싸움 실력을 지정하는 유전자를 물려주게 된다. 작고 약하고 겁 많은 수컷들은 아예 교미할 기회조차 갖지 못한다. 진화의 막다른 골목으로 내동댕이쳐지는 것이다. 겨우 5퍼센트의 수컷들이 85퍼센트의 암컷들을 독점하기 때문에 오늘날에도 매우 강력한 선택압이 작용한다.

바다코끼리 수컷들은 단순히 다른 수컷들을 제압하기 위해서뿐만 아니라 암컷들에게 선택받기 위해 싸워야 한다. 암컷은 왜소한 수컷이 교미하려고 다가오면 비명을 질러 댄다. 깜짝 놀란 우위 수컷이 득달같이 달려와서 머리를 꼿꼿이 세워 위협하며 거대한 가슴팍을 들이 댄다. 보통 이러한 몸짓만으로도 왜소한 수컷은 놀라서 후다닥 도망치게 된다. 암컷의 배우자 선호는 수컷 간의 경쟁을 야기시키는 중요한 요인이다. 만약 암컷들이 작고 왜소한 수컷들과 흔쾌히 교미했다면, 우위 수컷이 이 사태를 알아차릴 수도 없었을 테고 몸집과 힘에 대한 선택압도 상당히 약해졌을 것이다. 요컨대 암컷의 배우자 선호가 수컷 간의 경쟁의 대원칙들을 상당 부분 결정한다.

인간의 짝짓기 행동은 바다코끼리와는 매우 다르다. 예를 들어 바다코끼리 수컷 가운데 겨우 5퍼센트가 85퍼센트의 암컷들과 교미하지만, 인간에서는 90퍼센트 이상의 남성들이 생애 어느 시점에선가 자기 배우자를 찾는다.[8] 바다코끼리 수컷들은 암컷들로 이루어진 하렘을 독점하려고 애쓰며 그 승자는 기껏해야 한두 계절에 걸쳐 하렘을 차지하지만, 대다수 사람들은 몇 년 혹은 몇십 년 동안 지속되는 애정 관계를 유지한다. 그러나 인간 남성과 바다코끼리 수컷 모두 공유하는 핵심 특

The origin of Love

질이 있다. 둘 다 암컷을 유혹하기 위해 경쟁해야 한다는 점이다. 암컷을 끌어들이지 못한 수컷은 짝짓기에서 밀려날 위험에 처한다.

동물계 전체를 통해서 볼 때 암컷보다 수컷들이 배우자를 차지하기 위해 더 극심하게 경쟁을 벌이며, 많은 종에서 이들 수컷들은 누가 더 화려하고 휘황찬란한지를 놓고 경쟁을 벌인다. 그러나 적지 않은 종에서 암컷 간에도 매우 격렬한 경쟁이 벌어지기도 한다. 파타스원숭이와 겔라다개코원숭이에서 암컷은 경쟁 암컷의 짝짓기 성공도를 낮추기 위해 교미 중인 암수를 훼방 놓고는 한다. 붉은원숭이에서 암컷은 다른 암컷과 수컷 사이의 성적인 접촉을 힘으로 방해하려고 애쓰며, 성공을 거둔 암컷이 바로 그 수컷을 차지하게 된다. 사바나개코원숭이에서 암컷 간의 경쟁은 비단 수컷에 대한 성적 접근을 얻기 위해서뿐만 아니라, 편안한 안식처를 제공하는 장기적인 사회적 관계를 시작하기 위해서 벌어진다.[9]

일반적으로 여성 간의 경쟁은 남성 간의 경쟁에 비하면 덜 요란하고 덜 폭력적이긴 하지만 인간의 짝짓기 체계 속에 깊숙이 침투해 있다. 저술가인 H. L. 멩켄은 이렇게 말한 바 있다. "여자들이 서로 키스하는 모습은 언제나 검투사들이 서로 악수하는 모습을 연상시킨다." 이 책은 남녀가 이성에게 접근하기 위해 동성 경쟁자들끼리 어떻게 경쟁하는지를 탐구한다. 경쟁에서 승리하기 위해 사용되는 전략들은 종종 이성 배우자의 선호에 의거해 맞추어져 있다. 이성 배우자가 원하는 특질이 없는 사람들은 짝짓기의 무도회에서 들러리 신세를 벗어나지 못할 위험에 처한다.

## 배우자 지키기

배우자를 잘 지키는 것도 중요한 적응적 문제다. 이미 내가 차지한 배우자라도 경쟁자에게는 여전히 바람직한 상대일 수 있다. 일단 배우자를 빼앗기게 되면 그동안 그를 유혹하고, 그의 환심을 사고, 그에게 헌신해 온 모든 노력들이 수포로 돌아간다. 더구나 내 배우자가 나에게서 원하는 바를 충족시키지 못하는 마당에 좀더 신선하고, 좀더 그럴듯하고, 좀더 아름다운 상대가 나타나서 나를 배신하게 될 수도 있다. 일단 배우자를 얻었다면 반드시 지켜야 한다.

사랑벌레로 알려진 플리시아 니악티카(*Plecia nearctica*)의 경우를 보자. 사랑벌레 수컷들은 이른 아침에 떼 지어 지표면 몇십 센티미터 위를 빙빙 맴돌면서 암컷과 짝짓기할 기회를 기다린다.[10] 사랑벌레 암컷들은 떼 지어 공중에서 배회하지 않는다. 그 대신 아침이 되면 초목에서 나와 수컷의 무리 안으로 들어간다. 어떨 때는 채 날아오르기도 전에 수컷에게 붙잡히기도 한다. 수컷들은 종종 다른 수컷들과 치열하게 경쟁하며, 많으면 최대 10마리의 수컷이 암컷 1마리를 빈틈없이 에워싼다.

암컷을 차지하는 데 성공한 수컷은 암컷과 함께 무리를 빠져나와서 땅위로 내려앉아 교미한다. 다른 수컷들이 암컷을 가로채 교미하려고 애쓰기 때문에 수컷은 길게는 장장 사흘에 걸쳐서 암컷을 끌어안고 교미를 계속한다. 그래서 이들에게 '사랑벌레'라는 이름이 붙여졌다. 이처럼 오래 지속되는 교미는 그 자체로 배우자를 지키는 한 방편으로 기능한다. 암컷이 알을 낳을 준비가 될 때까지 암컷에 계속 달라붙어 있음으로써 사랑벌레 수컷은 암컷이 낳는 알을 다른 수컷이 수정시키지 못하게 막는다. 번식이라는 관점에서 볼 때, 만약 수컷이 배우자 암컷을 지키는 문제를 해결하지 못한다면 다른 수컷들과 힘들게 경쟁하여 마침내 암컷을 유혹해 낸 능력은 아무런 의미가 없어진다.

다른 종들은 또 다른 방법으로 이 문제를 해결한다. 인간은 며칠 동안 배우자를 부둥켜안고 섹스를 계속하지는 않지만, 배우자를 붙들어 두는 것은 장기적인 애정 관계를 추구하는 모든 사람들에게 주어진 과제이다. 우리의 진화적 과거에서 배우자의 성적 부정에 무관심했던 남성들은 자신이 친아버지일 가능성이 급격히 떨어지는 위험을 감수해야 했다. 또한 자기 자식이 아닌 아이들에게 시간과 에너지, 노력을 투자하는 위험에 처하기도 했다. 반면에 우리의 조상 여성들은 아무리 남편이 부정을 저지른다 할지라도 친어머니일 가능성이 낮아질 염려는 없었다. 내가 내 아이들의 어머니일 가능성은 언제나 100퍼센트 확실하기 때문이다. 그러나 바람둥이 남편을 둔 여성은 남편이 제공하는 자원, 헌신, 그리고 자식에 대한 투자를 상실할 위험에 처한다. 부정에 대처하기 위해 진화한 심리 전략의 하나가 바로 질투이다. 자기 배우자가 배신했을지 모른다는 신호에 불같이 반응해서 이를 미연에 방지하기 위한 행동에 나선 조상들은 그렇지 않았던 조상들을 제치고 자연선택되었다. 즉 배우자의 부정을 방지하는 데 실패한 조상들은 낮은 번식 성공을 거둘 수밖에 없었다.[11]

질투라는 감정은 애정 관계에 대한 위협적 요인들에 민감하게 반응하여 여러 가지 행동을 유발시킨다. 예컨대 성적 질투는 두 가지 판이하게 다른 행동, 즉 경계(vigilance)와 폭력(violence)을 낳는다. 어떤 경우에는 질투심을 느낀 남편이 아내가 외출할 때 몰래 뒤를 밟는다거나, 아내가 간다고 한 곳에 실제로 가 있는지 확인하기 위해 불시에 전화를 건다거나, 파티에서 아내를 유심히 지켜본다거나, 아내의 우편물을 몰래 읽어 볼 수 있다. 이러한 행동들은 경계 행동에 속한다. 다른 경우에는 아내와 함께 있는 것이 포착된 바깥 남자를 질투에 빠진 남편이 위협하거나, 이 경쟁자를 주먹으로 때리거나, 친구들을 동원해서 흠씬 두들겨 패 주거나, 아니면 경쟁자의 창문에다 벽돌을 집어던질 수 있다. 이러한 행동들은 폭력 행동에 속한다. 이 두 가지 범주의 행동들, 즉 경계와 폭력은 질투라는 동일한 심리 전략이 서로 다르게 표출된 결과이다. 이들은 배우자가 배신할지 모른다는 적응적 문제를 이렇게도 해결할 수 있고 저렇게도 해결할 수 있음을 보여 준다.

질투는 마치 로봇처럼 기계적인 행동을 유발하는 고정 불변의 본능이 아니다. 맥락과 환경에 지극히 민감하게 반응하는 심리 전략이다. 질투라는 전략을 효과적으로 구사하기 위해 마련된 수많은 갖가지 행동 안이 존재하며, 이들 덕분에 인간은 어떤 상황의 미묘한 느낌에 따라 탄력적으로 질투 반응을 조절할 수 있는 유연성을 보인다. 이 책은 질투에 의해 촉발되는 여러 행동들과 그것들이 실제 일어나는 맥락들을 짚어 본다.


## 배우자 교체하기

모든 배우자들이 끝까지 서로에게 얽매여 살 수는 없으며, 그래서도 안

된다. 때로는 차라리 배우자와 헤어지는 것이 타당한 경우도 있는데 배우자가 더 이상 도움을 주지 않거나, 섹스를 거부하거나, 신체적인 학대를 가하기 시작하는 상황 등이 이에 해당된다. 경제적인 곤란이나 성적인 부정, 잔혹한 학대를 인내하면서 배우자 곁에 남아 있는 사람들은 그 한결같은 마음씨 덕분에 칭찬을 들을지도 모른다. 하지만 시원치 않은 배우자 곁에 끝까지 남아 있는 행위는 유전자를 후세에 성공적으로 전달하는 데에는 아무런 도움이 되지 못한다. 우리는 언제 손실을 그만 털고 정리해야 할지 잘 알았던 조상들의 후손들이다.

배우자를 갈아 치우는 경우는 동물 세계에서도 찾을 수 있다. 산비둘기는 올해의 번식기는 물론 다음 해까지도 보통 일부일처제를 유지하지만 어떤 상황에서는 파경을 맞곤 한다. 산비둘기들은 매해 대략 25퍼센트의 이혼율을 보이며, 이러한 이혼의 가장 큰 이유는 불임이다.[12] 산비둘기는 번식기 동안 배우자와의 사이에서 새끼를 낳지 못하면, 다음 해에는 기존의 배우자를 버리고 새로운 상대를 찾아 나선다. 새끼를 낳지 못하는 배우자와는 차라리 헤어지는 편이 새끼도 못 낳는 부부로 늙어 가는 것보다 산비둘기의 번식에 더 유리하기 때문이다.

좋은 배우자를 고르고, 유혹하고, 지키는 성 전략이 진화했듯이, 나쁜 배우자를 청산하는 능력도 우리에게 진화하였다. 이혼은 모든 문화권에서 나타나는 인간의 보편적인 특질이다.[13] 배우자와 결별하는 전략에는 다양한 심리 기제가 작동한다. 우리에게는 현재 배우자가 끼치는 손실이 그가 주는 이득을 상쇄할 만큼 큰지의 여부를 판단하는 여러 방편들이 있다. 다른 잠재적인 상대들을 꼼꼼히 따져 보아 그들이 지금의 배우자보다 더 많은 것을 제공해 줄 것인지 판단한다. 다른 바람직한 상대를 성공적으로 유혹할 가능성도 살핀다. 또한 현재의 애정 관계가 깨어짐으로 해서 우리 자신, 아이들, 친척들이 입을 잠재적인 손해를 계산한다. 이 모든 정보들을 종합해서 머무를지 아니면 떠날지 최종적인 결정을 내린다.

일단 현재의 배우자를 버리기로 결정하면, 또 다른 일련의 심리 전략들이 작동한다. 결별하기로 내린 결정은 현재 부부 관계가 계속 지속되는 것에 비상한 관심을 두는 양가 친족들에게도 복잡 미묘한 영향을 끼치기 때문에 결별은 결코 쉽지 않을 뿐더러 많은 노고를 필요로 한다. 이 복잡한 사회관계가 잘 정리되고 나서야 비로소 결별이 받아들여진다. 배우자와 결별하기 위해 우리 인간 종이 구사하는 전술적 레퍼토리는 매우 다양해서 단순히 짐을 싸들고 걸어 나가는 것에서부터 부정을 저질러서 고의로 둘 사이에 금이 가게 하는 것 등이 있다.

결별은 불량한 배우자를 다루는 문제에 대한 하나의 해결책이지만, 새로운 배우자를 어떻게 구하느냐 하는 새로운 문제를 가져오기도 한다. 대부분의 포유동물처럼 인간도 오직 한 명의 배우자하고만 평생 짝짓기하지는 않는다. 우리는 종종 짝짓기 시장에 다시 들러 배우자를 선택하고, 유혹하고, 지키는 순환 고리를 되풀이한다. 그러나 결별 이후의 새 출발은 그 자체로 고유한 문제를 안고 있다. 짝짓기 시장에 다시 진입하는 사람들은 나이뿐 아니라 소유한 자산이나 부담해야 하는 책임도 각기 다르다. 처음 시장에 들어섰을 때보다 불어난 수입이나 사회적 지위는 이전에는 넘볼 수 없었던 배우자를 유인하는 데 도움이 될 수 있다. 반면에 더 높아진 나이나 예전 배우자와의 사이에서 둔 아이들은 새로운 배우자를 유인하는 데 방해 요인으로 작용할 것이다.

남성과 여성은 이혼하고 나서 다시 짝짓기 시장에 진입할 때 명백히 다른 변화를 겪는다. 결혼 생활 중에 아이가 생기면, 아이를 기르는 일차적인 책임을 지는 쪽은 대개 여성이다. 예전 배우자와의 사이에서 둔 아이들은 대개 재혼 상대자의 입장에서는 이득이라기보다는 손해로 인식되기 때문에, 재혼 시 바람직한 배우자를 유인하는 능력은 여성이 남성보다 떨어지게 된다. 결과적으로 재혼에 성공할 확률은 이혼녀보다는 이혼남에서 더 높으며, 성 간의 이러한 차이는 나이가 들수록 더 벌어진다. 이 책은 일생 동안 일어나는 인간 짝짓기의 변화 양상을 살펴보고 남녀가 각기 재혼에 성공할 가능성에 영향을 끼치는 여러 요인들을 분석한다.

## 성 간의 갈등

어느 한 성에 속하는 개체들이 이성 배우자를 선택하고, 끌어들이고, 지키고, 혹은 교체하기 위해 구사하는 성 전략이 종종 이성 개체들과의 갈등을 유발하는 불행한 결과를 낳는다. 밑들이 암컷들은 구애하는 수컷이 큼지막한 혼인 선물을 가져다주지 않으면 교미를 하려 들지 않는다.[14] 죽은 곤충 등으로 이루어진 혼인 선물을 받은 암컷이 이를 먹어 치울 동안 수컷은 암컷과 교미한다. 교미하는 동안 수컷은 혼인 선물을 느슨하게 잡고 있는데, 꼭 암컷이 교미가 채 끝나기 전에 선물을 들고 내빼는 것을 방지하려는 것처럼 보인다. 수컷이 모든 정자를 암컷의 몸 안에 주입하기 위해서는 20여 분간 교미가 지속되어야만 한다. 밑들이 수컷들은 암컷이 다 먹어 치우는 데 대략 20분이 걸리는 혼인 선물을 마련하는 능력을 진화시켰다. 만약 선물이 너무 작아서 교미가 끝나기도 전에 암컷이 선물을 다 먹어 버리면, 암컷은 수컷이 정자를 다 집어넣기 전에 수컷을 내친다. 만약 선물이 너무 커서 암컷이 이를 다 먹어 치우는 데 20분보다 더 시간이 소요되면, 수컷은 교미를 끝내고 난 뒤에 남아 있는 혼인 선물을 차지하기 위해 암컷과 맞붙어 싸움을 벌인다. 그러므로 밑들이 수컷과 암컷 사이의 경쟁은 선물이 너무 작을 때는 수컷이 과연 교미를 완료할 것인가를 놓고 벌어지며, 선물이 필요 이상으로 클 때는 나머지 먹이를 누가 차지할 것인가를 놓고 벌어진다.

인간 남성과 여성도 자원과 성 관계를 두고 충돌한다. 인간 짝짓기를 진화심리학적으로 분석하면, 한 성이 택한 짝짓기 전략은 다른 성이 택한 전략의 발목을 잡아서 갈등을 일으킬 수 있는데 이를 전략 간섭(strategic interference)이라고 한다. 일시적 혹은 지속적인 성 관계 상대를 구할 때 남녀의 성향 차이를 생각해 보자. 남성과 여성은 어떤 상대와 합의하에 성 관계를 맺기까지 얼마나 오랫동안, 얼마나 깊게 그 상대를 알아야 하는가에 대해 일반적으로 매우 다르다. 개인차도 있고 예외도 많지만, 대개 남성의 경우 섹스까지 도달하는 역치가 상대적으로 낮다.[15] 예를 들어 남성들은 종종 매력적이지만 초면인 상대와도 서슴없이 섹스를 하려는 욕망과 의지를 표현하는 반면에, 여성들은 초면인 상대와는 거의 예외 없이 성 관계를 거부하며 얼마나 자신에게 빠졌는지를 우선 시험하고자 한다.

이처럼 상이한 성 전략들 사이에서 근본적인 갈등이 유발된다. 남성은 여성의 장기적인 목표를 방해하지 않고서는 자신의 단기적인 욕망을 충족할 방법이 없다. 즉각적인 섹스를 끈덕지게 원하는 남성의 욕망은 좀더 은근한 구애 행위를 바라는 여성의 요구와 충돌을 일으킨다. 이러한 간섭은 쌍방향으로 이루어지는데, 이는 오랜 시간에 걸친 구애 행위도 즉각적인 섹스라는 목표를 방해하기 때문이다. 한 성이 구사하는 전략이 다른 성이 구사하는 전략을 간섭할 때마다 갈등이 일어나는 것이다.

결혼식장에 들어서서 혼인 서약을 한다고 해서 갈등이 그치지는 않는다. 결혼한 여성들은 남편이 잘난 척하고, 정서적으로 메마르고, 믿음직하지 못하다고 불평한다. 결혼한 남성들은 아내가 너무 분위기만 찾고, 자기한테 의지하려고만 들고, 성 관계를 자주 거부한다고 불평한다. 남녀 모두 가벼운 시시덕거림에서 심각한 정사에 이르기까지 배우자가 저지르는 부정에 대해 불만을 토로한다. 우리의 진화된 짝짓기 전략을 고려하면 이러한 모든 갈등은 쉽게 이해된다.

성 간의 갈등이 깊이 만연해 있기는 하지만 결코 피할 수 없는 것은 아니다. 어떤 상황적 조건에서는 남녀 간의 갈등이 최소화되고 조화가 무르익는다. 진화된 성 전략에 대한 올바른 지식을 통해 어떤 전략은 활성화시키고 어떤 전략은 휴면 상태로 두는 상황을 조성함으로써 우리의 삶을 훨씬 더 행복하게 만들 수 있다. 사실 성 전략과 그를 유발시키는 단서들을 이해한다는 것 자체가 곧 남녀 사이의 갈등을 줄이는 첫걸음이라 할 수 있다. 이 책은 성 간 갈등의 본질을 탐구하고 남녀 간에 화합을 북돋기 위한 몇 가지 해결책을 제시하고자 한다.

## 문화와 맥락

먼 과거의 선택압이 오늘날 우리가 구사하는 성 전략을 만들어 내기는 했지만, 우리가 현재 처한 환경은 이 전략들이 진화한 과거의 환경과는 매우 다르다. 우리의 조상들은 채소를 채집하고 동물을 사냥해서 음식을 구했지만, 현대인들은 슈퍼마켓과 레스토랑에 가서 음식을 구한다. 마찬가지로 도시 생활을 하는 현대인들은 사바나 초원이나 동굴 속, 혹은 모닥불 옆에서 짝짓기 전략을 구사하는 게 아니라 독신자 술집이나 파티, 인터넷, 혹은 교제 알선 업체에서 전략을 실행한다. 현대의 짝짓기 환경은 먼 과거의 환경과 크게 달라졌지만 성 전략은 예전과 다름없이 우리 마음속에서 작동한다. 진화된 짝짓기 전략은 그대로다. 우리가 가진 짝짓기 심리는 오직 이뿐이며, 단지 오늘날까지 계속 쓰이느라 유행에 뒤처진 것이다.

패스트푸드 체인점에서 대량 소비되는 음식을 예로 들어 보자. 우리가 맥도널드를 좋아하는 유전자를 진화시킨 것은 아니다. 맥도널드에서 사 먹는 음식들로부터 과거의 환경에 맞추어 진화되었지만 오늘날까지도 여전히 쓰이고 있는 생존 전략들을 미루어 짐작할 수 있다.[16] 우리는 매일 엄청난 양의 지방, 당분, 단백질과 염분을 햄버거, 밀크셰이크, 감자튀김, 피자 등을 통해 소비한다. 패스트푸드 체인점이 인기를 끄는 이유는 바로 대단히 농축된 영양분을 다량으로 제공해 주기 때문이다. 영양분 결핍에 시달렸던 과거 환경에서 진화한 음식 선호가 잘 드러나는 지점이다. 하지만 이러한 영양분을 진화 역사를 통틀어 유례없이 어디서나 많이 구할 수 있는 오늘날 우리는 영양분을 과다 섭취하고 있다. 과거의 생존 전략이 현재의 우리의 건강을 해치고 있는 것이다. 우리는 지금과 다른 과거의 환경 조건에서 진화한 음식에 대한 선호를 떨쳐 버릴 수 없다. 이는 자연선택에 의한 진화가 지난 수백 년간의 급격한 변화를 따라가기에는 너무나 느린 시간 척도상에서 진행되기 때문이다. 비록 우리가 시간을 거슬러 올라가 우리의 조상들이 살았던 환경이 어땠는지 직접 확인할 수는 없지만, 뱀에 대한 공포나 아이들에 대한 애정 같은 현재의 선호 양상으로부터 과거의 환경을 추측해 볼 수는 있다. 우리는 태곳적 세상에 맞춰 설계된 장비들을 여전히 지니고 있다.

생존 전략과 마찬가지로 우리의 진화된 짝짓기 전략도 생존과 번식이라는 측면에서 보면 현대에는 부적응적일 수 있다. 예컨대 에이즈(AIDS)의 등장은 조상 환경 때에 비하여 일시적 성 관계가 생존에 훨씬 더 위험한 손실을 끼치게끔 만들었다. 우리의 진화된 성 전략을 이해함으로써만이, 곧 그들이 어떻게 생겨났고 어떤 조건하에서 작동하도록 설계되었는지 인식함으로써만이 우리의 현재 행동을 변화시킬 가능성이 생긴다.

다른 많은 생물 종에 비해 인간이 가진 탁월한 이점 가운데 하나는 짝짓기 전략의 레퍼토리가 무수히 많고 맥락에 따라 대단히 민감하게 반응한다는 점이다. 불행한 결혼 생활 속에서 이혼을 심각하게 고려하는 경우를 생각해 보자. 이혼 결정은 부부 사이에 겪는 갈등의 정도, 배우자가 바람을 피우는지 여부, 양가 친척들이 가하는 압력, 아이의 유무, 아이의 연령과 그에 따라 챙길 것들, 그리고 새로운 배우자를 얻을 가능성 같은 많은 복잡한 요인들에 좌우된다. 인간은 이처럼 맥락에 따라서 달라지는 이득과 손실을 잘 저울질하여 판단하게끔 하는 심리 기제를 진화시켰다.

각 개인이 처하는 상황뿐만 아니라 문화적 상황도 달라지며, 이러한 변화는 성 전략의 전체 레퍼토리에서 특정한 성 전략을 끄집어내는 데 지대한 영향을 끼친다. 어떤 문화권은 한 남성이 여러 아내를 거느리게 하는 일부다처제를 시행한다. 다른 문화권은 한 여성이 여러 남편을 거느리게 하는 일처다부제를 시행한다. 또 다른 문화권은 일부일처제여서 양성이 모두 한 명의 결혼 상대자와만 혼인하도록 규정한다. 그리고 나머지는 난혼제여서 배우자 교체가 매우 빈번하게 일어난다. 우리의 진화된 짝짓기 전략은 이러한 법적, 문화적 패턴에 매우 민감하게 반응한다. 예컨대 일부다처제 짝짓기 체계에서 부모는 아들에게 장차 아내를 얻기 위한 경쟁에 승리하게끔 심한 압력을 가하는 경향이 있으며, 이는 몇몇 남자들이 여러 아내를 맞이할 동안 다른 남자들에게 닥치는 배우자 부재의 난국을 피하기 위한 시도로 해석된다.[17] 반면에 일부일처제 짝짓기 문화에서 부모는 아들에게 장차 닥칠 경쟁에 대한 부담을 상대적으로 덜 지운다.

또 다른 중요한 상황적 요인으로서 성비, 곧 가능한 여성의 수와 가능한 남성의 수의 비율이 있다. 파라과이의 아체 인디언들에서 보듯이 여성이 남아돌 때에는 남성들은 한 여자에게만 헌신하는 것을 별로 내켜 하지 않으며 많은 여자들과 일시적인 관계를 맺으려 애쓴다. 현대 중국의 도시 사회나 베네수엘라의 히위 족에서처럼 남자가 더 많을 때는 일부일처제가 보편적이며 이혼율도 급락한다.[18] 남성의 성 전략이 바뀌면 여성의 성 전략도 바뀌어야 하며, 그 반대도 마찬가지로 성립한다. 양 진영의 전략들은 복잡한 상호 관계에서 공존하며, 그 일부는 성비의 영향을 받는다.

어떻게 보면 맥락이 모든 것을 좌우한다. 진화의 역사 동안 지속적으로 반복되었던 맥락이 오늘날 우리가 구사하는 전략을 만들어 냈다. 현재의 특수한 상황과 문화적 조건이 어떤 전략이 활성화되고 어떤 전략이 휴면 상태에 있을 것인지 결정한다. 인간의 성 전략을 이해하기 위해서 이 책은 과거에 계속 작용했던 선택압에 의한 적응적 문제들, 그리고 이들을 해결하기 위해 진화한 전략적 해결책으로서의 심리 기제, 그리고 어떤 특정한 해결책만을 활성화시키는 현재의 맥락들을 살펴본다.

## 인간 성 행동에 대한 이해를 가로막는 장벽

1859년 찰스 다윈이 생명의 창조와 조직화를 설명하기 위해 내놓은 진화 이론은 많은 사람들을 놀라게 하고 불편한 감정에 빠뜨렸다. 다윈과 동시대인이었던 애쉴리 부인은 우리가 비인간 영장류로부터 유래되었다는 다윈의 이론을 듣고 나서 이렇게 말했다. "그게 진실이 아니기를 바랍시다. 만약 진실이라면 이 사실이 널리 알려지지 않기를 바랍시다." 다윈 이론에 대한 완고한 저항은 지금까지도 이어지고 있다. 인간의 성 행동에 대한 진정한 통찰을 얻고자 한다면 참된 이해를 가로막는 이러한 장벽들을 반드시 제거해야 한다.

장벽 가운데 하나로 우리의 지각 특성이 있다. 우리의 인지 및 지각 기제는 비교적 제한된 시간 단위(초, 분, 시간, 일, 때로는 달, 가끔씩 년) 안에서 일어나는 사건만을 지각하고 생각하도록 자연선택에 의해 설계되었다. 우리의 조상들은 먹이를 찾고, 보금자리를 유지하고, 실내를 따뜻하게 하고, 배우자를 고르고 경쟁하고, 아이를 보호하고, 동맹을 맺고, 높은 지위를 얻으려 애쓰고, 약탈자의 침입을 막는 일처럼 그때그때 일어나는 문제들을 해결하는 데 대부분의 시간을 썼기 때문에 짧은 시간 척도 안에서 생각해야 할 필요가 있었다. 반면에 자연선택에 의한 진화는 수천 세대에 걸쳐 우리가 직접 관찰할 수 없는 아주 미세한 축적들을 통해 점진적으로 일어난다. 이처럼 광대한 시간 척도에서 벌어지는 사건을 이해하려면 상상력의 도약이 필요하다. 직접 볼 수 없는 블랙홀과 11차원의 우주에 대한 이론을 세우는 물리학자들의 뛰어난 인지 능력 못지않은 상상력 말이다.

인간 짝짓기에 대한 진화심리학적 탐구를 가로막는 또 다른 장벽은 이데올로기와 연관되어 있다. 허버트 스펜서의 사회다윈주의(social Darwinism) 이론 이래로 생물학 이론은 억압을 정당화하거나 인종적 혹은 성적 우월성을 주장하는 등의 정치적인 목적을 위해 때때로 이용되었다. 그러나 인간 행동에 대한 생물학적 설명들이 역사적으로 오용된 적이 있다고 해서 생명을 설명하는 가장 강력한 과학 이론을 내팽개칠 수는 없다. 인간 짝짓기를 이해하기 위해서는 먼저 우리의 진화적 유산을 대담하게 받아들이고 우리 자신을 그 유산의 산물로 바라보는 시각이 필요하다.

진화심리학을 거부하는 또 다른 장벽으로 무엇이든 존재하는 것은 응당 존재해야만 한다고 믿는 자연주의적 오류(naturalistic fallacy)가 있다. 자연주의적 오류는 인간 행동에 대한 과학적 기술(記述)을 그 행동에 대한 도덕적 당위와 혼동한다. 자연 세계에는 질병, 전염병, 기생충, 영아 사망과 같이 우리가 없애거나 감소시키려고 애쓰는 수많은 자연 현상이 존재한다. 이들이 자연계에 존재한다는 사실이 그들이 응당 존재해야 한다는 당위를 내포하지는 않는다.

부성 확실성을 보호하기 위한 하나의 심리 전략으로서 진화한 남성의 성적 질투가 전 세계적으로 구타와 살인 등의 형태로 아내에게 큰 손실을 입힌다는 사실이 밝혀진 바 있다.[19] 우리 사회는 남성의 성적 질투가 위험하게 표출되는 것을 막을 효과적인 방안을 마련하고자 노력한다. 남성의 성적 질투에 진화적 기원이 내재해 있다는 사실이 우리가 그것을 계속 용인하거나 지속해야 한다는 것을 의미하지는 않는다. 무엇이 계속 존재해야 하느냐에 대한 판단은 사람들의 가치 체계에 달린 것이지, 과학이나 무엇이 현재 존재하고 있느냐에 달린 것이 아니다.

자연주의적 오류를 뒤집으면 반자연주의적 오류(antinaturalistic fallacy)가 된다. 어떤 이들은 무엇이 인간적인가에 대해 지나치게 숭고한 견해를 갖고 있다. 이런 관점 가운데 하나에 따르면 '자연스러운' 인간은 자연과 하나 되어 서로서로 화합하며, 동식물과 더불어 평화롭게 상생하도록 태어났다. 전쟁이나 공격성, 혹은 경쟁은 가부장제나 자본주의 같은 현재의 환경 때문에 원천적으로 평화로운 인간 본성이 붕괴한 결과 나타나는 증상이다. 이를 부정하는 여러 증거에도 불구하고 사람들은 종종 이러한 환상에 매달린다. 인류학자 나폴레옹 샤농은 야노마뫼 족 남성의 25퍼센트가 다른 야노마뫼 남성의 손에 맞아 죽는다고 보고하는 바람에 이 부족이 평화롭게 산다고 믿어 왔던 사람들로부터 맹렬하게 비난받은 적이 있다.[20] 이러한 반자연주의적 오류는 응당 그렇게 존재해야 한다는 유토피아적인 관점에 맞추어 현재 존재하는 바를 왜곡할 때 일어난다.

변화에 대해 진화심리학이 암시하는 바를 잘못 추론하는 데서 또 다른 저항이 생긴다. 어떤 짝짓기 전략이 진화생물학에 근거하고 있다면 이 전략은 바꿀 수 없고, 고칠 수 없고, 불변하다고 흔히 간주된다. 스스로 생각할 수 없는 맹목적인 로봇처럼 우리는 생물학적 명령이 지시하는 대로 따를 수밖에 없는 운명이라는 것이다. 이러한 믿음은 인간의 행동을 생물학적으로 결정되는 것과 환경적으로 결정되는 것, 두 가지 서로 독립적인 범주로 잘못 구분하는 데서 출발한다. 사실 인간 행동은 둘의 상호 작용의 산물이다. DNA의 가닥 모두는 특정한 환경적, 문화적 맥락에서 풀린다. 사람의 일생을 통해 그 사람만의 고유한 사회적, 물리적 자극들이 진화된 심리 기제에 입력되며 모든 행동은 예외 없이 이러한 심리 기제와 그에 대한 환경적 영향의 합작물이다. 진화심리학은 상호 작용을 대단히 강조하는 관점이며, 다시 말해 인간 심리를 만들어 냈으며 오늘날에도 그 심리를 이끌고 있는 역사적, 발달적, 문화적, 상황적 특질들을 규명하려는 흐름이다.

모든 행동 패턴은 원칙적으로 환경의 개입으로 변할 수 있다. 어떤 행동은 바꿀 수 있고 어떤 행동은 바꾸기 어려운 것처럼 보이지만 이는 사실 현재 가지고 있는 지식과 기술 수준에 따라 달라진다. 기술이 진보하면 새로운 변화의 가능성이 열린다. 물론 그 변화가 요청된다는 전제하에 말이다. 인간은 특히 그를 둘러싼 환경의 변화에 극히 민감하다. 자연선택은 어떤 맥락에 처해 있는지 아랑곳하지 않고 고정된 본능을 발현하게끔 인간을 만들지 않았기 때문이다. 짝짓기 행동의 근원을 진화생물학에서 찾는다고 해서 우리를 변화 불가능한 숙명의 나락으로 빠뜨리는 것은 아니다.

진화심리학에 대한 또 다른 저항은 페미니즘 운동에서 나온다. 많은 페미니스트들이 진화적 설명은 남녀의 불평등을 암시하고, 남성과 여성이 맡을 수 있는 역할에 제한을 가하고, 남녀에 대한 고정관념을 부추기고, 여성을 권력과 자원으로부터 영원히 배제시키려 하고, 현 상태를 타파하기가 어렵다는 비관적인 생각을 확산시킨다고 우려한다. 이런 이유 때문에 페미니스트들은 때로 진화적 설명을 거부한다.

그러나 진화심리학이 인간 짝짓기에 대하여 이처럼 두려운 함의를 내포하지는 않는다. 진화적으로 보면 남성과 여성은 상당수 혹은 대부분의 영역에서 동일하며, 인간의 진화 역사를 통해서 상이한 적응적 문제를 지속적으로 맞닥뜨려 왔던 제한된 영역에서만 다르다. 예컨대 남녀는 특정한 성 전략을 각기 어느 정도 더 선호하느냐를 두고 달라질 뿐, 구사할 수 있는 성 전략의 전체 목록은 동일하다.

진화심리학은 남녀의 진화된 짝짓기 행동을 밝히고자 하는 것이지, 남녀가 어떻게 될 수 있는지 혹은 어떻게 되어야 하는지를 규정하지 않는다. 또한 진화심리학은 적절한 성 역할에 대한 처방을 제시하지도 않는다. 진화심리학은 어떠한 정치적 의제도 없다. 내가 이 책에서 전개되는 내용들에 대해 약간이라도 정치적 입장을 취하고 있다면, 그것은 성이나 인종, 혹은 사용되는 성 전략에 관계없이 모든 사람들 간에 평등이 이루어지고, 다양한 인간 성 행동의 스펙트럼에 대하여 폭넓게 관용이 베풀어지고, 진화 이론이 유전적 혹은 생물학적 결정론이나 환경적 영향을 전적으로 배제하는 이론으로 오해되지 않기를 바라는 것이다.

진화심리학에 대한 저항으로 마지막을 꼽자면 우리 모두가 그토록 소망하는 로맨스, 연인 간의 조화, 그리고 평생에 걸친 사랑에 대한 이상적인 관점을 들 수 있다. 나 자신도 이런 관점을 고수하고 있으며 사랑이 인간의 성 심리에 핵심적인 위치를 차지하고 있다고 믿는다. 애정으로 연결된 관계는 삶에 가장 심오한 만족을 가져다주며, 이것이 없다면 삶은 공허할 것이다. 결혼해서 행복하게 오래오래 사는 사람들도 사실 많다. 그러나 우리는 인간 짝짓기에 대한 진실을 너무 오랫동안 무시해 왔다. 갈등, 경쟁, 그리고 조작도 인간 짝짓기에 만연해 있다. 우리 삶의 가장 큰 부분을 차지하는 이 인간관계를 이해하고자 한다면, 우리 눈을 스스로 가려 왔던 커튼을 걷고 똑바로 현실을 바라보아야 한다.

# 여자가
# 원하는 것

여성이 배우자에게서 실제로 무엇을 원하는가라는 질문은 남성 과학자를 포함한 많은 남성들을 몇 세기 동안 사로잡아 왔는데, 여기에는 합당한 이유가 있다. 다른 동물 종에서의 암컷이나 수컷의 배우자 선호보다 인간 여성의 배우자 선호가 더 복잡하고 기묘하다고 이야기한다 하더라도 이것은 결코 남성 중심적인 사고에서 나온 말이 아니다. 여성의 욕망을 낳은 진화적 뿌리를 찾으려면 인간이 하나의 독립적인 종으로 진화하기 전, 영장류가 그 포유동물 조상으로부터 분기하기 전으로 시간을 거슬러 올라가 유성 생식 그 자체의 기원에까지 도달해야 한다.

여성이 까다롭게 배우자를 고르는 한 가지 이유는 번식에 관련된 가장 기본적인 생물학적인 사실, 즉 성(性)의 정의에서 비롯된다. 생물학적인 성을 단순히 성세포의 크기에 따라 정의한다는 사실은 대단히 이채롭다. 수컷은 성세포가 작은 개체로 정의되고 암컷은 성세포가 큰 개체로 정의된다. 커다란 암배우자(female gamete) 세포는 거의 이동하지 않으며 영양분을 가득 담고 있다. 작은 수배우자(male gamete) 세포는 매우 활발히 움직이며 헤엄치는 속도도 빠르다.[1] 성세포의 크기와 이동성의 차이와 더불어 얼마나 많은 성세포가 만들어지는가 하는 양적 차이도 존재한다. 예컨대 인간 남성은 수백만 개의 정자를 만들며 이 정자들은 시간당 1200만 개씩 새것으로 교체된다. 반면에 여성은 평생 400여 개의 정해진 수의 난자를 만들며 이미 만든 난자를 새로 교체할 수도 없다.

여성이 남성보다 더 많이 투자하는 현상은 난자에 국한되지 않는다. 부모 투자의 핵심 요소인 수정과 임신은 여성의 몸 안에서 일어난다. 남성은 한 번 성교하는 것만으로 부성(父性) 투자를 다할 수도 있지만, 여성은 그 한 번의 성교 때문에 다른 짝짓기 기회가 완전히 봉쇄된 채 많은 에너지를 소모하는 9개월 동안의 의무적인 투자를 해야 한다. 출산한 후에도 수유라는 짐은 여성에게만 부과되며, 길게는 3~4년 동안 계속된다.

반드시 암컷이 수컷보다 투자를 많이 해야 한다고 규정하는 어떤 생물학적인 법칙이 동물 세계에 있는 것은 아니다. 모르몬귀뚜라미, 파이프피시해마, 파나마독화살개구리 같은 몇몇 종에서는 수컷이 더 많이 투자한다.[2] 모르몬귀뚜라미 수컷은 엄청난 노력을 기울여 영양분을 가득 담은 정포(精包)를 만든다. 암컷들은 가장 큰 정포를 가진 수컷을 차지하기 위해 서로 경쟁한다. 이른바 성 역할이 전도된 이러한 종들에서는 까다롭게 짝짓기 상대를 고르는 성이 수컷이다. 그러나 200종 이상의 영장류를 포함해서 모두 4,000여 종에 이르는 포유동물에서는 예외 없이 암컷이 체내 수정과 임신, 그리고 수유라는 짐을 짊어진다.

여성은 처음부터 투자량이 많은 성이기 때문에 남성이 보기에는 가치 있고 희귀한, 일종의 자원이라고 볼 수 있다.[3] 자식을 임신하고, 낳고, 돌보고, 먹이고, 보호하는 여성의 행동은 매우 귀중한 번식 자원이기 때문에 아무 남성들에게나 가리지 않고 선사되어서는 안 된다. 물론 한 여성이 여러 남성들에게 한꺼번에 이 귀한 혜택을 제공할 수도 없다.

귀중한 자원을 가진 사람은 아무한테나 헐값에 그 자원을 넘기지 않는다. 진화적 과거에 조상 여성들은 단 한번의 성 관계로 자칫 엄청난 투자를 해야만 하는 위험에 노출될 수 있었기 때문에 결과적으로 배우자를 매우 까다롭게 고르는 조상 여성들이 선택되었다. 아무 남성이나 가리지 않고 짝짓기했던 조상 여성들은 엄청난 손실을 입었다. 그들의 번식 성공도, 즉 번식 가능한 연령에 이르기까지 살아남는 자식의 수는 매우 미미했던 것이다. 우리의 진화 역사에서 남성이 우연한 잠자리에 부담하는 비용은 그저 몇 시간의 수고에 불과했다. 이 정도 손실은 그의 번식 성공도에 그리 큰 영향을 끼치지 않았다. 물론 여성의 경우도 하룻밤의 불장난이 끝나고 난 후 그냥 빠져나오면 그만이었다. 하지만 만약 잘못되어 임신이라도 하게 되면 몇 달, 몇 년, 심지어 그 후 수십 년 동안 그 대가를 고스란히 혼자서 치러야 했다.

현대의 산아 제한 기술은 이러한 잠재적 손실을 많이 변화시켰다.

오늘날의 산업 국가에서는 여성들이 임신에 대한 두려움을 떨치고서 짧은 일회성 정사를 즐길 수 있다. 그러나 인간의 성 심리는 태고의 적응적 문제들을 해결하기 위해 수백만 년에 걸쳐 진화한 산물이다. 우리를 둘러싼 환경이 엄청나게 변했을지언정 우리는 아직도 태곳적 성 심리를 그대로 지니고 있다.

## 욕망의 구성 요소

한 조상 여성이 두 남자 사이에서 한 명을 고르려고 한다고 가정해 보자. 한 남자는 자기가 가진 자원을 아낌없이 내놓는 사람인 반면에 다른 남자는 아주 인색한 사람이다. 다른 조건들이 같다면 이 여성에게는 인색한 남자보다 관대한 남자가 더 가치 있다. 그 관대한 남자는 아마도 자기가 사냥해서 얻은 고기를 그녀에게 나눠 주어 그녀의 생존을 도울 것이다. 장차 그녀와 함께 낳은 자식들을 위해 자기의 시간과 에너지, 그리고 자원을 희생하여 결국 그녀의 번식 성공도를 높여 줄 것이다. 이렇게 볼 때 이 관대한 남자가 인색한 남자보다 배우자로서의 가치가 더 높다. 만일 진화적 시간 동안 남성의 관대함이 여성에게 실제로 앞에서 말한 것과 같은 이득을 반복해서 가져다주었고 남성의 관대함 여부를 알 수 있는 표시가 겉으로 신뢰성 있게 드러났다면, 남성 배우자의 관대함에 대한 선호가 여성들에게 선택되었을 것이다.

　이제 더 복잡하고 현실적인 상황, 즉 관대함뿐만 아니라 배우자 선택에 영향을 끼치는 수없이 많고 다양한 측면들을 생각해 보자. 남자들은 신체적 용감성, 운동 능력, 야망, 근면성, 친절, 이해심, 정서적 안정성, 지능, 사회성, 유머 감각, 친인척 관계, 사회 계층적 지위 등등에서 제각기 다르다. 남자들은 또한 짝짓기 관계에 해로운 영향을 끼칠 만한 측면에서도 다르다. 어떤 이들은 이미 아이가 있거나 많은 부채, 급한 성질, 이기적인 성향, 또는 여러 여자를 섭렵하는 바람기를 지닐 수도 있다. 이에 더하여 남자들은 여자들에게는 별로 상관없는 수백 가지 측면에서 또 다르다. 어떤 이는 배꼽이 돌출되었을 수 있고 다른 이는 쑥 들어갔을 수도 있다. 그러나 특정한 배꼽 형태에 대한 강한 선호가 여성들에게 진화되었다고 보기는 어렵다. 남자의 배꼽 형태가 우리의 조상 여성들에게 어떤 식으로든 적응적인 관련이 있지 않았다면 말이다. 수십만 년에 걸친 자연선택은 여성의 배우자 선호가 남자들이 가진 각기 다른 수천 가지 측면들 가운데서도 가장 적응적으로 중요한 자질들에 대해서만 마치 레이저처럼 정확하게 초점을 맞추도록 정교하게 다듬었다.

그러나 사람들이 선호하는 형질은 결코 고정되어 있지 않다. 형질은 계속 변하기 때문에 배우자를 찾는 입장에서는 배우자 후보감의 장래 가능성을 면밀히 살펴야 한다. 지금은 빈털터리인 나이 어린 의대생일지라도 탄탄한 미래가 보장되어 있을 수 있다. 야심에 가득 찬 젊은 이라도 이미 인생의 정점에 다다라 내리막길만 남았을 수도 있다. 혹은 전처소생의 자식이 있는 남자라 해도 그 아이들이 곧 독립할 참이어서 그가 가진 자원이 새 나갈 염려가 없을 수도 있다. 한 남자의 배우자 가치를 총체적으로 평가하려면 그의 현재 위치뿐만 아니라 그가 가진 잠재력까지 두루 살펴야 한다.

자연선택에 의한 진화는 이득이 될 만한 형질을 지닌 남자를 선호하고 손실을 끼치는 형질을 지닌 남자를 싫어하는 여성을 선택했다. 각각의 형질은 남성의 배우자 가치를 구성하는 하나의 요소가 된다. 각각의 배우자 선호는 이러한 요소 하나하나에 초점을 맞춘다.

　　그러나 특정한 요소 하나를 선호하는 것만으로는 배우자를 선택하는 적응적 문제를 완전히 해결하지 못한다. 여성들이 넘어야 할 적응적 난관은 아직 더 남아 있다. 우선 여성은 자신의 독특한 상황과 개인적인 욕구를 잘 살펴야 한다. 같은 남자라도 그 가치는 여성에 따라 다를 수 있다. 예컨대 아이를 열심히 잘 돌봐 주는 남자라면 주위에 아이를 대신 돌봐 줄 어머니나 자매, 친척 아주머니나 아저씨가 넘치는 여성보다는 아기 양육에 도움이 될 만한 친척이 없는 여성에게 더 가치 있다. 성격이 불같은 남자를 배우자로 택하는 것은 주변에 자기를 지켜 줄 덩치 큰 오빠나 남동생이 있는 여성보다는 무남독녀 외동딸인 여성에게 더 위험하다. 요컨대 잠재적인 배우자의 가치는 그 배우자를 선택하는 사람의 개인적이고 일신상의 특수한 관점에 달려 있다.

　　배우자를 선택할 때 여성은 남성이 자원을 실제로 소유하고 있는지 여부를 알려 주는 단서를 잘 잡아내서 정확하게 판단해야 한다. 이러한 평가 문제는 자신의 사회적 지위가 실제보다 높은 척하거나 여성에게 얼마나 빠져 있는가를 과장하는 것처럼 남성들이 여성을 속이기 쉬운 영역들에서 특히 중요하게 부각된다.

　　마지막으로 여성에게는 장래의 배우자에 대해 얻은 정보들을 잘 통합해야 한다는 문제가 있다. 한 남자는 관대하지만 정서적으로 불안정하다. 다른 남자는 정서적으로 안정되어 있지만 씀씀이가 몹시 인색하다. 어떤 남자를 선택해야 할 것인가? 배우자를 잘 선택하려면 선택에 관련된 자질들을 하나하나 평가하고 그 각각에 알맞은 가중치를 부여하여 최종 판단을 이끌어 내는 심리 기제가 있어야 한다. 한 남성을 택할지 거부할지에 대한 최종적인 판단을 내릴 때 어떤 자질들에는 다른 자질들보다 더 높은 가중치가 부과된다. 이렇게 높은 가중치를 받는 요소 가운데 하나가 남성이 가진 자원이다.

## 경제적 능력

자원을 제공해 주는 수컷에 대한 암컷의 선호는 아마도 동물계에서 가장 오래되고 널리 퍼져 있는 배우자 선택 기준의 하나일 것이다. 이스라엘의 네게브 사막에 사는 물때까치의 경우를 보자.[4] 번식기가 시작되기 바로 직전에 물때까치 수컷은 달팽이 같은 먹이를 비롯해 깃털이나 천 조각처럼 기타 유용한 물건들을 90개에서 120개 정도 주워 모은다. 이들은 이 물건들을 자기 영역 안의 나뭇가지나 다른 뾰족한 곳에다가 찔러 고정시킨다. 암컷은 주위의 수컷들을 돌아보고 나서 가장 물건을 많이 모은 수컷을 골라 짝짓기한다. 생물학자 루벤 요세프는 한 수컷이 모은 저장물의 일부를 떼어다가 다른 수컷의 저장물에다 옮겨 놓았다. 그러자 암컷들은 인위적으로 더 많은 자원을 소유하게 된 수컷에게로 우루루 몰려갔다고 한다. 암컷들은 자원이 전혀 없는 수컷은 기를 쓰고 피하기 때문에 이런 수컷들은 짝 없이 독신으로 지내야 한다. 요컨대 암컷이 배우자에 대한 선호를 보이는 경우에 수컷이 가진 자원은 종종 가장 핵심적인 판단 기준이 된다.

　인간에서 장기적인 남성 배우자를 고를 때 남성이 가진 자원에 대한 여성의 배우자 선호가 진화하기 위해서는 세 가지 전제 조건이 충족되어야 했다. 첫째, 인간의 진화 역사를 통해서 남자들이 자원을 모으고, 지키고, 통제할 수 있어야 했다. 둘째로, 남자들이 자원을 구하는 능력과 그 자원을 여자와 자식들에게 투자하려는 의향이 제각기 달라야 했다. 만일 모든 남자가 똑같은 양의 자원을 가졌고 그 자원을 투자할 의향 역시 같았다면, 여자들이 이러한 자질에 대한 선호를 발달시킬 필요가 없었을 것이다. 고정불변한 상수는 짝짓기 결정에 무관하다. 셋째, 한 남자에게 머무름으로써 받는 이득이 한꺼번에 여러 남자를 거느림으로써 받는 이득보다 커야 했다.

　인간 중에서 이러한 전제 조건들은 쉽게 충족된다. 단 두 가지 자원만 들어 본다면, 토지와 도구는 전 세계적으로 남자들이 획득하고, 지키고, 독점하고, 통제하는 자원이다. 각기 소유한 자원의 양도 남자들에 따라 그야말로 천양지차다. 빈털터리 신세인 길거리 부랑자에서부터 엄청난 부를 가진 트럼프나 록펠러 가(家)를 떠올려 보라. 어떤 남자들은 '양아치(cad)'여서 여러 여자들과 관계를 가지려 애쓰면서 누구에게도 투자하려 하지 않는다. 어떤 남자들은 '아부지(dad)'여서 자기가 가진 모든 자원을 한 여자와 그 자식들에게 쏟아 붓는다.[5]

　인간의 진화 역사에서 여성은 여러 명의 일시적인 섹스 상대를 두는 것보다는 한 명의 남편에게 의지함으로써 자식들에게 투자할 자원을 훨씬 더 많이 얻어 냈을 것이다. 인간 남성이 아내와 자식들에게 투자하는 자원량은 다른 영장류와 비교할 수 없을 정도로 많다. 예컨대 다른 대다수 영장류에서 수컷들은 자기 배우자와 음식을 나누지 않기 때문에 암컷들은 혼자 힘으로 음식을 구해야 한다.[6] 반면에 인간 남성은 음식을 제공하고, 보금자리를 찾아내며, 영역을 지킨다. 남성은 아이들을 보호해 준다. 아이들에게 사냥하는 방법, 전쟁 기술, 사회적 영향력을 증대시키는 법도 가르쳐 준다. 지위를 물려주어 아이들이 나중에 자라 다른 이들과 인척 관계를 맺는 것을 돕는다. 이러한 이득들은 여성이 일시적인 섹스 상대로부터는 구하기 어려운 것들이다. 모든 남편감들이 이런 이득을 모두 제공해 줄 수 있는 것은 아니지만 수천 세대에 걸쳐서 어떤 남성들은 적어도 그 일부라도 제공할 수 있었으며, 여성은 바로 이런 남성들을 배우자로 선택해서 상당한 진화적 이익을 누렸던 것이다.

따라서 여성이 자원을 가진 남성에 대한 선호를 발달시킬 첫 단추는 일단 꿰어진 셈이다. 하지만 여성은 자기 앞에 서 있는 남자가 정말로 자원을 갖고 있는지 여부를 알 수 있는 단서가 필요하다. 이러한 단서는 종종 간접적인데, 남자가 장차 높은 사회적 계층으로 올라설지 여부를 알려 주는 성격적 특성과 운동 능력이나 건강 같은 신체적 특성이 있다. 주변 사람들로부터 신망을 얼마나 얻고 있는가 같은 평판에 대한 정보도 하나의 단서가 된다. 그러나 가장 직접적인 단서는 남자가 현재 가지고 있는 경제적 자원이다.

오늘날 여성들이 보이는 배우자 선호는 오랜 과거의 짝짓기 형태를 엿볼 수 있는 창이다. 뱀과 높은 곳에 대한 공포가 과거의 위험을 보여 주는 창이 되듯이 말이다. 수십 개의 연구들로부터 수집한 증거에 따르면 현대의 미국 여성들은 남성들과 비교해서 배우자를 선택할 때 이성이 가진 경제적 자원들을 더 중시한다. 예를 들어 1939년에 행해진 한 연구는 미국인 남녀를 대상으로 그들이 배우자나 결혼 상대자에게 바라는 18가지 자질들에 대해 '상관없음'에서 '꼭 필요함'에 이르기까지 점수를 매기도록 했다. 여성들은 경제적으로 전도유망함을 절대적으로 필요한 자질로 보지는 않았지만 매우 중요한 자질로 꼽았다. 1939년 연구에 참여한 여성들은 배우자의 경제적 전망을 남성들보다 2배나 더 중시했으며, 이 결과는 1956년과 1967년에 행해진 연구에서도 반복되어 나타났다.[7]

1960년대 후반과 1970년대 초반에 일어난 성 혁명도 이 성차를 변화시키지 못했다. 지난 수십 년간 행해진 연구를 되풀이하기 위해 나는 1980년대 중반 1,491명의 미국인들을 대상으로 동일한 설문지를 사용하여 설문 조사를 실시하였다. 매사추세츠, 미시간, 텍사스, 그리고 캘리포니아에 거주하는 남녀가 그들이 결혼 상대자에게서 바라는 18가지 자질들에 대해 평가하였다. 지난 수십 년간의 연구 결과와 마찬가지로 여성들은 배우자가 지닌 경제적 전망을 남성들보다 거의 2배 정도 더 중시했다.[8]

여성들이 경제적 자원을 특히 중시한다는 사실은 여러 가지 측면에서 잘 관찰된다. 심리학자인 더글러스 켄릭과 동료들은 사람들이 결혼 상대자가 지닌 각각의 속성들을 얼마나 중시하는지를 지시하는 유용한 방법을 개발하였다. 그들은 남녀 참가자들에게 각 속성에 대하여 그들이 받아들일 수 있는 '최소 백분위수'를 적어 달라고 요청했다.[9] 이 백분위수 개념은 다음과 같은 예로써 설명되었다. "소득 능력에 대해 50번째 백분위수에 위치한 사람은 전체의 50퍼센트보다 더 많이 벌어들이지만, 전체의 49퍼센트보다는 적게 벌어들인다." 미국 여자 대학생들이 남편의 소득 능력에 대해 받아들일 수 있는 최소 백분위수는 70번째 백분위수였으며, 다시 말하면 이들은 전체 남성의 70퍼센트보다 소득 능력이 더 높은 남자를 원했다. 이에 반하여 아내의 소득 능력에 대해 남자 대학생들이 용인할 수 있는 최소 백분위수는 겨우 40번째였다.

신문이나 잡지에 게재되는 개인 광고란을 살펴봐도 여성들이 결혼 시장에서 실제로 경제적 재산을 바란다는 사실을 알 수 있다. 배우자를 찾는 1,111개의 개인 광고를 조사한 한 연구에 의하면, 여성들이 낸 광고문에 상대가 경제적으로 풍족하길 바란다는 문안이 삽입되는 빈도는 남성들이 낸 광고문에 비해 거의 11배에 달했다.[10] 요약하면 배우자가 지닌 자원에 대한 선호에서 나타나는 성차는 대학생들에게만 한정된 것도 아니며 조사 방법에 따라 달라지는 것도 아니다.

여성들의 이러한 선호는 미국이나 서구 사회, 혹은 자본주의 국가에만 국한되지 않는다. 배우자 선호에 대하여 나와 내 동료들이 실시한 국제 연구는 여성의 배우자 선호가 보편적임을 입증했다. 1984년부터 1989년까지 5년 이상에 걸쳐 6개 대륙과 5개 섬의 37개 문화를 대상으로 우리는 인구 통계학적 특성 및 문화적 특성에서 많은 변이를 보이는 인구 집단들을 면밀히 조사했다. 나이지리아와 잠비아처럼 일부다처제를 실시하는 나라들, 스페인과 캐나다처럼 일부일처제가 일상적인 나라들이 모두 포함되었다. 스웨덴과 핀란드처럼 동거가 정식 결혼만큼이나 흔한 나라들, 불가리아나 그리스처럼 결혼하지 않고 사는 동거가 배척받는 나라들이 모두 포함되었다. 이 연구는 총 1만 47명의 사람들

을 조사하였다.[11]

　연구에 참여한 남녀 응답자들은 잠재적인 배우자나 결혼 상대자가 지니는 18가지 자질들에 대해 '중요치 않음'에서 '필수 불가결함'에 이르는 척도를 이용해 그 중요성을 평가하였다. 모든 대륙, 모든 정치 체제(사회주의와 공산주의를 포함하여), 모든 인종 집단, 모든 종교 집단, 모든 짝짓기 체계(뚜렷한 일부다처제에서 제도적인 일부일처제까지)에 걸쳐서 여성은 남성보다 배우자의 경제적 전망에 더 많은 비중을 두었다. 줄잡아 말해서 여성은 남성에 비해 약 100퍼센트 더, 즉 남성보다 2배 이상 경제적 자원을 중시했다. 문화적인 변이도 어느 정도 관찰되었다. 나이지리아, 잠비아, 인도, 인도네시아, 이란, 일본, 대만, 콜롬비아, 그리고 베네수엘라의 여성들은 남아프리카(줄루 족), 네덜란드, 핀란드의 여성들보다 탄탄한 경제적 전망에 조금 더 가중치를 둔다. 예를 들면 일본 여성은 남성보다 약 150퍼센트 이상 경제적 전망을 중시한다. 네덜란드 여성은 남성보다 약 36퍼센트 더 경제적 전망을 중시한다. 이는 다른 어느 나라 여성들보다 낮은 수치다. 그럼에도 불구하고 성차는 변하지 않는다. 전 세계적으로 남성보다 여성이 결혼 상대자의 경제적 자원을 더 원한다.

　이 발견은 인간의 짝짓기 심리가 진화적 토대 위에 세워져 있음을 보여 주는 최초의 상세한 비교문화적 증거이다. 우리의 조상 여성은 체내 수정, 9개월 동안의 임신, 그리고 수유라는 엄청난 짐을 짊어졌기 때문에 자원을 소유한 배우자를 선택함으로써 엄청난 혜택을 보았을 것이다. 이러한 배우자 선호 덕분에 우리의 조상 여성들은 생존 및 번식상의 적응적 문제를 해결할 수 있었다.

## 사회적 지위

조상들이 살았던 환경이 어땠을지 짐작하게 해 주는 전통적인 수렵-채집 사회를 보면, 우리의 조상 남성들 사이에는 명확히 규정된 지위 서열이 존재했음을 알 수 있다. 서열의 꼭대기에 위치한 이들은 자원을 주체하지 못하지만 바닥에 위치한 이들은 자원에 목말라 허덕인다.[12] 오스트레일리아 북부 해안의 자그마한 두 섬에 살고 있는 원주민 집단인 티위 족이나 베네수엘라의 야노마뫼 족, 파라과이의 아체 족, 그리고 보츠와나의 쿵 족 같은 현대의 전통 부족들에는 크나큰 권력을 쥐고서 높은 지위에 따른 특권으로 자원을 마음대로 좌우하는 이른바 '우두머리(head men)' 혹은 '거물(big men)'로 불리는 사람들이 있다. 그러므로 조상 남성의 사회적 지위는 그가 자원을 소유하고 있음을 의미하는 강력한 단서이다.

헨리 키신저는 권력은 가장 강력한 최음제라고 말한 바 있다. 여성들은 사회에서 높은 지위를 차지한 남성을 원하며, 이는 사회적 지위가 자원을 통제하는 능력을 의미하는 보편적인 단서이기 때문이다. 지위가 높으면 훌륭한 음식, 넓은 토지, 의료 혜택 등이 저절로 따라온다. 높은 사회적 지위는 아이들로 하여금 지위가 낮은 아버지를 둔 아이들은 얻지 못하는 사회적 기회를 누리게 해 준다. 전 세계적으로 볼 때 높은 사회적 계층의 집안에서 태어난 사내아이들은 더 많은 수의 더 좋은 배우자를 얻기 쉽다. 아프리카의 음부티 피그미 족과 알류트 에스키모를 포괄하는 186개 사회를 대상으로 실시한 연구에 따르면, 높은 지위의 남성은 예외 없이 더 부유하고, 아이들에게 풍부한 영양을 공급하

며, 더 많은 아내를 거느리는 경향이 있다.[13]

　미국 여성들은 사회적 지위가 높거나 각광 받는 직업을 가진 배우자에 대해 주저 없이 호감을 표시하며, 이러한 자질들은 우수한 경제적 전망에 아슬아슬하게 못 미치는 정도로 중요하게 여겨진다.[14] '상관없음' 혹은 '중요하지 않음'에서부터 '필수 불가결함'에 이르는 평가 척도를 적용했을 때 매사추세츠, 미시간, 텍사스, 그리고 캘리포니아의 여성들은 사회적 지위가 '중요함'과 '필수 불가결함'의 사이에 놓이는 자질이라고 답했다. 반면에 남성들은 여성 배우자의 사회적 지위는 '약간 바람직하지만 그리 중요하지는 않은' 자질이라 답했다. 5,000명의 대학생을 대상으로 한 한 연구에서 여성들은 지위, 명성, 계층, 위치, 권력, 신분, 높은 자리가 중요하다고 답하는 빈도가 남성들보다 훨씬 더 빈번했다.[15]

　데이비드 슈미트와 나는 일시적인 짝짓기와 장기적인 짝짓기를 비교하는 연구를 실시하였는데, 이는 사람들이 잠재적인 섹스 상대를 고를 때와 달리 잠재적인 결혼 상대를 고를 때 어떤 자질들을 더 중시하는지 밝히기 위한 것이었다. 연구에 참여한 사람들은 미시간 대학교의 남녀 대학생들, 곧 일시적이거나 결혼까지 이어지는 장기적인 짝짓기 문제를 중요하게 인식하는 연령대의 집단이었다. 수백 명의 학생들이 장기 및 단기적 연애 관계에서 배우자의 자질 67개에 대해 각기 희망하는 정도를 답해 주었다. 여성들은 결혼 상대자의 경우 직업에서 성공 가능성이 높거나 전도유망한 전문직에 종사하기를 매우 희망하였다. 통계적으로 유의미하게 여성들은 일시적 섹스 상대를 고를 때보다 결혼 상대자를 고를 때 미래의 지위에 대한 이러한 단서들을 더 중시하는 것으로 나타났다.

　미국 여성들은 배우자의 최종 학력과 학위에도 큰 가치를 부여하는데, 이들은 사회적 지위와 매우 강하게 연관되는 자질이다. 앞서 언급한 연구에서 여성들은 낮은 교육 수준은 미래의 남편감에게서 별로 희망하지 않는 자질이라고 답했다. 여성들은 의사나 변호사, 대학 교수, 기타 전문직 종사자와 결혼하기를 선호한다는 속설은 현실과 부합하는 듯하다. 여성들은 다른 남자들에게 쉽게 지배당하는 남자나 소속 집단으로부터 신망을 받지 못하는 남자는 기피한다.

　지위에 대한 여성의 욕망은 일상생활 곳곳에서 나타난다. 내 동료 하나가 레스토랑에서 4명의 여자들이 나누는 대화를 들은 적이 있다. 그들은 주변에 쓸 만한 남자들이 없다고 모두 불평을 늘어놓았다. 그러나 그녀들은 남자 웨이터들에게 둘러싸여 있었고, 그 웨이터들 가운데 아무도 결혼반지를 낀 사람은 없었다. 높은 지위라고 보기 힘든 직업에 종사하는 웨이터들은 그녀들에게는 고려의 대상조차 되지 못하는 것 같았다. 그녀들의 말뜻은 세상에 사귈 만한 남자가 없다는 게 아니라 남부럽지 않은 사회적 지위를 가진, 사귈 만한 남자가 없다는 것이었다.

　짝짓기 시장에 나온 여성들은 '바람직한' 남자들을 찾는다. **'바람직한'**이라는 단어는 '자원을 아직 다른 곳에 투자하지 않은'이란 말을 완곡하게 표현한 것이다. 이 단어가 '바람직한 미혼남'이란 조합으로 자주 등장한다는 사실 자체가 여성의 짝짓기 욕망을 드러내 준다. 이 어구에 형용사를 하나 덧붙인다면, 여성들은 '최고로 바람직한 미혼남'이란 어구를 만들어 낼 것이다. 여기서 바람직함은 사회적 지위와 보유한 자원의 정도를 가리킨다. 가장 높은 사회적 지위와 가장 많은 자원을 보유했으면서 아직 임자가 없는 남자를 뜻하는 것이다.

여성이 배우자의 사회적 지위를 매우 중시하는 현상은 미국과 같은 자본주의 국가에만 국한되지 않는다. 배우자 선택에 대한 국제 연구에서 조사된 37개 문화 가운데 절대 다수에서 여성은 남성보다 더 장래 배우자의 사회적 지위를 중요시하였다. 공산주의와 사회주의 국가 모두에서, 흑인과 동양계 모두에서, 가톨릭과 유대교 모두에서, 열대와 북방 모두에서 변함없는 경향이었다.[16] 예를 들어 여성들은 남성들보다 대만에서는 63퍼센트, 잠비아에서는 30퍼센트, 독일에서는 38퍼센트, 브라질에서는 40퍼센트 더 배우자의 지위에 높은 가치를 두었다.

계층제는 인간 집단에 보편적으로 나타나는 특징이며 지위가 올라갈수록 점점 더 많은 자원을 획득하기 때문에, 여성들은 자원을 구해야 한다는 적응적 문제를 지위가 높은 남자를 선호함으로써 일부나마 해결한다. 남성의 사회적 지위는 그가 아내와 자식들에게 얼마만큼 투자할 수 있는지를 강력하게 알려 주는 지표이다. 오늘날 여러 문화에서 공통적으로 나타나는 증거들은 여성이 자원의 획득을 뜻하는 이러한 지표들에 민감히 반응하리라는 진화적 예측을 잘 뒷받침해 준다. 전 세계적으로 여성들은 자기보다 높은 계층에 속한 상대와 결혼하는 것을 선호한다. 우리의 진화적 과거를 통해 계층을 올려서 결혼하지 못한 여성들은 본인과 자식들에게 자원을 충분히 공급하지 못했다.

## 나이

남자의 나이도 그가 얼마나 자원을 가졌는지를 알려 주는 중요한 단서가 된다. 풋내기 비비 수컷이 비비 사회에서 높은 서열에 올라서려면 나이를 먹어야 하는 것처럼 인간 사회에서도 청소년 혹은 젊은이들이 나이 든 성인 남성만큼 평판이나 지위 혹은 위치를 차지하는 일은 거의 없다. 이러한 경향은 티위 족에서 극단적으로 나타나는데, 이 사회에서는 노인 남성들이 대부분의 권력과 특혜를 독점하고 복잡한 동맹들의 연결망을 통해 짝짓기까지 통제하는 노인 정치가 이루어진다. 미국 문화에서도 지위와 권력은 나이가 들어 감에 따라 점점 더 축적된다.

배우자 선택에 대한 국제 연구가 조사한 37개 문화 모두에서 여성들은 자기보다 나이가 많은 남성을 선호했다.[17] 이 모든 문화들을 포괄한 평균 수치로 말하면, 여성들은 자기보다 3살 반 정도 나이를 더 먹은 남자를 선호했다. 선호받는 연령 차이가 가장 작은 경우는 프랑스계 캐나다 여성들이었는데, 이들은 자기보다 2살이 넘지 않는 남자들을 남편감으로 가장 선호했다. 연령 차이가 가장 큰 경우는 이란 여성들이었으며, 이들은 자기보다 5살 이상 나이 든 남편을 원했다. 전세계적으로 보아 실제로 결혼한 신랑과 신부의 평균 연령 차가 3살이었다는 결과는 여성의 혼인 결정이 배우자에 대한 선호와 잘 맞아떨어짐을 내포한다.

여성이 왜 나이 든 배우자를 더 중시하는지 이해하기 위해서는 나이와 함께 변화하는 것들에 주목해야 한다. 가장 일관된 변화 가운데 하나가 자원을 획득하는 능력이다. 현대 서구 사회에서 일반적으로 수

입은 나이에 비례하여 증가한다.[18] 예컨대 30세인 미국 남성은 20세인 남성보다 1만 4000달러를 더 번다. 40세인 남성은 30세 남성보다 7,000달러를 더 번다. 이러한 경향은 서구 사회에만 국한되지 않는다. 근대화되지 않은 전통 사회에서도 나이 든 남성은 더 높은 사회적 지위를 누린다. 티위 족에서 남성들은 최소한 30세는 되어야 첫 번째 아내를 맞이할 만큼의 사회적 지위에 올라설 수 있다.[19] 40세가 채 되지 않은 티위 족의 남성이 여러 아내를 거느릴 만큼 높은 사회적 지위를 차지하는 일은 거의 없다. 문화를 막론하고 많은 나이, 자원, 그리고 지위는 서로 맞물려 있다.

전통 사회에서 이 세 가지 요인들은 신체적 힘과 뛰어난 사냥 능력과도 연관된다. 남성의 신체적 힘은 나이가 들수록 증가하여 20대 후반이나 30대 초반에 정점에 이른다. 나이와 사냥 능력 사이의 상관관계를 체계적으로 조사한 연구는 없지만 인류학자들은 남성의 사냥 능력은 30대에 최고조에 달한다고 본다. 이때 신체적 힘은 다소 하락하지만 지식이나 인내심, 기술, 그리고 지혜가 더욱 증가하기 때문에 이를 상쇄하고도 남는다.[20] 따라서 나이 든 남성에 대한 여성의 선호는 수렵-채취 생활을 하느라 사냥으로부터 얻은 자원이 생존에 필수적이었던 우리 조상들로부터 유래되었을 것이다.

실체가 있는 자원 이외의 다른 이유로도 여성은 나이 든 남성을 선호할 것이다. 나이 든 남성은 더욱 성숙하고, 더 안정적이며, 자원을 공급하는 일에 대해서도 더 성실하기 마련이다. 미국의 예를 들면 남성은 적어도 30세가 될 때까지는 나이가 들면서 더 정서적으로 안정되고, 더 진지하며, 더 믿음직하게 변모하는 경향이 있음이 보고되었다.[21] 여성의 배우자 선호에 대한 연구에서 한 여성은 이렇게 말했다. "나이 든 남자가 더 멋져 보여요. 함께 진지한 대화를 할 수 있으니까요. 어린 남자들은 철이 덜 든 데다가 별로 인생을 심각하게 생각하지도 않죠."[22] 남성의 지위에 대한 잠재력은 나이가 들면서 명확히 드러난다. 나이 든 남성을 선호하는 여성은 상대의 사회적 지위가 어디까지 올라갈 것인가를 정확하게 측정하는 데 더 유리한 입장에 있게 된다.

앞서 언급한 국제 연구에서 조사된 37개 문화 모두에서 20세 여성들은 나이 차가 매우 많이 나는 남성보다는 자기보다 그저 몇 살 더 많은 남성들을 일반적으로 더 선호했다. 남성의 경제적 자원은 40대 내지 50대에 이르러서야 정점에 다다르는데도 말이다. 젊은 여성들이 나이 차가 매우 많은 남성들에게 별로 끌리지 않는 이유 가운데 하나로 늙은 남자는 사망할 위험이 더 커서 앞으로 오랫동안 자식을 양육하고 보호하기 어렵다는 사실을 들 수 있다. 뿐만 아니라 많은 나이 차이에 따른 부조화로 갈등이 빚어져 이혼할 가능성도 높아진다. 이러한 이유 때문에 젊은 여성들은 높은 위치를 이미 차지했지만 미래가 불확실한 늙은 남성보다는 나이는 그저 서너 살 많지만 장래가 촉망되는 남성에게 끌릴 것이다.

하지만 모든 여성들이 자기보다 연상인 남성을 택하는 것은 아니다. 어떤 여성들은 연하의 남성을 택한다. 중국의 작은 마을을 연구한 결과에 따르면, 17세 또는 18세의 이 마을 여자들은 겨우 14세 혹은 15세 된 '남자'들과 결혼했다. 그러나 이러한 결혼이 일어나는 배경은 지극히 제한적이었다. 그러한 '남자'들은 모두 부유했고, 상류층 집안 자제였고, 곧 유산을 물려받을 앞길이 탄탄한 아이들이었다.[23] 연하의 남성이라도 앞으로 그가 높은 지위와 많은 자원을 얻으리라는 강력한 단서를 지니고 있으며 실제로 자원을 많이 얻는다는 보장이 있다면, 조금 연상인 남성에 대한 선호는 쉽게 억눌려지는 듯하다.

다른 예외로서 여성이 자기보다 훨씬 어린 남성과 결혼하는 경우가 있다. 대부분 이런 현상은 여성이 딱히 어린 남성을 선호해서라기보다는 나이 든 여성과 어린 남성 둘 다 짝짓기 시장에서 교섭력이 떨어지기 때문에 일어난다. 나이 든 여성은 종종 지위가 높은 남성의 눈길을 끌지 못하므로 지위도 높지 않고 배우자로서 가치도 떨어지는 어린 남성에게 정착할 수밖에 없다. 예컨대 티위 족의 젊은 남성들은 자기보다 나이가 많은(때로는 수십 살 위인) 여성을 보통 첫 번째 아내로 맞이한다. 그들의 상대적으로 낮은 지위로는 늙은 여성만을 얻을 수 있기 때문이다.

또 다른 예외로서 이미 높은 지위와 풍부한 자원을 거머쥔 여성이 연하의 남성과 결혼하는 경우를 들 수 있다. 유명 연예인인 셰어와 조안 콜린스가 대표적인 예이다. 이들 모두 20살 어린 남자들과 교제했다. 하지만 이런 경우는 드문데, 왜냐하면 자원이 많은 여성은 적어도 그만 한 자원을 가졌거나, 이왕이면 더 많은 자원을 가진 남성을 선호하기 때문이다.[24] 재산이 많은 여성은 연하의 남성과 일시적으로 성 관계를 맺기도 하지만 결혼하여 정착하려 할 때에는 연상의 남성을 찾는다. 셰어나 조안 콜린스의 젊은 남성과의 로맨스도 시간이 지나면서 점차 퇴색되었다.

이 모든 단서들(경제적 자원, 사회적 지위, 그리고 연상의 나이)은 한 가지로 귀결된다. 여성이 자기 자신과 아이들을 위해 쓰려는 자원을 획득하고 통제할 수 있는 남성의 능력이 그것이다. 장구한 세월에 걸친 자연선택에 의한 진화는 여성으로 하여금 남성을 오직 그가 성취한 것만으로 평가하는 대상으로 여기게 만들었다. 하지만 자원을 소유한 것만으로는 충분하지 않다. 여성은 자원을 오랜 시간 지속적으로 획득해서 제공해 주는 자질을 가진 남성을 또한 필요로 한다.

어린 나이에 결혼이 이루어지는 문화권에서는 남성의 경제적 능력을 직접적으로 판단하기 어렵기 때문에 간접적으로 유추할 수밖에 없다. 사실 현금 경제가 없는 수렵-채집 사회에서는 배우자 선택의 판단 기준이 경제적 자원 그 자체가 될 수 없다. 예를 들어 티위 족의 젊은 이들은 여성과 나이 든 남성들에 의해 꼼꼼히 검토받는데, 이에 따라 누가 '선착자(comers)', 즉 장차 지위와 자원을 누릴 운을 타고난 사람인지 누가 뒷줄에 뒤처질 사람인지 판정을 받는다. 그들은 뛰어난 사냥 및 싸움 솜씨를 알려 주는 여러 표시들, 특히 부족 내에서의 영향력을 결정짓는 순위에서 꼭대기까지 올라가려는 강한 기질, 장래성 등에 근거해 평가받는다. 과거와 현재의 모든 문화권에서 여성들은 남성이 어떤 인성을 가졌는지 잘 살펴서 그 가운데 장차 자원을 획득할 능력이 뚜렷이 엿보이는 남성을 택한다. 그러한 성격적 특성을 중시하여 배우자를 선택했던 여성들은 그렇지 못했던 경쟁자 여성들에 비해서 지속적으로 자원을 얻고 높은 지위를 누렸을 것이다.


## 야망과 근면성

리이사 킬헤쿠와 나는 일상생활에서 남보다 앞서기 위한 전략들에 대해 연구를 수행했다. 우리는 사람들이 직장 및 사회적 관계에서 자기의 위치를 상승시키기 위해 쓰는 전술들을 밝히고자 했다. 캘리포니아와 미시간에서 모집한 84명의 연구 참여자들에게 그들이 잘 아는 사람들에 대해 생각해 보라고 한 다음, 그들이 지위나 우열 순위에서 자신을 높이기 위해 취하는 행동들을 적어 달라고 했다. 여러 가지 통계 절차를 사용하여, 우리는 속임, 사회적 관계망, 성적 특혜 제공, 자기 연마, 근면 등등 26가지 전술을 밝혀냈다. 근면 전술에는 업무 시간을 초과해서 일하기, 시간을 잘 활용하기, 목표를 잘 설정하기, 열심히 일해서 남들에게 좋은 인상을 심어 주기 등이 있었다. 그러고 나서 우리는 20대 중반에서 후반에 속하는 212명의 연구 참여자들에게 남들보다 앞서 나가기 위해 어떤 전술을 쓰는지 물어보았다. 이와 별도로 그들의 남편 혹은 아내에게 배우자가 남보다 앞서기 위해 어떤 전술을 쓰는지 물어보았다. 마지막으로 이렇게 얻은 정보들을 그들의 과거 수입 정도와 승진 여부, 그리고 앞으로 예상되는 수입 정도와 승진 여부와 상호 연관시켜, 남을 앞서기 위한 전술 가운데 과연 어떤 것이 실제 척도량과 가장 잘 맞아떨어지는지를 알아냈다.

이 모든 전술들 중에서 열심히 일하기가 과거와 앞으로의 수입과 승진 여부를 가장 잘 예측하는 요인 가운데 하나임이 밝혀졌다. 자기가 열심히 일한다고 말한 사람들, 그리고 그가 실제로 열심히 일한다고 배우자도 인정한 사람들은 열심히 일하지 않는 사람들보다 더 높은 학력과 더 높은 연봉, 더 높은 예상 연봉과 승진을 얻었다. 근면하고 야망에 찬 남자들은 게으르고 동기 부여가 안 된 남자들보다 직장에서 더 높은 지위를 차지했다.[25]

미국 여성들은 이 연관성을 잘 알고 있는 것처럼 보인다. 왜냐하면 남보다 앞서 나갈 수 있는 자질들을 가진 남성들을 배우자로 원하기 때문이다. 예컨대 1950년대에 행해진 한 연구는 5,000명의 대학생들에게 장래의 배우자에게 바라는 자질들을 모두 나열하도록 했다. 여성들은 남성들에 비해서 훨씬 더 자기 일을 즐기고, 직업에 대한 열정이 강하고, 부지런하고, 야망에 찬 배우자를 원했다.[26] 앞서 언급된 배우자 선택에 관한 국제 연구에서 852명의 미혼 미국 여성들과 100명의 기혼 미국 여성들은 만장일치로 야망과 근면성이 배우자의 자질로서 중요하거나 필수 불가결하다고 답했다. 일시적인 짝짓기와 장기적인 짝짓기의 비교 연구에서 여성 응답자들은 야망이 없는 남성은 남편감으로서 극히 바람직하지 않다고 답한 데 비하여, 남성들은 야망이 없는 여성은 아내감으로서 바람직하지는 않지만 딱히 나쁜 것도 아니라고 응답했다. 여성들은 남편이 실직하거나, 직업상의 목표가 없거나, 매일 게으름만 피우면 남편과의 장기적 애정 관계를 청산하는 경향이 있다.[27]

야망에 차 있고 부지런한 남성에 대한 여성의 선호는 미국이나 서구 사회에만 한정되지 않는다. 절대 다수의 문화권에서 여성들은 남성보다 더 배우자의 야망과 근면성을 중시하며 이런 자질들이 배우자의 조건으로 중요하거나 필수 불가결하다고 본다. 예컨대 대만 여성들은 남편의 야망과 근면성을 남성들이 아내의 그런 자질들을 중시하는 정도보다 26퍼센트나 더 중시한다. 불가리아 여성들은 남성들에 비해 그런 자질들이 29퍼센트 더 중요하다고 본다. 브라질 여성들은 이 수치가 30퍼센트였다.

이상의 비교문화적, 통사적 증거들은 여성이 자원을 획득할 능력이 있다는 표시를 지닌 남성을 선호하고 야망이 없는 남성은 기피하리라는 진화적 예측을 잘 뒷받침해 준다. 이러한 선호 덕분에 우리의 조상 여성들은 자원을 안정적으로 얻어야 한다는 핵심적인 적응적 문제를 해결할 수 있었다. 어떤 남성이 당장 얼마나 자원을 갖고 있는지에 대해 직접적이고 쉽게 확인할 수 있는 단서가 없을 때 그가 앞으로 자원을 획득할 가능성을 추정하는 데 큰 도움이 되었던 것이다. 직접 확인할 수 있는 자원이 지금 상당히 있는 경우에도 남성의 야망과 근면성은 그 자원이 앞으로도 계속 공급될 것이라는 믿음을 준다. 물론 부지런함과 야망만이 앞으로 얻게 될 자원에 대한 유일무이한 단서는 아니다. 다른 자질들, 즉 신뢰성과 안정성도 자원이 계속 공급될 것인지 여부에 대한 정보를 제공해 준다.

## 신뢰성과 안정성

배우자 선택에 관한 국제 연구에서 조사된 18가지 자질 가운데 사랑 다음으로 중요시된 자질은 믿을 만한 성격과 정서적 안정성, 즉 성숙함이었다. 37개의 문화권 가운데 21개에서 남녀 모두 배우자의 신뢰성에 대해서 동일한 선호도를 나타냈다. 성차가 관찰된 나머지 16개 문화권 중 15개에서 남성보다 여성이 신뢰성을 더 중시했다. 37개 문화권을 모두 종합하면, 3.00이 '필수 불가결함'을 의미하는 척도상에서 여성은 믿을 만한 성격에 대해 2.69라는 수치를 매겼다. 남성은 2.50, 곧 여성 못지않게 신뢰성을 중요하게 평가하는 것으로 나타났다. 정서적 안정성 혹은 성숙함의 경우, 성차가 더 도드라졌다. 23개의 문화권에서 남성보다 여성이 이 자질이 더 중요하다고 응답했으며 이 차이는 통계적으로 유의미했다. 나머지 14개 문화에서 남성과 여성은 정서적 안정성을 똑같은 정도로 중시했다. 모든 문화권을 종합하면, 여성은 이 자질에 대해 2.68을 부여했지만, 남성은 2.47을 부여했다. 사실 모든 문화에 걸쳐서 여성들은 배우자의 이런 자질을 대단히 중시해서 배우자감의 자질로서 신뢰성과 안정성이 '중요함' 혹은 '필수 불가결함' 사이에 해당한다고 평가하였다.

　　이 자질들이 전 세계적으로 그토록 높게 평가받는 까닭은 자원이 장기적으로 꾸준히 공급되리라는 것을 알려 주는 믿을 만한 표시이기 때문이다. 반면에 신뢰할 수 없는 사람들은 배우자에게 자원을 종잡을 수 없이 제공하여 심각한 손실을 입힌다. 신혼부부에 대한 한 연구에서 나는 내 동료들과 함께 미시간 주의 한 큰 카운티에서 지난 6개월 동안 행해진 결혼을 기록한 문서철로부터 무작위적으로 104쌍의 신혼부부를 추출해 이들을 연구 조사하였다. 이 부부들은 6시간에 걸쳐서 인성 검사, 결혼 생활에 대한 스스로의 평가, 배우자의 성격에 대한 평가와 관련한 설문지를 작성하였고, 그러고 나서 남자 한 명과 여자 한 명으로 이루어진 면담자들을 상대로 각각 따로 면담을 하였다. 이 설문 조사에는 연구 참여자들에게 147개의 있을 법한 여러 손실 유형들을 제시하고 배우자로부터 그동안 실제로 당한 손실을 열거하라는 설문도 포함되어 있었다. 자기 자신, 배우자, 면담자 모두에 의해서 정서적으로 불안정하다고 판정된 남성은 여성에게 심한 손실을 끼치고 있는 것으로 나타났다. 우선 이들은 자기중심적이며 부부가 공유해야 할 자원을 독점하는 경향이 있었다. 뿐만 아니라 소유욕이 강해서 아내에게 잠시의 여유도 주지 않으려 했다. 남보다 심한 성적 질투를 보였으며, 아내가 다른 사람과 이야기만 해도 심하게 화를 냈다. 아내에게 지나치게 의존하려고 해서 아내가 자신의 욕구를 응당 다 채워 줘야 한다고 고집했다. 신체적 혹은 언어적인 학대를 일삼았다. 약속 시간을 잘 지키는 것 같은 사려 깊은 면도 없었다. 그리고 좀더 안정감 있는 배우자와는 달리 기분에 따라 쉽게 흔들려서 가끔 아무 이유 없이 울곤 했다. 그들은 또 평균 이상으로 바람을 피웠는데 이는 곧 시간과 자원이 그만큼 새어 나감을 뜻했다.[28] 이상 열거한 모든 손실들은 정서적으로 불안정한 남성이 배우자의 시간과 자원을 낭비하고, 자기 자신의 시간과 자원을 다른 곳에 써 버리고, 자원을 장기간에 걸쳐 지속적으로 공급하지 못함을 뜻한다. 신뢰성과 안정성은 여성이 차지해야 할 자원이 남성에 의해 엉뚱한 곳으로 새어 나갈 가능성이 낮음을 뜻하는 자질인 것이다.

정서적으로 불안정한 남성은 이처럼 종잡을 수 없기 때문에 중대한 적응적 문제들을 해결할 수 없게 만들어 가외의 손실을 끼친다. 자원이 변덕스럽게 공급되면 생존과 번식에 필요한 목표를 달성하는 일이 엉망이 되어 버릴 수 있다. 도무지 믿음이 가지 않는 남편이 어느 날 사냥을 나가려다 갑자기 마음을 바꿔 낮잠을 자 버리면 아내 입장에서는 응당 받아 내야 할 자원, 즉 고기를 못 받게 되는 것이다. 음식이 없으면 영양분 공급과 생계유지에 문제가 발생한다. 자원은 안정적으로 예측 가능하게 공급될 때 가장 유용하다. 게다가 꼭 필요한 어떤 자원이 종잡을 수 없이 공급된다면 아내로서는 때론 비용이 더 많이 드는 다른 수단에 의존할 수밖에 없게 되고, 결국 이 자원은 고스란히 쓰레기통으로 향한다. 예측 가능하게 공급되는 자원은 일상생활에서 매일매일 넘어야 하는 적응적 장벽들을 잘 극복하도록 보다 효율적으로 분배될 수 있다.

정서적 안정성과 신뢰성은 일상생활 속에서 비교적 광범위하게 드러난다. 이 보편적인 특질이 지시하는 바를 정확히 판별하기 위해 마이크 보트윈과 나는 140명의 연구 참여자들에게 정서적으로 안정적인 행동과 불안정한 행동의 구체적인 예를 열거해 달라고 부탁했다. 정서적 안정성을 보여 주는 예로서 의연한 처신, 곧 쓸데없이 불평하지 않거나 난처한 입장에 처한 타인을 배려해 주는 행위가 꼽혔다. 또 다른 예들은 일에 관련된 것들이었는데 다른 사람들이 모두 외출하러 나갔을 때도 집에 남아서 끝까지 일을 마무리 짓는 것, 할 일이 얼마나 많은지 근심할 시간에 일을 다 처리하기 위해 열정을 쏟아 붓는 것 등등이었다. 이러한 행동은 꾸준히 업무를 처리하는 능력, 스트레스나 불행에도 자기 재산을 잘 지키는 능력, 좋지 않은 상황에도 타인을 위해 자기 재산을 쓸 수 있는 능력이 있음을 뜻한다.

정서적 불안정성을 보여 주는 예들은 앞의 행동들과 뚜렷한 대조를 이루었다. 불안정한 행동은 자신이 가진 자원을 제대로 통제할 능력이 없음을 알려 준다. 예컨대 도저히 어쩔 수 없는 일에 대해 쓸데없이 걱정하는 것, 문제가 생기면 지레 포기해 버리는 것, 당장 해야 할 일을 바로 처리하는 대신 일이 닥쳤다고 짜증만 내는 행동 등이 해당된다. 어떤 사람이 이러한 행동들을 하면 그의 일 처리 효율이 낮고, 스트레스를 잘 다스리지 못하고, 타인에게 주로 손실을 끼치기만 하고, 타인을 이롭게 하려는 넉넉한 성품이 없음을 알려 주는 셈이다.

여성들은 이러한 손실이 발생할지도 모르는 상황을 미리 피하고 남편으로부터 꾸준히 지속적으로 이득을 얻기 위해 배우자의 신뢰성과 정서적 안정성을 특별히 중시한다. 인간의 조상 환경에서 안정적이고 믿음직한 남성을 택한 여성은 자신과 아이들을 위해 자원을 계속 공급해 주는 남편을 가질 가능성이 매우 높았다. 이렇게 현명한 선택을 한 여성은 신뢰할 수 없고 불안정한 남성으로부터 받을 수 있는 손실을 피했던 것이다.

## 지능

신뢰성, 정서적 안정성, 근면성, 그리고 야망만이 자원의 획득과 지속 여부를 알려 주는 개인적인 자질은 아니다. 지능이라는 다소 모호한 자질도 또 다른 중요한 단서를 제공한다. 아무도 지능 검사가 정확히 무엇을 측정하는지는 알지 못하지만, 높은 지능 지수를 가진 사람이 실생활에서 어떻게 다른지에 대해서는 명확한 증거가 있다. 미국 내에서 지능은 누군가가 장차 어느 정도의 경제적 자원을 얻게 될지를 훌륭하게 예측해 주는 요인이다.[29] 지능 검사에서 좋은 점수를 받는 사람은 좋은 학교에 진학하고, 수학 기간도 길고, 궁극적으로 고소득 직종에 종사한다. 건축이나 목수처럼 특정한 직업 내에서도 지능은 누가 더 많은 권한을 행사하는 높은 위치에 빨리 승진하여 더 많은 수입을 받게 될지 잘 예측해 준다. 부족 사회에서도 우두머리나 지도자는 거의 예외 없이

집단 내에서 가장 두뇌가 비상한 사람 가운데에서 나온다.[30]

지능이 우리의 진화 역사를 통해서 경제적 자원을 신빙성 있게 예측해 주는 요인이었다면, 여성들은 잠재적인 결혼 상대자로부터 이 자질을 선호하도록 진화하였을 것이다. 배우자 선택에 대한 국제 연구에서 여성 응답자들은 과연 교육 수준과 지능이 모두 18개의 바람직한 자질 가운데 다섯 번째로 중요하다고 답했다. 이보다 조금 적게 13개의 바람직한 자질로 이루어진 설문에서는 지능이 두 번째로 중요하다고 전 세계적으로 매겨졌다. 17개 문화 가운데 10개에서 여성이 배우자의 지능을 중시하는 정도가 남성보다 더 높았다. 예컨대 에스토니아 여성들은 13개 바람직한 자질들 가운데 지능이 세 번째로 중요하다고 답했지만 에스토니아 남성들은 지능을 다섯 번째로 평가했다. 노르웨이 여성들은 지능을 두 번째로 평가했지만 노르웨이 남성들은 네 번째로 평가했다. 하지만 나머지 27개 문화에서는 남녀 모두 지능에 동일한 중요성을 부여했다.

지능이라는 자질은 많은 잠재적인 이득을 암시한다. 여기에는 뛰어난 양육 솜씨와 자녀 양육에 관련된 문화적 지식을 습득하는 능력 등을 들 수 있다.[31] 뿐만 아니라 지능은 유창한 언변, 집단 내의 다른 구성원들에게 끼치는 영향력, 위험을 미리 내다보는 선견지명, 건강관리를 위한 판단 등등에도 연관된다. 이처럼 세세한 특질들 외에도 지능은 문제를 해결하는 능력을 암시한다. 지능이 높은 배우자를 택한 여성은 이처럼 중요한 혜택들을 모두 차지하는 수혜자가 될 확률이 더 높았을 것이다.

지적인 사람들이 보이는 특징적인 행동을 판별하기 위해 마이크

보트원과 나는 140명의 남녀에게 그들이 알고 있는 가장 똑똑한 사람을 떠올린 다음에 그 사람의 높은 지능을 보여 주는 행동 다섯 가지를 적어 달라고 했다. 그 결과 얻어진 행동들은 지적인 사람을 배우자로 택한 운 좋은 사람에게 고스란히 돌아갈 이득이 어떤 것인지를 알려 주었다. 지적인 사람들은 폭넓은 시야로 하나의 사물을 여러 가지 관점에서 다양한 각도로 바라보는 경향이 있으며, 이는 뛰어난 판단력과 의사 결정 능력을 암시한다. 그들은 타인과 원활히 의사소통하며 남들이 어떻게 느끼는지를 알려 주는 징표에 매우 민감한데, 이는 사회성이 우수함을 뜻한다. 그들은 문제를 해결하기 위해 먼저 무엇을 해야 할지 알고 있으며, 이는 판단력이 우수함을 뜻한다. 지적인 사람들은 금전 관리에 능한데, 이는 자원을 잃어버리거나 낭비할 일이 없음을 뜻한다. 그들은 이전에 한번도 해 본 적이 없는 일들도 몇 번의 시행착오 끝에 능숙하게 해내는데, 이는 효율적으로 문제를 해결하고 시간을 배분함을 뜻한다. 지적인 배우자를 택함으로써 여성은 이러한 모든 이득을 챙길 가능성을 높인다.

이러한 이득과 덜 똑똑한 사람의 처신으로 인해 받게 될 손실을 비교해 보자. 덜 똑똑한 사람의 행동으로는 다른 사람이 넌지시 주는 암시를 알아채지 못하는 것, 다른 사람은 다 이해하고 웃는 농담을 못 알아듣는 것, 때를 못 가리고 엉뚱한 말을 하는 것 등등이 있었으며, 이들 모두는 현명하게 사회생활을 하는 능력이 부재함을 뜻한다. 모자란 사람들은 또한 말로 된 간단한 지침도 잘 따라하지 못하며, 다른 사람의 설명을 잘 이해하지 못하며, 명백히 틀린 주장을 열심히 부르짖곤 한다. 이러한 행동은 별로 똑똑하지 않은 배우자는 문제 해결에 서투르고, 믿음이 안 가는 근로자이며, 사회적 부채임을 암시한다. 이러한 모든 손해는 덜 똑똑한 배우자를 택한 사람에게 고스란히 떠맡겨진다.

지적인 배우자를 택한 조상 여성은 그 자신과 아이들을 위해 쓰일 사회적, 물질적, 경제적 자원을 획득할 가능성을 높였을 것이다. 지능이 중간 정도의 유전 가능성(heritability)을 보임을 감안하면, 이 인기 좋은 자질은 그 아들딸에게도 유전적으로 전수되어서 조상 여성에게 가외의 이득까지 제공했을 것이다. 모든 문화에 걸쳐 현대 여성들은 이러한 선호를 보인다.

하지만 지능 면에서 나와 너무나도 큰 차이가 나는 배우자는 지능이 나와 비슷한 배우자보다 오히려 바람직하지 않다. 예컨대 지능이 평범한 사람이 명석한 두뇌를 가진 배우자를 원하는 일은 그리 많지 않다. 따라서 유사성도 성공적인 짝짓기에 매우 중요하다.


## 적합성

성공적인 결혼 생활을 하려면 서로에게 이득이 되는 목표를 위해 배우자와 지속적으로 협력하는 관계를 유지해야 한다. 갈등으로 점철된 관계는 목표 달성을 방해한다. 배우자 간의 적합성이 높으려면 두 가지 서로 다른 종류의 특질이 복잡하게 맞물려야 한다. 하나는 남녀 사이에 일종의 노동 분업을 낳는 상호 보완적인 특질들, 곧 나의 배우자가 지닌 자원이나 능력이 내 것과 다른 경우이다. 양측 모두 이러한 전문화와 분업을 통해 이득을 얻는다.

그렇지만 배우자와 조화를 이루는 데 꼭 필요한 또 다른 특질은 나의 특정한 개인적 특성과 아귀가 잘 맞을 수 있는, 다시 말해서 나와 매우 비슷한 특질이다. 가치 기준이나 관심거리 혹은 성격이 많이 다르면 부부 사이에 티격태격 갈등이 일어나기 마련이다. 심리학자 지크 루빈과 동료들은 202쌍의 데이트 커플을 수년에 걸쳐 조사하면서 어떤 쌍이 계속 잘 지내고 어떤 쌍이 헤어지는지 기록했다.[32] 위에 언급된 측면들에서 많이 다른 사람들끼리 맺어진 커플은 서로 비슷한 사람들끼리 맺어진 커플보다 쉽게 헤어지는 경향이 있었다. 결국 헤어진 103쌍의 커플은 잘 지낸 99쌍의 커플과 비교할 때 성 역할, 알고 지내던 사람과의 성 관계에 대한 태도, 로맨틱한 성향, 종교적 믿음 등에 대해 남녀가 서로 다른 생각을 가지고 있었다.

따라서 적합성 문제에 대한 해결책 하나는 나와 유사한 배우자를 찾는 것이다. 미국뿐만 아니라 전 세계적으로 각양각색의 특질들에 대해서 서로 비슷한 사람끼리 만나 결혼에 이르는 경향이 있다. 비슷한 사람들끼리 짝을 짓는 경향은 가치 기준 또는 지능이 비슷하거나, 같은 집단에 소속되어 있을 때 가장 잘 나타난다.[33] 사람들은 낙태나 사형 제도에 대한 입장에서처럼 자기와 비슷한 정치적, 사회적 가치 기준을 가진 배우자를 선호하며, 실제 부부 사이의 가치 기준은 +0.50의 상관 계수(상관 계수(correlation coefficient)는 두 변수 사이에 얼마나 선형 상관관계가 존재하는지를 표시하는 계수이다. -1에서 +1까지의 값을 가지며 0이면 아무런 상관관계가 없음을, +1이면 완전한 양의 상관관계, -1이면 완전한 음의 상관관계가 존재함을 뜻한다.——옮긴이)가 나타난다. 서로 가치 기준이 다른 사람들끼리는 갈등을 빚기 쉽다. 또한 사람들은 자기와 인종, 민족, 그리고 종교가 유사한 배우자를 바란다. 지능이 비슷한 배우자를 선호하는 경향도 있으며, 실제 부부 사이의 지능은 +0.40의 상관이 존재한다. 외향성, 호감성, 성실성처럼 인성에 관련된 특질에서도 유사성이 중요한데, 이런 특질들에 대해 부부 사이에는 +0.25의 상관이 존재한다. 외향적인 사람이라면 자신처럼 주말 저녁에 파티에 나가길 좋아하는 이성을 바라지만, 내성적인 사람이라면 집에서 조용히 저녁을 보내는 걸 좋아하는 이성을 바란다. 낯선 일을 경험하는 것을 즐기는 사람은 훌륭한 포도주, 예술, 문학, 이국적인 음식 등에 관심이 많은 배우자를 원한다. 꼼꼼하고 성실한 사람은 청구서를 제때 내고 미래를 위해 알뜰히 저축하는 배우자를 원한다. 덜 성실한 사람은 별 생각 없이 지금 이 순간을 즐기며 사는 배우자를 원한다.

잘 맞는 부부가 여러 가지 면에서 서로 비슷한 것이 사람들이 가까운 거리에서 자주 보아 온 이성을, 곧 자기 자신과 비슷할 가능성이 높은 이성을 배우자로 택하기 때문에 생겨난 부산물이라고 볼 수도 있다. 예컨대 현대 사회에서 부부의 지능이 비슷한 것은 지능이 비슷한 사람들이 같은 교육 기관에 진학하는 데에 따른 우연한 산물일 수 있다는 것이다. 그러나 부산물을 강조하는 이러한 설명은 실제로 사람들이 자기와 비슷한 배우자를 선호한다고 명확하게 태도를 밝히는 것을 설명할 수 없다.[34] 매사추세츠 주 케임브리지에서 나는 열애 중인 남녀 108명의 인성과 지능을 측정했다. 그와 별도로 이 연구 참여자들은 인성과 지능에 대해 각자 원하는 이상적인 배우자상을 묻는 설문지도 작성했다. 그 결과 여성들은 자기 자신과 여러 면에서 유사한 배우자를 선호한다는 사실이 밝혀졌다. 예컨대 대담성, 지배력, 활동성의 측면에서, 혹은 따뜻함, 호감성, 친절성의 측면에서, 혹은 책임감, 성실성, 근면성의 측면에서 응답자와 응답자의 이상형이 각기 비슷하게 짝 지워지는 경향이 있었으며, 이런 경향은 특히 지능, 통찰력, 창조력의 측면에서 두드러졌다. 자기 자신이 위에서 언급된 각각의 인성적 특질에 대해 별로 해당 사항이 없다고 답한 응답자들은 역시 그런 특질이 별로 두드러지지 않는 배우자를 선호했다.

자기와 비슷한 상대를 찾는 전략은 부부가 서로 잘 맞아야 한다는 적응적 문제를 한꺼번에 해결해 주는 꽤 효율적인 방안이다. 이 경우 공동의 목표를 추구하는 데 있어 서로의 이해(利害)가 최대한 중첩되기 때문에 갈등을 최소화할 수 있다. 요란한 파티를 좋아하는 외향적인 여성이 집에서 조용히 저녁 시간을 보내길 좋아하는 내성적인 남편을 두었다고 생각해 보자. 이 부부가 매일 저녁마다 각자 자기가 좋아하는 대로 따로 시간을 보내기로 합의한다고 해도, 이러한 부조화는 분쟁을 일으키기 마련이다. 둘 다 내성적이거나 둘 다 외향적인 부부는 함께 어떻게 시간을 보낼 것인가에 대해 옥신각신하지 않는다. 민주당원과 공화당원의 결혼이나 낙태 지지자와 낙태 반대자의 결혼은 흥미 있는 토론의 장(場)을 매일 만들어 내겠지만, 각자 추구하는 목표가 양립할 수 없기 때문에 서로를 설득하려는 노력은 수포로 돌아가고 끊임없이 이어지는 갈등으로 인해 귀중한 에너지만 낭비하게 될 것이다.

더 중요한 사실은 잘 맞는 부부는 아이 양육이나 양쪽 집안일, 사회적 관계 등 부부 공동의 목표를 추구하는 문제에 대해 서로의 의견을 매끄럽게 조율할 가능성을 최대한 높인다는 점이다. 아이를 어떻게 기를지에 대해 언쟁을 벌이는 부부는 귀중한 에너지를 낭비할 뿐만 아니라 서로 상반된 가르침을 주어 아이까지 혼란스럽게 한다. 유사한 결혼 상대자를 찾으면 결혼 생활에서 이러한 손실을 막을 수 있다.

유사성을 추구함으로써 얻는 또 다른 적응적 이득은, 짝짓기 시장에서 내가 사용할 수 있는 자산의 정도가 한정되어 있는 마당에 나에게 가장 이득이 되는 거래를 하게 해 주어 헛된 짝짓기 시도에 자산을 낭비하지 않게 해 준다는 점이다. 호감성, 성실성, 지능 같은 인성적 특질은 짝짓기 시장에서 언제나 선호되는 자질이므로 이런 자질들을 많이 소유한 사람은 이런 자질을 많이 소유한 상대를 배우자로 고를 수 있다[35]. 이렇게 가치 있는 개인 자산이 없는 사람들은 그만큼 선택의 폭이 좁기 때문에 자산이 많지 않은 상대를 고를 수밖에 없다. 유사성을 선호함으로써 감히 넘볼 수 없는 이성에게 구애하느라 시간과 에너지를 낭비하는 헛수고를 피할 수 있다. 자신의 배우자 가치를 훨씬 넘어서는 이성을 용케 차지했다고 하더라도 결국 자신보다 선택의 폭이 더 넓은 그로부터 나중에 버림 받을 위험이 있다. 배우자 가치가 더 높은 쪽의 입장에서는 다른 상대를 택했더라면 더 좋은 거래를 성사시켰을 수 있기 때문에 결국 한쪽이 많이 기우는 애정 관계는 파국을 맞기 쉽다.

그러므로 유사한 배우자를 찾는 전략은 여러 적응적 문제를 동시에 해결해 주는 셈이다. 이 전략은 짝짓기 시장에서 얻을 수 있는 배우자의 가치를 최대화하며, 부부 각자의 노력을 매끄럽게 조정하며, 부부 사이에 일어나는 갈등을 줄여 주며, 서로 양립 불가능한 목표로 인해 벌어지는 손실을 피하게 해 주며, 부부 공동의 목표를 달성할 가능성을 최대화하며, 나중에 파경을 맞거나 한쪽이 일방적으로 다른 쪽을 학대할 위험성을 줄인다.

잠재적인 남편감이 지닌 자원, 인성, 지능, 그리고 유사성은 그가 장래에 제공할 수 있는 이득에 대해 유용한 정보를 제공해 준다. 잠재적인 배우자의 신체적 특성 또한 적응적으로 중요한 정보를 제공한다. 따라서 신체적 특성도 배우자에 대한 여성의 선호에서 빠질 수 없다.

## 몸집과 힘

위대한 농구 선수 매직 존슨은 수천 명에 달하는 여성과 잠자리를 가졌다고 털어놓은 적이 있는데, 그때 그는 부지불식간에 여성들이 운동 신경 및 신체적 능력이 뛰어난 남성을 배우자로 선호한다는 사실까지 밝혀 주었다. 그 숫자는 경악스러울지 모르지만 선호 자체는 별로 놀랍지 않다. 운동 능력, 몸집, 힘과 같은 신체적 특질은 여성이 짝짓기 결정을 내릴 때 중요하게 쓰이는 유용한 정보를 전달해 준다.

대단히 많은 동물 종에서 수컷의 신체적 특질은 암컷에게 선택받을 때 중요하게 고려된다. 투사개구리라는 종에서 수컷은 둥지를 만들고 알을 지킬 책임이 있다.[36] 구애 행위 중에 암컷은 수컷을 시험할 요량으로 가만히 앉아 있는 수컷에게 힘껏 부딪혀 본다. 아주 강하게 부딪히기 때문에 때때로 수컷은 뒤로 굴러 넘어지거나 놀라서 도망치기까지 한다. 만약 수컷이 너무 많이 물러서거나 둥지에서 내빼면, 암컷은 즉시 다른 짝을 찾아 떠나 버린다. 대다수 암컷들은 부딪혀도 꿈쩍도 하지 않거나 아주 조금만 움직이는 수컷과 짝짓기한다. 부딪혀도 아무런 움직임 없이 당당히 앉아 있는 수컷을 거부하는 일은 거의 없다. 이렇게 부딪힘으로써 암컷은 장차 수컷이 알을 얼마나 잘 지킬 수 있을 것인지를 판단한다. 부딪히기 시험을 통해 암컷이 낳은 알을 보호해 주는 기능을 할 수컷의 신체적 능력을 가늠하는 것이다.

여성들은 때때로 크고 힘센 남성들에게 신체적으로 지배당하며, 이로 인해 부상을 당할 뿐 아니라 성적으로까지 지배를 받아 마음대로 배우자를 선택하지 못하는 경우가 발생하기도 한다. 이러한 지배는 의심할 필요도 없이 우리의 조상 시절에도 반복적으로 일어났을 것이다. 많은 비인간 영장류 연구에서 수컷이 암컷을 신체적, 성적으로 지배하는 현상이 발견되었다. 영장류학자 바버라 스무츠는 아프리카 사바나 평원에서 비비들과 함께 살며 그들의 짝짓기 양상을 연구했다. 그녀는 암컷들이 자신과 아기들을 신체적으로 보호해 주는 수컷들과 지속적이고 '특별한 우정'을 종종 유지함을 발견했다. 그에 대한 보답으로 암컷들은 발정기 동안 성적으로 접근할 수 있는 권리를 그 '친구들'에게 우선적으로 허락한다. 요컨대 비비 암컷들은 섹스와 보호를 물물 교환한다.

마찬가지로 장기적인 짝짓기를 통해서 여성이 얻는 이득 가운데 하나는 남성이 자신을 신체적으로 보호해 주는 것이다. 남성의 몸집, 힘, 그리고 뛰어난 운동 능력은 보호라는 적응적 문제에 대한 해결책을 나타내는 단서이다. 여성의 배우자 선호가 이러한 단서에 민감함을 보여 주는 여러 연구들이 있다. 일시적인 짝짓기와 장기적인 짝짓기를 비교한 연구에서 미국 여성들은 배우자가 지니는 일련의 신체적 특질에 대해 바람직한 정도를 평가했다. 여성들은 키 작은 남자를 장기적인 배우자로는 바람직하지 않다고 답했다.[37] 반면에 키가 크고 신체적으로 잘 발달한 운동 능력이 뛰어난 남자는 장기적인 배우자로 매우 바람직한 것으로 평가했다. 또 다른 연구에서는 미국 여성들은 키가 평균 혹은 그 이상인 약 180센티미터 정도 되는 남성을 이상적인 결혼 상대자로 선호했다.[38] 뿐만 아니라 애인을 구하는 광고를 조사한 두 연구에 따르면, 광고에서 상대의 신장에 대해 언급한 여성들 가운데 80퍼센트가 183센티미터 이상인 남성을 원했다. 더 설득력 있는 조사 결과는 키가 큰 남자들이 낸 광고는 키 작은 남자들이 낸 광고에 비해 여성들로부터 회신을 받을 가능성이 높다는 것이었다. 키 큰 남자는 키 작은 남자보다 더 많이 데이트하고 그만큼 잠재적인 배우자를 고를 선택의 폭도 넓다. 여성들은 자기를 지켜 줄 만큼 몸집이나 힘이 좋고 신체적으로 강건한 남성을 배우자로 택했고, 이러한 선호 덕분에 다른 남성들의 공격으로부터 자신을 방어해야 한다는 적응적 문제를 부분적으로 해결할 수 있었다.

키가 큰 남자는 거의 모든 문화에서 높은 지위를 차지한다. 수렵-채집 사회의 '거물', 즉 지위가 높은 남자는 문자 그대로 몸집이 큰 남자였다.[39] 서구 문화에서 키가 큰 남자는 돈을 많이 벌고, 직장에서 더 빨리 두각을 나타내며, 진급도 더 빨리 한다. 미국 대통령 중 키가 183센티미터가 채 되지 않는 경우는 거의 없었다. 정치인들도 투표자들의 선호를 예리하게 인지하고 있다. 1988년에 벌어진 대통령 선거 텔레비전 토론회에서 조지 부시는 자신보다 키가 작은 맞수인 마이클 듀카키스 옆에 바짝 붙어 서서 키 차이가 심하게 난다는 것을 강조해 쏠쏠한 재미를 봤다. 진화심리학자 브루스 엘리스는 이렇게 말한다.

키는 사회관계에서 지배력을 나타내 주는 믿을 만한 단서가 된다. 키 작은 경찰은 키 큰 경찰보다 더 모욕을 당하기 쉬우며, 이는 키 큰 경찰이 상대방에게 더 위압감을 주며 무시당할 염려도 적음을 뜻한다. 키 큰 남성은 키 작은 남성에 비해 여성들이 애인을 구하는 광고에서도 더 선호되며, 애인을 구하는 광고를 직접 냈을 때도 연락을 받을 가능성이 더 높고, 더 예쁜 배우자를 두는 경향이 있다.[40]

키 큰 남성에 대한 이러한 선호는 서구 문화에만 국한되지 않는다. 브라질 아마존의 메히나쿠 족을 연구한 인류학자 토머스 그레고어는 몸집의 차이에 따라 크게 달라지는 남성의 격투 능력이 얼마나 중요한지를 이렇게 설명했다.

근육이 울퉁불퉁하고 위압적인 남자는 많은 애인을 거느리기 쉬운 반면에 난쟁이 똥자루(peritshi)라고 비하되는 키 작은 남자들은 그렇지 못하다. 단순히 키가 크다는 사실 하나가 상당한 이점을 제공해 준다. 마을 사람들은 힘센 싸움꾼을 두려워한다. 경외감과 공포심을 불러일으키는 것이다. 여성들에게 그들은 '멋쟁이(awitsiri)'이며 애인이나 남편감으로 첫손에 꼽힌다. 사랑뿐만 아니라 권력의 승리자로서 일등 싸움꾼은 남성다움의 극치로 받아들여진다. 반대로 패자는 얼마나 비참한지! 아무리 인품이 좋더라도 매번 지기만 하는 남자는 바보로 취급된다. 그가 다른 남자와 싸울라치면 주변 남자들은 고래고래 야유를 퍼붓는다. 여자들은 멀찍이 떨어져서 문간에 기대어 싸움을 지켜볼 뿐 별다른 말을 하진 않지만, 역시 입가엔 조소를 가득 담고 있다. 여자들 가운데 어느 누구도

패자를 애인이나 남편으로 맞이하는 걸 자랑스럽게 여기지 않는다.[41]

바버라 스무츠는 인간의 진화 역사를 통해서 신체적 보호가 남성이 여성에게 제공했던 가장 중요한 자산 가운데 하나라고 믿는다. 여성을 신체적으로 지배하고 배우자를 뜻대로 선택하지 못하게 한 폭력적인 남성들은 과거부터 지금까지 계속 존재해 왔고, 결과적으로 여성들이 배우자를 고르는 판단 기준이 형성되는 데 큰 영향을 끼쳤을 것이다. 많은 문화권에서 성적 강제와 강간이 적지 않은 빈도로 벌어지고 있음을 감안하면, 남성이 여성을 얼마나 보호해 줄 수 있는가는 현대의 배우자 선택에서도 마찬가지로 영향력 있게 작용할 것이다. 많은 여성들이 홀로 길거리를 돌아다니는 걸 두려워한다. 이럴 때 크고 힘세고 날쌘 배우자는 폭력적인 남성들로부터 그녀를 지켜 주는 든든한 힘이 된다.

몸집이나 힘, 혹은 뛰어난 운동 능력 같은 요소들만이 높은 배우자 가치를 암시하는 유일한 신체적 특성은 아니다. 생존에 절대적으로 필요한 또 다른 신체적 자질은 바로 건강이다.

## 건강

세계 어디서나 여성들은 건강한 배우자를 선호한다.[42] 배우자 선택에 대한 국제 연구가 조사한 37개 문화 모두에서 여성들은 결혼 상대자의 건강이 '중요함' 내지 '필수 불가결함'에 해당되는 중요한 요건이라고 답했다. 미국 여성을 대상으로 한 또 다른 연구에서 피부가 청결하지 못한 것에서 성병에 이르기까지 여하튼 불량한 신체 상태는 장래의 남편감이 결코 지녀서는 안 될 자질로 꼽혔다. 생물학자 클리랜드 포드와 프랭크 비치는 피부가 문드러지거나, 신체장애가 있거나, 안색이 핏기 없이 창백한 것처럼 나쁜 건강 상태를 보여 주는 표시들이 세계 어디서나 매력 없음으로 받아들여진다는 것을 발견했다.[43]

우수한 건강 상태는 신체적 외양뿐만 아니라 행동으로도 알 수 있다. 사람들이 매력적이라 여기는 활기차고 에너지 넘치는 모습이나 경쾌한 걸음걸이 등은 많은 열량을 필요로 하는 탓에 건강한 사람들만이 감당할 수 있는 자질이다.

우수한 건강 상태를 매우 중시하는 현상은 인간 종에만 국한되지 않는다. 어떤 동물들은 크고 화려하고 요란한 형질을 과시하는데, 이런 형질들은 많은 손실을 끼치는 한편 자신의 건강 상태가 매우 좋다는 징표가 된다. 숫공작의 밝고 휘황찬란하고 눈부신 꼬리를 생각해 보자. 숫공작은 마치 이렇게 말하는 것 같다. "나 좀 보세요. 아주 건강해서 이렇게 크고 거추장스러운 깃털도 문제없이 짊어지고 다닌답니다." 생존이라는 지극히 실용적인 목표에 역행하는 것처럼 보이는 숫공작의 꼬리에 얽힌 미스터리는 이제 해결되려는 시점에 있다. 생물학자 윌리엄 해밀턴과 마알린 주크는 화려한 꼬리 깃털이 그 숫공작이 기생충을 적게 지니고 있음을 알려 주는 신호 역할을 한다고 제안했다. 평균보다 많이 기생충을 지닌 숫공작은 깃털 색깔이 칙칙하고 탁하기 때문이다.[44] 거추장스러운 깃털이 건강과 튼튼함을 의미하는 단서를 제공해 주는 것이다. 이렇게 휘황찬란한 깃털은 숫공작의 훌륭한 건강 상태를 알려 주는 단서기 때문에 암공작으로부터 선호된다.

　진화 과거에서 건강하지 않거나 질병에 잘 걸리는 배우자를 택한 여성은 네 가지 불행한 결과를 맞았을 것이다. 첫째, 그 여성을 포함한 가족 구성원 전부가 질병에 감염될 위험에 처한다. 둘째, 그녀의 배우자는 배우자로서 기본적으로 해야 할 일들을 제대로 해내지 못했을 가능성이 크다. 따라서 그녀와 아이들은 음식, 보호, 건강관리, 양육 등의 이득을 제공받지 못했을 것이다. 셋째, 남편이 일찍 사망하여 자원의 공급이 도중에 단절될 위험성이 크다. 결국 그녀는 또다시 새로운 배우자를 찾아 나서야 하는 손실을 감수해야 했을 것이다. 넷째, 건강 상태가 부분적으로 유전 가능하다면, 기생충에 감염되기 쉬운 남편의 유전적 특질이 아이들에게도 전해졌을 것이다. 결국 건강한 배우자에 대한 선호는 생존의 문제뿐만 아니라 자원 공급의 문제까지 해결해 준다.

## 사랑과 헌신

어떤 남성이 건강, 지위, 자원 같은 자산들을 지니고 있다고 해서 그가 한 여성과 그 자식들을 위해서 기꺼이 한평생 헌신하리라고 보장할 수는 없다. 사실 어떤 남성들은 결혼하기를 지극히 꺼려 하며 대신 여러 명의 여성들과 폭넓게 사귀며 부담 없는 섹스만을 즐기려 한다. 여성들은 이렇게 주저하는 남성들을 비웃으며 "헌신 기피자", "헌신 공포증 환자", "헌신에 대한 피해망상증 환자", 혹은 "결혼의 기역자도 두려워하는 남자"라고 욕한다.[45] 이러한 분노에도 일리가 있다. 성 관계, 임신,

그리고 출산으로 인해 여성이 부담해야 하는 엄청난 비용을 생각해 볼 때 그 반대급부로 남성의 헌신을 요구하는 것은 전혀 지나치지 않다.

여성이 헌신을 얼마나 중시하는지는 실제로 일어난 아래 이야기에서 알 수 있다.(쓰어진 이름들은 모두 가명이다.)

마크와 수전은 2년 동안 사귀었고 지난 6개월 동안 동거했다. 마크는 아주 부유한 42살의 전문직 종사자였고 수전은 28살의 의대생이었다. 수전은 빨리 결혼하자고 마크를 재촉했다. 서로 열렬히 사랑하고 있는 데다가 그녀는 몇 년 안에 되도록 빨리 아기를 갖고 싶었다. 그러나 마크는 난색을 표했다. 그는 한 번 결혼에 실패한 전력이 있었고, 만약 다시 결혼한다면 그 결혼이 평생을 갈 것이라는 확신이 필요하다고 믿었다. 수전이 빨리 결정하라고 압박을 계속하자 마크는 혼전 계약을 제안했다. 수전은 혼전 계약이 결혼의 진정한 의미를 훼손시킨다고 생각했기 때문에 이를 거부했다. 마침내 그들은 4개월의 유예 기간을 두고 그동안 마크가 마음의 결정을 내리기로 합의했다. 그러나 약속한 기일이 지났음에도 마크는 여전히 결정을 내릴 수 없었다. 수전은 그와 헤어지겠다고 선언했고, 짐을 싸들고 나와서 다른 남자와 만나기 시작했다. 마크는 몹시 당황했다. 그는 수전에게 전화해서 다시 돌아와 달라고, 그녀와 당장 결혼하겠다고 애걸했다. 새 차를 사 주겠다고도 약속했다. 혼전 계약 따위는 없으리라고도 약속했다. 하지만 너무 늦었다. 수전은 자신에게 헌신하지 못하는 모습을 너무나도 강력한 부정적인 신호로 여겼다. 그와의 애정 관계에 마침표를 찍는 결정타였던 것이다. 그녀는 영원히 떠나갔다.

고금을 막론하고 여성은 필요한 자원을 갖고 있을 뿐만 아니라 그 자원을 자신과 아이들에게 기꺼이 바칠 의향이 있는 남성을 골라야 한다는 적응적 문제에 부딪힌다. 이 문제는 보기보다 풀기 어렵다. 자원은 종종 직접 관찰 가능하지만 헌신은 그렇지 않다. 헌신 여부를 판별하려면 자원을 충실하게 바칠 가능성을 보여 주는 단서들을 눈여겨 보아야 한다. 사랑은 헌신을 알려 주는 가장 중요한 단서 가운데 하나이다.

사랑의 느낌과 행위는 서구 문명의 특정한 관점에 의해 최근에서야 생겨난 산물이 아니다. 사랑은 보편적이다. 사랑이라는 생각, 감정, 그리고 행동은 전 세계 모든 문화의 사람들이 경험한다. 아프리카 남단의 줄루 족에서 알래스카 북부의 에스키모 족에 이르기까지 세계 도처의 168개 다양한 문화를 조사한 연구에서 인류학자 윌리엄 잔코비악은 거의 90퍼센트에 달하는 문화에서 낭만적인 사랑이 존재한다는 강력한 증거를 발견했다. 나머지 10퍼센트의 경우에도 인류학적 기록들이 피상적이어서 의심할 여지없이 사랑이 존재한다고 단정짓기가 어려웠을 뿐이다. 사회학자 수 스프레처와 그녀의 동료들이 러시아, 일본, 미국에 거주하는 1,667명의 남녀를 인터뷰한 결과 러시아 남성의 61퍼센트와 러시아 여성의 73퍼센트가 현재 사랑에 빠져 있음을 확인했다. 일본의 경우 남성은 41퍼센트, 여성은 63퍼센트였다. 미국에서는 남성의 53퍼센트, 여성의 63퍼센트가 사랑에 빠져 있었다. 분명히 사랑은 서구 문화에만 국한된 현상이 아니다.[46]

사랑이란 무엇이며 어떻게 헌신에 연관되는지 명확히 알아내기 위해 나는 사랑의 행위에 대한 연구를 시작했다.[47] 우선 버클리 소재 캘리포니아 대학교와 미시간 대학교에서 모집한 각기 50명의 남녀 대학생에게 지인들 가운데 현재 사랑에 빠져 있는 사람을 떠올려 보라고 한 뒤 그들이 사랑에 빠졌음을 나타내는 행동들을 적어 달라고 요청했다. 여기서 도출된 115가지 행동들을 40명의 남녀 대학생들로 구성된 또 다른 집단에게 보여 주고 각각의 행동이 사랑을 얼마나 잘 나타내는지 평가해 달라고 했다. 그 결과 남녀 모두가 헌신하는 행동이 사랑을 가장 잘 나타내는 행동이라고 답했다. 이러한 행동에는 다른 사람과는 연애하지 않는 것, 결혼에 대해 구체적으로 의논하는 것, 상대와 아이를 갖고 싶다는 소망을 표현하는 것 등이 있었다. 남성이 이런 행동을 한다면 한 여성과 그 아이들을 위해서만 자원을 투자하겠다는 의도를 알려 주는 역할을 한다.

하지만 헌신은 여러 가지 요소로 이루어진다. 헌신을 구성하는 주요한 요소 가운데 하나가 정절이며, 이는 떨어져 있을 때도 배우자를 위해서 정조를 지키는 행동으로 대표된다. 이러한 정절은 자신의 성적 자원을 오직 배우자에게만 올곧게 헌신하리라는 신호이다. 헌신을 이루는 다른 요소는 사랑하는 이에게 자원을 바치는 행동으로서 그녀를 위해 비싼 선물이나 반지를 사 주는 것 등이 있다. 이러한 행동들은 장기적인 혼인 관계를 위해 경제적 자원을 꾸준히 투자하겠다는 진지한 의도를 알려 주는 신호이다. 정서적인 뒷받침도 헌신을 이루는 또 다른 요소인데, 어려울 때 함께 있어 주거나 상대의 고민을 잘 들어 주는 것 등이 있다. 헌신은 나 자신의 개인적 목표를 이루는 것을 포기하고서 나의 시간이나 에너지, 노력 등을 연인이 원하는 대로 바침을 뜻한다. 또한 번식 행위도 상대의 유전자를 위한 직접적인 헌신이 된다. 사랑의 정수를 보여 준다고 흔히 간주되는 이러한 모든 행동들은 한 사람에게만 성적, 경제적, 정서적, 유전적 자원을 헌신하리라는 것을 알려 주는 신호이다.

사랑은 전 세계 보편적인 현상이기 때문에, 그리고 사랑을 보여 주는 행동들의 주된 기능이 번식에 직결되는 자원들을 헌신하리라고 암시하는 것이기 때문에 여성은 배우자를 고를 때 사랑을 특별히 중시하리라고 기대할 만하다. 이 예측을 검증하기 위해서 수 스프레처와 동료들은 미국, 러시아, 일본의 여대생들을 대상으로 설문 조사를 실시했다. 여대생들은 서로 사랑하는 사이는 아니지만 이상적인 배우자로서의 자질을 모두 갖춘 남자가 있을 때 그와 결혼하겠냐는 질문을 받았다.[48] 미국 여성의 89퍼센트와 일본 여성의 82퍼센트가 아무리 그 남자가 다른 중요한 특질들을 모두 갖추고 있다 하더라도 자신에 대한 사랑이 있을 때에만 그와 결혼하겠노라고 답했다. 러시아 여성들은 단지 59퍼센트만이 상대가 아무리 뛰어난 남자라 해도 서로 사랑하는 사이가 아닌 한 결혼하지 않겠다고 답했다. 확실히 과반수가 넘는 러시아 여성들이 사랑을 요구하긴 하지만 미국과 일본에 비하면 상대적으로 낮은 수치이다. 이는 러시아 여성들이 배우자, 특히 아낌없이 자원을 투자해 줄 수 있는 배우자를 구하기 매우 어려운 현실을 반영하는 것으로 보인다. 즉 문화적 맥락에 따라서 짝짓기 전략은 조금씩 달라진다. 그럼에도 불구하고 이 세 문화권의 여성 대다수가 사랑이 결혼에 있어 없어서는 안 될 요소라고 공통적으로 인식하고 있다.

배우자에 대한 선호를 직접 조사한 연구들도 사랑의 중요성을 확인시켜 준다. 한 연구는 163명의 텍사스 여대생을 대상으로 미래의 남편의 바람직한 자질 100가지를 제시하고 순위를 매기게 했는데, 여성들은 '자신을 사랑해 주는 것'을 가장 강력히 바라는 자질이라 답했다.[49] 배우자 선택에 관한 국제 연구는 문화를 막론하고 사랑이 가장 중요함을 확인해 주었다. 배우자의 18가지 잠재적인 자질들 가운데 남녀 모두 서로에 대한 애정 혹은 사랑이 배우자에게서 바라는 가장 중요한 자질이라고 응답했으며, 3.00이 '필수 불가결함'을 의미하는 척도상에서 여성은 2.87, 남성은 2.81이라는 수치를 나타내었다. 남아프리카의 전통 부락에서 브라질 도심의 혼잡한 길거리에 이르기까지 거의 모든 남녀가 사랑을 최고의 가치로 꼽는다. 곧 사랑은 결혼에 있어 없어서는 안 될 요소인 것이다. 요컨대 여성들은 남성들에게서 경제적, 정서적, 성적 자원의 꾸준한 헌신을 보장받기 위해서 사랑을 절대적으로 중시한다.

사랑뿐만 아니라 다른 두 가지 성격 특질, 곧 친절함과 진실성도 장기간의 헌신을 보장받는 데 매우 중요하다. 800개의 개인 광고를 조사한 한 연구에서 진실성은 여성들이 배우자에게 바라는 자질 가운데 가장 많이 언급된 자질이었다.[50] 1,111개의 개인 광고를 조사한 다른 연구에서도 여성들은 진실성을 가장 많이 희망하는 것으로 나타났다. 사실 광고를 내는 여성들은 광고를 내는 남성들에 비해 거의 4배 정도 더 진실성을 희망했다.[51] 애인을 구하는 광고에서 언급되는 진실성은 헌신을 가리키는 핵심 단어이며, 여성들이 어떠한 헌신도 없이 일시적인 섹스만 나누려는 남성들을 가려내고자 할 때 유용하게 쓰인다.

전 세계적으로 사람들은 친절한 배우자에게 기대려고 한다. 배우자 선택에 대한 국제 연구에서 입증되었듯이 여성들은 친절하고 이해심 많은 배우자를 강력하게 선호한다. 37개 문화 가운데 32개 문화에서 남녀 공히 배우자가 지닐 법한 13개 자질들 가운데 친절함을 세 손가락 안에 포함되는 중요한 특질이라고 답했다. 일본과 대만에서만 남성들이 여성보다 친절을 더 중시했다. 그리고 나이지리아, 이스라엘, 프랑스에서만 여성들이 남성보다 친절을 더 중시했다. 그러나 남녀 통틀어 그 어떤 문화에서도 친절이 13가지 자질 가운데 세 손가락 안에 들지 않는 경우는 없었다.

친절은 오래 지속되는 인성 특질로서 여러 가지 요소로 이루어지지만, 그 가운데 가장 핵심 요소는 자원의 헌신을 들 수 있다. 친절은 자식에 대한 애정, 자신보다 배우자를 위하려는 마음씨, 자기가 바라는 것만 이기적으로 채우려 하기보다는 배우자가 바라는 것을 위해서 기꺼이 에너지와 노력을 투자하려는 자세들을 내포한다.[52] 달리 말하면 친절은 상대를 위해서 에너지와 자원을 사심 없이 헌신하려는 장래 배우자감의 능력과 의향을 알려 준다.

어떤 남자가 친절하지 않다는 것은 그가 이기적이고, 헌신할 능력이나 의향이 없으며, 배우자에게 장차 손실을 끼칠 우려가 크다는 사실을 알려 준다. 예컨대 앞에서 언급한 신혼부부에 대한 연구에서는 남편 스스로의 평가, 부인들의 평가, 남녀 면담자들의 평가를 바탕으로 불친절한 남편들을 판별해 낸 다음, 그 부인들이 남편에 대해 어떤 불만을 갖고 있는지 조사하였다. 불친절한 남성과 결혼한 여성들은 남편이 자신을 구타하거나, 찰싹 때리거나, 폭언을 퍼붓는 등 신체적으로 언어적으로 학대한다고 불평을 토로하였다. 불친절한 남성들은 잘난 척이 심하고, 부인의 의견을 멍청하거나 보잘것없다고 무시하는 경향이 있다.

그들은 또한 이기적이며 부부 공동의 재산을 독점하려 한다. 배려심이 부족해서 집안일을 전혀 도우려 하지 않는다. 매사에 부주의해서 약속 시간에 종종 나타나지 않곤 한다. 마지막으로 혼외정사를 더 자주 갖는 경향이 있으며, 이는 한 여자에게만 헌신할 능력이나 의향이 없음을 알려 주는 것이다.[53] 불친절한 남자들은 자기만 챙기기 때문에 다른 더 큰 문제에 대해 신경을 쓸 여력이 없다.

섹스는 여성이 제공할 수 있는 가장 귀중한 번식 자원 가운데 하나이기 때문에 여성들에게는 섹스를 아무한테나 줘 버리지 않게끔 통제하는 진화된 심리 기제가 있다. 사랑, 진실성, 그리고 친절을 요구하는 것은 여성이 제공하는 섹스라는 자원의 가치에 상응하는 자원들을 남성이 헌신해 줄 것을 요구하는 방편이다. 사랑과 친절을 요구함으로써 여성들은 아이들의 생존과 번식에 필요한 자원을 남성으로부터 꾸준히 제공받아야 한다는 적응적 문제를 해결한다.


## 여성이 권력을 가졌을 때

여성이 자원을 가진 남성을 선호하는 현상에 대해 다른 대안 가설이 제시되었는데, 이른바 여성의 구조적 권력 결핍(structural powerlessness)에 그 근거를 두고 있다.[54] 이 가설에 따르면, 남성들이 권력과 자원을 거의 독차지하고 여성들은 이로부터 배제되기 때문에 여성들이 권력이나 지위, 그리고 수입 능력이 있는 배우자를 찾는다는 것이다. 여성들은 자원을 얻기 위해 자신보다 사회경제적 지위가 높은 남자와 결혼한다. 남성들은 자원을 이미 통제하고 있기 때문에 여성보다는 배우자의 경제적 자원을 덜 중시한다.

서아프리카의 카메룬에 위치한 바퀘리 사회는 여성들이 실제로 권력을 쥐었을 때 어떤 일이 일어나는지를 보여 준다. 바퀘리 여성들은 남성들보다 더 많은 권력과 경제력을 쥐고 있는데, 이는 남성들보다 자원을 더 많이 가지고 있을 뿐만 아니라 수도 상대적으로 더 적기 때문이다.[55] 여성은 작물 재배 농장에서 직접 일할 뿐만 아니라 짭짤한 수입원인 일시적 섹스를 통해서도 자원을 획득한다. 재배 농장에서 일자리를 얻기 위해 외부로부터 계속해서 남성들이 유입되어 대략 여성 100명당 남성 236명이라는 성비 불균형이 존재한다. 이처럼 극심한 성비의 불균형 때문에 여성들은 배우자에 대한 선택의 폭이 넓다. 즉 여성들은 남성들보다 돈도 더 많으며 선택할 수 있는 잠재적인 배우자 숫자도 더 많다. 그래도 바퀘리 여성들은 자원을 가진 남자를 끈덕지게 선호한다. 아내들은 종종 남편들이 생활비를 적게 준다고 불평한다. 실제로 여성들이 가장 빈번하게 드는 이혼 사유는 남편의 경제적 부양 능력이 부족하다는 것이다. 바퀘리 여성들은 더 많은 돈을 벌어 올 수 있고 더 많은 지참금을 내놓을 수 있는 남자를 찾으면 바로 남편을 갈아 치운다. 여성들은 자원을 지닌 남성에 대한 진화된 선호를 만족시킬 수 있는 위치에 있으면 당연히 그렇게 한다. 경제적 자원을 주도적으로 통제하고 있다고 해서 이처럼 강력한 배우자 선호를 막지는 못한다.

미국 내에서 직업적으로나 경제적으로 성공한 여성들도 여전히 남성의 자원을 중시한다. 앞서 언급한 신혼부부 연구에서는 신부의 수입도 함께 조사되었는데, 이로부터 경제적으로 성공한 신부들을 판별한 다음 그들의 배우자 선호를 따로 조사하여 수입이 낮은 신부의 배우자 선호와 비교하였다. 경제적으로 성공한 여성들은 보통 1년에 5만 달러 이상 벌었으며, 그중 일부는 10만 달러 이상의 수입을 올렸다. 이들은 교육 수준이 높고, 대개 전문직 자격증을 소지하고, 자존심도 매우 높았다. 연구 결과에 따르면, 성공한 여성들은 키가 크고 독립적이고 자신에 찬 남성을 기본적으로 원할 뿐만 아니라, 그다지 성공하지 못한 여성들보다 사회적 지위도 높고, 지능도 높은 남성을 훨씬 더 강하게 원했다. 더욱 인상적인 결과는 이들 여성들이 경제적으로 그리 성공하지 못한 여성들에 비해 고소득 남성을 선호하는 경향이 훨씬 더 강했다는 것이다. 이와 별도로 이루어진 다른 연구에서 심리학자 마이클 위더만과 엘리자베스 앨제이어는 졸업 후 가장 높은 소득을 올릴 것으로 기대되는 여학생들이 별로 소득이 높지 않으리라 생각되는 여학생보다 장래 신랑감의 경제적 전망에 대해 훨씬 더 관심을 기울인다는 사실을 발견하였다. 의대생이나 법대생들처럼 직업적인 성공을 거두게 될 여학생들도 배우자의 수입 능력을 대단히 중시했다.[56] 뿐만 아니라 경제적으로 성공한 남성들이 신붓감의 경제적 자원을 별로 중시하지 않는 것만큼이나, 경제적 자원이나 지위가 보잘것없는 남성들도 신붓감의 경제적 능력을 중시하지 않았다.[57] 이러한 사항들을 모두 종합해 볼 때 위에서 제시된 연구 결과들은 구조적 권력 결핍 가설을 지지하지 않을 뿐만 아니라 정면으로 반박하고 있음을 알 수 있다.

대다수 문화에서 실제로 남성들이 권력을 장악하고 있으며 여성들은 권력으로부터 배제되고 있다는 측면에서 구조적 권력 결핍 가설도 일말의 진실을 담고 있다. 그러나 이 가설은 남성들이 더 하면 더 했지 결코 덜 하지 않게 다른 남성들까지 권력으로부터 배제시키려고 애쓴다는 사실은 설명하지 못한다. 또한 왜 애초에 남성들이 권력을 쥐게 되었는지, 왜 여성들은 직접 자원을 얻기 위해 크고 힘센 육체를 진화시키지 않았는지, 왜 여성 배우자에 대해 보이는 남성의 여러 가지 선호가 출현하게 되었는지 설명하지 못한다. 진화심리학은 이러한 일련의 사실들을 통합적으로 설명한다. 남성은 여성의 배우자 선호를 충족시키기 위해 자원을 통제하고자 애쓰고 다른 남성들을 자원으로부터 배제시키려 애쓴다. 인간 진화의 역사에서 자원을 그러모으지 못한 남성은 배우자를 이끌지 못했다. 남성의 큰 몸집, 그리고 권력에 대한 남성들의 강렬한 욕구는 적어도 부분적으로는 여성들이 지난 수백만 년 동안 그러한 형질들을 선호해 왔기 때문이다.

## 여성의 여러 가지 선호들

이제 여성이 무엇을 원하는가라는 난제에 대해 어느 정도 해답의 윤곽이 드러났다. 여성들은 짝짓기를 통해 대단히 많은 번식 자원을 내주기 때문에 어느 남성과 짝짓기할지를 놓고 신중하게 이모저모 따져서 심사숙고 끝에 결정을 내린다. 가치 있는 자원을 가진 사람이 아무한테나 가리지 않고 자원을 줘 버리는 법은 없다. 현명하게 선택하지 못한 조상 여성이 번식적 통화(通貨)의 측면에서 입은 손실은 남편으로부터의 구타, 영양 결핍, 질병, 자식 학대, 유기 등 너무나 컸을 것이다. 현명하게 선택한 조상 여성은 영양 공급, 보호, 아이에 대한 남편의 투자와 같은 막대한 이득을 얻었을 것이다.

장기적인 배우자는 여성에게 자원의 보고를 안겨다 줄 수도 있다. 원하는 만큼의 자원을 가진 장기적인 배우자를 고르는 일은 확실히 매우 복잡한 작업이다. 적어도 10가지 이상의 다른 선호가 동원되며, 각각의 선호는 조상 여성이 중대한 적응적 문제를 해결하기 위한 특정한 자원을 얻을 수 있도록 개별적으로 진화한 것이다.

여성이 장기적인 배우자로부터 자원을 얻는다는 사실이 너무 당연하게 들릴지도 모른다. 그러나 여성이 항상 명약관화하게 남성이 갖고 있는 자원을 판별할 수는 없기 때문에 여성의 짝짓기 선호는 자원을 가지고 있을 가능성을 시사하거나 앞으로 자원을 얻을 것임을 알려 주는 자질들에 정교하게 맞추어 다듬어졌다. 실제로 여성들은 돈 그 자체보다는 야망이나 지위, 지능, 혹은 나이처럼 자원을 모으게 해 주는 자질들에 더 영향을 받는 듯하다. 이러한 자질들로부터 남성의 잠재 능력을 엿볼 수 있기 때문에 여성들은 이들을 세세하게 따지고 살핀다.

그러나 잠재력만으로는 충분하지 않다. 자원을 많이 획득할 잠재력을 가진 남성들은 자신들 또한 여성을 까다롭게 고르기 마련이고 종종 일시적 섹스에 탐닉할 것이기 때문에, 여성들은 자신에게 헌신할 상대를 골라야 한다는 또 다른 문제에 직면한다. 사랑과 진실성을 추구하는 것은 헌신의 문제에 대한 두 가지 해결책이다. 진실성은 남자가 헌신할 의향이 있음을 알려 준다. 그가 나를 사랑하고 있다는 것은 이미 나에게 헌신하고 있음을 알려 준다.

나를 사랑하고 헌신해 주는 남성이 신체적으로 다른 남자들에게 쉽게 제압당하는 약골이었다면, 조상 여성으로서는 그냥 넘기기 어려운 문제였을 것이다. 신체적으로 강건하지 못한 작고 허약한 남성과 결혼한 여성은 다른 남자들로부터 피해를 받거나 부부의 공동 자원을 한꺼번에 잃어버릴 위험을 감수해야 했다. 키가 크고, 강하고, 운동 능력이 뛰어난 남성은 조상 여성을 보호할 수 있었다. 즉 부부 공동으로 쏟아 부은 노력과 자원을 외부의 위해로부터 지킬 수 있었던 것이다. 남성의 힘이나 강건함을 일부나마 고려해서 배우자를 택한 여성은 좀더 성공적으로 생존하고 번식할 수 있었다.

자원과 헌신, 그리고 보호를 다 받는다 해도 남편이 몹쓸 병에 걸리거나, 사망한다거나, 부부가 서로 너무 안 맞아서 가족의 기능을 제대로 수행할 수 없다면 여성에게는 하등의 쓸모가 없다. 여성은 남성의 건강도 매우 중시함으로써 남편이 그러한 혜택들을 장기간에 걸쳐 꾸준히 제공할 수 있도록 한다. 여성은 장래의 남편감과 서로 관심사나 성격이 일치하는지도 아울러 중시함으로써 부부 공동의 목표가 잘 포개어지도록 한다. 이처럼 현대의 여성들이 배우자를 선호할 때 고려하는 여러 가지 복잡한 측면들은 수백만 년 전에 우리의 조상 여성들이 풀어야 했던 각양각색의 적응적 문제들과 정확하게 맞물린다.

한편 우리의 조상 남성들은 전혀 다른 성격의 적응적 문제들을 풀어야 했다. 이제 초점을 옮겨서 조상 남성들의 관점에서 그들이 어떤 여성을 배우자로 선택했어야 했을지 고민해 보자.

# 그리고
# 남자가
# 원하는 것

**아름다움은 보는 사람의 적응에 달렸다.**

— 도널드 시먼즈, 『남자는 무엇을 원하는가?』

남자들이 왜 결혼하는지는 어려운 문제다. 우리의 조상 남성들은 번식하기 위해 여성을 임신시키기만 하면 끝이었기 때문에 어떤 여자에게도 헌신하지 않는 일시적 섹스만으로도 충분했을 것이다. 그러나 자연선택은 남성으로 하여금 결혼을 욕망하게 하고 오랜 기간 동안 한 여자에게 기꺼이 투자하게 만들었다. 이 사실은 이렇게 행동하는 편이 일시적 섹스를 나눌 상대를 찾아 헤매는 편보다 적어도 어떤 상황에서는 강력한 적응적 이득을 제공했으리라는 것을 알려 준다.

이 난제에 대한 해결책은 여성들이 만든 제한 규정에서 찾을 수 있다. 대다수 조상 여성들이 성 관계를 갖기 전에 남성으로부터 계속적인 헌신을 증명할 믿을 만한 표시를 요구했을 것이 분명하기 때문에 여성에게 결코 헌신하려 하지 않는 남성들은 짝짓기 시장에서 성공하기가 어려웠을 것이다. 여성의 요구 조건을 만족시키지 못한 남성은 가장 뛰어난 여성을 유혹하지 못하는 것은 물론이고, 아예 단 한 명의 여성도 유혹하지 못했을 수도 있다. 성 관계를 허락하기 전에 여성들이 제시하는 이 같은 요구 조건 때문에 단기적인 짝짓기 전략만을 배타적으로 추구하는 방안은 남성들에게 엄청난 손실을 가져다주었을 것이다. 번식 노력의 경제학적 논리에 따르면, 장기적인 배우자를 따로 두지 않는 방안에 따르는 비용이 너무 커서 차라리 장기적인 배우자를 두는 편이 더 나았을 것이다.

남성의 입장에서 결혼을 하지 않는 방안에 따르는 또 다른 손실은 자식들의 생존 및 번식적 성공이 크게 저하된다는 점이다. 인간의 조상 환경에서 양친 혹은 양가 친척들이 자식의 양육에 장기간 투자하지 않았다면 유아나 어린아이들이 사망할 가능성이 더 높았을 것이다.¹ 오늘날에도 파라과이의 아체 인디언들에서는 자식이 있는 남자가 부족 간의 싸움에서 죽게 되면 엄마가 살아 있더라도 마을 사람들이 서로 합의해서 아이들을 죽인다. 인류학자 킴 힐이 보고한 사례에서는 13살 된 아들을 둔 아버지가 부족 싸움에서 죽자 아들도 살해되었다. 평균적으로 아버지가 없는 아체 아이들은 아버지가 생존해 있는 아이들보다 사망률이 10퍼센트 이상 더 높다. 아체 족에 작용하는 자연의 냉혹한 힘(hostile forces of nature)인 셈이다.

인간의 진화 역사에서 아버지의 투자를 받지 못한 아이들은 요행으로 살아남았다 해도 아버지의 가르침과 사회적인 유대가 없어 큰 어려움을 겪었을 것이다. 이 두 가지 유형의 자산은 후에 아이가 성장해서 짝짓기 문제를 해결하는 데 큰 도움이 되는 것들이다. 고금을 막론하고 다수의 문화권에서 아버지는 아들딸에게 이득이 되는 결혼을 성사시키는 데 큰 힘이 되어 준다. 아버지가 없는 아이들은 이러한 이득을 누릴 수 없다는 타격을 입는다. 이러한 진화적 압력이 수천 세대에 걸쳐 작용하면서 결혼을 택한 남성들이 점점 더 후대에 많은 자손을 남기게 되었을 것이다.

결혼의 또 다른 이득은 남성이 유혹할 수 있는 배우자의 질이 향상된다는 것이다. 짝짓기 시장에서 작용하는 경제학적 논리에 의해 일시적인 상대를 구하는 능력에 비한 장기적인 상대를 구하는 능력은 남녀 간에 서로 비대칭을 이룬다.[2] 대다수 남성들은 장기적인 관계에 기꺼이 헌신할 의향만 있다면 훨씬 더 바람직한 배우자를 구할 수 있다. 왜냐하면 여성들은 대개 남성이 지속적으로 헌신해 주길 바라며, 남성들로부터 바람직한 배우자로 여겨지는 여성들 역시 이러한 요구 조건을 한껏 내세우기 때문이다. 반면에 대다수 여성들은 헌신 없는 단순한 성 관계만 요구한다면 훨씬 더 바람직한 일시적인 짝짓기 상대를 구할 수 있다. 왜냐하면 지위가 높은 남성들은 한 여자에게 헌신하지 않는 극히 일시적인 관계라면 기꺼이 자신의 눈높이를 낮추어 여러 여성들과 성 관계를 갖고자 하기 때문이다. 사회적 지위가 높은 남성들은 결혼 상대자를 구할 때 대다수 여성들은 만족시키기 힘든 까다로운 조건을 요구하는 것이 일반적이다.

우리의 조상 남성들이 장기적인 배우자를 구할 때 구체적으로 어떤 자질을 욕망했는가는 여전히 우리가 풀어야 할 숙제다. 번식적으로

성공을 거두기 위해서 조상 남성은 아이를 가질 능력이 있는 여성과 결혼해야 했다. 아이를 많이 낳을 수 있는 여성은 아이를 거의 또는 전혀 못 낳는 여성에 비해 번식적 통화의 측면에서 더욱 가치 있다. 남성들로서는 이러한 여성의 번식 능력을 판단할 기준이 필요하다.

이 문제에 대한 해결책은 생각보다 어렵다. 조상 남성들은 어떤 여성이 가장 높은 번식 가치(reproductive value)를 지니는지 파악할 마땅한 방도가 거의 없었다. 이마에 평생 낳으리라 예상되는 자식 수를 써 붙이고 다니는 여성은 없다. 여성의 사회적 지위를 통해 앞으로 낳을 자식 수를 유추할 수도 없다. 가족을 살펴봐도 별로 도움이 되지 않는다. 사실 당사자인 여성도 자기의 번식 가치를 직접적으로 알지는 못한다.

직접 판별할 수 없는 이러한 자질에 대한 선호가 진화하였다. 우리의 조상 남성들은 여성의 번식 가치를 알려 주는 단서를 감지하는 기제를 진화시켰다. 어떤 단서는 눈으로 봐서 알 수 있는 특질이다. 두 가지 명백한 단서는 젊음과 건강이다.[3] 의심할 여지없이 늙었거나 건강하지 않은 여성은 젊고 건강한 여성만큼 번식하기는 어렵다. 우리의 조상 남성들은 번식적으로 가치 있는 여성을 찾아야 한다는 적응적 문제를 젊고 건강한 여성을 선호함으로써 부분적으로 해결했다.


## 젊음

젊음은 매우 핵심적인 단서이다. 여성의 번식 가치는 20세 이후에는 나이가 들어 감에 따라 꾸준히 감소한다. 40세에 이르면 현저하게 낮아져서 50세에 이르러 거의 0에 가까워진다. 이렇게 여성의 번식 능력은 평생 유지되는 게 아니라 일부 기간에만 집중되어 있다.

남성의 선호는 이 단서에 초점을 맞춘다. 미국 남성들은 연하의 배우자를 맞이하고 싶다는 욕망을 예외 없이 드러낸다. 1939년에서 1988년까지 미국 동부와 서부의 대학들을 모두 조사한 결과, 남자 대학생들이 선호하는 나이 차는 약 2.5년 정도였다.[4] 평균적으로 21세의 남성은 18.5세의 여성을 선호하는 셈이다.

여성의 나이에 대한 남성의 집착은 서구 문화권에만 국한되지 않는다. 인류학자 나폴레옹 샤농은 아마존의 야노마뫼 족 남성들이 어떤 여성을 성적으로 가장 매력적이라 생각하느냐는 질문을 받고서 조금도 주저하지 않고 이렇게 답했다고 했다. "그거야 **모코 두드(moko dude)**한 여자들이죠."[5] 모코 두드는 한창 무르익은 과일이나, 여성의 경우 사춘기를 지나 아직 출산의 경험은 없는 대략 15~18세의 소녀를 뜻한다. 다른 수렵-채집 사회와의 비교 연구 결과, 야노마뫼 남성들에서만 이러한 선호가 존재하는 것은 아니었다.

나이지리아, 인도네시아, 이란과 인도 남성들도 비슷한 선호를 나타냈다. 배우자 선택에 대한 국제 연구에서 조사된 37개 문화 모두에서 남성들은 예외 없이 자신보다 어린 여성을 아내로 선호했다. 예를 들어 23.5세의 나이지리아 남성은 자기보다 약 6.5세 어린 여성, 즉 17세를 갓 지난 여성을 아내로 맞고 싶어 했다. 21.5세의 구(舊)유고슬라비아 남성은 약 19세의 여성과 결혼하길 원했다. 중국, 캐나다, 그리고 콜롬비아 남성들도 나이지리아와 구유고슬라비아 남성들과 마찬가지로 연하의 여성에 대한 강한 선호를 나타냈다. 평균적으로 37개 문화의 남성들은 자기보다 약 2.5세 어린 아내를 원했다.

남성들이 어린 여성을 아내로 맞고 싶어 하는 것은 보편적인 현상이기는 하지만 문화에 따라 선호의 강도는 조금씩 다르다. 핀란드, 스웨덴, 노르웨이의 스칸디나비아 남성들은 자기보다 겨우 1~2세 어린 신부를 맞고 싶어 한다. 한편 나이지리아와 잠비아의 남성들은 각각 6.5세와 7.5세 어린 신부를 선호한다. 일부다처제를 채택하고 있는 나이지리아와 잠비아에서는 남자가 능력만 있다면 여러 여자와 결혼하는 것이 법적으로 허용된다. 일부다처제 사회에서 남성이 여러 아내를 감당할 만큼 자원을 축적할 즈음이면 일반적으로 일부일처제 사회에서 남성이 결혼할 때보다 나이가 더 많다. 그러므로 나이지리아와 잠비아의 남성들이 선호하는 신부와의 나이 차가 다른 나라보다 더 큰 것은 아내를 얻을 때가 되면 그들이 이미 나이를 제법 먹는다는 사실에서 기인한다.[6]

신문에 실리는 구혼 광고를 통계적으로 조사해 보면 남성의 나이가 그가 선호하는 신부와의 나이 차에 큰 영향을 끼침을 알 수 있다. 남성이 나이 들수록 자기보다 점점 더 어린 여성을 배우자로 선호한다. 30대 남성들은 대략 5살 어린 여성을 선호하는 반면에, 50대 남성들은 10~20살 어린 여성을 선호한다.[7]

실제 결혼 양상을 분석한 결과에서도 남성은 나이가 들수록 점점 더 어린 여성을 선호하는 경향이 있음을 확인할 수 있다. 미국의 경우 초혼인 남성들은 신부보다 대략 3살 많지만, 재혼인 남성들은 신부보다 5살 많고, 세 번째 결혼에서는 8살이 더 많다.[8] 젊은 여성에 대한 남성의 선호가 실제 결혼까지 이어지는 것은 전 세계 보편적으로 관찰된다. 예컨대 1800년대 스웨덴의 교회에서 기록된 문서에 따르면 이혼한 후에 재혼한 남성들은 평균적으로 10.6세 어린 신부를 새로 맞이했다.
신랑과 신부의 나이를 확인할 수 있는 전 세계 모든 국가에서 신랑은
신부보다 나이가 많았다.[9] 유럽의 경우 폴란드에서는 대략 2살, 그리스
에서는 대략 5살 차이가 났다. 전 세계 모든 나라들을 통틀어 신랑은 신
부보다 평균적으로 3살 나이가 많으며, 이는 곧 전 세계 남성들이 보편
적으로 희망하는 나이 차와 일치한다. 일부다처제 문화에서는 나이 차
가 더욱 크다. 예를 들어 오스트레일리아 북부의 티위 족에서는 지위가
높은 남성의 경우 20살 내지 30살 어린 아내를 두는 일이 흔하다.[10] 요약
하자면 현대의 남성들이 젊은 여성을 선호하는 이유는 여성의 번식 가
치를 알려 주는 유력한 단서로서 여성의 나이에 초점을 맞추었던 조상
남성들의 선호를 그대로 물려받았기 때문이다. 이러한 심리적인 배우
자 선호가 실제 일상생활의 짝짓기 결정으로 이어진다.


## 신체적 아름다움에 대한 판단 기준


젊음에 대한 선호는 여성의 번식 능력을 가늠하기 위해 진화한 남성의
여러 선호 가운데 가장 쉽게 판별이 가능한 한 가지에 불과하다. 진화
적 논리를 차근차근 밟다 보면 아름다움에 대한 보편적인 판단 기준과
관련하여 여러 가지 강력한 예측들을 내놓을 수 있다. 아름다운 경치에
대한 우리의 판단 기준이 먼 조상들이 살았던 사바나 초원에서 흔히 볼
수 있었던 물, 사냥감, 피난처 등의 요소들을 매우 중시하듯이 여성의
아름다움에 대한 판단 기준도 여성의 번식 능력을 알려 주는 단서들에

집중된다.[11] 아름다움은 보는 사람의 눈에 달렸을지 모르지만, 그 눈과 마음은 수백만 년에 걸친 인간의 진화에 의해 형성되었다.

우리의 조상들은 여성의 건강과 젊음을 입증해 주는 가시적인 증거로서 두 가지에 기댈 수 있었다. 우선 도톰한 입술, 깨끗한 피부, 부드러운 살결, 맑은 눈, 윤기 흐르는 머리카락, 탄력 있는 근육 등과 같은 신체적인 외양을 들 수 있다. 또 다른 증거로서 밝고 경쾌한 걸음걸이, 생기 넘치는 얼굴 표정, 충만한 에너지 같은 행동적 특질이 있다. 젊음과 건강, 곧 번식 능력에 대한 이러한 신체적 단서들이 여성의 아름다움에 대한 남성의 판단 기준을 이룬다.

신체적, 행동적 단서들이 여성의 번식 가치에 대해 가장 강력한 증거가 되기 때문에 조상 남성들은 이러한 단서들을 지닌 여성을 선호하게끔 진화하였다. 높은 번식 가치를 암시하는 자질을 별로 선호하지 않은 남성들, 즉 피부도 거칠고 근육에 탄력도 없는 데다가 머릿결도 푸석푸석한 여성을 선호한 남성들은 더 적은 수의 자식들을 남겼을 테고, 따라서 진화 과정에서 점차 축출되었을 것이다.

생물학자 클리랜드 포드와 프랭크 비치는 이러한 아름다움의 진화사와 정확히 조응하는 몇 가지 보편적인 단서들을 발견했다.[12] 깨끗하고 부드러운 피부 같은 젊음의 신호들, 그리고 종기가 없거나 사지가 멀쩡한 것 같은 건강의 신호들은 세계 어디서나 매력적인 특질로 받아들여진다. 핏기 없는 안색은 언제나 성적인 거부감을 들게 한다. 여드름, 버짐, 얼굴에 난 상처, 지저분함 등은 세계 어디서나 불쾌함을 불러일으킨다. 청결하고 질병에 걸리지 않은 상태는 전 세계적으로 매력적으로 받아들여진다.

예컨대 인류학자 브로니스로 말리노프스키는 멜라네시아 북서부의 트로브리안드 제도의 사람들 사이에 "종기, 궤양, 피부 발진 등은 성적인 접촉 시 특히 역겹게 받아들여진다."고 보고했다.[13] 반대로 아름다움의 '필수 조건'은 "건강, 풍성한 머리카락, 튼튼한 치아, 부드러운 피부"였다. 얇고 부르튼 입술보다는 도톰하고 예쁜 입술과 빛나는 눈처럼 상세하게 규정된 다른 자질들도 매우 중요했다.

젊음에 대한 단서는 여성의 매력을 평가하는 데 가장 핵심적인 요소이다. 남녀 모두에게 나이가 서로 다른 여성들의 사진들을 평가하도록 한 실험에서 여성의 나이가 많을수록 외모에서 느껴지는 매력은 떨어지는 것으로 나타났다.[14] 매력 지수가 떨어지는 현상은 판단하는 사람의 나이나 성에 관계없이 관찰되었다. 다만 사진 속 여성의 나이가 많아짐에 따라 남성이 여성의 얼굴에 대해 평가하는 점수는 여성이 평가하는 것보다 더 급격히 하락했다. 이로부터 남성들이 여성의 나이를 번식 능력의 단서로서 매우 중요하게 생각한다는 것을 알 수 있다.

대다수 전통적인 심리학 이론들은 매력의 판단 기준은 문화적 전달을 통해 점진적으로 학습되기 때문에 적어도 3~4살이 될 때까지는 제대로 형성되지 않는다고 가정했다. 심리학자 주디스 랑글루아와 동료들은 얼굴 모습에 대한 유아의 반응을 연구하여 이러한 고정관념을 뒤엎었다.[15] 그들은 어른 참여자들에게 백인과 흑인 여성의 얼굴을 담은 컬러 슬라이드를 보여 준 다음 그 매력도를 평가하게끔 했다. 그러고 나서 2~3개월 된 유아들과 6~8개월 된 유아들에게 어른들에 의해 매력도가 다르게 평가된 한 쌍의 얼굴을 보여 주었다. 그 결과, 개월 수에 상관없이 유아들은 모두 매력적인 얼굴을 좀더 오래 쳐다보았으며,

이는 미(美)에 대한 판단 기준이 아주 어릴 때부터 출현함을 암시한다. 두 번째 연구에서는 12개월 된 유아들이 매력적이지 못한 가면을 쓴 낯선 사람과 어울릴 때보다 매력적인 가면을 쓴 낯선 사람과 어울릴 때 더 즐거워하고, 놀이에 더 몰입하고, 스트레스를 덜 받고, 거부 반응을 덜 나타낸다는 사실을 발견했다.[16] 세 번째 연구에서는 12개월 된 유아들이 못생긴 인형보다 매력적인 인형을 통계적으로 유의미한 수준으로 더 오래 갖고 논다는 사실을 밝혔다. 미에 대한 이러한 기준이 출현하는 데에는 어떤 훈련도 필요한 것 같지 않다. 이러한 증거들은 매력에 대한 사고가 현 시대의 문화적 기준에 점차적으로 노출됨에 따라 후천적으로 습득된다는 통념에 강한 반론을 제기한다.

아름다움을 이루는 요소는 임의적이지도 문화에 속박되어 있지도 않다. 심리학자 마이클 커닝햄은 여러 인종의 연구 참여자들에게 다양한 인종으로 구성된 여성들의 사진을 보여 주며 얼굴의 매력 정도를 각기 평가해 달라고 요청했다. 그는 누가 예쁘고 누가 못생겼는가에 대해 뚜렷한 합의가 이루어짐을 발견했다.[17] 예컨대 아시아 남성과 미국 남성은 어떤 아시아 여성과 어떤 미국 여성이 가장 매력적이고 가장 못생겼는가에 대해 서로 의견이 일치했다. 의견 일치는 중국, 인도, 영국 남성 사이에서도, 남아프리카와 미국 남성 사이에도, 백인과 흑인 미국 남성 사이에서도 이루어졌다.[18]

여성의 아름다움에 대한 진화 이론은 최근에 이루어진 획기적인 연구들에 의해 뒷받침되고 있다. 무엇이 매력적인 얼굴을 만드는지 알아보기 위해 연구자들은 컴퓨터 그래픽 기술을 사용하여 사람의 얼굴을 인위적으로 만든 다음 이러한 얼굴들을 서로 중첩시켜 새로운 얼굴을 합성하였다. 새로운 얼굴을 만들 때 중첩시킨 얼굴의 수는 4개, 8개, 16개, 혹은 32개 등으로 모두 달랐다. 그러고 나서 사람들에게 새로 합성한 얼굴들뿐만 아니라 이 얼굴들을 만드는 데 사용한 원래 얼굴들의 매력 정도를 평가해 달라고 요청했다. 결과는 놀라웠다. 새로 합성한 얼굴들은 한결같이 원래의 얼굴들보다 더 매력적인 것으로 판정되었다. 16개 얼굴의 합성물은 4개 혹은 8개 얼굴의 합성물보다 더 매력적이라 평가되었으며, 32개 얼굴의 합성물이 가장 매력적이라고 평가되었다. 여러 개의 얼굴이 중첩되는 과정에서 각 얼굴의 고르지 못한 부분들이 사라지고 대칭적으로 변했기 때문에 이 연구의 결과, 평균적이거나 대칭적인 얼굴이 실제 얼굴보다 더 매력적으로 여겨진다는 것을 알 수 있었다.[19]

왜 대칭적인 얼굴이 더 매력적으로 여겨지는가를 설명하기 위해 심리학자 스티브 갱지스태드와 생물학자 랜디 손힐은 얼굴 및 신체의 대칭성과 매력도 사이의 연관 관계를 조사하였다.[20] 발달 과정에서 받는 환경적 악영향으로 신체 각 부분은 비대칭적으로 발달하게 된다. 이러한 악영향에는 상처나 기타 다른 신체적 상해뿐만 아니라 우리 몸에 서식하는 기생체도 포함된다. 기생체가 신체적 비대칭을 초래하기 때문에 비대칭의 정도는 개인의 건강 상태를 알려 주는 단서로 쓰일 뿐만 아니라, 발달 과정에서 각종 스트레스성 요인들에 얼마나 방해를 받았는가에 대한 척도로도 쓰일 수 있다. 예컨대 밑들이와 제비에서 수컷들은 대칭적인 암컷을 선호하고 비대칭적인 암컷은 기피하는 경향이 있다. 우리 인간 종에서도 마찬가지다. 갱지스태드와 손힐은 연구 참여자들의 발의 폭, 손의 폭, 귀의 폭, 귀의 길이 등등을 측정한 다음, 그와 별도로 그들의 매력 정도를 조사하였다. 그 결과, 덜 대칭적인 사람이 덜 매력적으로 여겨진다는 사실을 발견했다. 인간의 비대칭도는 나이가 들수록 증가한다. 늙은 사람의 얼굴은 젊은 사람의 얼굴보다 훨씬 더 비대칭적이므로, 대칭도는 젊음을 알려 주는 또 다른 단서가 된다. 이러한 실험적 증거들은 건강에 대한 단서와 젊음에 대한 단서 모두 매력의 판단 기준을 이룬다는, 그리고 그 판단 기준은 생애 아주 초기부터 생겨난다는 진화 이론을 다시 한번 확증시켜 준다.

## 몸매

얼굴의 아름다움은 전체 그림의 일부에 지나지 않는다. 신체의 다른 특질들도 여성의 번식 능력에 대해 수많은 단서를 제공해 준다. 여성의 신체적인 매력에 대한 기준은 문화마다 다르며, 통통한가 혹은 날씬한가, 살색이 밝은가 혹은 어두운가와 같이 여러 가지 차원에서 변한다. 눈이나 귀, 또는 생식기처럼 특정 신체적 특질을 강조하는 것도 문화마다 다르다. 예컨대 아프리카 남서부에 사는 호텐토트 족의 한 갈래인 나마 족에서는 길게 늘어진 대음순(大陰脣)이 성적으로 매력적이라 간주되어, 여성들은 예뻐지기 위해 음순을 잡아당기고 만지작거리곤 한다. 많은 문화에서 남성들은 크고 탄력 있는 유방을 선호하지만, 동부 수단의 아잔데 족이나 우간다의 간다 족 남성들은 축 늘어져 흔들거리는 유방을 더 선호한다.[21]

문화에 따라 가장 변이가 심한 미의 기준은 통통한 혹은 날씬한 몸매에 대한 선호인 것 같다. 이러한 신체적 변이는 몸매를 통해 알 수 있는 사회적 지위와 연관된다. 오스트레일리아의 부시먼처럼 음식이 귀한 문화에서는 통통한 몸매가 부, 건강, 그리고 발달상 적절한 영양 섭취를 의미한다.[22] 미국이나 서유럽 국가처럼 음식이 비교적 풍부한 문화에서는 통통한 몸매와 사회적 지위 관계가 역전되어 부유한 사람들은 마른 몸매를 유지하여 자신을 남들과 구별 지으려 한다.[23] 남성들이 특정 양의 체지방 자체에 대한 선호를 진화시키지는 않은 듯하다. 그보다는 지위와 연관되는 신체적 특질에 대한 선호가 진화했다. 어떤 특질이 지위와 어떻게 연관되는지는 문화에 따라 체계적으로 변한다. 당연한 말이지만 이러한 선호를 발현시키는 데 의식적인 계산이나 의식은 필요치 않다.

심리학자 폴 로진과 동료들의 연구는 통통한 혹은 날씬한 여성의 몸매에 대한 남녀의 선호 뒤에 숨겨진 어두운 측면을 밝혀 주었다.[24] 그들은 미국인 남녀에게 매우 마른 몸매에서 매우 뚱뚱한 몸매까지 단계적으로 변하는 9가지 여성 그림을 보여 주었다. 그리고 여성들에게는 자신이 원하는 이상적인 몸매와 남성들이 원할 것으로 예상하는 이상적인 몸매를 고르도록 하였다. 두 경우 모두에 대해 여성들은 평균보다 마른 몸매를 택했다. 하지만 남성들에게 가장 선호하는 몸매를 고르라고 하자 그들은 평균적인 몸매를 꼽았다. 사실은 그렇지 않은데 미국 여성들은 남성들이 마른 몸매의 여성을 원한다고 잘못 생각하고 있는 것이다. 이 연구 결과는 남성들이 깡마르고 여윈 여성을 원한다는 믿음에 이의를 제기한다.

심리학자 데벤드라 싱은 여성의 몸집에 대한 남성의 선호는 문화에 따라 달라지는 반면에 여성의 특정한 신체 형태에 대한 선호는 불변함을 발견했다. 엉덩이 치수 대 허리 치수의 일정한 비율에 대한 선호가 바로 그것이다.[25] 사춘기 전까지는 남자 아이들과 여자 아이들이 비슷한 지방 분포를 보인다. 하지만 사춘기에 이르면 대단히 큰 변화가 일어난다. 남자 아이들은 엉덩이와 넓적다리의 지방이 빠지는 반면에 여자 아이들은 에스트로겐의 영향으로 하체에, 특히 엉덩이와 넓적다리 상부에 지방이 축적된다. 실제로 여성들은 이 부위의 체지방이 남성들보다 40퍼센트 이상 많다.

그러므로 사춘기 이전에는 성별에 따라 허리 대 엉덩이 비율(waist -to-hip ratio)이 별반 다르지 않지만 사춘기를 지나면서 여성들의 경우 엉덩이에 지방이 축적되면서 점차 허리 대 엉덩이 비율이 낮아지게 된다. 건강하고 번식 가능한 여성은 0.67에서 0.80의 허리 대 엉덩이 비율을 보이는 반면에 건강한 남성은 0.85에서 0.95의 비율을 보인다. 허리 대 엉덩이 비율이 여성의 번식 상태를 신빙성 있게 알려 주는 지표임을 증명하는 증거들은 많다. 이 비율이 낮은 여성들은 내분비 활동이 빨리 시작되어 일찍 사춘기에 접어든다. 이 비율이 높은 기혼 여성들은 임신하는 데 어려움을 겪으며, 비교적 늦은 나이에 임신에 성공한다. 허리 대 엉덩이 비율은 미래의 건강 상태를 잘 알려 주는 지표이기도 하다. 당뇨병, 고혈압, 심장병, 발작, 담낭 기능 장애와 같은 질병들은 전체 몸에서 체지방이 차지하는 비율보다는 허리 대 엉덩이 비율 같은 체지방의 분포와 관련이 있음이 밝혀졌다. 이처럼 허리 대 엉덩이 비율은 건강 및 번식 상태를 잘 나타내 주기 때문에 우리의 조상 남성들이 배우자를 고르는 데 하나의 강력한 단서로 기능했을 것이다.

싱은 허리 대 엉덩이 비율이 여성의 매력 정도를 잘 드러내는 단서임을 발견했다. 그는 10개 이상의 연구들을 통해 남성들에게 허리 대 엉덩이 비율과 체지방의 총량이 조금씩 다른 여성들의 그림을 제시하고 그 매력 정도를 평가하게 했다. 남성들은 마르거나 뚱뚱한 여성의 그림보다 평균적인 몸매의 그림이 더 매력적이라고 답했다. 그렇지만 체지방의 총량에는 관계없이 허리 대 엉덩이 비율이 낮은 여성이 가장 매력적이라고 응답했다. 비율이 0.70인 여성들은 0.80인 여성들보다 더 매력적으로 여겨졌고, 0.80인 여성들은 0.90인 여성들보다 더 매력적으로 여겨졌다. 선으로 그린 그림으로 수행된 연구나 컴퓨터로 만든 사진으로 수행된 연구 모두 동일한 결과를 냈다. 마지막으로 싱은 과거 30년 동안 《플레이보이》에 게재된 누드모델과 미인 대회 입상자들을 분석했다. 그리고 이 기간 동안 모델이나 미인 대회 입상자들 모두 몸집은 점점 날씬해지는 경향이 있었지만, 허리 대 엉덩이 비율은 정확히 0.70에서 미동도 하지 않는다는 것을 확인했다.

남성의 진화된 선호에서 허리 대 엉덩이 비율이 중요한 또 다른 이유가 있을 수 있다. 여성이 임신을 하면 이 비율은 크게 변한다. 비율이 매우 높아지면 마치 임신한 것처럼 보여 배우자나 섹스 상대로서의 매력이 크게 떨어질 것이다. 반대로 낮은 비율은 건강, 번식 능력, 그리고 현재 임신하지 않은 상태임을 나타낸다. 여성의 매력에 대한 남성의 판단 기준은 수천 세대에 걸쳐서 이 믿을 만한 단서를 집어내게끔 진화하였다.

## 신체적 외형의 중요성

여성의 신체적 외형으로부터 여러 가지 단서를 얻을 수 있기 때문에 그리고 미에 대한 남성의 기준은 이러한 단서들에 발 맞춰 진화했기 때문에 남성은 배우자를 선택할 때 신체적 외형과 매력을 대단히 중시한다. 미국에서 신체적 매력, 신체적 외형, 멋진 생김새, 혹은 아름다움에 대한 남성의 선호는 무수히 보고된 바 있다. 1950년대에 5,000명의 대학생에게 미래의 남편 혹은 아내에게 희망하는 자질을 물었을 때, 남성들이 여성보다 훨씬 더 많이 언급한 자질은 신체적 매력이었다.[26] 남성들이 줄줄이 늘어놓은 단어들만으로도 그것이 얼마나 중시되는지를 알수 있다. 그들은 예쁘고, 매력적이고, 아름답고, 끝내 주고, 미모이고, 사랑스럽고, 매혹적이고, 육감적인 아내를 원했다. 미국의 여대생들은 적어도 그 당시에는 신체적 외형을 이상적인 남편감이 반드시 갖춰야 할 자질로 꼽지 않았다.

　　미국에서 1939년부터 1980년까지 50년간 실시된 한 연구에서는 남녀가 배우자의 여러 자질들에 대해 각각 얼마만큼의 비중을 두는지를 조사하였다. 배우자 선호가 미국 내에서 시간에 따라 어떻게 변하는지 알아보기 위해 동일한 18가지 자질을 10여 년의 간격을 두고 측정하였다. 이 모든 경우에서 남성들은 여성보다 장래 배우자의 신체적 매력과 외모가 더 중요하고 바람직하다고 답했다.[27] 남성들은 매력이 '중요하다'고 여겼는 데 반하여, 여성들은 '바람직하지만 그리 크게 중요하지는 않다'고 여겼다. 매력의 중요성에 대한 인식에서 나타나는 이러한 성차는 다음 세대로 넘어가도 일정하게 나타났다. 그 차이는 50년이라는 기간 내내 변하지 않았다. 상대적으로 남성이 신체적으로 매력적인 배우자를 더 선호하는 현상은 가장 꾸준하게 보고되어 온 심리학적 성차 가운데 하나이다.[28]

그러나 이것이 사람들이 매력에 대해 부여하는 중요성이 우리의 유전자에 의해 영원히 고정되어 있음을 뜻하지는 않는다. 미국이라는 나라 하나만 보더라도 매력이 차지하는 중요성은 시간이 흐름에 따라 엄청나게 증가해 왔다.[29] 1930년 이후 10년마다 남녀 모두에게서 신체적 매력의 중요성은 거의 동일하게 증가해 왔으며, 이는 텔레비전, 패션 잡지, 광고, 그리고 매력적인 모델들을 싣는 매체의 폭증과 상응한다. 예컨대 결혼 상대자의 잘생긴 외모가 얼마나 중요한지를 0.00에서 3.00 사이에서 평가하도록 한 설문 조사에서 남성 응답자들로부터 얻은 지수는 1.50에서 2.11로 증가했고 여성 응답자들로부터 얻은 지수는 0.94에서 1.67로 증가했다. 이러한 변천은 배우자 선호가 변할 수 있음을 보여 준다. 그러나 성차는 지금껏 변하지 않았다. 선호에 대한 남녀의 차이는 1930년대 말 이래로 계속 일정하다.

이러한 성차는 미국이나 서구 문화에만 국한되지 않는다. 지역이나 환경, 결혼 제도, 또는 문화적인 생활양식과 관계없이 배우자 선택에 대한 국제 연구에 포함된 37개 문화 모두에서 남성들은 장래의 배우자의 신체적 외형을 여성보다 더 중시했다. 아름다움에 부여하는 중요성의 평균 차가 전형적으로 나타나는 곳이 바로 중국인데, 중국 남성들은 여기에 2.06의 중요성을 부여한 반면, 여성들은 1.59를 부여했다. 이처럼 모든 나라에 걸쳐 일관되게 나타나는 성차는 설문 내의 선택 사항들의 순위나 설문의 구체적인 표현에 관계없이, 그리고 인종이나 민족,

종교, 반구, 정치 제도, 혹은 짝짓기 제도의 차이에 관계없이 관찰되었
다. 신체적으로 매력적인 배우자에 대한 남성들의 선호는 문화를 초월
하여 나타나는 종 특이적인 심리 기제이다.


## 남성의 지위와 여성의 미

남성이 여성의 매력에 중요성을 부여하는 데에는 여성의 번식 가치 외
에 또 다른 이유가 있다. 배우자가 남성의 사회적 지위에 끼치는 영향
은 매우 크다. 흔히 우리의 배우자는 우리 자신을 그대로 반영한다고
말한다. 남성들이 지위나 명성, 그리고 서열을 매우 신경 쓰는 까닭은
높은 지위가 여성들에게 매력적으로 보이게 해 주는 자원을 획득하는
중요한 수단이었기 때문이다. 그러므로 남성이 배우자가 자신의 사회
적 지위에 끼치는 영향, 곧 가외로 자원과 짝짓기 기회를 얻게 해 주는
역할에 대해 신경을 쓸 것이라 추론해도 별 무리가 없다.

　　지위와 보유 자원은 종종 직접적으로는 알아챌 수 없고 눈에 보이
는 다른 특성들로부터 유추해 낼 수밖에 없다. 인간 종에서 자원량을
유추할 수 있는 단서의 한 종류로 몸에 다는 장식물이 있다. 금팔찌, 비
싼 공예품, 근사한 자동차는 남녀 모두에게서 자원이 풍부함을 드러내
준다.[30] 남성들은 매력적인 여성이 높은 번식 가치를 지니고 있어서뿐
아니라 동성 경쟁자들과 잠재적인 이성 배우자들에게 자신의 지위를
알려 주는 신호가 되기 때문에 배우자로서 선호한다.[31]

　　친구에게 대단히 매력적인 자기 아내에 대해 불평을 늘어놓는 짐

의 이야기를 예로 들면 이해하기가 쉽다. "이혼해 버릴까 생각 중이야." 짐이 말했다. "우리는 서로 맞지 않아. 가치관이 다르고, 항상 다투기만 해." 그의 친구는 짐에게 공감하면서도 이렇게 충고했다. "짐, 문제가 있더라도 다시 한번 생각해 봐. 너랑 팔짱을 끼고 파티에 들어올 때 그 여자 정말 끝내 주던데." 짐과 그의 아내는 결국 이혼했지만, 그가 이혼을 몇 년간 늦췄던 것은 친구의 충고가 상당 부분 작용을 했기 때문이다. 짐은 그의 매력적인 아내와 헤어진다면 귀중한 사회적 자산을 잃어버리게 된다고 생각했던 것이다. 부자가 얻는 젊은 "우승 트로피" 아내는 높은 사회적 지위에 따르는 부산물이 아니라 그런 아내를 얻을 수 있는 위치까지 남성의 지위를 높여 주는 역할을 한다.

매력적인 아내가 남성의 사회적 지위에 끼치는 영향을 밝힌 실험적 증거가 있다. 사람들에게 신체적 매력이 서로 다른 '배우자'들과 함께 찍은 남자들의 사진을 보여 주고 그 남자의 여러 가지 자질에 대해 추측해 보라고 요청했다. 그 결과, 배우자의 신체적 매력이 남성의 사회적 지위를 유추하는 데 특히 큰 영향을 끼쳤다. 직업에서의 위상과 같이 사회적 지위와 관련된 범주에 대해 아름다운 아내와 함께 있는 못생긴 남성은 다른 모든 가능한 쌍들, 곧 못생긴 아내와 함께 있는 잘생긴 남성이나 못생긴 남편과 함께한 못생긴 여성, 심지어 아름다운 아내와 함께한 잘생긴 남성과 비교해서도 가장 높이 평가되었다. 사람들은 변변치 않아 보이는 남성이 기가 막힌 여성과 사귀고 있다면 그가 틀림없이 높은 지위를 갖고 있을 것이라 짐작한다. 아마도 매력적인 여성은 배우자로서의 가치가 매우 높아서 원하는 대로 상대 배우자를 고를 수 있으리라고 모두들 생각하기 때문일 것이다.

매력적인 배우자가 끼치는 영향을 입증하는 또 다른 증거는 여러 가지 짝짓기 행동이 남녀의 지위와 평판에 미치는 효과를 비교한 연구에서도 얻을 수 있다.[32] 인간의 위신을 이루는 범주에 대한 연구에서 나는 미국인 남녀에게 신체적으로 매력적인 상대와 데이트하는 것, 처음 만난 날 성 관계를 갖는 것, 비싼 레스토랑에서 저녁을 사는 것 같은 일들이 남녀의 지위와 평판에 어떤 영향을 끼치는지 평가하도록 했다. 신체적으로 매력적인 이성과 데이트하는 것은 남성의 지위를 크게 증가시키는 반면에 여성의 지위는 조금 높여 주는 데 그쳤다. 이와 대조적으로 남성이 못생긴 여성과 데이트하면 그의 지위와 평판이 상당히 감소하는 반면에 여성이 못생긴 남성과 데이트하면 지위는 아주 미미하게 감소했다. +4.00(지위가 크게 증가함)에서 −4.00(지위가 크게 감소함) 사이의 척도상에서 매력적이지 않은 사람과 데이트하는 행동은 남성의 지위를 −1.47만큼 낮추는 반면에 여성의 지위는 단지 −0.89만큼 낮추었다.

이러한 경향은 다른 문화에서도 나타난다. 나와 내 공동 연구자들이 중국, 폴란드, 괌, 독일의 토착 거주민들을 대상으로 인간의 위신 범주에 대한 연구를 동일하게 실시한 결과, 우리는 이 모든 나라에서 신체적으로 매력적인 배우자를 얻는 일이 여성의 지위보다 남성의 지위를 더 향상시킴을 확인했다. 또한 모든 나라에서 못생긴 배우자를 얻는 일은 여성보다 남성의 지위를 더 떨어뜨렸다. 못생긴 이성과 데이트하는 것은 남성의 지위를 상당히 떨어뜨리지만 여성의 지위에는 미미한 영향만 끼쳤다. 문화를 막론하고 오늘날 남성들은 매력적인 여성을 선호하며, 이는 매력적인 외형이 여성의 번식 능력을 지시할 뿐만 아니라 남성 자신의 높은 지위도 아울러 지시하기 때문이다.

## 동성애자의 배우자 선호

남성이 배우자의 외모를 중시하는 현상은 이성애자에만 한정되지 않는다. 동성애는 배우자에 대한 욕망에 깔린 성차를 설명하는 진화 이론을 검증할 좋은 기회를 제공해 준다.[33] 우리의 관심사는 동성애 남성들이 여성이 아니라 남성을 배우자로 원한다는 것만 빼면 그들이 다른 이성애 남성들이 보이는 것과 비슷한 배우자 선호를 보이는지, 아니면 여성들과 비슷한 배우자 선호를 보이는지, 그도 아니면 남녀의 전형적인 배우자 선호와 비교해서 어느 것과도 같지 않은 독특한 선호를 보이는지이다.

과거나 현재를 막론하고 어떤 문화에서 동성애자가 어느 정도나 존재하는지는 정확히 아무도 모른다. 이러한 어려움은 동성애의 정의에서 일부 유래한다. 앨프리드 킨제이는 모든 남성들의 3분의 1 이상이 생애 어느 한 시점에, 주로 사춘기 시절 이것저것 충동적으로 시도해 보다가 일종의 동성애적인 행위를 경험한다고 추정했다. 그렇지만 동성을 배우자로 강하게 선호하는 사람들은 그보다 훨씬 적다. 남성들에서는 약 3~4퍼센트, 여성들에서는 1퍼센트 정도가 동성애자인 것으로 추정된다.[34] 동성애 행위에 어떤 식으로든 관련되는 사람들의 비율과 동성 배우자에 대한 강한 선호를 표현하는 사람들의 비율이 이토록 차이가 나는 것은 배우자 선호를 일으키는 심리 기제와 실제로 외부로 드러나는 행동을 엄밀하게 구분해야 함을 암시한다. 여성을 배우자로 선호하는 남성이라도 여성을 유혹할 능력이 없거나 감옥에서처럼 여성에게 접근할 기회가 일시적으로 봉쇄되는 상황에 놓이게 된다면 상당수가 남성을 섹스 상대로 대신 삼으려 할 것이다.

왜 어떤 사람들은 동성을 배우자로 강하게 선호하는지 그 이유는 아무도 모르지만, 동성애를 설명하는 몇 가지 추측들은 계속 제기되고 있다. 그중의 하나가 이른바 동성애의 혈연선택 이론으로서 어떤 사람들은 직접 번식하기보다 그들과 가까운 유전적 친족들을 도와주길 택한다는 이론이다.[35] 예컨대 여성을 잘 유혹하지 못한 조상 남성은 자신이 직접 배우자를 얻으려 애쓰기보다는 누나나 여동생의 자식들에게 투자하는 편이 더 유리했을 것이다. 이와 유사한 다른 이론에 따르면, 몇몇 부모들은 어떤 자식들, 아마도 짝짓기 시장에서 가치가 떨어지리라 생각되는 자식들을 조종하여 동성애자가 되게 해서 다른 가족 성원들을 돕게 만든다.[36] 위의 두 이론을 뒷받침하는 실험적 증거는 현재 없다. 동성애의 기원은 아직 미스터리로 남아 있다.

반면에 동성애자들의 배우자에 대한 선호는 비교적 많이 밝혀져 있다. 여러 연구들이 동성애 남성들이 상대의 젊음과 신체적 외형을 대단히 중시한다고 보고하였다. 윌리엄 잔코비악과 동료들은 남녀 동성애자와 이성애자들에게 나이가 서로 다른 남녀의 사진들을 보여 주고 그 신체적 매력을 평가하도록 요청했다.[37] 동성애자와 이성애자 남성들 모두 상대가 어릴수록 더 매력적이라고 평가했다. 반대로 레즈비언이나 이성애자 여성들은 상대의 나이는 매력을 평가하는 데 중요하지 않다고 답했다. 이러한 결과는 남성 대신 여성을 원한다는 점만 제외하면, 레즈비언 여성들은 이성애자 여성들과 매우 비슷한 배우자 선호를 보인다는 사실을 알려 준다. 또한 동성애자 남성들도 이성애자 남성들과 유사한 배우자 선호 패턴을 보인다.

심리학자 케이 도와 랜들 한나는 동성애자들의 배우자 선호에 대해 가장 체계적인 연구를 수행했다.[38] 그들은 미국 동서부 해안의 몇몇 신문들에 게재된 800개의 구애 광고들을 수집했는데, 남성 이성애자, 여성 이성애자, 남성 동성애자, 여성 동성애자들의 표본 수를 동일하게 맞추었다. 미리 준비한 데이터 변환 기준에 따라 그들은 이 네 집단에서 신체적 매력, 금전적 능력, 인성 같은 특정 자질들을 자신이 가지고 있다고 밝히거나 상대에게 바라는 빈도를 계산하였다.

　　레즈비언들은 이성애자 여성들과 유사하게 상대의 신체적 매력은 별로 중시하지 않았다. 이성애자 여성들은 겨우 19.5퍼센트만이, 레즈비언들은 18퍼센트만이 신체적 매력을 광고에서 언급했다. 반면에 48퍼센트의 이성애자 남성들과 29퍼센트의 동성애자 남성들이 매력적인 상대를 찾고 있다고 광고에서 명시했다. 네 집단 가운데 자신의 신체적 매력을 가장 드물게 언급한 집단은 레즈비언이었으며 겨우 30퍼센트만이 자신이 매력적이라고 광고했다. 그와 대조적으로 이성애자 여성들은 그들이 낸 광고의 69.5퍼센트에서 자신이 매력적이라고 밝혔으며, 동성애자 남성들은 53.5퍼센트, 이성애자 남성들은 42.5퍼센트였다. 레즈비언 가운데 겨우 16퍼센트만이 광고를 보고 자신에게 연락할 때 꼭 사진을 동봉해 달라고 요구한 반면에 이성애자 여성은 35퍼센트가, 동성애자 남성은 34.5퍼센트가, 이성애자 남성은 37퍼센트가 이렇게 요구했다.

　　또한 레즈비언들은 나머지 3개 집단과 비교할 때 체중, 신장, 눈 색깔, 몸매 같은 상대의 신체적 매력에 대해 가장 요구 사항이 적은 집단이었다. 레즈비언들 가운데 겨우 7퍼센트만이 상대방이 어떤 신체적 특질을 지녔으면 좋겠다고 희망한 데 반하여 이성애자 여성의 20퍼센트, 동성애자 남성의 38퍼센트, 이성애자 남성의 33.5퍼센트가 상대의 신체적 특질을 구체적으로 희망했다. 그리고 자신을 소개할 때에도 레즈비언들은 겨우 41.5퍼센트만이 자신의 장점 가운데 신체적 특질도 포함된다고 밝힌 데 반하여 이성애자 여성들은 64퍼센트, 동성애자 남성들은 74퍼센트, 이성애자 남성들은 71.5퍼센트가 자신의 신체적 특질을 광고했다. 동성애자 남성들이 신체적 매력을 중시하는 정도가 이성애자 남성과 유사하다는 것은 명백하다. 레즈비언들의 욕망도 이성애자 여성들의 욕망과 대체로 비슷하지만, 다른 게 있다면 그들은 자신이 제공할 수 있는 자질이나 상대에게서 원하는 자질 둘 다에 대해 신체적 특질을 특히나 덜 중시한다는 것이다.

위의 연구보다 덜 엄밀한 다른 연구에서도 동성애자 남성이 젊음과 신체적 외형을 매우 중시한다는 사실이 재차 확인되었다. 게이들의 짝짓기 시장을 조사한 결과, 신체적 매력이 잠재적인 배우자로서의 바람직함 유무를 가늠하는 가장 큰 요인이었다. 동성애자 남성들은 옷, 피부 관리, 몸 상태 등에 크게 신경을 쓴다. 그리고 젊음은 매력을 좌우하는 핵심 요인이다. "게이 세계에서는 나이를 먹는 게 가장 무섭다."[39]

사회학자 필립 블룸스타인과 페퍼 슈바르츠가 연구한 바에 따르면, 이미 짝을 이룬 사람들 사이에서도 동성애자 남성들과 이성애자 남성들은 레즈비언 혹은 이성애자 여성들보다 배우자의 신체적 아름다움을 훨씬 더 중시했다.[40] 연구에 참여한 사람들은 모두 배우자가 있는 사람들이었다. 이 연구에서 게이 남성의 57퍼센트와 이성애 남성의 59퍼센트가 배우자가 섹시하게 보이는 게 중요하다고 대답하였다. 반면에 이성애 여성에서는 겨우 31퍼센트, 레즈비언에서는 35퍼센트만이 배우자가 섹시하게 보이는 게 중요하다고 답했다. 정리하면 동성애자 남성들과 이성애자 남성들은 선호하는 배우자의 성이 다르다는 점만 제외하면, 서로 구별하기 힘들 정도로 비슷한 배우자 선호를 지니고 있는 듯하다. 둘 다 외형을 매우 중시하며, 젊음이 아름다움의 핵심 요건이라고 여긴다.

## 욕망을 충족시키는 남성들

비록 대다수 남성들이 배우자의 젊음과 아름다움에 우선적인 가치를 두지만, 모두가 그러한 욕망을 충족시킬 수는 없음은 자명하다. 예컨대 여성들이 원하는 지위나 자원이 없는 남성이 젊고 아름다운 여성을 유혹하기란 대단히 어려운 일이며, 필경 그는 자신의 이상형보다 못한 상대에 만족해야 할 것이다. 이러한 추론에 대한 증거는 자신이 원하는 배우자를 마음대로 얻을 수 있었던 위치에 있었던 남성들, 즉 왕이나 기타 매우 고귀한 지위에 있었던 남성들에 대한 역사적 기록에서 얻을 수 있다. 예를 들어 1700년대와 1800년대 독일의 크루머회른 인구 집단에서 부유한 남성들은 그렇지 않은 남성들에 비해 더 젊은 신부와 결혼했다. 마찬가지로 1700년에서 1900년 사이의 노르웨이 농민에서부터 오늘날 케냐의 킵시기스 집단에 이르기까지 지위가 높은 남성들은 지위가 낮은 남성들보다 일관되게 더 젊은 신부를 얻곤 한다.[41]

왕이나 독재 군주들은 젊고 매력적이며 혼기에 접어든 여성들로 내실을 가득 채워 놓고 자주 성 관계를 가지는 것이 일상이었다. 예를 들어 모로코의 '피에 굶주린' 황제 몰라이 이스마일은 888명의 자식들을 두었다고 자인했다. 그의 내실에는 500명의 여인들이 있었다. 하지만 여인들은 30살이 되면 황제의 내실에서 쫓겨나 낮은 지위의 군주의 내실로 보내졌고, 빈 자리는 더 젊은 여인들로 채워졌다. 로마, 바빌로니아, 이집트, 잉카, 인도, 그리고 중국의 황제들도 모두 이스마일 황제와 같은 취향을 가졌으며, 부하들은 전국 방방곡곡에서 젊고 아름다운 여인들을 최대한 찾아 바쳐야 했다.[42]

현대 미국에서의 결혼 패턴도 자원이 많은 남자가 배우자에 대한 선호를 실현시키기에 가장 유리하다는 사실을 확인시켜 준다. 나이 많은 록스타 로드 스튜어트나 믹 재거, 영화배우 워렌 비티나 잭 니콜슨처럼 높은 지위에 있는 남성들은 흔히 20~30살 어린 여성을 배우자로 택한다. 남성이 직장에서 차지하는 직위와 그의 배우자 간의 상관관계를 조사한 연구가 있다. 직장에서 직위가 높은 남성은 직위가 낮은 남성에 비해 훨씬 더 신체적으로 매력적인 여성과 결혼하는 경향이 있었다.[43] 사실 직장에서의 직위는 그가 결혼하는 여성이 얼마나 매력적인지를 가장 잘 예측해 주는 요인인 듯하다. 더 젊은 여성을 유혹할 수 있는 위치에 있는 남성들은 종종 그렇게 한다.

높은 지위와 수입을 누리는 남성들은 자신이 배우자 가치가 높은 여성을 유혹할 능력이 있음을 아는 것처럼 보인다. 행동학자 칼 그라머는 데이트 주선 웹사이트를 통해 1,048명의 독일 남성과 1,590명의 독일 여성을 조사한 결과, 남성의 수입이 높을수록 더 젊은 상대를 원한다는 사실을 발견했다.[44] 예를 들어 한 달에 1만 마르크(약 730만 원) 이상 버는 남성은 5~15살 어린 배우자를 찾는 반면, 한 달에 1,000마르크(약 73만 원)을 채 못 버는 남성은 많아야 5살 어린 배우자를 찾았다. 남성의 수입이 증가할수록 찾는 여성의 나이는 적어진다.

하지만 모든 남성이 젊은 여성을 유혹할 만한 지위나 위치 혹은 자원을 가진 것은 아니다. 몇몇 남성들은 결국 연상의 여성과 결혼한다. 신부의 나이는 많은 요인들에 의해 결정되는데, 이를테면 신부 자신의 선호, 남성의 나이, 짝짓기에 남성이 동원할 수 있는 자산, 남성이 배우자에게서 중시하는 다른 자질들, 여성의 외모 등이 있다. 배우자 선호가 일말의 예외조차 없이 언제나 모든 사람들의 짝짓기 결정에 투영되는 것은 아니며, 이는 마치 음식에 대한 선호가 언제나 모든 사람들의 식단에 그대로 투영되지 않는 것과 같다. 그러나 자기가 바라는 것을 얻을 수 있는 위치에 있는 남성들은 종종 젊고 매력적인 신부와 결혼한다. 자신의 배우자 선호를 현실에 이루었던 조상 남성들은 그렇지 못했던 남성들보다 더 큰 번식 성공을 누렸다.


## 배우자 판단 기준에 대한 매체의 영향

광고주들은 젊고 아름다운 여성이 보편적으로 선호된다는 사실을 이용한다. 미국 광고 산업의 중심지 매디슨 애비뉴는 자의적인 미의 기준을 모든 사람들에게 강요함으로써 심한 고통을 안겨 주고 있다는 비난을 종종 받는다.[45] 광고가 미에 대한 부자연스러운 이미지를 양산하면서 모두에게 이런 모습이 되어야 한다고 부추긴다는 것이다. 이러한 관점은 적어도 부분적으로는 틀렸다. 미에 대한 기준은 자의적인 게 아니다. 번식 가치에 대한 신빙성 있는 단서들이 구체적으로 나타난 것이다. 특정한 부류의 미에 대한 기준을 억지로 대중에게 주입하여 광고주들이 얻는 이득은 없다. 그들은 단지 판매에 도움이 된다면 뭐든지 이용하려 할 뿐이다. 광고주들이 최신형 자동차 모델의 보닛 위에 피부가 희고 몸매도 늘씬한 젊은 여성을 앉히는 이유는 남성의 진화된 심리 기제를 자극하여 차를 많이 팔기 위함이지 어떤 자의적인 미의 기준을 퍼뜨리기 위해서가 아니다.

하지만 매일매일 대중 매체에서 쏟아지는 이미지가 우리에게 좋지 못한 영향을 끼칠 수도 있다. 한 연구에서 일단의 남성들에게 대단히 매력적인 여성의 사진 또는 평균적인 외모를 지닌 여성의 사진을 보여 준 다음, 현재 사귀고 있는 상대에 대한 헌신 정도를 조사했다.[46] 안타깝게도 매력적인 여성의 사진을 본 남성들은 자신의 실제 애인이 별로 매력적이지 않다고 대답한 데 반하여, 평균적인 외모를 지닌 여성의 사진을 본 남성들은 자신의 애인이 매력적이라 답했다. 더 중요한 사실은 매력적인 여성의 사진을 본 남성들은 사진을 보기 전에 비해서 자신의 실제 애인에게 진정 헌신할 마음도 많이 줄어들었고, 애인에 대한 만족감도 떨어졌고, 애인을 별로 소중하지 않게 여기게 되었고, 친밀감도 감소했다고 답했다. 신체적으로 매력적인 누드모델들의 사진을 남성들에게 보여 준 다른 연구에서도 비슷한 결과가 나왔다. 즉 사진을 본 남성들은 실제 애인에 대한 애착이 줄어들었다고 답했다.[47]

이러한 변화가 생기는 이유는 광고 이미지의 비현실적인 속성 때문이다. 광고에 나오는 극소수의 매력적인 여성들은 수천 명에서 추려진 사람들이다. 게다가 많은 경우 그렇게 선택된 모델을 놓고 문자 그대로 수천 번 촬영을 한다. 예를 들어《플레이보이》는 잡지 중간에 실리는 큰 브로마이드 사진을 얻기 위해 약 6,000장의 사진을 찍어 대는 것으로 알려져 있다. 수천 장의 사진들 가운데 단지 몇 장만이 광고나 잡지 사진으로 추려지는 것이다. 그러니 남성들이 보는 결과물은 가장 매력적인 배경을 뒤로 한 채 가장 매력적인 포즈를 취한 가장 매력적인 여성이 가장 매력적으로 보이게끔 정교하게 다듬어진 사진이다. 100명이 될까 말까 한 작은 집단에서 주로 살았던 우리의 조상 남성들이 평생 실제로 마주쳤을 여성들과 현대의 광고 속 여성들을 비교해 보라. 그들이 수백 명은 고사하고 단 수십 명이라도 매력적인 여성을 평생 만나 보기나 했을지 자못 의심스럽다. 그렇지만 만약에 매력적인 여성들이, 곧 번식적으로 가치 있는 여성들이 주위에 꽤 많이 있었다면, 남성으로서는 배우자를 갈아 치우는 것을 진지하게 고려했을 만하며 그 일환으로써 현재의 배우자에게 조금 덜 헌신하게 되었을 것이다.

이러한 조상 환경에서 진화된, 주위의 이성을 평가하는 심리 기제가 오늘날 우리의 마음속에도 여전히 들어 있다. 하지만 이 기제들은 잡지, 길거리 광고판, 텔레비전, 영화 등 시각적으로 포화 상태에 이른 오늘날의 문화 환경에서 매일 쏟아지는 수많은 매력적인 여성들에 의해 인위적으로 끊임없이 자극받고 있다. 그러한 이미지들은 우리의 실제 사회 환경에서 살아 숨쉬는 실제 여성을 나타내지 않음에도 지금과 전혀 다른 환경에서 진화된 기제들을 엉뚱하게 이용하고 있다. 더구나 실생활의 애정 관계를 침해하여 불행의 씨앗을 낳기도 한다.

그러한 시각적 이미지들을 매일 접하기 때문에 남성들은 현재의 배우자에게 쉽게 불만을 품게 되고 덜 헌신하게 된다. 이 이미지들은 여성에게도 많은 피해를 끼칠 수 있다. 여성들 사이에서 건강마저 위협하는 끝없는 경쟁을 불러일으키기 때문이다. 여성들은 매일 접하는 시각적 이미지들, 곧 남성들이 욕망하는 이미지대로 자기 몸을 변화시키기 위해 다른 여성들과 경쟁한다. 유례없이 높은 비율로 나타나는 거식증이나 성형 수술 열풍 등은 부분적으로 이러한 대중 매체에서 보여지는 이미지들 때문일 것이다. 즉 몇몇 여성들이 남성들의 욕구를 충족시키기 위해 극단적인 방법까지 서슴지 않는 것이라고 추측할 수 있다. 그러나 이처럼 불행한 결과가 초래된 까닭은 그런 시각적 이미지들이 예전에는 없던 임의로 새로이 설정된 미의 기준을 제시해서가 아니다. 남성들 사이에서 진화해 이미 오래전부터 존재해 온 미의 기준, 그리고 이에 따른 여성들 간의 경쟁 기제를 시각적 이미지들이 유례없이 불건전한 방식으로 조작하기 때문이다.

용모나 육체의 아름다움이 남성의 배우자 선호에서 매우 중요하기는 하지만, 남성의 적응적 문제를 전부 다 해결해 주는 것은 아니다. 단지 어떻게 높은 번식 역량을 암시하는 신호를 가진 여성들을 잘 판별하느냐 하는 적응적 문제만을 해결해 줄 뿐이다. 번식 가치가 높은 여성을 고른다고 해도 그녀를 나 혼자 독점할 수 있다는 보장은 어디에도 없다. 또 하나의 중대한 적응적 문제는 내가 자식들의 진짜 아버지라는 부성(父性)을 공고히 하는 것이다.

## 순결과 정절

포유동물의 암컷은 대개 일정한 간격을 두고 발정기에 들어간다. 발정기가 되면 종종 생생한 시각적 단서나 후각적 단서로 수컷들을 강하게 유혹한다. 성 관계는 주로 이 짧은 기간에만 일어난다. 반면에 인간 여성은 배란을 할 때 절대로 생식기를 남들에게 드러내 보이며 신호를 보내지 않는다. 남성이 포착할 수 있는 후각적 단서를 낸다는 증거도 없다. 기실 영장류로서는 매우 드물게 인간 여성에서는 배란이 은밀하게 혹은 숨겨져서 이루어진다.[48] 여성의 배란 은폐는 여성의 번식 상태를 다른 이들이 알지 못하게 막는다.

배란 은폐는 인간 짝짓기의 기본 법칙을 크게 바꾸어 놓았다. 배란이 실제로 이루어질 때뿐만 아니라 배란 주기 전체에 걸쳐서 남성들이 여성에게 접근할 수 있게 되었다. 배란 은폐는 부성의 확실성을 감소시키기 때문에 남성들에게 심각한 적응적 문제를 안겨 주었다. 어느 영장류 수컷이 짧은 발정기 동안만 암컷을 독점했다고 생각해 보자. 인간 남성과 달리 그 수컷은 자신의 부성을 굳게 확신할 수 있다. 그가 암컷과 교미하고 다른 수컷으로부터 암컷을 지켜야만 하는 시기는 대단히 제한되어 있다. 암컷이 발정기가 아닌 때에는 수컷은 부성이 침해당할 염려 없이 다른 일을 보러 다닐 수 있는 것이다.

우리의 조상 남성들은 이러한 호사를 누리지 못했다. 그들은 여성이 언제 배란하는지를 전혀 알 수 없었다. 생존하고 번식하기 위해 해야 할 일은 짝짓기 외에도 많았기 때문에 여성을 24시간 내내 감시하기란 불가능했다. 아내를 감시하는 데 시간을 더 많이 보낼수록 다른 중

대한 적응적 문제들을 처리하는 데 낼 수 있는 시간은 줄어들었다. 그러므로 우리의 조상 남성들에겐 다른 영장류 수컷들에겐 주어지지 않은 독특한 과제가 주어졌던 것이다. 배란이 은폐된 상황에서 어떻게 나의 부성을 확신할 수 있는가 하는 문제가 바로 그것이다.

결혼은 그에 대한 하나의 해결책이 된다.[49] 결혼한 남성은 자신의 부성에 대한 확실성을 크게 증가시킬 수 있기 때문에 다른 남성들보다 번식적으로 크게 이득을 본다. 배란 주기 전체에 걸쳐 꾸준히 성 관계를 맺는 전략은 여성이 남편의 아이를 가질 가능성을 높여 준다. 또한 일종의 사회적 전통인 결혼은 두 남녀를 공개적으로 묶어 주는 역할도 한다. 두 당사자뿐 아니라 양가 친척들도 정절을 강요한다. 결혼은 배우자의 인성에 대해 상세히 알 수 있는 기회도 제공하므로, 아내가 자신이 부정을 쉽게 저지를 여자라는 것을 숨기기 어렵게 만든다. 적어도 어떤 특정한 상황에서는 조상 남성들이 결혼함으로써 얻는 이러한 이득들이 결혼하지 않고 독신으로 지내면서 얻을 수 있는 성적인 기회들을 포기하는 손실을 상쇄하고도 남았을 것이다.

어떤 조상 남성이 결혼이 주는 번식적 이점을 누리려면 그의 아내가 정말로 오직 그에게만 정절을 지킬 것이라는 확실한 보장이 있어야 했다. 정조를 암시해 주는 단서를 제대로 포착하지 못한 남성들은 배우자를 찾고, 구애하고, 다른 경쟁자들을 물리치는 데 시간과 자원을 고스란히 낭비할 우려가 컸으며 결국 번식 성공도의 측면에서 상당한 손해를 보았을 것이다. 또한 그러한 단서들에 둔감하면 애써 얻은 아내의 부모 투자(parental investment)를 다른 남자의 자식들을 기르는 데 써 버리게 되었을 것이다. 번식이라는 관점에서 더욱 더 뼈아픈 손실은 부성을 확보하지 못해서 남성의 귀중한 부모 투자가 다른 남자의 자식에게로 하릴없이 흘러 들어가 버리는 것이다. 자기 아내가 다른 남자와 성 관계를 갖는지 마는지 무신경했던 조상 남성은 유전자를 성공적으로 후세에 전달하지 못했을 것이다.

우리의 조상 남성들은 남성에게만 부과된 이 적응적 문제를 해결하기 위해 자신이 아이들의 유전적 아버지라는 부성을 높여 줄 수 있는 자질을 지닌 배우자를 선택했다. 배우자에 대한 적어도 두 가지 선호가 이 문제를 해결해 주었을 것이다. 혼전 순결에 대한 욕망과 결혼 후의 성적 충실에 대한 요구가 바로 그것이다. 현대의 피임 기구가 쓰이기 전에는 신붓감의 혼전 순결이 장래에 부성이 확실히 보장될 것임을 알려 주는 단서가 되었다. 여성이 순결을 지키는 경향이 시간이 지나도 안정적으로 유지된다는 가정이 합당하다면, 혼전 순결은 결혼 후에도 그녀가 정절을 지킬 것임을 알려 준다. 순결한 신부를 얻지 못한 남성은 후에 오쟁이를 질 위험을 감수해야 했다.

현대 사회에서 남성은 여성이 신랑의 순결을 중시하는 것보다 더 크게 신부의 순결을 중시한다. 미국 내에서 세대를 거쳐 실시된 한 짝짓기 연구는 남성들이 여성보다 장래의 배우자의 순결을 더 중시함을 발견했다. 그러나 남성들이 신부의 순결에 두는 가치는 지난 50년 동안 계속 감소했다. 이 시기에 산아 제한이 점점 더 많이 행해졌음을 감안하면, 이러한 감소 추세는 산아 제한이라는 문화적 변화로부터 초래된 것 같다.[50] 1930년대에는 남성들이 순결을 거의 필수 불가결한 자질로 간주했지만, 지난 20년 동안에는 바람직하지만 꼭 필요진 않은 자질로 평가했다. 조사된 18개 자질들 가운데 신부의 순결은 1939년에는

10번째로 중요하게 평가되었지만 1980년대에는 17번째로 평가되었다. 뿐만 아니라 모든 미국 남성들이 순결을 똑같이 중시하는 것은 아니었다. 이는 지역에 따라 달랐다. 예컨대 텍사스의 대학생들은 캘리포니아의 대학생들보다 신부의 순결을 더 중시했다. 3.00 척도상에서 전자의 대학생들은 순결에 1.13의 점수를 매겼으며 이는 후자의 대학생들이 매긴 0.73보다 높았다. 20세기 들어 순결에 부여하는 가치가 계속 하락했고 지역적인 차이도 관찰되긴 했지만, 성차는 여전히 존재했다. 장기적으로 서로 헌신하는 배우자를 구할 때 남성들은 여성보다 상대의 순결을 더 강조한다.

남성들이 여성보다 순결을 중시하는 경향은 전 세계적으로 존재하지만, 순결 그 자체에 두는 중요성의 정도는 문화마다 상당한 차이를 보인다. 한쪽 끝의 중국, 인도, 인도네시아, 이란, 대만, 그리고 이스라엘의 팔레스타인 내 아랍 지구 사람들의 경우, 장래 배우자의 순결을 매우 중시한다. 다른 쪽 끝의 스웨덴, 노르웨이, 핀란드, 네덜란드, 독일, 프랑스의 경우, 여성의 처녀성은 아내를 고르는 데 거의 상관이 없거나 중요하지 않은 자질로 여긴다.

젊음과 신체적 매력에 대한 배우자 선호에서 전 세계적으로 성차가 일관되게 존재하는 반면에 배우자 선택에 대한 국제 연구가 조사한 문화권들 가운데 단 62퍼센트에서만 장기적인 배우자의 순결에 부여하는 중요성에서 성별로 유의미한 차이가 나타났다. 그러나 순결의 중요성에 대한 성차가 존재하는 문화권에서는 남성이 언제나 예외 없이 여성보다 배우자의 순결을 더 중시했다. 여성이 남성보다 순결을 중시한 문화는 하나도 없었다.

순결에 대한 선호의 성적 차이가 문화에 따라 왜 이렇게 달라지는가는 각 문화 내의 혼전 성 관계가 일어나는 빈도, 장래 배우자의 순결을 요구하는 정도, 여성들의 경제적인 자립도, 순결을 추정하는 수단의 신뢰도 같은 여러 요인들에 의해 설명될 수 있다. 여성의 신체적 매력과 같은 다른 자질들과 달리 순결은 직접적으로 관찰하기가 매우 어렵다. 여성의 처녀막 유무에 대한 의학적인 검사조차도 사람에 따라 처녀막의 구조가 상당히 다르고, 성 관계가 아닌 다른 요인에 의해 처녀막이 파열될 수도 있고, 고의로 처녀막을 훼손시킬 수도 있기 때문에 신빙성이 떨어진다.[51] 예컨대 일본에서는 처녀막을 외과적으로 복원하는 '처녀 재생술'이라는 시술이 큰 인기를 끌고 있는데 일본에서는 남성들이 순결한 신부에 대해 0.00에서 3.00 사이의 척도상에서 1.42의 점수를 줄 만큼 비교적 높은 가치를 부여한다. 반면 미국 남성들은 순결에 겨우 0.85를 부여하며, 독일 남성들은 겨우 0.34를 부여한다.

사람들이 순결에 부여하는 가치에 문화적 변이가 존재하는 이유는 부분적으로 여성의 경제적 자립성과 그에 따라서 여성들이 자신의 성행위를 직접 통제하는 정도가 문화마다 다르기 때문이다. 스웨덴 같은 몇몇 문화권에서는 혼전 성교를 못마땅하게 여기지 않으며 결혼할 때까지 순결을 지키는 사람은 사실 아무도 없다. 스웨덴의 이 같은 특성은 아마도 스웨덴 여성들이 대다수 다른 문화권의 여성들에 비해 남성들에게 경제적으로 의존하는 정도가 훨씬 덜하다는 사실에서 유래할 것이다. 법학자 리처드 포스너는 대다수 다른 문화권과 비교하여 스웨덴 여성들은 결혼으로부터 얻는 이득이 상대적으로 매우 적다고 지적했다.[52] 스웨덴의 사회 복지 제도는 주간 탁아 시설, 장기간의 유급 출산

휴가, 그리고 기타 많은 물질적 혜택을 여성에게 제공한다. 스웨덴의 납세자들이 지금껏 남편들이 해 오던 일들을 실질적으로 대행해 주는 셈이므로 여성들은 남성들에게 경제적으로 의존하는 행태에서 벗어날 수 있다. 남성들로부터 경제적으로 자립한 덕분에 여성이 결혼 전에 자유분방하고 활기찬 성생활을 즐기거나 아예 독신으로 평생 개방적인 성생활을 하더라도 그에 따르는 손실이 매우 적다. 그러므로 스웨덴 여성 가운데 혼전 순결을 지키는 사람은 사실상 아무도 없으며, 이에 맞춰서 남성들이 신붓감의 순결에 두는 중요성도 세계적으로도 가장 낮은 0.25라는 수치로 감소한다.[53]

여성의 경제적 자립도, 남편이 제공하는 혜택, 남편을 얻기 위해 여성 간에 벌어지는 경쟁의 강도 등의 차이로부터 앞서 얘기한 문화적 변이가 초래된다.[54] 여성이 결혼을 해야 비로소 많은 혜택을 누릴 수 있고 따라서 좋은 남편을 얻기 위한 경쟁이 치열한 문화에서는 여성들끼리 서로 다투어 순결을 알리려 애쓰므로 혼전 성 관계의 평균 수치도 감소하게 된다. 여성들이 어느 정도 경제적 자립을 이루어서 남성의 투자를 그리 많이 필요로 하지 않고 따라서 여성들 간의 경쟁도 상당히 완화된 문화에서는 여성들이 남성의 배우자 선호를 쉽게 묵살할 수 있으므로 혼전 성 관계의 평균 수치도 증가하게 된다. 세계 어디서나 남성들은 상황이 허락하기만 한다면 여성의 순결을 크게 중시하고자 한다. 다만 몇몇 문화에서는 신부에게 순결을 요구할 처지가 못 되는 것일 뿐이다.

남성의 번식 관점에서 보자면, 처녀성 그 자체보다 부성을 확실하게 보장하는 더 중요한 단서는 신부가 앞으로 정절을 지킬 것인지 여부이다. 남성이 신붓감이 처녀이길 제대로 요구할 수 없는 경우라면, 그는 결혼한 후에 아내가 성적으로 충실하거나 정절을 지킬 것을 요구할 수 있다. 사실 일시적인 짝짓기와 장기적인 짝짓기를 비교한 연구에서 미국 남성은 '성경험이 없음'을 배우자의 바람직한 자질로 꼽았다. 뿐만 아니라 남성들은 '성적으로 문란함'은 장기적인 배우자의 자질로 극히 바람직하지 못하다고 답했으며, −3.00에서 +3.00 사이의 척도상에서 −2.07이라는 낮은 점수를 매겼다. 처녀성 그 자체보다는 신붓감이 과거에 실제로 성 관계를 맺은 빈도가 부성 불확실성이라는 문제를 해결하려 했던 조상 남성들에게는 더 훌륭한 지침이 되었을 것이다. 아니나 다를까 현대 사회를 대상으로 한 연구들에 의하면, 배우자가 장차 혼외정사를 할 것 같은지를 가장 잘 예측해 주는 변수는 결혼 전 얼마나 개방적으로 성 관계를 맺었는가 하는 것이었다. 결혼 전에 많은 섹스 상대를 두었던 사람들은 결혼 전에 섹스 상대가 별로 없었던 사람들보다 결혼 후에 부정을 저지를 가능성이 더 크다.[55]

현대의 남성들은 정절을 대단히 중시한다. 일시적인 짝짓기와 장기적인 짝짓기의 비교 연구에서 미국 남성들은 장기적인 애정 관계에서 고려할 만한 배우자의 67개 자질들에 대해 각각 어느 정도 중요성을 두는지 응답했다. 그 결과, 정절과 성적 충실성이 가장 중시되는 자질로 나타났다.[56] 거의 모든 남성들이 이러한 자질에 최고 점수를 부여했으며, 구체적으로 −3.00에서 +3.00 사이의 척도상에서 평균 +2.85를 나타냈다. 남성들은 또한 아내의 성적 부정에 −2.93이라는 낮은 점수를 부여해 가장 탐탁치 않은 자질이라고 답했다. 이는 남성들이 정절에 높은 가치를 두고 있음을 잘 드러내 준다. 남성들은 아내가 성적으로 문란하거나 불륜을 저지르는 것을 끔찍이 싫어한다. 외도는 아내가 남편에게 가하는 그 어떤 고통보다 남성을 분노하게 하는 요인으로 나타났다. 물론 여성도 남편이 외도하면 화가 나지만, 성폭력 같은 몇몇 다른 요인들이 남편의 외도보다 여성을 더 격분시키는 것으로 판명되었다.[57]

1960년대와 1970년대에 걸쳐서 성적 자유를 부르짖고 인신에 대한 억압을 폐기하라고 주장한 성 혁명은 여성의 정절에 대한 남성의 배우자 선호에는 그리 큰 영향을 주지 못한 것처럼 보인다. 정절에 대한 단서들은 여성이 자신의 모든 번식 가치를 오직 남편에게만 쏟아 부을 의향이 있음을 여전히 신호한다. 신붓감이 장래에 성적으로 어떤 행실을 할 것인가는 남성이 결혼 결정을 내리는 데 매우 중요하게 작용한다.

## 남성의 욕망에 깔린 진화적 근거

남성들이 여성의 신체적 외형에 크나큰 비중을 둔다는 사실이 동물계의 어떤 고정불변한 생물학적 법칙에 따른 것은 아니다. 사실 공작과 같이 다른 대다수 종에서 상대의 신체적 외형에 큰 가치를 부여하는 성은 암컷이다. 젊은 여성에 대한 남성의 선호가 동물계의 생물학적 보편 법칙인 것도 아니다. 오랑우탄, 침팬지, 일본원숭이 같은 몇몇 영장류 수컷들은 나이 든 암컷을 선호하는데, 이런 암컷들은 예전에 새끼를 낳은 적이 있어서 번식 능력을 이미 입증한 셈이기 때문이다. 갓 어른이 된 어린 암컷들은 다산성이 낮아서 수컷들의 성적인 관심을 끌지 못한다.[58] 그러나 독특한 적응적 문제에 직면했던 인간 남성들은 독특한 성 심리를 진화시켰다. 결혼이 인간 짝짓기의 핵심을 이루고 이로 인해 젊은 여성을 선호한다. 그들의 욕망은 여성들이 지닌 당장의 출산 능력뿐만 아니라 미래의 번식 잠재력까지 측정하도록 설계되었다. 신체적 외형은 장래 배우자의 번식 잠재력에 대해서 신빙성 있는 단서들을 풍부하게 제공하므로 대단히 중시된다.

전 세계적으로 남성들은 신체적으로 매력적이고, 젊고, 삶이 끝날 때까지 자신에게 성적으로 충실할 여성을 선호한다. 이러한 선호는 서구 문화, 자본주의, 앵글로색슨 계 백인 신교도들의 편협한 신앙, 대중매체, 혹은 광고주들의 줄기찬 세뇌에서 유래한 것이 아니다. 모든 문화에서 보편적으로 존재하며 없는 문화가 없다. 이는 남성들로 하여금 어떤 상대와 짝짓기할지를 결정하도록 이끄는 진화된 심리 기제로서 남성들 마음속 깊이 배어 있다. 마치 맛에 대한 진화된 선호가 우리로 하여금 어떤 음식을 소비할지를 결정하도록 이끄는 것처럼 말이다.

얄궂게도 동성애자들의 배우자 선호는 이러한 진화된 심리 기제가 얼마나 뿌리 깊은지를 보여 주는 증거가 된다. 신체적 외형이 동성애 남성들의 배우자 선호에서 핵심적인 위치를 차지한다는 사실, 그리고 젊음이 동성애 남성들의 미에 대한 판단을 크게 좌우한다는 사실은 성적 지향이 변해도 배우자 선호를 담당하는 근본적인 기제는 변하지 않음을 암시한다.

몇몇 사람들은 이러한 논지가 부당하다고 여기며 흔히 불쾌감을 표시한다. 우리가 신체적 매력을 바꿀 수 있는 여지는 그리 많지 않으며, 어떤 사람들은 다른 사람들보다 더 잘생긴 외모를 지닌 채 태어난다. 아름다움은 민주적으로 분배되지 않는다. 어떤 여성도 자신의 나이를 바꿀 수는 없으며, 여성의 번식 가치는 나이가 들어 감에 따라 남성보다 더 빠르게 하락한다. 적어도 이 점만 놓고 보면, 진화는 여성에게 더 비정한 셈이다. 여성은 화장, 성형 수술, 에어로빅 강습 등으로 젊음을 돌리려 애쓴다. 여성의 이러한 욕구에 편승해 미국의 화장품 산업은 80억 달러 규모의 큰 시장으로 성장했다.

일전에 배우자 선호에 대한 성차를 강의하자, 한 여학생이 손을 들어 내 연구 성과가 여성들에게 큰 고통을 안겨 줄 수 있기 때문에 더 이상 공개되어선 안 된다고 주장한 적이 있다. 여성들이 이성과의 사이에서 겪는 문제들이 남성의 진화된 심리에서 기인한다고, 과학자들이 굳이 알려 주지 않아도 여성들은 이 남성우월주의 사회에서 이미 고통을 당할 만큼 당해 왔다고 그 여학생은 말했다. 그러나 진실을 감추는 행위는 별로 도움이 되지 않는다. 사람들이 즙이 많고 잘 익은 과일에 대한 선호를 진화시켰다는 사실을 숨긴다면 과일에 대한 선호를 바꾸는 데 아무 도움이 될 수 없듯이 말이다. 남성들이 아름다움, 젊음, 정절을 중시한다고 그들을 욕하는 것은 육식을 즐기는 사람들에게 동물성 단백질을 좋아한다고 욕하는 것과 같다. 남성들에게 젊음과 건강을 암시하는 단서들에 흥분하지 말라고 말하는 것은 설탕을 먹고서 달다고 느끼지 말라고 말하는 것과 같다.

많은 사람들이 미는 임의적이며, 아름다움은 살갗 한 꺼풀의 깊이에 불과하며, 문화에 따라서 외형에 두는 중요성이 엄청나게 다르며, 혹은 미에 대한 서구의 기준은 대중 매체, 부모, 문화, 기타 다른 사회화 요인들에 의해 세뇌당해 생겨났을 뿐이라는 이상주의적 관점을 견지하고 있다. 그러나 미에 대한 기준은 임의적이지 않다. 미에 대한 기준은 젊음과 건강, 그러므로 번식 가치를 알려 주는 단서들을 충실히 반영한다. 아름다움은 살갖 한 꺼풀의 깊이에 불과한 것이 아니다. 신체 깊숙이 있는 번식 능력을 반영한다. 출산을 촉진시키는 현대 의학 기술이 나이가 매우 많은 여성들도 어렵지 않게 출산하게끔 해 주지만, 번식 능력을 가시적으로 보여 주는 신호를 지닌 여성에 대한 선호는 오늘날에도 남성들의 마음에서 계속 작동하고 있다. 비록 이 심리 기제는 오늘날에는 자취를 감춘 아득히 먼 조상 환경에 맞추어 설계되었지만 말이다.

문화적 조건, 경제적 상황, 그리고 기술의 진보도 순결의 중요성에 대한 남성의 인식에 큰 영향을 끼친다. 스웨덴처럼 여성들이 경제적으로 남성들에게 덜 의존할 때에는 대단히 자유분방하게 성 관계가 행해지며, 남성들도 장래의 신붓감으로부터 순결을 원하거나 요구하지 않는다. 이처럼 탄력적인 변화는 배우자 선호가 구체적인 문화와 상황에 따라 민감하게 반응하도록 설계되었음을 말해 준다.

문화적 변이에도 불구하고 성적 정절은 남성의 장기적인 배우자 선호 목록에서 맨 윗자리를 차지한다. 서구 문화권에서는 대다수 남성들이 처녀성을 요구할 수는 없지만, 그래도 결혼 후에는 성적으로 충실하기를 강요한다. 산아 제한 기술로 인하여 오늘날에는 이러한 배우자 선호가 원래의 기능인 부성을 공고히 하는 데 별로 도움이 안 될지 모르지만, 이러한 선호는 여전히 우리와 함께하고 있다. 아내가 경구 피임약을 상시 복용하니 정절을 지키지 않아도 된다고 생각하는 남편은 없다. 요컨대 이러한 현실은 우리의 진화된 성 심리가 얼마나 중요한지 잘 보여 주는 사례라 할 수 있다. 우리의 성 심리는 조상 환경에서 번식과 생존에 매우 중요했던 단서들을 잘 포착하게끔 설계되었지만, 오늘날의 짝짓기 환경에서도 여전히 강력하게 작동하고 있는 것이다.

　　짝짓기의 세계에는 결혼만이 있지는 않다. 조상 부부들이 언제나 서로에게 충실했다면, 정절을 그토록 신경 쓰게 만든 선택압이 애초에 작용하지 않았을 것이다. 정절을 대단히 중시하는 경향이 있다는 사실 자체가 남녀 모두 단기적 짝짓기와 일시적 섹스를 계속해 왔음을 역으로 드러내 준다. 이제 이 어둡고 은밀한 인간 성애의 한편으로 시선을 돌려 보자.

# 하룻밤의
# 정사

이중 기준에 내재한 생물학적 아이러니는
만약 역사적으로 암컷이 수컷에게 아무 암컷들과
난교하는 형질을 발현할 기회를 절대로 제공하지
않았다면 수컷은 난교하도록 선택될 수 없었다는 점이다.
── 로버트 스미스, 『정자 경쟁, 그리고 짝짓기 체계의 진화』

대학 캠퍼스를 거니는데 매력적인 이성이 당신에게 다가와서 이렇게 얘기한다고 상상해 보자. "안녕하세요. 사실 요즘 당신을 쭉 지켜보고 있었어요. 정말 매력적이시네요. 오늘밤 함께 잘 수 있을까요?" 당신은 어떻게 반응할 것인가? 만약 당신이 여성이어서 어떤 연구에서 조사된 여성들 100퍼센트가 보인 반응과 동일한 반응을 보인다면, 단호하게 거절할 것이다. 이 난데 없는 제의에 불쾌해 하거나, 모욕을 당한 기분이 들거나, 아니면 어이없어 할 것이다. 하지만 당신이 남성이라면, 75퍼센트의 확률로 좋다고 답할 것이다.¹ 그리고 아마 거의 틀림없이 이 제의에 기분이 들뜰 것이다. 이렇듯 찰나적인 성 관계에 대해 남녀는 다르게 반응한다.

대개 찰나적인 성 관계가 이루어지려면 두 당사자의 합의가 있어야 한다. 하룻밤의 혼외정사를 우리의 조상 남성 혼자서 치를 수는 없었다. 적어도 몇몇 조상 여성은 가끔씩이나마 혼외정사를 했음에 틀림없다. 만약 모든 여성이 혼전 성 관계도 일체 갖지 않고 평생 오직 한 남자와만 짝짓기를 했다면, 서로 동의하에 찰나적인 성 관계를 치를 기회가 전무했을 것이기 때문이다.[2]

우리가 진화한 환경에서 여성이 혼외정사를 할 기회가 열리는 대표적인 경우는 여성의 본래 배우자가 여성을 감시하다가 잠시 자리를 비울 때이다. 남자들은 대개 몇 시간, 며칠 혹은 몇 주 동안 고기를 마련하러 사냥을 나갔을 것이므로, 이로 인해 빈틈이 꽤 생겼을 것이다. 남편이 사냥하러 나간 사이 아내는 아예 감시를 받지 않거나 감시를 받더라도 남은 남편의 친척들로부터 비교적 덜한 감시를 받았을 것이다.

찰나적인 성 관계가 폭넓게 존재하며 진화적으로 매우 중요함에도 불구하고 실질적으로 인간 짝짓기에 관한 거의 모든 연구는 결혼에만 초점을 맞추어 왔다. 일시적인 짝짓기는 정의상 잠깐 동안 일어나고 극도의 보안 속에 은밀히 이루어지기 때문에 연구하기가 그만큼 더 어렵다. 일례로 성 행동에 관한 「킨제이 보고서」의 경우, 혼외정사를 묻는 질문에 많은 사람들이 인터뷰 자체를 송두리째 거부했다. 인터뷰에 응한 사람 중에서도 상당수가 혼외정사에 대한 질문에는 답변을 회피하였다.

찰나적인 성 관계에 대해 상대적으로 알려진 바가 없다는 사실은 또한 우리 내부에 자리 잡고 있는 특정한 가치관을 반영한다. 많은 사람들이 난잡하게 성 관계를 갖거나 혼외정사를 저지르는 사람을 기피하고 경멸하는 이유는 그들이 종종 우리 자신의 성 전략을 방해하기 때문이다. 예컨대 기혼 남성이나 여성의 입장에서는 성적으로 문란한 누군가가 자신의 배우자를 꼬드겨 결혼 생활이 한순간에 파탄 날 수 있다. 결혼하려는 미혼 남성이나 여성의 입장에서는 성적으로 문란한 사람들로 인해 자신에게 헌신해 줄 누군가를 찾기가 그만큼 더 어려워진다. 우리는 단기적 짝짓기 전략을 추구하는 사람을 난봉꾼, 화냥년, 바람둥이라고 경멸하며, 이는 적어도 몇몇 사람들만큼은 찰나적인 성 관계를 삼가길 바라기 때문이다. 찰나적인 성 관계는 금기시된 이야깃거리다. 하지만 우리를 사로잡는 이야깃거리이기도 하다. 우리는 이 주제를 좀더 가까이에서 살펴서 왜 찰나적인 성 관계가 짝짓기 레퍼토리 가운데에서 그토록 중요한 몫을 담당하는지 질문을 던져야 한다.

## 성 전략에 대한 생리적 단서

우리의 심리적, 해부학적, 생리적, 행동적 형질 등에서 나타나는 적응들은 과거의 선택압을 반영한다. 오늘날 우리가 뱀에 대해 갖고 있는 공포가 먼 옛날 조상 환경에서의 위험을 드러내 주듯이 성에 관련된 우리의 해부학적, 생리적 형질도 단기적 짝짓기가 조상 환경에서 어떻게 이루어졌는지를 잘 드러내 준다. 남성의 고환 크기, 사정된 정액의 부피, 정자 생산량의 차이 등에 관한 최근의 연구 성과들로부터 단기적 짝짓기를 추동하는 우리의 성 심리를 이해할 수 있다.

여러 배우자와 짝짓기해 온 우리의 진화사를 유추할 수 있는 생리적 단서들이 여럿 있다. 하나는 남성의 정소 크기에서 찾을 수 있다. 대개 정자 경쟁이 심하면 그 결과 고환은 커지는 방향으로 진화한다. 정자 경쟁은 암컷이 여러 수컷과 교미하여 생식관 안에 그들 수컷들의 정자가 동시에 존재할 때 정자 간에 일종의 경쟁이 일어남을 말한다.[3] 정자 경쟁은 수컷으로 하여금 사정량을 늘려 더 많은 수의 정자를 분출하도록 하는 선택압으로 작용한다. 귀중한 난자를 차지하기 위한 경주에서 한 번에 많은 양을 사정하여 암컷의 몸 안에 정자를 더 많이 남길 수 있다면 그만큼 다른 수컷의 정자들을 제칠 가능성이 높아지는 이점을 누릴 수 있다.

몸무게에 비교한 인간 남성의 상대적인 고환 크기는 고릴라나 오랑우탄보다 훨씬 더 크다. 고릴라 수컷의 고환은 몸무게의 0.018퍼센트를 차지하며, 오랑우탄 수컷의 고환은 몸무게의 0.048퍼센트를 차지한다. 반면 인간 남성의 고환은 몸무게의 0.079퍼센트를 차지하며, 이는 오랑우탄에서 고환이 차지하는 비중보다 60퍼센트 더 높고 고릴라보다는 4배나 더 높다. 남성의 상대적으로 큰 고환은 인간의 진화사에서 여성들이 때때로 단 며칠 사이에 여러 남성들과 성 관계를 맺었음을 보여주는 유력한 증거가 된다. 많은 문화권에서 쓰이는 표현인 "알이 큰" 남자라는 말은 단순히 은유를 넘어 그 지시 대상에 직접 연결된다고 볼 수 있다. 하지만 인간이 모든 영장류 가운데 가장 고환이 큰 종은 아니다. 인간의 고환은 심한 난교가 이루어지는 침팬지에 비하면 상당히 작다. 침팬지의 고환은 몸무게의 0.269퍼센트를 차지하며, 이는 인간 남성의 고환 비중의 3배 이상이다. 이러한 연구 결과는 인간 조상들이 침

팬지에서 관찰되는 극도로 문란한 성생활과는 거리가 멀었음을 보여 준다.[4]

일시적인 짝짓기가 진화적으로 존재해 왔음을 보여 주는 또 다른 단서는 정자 생산량과 사정량이 상황에 따라 달라진다는 사실에서 찾을 수 있다.[5] 부부가 따로 떨어져 있는 상황이 정자 생산에 어떤 영향을 끼치는지를 조사한 한 연구에서는 35쌍의 부부의 동의를 구해 성 관계 시 나오는 정액을 콘돔이나 역류, 즉, 섹스 후 여성이 저절로 밖으로 내보내는 정액과 기타 분비물로 이루어진 끈적끈적한 액체를 통해 수거했다. 부부는 따로 떨어져 있었으며, 떨어져 있는 시간은 부부마다 달랐다.

남성의 정자량은 부부가 오래 떨어져 있을수록 급격히 증가했다. 즉 격리 시간이 길수록 남편이 아내와 다시 만나 섹스를 했을 때 사정하는 정자량이 많았다. 부부가 함께 살며 한시도 떨어져 있지 않고 100퍼센트 함께했을 때 남편은 한 번 사정 시 3억 8900만 개의 정자를 배출했다. 그러나 부부가 함께 살더라도 실제로 같이 지낸 시간은 5퍼센트에 불과했을 때 남편은 한 번 사정 시 7억 1200만 개, 즉 거의 2배나 되는 정자를 방출했다. 부부가 잠시 떨어져 있는 동안 아내가 혼외정사를 저질러서 다른 남성의 정자가 아내의 생식관 안에 들어 있을 가능성이 있을 때 남편이 사정하는 정자량은 증가한다. 이 같은 현상은 인간이 진화 역사를 통해 찰나적인 성 관계와 혼외정사를 꾸준히 해 왔다면 충분히 일어날 수 있는 일이다.

부부가 오랜 격리 후 다시 성 관계를 갖게 되었을 때 사정하는 정자량이 많아지면, 그만큼 남편의 정자가 훼방꾼의 정자를 수적으로 밀

어붙여 난자를 차지할 가능성이 높아진다. 남성은 가장 최근에 아내와
나눈 성 관계 시 아내의 몸 속에 사정되었다가 그 후 죽은 정자들을 새
로 대체할 수 있는 만큼의 정자를 한 번에 사정하는 것처럼 보인다. 이
렇게 매번 성 관계 시 자기 정자의 부족분을 채움으로써 아내의 몸 속
에 있는 자신의 정자의 총량이 비교적 일정하게 유지되도록 하는 것이
다. 남성은 아내가 부정을 저지를 수 있는 기회가 생겼을 때는 사정되
는 정자의 수를 늘리는 생리적 기제를 지니고 있다.

　　여성의 오르가슴에 관계된 생리적 형질도 단기적 짝짓기를 지속
해 온 진화사를 암시하는 또 하나의 단서이다. 여성의 오르가슴은 여성
을 졸리게 하여 계속 누워 있게 만들고, 그리하여 정자가 다시 몸 밖으
로 빠져나갈 가능성을 줄여 수정이 쉽게 이루어지도록 하는 역할을 한
다고 한때 생각되었다. 하지만 오르가슴의 기능이 여성을 계속 누워 있
게 해서 역류를 줄이는 것이라면, 실제로 역류가 억제되었을 때 정자가
몸 속에 더 많이 남아 있어야 할 것이다. 그러나 이는 사실이 아님이 밝
혀졌다. 역류가 얼마나 늦게 시작되는가와 체내에 남은 정자 수는 아무
런 상관관계가 없다.[6]

　　여성들은 사정이 이루어진 지 30분이 지나기 전에 대략 35퍼센트
의 정자를 배출한다. 하지만 오르가슴을 경험했다면 정자의 70퍼센트
를 체내에 그대로 둔 채 30퍼센트만 배출한다. 오르가슴을 경험하지 못
하면 더 많은 정자를 배출하는 것이다. 이러한 연구 결과는 여성의 오
르가슴이 질 속의 정자를 흡수해서 자궁경부와 자궁 안으로 끌어들여
수정 가능성을 높이는 기능을 한다는 이론과 맞아떨어진다.

　　여성의 체내에 남는 정자의 양은 그 정자들이 혼외정사로 얻어진

것인지 여부와도 관계가 있다. 여성들은 아무 때나 외간 남자와 은밀한 정사를 벌이는 게 아니라, 남편들에게 번식적으로 특히 해로운 영향을 끼치게 되는 시기에 주로 혼외정사를 한다. 영국 전역에 걸쳐 3,679명의 여성을 대상으로 실시된 한 연구에서는 기혼 여성들에게 월경 주기를 적게 하고 그 기간 동안 남편과 언제 성 관계를 맺었는지, 그리고 만약 혼외정사를 하고 있다면 내연의 남자와는 언제 성 관계를 맺었는지 기록하도록 요청했다. 그 결과, 여성들은 월경 주기 가운데 배란 가능성이 가장 높고 따라서 가장 임신하기 쉬운 시점에 혼외정사를 갖는 것으로 나타났다.[7]

이러한 사실은 남편들에게는 별로 유쾌한 소식이 아닐지 모르지만, 여성들이 혼외정사를 통해 자기 자신의 번식적 이득을 추구하게끔 진화된 전략을 구사하고 있음을 암시한다. 구체적으로 이 전략은 지위가 높은 외간 남자로부터 우수한 유전자를 얻고 원래의 남편에게서는 물질적인 투자를 받아 내는 전략이다. 많은 사람들이 인간의 생리 기제들이 이처럼 복잡하게 기능한다는 것을 아마 상상조차 하지 못했을 것이다. 이 생리 기제들은 일시적인 짝짓기를 계속해 온 기나긴 진화사를 알려 준다.


## 욕정

해부학적 형질과 생리적 형질은 일시적인 짝짓기를 해 온 인간의 진화사를 암시하는 한 가지 실마리일 뿐이다. 해부학적, 생리적 형질들에 더하여 우리의 심리 기제도 인간의 일시적인 짝짓기를 알려 주는 형질이다. 그러나 은밀한 회합으로부터 남녀가 얻는 적응적 이득이 다르기 때문에 진화는 남녀에게서 서로 다른 심리 기제를 빚어 냈다. 조상 남성들이 찰나적인 성 관계로부터 얻을 수 있는 주된 이득은 자식 수의 증가였다. 그러므로 조상 남성들은 많은 다양한 여성과 성 관계를 가져야 한다는 적응적 문제를 풀어야 했다. 이 문제에 대한 해결책으로서 남성들은 가능한 한 많은 섹스 상대를 추구하게 하는 심리 기제들을 다수 진화시켰다.

여러 상대와 성적으로 결합하는 문제에 대한 심리적 측면에서의 해결책의 하나는 원초적인 욕정이다. 남성은 여러 여자와 섹스를 하고자 하는 강한 욕망을 진화시켰다. 지미 카터 대통령은 한 기자를 향해서 "마음속에 욕정을 담고 있다."고 말한 바 있는데 이는 성적 다양성을 추구하는 보편적인 남성의 욕망을 솔직히 표현한 것이라고 볼 수 있다. 남성이 항상 이 욕망을 행동에 옮기지는 않지만, 일종의 동인이 되는 것은 분명하다. "충동이 1,000번 일어나서 그중 한 번이라도 현실에 옮겨진다면, 욕정의 기능은 섹스를 이끄는 것이라고 단언할 수 있다."[8]

사람들이 실제로 몇 명의 성적 상대를 원하는지 알아보기 위해 일시적인 짝짓기와 항구적인 짝짓기의 비교 연구에서 미혼인 미국 대학생들에게 한 달부터 평생에 이르는 여러 다양한 기간 동안 그들이 이상적으로 두고 싶어 하는 섹스 상대의 수를 알려 달라고 요청했다.[9] 각각의 기간 모두에 대해서 남성들은 여성들보다 더 많은 섹스 상대를 희망했다. 예컨대 앞으로 1년 동안 남성들은 이상적으로 평균 6명 이상의 섹스 상대를 두고 싶다고 답한 반면에 여성들은 평균 단 1명만 두고 싶다고 말했다. 앞으로 3년 동안의 경우 남성들은 10명의 섹스 상대를 희망한 반면, 여성들은 단 2명을 희망했다. 기간이 길어짐에 따라 남성과 여성이 이상적으로 희망하는 섹스 상대의 수는 점점 늘어났다. 앞으로 남은 평생에 대해 남성들은 평균 18명의 섹스 상대를 바라는 반면, 여성들은 겨우 4명 내지 5명이었다. 남성들이 지금껏 '가졌던' 여자들의 수를 세거나 '허리띠에 V 표시를 해서 기록해 두는' 경향을 서구 문화권에서는 주로 남성이 미성숙해서, 혹은 불안정한 탓으로 돌려 왔다. 하지만 이는 남성의 찰나적인 성 관계에 대한 적응을 의미한다.

여러 다양한 상대와 성적 결합을 이루는 문제에 대한 또 다른 심리적 해결책은 실제 섹스에 이르기까지의 경과 시간을 되도록 적게 두는 것이다. 성 관계를 맺기까지의 경과 시간을 적게 둘수록 남성이 성공적으로 짝짓기할 수 있는 여성의 수는 많아진다. 반대로 시간을 많이 투자할수록 짝짓기 노력은 더 소모되며 더 많고 다양한 상대와 짝짓기를 해야 하는 문제의 해결은 더욱 어려워진다. 사업의 세계에서 시간은 돈이다. 짝짓기 세계에서 시간은 섹스할 수 있는 기회이다.

일시적인 짝짓기와 장기적인 짝짓기의 비교 연구에서 남녀 대학생들은 만약 그들이 바람직하게 여기는 이성 상대를 단 1시간, 하루, 일주일, 한 달, 6개월, 1년, 2년, 혹은 5년간 알고 지내 왔다고 가정할 때 얼마나 그와의 성 관계에 동의하겠느냐는 질문에 답했다. 남녀 모두 바람직한 미래의 배우자감을 5년간 알고 지내 왔다면 그 사람과 아마도 성 관계를 가질 것이라 답했다. 그보다 더 짧은 모든 기간들에 대해서 남성들이 여성보다 성 관계를 가질 가능성이 높았다. 5년간 알고 지낸 사람이든, 6개월간 알고 지낸 사람이든, 그 사람과 성 관계를 맺고 싶다는 욕망은 같았다. 반면에 여성들의 경우, 5년 동안 알아 온 사람과의 성 관계에 대해서는 아마도 동의하겠지만 6개월간 알아 온 사람과는 잘 모르겠다고 답하여 가능성의 하락을 보였다.

　　장래의 아내감을 겨우 일주일 알고 지냈다고 해도 남성들은 섹스에 동의할 가능성에 여전히 긍정적이었다. 이와 정반대로 여성들은 어떤 사람과 겨우 일주일 알고 지낸 상태에서 섹스할 가능성에 대해 지극히 부정적이었다. 장래의 배우자감과 만난 지 겨우 1시간이라면, 남성들은 그 사람과 섹스할 가능성에 약간 부정적인 반응을 보였지만 그 강도는 그리 크지 않았다. 대다수 여성들에게 만난 지 1시간 만에 이루어지는 성 관계는 사실상 절대 불가한 일이었다. 남성의 욕정과 마찬가지로 성 관계를 맺기 전에 필요한 경과 시간이 상대적으로 짧은 남성들의 성향은 다양한 상대와 성적 결합을 이루어야 한다는 적응적 문제를 일정 부분 해결해 준다.


## 단기적인 상대에 대한 기준

많고 다양한 찰나적인 성 관계를 갖기 위한 또 다른 심리적 해결책은 상대에 대한 기준을 낮추는 것이다. 나이, 지능, 인성, 결혼 유무 등과 같은 여러 자질들에 대하여 기준을 높이 설정하면 대다수 잠재적인 섹스 상대들이 고려 대상에서 제외되는 결과를 초래한다. 반대로 기준을 낮추면 잠재적인 상대들이 더 많이 눈에 들어온다.

　　일시적인 성 관계와 장기적인 성 관계의 비교 연구에서 남녀 대학생들이 연애 상대의 나이로 용인할 수 있는 최저 연령과 최고 연령을 답해 주었다. 일시적인 상대의 수용 가능한 연령에 대해 남자 대학생들은 여자 대학생들보다 대략 4년 정도 그 폭이 더 넓었다. 단기적 짝짓기에 대해 남성들은 최저 16살에서 최고 28살까지의 이성과 섹스할 의사가 있다고 밝힌 반면에 여성들은 최저 18살에서 최고 26살의 남성을 희망했다. 이처럼 남성들에서 연령 제한이 느슨해지는 경향은 장기적인 짝짓기에서는 관찰되지 않았다. 장기적인 짝짓기에 대해 남성들은 최소 17살에서 최고 22살의 여성을 바란 반면, 여성들은 최소 19살에서 최고 25살의 남성을 바랐다.

나이 외에 다른 많은 자질들에 대해서도 남성들은 기준을 크게 낮춘다. 일시적인 상대에게서 바람직할 법한 자질들로 제시된 67개 자질 가운데 남성들은 여성보다 41개의 자질들에서 유의미하게 더 낮은 기준을 보였다. 짧은 하룻밤의 만남이라면 남성들은 매력, 운동 신경, 학력, 관대함, 정직성, 독립성, 친절, 지성, 충실성, 유머 감각, 사회성, 재산, 책임감, 자발성, 협동성, 정서적 안정성 등의 자질들에 대해 기준을 낮춘다. 요컨대 남성들은 대단히 많은 자질들에 대해 기준을 대폭 낮춤으로써 다양한 섹스 상대를 구하는 문제를 일정 부분 해결한다.

일시적인 상대에게서 원치 않을 법한 61개의 자질들에 대해서도 평가했는데, 그중 대략 3분의 1에 달하는 자질들에 대해서 남성들보다 여성들이 더 탐탁치 않은 자질이라고 답했다. 남성들은 일시적인 관계라면 정신박약, 폭력성, 양성애, 남들에게 멸시받음, 알코올 중독, 저학력, 소유욕, 난잡한 성 관계, 이기성, 유머 감각 없음, 육감적이지 못함 등과 같은 단점들에 대해서도 크게 신경을 쓰지 않았다. 한편 남성들이 여성보다 더 유의미하게 탐탁치 못하다고 대답한 자질은 성적 충동 부재, 신체적 매력 결핍, 자신에게 올곧게 헌신해 주길 바라는 마음, 털이 많이 난 것 등 겨우 4개였다. 확실히 짧은 하룻밤의 만남이라면 남성들은 여성보다 기준을 더 많이 낮춘다.

하지만 낮춘 기준이라도 어쨌든 기준은 기준이다. 실제로 일회성 정사에 대한 남성들의 기준은 다양한 상대에게 성적으로 접근하기 위해 정교하게 설계된 전략을 잘 드러내 준다. 장기적인 배우자에 대한 선호와 비교해 볼 때 찰나적인 성 관계를 즐길 상대를 찾는 남성들은 신중하고, 보수적이며, 성적 충동이 적은 여성을 싫어한다. 장기적인 배우자에 대한 선호와 상반되게 남성들은 일시적인 섹스 상대가 될 법한 여성이 이미 성 경험을 갖고 있기를 바란다. 이는 성 경험이 있는 여성들이 성 경험이 전혀 없는 여성보다 성적으로 접근하기 더 쉬울 것이라는 믿음을 반영한다. 남성들은 장래의 아내감이 성적으로 문란하거나 가리지 않고 성행위를 즐긴다면 이를 지극히 혐오하지만, 일시적인 섹스 상대가 성적으로 문란하다면 별 신경 쓰지 않거나 어느 정도 바람직하기까지 하다고 여긴다. 여성이 성적으로 문란하거나, 성적 충동이 높거나, 성 경험이 있다는 사실은 그 여성과 짧은 하룻밤의 정사를 즐길 가능성이 높음을 신호한다. 반면에 신중하거나, 성적 충동이 낮다는 사실은 일회성 정사를 성취하기가 어렵다는 것을, 곧 남성이 단기적 성 전략을 추구하는 데 방해가 되리라는 것을 신호한다.

일시적인 섹스 상대에 대한 기준을 낮추는 성향 중에서도 특히 눈에 띄는 것이 자신에게 계속 헌신해 주기를 바라는 여성에 대한 기호이다. 결혼할 여성을 찾는 남성들은 남자에게 헌신을 요구하는 여성에 대해 무려 +2.17이라는 높은 선호를 보이지만, 일시적인 섹스 상대를 찾는 남성들은 헌신을 요구하는 여성에게 1.40, 즉 매우 탐탁치 못하다는 평가를 내린다.[10] 뿐만 아니라 남성들은 일시적인 섹스 상대가 기혼 여성이라도 특별히 기분 나빠하지 않는데, 이는 기혼 여성의 경우 이미 남편에게서 헌신을 제공받고 있을 가능성이 높기 때문에 상대적으로 자신에게 헌신을 요구하려 애쓸 가능성이 적기 때문이다. 이 같은 연구 성과들은 남성들이 욕망을 탄력 있게 바꾸어 일시적인 짝짓기에 드는 투자를 최소화하려 한다는 추측을 입증해 주며, 진화 역사를 통해 때때로 남성들이 헌신할 필요가 없는 찰나적인 성 관계를 추구해 왔음을 다시 한번 알려 준다.

## 쿨리지 효과

많은 여성들과 성 관계를 가져야 한다는 적응적 문제를 풀기 위한 또 다른 심리적 해결책을 남성들이 여성에 의해 성적으로 흥분하는 현상에서 찾을 수 있는데, 이를 쿨리지 효과(Coolidge effect)라고 한다. 캘빈 쿨리지(Calvin Coolidge, 1872~1933년, 제30대 미국 대통령) 대통령과 영부인이 정부가 새로 지은 농장을 각자 시찰하고 있을 때였다. 닭장을 지나치다 수탉이 암탉과 열심히 교미하는 장면을 본 영부인은 수탉이 얼마나 자주 교미하는지 물었다. "하루에 수십 번은 합니다." 관리인이 말했다. 영부인은 관리인에게 부탁했다. "이 사실을 대통령이 오면 꼭 말씀해 주세요." 대통령이 나중에 닭장에 도착해서 수탉의 정력에 대한 이야기를 듣고 나서 이렇게 물었다. "항상 같은 암컷과 하오?" "아, 아닙니다." 관리인이 대답했다. "매번 다른 암탉과 합니다." 대통령이 관리인에게 말했다. "그 사실을 꼭 좀 영부인에게 말해 주시오." 이렇게 수컷들이 새로운 암컷을 접하면 다시 성적으로 흥분하게 되는 현상을 일컬어 쿨리지 효과라 부른다. 이로 인해 수컷은 여러 암컷들에게 성적으로 접근하고자 하는 강한 자극을 받게 된다.

쿨리지 효과는 포유동물에서 광범위하게 분포하는 형질로서 여러 번 기재되었다.[11] 숫쥐, 숫양, 수소에서 모두 쿨리지 효과가 관찰된다. 이 효과를 관찰하기 위해서 대개 연구자는 암소를 황소 우리에 넣어 준 다음 교미가 끝나면 새로운 암소로 바꿔 넣어 준다. 황소의 성적 반응은 새로 암소가 들어올 때마다 시들지 않고 계속되지만, 암소를 교체하지 않고 그냥 우리에 내버려두면 급격히 감소한다. 인간 남성들은 새로운 여성을 접하면 성적으로 흥분하여 매번 사정까지 이르며, 여덟 번째, 열 번째, 열두 번째 여성에 대한 반응 강도는 첫 번째 여성에 대한 반응 강도와 거의 차이가 없다.

새로운 대상에 대한 성적 흥분은 매우 강력해서 이 반응을 줄여보려는 갖가지 시도들은 대개 무위에 그친다. 예컨대 이미 교미한 암양을 천으로 뒤집어씌우고 다시 우리에 들여보내도 숫양은 결코 속지 않는다. 이미 교미한 암컷에 대해 수컷이 다시 흥분하는 정도는 새로운 암컷이 들어왔을 때에 비하면 항상 낮다. 수컷의 이처럼 낮은 성적 충동은 암컷이 이미 성 관계를 가졌다는 사실 그 자체 때문은 아니다. 이는 다른 수컷과 교미한 지 얼마 안 된 새로운 암컷을 넣어 주면 수컷이 다시 성적으로 크게 흥분한다는 사실로부터 미루어 짐작할 수 있다. 또한 수컷은 처음 교미했던 암컷을 잠시 보이지 않는 다른 곳으로 보냈다가 다시 집어넣어도 별 반응을 보이지 않는다. 수컷은 이 정도 잔꾀에 속아 넘어가지 않는다.

여러 문화권에 걸쳐서 인간 남성들도 쿨리지 효과를 나타낸다. 서구 문화권에서 배우자와 관계를 맺는 빈도는 결혼한 지 오래될수록 꾸준히 감소하여, 결혼한 지 1년이 되었을 때는 처음 한 달 동안의 대략 절반으로 줄어들며 그 후에도 계속 줄어든다. 도널드 시먼즈가 말했듯이, "아내에 대한 욕정이 잦아드는 것은 적응적이다. 다른 여자들에게 곁눈질하게 해 주기 때문이다."[12] 인간의 외도에는 여러 가지 형태가 있다. 대다수 문화권에서 아내보다 남편들이 혼외정사를 더 추구한다. 예컨대 「킨제이 보고서」에 따르면, 남편의 50퍼센트가, 그러나 아내는 26퍼센트만이 혼외정사를 한 경험이 있다. 몇몇 연구들에 따르면, 이 차이는 점점 줄어들고 있다. 8,000명의 기혼 남녀를 조사한 한 연구는 남편의 40퍼센트와 아내의 36퍼센트가 적어도 한 번 혼외정사를 했다고 보고했다. 비록 모집단을 대표하기 힘든 표본들을 대상으로 한 연구이긴 하지만, 성애에 대한 하이트 보고서는 이 수치가 남편들에게는 최대 70퍼센트, 아내들에게도 최대 70퍼센트까지 이를 것이라고 추정했다. 좀더 대표성을 지니는 표본들을 선정한 연구, 예컨대 982명의 남편들과 1,044명의 아내들을 조사한 헌트 연구는 남편의 41퍼센트, 아내의 18퍼센트가 혼외정사를 경헀다고 추정했다.[13] 이처럼 추정치가 서로 다름에도 불구하고 그리고 성 간의 차이가 아마도 줄어들고 있음에도 불구하고 모든 연구는 혼외정사의 발생률과 빈도에서 성차가 있음을, 즉 남편들이 아내들보다 더 자주, 더 많은 상대와 혼외정사를 한다고 시사

한다.[14]

미국 내에서 배우자 바꾸기(Swapping)는 거의 항상 남편의 제안에
의해 이루어진다.[15] 집단 섹스도 주로 남성들이 추구한다. 인도의 무리
아 족의 한 남성은 다양성에 대한 남성의 욕망을 간결하게 요약했다.
"매일 똑같은 채소만 먹고살 순 없는 노릇이죠."[16] 남아프리카의 크가틀
라 족의 다른 남성은 그가 거느린 두 아내에 대한 성욕을 이렇게 설명
한다. "나한텐 둘 다 똑같이 예뻐요. 그런데 한 여자랑 내리 3일 동안 자
고 나면 네 번째 날에는 지겨워져요. 그래서 다른 여자한테 가면 난 아
주 불이 붙어요. 그 여자가 훨씬 더 예뻐 보이거든요. 하지만 실은 그렇
지 않다는 걸 난 알아요. 원래 여자한테 되돌아오면 똑같은 열정이 다
시 치밀어 오르니까요."[17]

인류학자 토머스 그레고어는 아마존의 메히나쿠 족 남성들의 성
적 감정을 이렇게 묘사했다. "여자들의 성적 매력은 **'맛없음**(mana, 마
나)'에서 **'맛 좋음**(awirintya, 아위린타)'까지 다양하다. 유감스럽게도 아
내와의 섹스는 마나지만 내연녀와의 섹스는 거의 항상 아위린타이다."
[18] 플로베르는 그의 작품 『마담 보바리』에서 보바리 부인에 대해 이렇게
적었다. "그녀도 다른 여인들과 마찬가지였다. 신선한 매력은 옷이 흘
러내리듯이 벗겨져서 무미건조한 열정만이 싸늘하게 살갗을 드러내었
다. 형식과 내용 모두 영원히 똑같은 채로." 아마 킨제이가 이 점을 가
장 잘 요약한 것 같다. "사회적 규제만 없다면, 인간 남성들은 평생 아
무 여자나 섹스 상대로 삼으며 문란한 성생활을 즐길 것이라는 명제에
는 의심할 여지가 전혀 없어 보인다.……인간 여성들은 다양한 상대를
접하는 것에는 별로 관심이 없다."[19]

## 성적 판타지

성적 판타지는 일시적 짝짓기를 추구하는 남성의 성향에 깔린 진화적 원천을 엿볼 수 있게 해 주는 또 다른 심리적 단서이다. 사춘기 남성들을 겨냥한 뮤직 비디오 가운데에는 남자 록스타가 비키니만 걸친 아름다운 여성들에 둘러싸인 채 해변을 따라 달리는 장면을 보여 주는 것들이 있다. 다른 뮤직 비디오에는 남자 록스타가 노래하면서 어떤 여성의 미끈한 다리를 어루만지는 장면이 나온다. 또 다른 뮤직 비디오는 남자 록스타가 속옷만 걸친 수십 명의 여인들을 쳐다보는 장면을 보여 준다. 이 뮤직 비디오들이 사춘기 남성들을 자극하기 위해 만들어졌음을 감안하면 결론은 명확하다. 남성의 성적 판타지 가운데 핵심적인 하나는 나에게 열광적으로 반응해 오는 아름답고 매혹적인 여성들 수십 명과 성 관계를 갖는 것이다.

남녀의 성적 판타지에는 엄청난 차이가 있다. 일본, 영국, 미국에서 진행된 연구에 따르면, 남성은 여성보다 2배나 더 자주 성적 판타지에 빠진다.[20] 잠을 자면서 남성들은 여성보다 성적인 꿈을 더 자주 꾼다. 남성의 성적 판타지에는 낯선 여인, 여러 명의 여자들, 혹은 이름 모를 여자가 자주 등장한다. 대부분의 남자들은 한 번의 성적 판타지 중에도 섹스 상대가 종종 바뀐다고 말하는 반면, 대다수 여성들은 상대가 바뀌는 법이 거의 없다고 말한다. 여성들의 43퍼센트가, 하지만 남성들 가운데는 겨우 12퍼센트만이 한 번의 성적 판타지 중에 섹스 상대가 바뀌는 법이 절대 없다고 답했다. 남성들의 32퍼센트가, 하지만 여성들은 겨우 8퍼센트만이 일생에 걸쳐 1,000명이 넘는 상대들과 섹스하는 것을 상상해 본 적이 있다고 답했다. 집단 섹스에 대한 환상은 남성의 33퍼센트에서 일어나지만 여성에서는 고작 18퍼센트에 그친다.[21] 전형적인 남성의 성적 판타지를 살펴보기 위해 한 남성의 글을 인용해 보자. "여섯 혹은 그 이상의 벌거벗은 여성들이 나를 핥고, 키스하고, 구강성교를 해 준다."[22] 또 다른 남성의 성적 판타지는 이렇다. "나는 20살에서 24살 사이의 벌거벗은 여자들로만 채워진 작은 마을의 면장이다. 나는 산책을 즐긴다. 산책하다가 그날 본 여자들 가운데 가장 아름다운 여자를 택해 격렬하게 성 관계를 맺는다. 아무 때나 나는 아무 여자랑 관계를 맺을 수 있다."[23] 남성의 판타지에서는 각양각색의 많은 여성들과 섹스하는 것이 핵심이다.

남성의 성적 판타지는 정서적 요소는 일체 생략된 채 여성의 육체와 체위에만 초점을 맞춘다. 매우 시각적이며, 뽀얀 피부와 움직이는 신체 부분들에 집중한다. 성적 판타지 동안 남성들의 81퍼센트가, 하지만 여성들은 43퍼센트만이 느낌보다는 시각적 이미지에 초점을 맞춘다. 노출을 많이 하고, 쉽게 침대에 함께 누울 수 있을 것 같고, 계속 헌신할 필요가 없는 매력적인 여성은 남성의 성적 판타지에 빈번히 등장한다. 브루스 엘리스와 도널드 시먼즈가 말했듯이 "(남성의 판타지에서) 가장 두드러진 특징은 섹스는 그저 욕정과 육체적 희열로 그려진다는 것이다. 거추장스러운 연애도, 정서적인 교감도, 복잡한 극적 구성도, 즐거운 대화도, 애정 공세도, 장시간에 걸친 전희도 찾아 볼 수 없다."[24] 이러한 판타지는 다양한 상대와 성 관계를 추구하게끔 설계된 남성의 심리를 잘 드러내 준다.

반면에 여성의 성적 판타지는 대개 이미 잘 아는 상대를 등장시킨다. 미국 여성의 59퍼센트가, 하지만 남성들은 겨우 28퍼센트만이 성적 판타지에 자신들이 이미 육체적으로나 정신적으로 깊은 관계를 맺고 있는 누군가가 주로 등장한다고 답했다. 상대방의 감정이나 인성은 여성에게 매우 중요하다. 여성의 41퍼센트가, 그러나 남성 가운데는 겨우 16퍼센트가 성적 판타지에 등장하는 상대의 개인적, 정서적 특질을 중시한다고 답했다. 그리고 여성 가운데 57퍼센트가, 그러나 남성 가운데는 겨우 19퍼센트가 시각적 이미지보다는 감정에 초점을 맞춘다고 말했다. 한 여성은 이렇게 답했다. "나는 주로 나와 같이 있는 그 남자를 생각해요. 때때로 나는 그 느낌이 나를 완전히 압도하고, 칭칭 휘감아서, 결국 흔적도 없이 쓸어 버리는 걸 깨닫지요."[25] 여성들은 성적 판타지에서 부드러움, 낭만, 그리고 개인적인 몰입을 강조한다. 여성들은 상대의 시각적 이미지보다는 상대가 어떻게 자신에게 반응하느냐에 더 관심을 기울인다.[26]

## 매력의 지각

찰나적인 성 관계에 대한 남성들의 전략을 알 수 있는 또 다른 심리적 단서는 독신자 술집에서 밤이 깊어 감과 동시에 매력도의 판단도 달라진다는 사실에서 찾을 수 있다. 한 연구에서는 독신자 술집에서 137명의 남성과 80명의 여성에게 밤 9시, 10시 반, 그리고 12시 등 세 번에 걸쳐 술집 안에 있는 이성들의 매력 정도를 10점 만점을 기준으로 평가해 줄 것을 요청했다.[27] 문 닫을 시간이 가까워질수록 남성들은 여성들을 점점 더 매력적으로 지각하는 경향이 있었다. 9시에 행해진 매력 정도의 판단은 5.5점이었지만 12시에 행해진 판단은 6.5점 남짓으로 증가했다. 남성의 매력 정도에 대한 여성의 판단도 마찬가지로 시간이 지나면서 상승했다. 그러나 술집 안에 있는 남성들에 대한 여성들의 판단은 남성들이 여성들을 판단한 것에 비하면 낮았다. 여성들은 술집 안에 있는 남성들을 밤 9시에는 딱 평균인 5.0점에 약간 못 미치게 평가했으며, 문 닫을 시간이 가까울수록 조금씩 증가해 자정에는 단지 5.5점에 이르렀다.

남성들이 매력을 지각하는 태도가 문 닫을 시간이 가까울수록 달라지는 현상은 알코올을 얼마나 섭취했는가와는 아무런 관련이 없었다. 남성이 술을 한 잔 마셨든, 다섯 잔 마셨든, 문 닫는 시간이 다가올수록 여성을 더 매력적으로 지각하는 경향에는 별 차이가 없었다. 흔히 말하는 '맥주 안경(beer goggles)' 현상, 즉 알코올을 섭취할수록 여성이 더 매력적으로 보이는 현상은 실은 밤이 점차 깊어 가면서 찰나적인 성관계를 할 기회가 점점 감소하는 것에 민감하게 반응하는 심리 기제로부터 나오는 것으로 보인다. 밤은 점점 깊어 가는데 술집 안에서 마음에 드는 여성을 아직 단 한 명도 찾지 못했다면, 여태껏 남아 있는 여성들이 훨씬 더 매력적이라고 지각함으로써 그들 가운데 적어도 한 명과 잠자리에 들려는 노력을 한층 더 기울일 수 있다.

지각이 변화하는 또 다른 경우는 남성들이 더 이상 얽매이길 바라지 않는 일시적인 섹스 상대와 뜨거운 하룻밤을 보내고 난 뒤에 일어나는 듯하다. 어떤 남성들은 오르가슴에 도달하기 전에는 섹스 상대가 매우 매력적으로 보였지만, 오르가슴 이후 채 10여 초도 지나지 않아 상대가 이전보다 덜 매력적이거나 심지어 평범하게 보인다고 토로한다. 이러한 정서 및 지각의 변화를 체계적으로 조사한 연구는 아직 없다. 과연 이런 변화가 보편적으로 존재하는지, 그리고 만약 존재한다면, 어떤 조건하에서 일어나는지가 앞으로 규명되어야 할 것이다. 남성의 성 전략에 대해 지금껏 알려진 증거들로부터 추론하면, 남성이 서로 헌신하는 깊은 애정보다는 찰나적인 성 관계를 맺고자 하는 욕망에 이끌려서 짝짓기 시장에서의 가치가 자신에게 많이 못 미치는 여성과 충동적으로 성 관계를 맺었을 때 이러한 지각 변화가 일어나리라고 예측할 수 있다. 오르가슴 후에 애정이 급랭하는 이러한 변화는 원치 않는 헌신을 해야 하는 상황에 얽히거나 다른 사람들이 이 은밀한 정사를 알게 되면 평판에 금이 가는 등의 위험을 피하게 하기 위하여 재빨리 남성의 등을 떠밀어 현장에서 벗어나게 하는 기능을 수행할 것이다. 남성의 욕망이 오르가슴 전에는 미에 대한 판단을 후하게 내리게 하고 오르가슴 후에는 미에 대한 판단을 짜게 내린다는 견해는 아직 추측일 따름이다. 하지만 찰나적인 성 관계에 임하는 남녀의 전략에 대해 앞으로 더 폭넓은 연구가 수행된다면, 찰나적인 성 관계로 인한 손실을 피하면서 이득만 최대한 거두려는 심리 기제가 남성에게서 진화했다는 것이 결코 터무니없는 주장은 아님이 밝혀질 것이다.

## 성적 변이

남성의 성 전략 레퍼토리에서 일시적인 짝짓기가 차지해 온 역할에 대한 또 다른 단서는 동성애라는 성적 변이에서 찾을 수 있다. 도널드 시먼즈는 남성의 동성애적 성향은 남성으로부터 로맨스나 헌신, 열정 등을 바라는 여성들의 요구 사항에 구애받지 않는다고 지적한 바 있다. 마찬가지로 레즈비언 성향은 남성들의 요구와 명령으로부터 구속받지 않는다. 그러므로 동성애자들이 실제 취하는 행동들은 이성의 성 전략에 의해 손상되거나 때 묻지 않은 인간 성욕의 참된 본성을 조망하게 해 주는 창이 되어 준다.

남성 동성애에서 가장 흔하게 이루어지는 섹스 유형은 처음 만난 사람들끼리의 찰나적인 성 관계이다.[28] 남성 동성애자들이 짧은 만남을 갖기 위해 술집이나 공원, 공중 화장실을 돌아다니는 데 반하여 레즈비언들은 거의 그러지 않는다. 흔히 남성 동성애자들이 새롭고 다양한 섹스 상대를 계속 추구하는 데 반하여 레즈비언들은 친밀하고, 지속적이며, 서로에게 헌신하는 애정 관계에 정착하는 경향이 훨씬 더 강하다. 한 연구에 따르면, 남성 동성애자들의 94퍼센트가 15명 이상의 섹스 상대를 경험했던 데 비하여 레즈비언들은 단 15퍼센트만이 그와 같은 정도의 섹스 상대를 경험했다.[29] 1980년대에 샌프란시스코에서 보다 광범위하게 실시된 킨제이의 연구는 남성 동성애자의 거의 4분의 1이 500명이 넘는 섹스 상대를 경험했으며, 이들은 보통 화장실이나 술집에서 처음 만난 사람들이었다고 보고했다.[30] 이러한 증거들로부터 남성들은 주로 여성에 의해 부과되는 정성 어린 구애나 헌신에 대한 요구에 묶이지만 않는다면 다양한 섹스 상대와의 찰나적인 성 관계를 즐기려는 본연의 욕망을 마음껏 충족하려는 경향이 있음을 알 수 있다.

장기적인 배우자에 대한 선호와 마찬가지로 찰나적인 성 관계에 대해서도 남성 동성애자들은 남성 이성애자들과 비슷한 선호를 보이고 레즈비언들은 여성 이성애자들과 비슷한 선호를 보인다. 찰나적인 성 관계가 남녀 각각의 성 전략에서 차지하는 비중이 뚜렷하게 차이가 남을 동성애 성향에서도 확인할 수 있다. 시먼즈는 이렇게 말했다. "남성 이성애자들도 남성 동성애자들과 다름없이 생전 처음 보는 사람과 가장 자주 성 관계를 가지며, 공중 목욕탕에서 익명으로 행해지는 질펀한 섹스 파티에 참여하며, 직장에서 퇴근하는 길에 단 몇 분 구강성교를 즐기기 위해 공중 화장실을 기웃거릴 것이다. 여성들이 이러한 일에 관심을 보이기만 한다면. 그러나 여성들은 그런 일 따위에는 관심이 없다."[31]

매매춘, 곧 경제적 이득을 얻기 위해 대상을 비교적 가리지 않고 성적 서비스를 반대급부로 제공하는 일은 찰나적인 성 관계를 향한 남성의 강한 욕망을 드러내 주는 또 다른 사례이다.[32] 지금까지 연구가 실시된 거의 모든 사회에서 매매춘은 일어나고 있었다. 미국 내에서 자발적인 매춘부는 대략 10만 명에서 50만 명에 이를 것으로 추정된다. 도쿄에는 13만 명 이상, 폴란드는 23만 명 이상, 에티오피아의 아디스아바바에는 8만 명 이상의 매춘부가 있다. 모든 문화권에서 매매춘의 구매자는 거의 절대적으로 남성이다. 킨제이는 미국 남성의 69퍼센트가 매매춘을 한 적이 있고, 15퍼센트는 매매춘을 통해 정기적으로 성욕을 배출한다고 밝혔다. 여성들의 경우에는 이러한 수치가 너무 낮아서 정기적인 성욕 배출구로 고려조차 되지 않는다.

매매춘이 성행한다고 해서 매매춘이 자연선택에 의해 만들어진 적응이라는 것을 반드시 내포하지는 않는다. 그보다 매매춘은 큰 손실 없이 찰나적인 성 관계를 즐기려는 남성의 욕망과 경제적인 필요 때문에 성적 서비스를 제공하고 물질적 이득을 반대급부로 얻는 길을 자발적으로 선택하거나 그러한 길로 강제로 내몰린 여성의 상황, 이 두 가지가 동시에 작용해 생겨난 결과로 이해할 수 있다.

찰나에 이루어지는 기회주의적인 성 관계에 남성이 지대한 관심을 보이는 것은 근친상간의 패턴에서도 드러나 있다. 부녀 간 근친상간은 모자 간 근친상간보다 훨씬 더 흔하다. 여자 아이들은 남자 아이보다 근친상간의 희생물이 될 가능성이 2배 내지 3배 더 높다. 또한 여자 아이건 남자 아이건 근친상간의 가해자는 남성이 압도적으로 많다. 뿐만 아니라 근친상간을 저지르는 남성은 유전적인 아버지(즉, 친아버지)보다는 의붓아버지가 훨씬 더 많다. 의붓아버지들은 근친상간으로 얻게 되는 자식이 지능 박약이나 열성 유전병과 같은 유전적 손실을 입을 염려가 없기 때문에 상대적으로 근친상간을 더 저지르기 쉽다. 의붓아버지와 의붓딸 사이의 근친상간은 보고된 모든 근친상간 사례에서 48~75퍼센트의 비중을 차지한다.[33] 성적 다양성, 그리고 찰나적인 성 관계를 추구하는 남성의 성향이 근친상간 패턴에서도 관찰되는 것이다.

성적 판타지, 쿨리지 효과, 욕정, 사귀는 사람과 빨리 성 관계까지 나아가려는 경향, 상대의 기준을 낮추는 것, 매력을 지각하는 양상의 변화, 동성애 성향, 매매춘, 그리고 근친상간 성향 등은 모두 찰나적인 성 관계를 추구하는 남성의 전략을 밝혀 주는 심리적인 단서들이다. 이들로부터 성 전략 레퍼토리에 단기적 짝짓기도 수록한 남성들이 진화적으로 선택되었을 인간 진화의 역사를 짐작할 수 있다. 그러나 이성애 남성들이 찰나적인 성 관계를 맺기 위해서는 여성의 동의가 필요했다.

## 여성의 단기적 성행위에 숨겨진 측면

일시적 짝짓기가 남성들에게 주는 번식적 이득이 대단히 크고 직접적이기 때문에 여성들이 단기적 짝짓기로부터 얻는 이득에 대해서는 지금껏 거의 완전히 무시된 채 제대로 연구되지 못했다. 여성들은 여러 상대와 성 관계를 가진다 해도 자식 수를 곧바로 증가시킬 수 없지만, 찰나적인 성 관계를 융통성 있는 일련의 성 전략 레퍼토리 가운데 하나의 전략으로 구사함으로써 다른 중요한 이득을 얻을 수 있다.[34] 조상 여성들은 적어도 어떤 시점의 어떤 상황에서는 찰나적인 성 관계를 통해 이득을 얻었음이 틀림없다. 왜냐하면 찰나적인 성 관계에 응하는 여성이 한 명도 없는 상태에서 남성들이 짧은 하룻밤 정사를 통해 자신들의 이득을 추구하기란 불가능하기 때문이다. 요컨대 일시적인 짝짓기를 통해 남성들만 이득을 보는 심리 기제가 진화할 수는 없다.

조상 여성들의 경우에는 남성들과는 달리 섹스 그 자체가 일시적인 성 관계의 주된 목표가 될 수는 없었다. 그 이유는 정자는 언제나 쉽게 구할 수 있었기 때문이다. 정자를 더 얻는다고 해서 여성의 번식 성공도가 그만큼 증가하는 것은 아니다. 성적 접촉을 가능한 한 적게 하는 것이 여성이 원하는 전부였으며, 여성 입장에서 필요한 만큼의 정자를 구하는 데 남자 수의 부족이 문제가 된 적은 거의 없었다. 정자가 많아 봤자 수정하는 데 오히려 걸리적거리기만 할 뿐이다.

그렇지만 찰나적인 성 관계가 여성에게 가져다주는 핵심 이득 가운데 하나는 자원을 즉각 얻을 수 있다는 점이다. 아주 오랜 옛날의 원시 부족 사회에 갑자기 기근이 강타했다고 상상해 보자. 사냥감이 드물어졌다. 서리가 벌써 음산하게 내렸다. 덤불 숲에서 더 이상 딸기류를 찾을 수 없다. 그런데 한 남자가 운 좋게 사슴을 사냥하는 데 성공한다. 주린 배를 움켜쥔 한 여자가 그가 사냥감을 끌고 돌아오는 것을 본다. 그녀는 그 남자가 잡은 고기의 일부를 얻고자 한 가지 제안을 한다. 자원을 위한 섹스, 혹은 섹스를 위한 자원 이 두 가지는 수백만 년 동안의 인간 진화사에서 줄곧 이루어진 거래를 통해 수없이 교환되어 왔다.

아마존의 메히나쿠 족이나 트로브리안드 제도의 원주민 같은 다수의 전통 사회에서는 남성들이 음식물이나 담배, 빈랑나무 열매, 거북 등딱지 반지, 팔찌 같은 장신구를 정부(情婦)에게 바친다. 여성은 선물을 더 이상 가져다주지 않으면 성 관계를 맺길 거부하는데, 대개 이런 식이다. "당신, 나한테 줄 게 아무것도 없네요. 싫어요."[35] 더 이상 선물을 가져다주지 못하면 트로브리안드 여성들 사이에서 남성의 평판은 급락하며, 이로 인해 장래에 정부를 얻을 가능성도 크게 낮아진다. 트로브리안드 여성은 은밀한 성 관계를 통해 물질적인 혜택을 얻는 것이다.

현대 여성들이 일시적인 외도 상대에 대해 보이는 선호에서 짧은 성적 접촉을 통해 조상 여성들이 물질적, 경제적 이득을 취해 온 진화사에 대한 심리적 단서를 얻을 수 있다. 일시적인 짝짓기와 항구적인 짝짓기의 비교 연구에 참여한 여성들은 남편보다 일시적인 내연남에게서 더 희망하는 자질로서 다음 네 가지를 들었다. 만남이 처음 시작될 때부터 많은 돈을 쓰는 것, 선물 공세를 자주 하는 것, 사치스러운 생활을 하는 것, 자원을 쓰는 데 망설이지 않는 것이었다.[36] 여성들은 이러한 자질을 갖춘 남편은 그저 조금 바람직하다고 여겼지만, 이러한 자질을 갖춘 찰나적인 성 관계 상대는 대단히 바람직하다고 여겼다. 여성들은 일시적인 내연남이 지나치게 절약을 하거나 구두쇠처럼 구는 것을 혐오했다. 이는 내연 관계에 있는 남성이 여성에게 풍부한 자원을 바로바로 제공하기를 꺼려 할 것이라는 신호가 되기 때문이다. 이러한 심리적 선호 형태는 자원을 즉각적으로 얻어 내는 것이 여성이 은밀한 정사를 통해 얻는 중요한 적응적 이득 가운데 하나임을 알려 준다.

찰나적인 성 관계가 여성에게 제공하는 이득의 하나가 경제적 자원임을 가장 분명하게 보여 주는 사례는 매매춘과 같은 극단적인 예에서 찾아볼 수 있다. 여러 문화에서 결혼해서 안정된 가정을 꾸릴 기회를 놓치고 경제적으로 궁핍해진 여성들이 어쩔 수 없이 매춘부가 되는 경우가 많다. 예컨대 간통을 저질러서 남편에게 이혼당한 여성은 타이완의 푸젠이나 아프리카의 소말리 족 같은 문화에서는 재혼할 수 없다.[37] 중국이나 버마, 포니 족의 여성들은 숫처녀가 아니면 결혼을 못할 가능성이 크다. 아즈텍이나 이푸가오 족의 여성들은 질병을 앓고 있으면 결혼을 하지 못한다. 이 모든 사회에서 결혼하지 못한 여성들은 생존에 필요한 경제적 이득을 얻기 위해 때때로 매매춘의 길로 접어들기도 한다.

그렇지만 결혼으로 인해 겪어야만 하는 고역을 피하기 위해 매매춘에 나서는 여성들도 있다. 예를 들어 싱가포르의 메이레이 족 여성들은 땔나무를 모으고 옷가지를 세탁하는 것처럼 아내로서 해야만 하는 고된 일들을 피하려고 창녀가 되기도 한다. 암하라 족과 뱀바 족에서는 창녀들이 매춘으로 워낙 많은 돈을 벌어서 보통 가정주부가 해야 하는 집안일을 대신 해 줄 남자를 고용하기도 한다. 요약하자면 필요한 경제적 자원을 즉시 얻는 것은 일시적인 성적 회합을 통해 여성들이 누리게 되는 주된 이득 가운데 하나이다.

혼전 성 관계는 데이트만 해서는 얻을 수 없는 정보를 추가적으로 입수하게 해 주어 장래의 남편감을 정확하게 판단할 기회를 마련해 주기도 한다. 남편을 올바르게 선택하는 일은 번식적으로 엄청난 중요성을 지니므로, 여성들은 남편감을 이리저리 재고, 평가하는 데 크나큰 노력을 기울인다. 혼전 성 관계를 통해서 여성은 장래의 남편감의 진정한 의도를 가늠할 수 있다. 그가 그녀를 그저 가벼운 섹스 상대로 대하는지, 아니면 진지한 결혼 상대자로 대하는지, 따라서 어느 정도 성 관계를 맺은 후 그녀를 버릴 가능성은 어느 정도나 되는지 말이다. 혼전 성 관계로 남성의 인성을 판단할 수도 있다. 그가 스트레스 상황에서 어떻게 행동하는지, 얼마나 신뢰할 만한지 알 수 있는 것이다. 혼전 성 관계로 그가 혹시 속임수를 쓰고 있는 것은 아닌지도 판단할 수 있다. 그가 정말 독신인지, 이미 진지하게 사귀는 애인이 따로 있지는 않은지 알 수 있는 것이다. 또한 혼전 성 관계로 배우자로서의 그의 가치를 판단할 수 있고, 그가 다른 사람들에게 얼마나 매력적으로 보이는지 알 수 있다.

혼전 성 관계는 서로 성적으로 얼마나 궁합이 잘 맞는지 판단할 기회를 주어 이 연애가 과연 오랫동안 유지될지 가늠하게 해 주는 중요한 정보를 제공한다. 성 관계를 통해서 여성은 남성이 얼마나 그녀의 언행에 민감한지, 얼마나 그녀의 행복에 신경을 쓰는지, 얼마나 융통성 있게 대하는지 판단할 수 있다. 성적으로 잘 맞지 않는 부부는 더 이혼하기 쉬우며 한쪽의 외도로 고통 받을 가능성도 더 높다.[38] 성 연구자 새뮤얼 제이너스와 신시아 제이너스가 조사한 이혼한 부부 가운데 29퍼센트가 성 문제로 이혼을 결심하게 되었다고 답했다. 실제로 성 문제는 다른 어느 요인보다 많이 언급된 요인이었다. 배우자가 부정을 저질러서 이혼하게 됨으로써 감수해야 할 미래의 손실은 결혼을 약속하기 전에 서로 성적으로 잘 맞는지 평가함으로써 피할 수 있다.

여성이 일시적인 상대에 대해 보이는 선호를 잘 살펴보면, 그들이 장래의 결혼 상대자를 이모저모 뜯어보기 위해 찰나적인 성 관계를 이용한다고 추론해 볼 수 있다. 만약 대다수 남성들처럼 여성들도 순전히 기회주의적인 성 관계 그 자체를 위해 일시적인 상대를 찾는 것이라면, 남성이 현재 진지하게 사귀는 사람이 있다거나 성적으로 문란하다는 등의 특정 자질로 인해 여성이 골머리를 앓는 일은 없을 것이다. 남성들처럼 여성들도 일시적인 내연남이 성적으로 문란한들 그다지 신경 쓰지 않거나 오히려 약간은 바람직하다고 여겼을 것이다.[39] 그러나 여성들은 일시적인 내연남을 고를 때에도 그가 현재 사귀는 사람이 있거나 성적으로 문란한 성향이라면 그를 매우 탐탁치 않게 여기는데, 이러한 특질들이 그는 결코 결혼 상대자가 될 수 없다거나 단기적 성 전략만을 끊임없이 추구하는 사람임을 나타내기 때문이다. 따라서 여성이 이러한 남성과 장기간의 애정 관계에 돌입할 가능성은 낮다. 이 특질들은 그가 나에게만 충실할 리 없으며 장기적인 짝짓기 상대로는 부적합하다는 것을 강력하게 웅변한다. 결국 여성이 찰나적인 성 관계를 통해 자원을 즉시 얻어 낸다는 소기의 목적을 달성하는 데 그러한 남성들은 방해만 될 뿐이다. 왜냐하면 이미 다른 누군가와 진지한 연애 관계를 맺고 있거나 성적으로 문란한 사람들은 또다시 투자할 수 있는 자원이 그리 많지 않을 것이기 때문이다.

단기적인 섹스 상대에 대한 여성의 욕망은 남편에 대한 욕망과 매우 닮았다.[40] 두 경우 모두에서 여성은 친절하고, 낭만적이고, 이해심 많고, 재미있고, 안정적이고, 건강하고, 유머 감각이 있고, 자원을 쓰는 것에 인색하지 않은 남성을 바란다. 두 경우 모두에서 여성은 키가 크고, 운동 능력이 뛰어나고, 매력적인 남성을 바란다. 그와 대조적으로 남성의 선호는 짝짓기 상황에 따라 급격히 변한다. 여성의 배우자 선호가 두 경우 모두에서 일정하다는 사실은 여성이 일시적인 상대도 장래의 남편감으로 인식하며, 따라서 똑같이 높은 기준을 적용한다는 이론과 일치한다.

　　자기 자신이 배우자로서 얼마나 바람직한지를 정확하게 자가 측정할 기회를 얻는 것도 찰나적인 성 관계를 통해 여성이 얻는 잠재적인 이득이라 할 수 있다. 인간의 진화사에서 자신의 배우자 가치를 정확하게 인지하지 못한 남녀는 번식적으로 큰 손실을 입었을 것이다. 자기 가치를 과소평가하는 것은 특히나 더 해로웠다. 자기 가치를 과소평가하는 바람에 별로 탐탁치 않은 남편과 결혼한 여성은 자원도 적게 얻고, 자식에 대한 남편의 투자도 부실하게 받고, 남편의 열등한 유전자가 자식에게 전해지는 등의 피해를 입었을 것이다. 자기 가치를 과대평가한 여성도 짝짓기 시장에서 손해를 보았다. 배우자 선택 기준을 너무 높게 잡는 바람에 눈에 차는 남자가 거의 없었을 것이고, 어쩌다 그녀의 기준을 충족하는 남자들은 훨씬 더 바람직한 아내를 구할 수 있기에 그녀를 외면했을 것이다. 자신에 대한 과대평가가 오래 이어질수록 손해는 더욱 커졌을 것이다. 여성이 나이 들어 감에 따라 실제 배우자 가치는 계속 하락하기 때문이다. 동시에든 순차적이든 몇몇 남성들과 짧은 정사를 가짐으로써 여성은 자신의 배우자 가치를 더 정확하게 가늠할 수 있다. 그녀가 유혹할 수 있는 남성이 어느 정도 수준인지에 대한 유용한 정보를 입수하는 것이다.

찰나적인 성 관계를 통해 여성은 다른 남성이나 동성 경쟁자와 갈등이 불거졌을 때 자신을 지켜 줄 수 있는 누군가를 일종의 보험 차원에서 얻을 수 있다. 자신을 지켜 주고 보호해 줄 두 번째 배우자가 있다는 것은 폭력이나 강간이 빈번하게 행해지는 사회에 있는 여성들에게 특히 더 유리할 것이다. 베네수엘라의 야노마뫼 같은 몇몇 사회에서는 남편의 보호를 받지 못하는 여성들은 신체적 학대, 강간, 심지어 자식 살해까지 저지르는 다른 남성들의 폭력에 그대로 노출되어 있다.[41] 야노마뫼 남자들에게 납치당했던 한 브라질 여성의 사례로부터 그 심각성을 짐작할 수 있다.[42] 그녀가 살던 야노마뫼 부락에 다른 부락의 남자들이 습격해서 그녀를 강간하려 했는데, 당시 그녀는 누구와도 결혼하지 않은 상태였고 자신을 보호해 줄 만큼 특별한 남성 친구도 없었기 때문에 부락의 그 어떤 남자도 그녀를 지켜 주려 하지 않았다고 한다.

신변을 보호받기 위해 특별한 우애 관계를 맺는 경우를 사바나 비비에서 찾을 수 있다.[43] 암컷 비비들은 자신의 배우자 외에도 한두 마리의 다른 수컷들과 우애 관계를 이룬다. 이 수컷 친구들은 암컷이 다른 수컷들로부터 괴롭힘을 당하지 않게끔 보호해 준다. 암컷들은 발정기에 들어서면 수컷 친구들과 짝짓기하고자 하는 강한 선호를 보이는데, 이로부터 그들이 보호에 대한 반대급부로 섹스를 제공하는 전략을 구사함을 짐작할 수 있다.

로버트 스미스는 이렇게 지적한 바 있다.

남편이 아내와 아이들을 지키기 위해 항상 붙어 있을 수는 없다. 따라서 남편의 부재 시에는 다른 남성과 어울려서 그로부터 보호를 받는 편이 아내에게 이로울 것이다. 원래 배우자가 부재한 상황(예컨대 그가 사냥하러 나갔을 때)은 아내가 혼외정사를 시도할 기회 혹은 필요성을 낳는다. 외간 남성의 입장에서는 내연 관계에 있는 여성의 자식들에게 자기 유전자가 전해졌을 가능성이 있다면, 그 아이들을 기꺼이 보호해 주려 할 것이다.[44]

남편이 떠나가거나, 병들거나, 큰 부상을 당하거나, 불임으로 판명되거나, 혹은 죽는 경우를 대비하여 내연 관계에 있는 남성이 유용한 대용품이 될 수 있다. 원래의 남편이 소용없게 되는 이러한 상황들은 조상 환경에서 결코 드물지 않게 일어났다. 예를 들어 남편이 사냥하러 나갔다가 돌아오지 못하거나, 부족 간의 전쟁에서 전사할 수도 있었다. 더욱이 남성의 지위는 시간이 흐르면서 변한다. 결혼할 당시에는 부족을 지배하던 우두머리였던 남편이 어느 날 자리를 빼앗기고 재산까지 몰수당한 채 쫓겨날 수도 있다. 이런 일을 당했을 때 다시 처음부터 새로 시작할 필요 없이 재빨리 남편을 대체할 수 있게끔 평상시에 대비해 두는 편이 유리하다. 대비를 해 놓지 않은 탓에 다시 처음부터 새로 시작해야 하는 여성은 자신의 배우자 가치가 이미 하락한 시점에서 배우자를 찾아나서는 손실을 감수해야 한다. 요컨대 남성을 예비로 곁에 남겨 두는 게 이득이다.

이러한 배우자 교체 기능은 미네소타 주 리치 호수의 리틀 펠리칸 섬에 서식하는 일처다부제 바닷새인 점박이도요새에서도 관찰된다.[45]

생물학자 마크 콜웰과 루이스 오링은 총 4,000시간 동안의 야외 관찰을 통해 남편이 아닌 다른 수컷과 혼외정사를 한 점박이도요새 암컷은 장래에 그 수컷과 장기적인 짝을 맺을 가능성이 높음을 발견했다. 암컷은 혼외정사를 통해 그 수컷이 자신을 잘 받아들이는지, 혹시 이미 아내를 두고 있지는 않은지 시험한다. 암컷과 외도하는 점박이도요새 수컷은 때때로 배우자를 바꾸려는 암컷의 시도에 훼방을 놓는다. 어떤 수컷들은 외도할 상대를 구할 때면 자신의 영역에서 멀찍이 떨어진 영역에서 찾는데, 이는 자신이 이미 짝을 둔 수컷임을 암컷이 눈치 못 채게 하기 위함으로 보인다. 성 간의 이러한 갈등에도 불구하고 외도한 상대가 종종 이후에 정식 배우자가 된다는 사실은 혼외정사가 배우자를 교체하는 방편으로 기능함을 보여 준다.

찰나적인 성 관계가 배우자를 교체하는 기능도 한다는 것을 뒷받침하는 두 가지 연구가 있다. 첫 번째 연구는 여성이 주로 현재의 결혼 생활이 만족스럽지 않을 때 혼외정사를 한다는 것을 입증했다. 반면에 남성의 경우에는 혼외정사를 하는 남편이 혼외정사를 하지 않는 남편보다 특별히 결혼 생활에 더 불만족을 느끼지는 않았다. 하이디 그레일링과 내가 수행한 두 번째 연구는 여성들이 현재의 남편을 다른 사람으로 갈아 치우려고 할 때나 남편과의 관계를 청산하려고 할 때 종종 혼외정사를 가진다는 것을 입증했다.[46]

찰나적인 성 관계가 때때로 일시적인 애인의 지위를 끌어올려 주기도 한다. 모델 말라 메이플스가 부동산 재벌 도널드 트럼프와 사귄다는 소식이 신문의 헤드라인을 장식한 적이 있다. 트럼프 덕분에 그녀는 상상도 못 할 정도로 유명해졌고, 크게 부유해졌으며, 새로운 사교계 속으로 진입할 수 있었다. 여성들은 때때로 지위가 높은 남자와 사귐으로써 자신의 지위를 상승시킨다. 비록 스쳐 지나가는 정사일지라도 말이다. 짝짓기 시장의 경제학적 논리에서 보면, 높은 지위의 남자는 대개 가장 바람직한 자질을 갖춘 여성을 택하기 마련이기 때문에 사람들은 그런 남자에게 선택받은 여성에겐 뭔가 특별한 것이 있음이 분명하다고 가정한다. 그녀는 일시적으로나마 높은 사회 계층에 진입할 수 있을 것이고, 그곳에서 장기적인 배우자를 얻을 가능성도 없지 않다. 또한 자기가 원래 속했던 사회 계층 내에서도 상대적으로 지위가 올라가므로 더 바람직한 남편을 얻기 쉬워진다.

여성이 찰나적인 성 관계를 통해 자식들에게 물려줄 더 우수한 유전자를 얻는다는 것도 이론적으로 가능하다. 일시적인 섹스 상대라면 언제나 대환영인 남성의 성향을 생각해 보면, 짝짓기 시장의 경제학적 논리는 여성이 높은 지위 혹은 우수한 유전자를 지닌 남성과 결혼에 골인하기란 힘들어도 그러한 남성과 하룻밤 성 관계를 가지는 것은 훨씬 더 쉽다고 말한다. 이를테면 지위가 낮은 남성과 결혼하여 그로부터 지속적인 투자를 받으면서 동시에 바람을 피워 지위가 높은 남성의 유전자를 얻을 수도 있다. 영국에서 이러한 양면 전략이 보고되었는데, 생물학자 로빈 베이커와 마크 벨리스는 여성들이 대개 자기 남편보다 지위가 높은 남성과 혼외정사를 갖는 경향이 있음을 발견하였다.[47]

우수한 유전자 이론의 한 가지 변형으로서 '섹시한 아들 가설(sexy son hypothesis)'이 있다.[48] 이 이론에 따르면, 여성은 다른 여성들에게 매력적으로 받아들여지는 남성과 찰나적인 성 관계를 맺는 것을 선호하며, 그 이유는 그 섹시한 남성과의 사이에 낳은 아들도 바로 그 매력적인 형질을 물려받을 것이기 때문이다. 다음 세대의 여성들도 그 아들이 매력적이라고 생각할 것이므로, 섹시한 아들은 대다수 여성들이 매력적이라 생각하지 않는 남성과 짝짓기한 여성이 낳은 아들보다 더 높은 짝짓기 성공을 거둘 것이다.

이 이론에 대한 증거는 일시적인 짝짓기와 항구적인 짝짓기의 비교 연구에서 얻어졌다. 일반적으로 여성은 항구적인 배우자를 택할 때 판단 기준이 더욱 엄격하지만 이 연구에서 한 가지 중요한 예외가 발견되었다. 여성은 항구적인 남편감을 고를 때보다 찰나적인 성 관계 상대를 고를 때 남성의 신체적 매력을 더 까다롭게 따졌다.[49] 신체적으로 매력적인 찰나적인 상대에 대한 이러한 선호는 여성이 섹시한 아들의 번식적 성공이라는 이득을 누렸던 진화 역사를 알려 주는 심리적 단서가 된다.

비록 누구도 확실히 알 수는 없지만 인류학자들은 인간의 진화 역사 속에서 상당수 여성이 자신의 결혼을 독자적으로 결정할 권리를 갖지 못했을 것이라고 믿는다. 몇몇 증거에 따르면, 현대의 전통 부족 사회에서는 아버지나 다른 친족들이 젊은 여성의 결혼을 결정하는 것이 일반적이며, 이미 알고 있다시피 이들 사회는 인간이 진화해 온 환경 조건과 유사할 것으로 여겨지고 있다.[50] 오늘날에도 중매결혼 관습은 인도, 케냐, 중동 등 세계 여러 곳에서 성행한다. 중매결혼은 여성이 단기적 짝짓기의 이득을 얻을 기회를 크게 제한한다. 그러나 부모와 친족들에 의해 결혼이 결정되는 사회에서도 종종 여성은 부모에게 압력을 가한다거나, 남몰래 정사를 갖는다거나, 부모의 소망을 깨뜨리거나, 애인과 야반도주한다거나 해서 자신의 성 관계 및 결혼 결정에 상당한 영향력을 행사한다. 다른 사람에 의해 결혼이 정해지는 경우라 해도 이와 같은 개인적인 선택을 통해 여성이 단기적 짝짓기의 이득을 얻을 가능성이 열린다.


## 찰나적인 성 관계에 따르는 손실

모든 성 전략은 그에 따르는 손실이 있으며, 찰나적인 성 관계도 예외는 아니다. 남성은 전염성 성 질환에 걸리거나, 바람둥이라는 나쁜 평판을 얻게 되거나, 질투심에 찬 여성의 남편으로부터 위해를 당하는 등의 손실을 감수해야 한다. 여러 문화에 걸쳐서 살인 사건의 상당수가 아내가 부정을 저질렀다고 의심한, 질투심에 휩싸인 남편 때문에 발생한다.[51] 부정을 저지른 기혼 남성은 아내가 맞바람을 피우거나 파경에 이를 위험을 감수해야 한다. 또한 단기적 짝짓기 그 자체만으로도 시간, 에너지, 그리고 경제적 자원이 많이 소모된다.

　여성들은 종종 더 심한 손실을 입는다. 남성들은 장래 아내감의 정절을 중시하기 때문에 여성이 만약 성적으로 문란하다는 평판을 얻게 되면 배우자로서의 가치가 떨어지는 손해를 입게 된다. 성적으로 문란한 아내를 얻기 싫어하는 남성들의 성향 때문에 찰나적인 성 관계는 여성들에게 평판을 좌우하는 위험한 모험이 되는 것이다. 스웨덴이나 아체 인디언들처럼 비교적 성에 대해 개방적인 문화권에서도 난잡하다고 알려진 여성은 평판이 떨어지는 피해를 당한다.[52]

　오로지 단기적 성 전략만을 추구하는 여성들은 신체적으로 보호해 줄 장기적인 배우자가 없기 때문에 신체적 내지 성적 학대에 시달릴 위험이 더 크다. 기혼 여성도 물론 남편으로부터 구타나 심지어 강간까지 당할 위험이 있긴 하지만, 여대생들을 대상으로 한 조사에서 데이트 강간의 발생률이 높게는 무려 15퍼센트까지 나온다는 사실로 미루어 볼 때 결혼과 같은 장기적인 애정 관계에 있지 않은 여성들은 상당히 큰 위험에 노출되어 있다는 결론을 내릴 수 있다.[53] 일시적인 짝짓기와 항구적인 짝짓기의 비교 연구에 참여한 여성들은 신체적 학대를 일삼고, 폭력적이고, 심리적으로 학대하는 애인을 혐오한다고 답했으며, 이는 여성들도 학대당할 위험성을 알고 있음을 암시한다. 잠재적으로 위험한 남성들을 피할 수 있게끔 현명하게 배우자를 선택한다면 이러한 위험을 최소화할 수 있다.

찰나적인 성 관계를 추구하는 미혼 여성들은 장기적으로 자신에게 투자해 줄 남성도 없는 상태에서 임신하여 자식을 낳을지도 모른다는 위험이 있다. 조상 시대에 이렇게 태어난 아이들은 질병에 걸리거나, 부상당하거나, 죽을 위험성이 훨씬 더 높았다.[54] 투자해 줄 남성이 없이 아이를 낳으면 어떤 여성들은 영아 살해를 저지르기도 한다. 예컨대 1977년부터 1983년 사이 캐나다에서 출생한 영아 가운데 12퍼센트만이 편모 아래에서 태어났는데, 경찰에 보고된 64건의 모친에 의한 영아 살해 사건 중 편모에 의한 것이 50퍼센트를 넘었다.[55] 이러한 경향은 아프리카의 바간다 족에서도 발견되는 등 문화를 초월해서 나타난다. 그러나 영아 살해라는 해결책조차도 9개월 동안의 임신, 추락한 평판, 그동안 잃어버린 짝짓기 기회 등등 여성이 감수할 수밖에 없었던 상당한 손실을 다 지우지 못한다.

부정을 저지른 기혼 여성은 남편으로부터 자원을 더 이상 공급받지 못할 위험에 놓인다. 번식적 관점에서 여성에게 혼외정사는 번식하는 데 굳이 더 필요치 않은 정자를 또 얻느라 귀중한 시간을 낭비하는 것일 수도 있다.[56] 뿐만 아니라 각기 다른 남성들로부터 정자를 받아 낳은 그녀의 자식들은 서로 유대가 약하기 때문에 자식들 사이의 경쟁이 더 심하게 벌어질 수도 있다.[57]

그러므로 단기적 짝짓기는 남녀 모두에게 위험이 된다. 하지만 그로부터 얻는 이득도 많기 때문에 남녀 모두 비용을 최소화면서 이득을 증대시키는 여건에서 단기적 짝짓기를 탄력적으로 추구하는 심리 기제를 진화시켰다.


## 찰나적인 성 관계를 촉진하는 상황

어떤 남성은 여자만 쫓아다니는 바람둥이인 반면, 어떤 남성은 아내를 절대 배신할 것 같지 않은 착실한 남편이다. 어떤 여성은 찰나적인 성 관계를 즐기는 반면, 어떤 여성은 자신에게 관심 없는 남자와 하룻밤 정사를 나누는 건 꿈에도 생각해 본 적이 없다. 일시적인 짝짓기에 대한 성향은 사람들마다 제각기 다르다. 이 성향은 또한 시간에 따라 상황에 따라 변한다. 찰나적인 성 관계가 이루어지는 빈도의 변화는 다음과 같은 일련의 사회적, 문화적, 생태적 조건들에 달려 있다.

어릴 적 보살펴 준 아버지가 없으면 찰나적인 성 관계를 더 강하게 추구하기 쉽다. 예컨대 어려서 부모가 이혼한 여성은 그렇지 않은 가정에서 자란 여성보다 더 성적으로 문란하다. 또한 아버지가 없이 자란 여성은 아버지의 보살핌 속에 자란 여성보다 초경, 즉 월경이 시작되는 시점이 더 빨리 찾아온다.[58] 아버지가 부재한 상황이 여성들로 하여금 남성들에게서 장기간 꾸준한 투자를 이끌어 내기란 매우 어렵다는 결론을 내리게 하는 것으로 보인다. 그러한 여성들은 남편감을 하나 잘 선택해서 꾸준히 투자를 받아 내기보다는 여러 명의 단기적인 상대로부터 자원을 바로바로 얻어 내는 전략을 추구하는 듯하다.

찰나적인 성 관계는 생애 전체에서 당사자가 어떤 발달 단계에 위치해 있는가와도 관련이 있다. 많은 문화권에서 주로 청년들이 짝짓기 시장에서 자신의 가치를 측정하고, 갖가지 전략들을 시험 삼아 사용해 보고, 상대를 유혹하는 기술을 연마하고, 자신의 선호를 뚜렷이 하는 방편으로서 일시적인 짝짓기에 더 기대는 경향이 있다. 일시적인 짝짓기를 몇 번 하고 나서 이제 그들은 결혼할 준비가 되는 것이다. 아마존의 메히나쿠 족 같은 몇몇 문화권에서는 결혼 적령기 이전의 젊은이들이 자유분방하게 성을 경험하는 것이 어느 정도 용인될 뿐만 아니라 심지어 장려되기까지 한다. 이러한 사실은 단기적인 짝짓기가 개인의 생애 발달 단계와도 연관되어 있음을 보여 준다.[59]

한 번의 장기적인 관계를 정리하고 다음 관계를 시작하기 전의 전환기도 찰나적인 성 관계를 할 기회이다. 예컨대 이혼을 하게 되면 자신의 배우자 가치를 현재의 짝짓기 시장에서 다시 측정하는 것이 매우 중요하다. 이전의 결혼에서 자식을 얻었다면 일반적으로 배우자로서의 가치는 떨어진다. 반면에 직업에서 좀더 경력을 쌓은 덕분에 상승했을 사회적 지위는 배우자로서의 가치를 높여 준다. 이렇게 다양하게 변한 모든 상황들이 최종적으로 배우자 가치를 어떻게 변화시켰는지는 짧은 성 관계를 통해 확인할 수 있다. 이를 통해 본인의 배우자 가치가 현재 어느 정도나 되는지, 그리고 그에 따라서 짝짓기 노력을 어떻게 쏟을 것인지 결정할 수 있다.

짝을 찾는 여성과 남성의 비율도 일시적인 짝짓기를 촉진하는 또 다른 요인이다. 성비에 영향을 끼치는 요인들은 여러 가지가 있다. 첫째, 전쟁은 여성보다 남성을 대량으로 사망에 이르게 한다. 둘째, 싸움과 같이 위험한 행동은 남성의 수를 더 크게 감소시킨다. 셋째, 의도적인 살인으로 남성이 피살되는 빈도는 여성보다 약 7배나 높다. 넷째, 나이가 들어 감에 따라 여성은 남성에 비해 재혼할 가능성이 점차 낮아진다. 성적으로 접근할 수 있는 여성이 상대적으로 더 많은 경우, 남성은 다양성에 대한 욕망을 더 쉽게 충족시킬 수 있는 위치에 서게 되므로 찰나적인 만남을 주로 갖게 된다. 예컨대 아체 족의 남성은 성적으로 대단히 난잡한데 이는 남성보다 여성이 50퍼센트 이상 더 많기 때문이다. 결혼해서 얻는 이득이 별로 없거나 아내와 아이들에게 투자할 능력 있는 남성이 부족한 경우, 여성은 찰나적인 성 관계로 이동한다.[60] 도시 내부의 빈민가 같은 몇몇 인구 집단에서는 여성이 항구적인 남편에게 바라는 자원을 소유한 남성이 별로 없다. 남성들이 자원이 없다면, 여성이 굳이 단 한 명의 남성과 짝짓기할 이유는 없다. 마찬가지로 남편보다 자신의 친족들로부터 더 많은 자원을 받는다면, 여성은 혼외정사를 저지를 가능성이 보다 높다.[61] 이와 같은 상황에 처한 여성들은 여러 남성과 기회주의적으로 짝짓기함으로써 자신과 아이들에게 더 큰 이득을 주게 된다.

음식물을 모두 함께 공유하는 문화에서는 여성들이 굳이 결혼해야만 하는 이유가 별로 없으며 종종 일시적인 섹스 상대가 더 선호받는다. 예를 들어 파라과이의 아체 족은 사냥해서 잡은 큰 음식물을 모두 함께 나눠 갖는다. 뛰어난 사냥꾼이라고 해서 시원치 않은 사냥꾼보다 고기를 더 크게 떼어 받는 것은 아니다. 남편의 유무에 관계없이, 그리고 남편의 사냥 기술이 어느 정도냐에 관계없이 모든 여성들은 똑같은 몫의 고기를 받는다. 그러므로 아체 여성들이 평생 한 남자와 결혼해서 살 동기는 적은 편이며, 여성 중의 약 75퍼센트가 단기적인 관계에만 전념한다.[62] 스웨덴의 사회 복지 제도는 또 다른 예가 된다. 음식물이나 기타 필수적인 물질적 자원이 모든 사람들에게 제공되기 때문에 여성은 결혼할 이유를 크게 느끼지 못한다. 그 결과, 스웨덴에서 동거하는 커플 가운데 겨우 절반 정도만 결혼에 이르며, 남녀 모두 일시적인 성 관계를 즐겨 추구한다.[63]

짧은 성적 만남을 조장하리라 여겨지는 또 다른 요인은, 비록 남성과 여성에게 다르게 작용하겠지만 장래 기대되는 배우자로서의 가치이다. 장래가 유망한 직업에 막 첫발을 내디딘 남성은 나중에 그의 지위가 정점에 이르렀을 때는 더 바람직한 장기적인 배우자를 유혹할 수 있을 것이라 판단하고 당장은 찰나적인 성 관계만을 추구할지 모른다. 당장 배우자로서의 가치가 낮은 여성은 자신이 원하는 수준의 남편을 유혹할 수 없으리라 생각하고 그 대안으로서 단기적인 관계만을 마음 놓고 추구할지 모른다.

법적, 사회적, 혹은 문화적 규정이 단기적 짝짓기를 장려하기도 한다. 예컨대 과거 로마 시대에는 왕이 수백 명이 넘는 첩을 거느리고,

이들이 30살에 이르면 내실에서 쫓아내고 젊은 첩을 새로 들이도록 제도적으로 규정되어 있었다.[64] 스페인과 프랑스에서는 여유가 있는 남성은 내연의 여성에게 아파트를 제공해서 법적인 부부 관계와 별도로 생활하는 문화적 전통이 있었다. 1960년대 후반과 1970년대 초반 특히 득세했던 몇몇 공동체와 고립 집단들은 단기적 성 관계를 자유로이 맺는 성적 실험을 앞장 서서 부르짖기도 했다.

다른 사람들이 어떤 성 전략을 추구하는가도 찰나적인 성 관계의 가능성에 영향을 끼친다. 1990년대 러시아에서 그랬듯이 대다수 남성이 일시적인 관계를 추구할 때에는 헌신하려는 남성이 극소수로 줄게 되므로 여성도 자연히 찰나적인 성 관계를 주로 할 수밖에 없게 된다. 혹은 부부 가운데 한쪽이 외도를 저질렀다면, 다른 쪽도 맞불을 놓으려는 마음에 찰나적인 성 관계를 추구할 수 있다. 찰나적인 성 관계는 결코 텅 빈 격리 상태에서 이루어지지 않는다. 개인의 발달 과정, 개인적 취향, 성비, 문화적 전통, 법적 제재, 그리고 타인들이 구사하는 전략 등등에 의해 영향을 받는다. 이 모든 요인들이 인간 성 전략의 전체 레퍼토리 가운데 찰나적인 성 관계가 선택될 가능성을 변화시킨다.


## 권력의 원천, 찰나적인 성 관계


20세기에 진행된 짝짓기의 과학적 연구는 거의 배타적으로 결혼에만 초점을 맞추었다. 하지만 인간의 해부학적, 생리적, 심리적 형질들은 모두 입을 모아 혼외정사로 점철되었던 머나먼 진화적 과거를 웅변한다.

아마도 남성들이 혼외정사로 얻는 번식적 이득이 너무나 명확했던 탓에 과학자들은 여성들이 혼외정사로 거두는 이득에 제대로 관심을 기울이지 못했을 것이다. 혼외정사에는 여성의 동의가 필요하다. 동의하려면 이득이 필요하다.

인간 본성에 대한 이러한 상(像)은 많은 사람들을 불쾌하게 할지도 모른다. 남편이 때때로 너무나 쉽게 거의 처음 본 여자와 침대로 직행한다는 사실이 아내를 불편하게 할지 모른다. 아내가 계속해서 짝짓기 가능성을 탐색하고, 다른 남성에게 성적으로 접근해 달라는 힌트를 던지고, 때로는 들키지 않고 남편을 오쟁이 지운다는 사실이 남편을 불편하게 할지 모른다. 인간 본성에는 경악스러운 면이 있다.

하지만 다른 시각에서 보면, 우리의 짝짓기 전략이 여러 전략들을 복잡하게 수록한 레퍼토리로 구성되어 있다는 것은 우리가 훨씬 더 많은 힘을, 훨씬 더 폭넓은 융통성을, 그리고 우리의 운명에 대한 훨씬 더 강한 통제력을 지니고 있음을 뜻한다. 우리는 세부 사항들을 길게 나열한 짝짓기 메뉴에서 선택을 하는 것이지, 단 하나의 변화 불가능한 전략에만 속박되어 있는 것이 아니다. 지금 당장 접하는 특정한 상황에 맞추어 우리는 우리의 짝짓기 전략을 변화시킨다. 뿐만 아니라 우리의 조상들은 꼼짝없이 감수해야 했던, 찰나적인 성 관계가 주는 손실의 상당 부분을 오늘날 우리는 과학 기술의 발전과 달라진 생활환경 덕분에 겪지 않아도 된다. 예컨대 효과적인 산아 제한 덕분에 많은 사람들이 원치 않거나 시기가 어긋난 임신으로 인해 치러야 하는 손실을 피할 수 있다. 도시 생활의 상대적인 익명성은 찰나적인 성 관계로 인한 평판의 하락을 어느 정도 줄여 준다. 각 개인이 비교적 자유롭게 거처를 옮겨

다닐 수 있게 되면서 부모가 자식의 배우자 선택에 끼치는 영향력이 감소한다. 그리고 정부가 제공하는 각종 생계 보장 대책도 단기적인 성 관계로 생긴 아이들로 인해 발생하는 손실을 어느 정도 낮춰 준다. 이처럼 찰나적인 성 관계로 인한 손실이 줄어들면서 우리의 복잡한 성 전략 레퍼토리로부터 실제로 선택되는 인간의 짝짓기 형태는 이전보다 더 확대되고 있다.

복잡한 우리의 짝짓기 전략을 온전히 인정하다 보면 결혼의 축복에 대한 우리의 사회적 관념이 흔들릴 수도 있다. 그러나 그와 동시에 이러한 지식 덕분에 우리는 지금껏 어느 누구도 소유하지 못했던 능력인, 우리 자신의 짝짓기 항로를 더욱 힘 있게 밀고 나가는 추진력을 얻는다.

# 배우자
# 유혹하기

얼굴이 다양한 표정을 짓는 것만큼이나 마음도 다양한
감정을 띤다. 1,000가지 마음을 사로잡으려면
1,000가지 도구가 필요하다.

── 오비디우스, 『연애시 : 사랑의 기술』

당신이 어떠한 배우자를 원하는지 자각한다고 해서 바라는 배우자를
실제로 얻을 수 있다는 보장은 없다. 이성이 바라는 이득을 제공할 것
이라는 신호를 제대로 보내야만 당신이 바라는 배우자를 성공적으로
얻을 수 있다. 예컨대 조상 여성들은 높은 지위의 배우자를 희망했기
때문에 남성들에서는 지위를 얻고 과시하려는 강한 동기가 진화하였
다. 조상 남성들은 젊고 건강한 배우자를 희망했기 때문에 여성들에서
는 젊고 건강하게 보이려는 동기가 진화하였다. 그러므로 배우자를 유
혹하는 경쟁에서 살아남으려면 이성이 가장 선호하는 특질에서 동성
경쟁자를 앞질러야 한다.

이 공진화 나선에서는 한쪽 성이 제시한 적응적 문제를 해결하기 위한 심리 기제가 다른 쪽 성에서 진화한다. 뛰어난 어부가 물고기가 진화적으로 선호하는 먹이와 분간하기 어려울 정도로 꼭 닮은 미끼를 사용하듯이 뛰어난 경쟁자는 이성이 진화적으로 욕망하는 바에 딱 들어맞는 심리 전술을 구사한다. 그러므로 남녀가 배우자로부터 중시하는 자질이 무엇인지 아는 것이 사람들이 배우자를 어떻게 유혹하는지를 이해하는 첩경이 된다.

배우자를 유혹하는 행동은 아무도 없는 밀폐된 실내에서 벌어지는 것이 아니다. 바람직한 배우자는 그를 차지하려는 다수의 사람 간에 사회적 경쟁을 불러일으킨다. 배우자를 잘 유혹하려면 장래의 배우자감이 바라는 것들을 다 들어 주리라는 신호를 보내는 것뿐만 아니라 다른 경쟁자들이 내는 유혹 신호를 간섭해서 방해해야 한다. 인간은 다른 동물에서 찾아보기 힘든 독특한 방해 수단을 진화시켰는데, 경쟁자를 언어적으로 비방하는 전술이 바로 그것이다. 다른 사람을 헐뜯고, 비방하고, 넌지시 깎아내려서 평판을 낮추는 행동은 모두 배우자를 유혹하는 데 성공하기 위한 방책의 일부이다.

유혹 전술과 마찬가지로 비방 전술은 자원이나 외모처럼 장래의 배우자감에게 희망하는 자질들에 민감하게 반응하게끔 이미 설계되어 있는 이성의 심리 기제를 자기 이득에 맞게 이용해 먹는 전술이다. 여성들이 앞으로 자원을 많이 획득할 가망이 별로 없는 남성을 싫어하게끔 이미 설계되어 있는 상태에서만 여성에게 경쟁자 남성이 도통 야망 따윈 없다고 슬쩍 흘리는 행동이 효과를 발휘한다. 마찬가지로 남성들이 정절을 지키지 않는 아내를 거부하게끔 이미 설계되어 있는 상태에서만 남성에게 경쟁자 여성이 성적으로 문란하다고 슬쩍 흘리는 게 효과를 발휘할 수 있다.

유혹 전술이나 비방 전술 모두 내가 바라는 대상이 일시적 섹스 상대를 찾고 있는지 혹은 결혼 상대를 찾고 있는지에 따라 성패가 좌우된다. 어떤 여성이 남성의 마음을 얻기 위해 경쟁자 여성이 여러 남자들과 잤다고 깎아내리는 경우를 생각해 보자. 만약 그 남성이 결혼할 상대를 찾고 있다면, 대다수 남성들은 장래의 아내감이 성적으로 난잡하기를 결코 원하지 않기 때문에 이 전술은 대단히 효과적일 것이다. 그러나 만약 그가 일시적인 섹스 상대를 찾고 있다면, 대다수 남성들은 단기적인 상대가 성적으로 문란한 것에 별로 기분 나빠 하지 않기 때문에 오히려 역풍을 불러올 것이다. 마찬가지로 어떤 여성이 지나치게 야하게 꾸미고 성욕을 솔직히 드러낸다면, 일시적인 애인을 찾는 데는 효과가 크지만 남편을 구하는 데는 별로 도움이 안 된다. 요컨대 유혹이 얼마나 효과적인가는 단기적인 상대를 구하는지 혹은 장기적인 상대를 구하는지에 따라 크게 달라진다. 남녀 모두 자신이 추구하는 연애 관계의 기간에 따라서 이성을 유혹할 전술을 융통성 있게 맞춘다.

찰나적인 성 관계의 장에서 통용되는 규칙은 짝짓기 시장에서 통용되는 규칙과 크게 다르다. 장기적인 짝짓기에서는 남녀 모두 시간을 충분히 들이는 구애 단계를 선호하며 이 단계에서 상대가 어떤 자산을 어느 정도 지녔는지, 그리고 그 자산에 따르는 비용은 어느 정도인지 평가가 이루어진다. 지위나 재산을 과장하면 곧 탄로 나게 된다. 예전에 다른 배우자를 깊이 사랑한 적이 있는지도 알게 된다. 예전 배우자와 사이에 둔 자식들도 어디선가 튀어나온다.

찰나적인 정사만 나누는 사이에서는 이러한 평가 과정을 건너뛰기 때문에 속임수가 파고들 가능성이 매우 크다. 위신이나 지위, 수입을 과장해도 들통이 나지 않을 수 있다. 다른 사람에게 헌신했던 과거는 감추어진다. 평판에 타격을 가하는 정보는 너무 늦게 입수될 수 있다. 요컨대 일시적 섹스는, 순진한 사람은 발을 디딜 때마다 조작과 속임수에 걸려 나동그라지는 자갈밭이다. 설상가상으로 속임수는 이성 구성원이 가장 중요시 하는 영역에서, 곧 여성의 경우는 지위, 자원, 그리고 헌신, 남성의 경우는 외모와 정절에서 주로 시도된다.

일시적 섹스를 놓고 벌어지는 전투에는 남녀 모두가 참여하지만 그 수는 동일하지 않다. 일시적 섹스를 선뜻 하려는 여성은 상대적으로 적고 여성보다 남성이 더 일시적 섹스 상대를 원하기 때문에 이는 남성에게 적지 않은 부담이 된다. 그러므로 짧은 정사에 관한 한 여성이 통제권을 쥐게 된다. 선뜻 섹스에 나서는 여성 한 사람에 대해서 함께 하룻밤을 보내려는 남성은 수십 명이 줄을 선다. 이러한 상황에서는 여성이 선택할 수 있는 후보들이 대단히 많기 때문에 여성은 매우 까다롭게 고를 수 있다. 이와 대조적으로 장기적으로 서로 헌신하는 관계에 관한 한 폭넓게 선택할 수 있는 권리는 배우자 가치가 매우 높은 여성에게만 부여되는 사치이다.

장기적 혹은 일시적인 상대를 유혹하려면 뭔가 과시를 해야 한다. 베짜기새가 둥지를 과시하고 밑들이가 혼인 선물을 과시하듯이 인간 남녀도 짝짓기 시장에서 자기 자신이라는 상품을 광고해야 한다. 남성과 여성의 욕망이 서로 다르기에, 그들이 전시해야 하는 자질도 다르다.

## 자원을 과시하기

수컷이 자원을 획득하여 과시하는 전략은 동물계 도처에서 진화하였다. 예를 들어 로드러너(미국 남서부, 멕시코에 서식하는 뻐꾸깃과의 일종 —— 옮긴이) 수컷은 쥐나 새끼 들쥐를 마구 쳐서 기절 내지 죽음에 이르게 한 다음에 암컷에게 먹이로 제공하지만, 실제로 건네주지는 않는다.[1] 수컷은 새된 소리를 내고 꼬리를 흔들면서 먹이를 암컷으로부터 멀찌감치 놓아둔다. 암컷과 교미를 하고 난 후에야 비로소 수컷은 암컷에게 선물을 전달하며, 암컷은 이를 방금 수컷이 수정시킨 수정란에 영양분으로 사용한다. 이러한 먹이를 선사하지 못하는 수컷은 암컷을 꼬드기거나 유혹하지 못한다.

인간 남성도 배우자를 유혹하기 위해 자원을 과시하는 데 온 힘을 다한다. 나와 내 동료들이 실시한 배우자 유혹 연구는 우선 남녀가 배우자를 유혹하기 위해 사용하는 수십 가지 전술을 판별하였다. 우리는 버클리 소재 캘리포니아 대학교, 하버드 대학교, 그리고 미시간 대학교에 다니고 있는 수백 명의 학생들에게 다른 사람이나 그들 자신이 사용하는 유혹 전술을 적어 달라고 요청했다. 그들의 답변에는 자기가 성취한 업적을 자랑하기, 자기가 일터에서 얼마나 중요한 사람인지 얘기하기, 타인의 문젯거리에 대해 공감하기, 먼저 시선 맞추기, 섹시한 복장을 하기 등등이 포함되어 있었다. 4명의 학자로 이루어진 연구팀이 총 100여 가지가 넘는 답변들을 28개의 상이한 범주들로 축소하였다. 예를 들어 '운동 능력을 과시하기'라는 항목에는 헬스클럽에서 운동하기, 꽉 닫혀 있는 단지 뚜껑을 비틀어 열어서 감탄을 자아내기, 운동 경기에서 승리한 것 말하기 등의 행동들이 포함되어 있었다. 그러고 나서 결혼한 성인 부부 100쌍과 미혼 대학생 200명에게 각각의 전술이 배우자를 유혹하는 데 얼마나 효과적인지, 일시적 혹은 장기적 연애 관계 가운데 어느 관계에 더 효과적인지, 그들 자신이나 그들의 친한 친구 또는 배우자가 얼마나 자주 각각의 전술을 사용하는지 평가해 달라고 요청했다.[2]

남성들이 쓰는 기술 중의 하나는 확실한 자원을 과시하는 것이다. 예컨대 장차 높은 수입을 올릴 가능성이 크다는 것을 보여 주기, 돈이 많다는 걸 뽐내 여성을 사로잡기, 비싼 차를 몰고 다니기, 직장에서 얼마나 중요한 위치를 차지하는지 말하기, 성취한 바를 자랑하기 등이 있다. 또 다른 기술은 여성을 속여서 자신이 이룰 수 있는 직업상의 성취를 실제보다 과대평가하게 만드는 것이며, 예컨대 직장에서 어떤 신망을 받고 있는지 과장하기가 있다. 로드러너 수컷이 자기가 사냥한 먹이를 선사하듯이 남성은 여성을 유혹하기 위한 주된 방편으로서 자원을 여성에게 선사한다.

남성은 또한 경쟁자들이 가진 자원을 깎아내린다. 비방에 대한 연구에서 우리는 먼저 남녀 대학생 모두에게 동성 경쟁자를 힐뜯거나 깎아내려서 이성에게 덜 매력적으로 보이게 만드는 방법을 생각나는 대로 적어 달라고 부탁했다. 그리고 그 결과로 83가지 행동 목록을 만들었다. 전형적인 예로 경쟁자에 대한 헛소문을 퍼뜨리기, 경쟁자의 외모를 놀려 대기, 경쟁자의 성취를 비웃기, 경쟁자가 전염성 성 질환을 갖고 있다고 다른 사람들에게 말하기 등이 있었다. 유혹 전술을 연구할 때와 마찬가지로 우리 연구팀은 이 행동들을 28개의 범주들로 축소했다. 예컨대 '경쟁자의 지능을 헐뜯기'라는 범주에는 경쟁자가 얼간이로 보이도록 만들기, 경쟁자가 멍청하다고 다른 사람들에게 말하기, 경쟁자의 머리가 텅 비었다고 이야기하기 등이 있었다. 그러고 나서 부부 100쌍과 미혼 대학생 321명에게 각각의 전술들이 얼마나 효과적인지, 일시적 또는 장기적 연애 관계 가운데 어느 관계에 더 효과적인지, 그들 자신이나 친한 친구 또는 배우자가 얼마나 자주 각각의 전술을 사용하는지 평가해 달라고 부탁했다.

남성은 경쟁자가 자원을 획득하는 능력을 헐뜯음으로써 타인의 배우자 유혹 전략을 방해한다. 일반적으로 남성은 여성에게 경쟁자가 궁핍하고, 돈이 없고, 야심이 없고, 싸구려 차를 몰고 다닌다고 흉을 본다. 여성은 남성보다 경쟁자가 가진 자원에 대해 헐뜯는 경향이 훨씬 덜하다. 설사 그렇게 한다고 해도 남성들이 이 전술을 쓸 때보다 별로 효과를 보지 못한다.[3]

자원을 과시하는 전술의 여러 형태들이 각기 효과를 거두는 데에는 타이밍이 큰 역할을 한다. 지금 당장 큰 돈이 있다고 과시하는 행동들, 예컨대 현찰을 꺼내 보이기, 선물을 사 주기, 첫 만남부터 비싼 레스토랑에서 식사하기 등은 장기적인 배우자보다 일시적 섹스 상대를 유혹하는 데 더 효과적이다. 자원을 제공할 기회가 상대적으로 제한되어 있는 술집에서 남자들은 흔히 한 잔 사겠노라고 제의하면서 섹스 상대가 될 만한 여자에게 말을 건넨다. 칵테일이 맥주나 와인보다 더 비싸기 때문에 칵테일을 사는 게 더 좋다거나, 여자가 보는 앞에서 웨이터에게 팁을 많이 주는 게 좋다는 등의 지침이 실제로 효과를 발휘하는 까닭은 이러한 행동들이 돈이 많을 뿐만 아니라 즉시 쓸 의향이 있음을

나타내기 때문이다.[4]

　대학에서 학업에 전념하는 모습을 보여 주거나 여성에게 자신의 야심 찬 목표에 대해 이야기해 줌으로써 장차 자원을 획득할 잠재력을 보여 주는 전술은 일시적 섹스 상대보다 항구적인 배우자를 유혹할 때 더 효과적이다. 비방 전술에서도 타이밍이 매우 중요하다. 경쟁자의 경제적 잠재력을 깎아내리는 전술은 장기적인 짝짓기에서 가장 효과를 발휘한다. 즉 여성에게 경쟁자 남성이 직장에서 일처리를 잘 못한다거나 도통 야망이 없다고 알려 주는 행위는 결혼 시장에서는 대단히 효과적이지만 찰나적인 성 관계를 시도할 때에는 상대적으로 별로 효과적이지 않다. 이러한 발견들은 여성이 동일한 두 가지 상황에서 보이는 선호, 곧 짧은 성 관계에서는 즉각적인 자원을 원하고 항구적인 결합에서는 앞으로도 꾸준히 제공될 자원을 원하는 것과 정확히 부합한다.

　값비싼 복장을 하는 것은 두 상황 모두에서 똑같이 효과적이다. 한 연구에서는 여성들에게 여러 남성의 슬라이드를 보여 준 다음에 어떤 남성을 선호하는지 물었다. 그 결과, 여성들은 티셔츠처럼 값싼 옷을 입은 남성보다는 조끼까지 갖춘 양복 정장, 스포츠 재킷, 디자이너 청바지처럼 비싼 옷을 입은 남성을 더 선호함을 발견하였다.[5] 이러한 결과는 여성이 남성을 결혼 상대자로 평가하든 섹스 상대로 평가하든 변함없이 나타났다. 아마도 값비싼 복장은 즉각적인 자원과 장래의 자원 잠재력 모두를 신호하기 때문일 것이다. 인류학자 존 마셜 타운센드와 캐리 레비는 의복 비용과 복장 상태가 여성을 유혹하는 데 끼치는 영향이 그냥 커피 한 잔 함께 마시는 것에서 결혼에 이르기까지 모든 형태의 유혹에 대해 일정하게 나타남을 확인하였다. 똑같은 사람을 한

번은 야구 모자에다 버거킹 유니폼인 폴로 티셔츠를 입힌 채 사진을 찍고, 한번은 디자이너 넥타이에 흰 드레스 셔츠, 남색 재킷, 롤렉스 시계를 착용시켜 사진을 찍었다. 두 사진을 보고 난 여성들은 지위가 낮아 보이는 옷가지를 걸친 사람과는 데이트하거나, 함께 자거나, 결혼하지 않겠다고 말한 반면에 지위가 높아 보이는 복장을 한 사람과는 세 가지 활동 모두 긍정적으로 생각해 보겠다고 답하였다.

배우자를 유혹하는 데 자원이 중요하게 작용한다는 사실은 서구 문화에만 국한된 것이 아니다. 볼리비아 동부의 시리오노 족의 한 남자는 사냥 솜씨가 형편없는 탓에 뛰어난 사냥꾼들에게 아내를 몇 명이나 빼앗기고 부족 내에서 지위가 추락하는 등 어려움을 겪고 있었다. 인류학자 A. R. 홀름버그가 이 남자와 함께 사냥을 다니기 시작했는데, 함께 잡은 짐승들을 모두 그 남자에게 주면서 마을 사람들에게는 혼자서 잡았다고 말하라고 일렀고, 산탄총으로 사냥감을 잡는 법도 가르쳐 주었다. 그 남자의 사냥 솜씨가 향상된 결과, 그는 "마을에서 최고의 지위를 누리게 되었고, 새로운 섹스 상대를 여러 명 거느렸으며, 남들로부터 조롱당하는 대신 남을 조롱하게 되었다."[6]

자원을 선사하는 전술이 큰 효과를 발휘하는 현상은 결코 최근에 생겨난 것이 아니다. 이미 2,000년 전에 오비디우스가 이와 똑같은 현상에 주목하여 문자로 씌어진 역사를 통해 이 전술이 줄곧 사용되어 왔음을 기술했다. "소녀들은 시를 격찬하지만 값비싼 선물을 받으려 애쓴다. 아무리 까막눈 멍청이라도 돈만 많다면, 소녀들의 눈길을 사로잡을 수 있다. 오늘날은 진정 황금만능의 시대이다. 황금으로 명예를 사고, 황금으로 사랑을 얻는다."[7] 우리는 아직도 황금만능의 시대에 산다.

## 헌신을 과시하기

사랑이나 헌신, 그리고 강한 애착을 과시하는 행동은 여성을 유혹하는 강력한 전술이다. 이 전술은 오직 그녀를 위해 시간, 에너지, 노력을 꾸준히 바칠 의향이 있음을 신호한다. 헌신이란 장기간에 걸쳐 같은 신호를 반복적으로 보내는 행동으로부터 짐작되는 것이기 때문에 실제로 헌신을 보이기란 어려운 일이며 거짓으로 꾸며 내기에도 엄청난 비용이 든다. 찰나적인 정사에만 관심이 있는 남성은 이처럼 크나큰 노력을 기울이기 어렵다. 헌신을 과시하는 행동은 이처럼 신뢰할 만한 신호이기 때문에 여성을 유혹하는 데 특히 효과적인 기술이다.

앞서 언급된 배우자 유혹에 대한 연구는 결혼 시장에서 헌신을 과시하는 전술이 매우 효과적임을 보여 주었다. 결혼에 대해 의논하는 행동은 남성이 상대방 여성을 자신의 공적, 사적인 삶 안으로 맞이하고, 그녀에게만 자원을 바치고, 많은 경우 그녀와 함께 자식을 낳겠다는 의지가 있음을 나타내는 신호이다. 그녀와 함께하기 위해 종교까지 바꾸겠다고 자원하는 행동은 그녀의 필요에 맞추어 줄 의향이 있음을 신호한다. 그녀의 문제에 깊은 관심을 보이는 행동은 그녀가 어려울 때 언제나 곁에서 정서적으로 뒷받침해 주리라는 헌신을 신호한다. 연구에 참여한 100명의 신부들 모두 남편이 처음 구애할 때 이러한 신호들을 보냈다고 증언한 사실로 미루어 볼 때, 이들 신호가 대단히 효과적임을 알 수 있다.

헌신을 전하는 강력한 신호 중의 하나는 구애할 때 남성이 보이는 끈기이다. 끈기를 보여 주는 전술은 상대방 여성과 시간을 많이 보내기, 다른 여성들보다 더 자주 만나기, 오랜 기간에 걸쳐 데이트하기, 자주 전화하기, 수많은 편지를 보내기 등의 여러 가지 형태를 띨 수 있다. 이러한 전술은 장기적인 배우자를 유혹하는 데 대단히 효과적인 것으로 평가받아서 7점 척도상에서 평균 5.48점이라는 수치를 기록했지만, 일시적 섹스 상대를 유혹하는 데는 4.54점을 받아서 그냥 웬만큼 효과적인 것으로 인식되었다. 뿐만 아니라 구애할 때 끈질기게 매달리는 행동은 그가 일시적 섹스에 관심이 있는 게 아님을 보여 주므로 여성보다 남성이 사용할 때 더 효과적임이 밝혀졌다.

흔들리지 않고 끈질기게 구애하는 행동이 얼마나 효과적인가는 어느 신부가 들려준 이야기에서 잘 나타나 있다. "처음에는 그에게 전혀 관심이 없었어요. 그냥 숙맥 같다고 생각했죠. 그래서 계속 퇴짜를 놓았는데 그는 계속 전화를 걸고, 직장에도 찾아와서 마치 우연히 마주친 것처럼 하려고 무진 애를 썼어요. 결국 순전히 그 사람을 떼어 내 버릴 목적으로 한 번 만나 주었죠. 그런데 한 번이 두 번이 되고 두 번이 세 번이 되더니, 결국 6개월 후에 우리는 결혼했답니다."

끈덕지게 구애하는 전술은 한 독일인 대학 교수에게도 위력을 발휘했다. 폴란드에서 열린 학회에 참석하고 독일로 다시 돌아오는 열차 안에서 그는 그보다 20년 연하인 아름다운 의사와 담소를 나누게 되었다. 대화가 활기를 띠면서 서로에 대한 호감도 피어났다. 그녀는 독일이 아니라 암스테르담으로 가는 길이었으며 어느새 열차는 그녀가 갈아타야 하는 역에 정차하였다. 그녀는 작별 인사를 던졌지만 교수는 도와주겠다고 하면서 그녀의 짐을 역의 보관함까지 운반해 주었다. 다시 열차에 올라탄 뒤 열차가 정거장을 막 빠져나가는 순간, 그는 중요한

순간을 놓친 자신을 호되게 책망하면서 재빨리 행동을 취하기로 결심하였다. 그리고 바로 다음 역에서 내려서 다른 기차를 잡아타고 그녀와 헤어진 역으로 되돌아왔다. 그러나 샅샅이 역을 뒤졌지만 그녀는 어디에도 없었다. 역 주변에 있는 가게며 매점들을 모조리 뛰어다니면서 찾아 헤맸다. 허사였다. 결국 그는 역으로 되돌아와서 그가 직접 그녀의 짐을 집어넣었던 보관함 앞에 털썩 주저앉았다. 마침 그녀가 돌아왔고 그를 보고서 깜짝 놀랐다. 그녀는 자신을 그토록 찾아 헤맨 그의 끈기에 깊은 감명을 받았다. 1년 후 그녀는 고국 폴란드를 떠나와 독일에서 그와 결혼했다. 끈기가 없었다면 독일인 교수는 영원히 그녀를 잃어버렸을 것이다. 끈질기게 매달리면 보답이 있는 법이다.

친절을 과시하는 행동도 헌신을 신호하며, 배우자를 성공적으로 유혹하게 해 주는 기술의 하나이다. 여성의 문제를 잘 이해하고, 그녀의 요구를 귀담아 듣고, 따뜻한 정을 느낄 수 있게 처신하고, 도움이 되는 행동을 하는 남성은 결혼 상대를 유혹하는 데 성공을 거둔다. 친절함이 위력을 발휘하는 이유는 그가 그녀를 마음에 두고 있고, 필요할 때 언제나 그녀 곁에 있고, 그녀를 위해 자원을 쓸 것임을 신호하기 때문이다. 친절은 찰나적인 성적 관심보다는 장기간에 걸친 낭만적인 관심을 신호한다.

어떤 남성들은 친절 전술을 일시적 섹스 상대를 유혹하는 데 구사하기도 한다. 심리학자 윌리엄 투크와 로리 캐미어는 대학생 집단을 대상으로 착취와 속임수를 동반하는 유혹 전술을 연구했다.[8] 유혹 연구에서 쓰인 것과 동일한 지명 기법을 사용하여 그들은 남녀가 배우자를 유혹하는 데에서 서로 속고 속이는 88가지 방법들의 목록을 만들었다. 대학생들은 이성에게 자신의 직업적 전망을 부풀려서 말하기, 이성과 가까이 걸을 때는 숨을 들이마셔서 뱃살을 감추기, 실제보다 이성에게 더 진실되고 자상한 것처럼 보이도록 하기, 속내와는 달리 성 관계를 맺는 것에 별로 관심 없는 척하기 등등을 이야기해 주었다. 이렇게 얻어진 행위들을 252명의 대학생들에게 보여 주고 각각의 행위를 남성이 썼을 때와 여성이 썼을 때 그 빈도와 효과를 판정하도록 요청했다. 이 연구에 따르면, 남성은 여성을 유혹하기 위해 실제보다 더 예의 바르게 행동하며, 실제보다 더 자상한 척하며, 실제보다 더 여린 심성을 가진 척한다.

독신자 술집 연구도 비슷한 결과를 도출했다. 4명의 연구자들이 미시간의 워시트너 카운티에 있는 몇몇 독신자 술집에서 1명당 약 100시간씩 앉아서 그 안에서 행해지는 유혹 전술들을 기록했다. 이러한 방법을 통해 고혹적으로 빨대 빨기, 한 잔 사겠다고 제의하기, 가슴을 앞으로 쑥 내밀기, 누군가를 뚫어져라 쳐다보기 같은 108가지 유혹 전술이 수집되었다. 그리고 100명의 대학생들에게 이성이 자신에게 이러한 유혹 전술을 사용한다고 할 때 각각 얼마나 효과적일지 판정해 달라고 요청했다. 여성들은 그들을 유혹하기에 가장 효과적인 전술은 매너 있게 행동하기, 도움을 주기, 상대가 하는 말에 공감을 표하고 잘 챙겨 주기 등이라고 답했다. 요약하자면 친절과 진실한 마음을 보여 줌으로써 여성들이 남편에게 바라는 바를 흉내 내는 것도 여성을 짧은 성적 밀회로 유인하는 데 효과적인 기술이다.

친절을 드러내는 또 다른 전술은 아이들을 잘 보살펴 주는 사람임을 과시하는 것이다. 한 연구에서는 여성 참여자들에게 세 가지 다른 상황에 있는 한 남성의 슬라이드, 즉 혼자 서 있거나, 아기를 친절하게 보살피거나, 아니면 울고 있는 아기를 무시하는 남성의 모습을 담은 슬라이드를 보여 주고 호감도를 평가해 달라 요청했다.[9] 여성들은 남성이 아이에게 친절히 대하는 모습에 가장 호감을 보였고, 울고 있는 아기를 본체만체하는 모습에 가장 호감을 덜 보였다. 그러나 남성 참여자들에게 이와 상응하는 슬라이드를, 즉 혼자 서 있거나, 아기를 잘 보살피거나, 울고 있는 아기를 무시하는 여성을 담은 슬라이드를 보여 주었더니 여성에 대한 호감은 세 가지 상황 모두에서 동일했다. 아이들을 잘 보살펴 주는 행동은 주로 남성에서만 효과적인 배우자 유혹 전술인 듯하다. 이 전술은 아이들을 사랑하고 헌신하는 성향을 지녔음을 신호함으로써 의도한 효과를 거둔다고 할 수 있다.

남성은 또한 성적 충실성과 정절을 보여 줌으로써 헌신을 신호한다. 반대로 어떤 남성이 성적으로 난잡함을 보여 주는 신호는 그가 찰나적인 성 관계라는 단기적 성 전략을 추구함을 암시한다. 장기적인 성 전략을 추구하는 남성과 달리 단기적인 성 전략을 추구하는 남성은 대개 그가 가진 자원을 여러 여성에게 나누어 제공한다. 남성이 여성을 유혹할 수 있는 130가지 행위들 중에 한 여성에게만 충실함을 보이는 행위는 여성의 문제를 잘 이해하고 들어 주는 행위 바로 다음으로, 즉 두 번째로 가장 효과적인 행동이라고 여성들은 판정했다.

충실성은 헌신을 신호하기 때문에 경쟁자 남성을 비방하는 효과적인 전술 하나는 그의 성적인 의도에 의문을 제기하는 것이다. 예컨대 마음에 두고 있는 여성에게 다가가 연적(戀敵)이 단지 찰나적인 성 관계만을 원하고 있을 따름이라고 이야기하는 것은 연적 남성의 단기적 매력보다는 장기적인 매력을 떨어뜨리는 데 훨씬 더 효과적으로 작용한다. 마찬가지로 연적인 남성이 바람피우는 데 일가견이 있고 결코 한 여성에만 충실한 사람이 아니라고 말하는 것은 연적의 장기적인 매력을 떨어뜨리는 데 대단히 효과적인 전술이다.[10]

사랑을 과시하는 행동도 헌신을 신호하는 전술의 한 형태이다. 남성은 여성을 위해 특별한 일을 하거나, 그녀에게 푹 빠져 있음을 보여 주거나, "사랑해."라고 속삭여서 그녀를 유혹할 수 있다. 남녀 모두 이 전술이 장기적인 아내감을 유혹하는 데 쓸 수 있는 모든 전술 가운데 상위 10퍼센트에 속할 만큼 효과적이라고 답했다. 사랑을 표현하는 행동은 그가 장기적으로 헌신할 것임을 알려 주는 단서가 된다.

1991년에 코미디언 로즈앤 바는 남편인 배우 톰 아널드와 거래를 했다. 로즈앤은 톰이 그녀를 사랑한다는 증표로 유대교로 개종하길 원했다. 톰은 로즈앤이 그를 사랑한다는 증표로 그녀의 이름에 자신의 성 아널드를 집어넣길 원했다. 서로의 의사를 확인한 후에 그는 개종했고 그녀는 이름을 바꿨다. 이러한 사랑의 행위는 개인적인 희생을 요구하며, 아마도 더욱 중요한 사실은 다른 사람들에게도 공공연하게 알려지는 헌신을 요구한다는 점에서 짧은 만남이 아니라 지속적인 관계를 일구어 나갈 가능성을 높여 준다는 것이다.

헌신을 신호하는 전술이 장기적인 배우자를 유혹하는 데 대단히 효과적이라는 것이 입증되었지만, 한편으로는 거짓으로 헌신하는 척 꾸미는 전술도 여성을 유혹하여 꼬드기는 데 매우 효과적일 수 있다. 일시적인 성 관계를 찾는 남성은 여성이 장기적인 배우자에게서 바라는 것들을 흉내 낸다. 이 전술은 여성이 일시적 섹스를 장래의 남편을 가늠하는 방편으로 사용할 때 특히 더 효과적이다. 단기적인 상대를 찾을 때에도 여성은 장기적인 배우자로서의 자신의 이상형에 부합하는 남성에게 더 쉽게 끌린다.

앞서 언급한 속임수를 동반한 유혹 전술 연구에서 남성은 여성에게 자신의 의도를 속이기 위해 몇 가지 전술을 사용함이 밝혀졌다. 여성에 비하여 남성은 상대에게 별 관심이 없더라도 장기적인 애정 관계를 시작하는 데 관심이 많은 척하며, 여성에게 마음을 두지 않을 때에도 여성에게 마음을 많이 쓰는 척하는 경우가 통계적으로 유의미하게 더 잦았다. 연구에 참여한 남녀 대학생 모두가 장기적인 관계로 발전시키는 데 관심이 많은 척하는 전술은 여성보다 남성이 쓸 때 더 효과적인 유인 전술이라고 답했다. 남성은 헌신하는 척하는 행위가 단기적인 성 관계를 맺는 데 효과적인 전술임을 알고 있으며, 이 방법을 써서 여성을 속인다는 것까지 인정한다.

생물학자 린 마굴리스가 말했듯이 "지각할 수 있는 어떤 동물도 속임수에 당할 수 있다." 생물학자 로버트 트리버스는 "속임이란 진실을 흉내 내는 것이다."라고 말하면서 기만전술이 어떻게 작동하는지 이렇게 설명했다. "(그것은) 올바른 정보를 전달하기 위해 만들어진 기존의 소통 체계에 기생한다." 암컷이 자신에게 투자해 줄 수컷을 찾으려 할 때마다 몇몇 수컷은 자신의 투자하려는 의도를 속인다. 어떤 곤충의 수컷은 암컷에게 먹이를 주었다가 교미가 끝나면 도로 빼앗아 버린다.[11] 그 다음엔 같은 먹이를 다른 암컷에게 구애하는 데 또 사용한다. 이러한 기만전술은 암컷에게 속임수를 탐지하고, 위선을 발각해 내고, 가면을 벗겨 내야 한다는 적응적 문제를 던져 준다. 이 문제에 대해 인간 여성이 진화시킨 해결책의 하나는 정직성을 대단히 중시하는 것이다.

남성이 자신의 정직성을 과시하는 행동은 항구적인 배우자를 얻는 데 실제로 효과적인 전술이다. 정직성은 여성에게 그가 단순히 일시적인 섹스 상대를 구하려는 게 아님을 시사한다. 아내감을 유혹하는 전술로 언급된 130가지 가운데 가장 효과적이라 지목된 전술 중 셋이 열린 마음과 정직성을 알려 주는 행위들이었다. 여성에게 정직하게 대하기, 감정을 있는 그대로 터놓고 전달하기, 자기 본연의 모습으로 행동하기 등이 그것이다. 이 모든 전술들은 남성이 사용할 수 있는 유혹 전술들 가운데 가장 효과적인 순으로 상위 10퍼센트 안에 들어가는 것으로 평가되었다.

단기적, 장기적 애정 관계를 모두 추구하는 남성의 성 전략이 여성에게 부과한 적응적 문제 때문에, 남성의 진정한 의도와 자질을 엿볼 수 있는 투명한 창을 제공하는 전술은 대단히 효과적인 유혹 전술이 된다. 남성의 부정직한 언행은 그의 진정한 의도와 자질을 엿볼 창을 뿌옇게 흐리게 하므로 결국 배우자를 유혹하는 데 방해가 된다.

헌신을 암시하는 신호가 여성을 유혹하는 데 매우 효과적인 반면에 이미 자원을 다른 곳에 헌신했음을 보여 주는 신호는 악영향을 끼친다. 독신자 술집을 전전하는 남성들 가운데 상당수는 결혼했거나 오래 사귄 애인이 있는 사람들이다. 게다가 그중 일부는 아이까지 있어서 많은 자원을 아이들에게 이미 투자하고 있다. 이런 사람들은 술집에 들어가기 전에 결혼반지를 손가락에서 뺀다고 말했다. 독신자 술집한 곳에 있는 남성들을 꼬치꼬치 캐물은 끝에 연구자들은 이렇게 기록했다. "12명이 유부남이라고 실토했다. 다른 남성들도 딱 꼬집어 말하기는 힘들지만 어떤 특징들로 미루어 볼 때, 예컨대 일상생활에 관련되어 별로 중요하지도 않은 정보들을 굳이 숨기려 하는 점들로 볼 때 유부남일 가능성이 높다고 우리는 추측했다."[12] 이미 결혼하여 아내에게 헌신하고 있는 상태라면 항구적인 남편감을 구하는 여성을 유혹해 일시적인 성 관계만 맺으려는 전략이 간섭을 받아 실패로 돌아가기 쉬우므로, 유부남이라는 사실을 완벽하게 숨기지 못하는 남성은 크게 불리하다고 할 수 있다.

연구에 참여한 대학생들은 이미 다른 여성에게 깊이 헌신하고 있음이 발각되면 여성을 유혹하는 데 큰 지장이 생긴다는 것을 확인시켜 주었다. 아니나 다를까 경쟁자가 여성에게 덜 매력적으로 보이게끔 남성이 취할 수 있는 83가지 전술 가운데 경쟁자가 깊이 사귀는 애인이 있다고 말하는 행위가 최고로 효과적인 전술로 꼽혔다.

헌신을 신호하는 행위들이 여성을 유혹하는 데 도움이 되는 이유는 남성이 장기적인 성 전략을 추구하고 있음을 나타내 주기 때문이다. 이러한 행위들은 그가 가진 자원이 오직 그녀를 위해 바쳐질 것임을 신호한다. 그녀의 자산을 제공받는 대가로 더 큰 그의 자산이 그녀에게 주어질 것임을 신호한다. 자원을 신호하는 것과 마찬가지로 헌신을 신호하는 것은 여성을 유혹하는 데 효과적이다. 여성이 원하는 것은 헌신이기 때문이다.

## 신체적 강건함을 과시하기

현대의 남성은 배우자를 유혹하기 위한 전술의 일환으로 신체적 강건함과 운동 능력을 과시한다. 데이트 중인 대학생 커플과 신혼부부를 조사한 결과, 이성에게 사귀자고 구애하는 단계에서 자신의 힘을 과시하는 경우가 여성보다 남성에서 대략 2배 더 흔했으며 뛰어난 운동 능력을 과시하는 경우도 대략 50퍼센트 이상 더 흔했다. 뿐만 아니라 힘이나 운동 능력을 과시하는 행동은 여성보다 남성에 의해 이루어질 때 배우자를 유혹하는 데 더 효과적인 것으로 판정되었다. 근육을 울끈불끈 움직이기, 밀봉된 용기 뚜껑을 열어서 힘 자랑 하기, 스포츠 하기, 운동 능력에 대해 한껏 뻐기기, 역기를 들었다 놨다 하기 등등은 모두 남성의 유혹 전술에서 더 많이 관찰되었다.

비방 전술을 대학생들이 평가한 연구에서도 신체적 강건함과 운동 능력을 과시하는 행동은 항구적인 배우자보다 일시적 섹스 상대를 유혹할 때 더 효과적임이 판명되었다. 항구적인 짝짓기보다 찰나적인 짝짓기에서 더 효과적인 것으로 밝혀진 비방 전술에는 경쟁자의 힘과 운동 능력을 깎아내리기 등이 들어 있었다. 경쟁자가 신체적으로 허약하다고 말하기, 운동 경기에서 경쟁자를 제압했다고 하기, 경쟁자를 힘으로 압도하기 등은 모두 장기적 전술보다는 단기적 전술로 더 유용하다고 평가되었다. 이 연구는 남자 운동선수들은 여성을 유혹해 일시적인 성 관계를 갖는 데 남보다 더 유리하다는 일반적인 믿음을 확인시켜 주는 셈이다.

야노마뫼 족에서 남성의 지위는 가슴을 때리는 결투, 도끼 싸움,

이웃 부락과의 전투, 경쟁자를 힘으로 격파하기 등과 같은 신체적 공과에 의해 크게 결정된다. 높은 지위에 올라선 남성은 많은 여성과 성 관계를 할 수 있으므로, 신체적 강건함을 통해 얻은 지위가 잦은 성 관계 횟수로 이어져 결국 높은 번식적 성공을 낳는다. 과연 다른 남자를 죽여서 자기가 얼마나 강한지 입증한 남자(**unoka**, **우노카**)는 같은 나이지만 **우노카**가 아닌 남자보다 더 많은 아내와 자식을 거느린다.[13]

요컨대 신체적 강건함과 운동 능력을 과시하는 행동은 전통 사회와 현대 서구 문화 양자 모두에서 여전히 강력한 유혹 전술이다. 신체적 과시가 장기적인 배우자보다는 일시적 섹스 상대를 유혹하는 데 더 효과적이라는 사실은 여성이 단기적 짝짓기를 통해 남편의 부재 시에 이차적으로 자신을 보호해 줄 남성을 확보해 둔다는 가설을 뒷받침한다. 남성이 구사할 수 있는 일련의 전술 가운데 신체적 강건함을 과시하는 이 전술이 얼마나 위력을 발휘할지는 결국 여성의 욕망에 달렸다.


## 위세와 자신감을 과시하기

남성적인 자신감을 과시하는 행위는 남성이 여성을 유혹할 때, 특히 장기적인 배우자보다는 일시적인 상대를 유혹할 때 더욱 효과적이다. 대학생들은 사나이인 양 우쭐대기, 자기가 이룬 성취를 자랑하기, 뽐내기 등이 모두 아내보다 섹스 상대를 구할 때 더 효과적이라고 판정했다.

위세와 자신감의 효과를 독신자 술집에서 만난 한 여성의 이야기에서 확인할 수 있다.

구석에 있는 테이블에 앉아서 친구랑 이야기하며 진토닉을 홀짝거리고 있었어요. 그때 밥이 걸어 들어왔죠. 술집이 마치 제 것인 양 으스대며 들어오더군요. 모든 사람들한테 미소를 던지고 아주 자신만만한 태도였지요. 그와 눈이 마주쳤고, 전 미소 지어 보였어요. 제 옆 자리에 앉더니 취미가 말을 기르는 거라고 얘기하기 시작했어요. 자기가 말 농장을 갖고 있다고 슬쩍 지나가면서 말하더군요. 마지막 술잔이 나올 때까지도 그는 자기 말들이 얼마나 비싼지 얘기하고 있었어요. 언제 한번 함께 타러 가자고 그러더군요. 그런데 갑자기 이러는 거예요. "사실 지금 당장 타러 갈 수도 있소." 그때가 새벽 2시였어요. 저는 그와 함께 술집을 나가서 같이 잤어요. 그 사람이 진짜 말을 가지고 있는지는 아직도 몰라요.

남성의 자신감은 지위와 자원을 암시한다.[14] 예를 들어 신혼부부들을 대상으로 한 연구에서 자신감이 강한 남성은 자신감이 별로 없는 남성보다 유의미하게 돈을 더 많이 버는 것으로 나타났다. 자신감은 일시적인 섹스 상대를 더 쉽게 구하는 능력으로 전환된다. 독신자 술집에서 만난 한 여성은 이렇게 말했다. "어떤 남자들은 자기가 뭘 해야 하는지 훤히 알고 있는 것 같아요. 그런 사람들은 어떻게 여자한테 다가가서 어떻게 여자를 기분 좋게 만드는지 다 알죠. 반대로 뭐 하나 제대로 못하는 얼뜨기가 있어요. 처음엔 좀 강하게 밀고 나가려 애쓰지만 곧 바닥이 드러나죠. 그런 남자들은 그냥 우물쭈물 미적대다가 결국 여자가 화장실에 가 버리거나 옆의 친구랑만 수다를 떨어 줘야 비로소 자기가 걷어차였다는 걸 알죠."[15] 여성은 허장성세와 진정한 자신감을 종종 쉽게 구별한다. 물론 진짜 자신감이 여성을 유혹하는 데 더 효과적이다. 덧붙여 자신감이 강한 남성은 자신의 신체적 매력과 상관없이 신체적으로 매력적인 여성에게 접근해서 데이트를 신청하는 경향이 더 강하다는 사실이 다른 두 연구로부터 밝혀졌다. 반면에 자존심이 약한 남성은 매력적인 여성에게 접근해 봤자 성공할 가능성이 낮다고 지레 판단하여 접근하는 것 자체를 꺼려 한다.[16]

하지만 남성이 보이는 자신감은 여성이 보이는 반응 정도에 따라 달라진다. 독신자 술집에서 여성을 유혹하려는 처음 몇 번의 시도에서 퇴짜를 맞은 남성은 점점 자신감을 상실한다. 거절은 분노와 낭패감의 악순환을 불러일으키며 때로는 모든 시도를 중단하는 파국을 몰고 온다. 독신자 술집에서 세 번째로 접근한 여성에게 또다시 퇴짜를 맞은 한 남성은 이렇게 말했다. "여기서 성공하려면 강심장이라야 해요." 퇴짜를 맞은 남성이 심리적 아픔과 자존심의 하락을 경험하면 새로운 심리 기제가 발동하는 것 같다. 이 심리 기제는 자신의 성적인 기술을 재검토하고, 눈높이를 낮추어 비교적 수수한 여성에게 접근하고, 재도전하기 좋은 상황이 올 때까지 기다리게 만드는 역할을 하는 것처럼 보인다.[17]

남성이 상대를 유혹하기 위해 사용하는 또 다른 전술은 자신감을 거짓으로 꾸며 내는 것이다. 앞서 언급한 속임수 연구에 따르면, 일시적인 상대를 유혹하기 위해 남성은 자랑이나 허풍을 떨어서 더 멋진 사람으로 보이려 하고, 실제보다 더 사나이처럼 행동하고, 여성 곁에 있을 때는 실제보다 더 단정적인 언행을 한다. 남성이 거들먹거릴 때는

이유가 있다. 바로 찰나적인 성 관계를 할 가능성을 높이기 위해서다.

위세와 자신감을 과시하는 모든 행동이 이성을 유혹하기 위해서만 이루어지는 것은 아니다. 이러한 과시 행동은 다른 남성들에게도 보란 듯이 행해져서 집단 내에서 차지하는 지위와 위신을 높인다. 남자 대학생들은 섹스 상대의 수를 과장하고, 얼마나 많은 여성들이 자신에게 관심을 보이는지 타인에게 부풀려 이야기하고, 자신의 성적인 능란함과 여성 편력에 대해 허풍을 떨며, 실제보다 더 위압적으로, 더 확신에 차서, 더 용감한 양 행동한다.

지위에 대한 경쟁 때문에 남성은 그동안의 성적 편력을 뽐내고, 자신의 배우자 가치를 과장하고, 실제로는 본인도 동의하지 않을 허세를 늘어놓는다. 남성은 위치를 두고 경쟁한다. 희귀한 자원, 특히 성적 자원을 많이 갖고 있다는 것은 높은 위치를 차지하고 있다는 뜻이다. 만약 어떤 남성이 성적인 측면에서 자신의 위치를 끌어올림으로써 다른 남성들의 무릎을 꿇릴 수 있다면, 그의 높아진 지위는 더 많은 바람직한 여성들을 얻는 데 큰 힘이 될 것이다.

남성이 이 전술을 주로 찰나적인 짝짓기 맥락에서 사용한다는 사실은 섹시한 아들 가설에 대한 부차적인 증거가 된다. 자신의 위세와 성적 편력을 과시하는 남성은 자신이 원래 여성들에게 매력적으로 여겨지는 인물이라고 상대에게 광고하는 셈이다. 화려한 꼬리를 과시하는 숫공작처럼 호기를 부리는 남성들은 다음 세대에도 여성들에게 매력적으로 받아들여질 아들을 낳을 가능성이 더 클 것이다. 위세와 자신감을 과시하는 행동은 남성이 구사하는 여러 유혹 전술 중 핵심 요소이다.

다른 전술들과 마찬가지로 이 같은 유의 유혹 전술도 다른 남성에 의해 착취될 수 있다. 예를 들어 암컷을 유혹하기 위해 수컷 황소개구리는 연못 가장자리에 앉아서 크고 시끄러운 울음소리를 낸다. 암컷들은 수컷들이 내는 수많은 소리들을 주의 깊게 듣고서 그중 하나를 택한다. 울음소리가 시끄럽고 깊게 울릴수록 암컷에게 더 매력적으로 인식된다. 수컷이 크고, 건강하고, 더 우위에 있을수록, 울음소리가 더 깊게 울린다. 그러므로 우위 수컷의 전략은 가장 시끄럽고 가장 크게 울리는 울음소리를 내는 것이다. 우위 수컷의 옆에는 작고 허약한 수컷이 조용히 앉아 있다. 그는 울음소리를 전혀 내지 않으며, 어떤 관심도 받지 못한다. 그러나 암컷이 우위 수컷의 소리를 듣고 다가오면, 침묵을 지키던 열위 수컷이 지금껏 숨어 있던 장소에서 튀어 나와 그녀를 가로채 잽싸게 교미한다. 이 전략은 뜨내기(satellite) 혹은 좀도둑(sneak) 전략이라 하며, 경쟁자 수컷의 유혹 전략을 착취하여 이루어진다.[18]

인간 남성도 이러한 전략을 사용하는데 우디 앨런의 영화 「섹스에 대해 알고 싶은 모든 것. 그러나 감히 묻지 못하는 것」의 한 장면에서 이 전략이 익살스럽게 묘사된 바 있다. 정자로 분장한 남자들이 난자 하나를 두고 난투극을 벌인다. 이들이 서로 싸우다 지쳐 모두 드러눕자, 우디 앨런이 분한 왜소한 정자가 그때까지 숨어 있던 커튼 뒤에서 살금살금 걸어 나와 난자를 후다닥 차지해 버린다.

남자 대학생들이 때때로 이러한 뜨내기 혹은 좀도둑 전략을 사용한다는 사실이 우리가 실시한 배우자 밀렵(mate poaching, 저자는 "배우자 밀렵"을 "이미 다른 사람과 애정 관계에 있는 이성을 유혹하는 행동"으로 정의한다. 저자가 다른 사람의 소유물인 누군가를 빼앗는다는 의미를 함축적으로 나타내기 위해 밀렵

(poaching)이라는 단어를 재치 있게 선택했음을 감안하여 한국어 단어도 저자의 의도를 그대로 살려 밀렵으로 했음을 밝혀 둔다.—옮긴이)에 대한 연구에서도 발견되었다. 우리는 각기 50명의 남녀에게 이미 다른 사람과 깊은 관계를 맺고 있는 이성을 유혹하기 위해 어떤 전략들을 쓰는지 질문했다.[19] 가장 많이 언급된 전략 중의 하나는 그 커플과 친구인 척하다 기회가 생기면 본색을 드러내는 전략이었다.

그보다는 덜하게 언급된 배우자 밀렵 전술로는 여성적인 태도를 꾸미는 것이 있었다. 예를 들어 온타리오의 호수에 서식하는 개복치는 왜소한 수컷의 경우 마치 암컷인 척하며 우위 수컷이 둥지를 튼 영역 안으로 들어간다. 암컷을 흉내 내는 이러한 전술은 우위 수컷에게 공격 당할 가능성을 줄여 준다. 일단 영역 안으로 들어가면 이 왜소한 수컷 은 암컷이 이미 낳아 놓은 알들에 재빨리 자기 정액을 뿌려 결국 우위 수컷에게 오쟁이를 지운다. 우월한 남성의 의심을 사지 않기 위해 동성 애자인 척하면서 남성이 자리를 비운 사이 그 애인과 성 관계를 시도하 는 전략은 인간 종에서는 매우 드물다. 그렇지만 몇몇 남자 대학생들이 이러한 전략을 쓴 적이 있다고 답한 것은 흥미로운 일이다. 황소개구리 와 개복치처럼 인간도 때때로 뜨내기 혹은 좀도둑 전략을 사용하여 동 성 개체의 배우자 유혹 전술을 착취한다.


## 외모를 향상시키기

남성이 여성을 성공적으로 유혹하는 전술이 여성의 배우자 선호에 달려 있듯이 여성의 유혹 전술은 남성의 배우자 선호에 달려 있다. 배우자를 잘 유혹하는 여성은 자신의 젊음과 신체적 매력을 나타내는 신체적, 행동적 단서를 보여 줌으로써 높은 번식 가치를 타인에게 인식시킨다. 그러한 단서를 보여 주지 못하는 여성은 경쟁에서 뒤처진다.

남성은 외모를 대단히 중시하기 때문에 남성을 유혹하려는 여성들 간의 경쟁은 신체적 외모를 젊고 건강하게 보이게끔 향상시키는 데 큰 비중을 둔다. 화장품 산업이 이를 입증해 준다. 화장품 산업은 여성에 의해 지탱되며, 여성은 자기 외모를 향상시키는 데 남성보다 평균적으로 훨씬 더 많은 시간과 노력을 투자한다. 여성 잡지를 펼쳐 보면 미용 용품을 선전하는 광고가 산더미처럼 쏟아진다. 반면에 남성 잡지는 자동차, 음향 기기, 술을 선전하는 광고가 주를 이룬다. 남성 잡지에 외모 향상에 관련된 광고가 실린다 해도 대개는 근육을 발달시키는 운동 기구들이다.

여성들이 남성에게 정확한 정보를 전달해 주기 위해 서로 경쟁하는 것은 아니다. 그러기는커녕 그들은 젊음과 건강 상태를 판별하게끔 진화된, 아름다움에 대한 남성의 심리 기준을 활성화시키려고 경쟁한다. 발그레한 뺨과 뚜렷한 색조는 남성이 여성의 건강 상태를 유추할 수 있는 단서가 되므로, 여성은 인공적으로 볼 화장을 해서 남성의 관심을 끌려고 한다. 매끄럽고 잡티 없는 피부는 남성이 진화적으로 바라는 것 중의 하나이므로, 여성은 잡티를 감추고, 보습 크림을 바르고, 수렴제를 바르고, 주름 제거 수술을 받는다. 윤기가 흐르는 머릿결 또한 남성이 진화적으로 바라는 것 중 하나이므로, 여성은 머리카락을 탈색하고, 염색하며, 헤어 컨디셔너, 계란 노른자, 맥주 등으로 머릿결을 더욱 윤기 있게 만든다. 붉고 도톰한 입술은 남성의 진화된 욕망을 불러일으키므로, 여성은 공들여 립스틱을 바르며 때로는 입술을 도톰하게 만들려고 콜라겐 주사까지 맞는다. 탄력 있고 탱탱한 가슴이 남성의 욕망을 자극하므로, 여성은 가슴에 보형물을 대고 가슴 확대 수술도 받는다.

여성이 외모를 향상시키는 데 크게 신경 쓴다는 사실은 수많은 연구에서 입증되었다. 대학생과 신혼부부 모두를 대상으로 한 연구에서 화장으로 외모를 돋보이게 하는 데 여성이 남성보다 20배 더 많은 시간을 투자하며, 화장 기술을 배우는 데 남성보다 10배 더 많은 시간을 쓴다는 것이 밝혀졌다. 여성은 다이어트로 몸매를 가꾸는 데 남성보다 2배 더 많은 시간을 쓴다. 여성은 외모를 꾸미는 데 하루에 1시간 이상 투자하며 이는 남성이 쓰는 시간의 2배에 해당한다. 여성은 최신 유행 헤어스타일을 하는 횟수가 남성의 2배이며, 피부를 건강하게 보이려고 일광욕을 하는 횟수가 남성보다 50퍼센트 더 잦다. 뿐만 아니라 배우자를 유혹하기 위해 외모를 향상시키는 전술은 여성이 구사했을 때 남성보다 2배나 더 효과적인 것으로 조사되었다.[20] 반면에 외모를 꾸미는 데 관심이 많은 남성은 오히려 자신의 경쟁력을 떨어뜨리기 쉽다. 이런 남자들은 종종 동성애자나 자아 도취자로 간주된다.[21]

여성이 외모를 향상시키는 노력은 단순히 있는 그대로를 잘 다듬어서 남성의 눈에 띄는 데에서 끝나지 않는다. 여성은 여러 가지 기만 전술을 사용해서 자기 외모를 조작한다. 이를테면 인조 손톱을 달아서 손이 더 길어 보이게 하기, 하이힐을 신어서 키가 크고 날씬하게 보이기, 짙은 색의 옷을 입어서 날씬하게 보이기, 인공 선탠을 해서 피부 태우기, 숨을 들이마셔서 뱃살을 감추어 날씬하게 보이기, 옷에 패드를 넣어서 체격을 더 균형 잡히게 하기, 머리카락을 염색해서 더 젊어 보이게 하기 등이 있다. 신체적 외모는 때로 기만적인 것이다.

여성이 자신의 외모를 향상시키는 전술은 남편감을 유혹할 때보다 섹스 상대를 유혹할 때 더 효과적이며, 이는 남성이 항구적인 아내감을 구할 때보다 찰나적인 섹스 상대를 구할 때 외모를 더 중시한다는 사실을 잘 반영한다. 대학생들은 외모를 향상시키는 전술이 단기적인 맥락에서는 대단히 효과적이라고 평가했지만, 서로 오래 헌신하는 장기적인 맥락에서는 그냥 적당히 효과적이라고 평가했다. 남성이 자신의 외모를 향상시키는 전술은 아내감을 유혹할 때보다 찰나적인 섹스 상대를 유혹할 때 더 효과적이긴 하지만, 그 효과는 여성이 이 전술을 사용할 때 거두는 효과보다 유의미하게 더 낮았다.

여성은 독신자 술집과 같은 상황에서 외모가 얼마나 중요하게 작용하는지 잘 알고 있다. 독신자 술집의 여성들을 인터뷰한 후, 연구자들은 이렇게 결론 내렸다. "많은 여성들이 직장에서 퇴근한 다음 곧바로 술집에 가지 않고 집에 먼저 들러 '대공사'를 한다고 이야기했다. 그들은 대개 샤워를 하고, 머리를 감고, 새로 화장을 하고, 옷을 모두 갈아입고서 술집으로 향한다. '남자들에 비해 우리한텐 몸치장이 훨씬 더 중요해요. 걔네들은 우리만큼 외모에 신경 쓸 필요가 없죠.'"[22] '남자의 눈을 번쩍 뜨게 만드는 능력'은 자신의 배우자 가치가 매우 높음을 신호하며, 더 많은 남성 후보자들로부터 성적인 제의를 이끌어 낸다. 후보자군이 클수록 선택의 폭은 넓어지며 그녀가 유혹할 수 있는 배우자의 질도 높아진다.

여성은 단순히 자신의 외모를 향상시키기 위해 애쓸 뿐만 아니라 다른 여성의 외모를 비방한다. 비방 연구에 참여한 여성들은 경쟁자들이 뚱뚱하고, 못생기고, 신체적으로 매력이 없고, 몸매도 형편없다고 답했다. 동성 경쟁자의 외모를 조롱하는 것은 장기적인 애정 관계보다 일시적인 성 관계를 구하는 여성에게 더 효과적이며, 그 두 가지 상황 모두에 대해 남성보다 여성이 구사할 때 더 효과적이다.

여성은 자기가 점찍은 남성에게 경쟁자의 외모를 헐뜯기도 하고 직접 당사자에게 대놓고 비방하기도 한다. 독신자 술집 연구에서 만난 한 여성은 종종 경쟁자의 말끔히 손질된 헤어스타일을 보면 아무 말 없이 머리빗을 꺼내 그녀에게 건네 주는 습관이 있다고 말했다. 이러한 행동은 경쟁자를 물리치는 데 자주 효과를 발휘한다. 경쟁자가 본인에 대해 갖고 있는 이미지에 상처를 입히는 것도 상황을 정리하는 좋은 수단이라 할 수 있다.

다른 여성의 외모가 형편없다고 공공연하게 이야기하는 것은 더욱 효과 있다. 다른 사람들이 여성을 매력적이지 않다고 여긴다면, 그녀와 성 관계한 남성은 자신의 명성이 하락하는 손실을 감수해야 한다. 남학생 사교 모임에서 만난 한 남성은 언젠가 대단히 못생긴 여성과 성 관계를 맺었다는 사실이 모임에 알려지면서 친구들로부터 지나칠 정도로 심하게 놀림을 받은 적이 있다고 이야기해 주었다. 매력적이지 못한 여성과 성 관계한 사실을 들킨 남성은 사회적으로 굴욕을 당한다. 동년배들 사이에서 지위와 위신이 추락한다.[23] 찰나적인 성 관계 여부가 주위 사람들에게 노출되어 있는 상황에서는 여성이 연적의 신체적 외모를 헐뜯는 행위가 연적의 기를 꺾는 데 큰 효과를 발휘한다. 하지만 만일 남성이 아무도 모르게 누군가와 짧은 하룻밤을 보낼 수 있다면, 그의 평판에는 아무런 손상이 가지 않을 것이므로 공공연하게 연적의 외모를 비방하는 행위가 남성의 찰나적인 성 관계를 막지는 못한다. 그러나 사람들이 누가 누구와 잤는가에 쏟는 비상한 관심을 고려하면, 그러한 정보가 영원히 다른 사람들 귀에 들어가지 않으리라 안심하긴 어렵다.

신체적 매력은 남성이 직접적으로 관찰할 수 있는 특질이다. 그렇기 때문에 여성이 연적의 외모를 헐뜯는 비방 전술은 연적을 보는 남성의 시각에 영향을 끼침으로써 이루어진다. 연적이 가진 굵은 허벅지, 긴 코, 짧은 손가락, 비대칭적인 얼굴처럼 눈에 잘 띄지 않거나 두드러지지 않는 단점에 주목하라고 남성에게 슬쩍 흘리면 되는 것이다. 결점이 없는 사람은 없기 때문에 그러한 결점에 대해 관심을 촉구하는 행위는 곧 결점을 더 크게 부각시키는 결과를 가져온다. 특히나 당사자가 그러한 결점을 감추거나 숨기기 위해 애쓴 흔적까지 폭로한다면 사태는 걷잡을 수 없이 커진다. 또한 여성들은 매력에 대한 판단이 종종 주변 사람들에 영향을 받는다는 사실을 이용하기도 한다.[24] 다른 사람들이 어떤 여성을 못생겼다고 생각한다는 소문은 그 여성의 외모에 대한 우리 자신의 평가까지도 하락시킨다. 뿐만 아니라 내 주변 사람들이 어떤 여성을 매력적이지 않다고 생각한다는 소문은 실제로 그녀를 배우자로서 별로 적합하지 않은 상대로 만들어 버린다. 정리하자면 신체적 외모나 키와 같이 쉽게 관찰 가능한 특질들에 대해서도 비방 전술이 효과를 발휘할 여지가 충분하다.

현대의 미용 기술은 배우자를 두고 경쟁을 벌이게끔 진화된 여성의 심리를 착취한다. 만일 한 여성이 어떤 방법을 써서 외모를 향상시켰다면, 그 방법을 쓰지 않은 여성은 배우자를 유혹하는 경쟁에서 뒤처질 수밖에 없다. 현대의 이 같은 상황은 폭주적인 아름다움 경쟁을 유발시켰으며, 그 결과 외모에 투자하는 시간이나 노력, 혹은 돈이 인간의 진화 역사상 유례없이 급증하게 되었다. 모든 문화권의 여성들이 외모를 꾸미지만, 아마도 '문명화된' 서구 사회만큼 그 정도가 심한 곳도 없을 것이다. 서구 사회는 매력적으로 보이고자 하는 여성의 욕망을 각종 시청각 매체를 통해 착취하는 기술이 만연해 있다. 화장품 산업은 없던 욕망을 새로 만드는 게 아니라 이미 존재해 온 욕망을 착취할 뿐이다.

저널리스트 나오미 울프는 매체에 범람하는 광고들이 여성을 성적, 경제적, 정치적으로 복속시켜 페미니즘의 시대를 과거로 되돌리고자 '아름다움의 신화(the beauty myth)'라는 잘못된 이상을 심어 주고 있다고 비판한다. 울프에 따르면, 아름다움의 신화는 어느새 실체적 원인으로 작용하여 여성의 권익 향상을 위해 페미니즘이 지금껏 성취해 온 일들을 은밀히 무너뜨리고 있다. 울프는 가슴 확대술과 주름 제거술 같은 외과적 기술들이 여성에 대한 의학적 통제를 제도화하기 위해 고안되었다고 주장한다.[25] 모두 합쳐서 1년에 530억 달러에 달하는 시장을 이루는 다이어트, 화장품, 그리고 성형 수술 산업은 여성을 획일화하려는 필요성에서 나왔다. 또한 아름다움의 판단 기준은 자의적이라고 주장한다. 즉 미의 기준은 나이에 따라 변덕스럽게 달라지며, 문화에 따라 변이가 심하고, 보편적인 본성을 지니고 있지 않으므로, 결국 진화의 산물이라 볼 수 없다고 주장한다. 그러나 신화가 실체적 원인이 될 수는 없다. 그런 신화를 믿는 인간만이 오직 원인이 될 수 있다. 권력 구조가 실체적 원인이 될 수는 없다. 권력을 행사하는 인간만이 오직 원인이 될 수 있다. 그러므로 아름다움의 신화를 주장하는 이러한 관점에서 그리는 이야기는 여성들에게 별로 달갑게 들리지 않는다. 여성은 자신들을 복속하려는 '권력 구조'나 '신화'와 같은 존재들의 강력한 힘에 의해 이리저리 휘둘리고 세뇌당하며, 어떠한 주체성도 어떠한 선호도 없는 수동적인 그릇이자 잘 속는 얼간이로 그려진다.

　반면에 진화심리학적 접근은 여성이 어떤 유혹 전술을 구사할 것인가 하는 문제에 대해 아름다움의 신화를 내세우는 사람들이 주장하는 것보다 여성이 훨씬 더 주체적이며 폭넓은 선택권을 갖는 존재임을 보여 준다. 예컨대 장기적인 배우자를 찾는 여성은 정절을 과시하거나, 공통 관심사를 신호하거나, 지성적으로 행동하는 등 폭넓은 범위의 전술들을 마음대로 구사할 수 있다. 뿐만 아니라 여성은 대중매체에 세뇌당해서 미용 제품을 구입하는 게 아니라, 자신이 원하는 것을 얻는 힘을 증가시켜야겠다고 결정했기 때문에 미용 제품을 구입할 뿐이다. 여성은 매디슨 애비뉴의 사악한 힘에 속아 넘어간 얼간이가 아니라, 수십 가지 제품들 가운데 어떤 것을 고를지 자신의 선호에 따라 스스로 결정한다.

　물론 광고가 여성에게 악영향을 끼치는 것은 틀림없다. 결코 도달할 수 없는 아름다움을 강요하는 착취적인 이미지들이 여성들에게 쏟아지고 있으며, 이로 인해 여성들이 지나치게 외모에만 초점을 맞추게 됨으로써 남성의 진화된 욕망이 외모 못지않게 중시하는 지성이나 인성, 정절 같은 내면의 자질들에 대해서는 관심을 덜 기울이게 된다. 화장품 산업은 외모에 대한 여성의 진화된 관심을 착취하며, 겉으로 보기엔 무결점의 슈퍼모델들을 내세워 여성이 열망하는 미의 기준을 높인다. 이러한 속임수는 다른 여성들이 실제보다 더 아름답다고 느끼게 만들어 여성들의 자존심을 하락시킨다. 또한 남녀 모두에게 실제 짝짓기 시장과 그 현황을 제대로 이해하지 못하게 만들 수도 있다.

모든 현대 여성들은 500만 년 동안의 성선택에 의한 홍적세(洪積世, Pleistocene) 미인 경연 대회에서 우승한 독특하고 남다른 승자들이다. 이 책을 읽는 독자들의 모든 조상 여성들은 적어도 한 명의 자식을 번식 연령에 도달하기까지 키우는 데 필요한 부성 투자를 남성으로부터 이끌어 낼 만큼 매력적이었다. 모든 조상 남성들은 여성을 통해 자기 자식을 적어도 한 명은 낳을 만큼 매력적이었다. 우리 모두는 수많은 성공들의 길고 끊임없는 대열에서 나온 산물이다. 모든 살아 있는 사람들은 진화의 성공담이다.

## 정절을 과시하기

장기적으로 헌신하는 애정 관계에서는 남성이 정절을 매우 중시한다는 것을 고려하면, 정절을 잘 지키는 사람임을 과시하는 전술이 여성의 배우자 유혹 전술 가운데 핵심적인 위치를 차지하리라고 진화적으로 예측할 수 있다. 이 전술은 여성이 단기적인 성 관계보다는 오직 한 남성과의 장기적인 결합을 아무런 속임수 없이 추구한다는 것을 알려 준다.

연구에 참여한 신혼부부와 대학생들은 정절을 신호하는 전술이 실제로 유효함을 입증해 주었다. 130가지 유혹 전술 중에 한 남성에게 성적으로 계속 충실하기, 다른 남성과 성 관계하지 않기, 그에게 몰두하고 있음을 보이기가 장기적인 배우자를 유혹하는 데 가장 효과적인 세 가지 전술임이 입증되었다. 7.0점이 가능한 최고로 높은 효율성을 가리키는 척도상에서 세 전술 모두 6.5점 이상의 수치를 보였다. 정절 신호는 상대와의 관계에 진정으로 헌신하리라는 의사를 전달한다. 남성에게 여성의 헌신 약속은 남성이 진화 역사를 통해서 계속 부딪혀 온 지극히 중대한 번식상의 문제인 부성 불확실성을 드디어 해결할 수 있게 되었음을 뜻한다.

　서로 장기적으로 헌신하는 관계에서 정절이 핵심을 차지한다는 사실은 여성들이 연적을 비방하기 위해 쓰는 전술에서도 간접적으로 확인할 수 있다. 연적이 결코 한 남자에게 오래 머무를 여자가 못 된다고 남자에게 넌지시 말하는 행위는 짝짓기 시장에서 경쟁자를 제압하기 위해 여성이 쓸 수 있는 전술 가운데 최고로 효과적인 전술로 여대생들에 의해 평가되었다. 마찬가지로 연적을 두고 창녀라고 욕하거나, 너무 헤프다고 말하거나, 수많은 남성들과 잤다고 다른 사람들에게 말하는 행위는 여성에게 효과적인 비방 전술 가운데 상위 10퍼센트에 드는 것으로 조사되었다. 또 연구에 참여한 신혼부부들은 연적이 헤프다며 헐뜯는 경향이 신랑에 비해 신부에서 더 강하다고 대답했다.[26]

　그러나 만약 남성이 찰나적인 성 관계를 추구하는 중이라면 이러한 비방 전술은 되레 역풍을 맞을 수 있다. 여배우 메이 웨스트는 언젠가 "남자들은 과거가 있는 여자를 좋아한다. 역사는 되풀이되는 법이니까."라고 말한 바 있다. 단기적인 상대를 구하는 남성은 대개 성적으로 난잡한 여성을 싫어하지 않는다. 사실은 그러한 성향을 가졌다면 유혹에 성공할 가능성이 더 높다는 뜻이므로 다소 바람직하게 여기기까지

한다. 그러므로 다른 여성을 보고 헤프다고 말하는 행위는 단기적인 목표를 추구하는 남성을 단념시키는 데는 별로 효과를 거두지 못한다. 결국 여성이 자신의 무기 창고에서 꺼내 쓰는 비방 전술은 단기적인 관계에 쓰일지, 아니면 장기적인 관계에 쓰일지에 따라 그 효과가 크게 달라진다. 남성의 의도를 잘못 알아챈 여성은 연적을 경쟁에서 제외하려던 원래의 목표를 이루지 못할 것이다.

남성의 성 전략이 단기적 짝짓기와 장기적 짝짓기 두 가지로 구성되어 있다는 사실은 여성이 어떤 전술을 취해야 할지 결정하기 어렵게 만든다. 여성은 자기가 점찍은 남성이 다른 여성에게 관심을 보이는 것이 단순한 일시적 상대로서의 관심인지, 장래의 아내감으로서의 관심인지 잘 판단하고 나서 그에 따라 비방 및 유혹 전술을 선택해야 한다. 만약 잘못 판단했다면, 그녀는 자기가 의도한 바와 정반대의 효과를 거두게 된다. 그 위험성은 자못 심각하다. 게다가 대다수 여성들은 자기 남자가 연적과 결혼에 이르는 것만을 걱정하는 게 아니라, 연적과 단 한번의 성 관계도 갖지 않길 바란다. 그러므로 자기가 점찍은 남성이 오직 장기적인 아내감만을 찾고 있다고 확신할 수 없는 상황이라면, 자신의 연적이 성적으로 헤프다고 비방하는 전술은 대단히 위험한 전술일 수 있다.

장기적인 배우자를 찾는 남성이 성적으로 문란한 여성을 혐오하며, 이 사실이 또한 여성들끼리 경쟁자를 비방하는 데 쓰인다는 것은 실제 우리가 사용하는 언어에서 성적으로 문란한 여성을 비방하는 데 쓰이는 단어들만 보아도 확인할 수 있다. 로사리오나 돈후안처럼 성적으로 문란한 남성을 지칭하는 단어도 있지만, 이들은 문란한 여성을 가리키는 단어에 비하면 그 수도 적고 덜 경멸적이다. 기실 남성에게 붙여지는 이러한 단어들은 때때로 경멸적인 의미보다는 경탄이나 부러움의 의미로 쓰인다. 반면에 존 바스의 『연초 도매상』은 성적으로 문란한 여성에게 퍼부을 수 있는 모욕이 어느 정도인지를 여실히 보여 준다.[27] 한 영국 여성이 프랑스 여성에게 다음과 같은 욕설을 퍼붓는다. : harlot, whore, sow, bawd, strawgirl, tumbler, mattressback, windowgirl, galleywench, fastfanny, nellie, nightbird, shortheels, bumbesse, furrowbutt, coxswain, conycatcher, tart, arsebender, canvasback, hipflipper, hardtonguer, bedbug, breechdropper, giftbox, craterbutt, pisspallet, narycherry, poxbox, flapgap, codhopper, bellylass, trollop, joygirl, bumpbacon, strumpet, slattern, chippie, pipecleaner, hotpot, backbender, leasepiece, spreadeagle, sausage-grinder, cornergirl, codwinker, nutcracker, hedgewhore, fleshpot, cotwarmer, hussy, stumpthumper.(영어 원문을 번역하는 대신 우리말에서 성적으로 난잡한 여성을 지칭하는 단어들을 다음과 같이 찾아보았다. : 매춘부(賣春婦), 음부, 갈보, 노는계집, 노류장화(路柳牆花), 들병이, 논다니, 더벅머리, 똥갈보, 똥치, 분홍녀(粉紅女), 색시, 아랫녘장수, 양갈보, 양공주, 양부인(洋婦人), 여랑(女郞), 외대머리, 은근짜, 연화(煙花), 유녀(遊女), 자녀(恣女), 작부(酌婦), 창기(娼妓), 창녀(娼女), 통지기년, 통지기, 화랑(花娘), 화랑유녀(花娘遊女), 흥녀(興女), 개잡년, 걸레, 걸레부정, 계명워리, 요부(妖婦), 음녀(淫女), 음부(淫婦), 탕부(蕩婦), 허튼계집, 헌계집, 화냥년, 암캐, 하얀, 쓰레빠──옮긴이)

프랑스 여성도 이만큼 길고 긴 욕설들을 모국어로 되돌려 준다. 실생활에서와 마찬가지로 문학에서도 경쟁자 여성이 음탕하다고 비방하면 결혼 시장에서의 그녀의 배우자 가치는 하락한다.

장기적이냐 아니면 단기적이냐 하는 맥락이 중요하다는 점은 수줍어하거나 쉽게 넘어오지 않을 것처럼 행동하는 유혹 전술에서도 드러난다. 자기가 좋아하는 사람에게 별로 관심이 없는 척하거나 쉽게 넘어오지 않을 것처럼 행동하는 전술은 남성보다 여성이 구사할 때 더 효과적이라고 평가되었다. 또한 이런 수줍은 태도는 여성들이 찰나적인 상대보다 항구적인 배우자를 찾을 때 더 효과적이다.[28]

이러한 결과는 남성과 여성 모두의 성 전략과 완벽하게 들어맞는다. 수줍음 전술은 남성에게 배우자 가치와 정절을 신호하므로 결혼할 상대를 찾는 여성에게 효과적이다. 만약 어떤 여성을 내가 갖기 쉽다면, 다른 남자들도 그녀를 갖기 쉬울 것이라고 남성들은 생각하므로, 그녀가 장차 얼마나 정절을 지킬지 의심하게 된다. 예컨대 남자 대학생들은 쉽게 가질 수 있는 여성은 아무 남자나 만나야만 하는 급한 상황일지도 모르며, 어쩌면 성병에 걸렸을지도 모른다고, 즉 낮은 배우자 가치와 높은 성적 난잡함을 각각 신호한다고 대답했다.[29]

또 다른 연구는 여성이 남들에게 쉽게 넘어가지 않을 것처럼 행동하는 전술을 선택적으로 사용할 때, 즉 보통은 쉽게 넘어가지 않지만 특정한 남성에게는 선택적으로 접근을 허용할 때 가장 효과가 크다는 것을 발견했다.[30] 예컨대 여성은 그녀가 유혹하고자 하는 대상인 특정한 한 사람을 제외한 다른 모든 남성들의 접근을 공공연하게 퇴짜 놓을 수 있다. 이러한 경우에 수줍음 전술은 남성에게 그가 짝짓기 시장에서 매우 비싼 상품을 특별히 얻는 것이며, 또한 그녀가 앞으로도 오랫동안 정절을 지킬 것임을 효과적으로 각인시킨다. 자신이 원하는 특정한 남성이 접근할 길은 열어놓으면서도 쉽게 넘어오지 않는 매우 까다로운 여성임을 널리 알리는 여성이 짝짓기 게임에서 성공을 거둔다.

쉽게 넘어오지 않을 것처럼 행동하는 전술은 높은 배우자 가치를 신호하며, 자원을 투자할 남성의 의향을 검증하며, 자신의 정절을 남성에게 알려 준다. 만약 어떤 여성이 쉽게 넘어오지 않는다면, 남성은 일단 그녀를 얻기만 하면 다른 남성들이 그녀를 유혹하기란 몹시 어려우리라 확신할 수 있다. 장기적인 배우자 유혹 전술로서 쉽게 넘어오지 않을 것처럼 행동하는 전술이 효과적인 까닭은 그것이 남성에게 두 가지 핵심적인 번식상의 이점을 주기 때문이다. 짝짓기 시장에서의 그녀의 높은 배우자 가치와 오직 그만이 그녀에게 성적으로 접근하리라는 신호가 바로 그것이다.

어떤 여성이 과거에 찰나적인 성 관계만을 주로 해 왔다면, 배우자에게 성적으로 충실하거나 헌신할 사람으로 여겨지기 어려울 것이다. 배우자 유혹 전술은 사회적 진공 상태에서 행해지는 것이 아니며, 사람들은 다른 사람의 성적인 측면에 대한 소문에 비상한 관심을 기울인다. 가십 칼럼니스트, 토크쇼 사회자, 그리고 청중들은 누가 누구랑 잤는지에 대해 시시콜콜한 세부 사항까지 읊어 대며 즐거워한다. 여성은 성적으로 난잡하다는 평판을 얻으면 배우자 가치가 크게 떨어지기 때문에 그러한 평판을 얻지 않으려 노력한다.

인간이 진화해 온 작은 집단의 사회에서 평판에 금이 가면 그 효과는 매우 오래 지속되었을 것이다. 작은 부족 안에서 성적인 정보를 다른 사람들에게 숨기기란 사실상 불가능하다. 예컨대 아체 족에서는 모든 사람들이 누가 누구랑 잤는지 알기 때문에 남을 속일 여지가 없다. 남성 인류학자가 아체 남성들에게 누가 누구랑 잤는지 물어보고,

여성 인류학자가 아체 여성들에게 똑같이 물어본 다음에 서로 얻은 정
보를 비교해 보았더니, 두 정보는 완벽하게 일치했다.[31] 이주가 잦은 익
명의 도시 생활로 요약되는 현대 서구 문화에서는 자신의 과거가 알려
지지 않은 새로운 사회적 환경에서 이미 손상된 평판을 되살려 새롭게
시작할 여지가 훨씬 더 많다. 이러한 환경에서는 성적으로 난잡한 과거
를 지니고 있는 사람이라도 배우자를 유혹할 때 정절 신호를 태연히 보
낼 가능성이 언제나 존재한다.


## 성적 신호 보내기


대부분의 남성은 찰나적인 짝짓기에서 주로 단 하나의 이득, 곧 매력적
인 여성과의 성 관계를 원한다. 그러므로 찰나적인 짝짓기를 시도하는
여성이 성적인 제의를 먼저 하고 성 관계를 맺을 수 있는 상태임을 광
고하는 행동은 대단히 효과적인 전술이 된다.

남자 대학생들은 남성의 성적 제의를 수락하는 행위가 여성이 남
성을 찰나적인 회합으로 끌어들이기 위해 취할 수 있는 가장 효과적인
전술이라고 답했다. 7점 만점 척도상에서 거의 만점을 기록한 또 다른
전술로는 남성에게 함께 잘 의향이 있는지 물어보기, 남성으로 하여금
여성과 성 관계하는 상상을 유도하기, 성적으로 난잡하게 행동하기, 유
혹적으로 말하기, 그리고 성적으로 접근하기 등이 있었다. 이 모든 유
혹 전술은 여성이 장기적인 맥락보다는 찰나적인 맥락에서 취할 때 더
효과적인 것으로 판정되었으며, 찰나적인 맥락에서도 남성보다는 여성

이 구사할 때 훨씬 더 효과적이라고 조사되었다.

　독신자 술집에서 만난 남성들은 위의 발견을 확인시켜 주었다. 이들에게 여성이 쓸 수 있는 103가지 배우자 유혹 전술의 효과를 평가해 달라고 부탁했더니 가슴이나 골반을 남성에게 비비기, 남성을 유혹적으로 응시하기, 남성의 목에다 팔을 두르기, 남성의 머리카락을 손으로 어루만지기, 입술을 오므려 키스를 날리기, 빨대나 손가락을 빨기, 머리를 앞으로 숙여서 가슴이 살짝 보이게 하기, 몸을 구부려서 몸매를 돋보이게 하기 등이 효과적이라고 평가했다. 대조적으로 여성들은 남성이 그러한 행동을 하면 자신을 유혹하는 데 전혀 효과를 발휘하지 못한다고 답했다. 남성의 성적 접근이 노골적일수록 그들은 그만큼 덜 매력적이라 평가받는다. 7점 만점 척도상에서 남성은 여성이 가슴이나 골반을 자신에게 비벼 대는 행동을 6.07점이라 답했으며, 이는 전체 103가지 행동 가운데 자신과의 성 관계에 동의하는 행동 바로 다음으로 높은 점수였다. 그러나 여성은 남성이 그러한 행동을 취했을 때의 효과를 겨우 1.82점이라고 답했다. 즉 여성을 유혹하는 데는 극히 비효율적이거나 심지어 혐오감을 불러일으키는 전술임을 알 수 있다. 짧은 하룻밤 만남에서는 성 관계가 남성의 유일한 목적이므로 직접적으로 성적 제의를 하거나 지금 당장 성 관계를 맺을 수 있는 상태임을 알려 주는 것이 여성이 쓸 수 있는 유혹 전술 가운데 최고로 효과적인 전술이 된다.

　일시적인 성 관계를 맺기 위해 여성이 구사할 수 있는 또 하나의 효과적인 전술은 외모를 섹시하게 꾸미는 것이다. 독신자 술집에서 만난 남성들은 노출이 심하고 몸에 달라붙는 섹시한 옷 입기, 가슴이나 등이 많이 파인 셔츠 입기, 셔츠 목 부분이 흘러내려서 어깨가 보이게 하기, 짧은 치마 입기, 교태를 부리며 걷기, 야하게 춤추기, 하체를 흔들며 걷기와 같은 전술들이 남성을 유혹할 가능성이 가장 높은 상위 25퍼센트 안에 속한다고 답했다. 남성으로부터 성적 제안을 끌어내려는 여성은 외모와 행동을 섹시하게 함으로써 원하는 목적을 달성할 수 있다.

인류학자 엘리자베스 캐쉬댄도 '양아치'와 '아부지'에 대해 실시한 연구에서 놀랄 만큼 유사한 결과를 얻었다. 그녀는 사람들이 과시하는 자원량, 투자할 의향, 정절, 그리고 성애에서 관찰되는 변이가 일시적인 상대를 구하는지, 혹은 항구적인 상대를 구하는지에 따라 달라지는지에 초점을 맞추었다. 찰나적인 성 관계 전략을 추구하는 여성은 장기적인 헌신 전략을 추구하는 여성보다 노출이 심한 복장을 할 가능성이 더 높았다.[32]

외모를 섹시하게 꾸미는 전술의 효과는 의상 스타일과 피부 노출에 대한 연구에서도 확인되었다. 남녀 참여자들에게 이성 모델의 모습을 담은 여러 장의 슬라이드를 보여 주었는데, 모델의 피부 노출 정도와 의상이 몸에 달라붙는 정도가 각기 달랐다. 각각의 슬라이드를 보여 준 후, 참여자들은 데이트 상대, 결혼 상대, 혹은 섹스 상대로서 모델의 매력도를 평가했다. 남성 참여자들은 몸에 딱 달라붙고 노출이 심한 옷을 입은 여성이 노출이 없는 옷을 입은 여성보다 데이트 상대와 섹스 상대로서 더 매력적이라고 답했지만, 결혼 상대로는 매력적이지 않다고 답했다. 반면에 여성 참여자들은 몸에 착 달라붙고 노출이 심한 옷을 입은 남성은 노출이 없는 옷을 입은 남성보다 그 어떤 상대로서도 덜 매력적이라고 답했다. 아마도 남성이 비교적 노출이 심한 의상을 입으면 그가 찰나적인 성 관계에 주된 관심이 있다는 것을 의미하기 때문

인 것 같다.[33]

외모를 섹시하게 꾸미는 전술은 독신자 술집에서 공공연하게 사용된다. 연구자들은 그 안에서 여성들이 "종종 실내를 활보하며, 꼿꼿하게 서서 가슴을 한껏 내밀고, 숨을 들이쉬어 뱃살을 감추고, 자신의 팔이나 머리카락을 쓰다듬었다. 그들은 자기 자신을 드러내 놓고 과시하는 것처럼 보였다."고 기술했다. 때때로 섹시하게 보인다는 것 자체가 너무 위력적이어서 남성에게 다른 생각을 할 틈을 아예 없애 버리기까지 했다. 연구자들은 가슴이 크고, 매우 날씬하고, 매력적인 한 여성에 대해 이렇게 적었다.

종종 그녀는 지극히 산만하게 이것저것 떠들고 신경질적으로 깔깔대곤 했다. 하지만 그녀가 하는 말과 괴상한 웃음은 그 독신자 술집에서는 전혀 문제될 것이 없는 요소로 치부되는 것 같았다. 그녀와 이야기한 대다수 남성들은 그녀의 가슴에, 그리고 그녀가 가슴을 비틀고 흔드는 동작에 완전히 넋이 나간 듯했다. 어떤 남성들은 그녀가 뭐라고 말했는지 거의 듣지 못했다고 우리에게 고백했다. 사실은 무슨 말을 하는지 신경조차 쓰지 않았다고 했다. 그들은 그녀가 하는 말에 귀 기울이기보다는 그녀의 가슴을 감상하길 더 좋아하는 듯했다.[34]

먼저 눈 맞추기를 시도하는 행동도 섹스 상대를 유인하려는 여성에게는 대단히 효과적인 전술이다. 어떤 남성의 눈을 뚫어져라 쳐다보고 그가 자신과 눈을 맞추도록 유도하는 행동은 여성이 단기적인 섹스 상대를 유혹하기 위해 쓸 수 있는 전술 가운데 상위 15퍼센트에 속한다고 판단되었다. 반면에 이 전술은 항구적인 남편감을 유혹하는 데는 그저 어느 정도만 효과적이라고 판단되었으며, 7점 만점 척도상에서 거의 중간 정도의 점수가 매겨졌다.

남성은 찰나적인 성 관계를 할 확률이 높아졌음을 알려 주는 신호에 대단히 민감하다. 눈 맞추기를 먼저 시작한 여성은 남성에게 바로 그 확률이 높아졌다는 강력한 단서를 제공해 준다. 한 연구에서는 한 남자와 한 여자가 함께 있는 모습을 비디오로 촬영했다.[35] 시간이 조금 지나자 여자가 남자의 눈을 쳐다보고 그에게 웃음 지었다. 녹화한 비디오테이프는 남녀 참여자들에게 보여졌고 그들은 화면 속에 나오는 여성의 의도에 대해 판단을 내려 달라고 요청받았다. 남성들은 이 행동을 성적인 관심과 상대를 유혹하려는 의도로 해석했다. 똑같은 비디오테이프를 본 여성들은 이 행동을 섹시함이나 유혹의 신호라기보다는 단순한 친밀감의 신호로 해석했다. 물론 눈 맞추기와 미소는 아주 애매모호한 행동이다. 어떤 때는 성적 관심을 신호하지만, 어떤 때는 그렇지 않다.

눈 맞추기를 먼저 시도하는 행동은 단기적인 상대가 아닌 장기적인 배우자를 찾는 여성에게는 덜 효과적이다. 남성은 여성의 눈 맞추기를 아주 급한 처지이거나 배우자 가치가 낮다는 신호로 해석하기 때문이다. 반면에 수줍어하고, 쌀쌀맞고, 쉽게 안 넘어올 것 같은 행동은 높은 배우자 가치를 신호하므로 장기적인 배우자감을 유인하려는 여성에게 더 효과적이다. 눈 맞추기를 먼저 시작하는 행동이 남성의 심리 기제에서는 그 여성에게 성적으로 접근해도 된다는 신호로 해석된다. 자신에게 성적으로 접근해도 좋다는 신호는 곧 배우자 가치가 낮고 미래에 부정을 저지를 가능성도 적지 않다는 것을 아울러 신호하므로 남편감을 찾는 여성에게는 오히려 역풍을 몰고 오기 쉽다.

여성은 자신에게 성적으로 접근해도 좋다는 신호를 보내는 한편, 다른 여성들은 성적으로 접근하기가 어려울 것이라며 그들을 비방한다. 여자 대학생이 단기적인 맥락에서 동성 경쟁자를 비방할 때 그 경쟁자를 가리켜 남자의 애만 태우는 여자라고 이야기하거나, 남자를 갖고 논다고 하거나, 혹은 얼음같이 냉랭하다고 한다. 이 모든 행동은 그가 그녀에게 성적으로 접근하지 못할 것이며, 결국 그녀를 찰나적인 성관계 상대로 꼬드기려다가 시간과 에너지만을 낭비하게 될 것임을 암시한다.

여성은 동성 경쟁자에게 성적으로 접근하는 게 순탄치 않을 것이라며 비방할 가능성이 남성보다 더 높다. 그들은 경쟁자를 가리켜 요조숙녀인 척하고, 융통성이 없고, 너무 금욕적이라고 비방한다. 이 전술은 찰나적인 성 관계 맥락에서 여성이 구사하면 효과적이나 장기적인 결혼 관계에서는 그다지 효과적이지 않다. 경쟁자의 성적 접근 가능성에 물음표를 찍는 것이 효과적인 전략이 되는 까닭은 그런 여성들은 찰나적인 성 관계를 추구하는 남성에게 커다란 손실을 입히기 때문이다. 즉 그들은 불확실한 성적 가능성에 시간과 자원을 투자하는 위험을 감수해야 한다. 덧붙여 만약 그런 여성에게 공개적으로 퇴짜를 맞는다면 체면이 땅에 떨어질 위험도 감수해야 한다.

여성이 경쟁자가 실제로 성적으로 접근 가능한 여자인지 의문을 제기하는 행동들, 예컨대 경쟁자를 일컬어 남자의 애만 태우는 여자라고 하거나 남자를 갖고 노는 여자라고 말하는 행동은 기가 막히게 교묘한 술책으로 보인다. 왜냐하면 그 경쟁자가 지조 있고, 정절을 지킬 것이며, 장기적인 애정 관계에 적합한 여자라고 암시하는 것은 절묘하게 피하고 있기 때문이다. 이러한 비방은 경쟁자 여성이 성적으로 접근 가능한 척해서 남성으로부터 자원과 관심을 뜯어낸 다음, 정작 성 관계는 허락하지 않는 착취적인 전략을 구사하고 있다고 폭로한다. 뿐만 아니라 경쟁자가 쌀쌀맞거나 새침하다고 비방하는 것은 그 경쟁자가 찰나적인 성 관계 상대로 문제가 많다고 암시하는 한편, 신붓감으로도 부적합하다는 암시를 주게 된다. 남성은 아내가 성적으로 무덤덤한 것도 싫어하기 때문이다. 요컨대 짝짓기 시장에서 동성 경쟁자의 단기적 및 장기적 가치를 동시에 비난하는 전술은 대단히 효과적이다.

메이 웨스트는 이렇게 말했다. "두뇌는 자산이다. 잘 숨기기만 한다면야." 이 말은 찰나적인 성 관계에선 참으로 맞는 말일지도 모른다. 단기적인 상대를 유혹하기 위해 여성은 때때로 순종적이고, 무기력하고, 심지어 좀 모자란 것처럼 행동하기도 한다. 여성은 혼자 힘으로는 제대로 할 줄 아는 게 아무것도 없는 척해서 남성이 대화를 주도하게 하며, 아둔하고 어리석은 척 행동하며, 유순하고 무기력한 척한다.

7점 만점 척도를 채택하여 수행된 연구에서 대학생들은 이 무기력함 전술이 단기적인 상대를 유혹하려는 여성에게는 어느 정도 효과적이지만(3.35점) 장기적인 배우자를 유혹하는 데는 전혀 효과적이지 않다고(1.62점) 대답했다. 남성이 무기력함과 순종 전술을 구사하는 것은 두 가지 맥락 모두에서 대단히 효과적이지 않은 것으로 나타났다. 찰나적인 성 관계 맥락에서는 1.60점이었고 장기적인 헌신 관계에서는 1.31점이었다.

여성의 순종적인 태도는 남성으로 하여금 그녀에게 접근한다 해도 적대적인 반응이 돌아올 걱정은 하지 않아도 된다는 생각을 들게 만든다.[36] 순종 신호는 암묵적으로 남성에게 접근을 허락하는 것이다. 남성은 먼저 접근하는 데 일가견이 있기 때문에 순종과 무기력함을 알려 주는 신호는 남성으로 하여금 여성에게 더 쉽게 접근하게 해 준다. 순종적인 행동은 더 많은 남성들이 접근하기 쉽게 만들어 잠재적인 배우자 후보군을 확장시키며, 선택의 기회를 넓혀 주어 결국 실제로 얻는 남편의 질을 높인다.

순종적이고 무기력하며 어리석은 행동은 남성에게 목적에 따라 쉽게 그녀를 통제하거나 조작할 수 있음을 아울러 신호할지도 모른다. 단기적인 짝짓기의 목적은 주로 성적인 것이므로, 순종은 성적 접근 가능성이 증가했음을 신호한다. 무기력하게 보이는 행동은 성적으로 착취하기 쉬움을 신호할 것이다. 그런 여성과는 헌신에 따르는 손실을 치르지 않고서도 성 관계를 가질 수 있기 때문이다. 상대를 쉽게 조종할 수 있으면 성적인 접근을 하기가 쉬우며, 무기력하고 순종적이며 그리 영리하지 못하게 처신하는 행동은 통제하기 쉬움을 암시한다. "머리가 텅 빈 금발미녀(bubble-headed blond)"라는 고정관념은 잘못된 것인지도 모른다. 이들은 실제로 지적으로 모자란 게 아니라 남성들로 하여금 자신에게 접근해 보라는, 심지어 성적인 접근도 좋다는 전략적 신호의 일환으로 그러한 이미지를 연출하는 것일지도 모른다.

사실 성적으로 접근 가능하다고 신호를 보내는 것은 남성을 장기적인 헌신 관계로 꾀어 들이려는 더 큰 전략의 일부이다. 때때로 여성이 남성의 관심과 흥미를 받을 수 있는 유일한 방법은 어떠한 낚싯줄도

달려 있지 않은 성적 상품으로 그녀 자신을 그에게 제공하는 것이다. 원칙적으로 써야 하는 자원이나 헌신이 비교적 적다면, 많은 남성들이 성 관계를 맺을 수 있는 기회를 마다하지 않는다. 일단 여성이 자신이 원했던 남성과 성 관계를 맺고 나면, 그저 가까이에 있다는 사실만으로도 교묘하게 그의 환심을 살 기회와 그가 그녀에게 여러 가지로 의존하게 만들 기회, 그리고 그녀와의 관계를 통해 얻을 이득과 그녀를 버렸을 때 감수해야 할 손실을 증가시킬 기회를 함께 얻게 된다. 처음에는 낚싯줄 따위는 달려 있지 않은 순수한 이득으로 보였던 것이 나중에는 많은 헌신을 지불해서 구매한 것이 되어 버린다.

　　남성도 장기적인 배우자를 찾을 때는 신붓감의 매력은 최대화하면서 감수해야 하는 손실은 최소화하려 애쓰는 비슷한 전략을 구사한다. 여성이 섹스로 미끼를 던진다면, 남성은 투자로 미끼를 던진다. 그러나 남성의 심리 기제는 찰나적인 성 관계의 기회를 얻기 위해 끊임없이 남성을 충동질하므로, 여성은 남성을 장기적인 애정 관계 안으로 꾀어내기 위한 발판으로 이러한 남성의 심리 기제를 착취한다.


## 엇갈리는 남과 여

상대를 성공적으로 유혹하려면 상대의 잠재적인 의도를 알아차리고 상황을 잘 이해하는 것만으로는 충분하지 않다. 경쟁에서 다른 이들을 제압하는 것도 필요하다. 이러한 까닭에 남성과 여성은 단순히 자신의 외모를 향상시킬 뿐만 아니라 경쟁자를 비방하기도 한다. 사람들은 이성이 선호하는 특질을 과시함으로써 자기 자신을 매력적으로 보이게 만들 뿐 아니라 동성 경쟁자를 비방하여 이성이 바라는 특질을 결여하고 있는 것처럼 보이게 한다.

짝짓기 영역의 다른 어떤 부분보다도 찰나적인 성 관계라는 문제에서 남성과 여성은 각기 상대방의 전략에 의해 더 고통 받는 듯하다. 남성은 가벼운 성적 이득을 얻기 위해 헌신을 할 용의가 다분히 있는 척 연극을 해서 여성을 속인다. 그리고 하룻밤 정사를 위해 없는 자신감과 지위, 친절, 자원 등이 있는 척 행동한다. 이러한 속임수에 넘어가는 여성들은 귀중한 성적 이득을 헐값에 넘기는 셈이다. 하지만 여성도 헌신을 입증하는 더 강력한 증거를 보여 달라고 남성에게 요구하는 한편, 장기적인 관계를 맺으려는 의도를 숨긴 채 찰나적인 성 관계에만 관심이 있는 척 연기해서 남성의 속임수에 맞대응한다. 몇몇 남성들은 여성이 내건 미끼를 덥석 물어 점점 깊어 가는 손실의 구렁텅이로 떨어진다.

그러나 성적 미끼를 내거는 전술은 여성에게도 위험하다. 성적 접근 가능성을 암시하는 행동은 두말할 필요 없이 여성이 남성을 일시적인 애정 행각으로 꾀어내는 가장 효과적인 방편이다. 그러나 남성은 장래의 아내감이 성적으로 문란하거나 무분별하게 남자들과 어울리는 것을 극도로 혐오하므로, 일시적인 상대를 찾는 여성들에게 대단히 효과적인 성 전략이 남편을 찾는 여성들에게는 되레 역풍을 몰고 온다. 남성은 두 맥락 모두에서 비슷한 전략을 구사하기 때문에 현재 만나고 있는 여성에 대해 좀더 많은 정보를 모은 다음에 그녀를 단기적인 상대로 만날지 혹은 장기적인 배우자감으로 만날지 나중에 결정할 수 있다. 여성은 성 전략을 구사하는 데 실수를 했을 경우 남성보다 종종 더 큰 손실을 입는다.

남녀 모두 이성이 꾀하는 속임수에 매우 민감하다. 여성은 성 관계를 종종 거부하며, 신뢰할 만한 마음씨와 헌신을 보여 달라고 요구하며, 얕은 속임수를 꿰뚫어 본다. 남성은 자신의 감정을 숨기며, 헌신을 겉으로만 부풀리며, 묻는 말에 답변을 피하고 애매모호한 태도를 견지한다. 그들은 헌신이라는 비용을 지불하지 않고서 성적 이득만 취하고 사라지려 애쓴다.

짝짓기 시장에 나와 있는 남녀 비율도 상대를 유혹하는 데 쓰이는 전술에 영향을 끼친다. 예를 들어 독신자 술집의 일반적인 성비는 여성에게 유리하다. 여성보다 훨씬 더 많은 수의 남성이 단기적인 섹스 상대를 구하기 때문에 짧은 하룻밤 만남을 원하는 여성은 선택의 폭이 매우 넓다. 여성에게 유리한 이러한 성비 불균형은 남성으로 하여금 다른 남성들보다 더 뛰어난 능력을 발휘하여, 더 교묘한 속임수를 써서, 그리고 여성이 부과하는 판단 기준을 더 그럴듯하게 꾸며 내서 남들을 따돌리라고 압박을 가한다. 대개 승자보다는 패자가 훨씬 더 많고 대다수 남성이 홀로 쓸쓸히 집으로 돌아간다.

성비가 역전되어 여성이 남성보다 더 많을 때는 남성이 찰나적인 성 관계 맥락에서 여성을 더 쉽게 유혹할 수 있으므로 권력의 추가 남성으로 기운다. 이러한 불균형은 특히 범죄로 인한 구금과 살인 등으로 짝짓기 후보군에서 남성이 더욱 더 줄어드는 도시 중심부에서 뚜렷이 관찰된다.[37] 이러한 상황은 장기적인 배우자를 찾는 여성에게 지극히 불리하다. 이 경우 남편감을 유혹하기가 더 어려워지고 여성들 간의 경쟁이 그만큼 더 치열해진다.

　남편감에 대한 여성의 기준이 높으면 이러한 경향은 더 악화된다. 즉 남편감에 대한 기준이 까다로울수록 실제로 선택할 만한 남성의 수는 더 줄어든다. 많은 남성들이 예비 심사에서조차 탈락하고 물러나 앉게 된다. 결국 살아남는 남성들, 즉 지위가 높고, 자신감에 차 있고, 높은 자원 획득 가능성을 지닌 남성들은 매우 적으며, 이들을 두고 여성들 간에 경쟁이 벌어진다. 장기적인 배우자를 유혹하는 데 성공한 사람들은 그 다음 적응적 문제를 해결해야 한다. 계속 함께 사는 것이 그것이다.

# 두 사람이 함께 살아가기

**두 사람이 처음 함께 살 때 그들의 가슴은 불타오르고 정열은 치솟는다. 시간이 흐르고 난 뒤 그들은 여전히 서로 사랑하지만 전과는 다르게 사랑한다. 서로 따뜻하게 의지할 수 있는 사랑으로.**

── 마조리 쇼스택, 『니사 : 쿵 족 여성의 삶과 이야기』

서로에게 계속 헌신하는 부부는 크나큰 이득을 얻는다. 이 특별한 동맹을 통해 각종 기술이나 솜씨를 서로 보완해 주는 동료를 얻고, 자원을 공유하고, 공동의 적에 대한 협력 진지를 구축하고, 아이를 기르는 데 필요한 안정된 가정환경을 마련하고, 혈연 그물망을 더 넓힐 수 있다. 이러한 이득을 얻기 위해서는 일단 획득한 배우자를 계속 지킬 수 있어야 한다.

함께 살지 못하고 헤어지는 부부들은 막대한 손실을 감수해야 한다. 양쪽 집안의 유대는 산산이 깨어진다. 중요한 자원들을 잃는다. 아이들은 안정된 가정환경을 상실한다. 장기적인 배우자를 지키지 못한다는 것은 그를 선택하고, 유혹하고, 구애하고, 헌신하는 데 썼던 모든 노력들이 허사가 되어 버림을 뜻한다. 아내의 배신을 막지 못한 남편은 자식을 생산하는 능력과 그 자식들에 대한 모성 투자(maternal investment)를 잃을 위험에 처한다. 남편을 지키지 못한 아내는 남편의 자원과 보호, 그리고 부성 투자를 잃을 위험에 처한다. 남녀를 막론하고 배우자를 지키지 못한 사람은 배우자와 함께한 동안 다른 이성과 짝짓기할 기회를 포기해 버렸다는 의미에서 손실을 입는다.

모든 문화권에서 이혼이 보편적이며 특히 서구 사회에서는 이혼률이 매우 높다는 점을 감안하면, 계속 함께 산다는 것이 자동적으로 이루어지는 일도, 그렇게 될 수밖에 없는 필연적인 일도 아니라는 것이 분명해진다. 경쟁자들은 주변을 배회하며 부부 중의 한 사람을 유혹해서 빼내 갈 기회만 노리고 있다. 어떤 배우자는 약속한 혜택을 제공해 주지 못하기도 한다. 어떤 배우자는 점점 감당하기 힘든 손실만 계속 끼친다. 부부의 주변에는 이해관계나 시각이 첨예하게 다르고 부부 사이의 결속을 느슨하게 만들려고 애쓰는 사람들이 늘 있다. 성공적이고 굳건한 결합을 보장하게끔 진화적으로 설계된 전략을 구사하지 않는다면, 두 사람이 함께 살아가는 문제는 한순간에 깨지기 쉬운 불안한 것이 된다.

배우자를 지키는 전술은 동물의 짝짓기 체계에서 중요한 위치를 차지한다. 곤충은 인간과 계통분류학적으로 멀리 떨어져 있는 분류군이긴 하지만 이들을 주의 깊게 살펴볼 필요가 있다. 엄청나게 다양한 짝 지키기 전술을 구사할 뿐만 아니라 배우자를 지키는 적응적 문제에 대한 인간 종의 해결책이 이들과 대단히 유사하기 때문이다.[1] 곤충이 가장 흔히 사용하는 전략 중의 하나는 경쟁자들로부터 짝을 감추는 것이다. 이를 수행하는 전술의 예로 경쟁자가 밀집한 곳으로부터 배우자를 물리적으로 떨어뜨리기, 배우자가 이성을 유인하기 위해 내는 단서들을 숨기기, 구애 행동을 너무 요란스럽게 하지 않기 등이 있다. 암컷 사냥벌이 내는 냄새를 따라 보금자리까지 찾아 들어간 수컷은 암컷을 즉시 다른 곳으로 옮겨서 다른 수컷들이 냄새를 맡고 그곳으로 오는 것을 막는다.[2] 만약 암컷을 옮기지 못하면, 그곳으로 찾아 들어온 다른 수컷들과 싸움을 벌여야 하는 손실을 입는다. 수컷 딱정벌레는 자기 짝의 매력을 떨어뜨리는 냄새를 분비하여 다른 수컷들이 암컷을 알아차리지 못하게 하거나, 다른 수컷들로 하여금 임자 있는 암컷과 교미하려고 소모적인 노력을 기울이기보다는 임자 없는 암컷을 찾아 나서게끔 유도한다. 수컷 귀뚜라미는 원래는 매우 시끄럽게 울지만 암컷에게 다가갈 때는 아주 작게 소리를 내서 다른 수컷이 도중에 끼어드는 것을 막는다.[3] 이 모든 은닉 전술은 자신의 배우자가 경쟁자 수컷과 접촉할 가능성을 감소시킨다.

또 다른 전술은 다른 수컷이 암컷을 탈취하려는 시도를 물리적으로 막는 것이다. 많은 곤충에서 수컷은 자기 짝과 가까이 있으면서 다른 경쟁자가 암컷을 넘보는 것을 저지한다. 예컨대 벨리드소금쟁이 수컷은 다른 수컷이 접근하는 것을 방지하기 위해 암컷과 교미하지 않을 때에도 암컷을 꽉 잡고서 몇 시간 혹은 며칠을 암컷 등 위에 올라타서 지낸다. 경쟁자 수컷과 맞닥뜨리면 어떤 곤충 종의 수컷은 더듬이로 경쟁자를 후려치거나, 경쟁자를 넘어뜨려 내팽개치거나, 혹은 경쟁자를 단순히 내쫓기도 한다.[4] 아마도 경쟁자 수컷을 물리적으로 방해하는 가장 독특한 행동은 교미 마개(copulatory plug)를 주입하는 일일 것이다. 예컨대 어떤 벌레에서는 수컷이 암컷의 체내에 들어가면 응고되는 특수한 물질을 정액에 첨가하여 다른 수컷이 암컷을 수정시키는 것을 막고 암컷과의 번식적 결합을 문자 그대로 단단하게 굳힌다. 그리고 파리의 한 종인 조한세니엘라 니티다(*Johannseniella nitida*) 수컷은 교미 후에 생식기의 일부를 자기 몸에서 떼어 내 그대로 암컷에게 남겨서 암컷의 생식기 입구를 막아 버린다. 경쟁자의 번식 탈취를 막기 위한 수컷의 노력은 이처럼 상상 이상이다.[5]

비록 인간과 곤충 사이의 계통분류학적 거리는 매우 멀지만, 배우자를 지키는 행동에 숨은 적응적 논리는 대단히 흡사하다. 두 분류군 모두에서 수컷은 암컷을 수정시키려 애쓰고, 오쟁이 지는 것을 피하려 애쓴다. 두 분류군 모두에서 암컷은 성적 접근을 허용하는 대가로 부성 투자를 끌어내려 애쓴다. 그러나 배우자를 계속 붙잡아 두기 위해 인간이 구사하는 전술은 대단히 복잡하고 이채로운 심리적 조작의 형태를 띤다는 점에서 다른 동물들과 구별된다.

두 성이 계속 함께 지냄으로써 양쪽이 다 번식적 이득을 얻는다는 점에서 인간은 대다수 동물들과 다르다. 그러므로 배우자에게 계속 헌신해야 한다는 것은 남성뿐만 아니라 여성에게도 매우 중대한 문제다. 곤충에서는 배우자를 지키는 전술을 행하는 쪽이 주로 수컷이지만, 인간에서는 남녀 모두 배우자를 지키기 위해 여러 전술을 사용한다. 계속 함께 살아야 한다는 적응적 문제를 해결하기 위해 남녀가 쏟아 붓는 노력의 양도 거의 같다. 이러한 등가성이 생기는 까닭은 파경으로 인해 발생하는 번식 자원상의 손실과 잠재적인 이득을 저울질하는 진화적 논리에서 찾을 수 있다. 일반적으로 서로 비슷한 배우자 가치를 지닌 남녀가 결혼하여 장기적인 헌신 관계에 돌입하게 되므로, 남녀 모두 파경으로 비슷한 정도의 손실을 입는다고 볼 수 있다.[6]

인간은 배우자를 지키기 위해 인간 특유의 여러 전략들을 진화시켰다. 가장 중요한 전략 중의 하나는 내 배우자의 욕망을 지속적으로 채워 주는 것이다. 애초부터 배우자로 하여금 나와 같은 이성과 함께 살게끔 추동했던 바로 그 욕망 말이다. 그러나 내 동성 경쟁자도 똑같이 행동해서 배우자의 환심을 사려 한다면, 단순히 배우자의 욕망을 채워 주는 것만으로는 충분치 않다. 우리 조상들은 외부로부터의 잠재적인 위협에 경계심을 가지게끔 특수하게 설계된 심리 기제가 필요했다. 이 심리 기제는 언제 배우자를 지키는 전략들을 발동시켜 실제 행동에 옮길 것인지를 조절시켜 주는 역할을 했다. 이 심리 기제가 바로 성적 질투이다.

## 성적 질투의 기능

자식들에게 투자할 때마다 남성은 항상 부성 불확실성이라는 문제에 직면한다. 이 문제는 암컷의 체내에서 수정과 임신이 일어나는 종이라면 어디서건 일어나며, 특히 자식들이 태어난 뒤 아버지의 보살핌을 받는 종에서는 더욱 더 심각하다. 다른 포유류 수컷들과 비교할 때 인간 남성은 자식들에게 엄청난 투자를 한다. 따라서 오쟁이를 지는 일은 인간의 진화 역사에서 남성이 반드시 해결해야 했던 심각한 적응적 문제였다. 이 문제가 동물계에서도 얼마나 심각한 문제인지를 미루어 짐작할 수 있는 단서 하나는 포유류에서는 수컷이 자식에게 아주 조금이나마 투자를 하는 종조차 찾아보기 어렵다는 것이다.[7] 우리와 가장 가까운 영장류 친척인 침팬지 수컷은 다른 적대적인 집단들로부터 무리를 방어할지언정 자식에게는 아무것도 투자하지 않는다. 부성에 대한 확실성이 없는데도 자식에게 투자한 인간 남성은 이중으로 손해를 보았을 것이기 때문에 그러한 조상 남성이 자연선택되었을 가능성은 극히 낮다. 즉 자식에게 바치는 부모로서의 노력이 수포로 돌아갔을 뿐만 아니라, 그 노력이 실은 아내와 내연 관계에 있던 남성의 유전적 자식에게로 고스란히 돌아갔을 것이다. 일반적으로 포유류 수컷이 자식에게 거의 투자를 하지 않는다는 사실은 대다수 포유류 수컷이 부성을 지키는 문제를 해결하지 못했음을 시사한다. 따라서 인간 남성이 자식에게 많은 투자를 한다는 사실은 우리 조상들이 부성 불확실성 문제를 해결하고 오쟁이를 질 가능성을 낮춰 주는 심리 기제를 진화시켰음을 시사하는 간접 증거라고 볼 수 있다. 성적 질투가 발현되는 다양한 경우를 조사한 연구들은 질투가 바로 그 심리 기제라는 직접적인 증거를 제공한다.

오늘따라 일찍 퇴근을 해서 집으로 돌아왔다고 상상해 보자. 집에 들어서자마자 당신은 뒷방에서 들리는 이상한 소리를 듣는다. 배우자의 이름을 불러 보지만 아무런 대답도 없다. 뒷방에 가까이 다가갈수록 거칠게 몰아쉬는 숨소리와 신음 소리가 더 크게 들린다. 방문을 연다. 침대에는 낯선 사람이 벌거벗은 채 당신의 배우자와 성행위를 하고 있다. 어떤 기분이 들겠는가? 만약 당신이 여성이라면, 슬픔과 버

림 받은 기분을 느낄 것이다. 당신이 남성이라면, 굴욕적인 감정을 느낄 것이다.[8]

성적 질투는 두 사람의 성적인 관계에 대한 위협을 감지함으로써 촉발되는 감정으로 이루어진다. 위협을 감지하면 이 위협을 감소시키거나 제거하도록 설계된 행동이 유발된다.[9] 이러한 행동에는 배우자를 감시하여 혼외정사의 흔적을 찾아내는 기능을 하는 경계로부터 외도한 흔적을 들킨 배우자나 연적에게 큰 손실을 입히는 폭력 등이 있다. 성적 질투는 다른 누군가가 자신의 배우자에게 관심이 있다는 낌새를 발견했을 때나 배우자가 다른 사람과 시시덕대는 것과 같이 외도의 낌새를 드러낼 때 촉발된다. 이러한 낌새에 의해 유발되는 분노, 슬픔, 굴욕감 등은 대개 연적이 더 이상 허튼 짓을 못하게 하거나 배우자의 외도를 막게끔 하는 행동을 불러일으킨다.

이러한 적응적 문제를 해결하지 못한 남성은 직접적인 번식상의 손실을 감수해야 할 뿐만 아니라 사회적 지위와 체면에도 금이 가게 되며, 이는 나중에 다른 이성을 유혹할 때에도 커다란 지장을 준다. 그리스 문화에서 아내의 간통을 어떻게 다루는지 살펴보면, "아내의 부정은 남편에게 불명예를 가져다주며 남편을 케라타스(Keratas)로 만들어 버린다. 케라타스는 그리스 남성에게 가장 심한 모욕으로 나약함과 부족함을 의미하는 부끄러운 칭호이다. 아내가 부정한 남편을 참고 살아가는 것은 사회적으로 용납되지만, 남편이 부정한 아내를 참고 살아가는 것은 용납이 되지 않는다. 만약 그렇게 했다간, 그는 남자라고 불리는 게 부끄러운 놈이라고 조롱받는다."[10] 오쟁이를 진 남편은 보편적인 웃음거리의 대상이다. 배우자를 지키지 못한 남성은 사회적 지위를 잃게 되어 향후 짝짓기 게임에서의 성공 가능성도 급감할 수 있다.

　　질투에 대한 대부분의 연구는 남성의 성적 질투에 초점을 맞추어 왔다. 이는 자신이 아이들의 유전적 부모인지 확신할 수 있는 정도가 남녀에 따라 크게 다르기 때문일 것이다. 그렇지만 여성도 질투를 느낀다. 남편이 다른 여성과 만나다 보면 그의 자원과 헌신을 아내와 아이들로부터 거두어 그녀와 그녀의 아이들에게로 돌릴지도 모른다. 질투를 느끼는 빈도나 강도에서는 남녀 간에 별 다른 차이가 없다. 한 연구에서는 150쌍의 부부, 즉 300명의 사람들에게 그들이 일반적으로 얼마나 질투를 느끼는지, 배우자가 이성을 대하는 관계에 대해 얼마나 질투를 느끼는지, 질투가 부부 관계에 얼마나 문제가 되는지를 설문 조사하였다. 그 결과 남녀가 고백한 질투의 양은 동일했다. 즉 남녀 모두 질투를 느끼며 질투심의 강도 또한 전체적으로 차이가 없다는 결론이 얻어졌다.[11]

　　이러한 결론은 미국에만 한정되지 않는다. 헝가리, 아일랜드, 멕시코, 네덜란드, 구(舊)소련, 미국, 구(舊)유고슬라비아의 2,000명이 넘는 사람들을 대상으로 각양각색의 성적 시나리오에 대한 반응을 조사하였다. 7개 나라 전체에서 남녀 모두 배우자가 다른 누군가와 시시덕대는 상황이나 다른 누군가와 성 관계를 맺는 상황에 대해 똑같이 부정적인 감정 반응을 나타냈다. 또한 남녀 모두 배우자가 다른 누군가를 가볍게 안는 상황이나 함께 춤추는 상황에 대해 같은 정도의 질투 반응을 나타냈다. 다만 반응의 정도는 시시덕대거나 성 관계를 맺는 상황에 비해서 조금 낮았다. 전 세계 보편적으로 남녀 모두에서 질투 반응이 애정 관계에 가해지는 위협에 의해 촉발되는 하나의 핵심적인 심리 기제로 존

재함을 알 수 있다.[12]

　이러한 유사성에도 불구하고 질투의 내용과 초점, 곧 질투를 촉발하는 구체적인 사건에 대해서는 흥미로운 성차가 존재한다. 한 연구에서는 각기 20명의 남녀에게 질투심을 느끼게 되는 시나리오를 가지고 연기를 해 줄 것을 요청했다.[13] 그전에 먼저 참여자들은 가능한 시나리오들 중에서 개별적으로 자신만의 시나리오를 택했으며, 시나리오들은 주로 배우자가 다른 누군가와 성 관계를 맺는 것에 질투를 느끼거나, 배우자가 다른 누군가에게 시간과 자원을 투자하는 것에 질투를 느끼는 경우를 내용으로 하고 있었다. 여성 중의 17명이 배우자의 시간 혹은 자원이 새 나가는 시나리오를 질투를 일으키는 사건으로 택한 반면에 고작 3명이 배우자가 성적 부정을 저지르는 시나리오를 택했다. 극히 대조적으로 20명의 남성 가운데 16명이 성적 부정 시나리오를 질투를 일으키는 사건으로 택했고, 고작 4명이 시간 혹은 자원 시나리오를 택했다. 이 연구는 남녀 모두 질투라는 심리 기제를 갖고 있지만, 이 질투를 촉발시키는 사건은 성에 따라 다르다는 결론을 처음으로 이끌어 냈다. 질투심을 일으키는 사건은 남성의 경우에는 부성을 보장받아야 한다는 적응적 문제에 직결되는 반면에 여성의 경우에는 자원과 헌신을 보장받아야 한다는 문제에 직결된다.

　또 다른 연구에서는 50쌍의 부부에게 질투심이 일어날 만한 상황을 모두 적어 줄 것을 요청했다. 남성은 자기 아내와 제삼자 사이의 성적인 연루가 질투심을 일으킬 가장 주요한 원인이라 했고, 자신과 연적을 비교하는 것이 두 번째라고 답했다. 여성은 반면에 남편이 다른 여성과 같이 시간을 보내거나, 연적과 이야기하거나, 연적과 입맞

춤하면 질투를 느낄 것이라고 답했다.[14] 요컨대 여성의 질투는 배우자의 투자가 다른 여성에게로 새어 나갈지도 모른다는 단서에 의해 촉발되는 반면, 남성의 질투는 배우자가 다른 남성에게 성적 혜택을 제공할지 모른다는 단서에 의해 주로 촉발된다.

이러한 성차는 심리적으로, 생리적으로 모두 나타난다. 질투의 성차를 조사한 한 연구에서 동료들과 나는 511명의 남녀 대학생들에게 두 가지 괴로운 상황, 즉 애인이 다른 누군가와 성 관계를 맺는 상황과 애인이 다른 누군가와 깊은 정서적 애착을 나누는 상황을 비교해 줄 것을 요청했다.[15] 무려 83퍼센트에 달하는 여성이 애인의 정서적 부정을 더 불쾌하게 여겼다. 그러나 남성의 경우에는 겨우 40퍼센트가 그와 같이 생각한다고 답했다. 대조적으로 남성의 60퍼센트가 애인의 성적 부정을 더 불쾌하게 여긴 반면, 여성은 겨우 17퍼센트가 그와 같은 반응을 보였다.

정서적, 성적 부정에 따른 생리적 고통을 측정하기 위해 우리는 다른 남녀 집단을 대상으로 먼저 눈썹 사이에 있는 근육으로 찡그릴 때 수축되는 추미근(皺眉筋)에 전극을 위치시켰다. 그리고 피부 전도도, 즉 땀 흘리는 정도를 측정하기 위해 오른손의 검지와 약지손가락에 전극을 위치시키고, 맥박 즉 심장 박동률을 측정하기 위해 엄지손가락에도 전극을 위치시켰다. 그리고 나서 우리는 참여자들에게 성적 부정과 정서적 부정을 상상해 달라고 요청했다. 남성들은 성적 부정에 생리적으로 보다 더 괴로워했다. 심장 박동률이 분당 거의 5번 더 증가했으며 이는 앉은 자리에서 커피를 3잔 마셨을 때의 효과에 해당한다. 피부 전도도 또한 성적 부정을 상상했을 때에는 1.5마이크로지멘스(microSiemens)

증가했지만 정서적 부정을 상상했을 때에는 원래 수준에서 거의 변화하지 않았다. 그리고 양미간을 찡그리는 것도 증가해서 성적 부정에 대해 7.75마이크로볼트(microvolt)의 수축을 기록했다. 이 수치는 정서적 부정에 대해서는 겨우 1.16마이크로볼트 수축한 것과 대조를 이룬다. 여성은 정반대의 패턴을 보여서 정서적 부정에 대해 더 큰 생리적인 고통을 겪는다. 예컨대 여성의 찡그림은 정서적 부정에 대해 8.12마이크로볼트 수축했지만, 성적 부정에 대해서는 겨우 3.03마이크로볼트 수축했다. 남녀 각각의 생리적 흥분 패턴이 심리적 반응과 상응한다는 이러한 연구 결과는 배우자를 지키기 위해 맞서야 했던 여러 특정 위협 각각에 대해 우리가 정교하게 잘 적응했음을 웅변한다.

　질투를 일으키는 원인에서 나타나는 성차는 미국인에만 한정되지 않는다. 중부 유럽에서 실시된 한 연구에서는 남성의 80퍼센트가 아내가 다른 남자와 성 관계를 하거나 본인이 외도를 저지를까 염려하는 등과 같이 성에 관련된 걱정을 하고 있었다.[16] 질투를 느끼는 여성 중 22퍼센트만이 성적인 걱정을 토로했고, 대다수는 남편과 다른 여자 사이의 친밀감의 정도와 같은 정서적인 관계에 대해 걱정을 토로했다. 헝가리, 아일랜드, 멕시코, 네덜란드, 구소련, 미국, 구유고슬라비아의 남성들은 모두 배우자가 다른 남자와의 성적 판타지를 갖는 것에 반응하여 여성보다 더 강한 질투심을 표출했다.[17] 질투심을 일으키는 원인에 대한 이러한 성차는 전 인류에 보편적으로 존재하는 듯하다.

## 질투의 결과

인간사에서 남성의 성적 질투는 사소한 감정도 말초적인 감정도 아니다. 질투는 때때로 너무나 강렬해서 외도한 배우자나 내연 관계의 남성을 죽이기까지 한다. 다음 사례 속에 등장하는 남편은 아내의 간통으로 인한 번식적 손실을 어느 날 갑자기 알게 됨으로써 일순간에 아내를 살해하기에 이른 것으로 보인다. 남편은 이렇게 설명했다.

> 아시다시피 그 여자가 바람피우는 것 때문에 우린 자주 다투곤 했습니다. 그날은 다른 때와 좀 달랐어요. 직장에서 퇴근하고 집에 들어오자마자 막내딸을 들어서 두 팔로 꼭 껴안았지요. 그때 아내가 절 돌아보더니 이렇게 말했습니다. "얼마나 멍청하면 자기 애가 아니라 다른 남자 애라는 것도 몰라." 충격을 받았습니다! 제 정신이 아니었어요. 총을 집어 들어 그녀를 쏴 버렸습니다.[18]

아내의 부정은 사람을 극도로 흥분시키는 사건으로 종종 인정되기 때문에 이런 일을 당한 '이성적인 남자'가 살인을 불사하는 폭력을 행사하는 것이 법적으로 용인되기도 한다. 예컨대 1974년까지 텍사스에서는 남편이 자기 아내가 내연남과 성 관계하는 현장을 적발했다면 그 자리에서 아내와 내연남을 살해해도 된다고 법적으로 규정되어 있었다. 간통을 저지른 아내를 살해한 남편에게 죄를 묻지 않는 법률은 인간의 문자 역사 전체를 통해 전 세계 어디에서나 발견된다. 예컨대 야프 족에서는 간통하다 들킨 아내와 내연남을 살해하고 그 집을 불태우는 행위를 허용하는 법이 있었다. 수마트라의 토바바탁 족에서도 오쟁이를 진 남편을 위해 이와 유사한 법률이 있었다. 고대 로마의 법은 자기 집에서 아내가 다른 남자와 간통하는 현장을 목격한 경우에만 아내를 살해하는 것을 허용했으며, 이와 유사한 법률이 일부 유럽 사회에 현재까지도 남아 있다.[19]

남성의 성적 질투는 아내를 구타하거나 살해하는 등 아내에게 가해지는 폭력 사건의 가장 빈번한 원인이다. 피난 시설을 찾은 매 맞는 아내 44명을 조사한 한 연구에서는 55퍼센트의 여성이 남편의 질투 때문에 학대를 당했다고 밝혔다.[20] 성적 질투는 또한 살해의 주요 동기이다. 아프리카의 영연방 보호령인 티브, 소가, 기수 니요로, 루위아, 루오 족에서 일어난 살인 사건을 조사한 연구에서는 남편이 아내를 살해한 70건의 살인 사건 가운데 46퍼센트가 간통, 아내의 남편 유기, 남편과의 성 관계 거부와 같이 명시적으로 성적인 문제 때문에 일어난 사건이었다.

여성에 의해 저질러지는 살인 사건 또한 상당수가 남성의 성적 질투가 저변에 깔려 있는 것으로 보인다. 많은 경우 여성은 남편의 분노, 위협, 그리고 학대로부터 자신을 지키기 위해 남편을 살해한다. 질투심에 찬 남편으로 인해 촉발된 44건의 살인 사건들 중에 16명의 여성이 실제로 부정을 저질렀거나 혹은 그랬으리라는 의심 때문에 남편에게 살해당했고, 17명의 내연남이 분노한 남편에게 살해당했으며, 9명의 남편이 부정을 저지른 아내를 강하게 추궁하다가 아내의 반격으로 살해당했다.[21]

이러한 경향은 미국이나 심지어 서구 문화에만 국한된 것이 결코 아니다. 성적 질투는 수단, 우간다, 그리고 인도에서 일어나는 살인 사건의 핵심 동기이다.[22] 예를 들어 수단에서 실시된 한 연구는 남성에 의해 벌어진 300건의 살해 가운데 74건의 주된 동기가 성적 질투임을 발견했다.[23] 모든 사회에서 벌어지는 배우자 살해 사건의 대다수는 남성이 아내의 간통을 추궁함으로써, 혹은 아내가 남편을 떠나거나 곧 떠나겠다고 위협함으로써 촉발되는 것 같다. 게다가 남성에 의한 남성 살해 사건의 약 20퍼센트는 한 여성을 두고 벌어지는 다툼이나, 한 남성의 아내, 딸, 혹은 친척 여성에게 다른 남성이 성적으로 접근해서 벌어지는 다툼이 주된 동기가 된다.[24]

부정을 방지하고 부성을 확보한다는 질투의 적응적 기능은 아내를 살해한다는 외관상 부적응적인 행동과 그다지 잘 들어맞아 보이지 않는다. 아내라는 핵심적인 번식 자원을 파괴하면 자신의 번식 성공도도 하락할 것이기 때문이다. 이에 대해서는 몇 가지 설명이 가능하다. 첫째, 부정을 저지른 아내의 절대 다수가 남편에게 살해당하지 않는다는 점을 감안하면, 아내를 실제로 죽음에 이르게 하는 살해 행동은 질투 기제가 잘못 미끄러져 생긴 예기치 않은 실수로 볼 수 있다. 즉 폭력적인 질투가 너무 심하게 진행되어 병적인 수준으로까지 치달아 돌발적으로 혹은 의도적으로 살인을 저지른다는 것이다.[25] 이러한 설명이 몇몇 사례에 잘 부합하긴 하지만 배우자 살해의 많은 사례들에서 남편이 아내를 고의적으로 죽이려 했으며, 어떨 때는 피하는 아내를 끝까지 쫓아가서 살해하기까지 한다는 사실과는 아귀가 딱 들어맞지 않는다.

다른 대안 이론은 질투심에서 비롯되는 살인이 비록 극단적이긴 하지만 우리의 진화된 심리 기제의 한 발현이라고 본다. 자기 아내를

죽이는 일이 인간 진화 역사의 모든 상황에서 반드시 번식적 손실을 끼치지는 않았을 것이다. 우선 아내가 남편을 버리려고 한다면 남편 입장에서는 아내라는 귀중한 번식 자원을 잃어버릴 뿐만 아니라 그 자원이 연적에게 돌아간다는 추가적인 손실을 겪는다. 결국 상대적인 번식 성공도에 2배의 손실을 끼치게 되는 것이다.

뿐만 아니라 오쟁이를 진 남편은 다른 사람들로부터 조롱을 당하고 평판에 큰 타격을 입을 우려가 있으며, 특히 아무런 보복도 하지 않았을 때 더더욱 그런 꼴을 당하기 쉽다. 예컨대 일부다처제 사회에서는 외도한 아내를 살해하는 행동이 남편의 체면을 지켜 줄 뿐만 아니라 다른 아내들의 부정을 방지하는 효과적인 예방책이 될 수 있다. 오쟁이를 지고도 아무런 조치를 취하지 않은 남편은 나머지 다른 아내들도 마음 놓고 간통을 저지르는 일을 당할 수도 있는 것이다. 진화적 과거의 특정한 상황에서는 아내를 살해하는 행동이 번식 자원의 출혈을 막게끔 설계된 피해 예방책으로서 기능했을 수 있다.

살인에 따르는 서로 다른 이득과 손실을 고려하면, 진화적으로 어떤 특정한 상황에서는 부정을 저질렀거나 남편을 버리려는 아내를 죽이는 편이 오쟁이를 순순히 지거나 아내로부터 버림 받는 편보다 번식적으로 더 유리했으리라고 추측해 볼 수 있다. 살인에 대한 생각과 이따금 실제로 저지르는 살해 행동은 인간의 진화 역사에서 적응적이었을 것이며, 어쩌면 인간의 진화된 기제의 일부였을 수 있다. 이는 그리 유쾌하지 않은, 심지어 끔찍하기까지 한 가능성이다. 하지만 우리 사회가 배우자 살해라는 심각한 문제를 해결할 단초를 얻고자 한다면 배우자 살해를 유발하는 심리 기제를, 그리고 그 기제를 활성화시키는 상황과 환경 조건들을 꼼꼼히 검토해 보아야 한다.

이보다 압도적으로 많은 대다수 사례에서 질투는 살인처럼 극단적인 전술보다는 배우자를 지키게끔 작용하는 좀더 양호한 전술을 가동시킨다. 이러한 전술들 가운데 가장 중요한 것이 배우자의 욕망을 충족시키려는 노력이다.


## 배우자의 욕망을 충족시키는 것의 중요성

애정 관계에 대한 위협으로 일단 질투가 촉발되면, 이 질투는 배우자, 연적, 나 자신을 향한 전술을 가동시킨다. 남성과 여성은 배우자를 지키기 위해 갖가지 다양한 전술들을 쓸 수 있다. 여기서 배우자가 무엇을 바라는가가 하나의 중요한 전략의 근간을 이룬다. 즉 진화적으로 말하면, 배우자의 선호를 채워 주고 배우자가 처음부터 원했던 바로 그 자원을 제공해 주는 행동이 관계를 유지하는 매우 효과적인 방법이 될 것이다.

이 가능성을 탐구하기 위해 나는 배우자를 지키는 전술을 연구하기 시작했다.[26] 먼저 나는 데이트 중인 남녀에게 주위 사람들이 자신의 배우자를 지키고 다른 누군가와 탈선하지 않게 하기 위해 사용하는 특정한 행동들을 적어 달라고 부탁했다. 그들은 모두 104가지의 행동들을 답해 주었으며, 이를 4명의 연구자들이 19개의 상이한 범주로 분류했다. 예컨대 경계라 명명된 범주에는 불시에 배우자에게 전화해서 누구와 같이 있는지 확인하기, 친구를 동원해서 배우자를 감시하기, 배우자의 소지품을 샅샅이 살피기, 불시에 배우자가 있는 곳에 들러서 무얼 하고 있나 확인하기 등의 행동이 포함되었다. 마지막으로 나는 데이트 중인 대학생 102명과 신혼부부 210쌍에게 각각의 전술을 얼마나 자주 사용하는지 답해 달라고 했다. 또 다른 대학생 56명에게 각 전술을 남녀가 구사했을 때의 효과를 평가해 달라고 했다.

배우자가 처음에 지녔던 짝짓기 욕망을 채워 주는 행동은 배우자를 지키는 전술로서 매우 효과적임이 밝혀졌다. 처음에 배우자를 고를 때 여성은 배우자로부터 사랑과 친절을 바라기 때문에 계속 사랑과 친절을 베푸는 행동은 아내를 지키고자 하는 남편에게 매우 효과적인 전술이다. 아내에게 사랑한다고 말하고, 아내가 필요할 때 도움을 주고, 꾸준히 친절과 애정을 표시하는 남편은 성공적으로 아내를 지킬 수 있다. 이러한 행동은 남성이 구사할 수 있는 가장 효과적인 전술로 판명되었으며, 7점 척도상에서 6.23점으로 평가되었다. 이 수치는 같은 행동을 여성이 했을 때인 5.39점보다 통계적으로 유의미하게 높았다. 더군다나 이러한 행동을 구사하는 빈도는 데이트 중인 커플이 서로 사귀어 온 기간과 결혼한 지 5년 된 부부가 혼인을 지속하는 기간에 직접적으로 비례했다. 사랑과 헌신을 나타내는 행동을 하지 않는 남편의 아내는 이혼을 고려하거나 실행에 옮길 가능성이 사랑과 친절을 베푸는 남편의 아내보다 더 높았다. 사랑과 친절을 베푸는 행동이 성공을 거두는 까닭은 상대에 대한 정서적인 헌신을 신호하고, 손실을 끼치기는커녕 이득을 제공하며, 배우자에 대한 여성의 심리적 선호를 충족시켜 주기 때문이다.

여성은 경제적, 물질적 자원도 중시하기 때문에 지속적으로 자원을 제공하는 행동도 남편이 배우자를 지키기 위한 또 다른 효과적인 전술이다. 이러한 목적을 이루기 위해 남성들은 배우자에게 많은 돈을 쓰고 비싼 선물을 사 준다고 답했다. 진지하게 데이트 중인 커플에서 남성은 여성보다 이러한 가외의 자원을 더 자주 제공한다. 뿐만 아니라 자원을 제공하는 행동은 남성이 배우자를 지키는 전술 중에 두 번째로 효과적이며 4.50점이라는 효율성 수치를 나타냈다. 이는 여성이 배우자에게 자원을 제공하는 전술의 효율성인 3.76점보다 높았다. 남성은 신혼 단계에 배우자를 지키기 위한 목적으로 여성보다 자원을 더 많이 제공하며, 결혼한 지 5년이 지난 후에도 여성보다 이 전술을 더 자주 구사한다.[27] 배우자를 성공적으로 유혹하는 전술처럼 배우자를 성공적으로 지키는 전술은 이성의 욕망을 충족시켜 준다. 이 경우에는 경제적, 물질적 자원에 대한 여성의 바람을 충족시켜 주는 것이다.

마찬가지로 남성은 배우자의 신체적 매력을 중시하므로 여성들이 배우자를 지키기 위한 주된 전술로 외모를 향상시키는 전술을 꼽는 것은 그리 놀라운 일이 아니다. 사랑과 친절을 베푸는 행동 다음으로 외모를 향상시키는 행동은 19개 범주 가운데 두 번째로 효과적인 전술로 판명되었다. 여성은 배우자에게 매력적으로 보이기 위해 비상한 노력을 기울인다. 그들은 얼굴을 예쁘게 보이도록 다듬고, 남편의 관심을 유지시키기 위해 옷을 잘 차려 입고, 남편의 관심이 다른 여성에게 가지 못하도록 하기 위해 섹시하게 행동한다. 신혼의 신부뿐만 아니라 결혼한 지 5년 된 주부도 배우자를 지키기 위해 신체적 외모를 꾸미려 애쓰며, 이는 남편이 처음에 지녔던 짝짓기 욕망을 계속 채워 주는 것이 줄곧 함께 사는 첩경임을 알려 준다.

외모의 중요성은 한 부부가 소파에 앉아 이야기하는 모습을 담은 비디오테이프를 남녀 참여자들에게 보여 준 한 연구에서 생생하게 입증되었다.[28] 부부가 서로 꼭 껴안고, 키스하고 어루만지는 모습이 45초 동안 계속된 뒤, 한 명이 포도주 잔을 채우러 방을 떠난다. 몇 초 후에 소파에 남아 있던 사람의 옛 애인이 방으로 들어온다. 남성 참여자들은 아내가 남아 있고 옛 남자 친구가 들어오는 버전을 보았고 여성 참여자들은 남편이 남아 있고 옛 여자 친구가 들어오는 버전을 보았다. 남아 있던 배우자는 자리에서 일어나 옛 애인을 가볍게 안은 다음, 소파에 같이 앉는다. 그 다음 1분 여간 그들은 키스하거나 어루만지는 등 애정 표현을 한다. 자리를 비웠던 배우자가 그때 돌아와서 소파에서 애정 표현을 하던 두 사람을 내려다본다. 테이프는 여기서 끝난다. 테이프를 본 여성들은 배우자가 떠날지 모르는 이런 위험 상황에 대처하기 위해 배우자에게 더 매력적으로 보이게끔 가꿀 것이라고 답하는 빈도가 거의 2배 이상 높았다. 반면에 남성은 몹시 화를 낼 것이라고 답하는 빈도가 여성보다 더 높았으며, 이는 그들이 배우자를 지키기 위해 좀더 공격적인 전략을 쓸 것임을 암시한다. 향상된 외모는 남성의 욕망을 잘 착취하기 때문에 여성은 외모를 향상시키려 애쓴다.

## 감정적 조작을 구사하기

자원이나 사랑, 친절 등을 베푸는 전술이 실패하면, 사람들은 때때로 배우자를 지키기 위해 다급하게 감정적인 전술에 매달린다. 특히 배우자 가치가 상대적으로 떨어지는 사람들의 경우에 감정적인 전술을 구사할 확률이 높다. 감정적인 전술에는 배우자가 다른 사람에게 마음이 있다고 할 때 울음을 터뜨리기, 다른 마음을 품은 배우자가 죄책감이 들게 만들기, 배우자 없이는 아무런 희망도 없다고 말하기 등이 있다.

순종이나 자기 비하도 또 다른 감정적 조작 전술이다. 이를테면 배우자가 하는 말이라면 뭐든지 따르거나, 배우자가 하고 싶은 대로 내버려 두거나, 배우자를 기쁘게 하기 위해 자신이 변하겠다고 약속하는 행동 등이 있다. 여성이 남성보다 더 순종적이라는 고정관념과 달리 배우자를 지키는 전술에 대한 연구는 정반대 결과를 보여 준다. 남성은 배우자를 지키기 위해서 배우자에게 순종하고 자신을 낮추는 행동을 할 가능성이 여성보다 대략 25퍼센트 이상 더 높다. 이러한 성차는 데이트 중인 대학생 커플, 신혼부부, 심지어 결혼한 지 몇 년 된 부부 사이에서도 나타났다. 게다가 자기 비하에서 관찰되는 이러한 성차는 남성들의 보고에 따른 편향이라 볼 수도 없다. 이들의 배우자들도 동일한 성차를 증언하기 때문이다. 요컨대 성차는 커플의 종류에 관계없이 명백하게 관찰된다.

여성이 더 순종적인 성이라는 고정관념에 비추어 보면, 도대체 왜 남성이 여성보다 순종과 자기 비하의 전술을 더 자주 구사하는지 미스터리가 아닐 수 없다. 아마도 아내나 여자 친구보다 본인의 배우자 가치가 상대적으로 낮다고 느끼는 남성이 순종 전술을 구사하여 여성이 다른 남성에게로 가 버리지 못하게끔 하는 것일지도 모른다. 아마도 이 순종 전술은 자신을 막 떠나려고 하는 아내를 붙잡고 진정시키려는 노력일지도 모른다. 그러나 이러한 추측들은 왜 하필이면 남성이 여성보다 순종 전술에 더 많이 의존하는가라는 논점에 대해 이미 옳다고 받아들일 뿐 정작 이를 설명하지는 않기 때문에 만족스러운 대답이 될 수 없다. 앞으로의 연구만이 이 미스터리에 대한 해답을 줄 수 있을 것이다.

또 다른 감정적 조작은 배우자를 지키기 위해 일부러 배우자의 성적 질투를 자극하는 것이다. 이러한 전술에는 다른 사람과 데이트해서 애인이나 배우자에게 질투심 유발하기, 파티에서 만난 이성과 대화해서 질투심 유발하기, 이성에게 공공연하게 관심을 보여서 배우자를 화나게 하기 등이 있다. 이러한 전술은 여성이 사용할 경우 남성보다 거의 2배 가까이 배우자를 지키는 데 효과적인 것으로 평가되었다. 하지만 다른 남자와 시시덕거려 배우자의 질투심을 유발함으로써 그를 지키려는 여성은 줄타기를 아주 솜씨 있게 하지 않으면 안 된다. 만약 여성이 질투심을 무분별하게 이끌어 냈다면, 배우자에게 성적으로 문란하다는 인식을 심어 주어 오히려 배우자로부터 버림 받을 수도 있다.

한 연구에서 여성이 의도적으로 질투를 유발하는 핵심적인 상황 하나가 밝혀졌다. 이 연구는 부부 사이에서 남편이 아내에게 얼마나 빠져 있는지 밝힌 정도와 아내가 남편에게 빠져 있다고 밝힌 정도 사이의 불일치에 초점을 맞추었다. 상대방에게 덜 몰두하고 있는 사람이 일반적으로 배우자 가치가 더 높은 사람이기 때문에 이러한 불일치의 정도는 두 당사자 간 배우자 가치의 차이를 알려 준다. 전체적으로 여성이 남성보다 더 질투를 유발한다고 인정하긴 했지만, 모든 여성이 이러한 전술에 의존하지는 않았다. 부부 관계에서 남편보다 자신이 더 남편에게 몰두하고 있다고 인정한 여성들의 50퍼센트가 의도적으로 질투를 유발한 데 반해, 남편과 비슷하거나 남편보다는 덜 몰두하고 있다고 답한 여성들은 겨우 26퍼센트가 의도적으로 질투를 유발하곤 했다. 여성들은 부부 사이의 친밀함을 더 높이기 위해, 부부 사이가 얼마나 탄탄한지 시험하기 위해, 배우자가 여전히 자신을 아끼는지 알아보기 위해, 혹은 소유욕을 불러일으키기 위해 종종 질투심을 일부러 유발한다고 자인했다. 부부가 서로에게 몰두하고 있는 정도의 차이로 나타나는 부부 간 배우자 가치의 불일치는 아내로 하여금 남편의 질투심을 불러일으키게 만든다. 이는 남편의 헌신 수준에 대한 정보를 얻고 그 수준을 높이기 위한 전술이라 할 수 있다.

## 경쟁자가 다가오지 못하게 하는 방법

다른 여러 종과 마찬가지로 인간도 자기 소유물과 배우자를 독점하려는 태도를 보인다. 소유권을 나타내는 방법 가운데 하나는 동성 경쟁자들에게 다가오지 말라고 공개적으로 표명하는 것이다. 소유권을 공개리에 알리는 신호는 언어적일 수 있으며, 예컨대 누군가를 자기 배우자나 애인이라고 소개하거나 자기 배우자를 친구에게 자랑하는 행동 등이 있다. 또한 신체적인 공개 신호로는 남들 앞에서 배우자의 손을 잡거나 어깨에 팔을 두르는 것 등이 있다. 장식물을 통한 공개 신호로는 배우자에게 자기 윗옷을 입게 하거나, 배우자에게 장신구를 선물하여 이미 임자가 있음을 알리거나, 배우자의 사진을 남들이 볼 수 있도록 하여 이미 임자가 있음을 알리는 행동 등이 있다.

이러한 공개적인 조치를 얼마나 자주 취하는지에 대해서는 남녀 간 성차가 없지만, 우리 연구에 참여한 46명의 판정단은 이러한 공개 신호가 여성보다는 남성이 사용했을 때 배우자를 지키는 데 유의미하게 더 효과적이라고 답했다. 그 이유는 아마도 이러한 공개 신호가 여성에게 남성이 기꺼이 헌신하고자 한다는 의도를 알리는 강력한 단서가 되기 때문일 것이다. 마치 어떤 곤충 수컷이 암컷의 냄새에 자신의 냄새를 섞어 경쟁자 수컷들을 단념시키고 다른 암컷을 찾아보게 유도하는 것처럼 인간 종에서 언어적, 신체적, 그리고 장식물을 통한 과시 행위는 잠재적인 경쟁자를 단념시키는 역할을 한다. 이러한 과시 행위는 또한 여성의 장기적인 짝짓기 욕망을 채워 주리라는 헌신 의도를 암시한다.

지속적으로 경계하는 전술도 남녀 모두가 배우자를 지키기 위해 사용하는 또 다른 방법이다. 동물에서도 이와 비슷한 경우가 존재하는데, 예컨대 캘리포니아 해안에 서식하는 코끼리바다표범 수컷은 하렘의 주변을 순찰하면서 다른 경쟁자 수컷을 경계하거나 암컷이 배신하는 것을 막는다. 배우자에게 불시에 전화를 걸어 집에 있는지 확인하거나 배우자에게 온 편지를 훔쳐 읽는 일 등은 인간 종에서 경계가 이루어지는 두 가지 예라고 할 수 있다. 경계는 배우자가 배신할 것이라는 단서가 행여나 있는지 탐지하려는 노력을 보여 준다. 또한 경계는 배우자에게 연적과 어울렸다가는 즉시 꼬리를 밟히게 될 것이라는 메시지를 전달한다. 다른 조건들이 모두 같다면, 우리의 진화적 과거에서 경계를 소홀히 한 조상들은 배우자로부터 더 자주 배신을 당했고, 결국 경계를 철저히 한 조상보다 더 낮은 번식 성공을 거두었으리라고 추론할 수 있다.

배우자를 숨기는 전술은 경계와 밀접하게 연관되어 있다. 말벌 수컷이 다른 수컷들이 뒤를 밟을 수 있는 경로를 피해 암컷을 잽싸게 숨기듯이 남성과 여성은 동성 경쟁자를 만날 수 있는 파티에 배우자를 데려가지 않으려 하고, 동성 친구에게 자기 배우자를 소개하길 거부하며, 사람들이 함께 모인 곳에서 배우자를 끌어내고, 배우자가 경쟁자와 이야기하지 못하게 하는 등의 수단을 통해 배우자를 감춘다. 배우자를 숨기는 전술은 배우자가 동성 경쟁자와 만나는 횟수를 줄이고, 배우자를 도둑질당할 가능성을 낮추고, 배우자가 다른 짝짓기 가능성를 가늠할 기회를 줄여 주기 때문에 효력을 발휘한다.

배우자의 시간을 독점하는 전술은 배우자를 숨기는 전술의 사촌격이다. 이러한 전술에는 여가 시간에 항상 배우자 옆에 있어서 그가 다른 누군가를 만날 수 없게 하기, 사교 모임에 함께 갔을 때 그에게만 달라붙어 있기, 부부는 여가 시간에 무조건 함께 있어야 한다고 주장하기 등이 있다. 배우자를 독점하면 그가 잠재적인 경쟁자와 접촉하는 것을 막을 수 있으므로 경쟁자가 배우자를 도둑질하거나 위협적인 대안으로 떠오르는 것을 방지한다.

배우자를 지키기 위한 이러한 전술들에는 이미 역사적이고 비교문화적인 선례가 있다. 폐색(閉塞, claustration), 즉 잠재적인 성 관계 상대와 접촉하는 것을 막기 위해 여성을 감추어 놓는 관습은 배우자를 독점하고자 했던 생생한 실례가 된다. 역사적으로 인도 남성은 집안 깊숙이 여성들을 격리시켰으며, 아랍 남성은 여성의 얼굴과 몸을 베일로 가렸으며, 일본 남성은 여성의 발을 묶어 다른 남성과 접촉하는 것을 제한했다. 여성을 베일로 가리는 관습이 존재하는 사회에서는 여성이 결혼식장에 들어설 때 이러한 관습이 극에 달해 밖으로 노출된 피부를 최대한으로 가려 버린다. 이때 신부의 번식 가치가 대개 최고점에 이른다는 사실은 단지 우연이 아니다. 사춘기 전의 어린 여자 아이나 폐경을 맞이한 늙은 여성들은 그리 심하게 베일로 가리지 않으며, 이는 아마도 그들이 다른 경쟁자 남성들에게 별로 매력적으로 여겨지지 않기 때문일 것이다.[29]

인간의 역사를 통해서 흔히 행해졌던 또 다른 관습은 남성이 여성을 하렘에 가두어 놓고 감시하는 것이다. **하렘(harem)**이란 단어는 '금지되었음'을 뜻한다. 사실 하렘에 갇힌 여성이 밖으로 나가는 것은 바깥 남성들이 그 안에 들어오는 것만큼이나 어려웠다. 남성들은 하렘을 지키기 위해 거세된 남자들을 이용했다. 16세기 인도에서는 상인들이 부자들에게 거세된 벵골 노예들을 꾸준히 공급해 주었는데, 이들은 거세되었을 뿐만 아니라 생식기 전체가 잘려 나간 사람들이었다.[30]

하렘에 갇힌 여성의 수는 어떤 기준으로 보더라도 경악할 만큼 많았다. 인도의 황제 부퐁더 싱이 죽었을 때 그의 하렘에는 332명의 여자들이 있었다. "그들 모두를 황제가 마음대로 부릴 수 있었다. 낮이든 밤이든 가리지 않고 그들 중의 누구와도 성욕을 채울 수 있었다."[31] 16세기 인도에서 하렘에 갇혀 지낸 여성의 수는 대략 4,000명에서 1만 2000명 사이였던 것으로 추정된다.[32] 기원전 771년경의 고대 중국 황제들은 1명의 황후와 첫째 등급의 후궁 3명, 둘째 등급의 후궁 9명, 셋째 등급의 후궁 27명과 첩 81명을 거느렸다.[33] 페루의 잉카 군주는 "가사를 담당하고 향락을 누리기 위해, 그리고 많은 자식을 보기 위해" 최소한 700명

의 여인들을 두었다.[34]

배우자를 지키기 위한 이 모든 공개 신호들은 배우자와 잠재적인 동성 경쟁자의 접촉을 막는다는 한 가지 목적을 위해 쓰인다. 역사적으로 남성은 권력을 휘두르는 자리에 있었기 때문에 그들은 갖가지 무자비한 전술을 구사함으로써 여성의 자유로운 선택을 크게 제한했다. 상대적으로 남녀평등이 실현된 현대 산업 사회에서는 중세 군주들이 썼던 전술들만큼 무자비하지는 않지만 남녀 모두 공개 신호를 사용하여 배우자를 지킨다.


## 배우자를 지키기 위한 파괴적인 조치

배우자를 지키기 위한 최종 수단은 비방이나 위협, 혹은 폭력을 써서 배우자나 그와 내연 관계에 있는 사람에게 손실을 가하는 것이다. 이러한 전술은 자원을 제공하거나 사랑과 친절을 베푸는 것처럼 이득을 주는 전술과 상반된다. 파괴적인 전술은 내연 관계에 있는 사람이 배우자를 도둑질하지 못하게끔 막고 배우자가 탈선하지 않게끔 막기 때문에 효과적이다.

파괴적인 전술의 한 부류는 동성 경쟁자를 표적으로 한다. 경쟁자를 말로써 비방하는 것은 아마도 가장 순화된 방법일 것이다. 물론 「집회서(集會書)」 28장 17절에는 "매에 맞으면 매 자국이 날 뿐이지만, 혀에 맞으면 뼈가 부러진다."라고 기록되어 있긴 하지만 말이다. 배우자가 경쟁자에게 끌리지 않게 하기 위해 남성과 여성은 경쟁자의 외모나 지능을 깎아내리거나 그에 대한 나쁜 소문을 퍼뜨린다. 경쟁자를 비방하는 행동은 혼인 서약을 한 후에도 계속되며, 이는 배우자 교체가 언제나 가능하기 때문이다. 분별 있게만 사용한다면 경쟁자를 비방하는 전술은 경쟁자를 덜 매력적으로 보이게 하고, 배우자가 배신할 가능성을 낮추고, 부부가 계속 함께 지낼 가능성을 높여 주는 효과적인 수단이다.

경쟁자에게 더 큰 손실을 끼치는 전술은 말로써 위협하거나 폭행하는 것이다. 침팬지가 이를 드러내고 위협하면 경쟁자 수컷들이 암컷으로부터 허둥지둥 도망가듯이 신혼부부의 새신랑은 신부를 힐끔거리는 경쟁자들에게 고함을 지르며, 수작을 거는 경쟁자를 당장 칠 것처럼 위협하며, 신부에게서 눈을 떼지 않는 경쟁자를 싸늘하게 노려본다. 이처럼 파괴적인 배우자 유지 전술들은 거의 남성에 의해서만 행해진다. 자주 행해지는 것은 아니지만 배우자 유지 연구에 참여한 기혼 남성의 약 46퍼센트가 지난 한 해 동안 동성 경쟁자를 위협한 적이 있었던 반면, 기혼 여성은 겨우 11퍼센트가 그런 경험이 있었다. 이들 전술은 다른 남성들에게 만약 내 배우자에게 관심을 갖는다면 크나큰 손실을 입을 것이라는 메시지를 전달하는 기능을 수행한다.

남성은 경쟁자에게 이보다 훨씬 더 심한 손실을 가하기도 한다. 기혼 남성은 아내에게 수작을 거는 남성을 후려치거나, 친구들을 시켜 경쟁자를 흠씬 두들겨 주거나, 아내에게 지나치게 관심을 보이는 남성을 철썩 때리거나, 경쟁자의 물품을 고의로 파손할 수 있다. 이러한 행동은 신체적 상해로서 경쟁자에게 큰 손실을 가하며, 드물게는 배우자를 도둑질한 경쟁자를 살해하기도 한다. 이런 일을 저지른 남성이 얻는 평판은 또한 다른 남성들을 억제하는 효과가 있다. 웬만한 남성들은 험

상긋고, 몸집이 거대하며, 폭력적인 남성의 여자 친구와 시시덕거리는 일을 신중히 재고하려 할 것이다.

　파괴적인 전술이 경쟁자에게만 행해지는 것은 아니다. 탈선을 방지하기 위해 배우자에게 행해지는 전술도 많다. 수컷 비비를 포함한 다른 영장류 수컷들은 다른 수컷을 만나는 배우자 암컷에게 말 그대로 상처를 입힌다.[35] 기혼 남성과 여성은 배우자가 다른 사람과 웃고 떠들면 화를 내고, 배우자가 다른 사람에게 관심을 보이면 소리를 질러 대고, 배우자가 행여나 외도를 저지른다면 당장 갈라서자고 위협한다. 뿐만 아니라 그들은 배우자가 다른 사람과 만나는 현장을 잡아내었을 경우 다시는 배우자와 말하지 않겠다고 위협하기도 하며, 다른 사람과 시시덕거린 배우자를 때론 때리기도 한다. 오랫동안 헌신적으로 연애해 온 남성들과 기혼 남성들은 사귀고 있는 여자와 그리 오래 만날 생각이 없는 남성들에 비해 이 같은 손실을 배우자에게 거의 2배나 더 자주 끼친다.

　다른 사람에게 관심을 보이는 배우자를 처벌하는 전술은 배우자가 협박받은 손실이 일종의 억제책으로 기능하기 때문에 효력을 발휘한다. 어떤 손실은 몸에 부상을 입히는 것과 같이 신체적이며, 어떤 손실은 고함을 지르거나 언어적으로 학대하여 자존심을 상하게 만드는 것과 같이 심리적이다.[36] 아마도 가장 중요한 손실은 관계 자체를 끝내겠다고 위협하는 것이다. 이 경우 배우자를 고르고, 유혹하고, 구애하느라 바쳤던 모든 노력들을 한꺼번에 잃어버릴 위험에 처한다.

　문화적으로 인가된 예방책이 시행되기도 한다. 아프리카의 북부 및 중부, 아라비아, 인도네시아, 말레이시아의 여러 문화권에서는 생식기 절단을 통해 혼외정사를 예방하는 수단이 발달되었다. 음핵(陰核) 절제술, 즉 여성이 성적 쾌락을 느끼지 못하게끔 음핵을 제거하는 수술이 수백만 명의 아프리카 여성들에게 행해지고 있다. 아프리카에서 흔한 다른 관습은 음순(陰脣) 봉합, 즉 대음순을 꿰매어 봉합하는 시술이다. 한 추정치에 의하면, 오늘날 아프리카의 북부 및 중부 23개 나라에 살고 있는 6500만 명의 여성이 음순 봉합에 의해 생식기가 훼손되었다.[37]

음순 봉합은 효과적으로 성 관계를 막는다. 이 시술은 때때로 장래의 남편에게 신부가 순결하다는 것을 보증하기 위해 여성의 가족에 의해 행해진다. 여성은 결혼한 다음에는 성 관계를 할 수 있게끔 다시 절개 수술을 받아야 한다. 만약 남편이 오랫동안 집을 비운다면, 아내는 다시 음순을 봉합당한다. 수단에서는 여성들이 아기를 낳은 다음에 음순을 다시 봉합당하며, 성 관계를 가지려면 다시 절개 수술을 받아야 한다. 음순을 다시 봉합할지의 결정은 대개 남편에게 달려 있지만, 어떤 여성들은 출산 후에 스스로 요구하기도 한다. 음순을 봉합하면 남편이 기뻐하리라고 믿기 때문이다. 남편을 기쁘게 하지 못하는 수단 여성은 남편으로부터 이혼당해서 아이를 잃고 경제적 원조도 받지 못하며, 집안 모두가 불명예를 뒤집어쓸 위험에 처한다.[38]

남성은 때때로 여성을 지키기 위해 여성에게 극심한 손실을 입힌다. 바이가 족에 대한 비교문화 연구는 아내가 다른 남자와 웃고 떠들었다는 이유로 남편이 아내에게 불붙은 통나무를 휘두른 사례를 보고했다. 이 역시 질투가 핵심 동기가 되어 아내에게 폭력을 행사한 사례이다. 캐나다의 매 맞는 여성들을 조사한 연구에 따르면, 매 맞는 아내의 55퍼센트가 남편이 폭력을 휘두른 이유 가운데 하나로 질투를 꼽았다. 질투가 주요한 동기였다고 밝힌 이러한 여성들의 절반은 자신이 먼저 외도를 하는 바람에 남편이 폭력을 행사했다고 밝혔다.[39]

　남성이 성적으로 질투심을 느끼지 않는 문화는 어디에도 없다. 근친상간 외에 성행위에 대한 어떠한 금기도 없으며 따라서 질투심도 없다고 이제껏 여겨져 온 모든 문화에서 사실은 성적 질투가 뚜렷이 존재한다는 증거가 보고되었다. 예컨대 마키저스 제도의 사람들은 간통을 전혀 제재하지 않는다고 한때 생각되었다. 그러나 이러한 믿음은 어느 민족지적 보고에 의해 기각되었다. "여성은 남성과 함께 살기 시작하자마자 남편의 지배하에 놓인다. 만약 남편의 허락 없이 다른 남자와 산다면 남편에게 두들겨 맞는다. 만일 남편의 질투가 극에 달했다면 죽임을 당하기도 한다."[40]

　성적 질투가 없다고 추측되어 온 다른 실례는 에스키모 남성들의 아내 공유 관습이다. 일반적인 믿음과는 달리 남성의 성적 질투는 에스키모 사회에서 배우자 살해의 주된 원인일 뿐 아니라 그 살인율도 경악할 만큼 높다.[41] 에스키모 남성들은 지극히 제한된 조건하에서만 아내를 다른 남성에게 허락하며, 이때 상대 남성이 나중에 똑같은 호의를 베풀 것이라는 믿음을 갖고 있다. 아내 공유는 겉으로 보기에는 남성들의 질투 폭발을 다소 누그러뜨릴 수 있는 듯하다. 어쨌든 이러한 모든 발견들은 배우자를 서로 자유롭게 공유하며 질투라고는 없는 낙원이란 존재하지 않는다는 것을 입증한다.

　몇몇 사회에서는 남편이 아내가 간통하는 현장을 목격했을 경우 아내와 간통한 내연남이 남편에게 배상금을 물도록 강제한다. 미국에서도 내연남은 '애정 이간'을 저지른 대가로 오쟁이를 진 남편에게 금전적인 배상을 하도록 규정한다. 예컨대 북부 캘리포니아의 한 안과 의사는 남편이 있는 여성을 꾀어낸 죄로 그녀의 전남편에게 20만 달러를 배상하라는 판결을 받았다. 이러한 법적 제재는 인간의 진화 심리가 직관적으로나마 잘 이해되고 있음을 보여 준다. 유부녀와의 간통은 다른 남성의 자원을 불법으로 훔친 범죄이다. 세계 어디서나 남성은 아내를 자신이 소유하고 관리하는 재산으로 인식하고 있는 듯하다. 세계 어디서나 남성은 자기 아내가 간통을 저질렀을 때 마치 자기 재산을 도난당한 양 반응하며, 때때로 더럽혀진 자신의 '소유물'을 고의로 파손하기도 한다.

## 깨지기 쉬운 연합

유전자를 전혀 공유하지 않는 남녀가 몇 년, 몇십 년, 혹은 평생을 견고한 연합을 이루어 함께 산다는 것은 인간이 이룩해 낸 참으로 대단한 성취이다. 하지만 부부 사이를 갈라놓는 많은 외압들 때문에 계속해서 함께 산다는 것은 독특한 일련의 적응적 문제들을 낳는 위태위태한 과제가 된다. 성공적인 해결책은 대개 다음과 같은 구성 요소들로 이루어진다. 첫째, 배우자의 탈선을 예방하게끔 배우자에게 진화적으로 중요한 자원을 제공한다. 둘째, 배우자를 소유했다고 공개적으로 신호를 보내거나 다른 사람들로부터 배우자를 숨김으로써 경쟁자가 감히 다가오지 못하게 한다. 셋째, 자신의 배우자 가치가 타인들에게 높이 평가받고 있음을 알려서 배우자의 질투심을 이끌어 내거나, 배우자 앞에서 자신을 비하 내지 순종하거나, 자신 외에 배우자가 택할 수 있는 다른 대안들 따위는 없다고 배우자를 설득시키는 등의 감정적 조작을 구사한다. 넷째, 희생자에게는 안됐지만, 배신한 낌새를 보이는 배우자를 단죄하거나 경쟁자를 폭행하는 등의 파괴적인 조치를 쓸 수 있다.

배우자를 지키기 위한 이들 다양한 전술들은 배우자와 경쟁자의 심리 기제를 착취함으로써 효과를 거둔다. 배우자에게 사랑이나 자원을 제공하는 것처럼 이득을 주는 전술은 남편에게 효과적이다. 아내가 처음에 남편을 택하게 만들었던 심리적 욕망을 다시 채워 주기 때문이다. 남편을 지키고자 하는 아내에게는 신체적 외모를 향상시키는 전술이 효과적이다. 외모를 매우 중시하는 남성의 심리적 욕망에 잘 부합하기 때문이다.

불행하게도 위협이나 폭력처럼 배우자를 도둑질한 경쟁자나 탈선을 저지른 배우자에게 손실을 가하는 전술도 그들의 심리 기제를 착취함으로써 역시 효과를 거둔다. 신체적인 아픔이 우리를 아프게 할 환경적 위험을 먼저 알아서 피하게끔 해 주듯이, 심리적인 공포는 배우자의 분노를 살 일을 미리 알아서 저지르지 않게 해 준다. 폭력은 때때로 우리에게 이득을 준다.

부부가 계속 함께 살게 해 주는 주요 기제인 남성의 성적 질투심은 남성들로 하여금 배우자에게 폭력을 휘두르게 만든다. 배우자를 지키기 위해 설계된 심리 기제인 질투가 그토록 많은 파멸을 몰고 온다는 것이 얄궂게 느껴질지도 모른다. 질투가 큰 폐해를 낳는 이유는 여기에 걸린 번식적 판돈이 매우 클 뿐만 아니라 관여한 사람들의 번식적 이해 관계가 결코 포개어지지 않기 때문이다. 아내를 지키려는 남편의 목표는 아내를 꾀어내려는 경쟁자의 목표와 갈등을 일으킨다. 남편의 목표 는 또한 그의 폭력적인 질투의 희생물이 될지도 모르는 아내의 목표와 갈등을 일으킨다. 그리고 한쪽에서는 계속 같이 살고 싶어 하지만 다른 쪽에서는 갈라서길 원한다면, 양쪽 모두 고통을 당한다. 그러므로 계속 해서 함께 살아가기 위한 전술들은 남녀 간의 갈등을 낳는다.

# 성적
# 갈등

오늘날 우리를 형성한 패턴과 구조에 대해 좀더 알아
갈수록 남성이야말로 우리의 적이고 억압자이며, 혹은
적어도 이해할 수 없는 외계 생물임이 분명해진다.

—— 캐럴 카셀, 『휩쓸어 버리다』

소설, 가요, 드라마, 스포츠 신문 등은 남녀 사이에 벌어지는 전쟁과 그
들이 서로에게 입히는 고통을 말해 준다. 아내는 남편의 무관심에 불
만스러워 하고 남편은 아내의 종잡을 수 없는 변덕에 당황스러워 한
다. "남자들은 감정이 메말랐어."라며 여성들이 말하면 "여자들은 언
제 감정을 터뜨릴지 모르는 화약고야."라며 남성들이 응수한다. 남성
은 너무 자주, 너무 빨리 섹스를 요구하지만 여성은 미적미적 질질 끌
기만 한다.

처음에 남녀 간의 갈등이라는 주제를 탐구하기 시작하면서 나는
일단 이 주제에 대한 대략적인 지형도를 그리고자 했다. 이를 위하여 수

백 명의 남녀에게 이성이 그들을 기분 나쁘게 하고, 화나게 하고, 불쾌하게 하고, 당황하게 만드는 일들을 모두 적어 달라고 요청했다.[1] 그들은 이 주제에 대해 할 말이 많은 듯했다. 나는 누군가가 이성을 불쾌하게 하거나 화나게 만드는 147가지 상이한 행동의 목록을 얻을 수 있었다. 이 목록에는 이를테면 생색내기, 모욕, 신체적 학대로부터 성적 폭력, 성 관계 거부, 성 차별, 성적 부정(不貞) 등이 들어 있었다. 이렇게 갈등의 기본 유형을 어느 정도 인지하고 난 다음에 동료들과 나는 500명 이상의 데이트 중인 커플과 부부들을 대상으로 어떤 유의 갈등이 가장 빈번하게 일어나며 어떤 갈등이 가장 큰 고통을 유발하는지 조사했다. 이 연구에서 얻은 결과를 통해 우리의 진화된 짝짓기 전략으로부터 유래하는 남녀 간의 갈등을 이해하는 틀을 세울 수 있었다.

성 간의 갈등은 사회적 갈등이라는 보다 광범위한 맥락하에서 비추어 볼 때 가장 적절하게 이해된다. 사회적 갈등은 어떤 사람이 자신의 목표를 달성하고자 하는 것을 다른 사람이 간섭할 때 일어난다. 이러한 간섭이나 방해는 여러 가지 형태를 띤다. 예컨대 남성들 간의 갈등은 두 명 이상의 남성이 서열상의 지위나 바람직한 여성과 같은 동일한 자원 하나를 두고 서로 경쟁을 벌일 때 일어난다. 젊고 매력적인 여성의 수는 이러한 여성을 원하는 남성들보다 언제나 부족하기 때문에 몇몇 남성들은 밀려날 수밖에 없다. 한 남자의 이득은 다른 남자의 손해가 된다. 마찬가지로 성실하고, 친절하고, 야심에 찬 남자 하나를 두고 두 여자는 서로 경쟁을 벌인다. 만약 한 여자가 원하는 바를 얻는다면, 다른 여자는 밀려난다.

남녀 간의 갈등은 한 성의 목표와 선호를 다른 성이 간섭할 때 일어난다. 예컨대 상대에게 투자는 하지 않으면서 성 관계만 챙기려는 남성은 정서적인 헌신과 다량의 물질적 투자를 바라는 많은 여성들의 짝짓기 목표 달성에 차질을 불러일으킨다. 이러한 간섭은 쌍방향에 걸쳐서 이루어진다. 즉 남성이 여성의 성 전략에 간섭을 일으키듯이 기나긴 구애 행동과 막대한 투자를 요구하는 여성 또한 최소한의 요구 조건만 들어 주면서 성 관계를 맺으려는 남성의 성 전략에 간섭을 일으킨다.

성 간 투쟁의 본질이 무엇이든 간에 갈등 그 자체에는 어떤 진화적 목적도 없다. 개체가 이성과 갈등을 일으키는 것 그 자체를 목표로 삼는 것은 적응적이지 않다. 그보다는 사람들의 성 전략이 서로 다르다는 사실로부터 유래하는 달갑지 않은 결과로 보아야 할 것이다. 남성과 여성은 종종 서로 갈등을 일으키지 않고서는 각자의 목표를 동시에 이룰 수 없다. 짝짓기 목표를 각기 추구함으로써 일어나는 갈등은 인간의 진화 역사를 통해 반복적으로 적응적 문제를 만들어 왔으며, 따라서 우리의 조상들은 이러한 문제에 주의를 기울이고 해결하는 데 도움을 주는 심리 기제를 진화시켰다. 우리는 우리의 조상들로부터 갈등을 관리하는 이러한 심리적 해결책을 물려받은 것이다.

분노, 고통, 불쾌감과 같은 부정적 감정은 부분적으로 성적인 목표나 기타 다른 적응적 목표를 방해하는 간섭들에 대해 사람들이 경계하도록 진화된 중요한 심리적 해결책이다. 이러한 감정은 몇 가지 서로 연관된 기능을 수행한다. 문제가 되는 일에 대해 우리의 관심을 촉구하여 그쪽으로만 관심을 기울이게 하는 한편 별로 중요하지 않은 일들에 대해서는 당분간 신경을 끄게 한다. 그리고 이러한 일들을 우리의 기억 안에 저장시켜 놓고 나중에 쉽게 끄집어낼 수 있게 한다. 또한 우리에게 실제적인 행동을 유발시켜 문제를 일으킨 원인을 제거하게끔 나서게 만든다.

남성과 여성은 서로 다른 성 전략을 가졌기 때문에 그들에게 부정적인 감정을 불러일으키는 사건도 서로 다르다. 예컨대 헌신하거나 몰두하는 일 없이 찰나적인 성 관계만 맺으려 하는 남성은 종종 여성을 화나고 불쾌하게 만든다. 한편으로는 남성으로 하여금 오랜 시간을 투자하게 해 놓고서 정작 처음에 약속했거나 넌지시 암시했던 성 관계를 거절하는 여성도 남성을 화나고 불쾌하게 만든다.

## 성적 접근 가능성

두 사람 사이를 어느 정도까지 성적으로 진척시킬 것인가를 놓고 벌어지는 의견 차이가 아마도 남녀 간의 갈등을 일으키는 가장 흔한 원인일 것이다. 한 연구에서는 대학생들에게 4주 동안의 데이트 활동을 매일 기록하게 하고 설문 조사를 실시했는데, 참여자의 47퍼센트가 애정 표현을 어느 수준까지 할 것인가를 놓고 애인과 한 번 이상 의견 차이가 있었다고 답했다.[2] 남성은 때때로 투자는 최소한으로 하면서 성 관계를 가지려 애쓴다. 남성은 자기 자원을 열심히 지키는 한편 이 자원을 어떤 여성에게 투자할 것인가를 두고 까다롭게 심사숙고한다. 그들은 장기적인 아내 한 사람 혹은 일련의 찰나적인 성 관계 상대들에게 자신의 자원을 투자하기 위해 '삼가고 조심한다.' 장기적인 성 전략은 여성의 성 전략에서 중요한 위치를 차지하기 때문에 여성은 종종 남성에게 성 관계를 허락하기 전에 남성의 투자나 혹은 앞으로 투자하겠다는 증표를 요구한다. 여성이 몹시 탐내는 남성의 투자를 남성은 가장 열성적으로 지키려 애쓴다. 남성이 몹시 탐내는 성 관계를 여성은 아주 선택적으로만 허락하려 애쓴다.

서로 지각하는 배우자 가치가 다름으로써 벌어지는 갈등, 즉 자신을 잠재적인 배우자로 인정해 주지 않는 상대방에 대해 분노를 느끼는 상황이 종종 남녀 간에 첫 번째 전쟁이 발발하는 지점이다. 배우자 가치가 높은 사람들은 제공할 자원이 많으며 따라서 높은 배우자 가치를 지닌 이성을 유혹할 수 있다. 하지만 배우자 가치가 낮은 사람들은 배우자 가치가 낮은 이성에게 만족할 수밖에 없다. 그래도 어떤 이들은 자신의 배우자 가치가 상당하다고 믿는다. 비록 다른 사람들은 거기에 별로 동의하지 않겠지만 말이다.

독신자 술집에 자주 드나드는 한 여성의 경우에서 이러한 실례를 찾아볼 수 있다. 싸구려 티셔츠에 야구 모자를 쓰고 맥주를 퍼 마시는 수염이 덥수룩한 트럭 운전사나 건설 노동자들이 종종 그녀에게 다가와서 함께 춤을 추자고 요청한다고 한다. 그녀가 퇴짜를 놓으면, 남자들은 때때로 이런 식으로 폭언을 퍼부었다. "뭐가 문제야, 더러운 년. 내가 너한테 어울리지 않는다는 거냐?" 그녀는 조용히 등을 돌릴 뿐이었지만, 그가 한 말이 정확히 그녀가 하고 싶은 말이었다. 그들은 그녀에게는 어울리지 않는다는 것이다. 그녀의 무언의 메시지는 그녀 자신의 배우자 가치로 볼 때 그녀는 좀더 나은 사람을 만날 수 있다는 것이고, 이 메시지가 걷어차인 남자를 화나게 만든다. 배우자로서의 가치에 대해 각자 인식하는 정도가 다르면 갈등이 일어난다.

이러한 갈등을 일으키는 주요한 심리적 원인의 하나는 여성은 실제로 남성에게 성적 관심이 없는데도 남성은 자신이 성적 관심을 받고 있다고 추측하는 경향이 있다는 사실이다. 이 현상은 실험을 통해 입증되었다. 한 연구에서 중서부의 어느 대학 남학생 98명과 여학생 102명에게 남자 교수와 여학생이 서로 대화하는 장면을 담은 비디오테이프를 보여 주었다.[3] 여학생이 교수의 사무실로 찾아가 기말 보고서의 제출 기한을 연장해 달라고 부탁한다. 화면 속의 두 배우는 실제로 연극영화과에 재직하고 있는 교수와 같은 과 학생이었다. 서로 친한 것처럼 행동해 달라고 지시를 받았을 뿐, 학생도 교수도 서로 시시덕대거나 성적으로 도발적인 분위기를 풍기게끔 연기하지는 않았다. 테이프를 본 참여자들은 그 여대생의 의도에 대해 7점 척도상에서 점수를 매겼다. 여성들은 그 여대생이 친한 것처럼 행동하려 애쓰긴 했지만(6.45점) 섹시하려고 애쓰거나(2.00점) 유혹적이지는(1.89점) 않았다고 평가했다. 남성들도 역시 그 여대생의 친한 척하려는(6.09점) 의도를 읽었지만 그 여대생이 유혹하려거나(3.38점) 성적인(3.84점) 의도도 갖고 있다고 추측하는 경향이 여성들에 비해 유의미하게 높았다. 이와 유사한 결과가 246명의 대학생들에게 남학생 한 명과 여학생 한 명이 함께 공부하는 사진을 보고 사진 속 여학생의 의도를 추측하게 한 연구에서도 얻어졌다.[4] 남성들은 사진 속의 여학생이 섹시하거나(4.87점) 유혹적인(4.08점) 의도를 어느 정도 보이고 있다고 답한 반면에 똑같은 사진을 본 여성들은 여학생이 섹시하거나(3.11점) 유혹적인 의도를(2.61점) 훨씬 더 낮게 가진 걸로 답했다. 남성은 여성이 그냥 짓는 웃음이나 으레 베푸는 친절을 자신에게 어느 정도 성적인 관심을 표명하는 것으로 해석하는 경

향이 있는 듯하다. 심지어 여성은 그런 성적인 관심이 전혀 없을 때조차 말이다.[5]

쉽게 판단하기 어려울 때 남성은 일단 성적인 관심을 유추해 낸다. 남성은 이렇게 추론한 결과에 따라 행동하며 그 덕분에 이따금 성적인 기회를 붙잡기도 한다. 만약 진화 역사상 이러한 '오지각(誤知覺, misperception)' 중 극히 일부라도 성 관계를 이끌어 냈다면, 남성은 여성의 성적 관심을 추론해 내는 역치가 낮아지는 방향으로 진화했을 것이다. 남성이 여성의 성적 관심을 실제로는 없는데도 있다고 잘못 지각하는 것이라 명쾌하게 단언할 수는 없다. 누군가의 관심이나 의도를 명확히 알아내는 것은 애당초 불가능하기 때문이다. 그러나 누군가의 성적 관심을 읽어 낼 때 남성이 여성보다 더 낮은 역치를 보인다고는 확실하게 말할 수 있다.

남성에게 이러한 기제가 일단 진화하고 나면, 곧 여성이라는 상대방에 의해 조작당하기 쉽다. 여성은 성적인 무기를 조작의 수단으로 사용한다. 200명의 대학생을 대상으로 한 연구에서 여성들은 상대와 성 관계를 가질 의사가 전혀 없을 때라도 남성과 웃고 노닥거리는 것을 그들로부터 특별한 대접을 받는 수단으로 사용한다고 밝혔다.[6]

여성으로부터 쉽게 성적 관심을 추론하는 남성의 지각 기제와 이를 의도적으로 착취하는 여성의 성향이 서로 결합하여 언제 폭발할지 모르는 시한폭탄이 된다. 남녀의 성 전략이 부딪혀서 애정 표현의 수위, 여성이 자신을 갖고 논다는 남성의 불만, 남성이 너무 육체적인 쪽에만 신경 쓴다는 여성의 불만 등의 갈등을 낳는다.

성적으로 너무 지나치게 밀어붙이다 보면 때때로 성폭력, 즉 여성이 거부하거나 주저함에도 불구하고 힘으로 성적 접근을 시도하는 행동으로 이어진다. 성폭력은 남성이 성적 접근을 할 때 드는 손실을 최소화하기 위해 쓰는 전략의 하나이다. 물론 성폭력 전략 그 자체에 따르는 손실도 만만치 않다. 성폭력을 사용함으로 해서 보복을 당할 수 있으며 평판이 급락할 수도 있다. 성폭력 행동은 이를테면 육체적인 애정 표현을 너무 지나치게 요구하거나 강요하기, 상호 합의 없이 성 관계 갖기, 허락 없이 여성의 몸을 만지기 등으로 설명할 수 있다. 한 연구에서 우리는 남성이 여성을 고통스럽게 할 수 있는 행동 147가지에 대해 평가해 달라고 요청했다. 여성 참여자들은 7점 만점의 괴로움 척도상에서 성폭력이 평균 6.50점, 즉 거의 가장 심각하게 고통스러운 행동이라 답했다. 욕설이나 순수한 신체적 학대와 같이 남성이 저지를 수 있는 다른 그 어떤 행동도 성폭력만큼 여성을 고통스럽게 만들지는 못하는 것으로 나타났다. 몇몇 남성들이 믿는 바와 달리 여성은 강제된 성 관계를 원하지 않는다. 여성은 때때로 부유하고 잘 생긴 남성에게 강제로 당하는 환상을 품기도 하지만, 그리고 강제로 맺는 성 관계가 때때로 로맨틱 소설에서 다루어지는 주제이긴 하지만, 이들이 상호 합의가 없는 강제된 성 관계를 실제로 여성이 원한다는 것을 의미하지는 않는다.[7]

극히 대조적으로 남성은 여성이 가하는 성폭력에 대해 훨씬 덜 고통스러워 한다. 사실 남성은 고통을 주는 다른 요인들에 비하면 성폭력은 상대적으로 무해하다고 본다. 예컨대 동일한 7점 척도상에서 남성은 여성이 가하는 성폭력 행위가 겨우 3.02점, 즉 약간 고통스럽다고 응답했다. 설문지의 여백에 만약 여성이 자신에게 성폭력을 가한다면 대단히 성적으로 흥분될 것이라고 적은 남성도 몇 명 있었다. 고통을 줄 법한 다른 요인들, 예컨대 아내의 부정이나(6.04점) 언어적 혹은 신체적 학대(5.55점) 등이 여성에 의한 성폭력보다 훨씬 더 남성들에게 고통을 가하는 것으로 나타났다.

유감스러운 결과 중 하나는 남성은 여성이 성폭력을 얼마나 받아 들이기 힘들어 하는지를 흔히 과소평가한다는 점이다. 남성에게 성폭 력이 여성에게 가하는 부정적인 영향에 대해 짐작해 달라고 했더니, 남 성은 그 영향을 7점 척도상에서 겨우 5.80점이라 답했다. 이는 여성 자 신이 기록한 6.50점보다 유의미하게 낮은 수치였다. 성폭력이 실제로 여성들에게 얼마나 고통을 가하는지를 제대로 이해하지 못하는 몇몇 남성 때문에 줄기차게 성폭력이 시도되는 경향이 있으며, 결국 이러한 성차가 남녀 간의 갈등을 일으키는 중대한 원인이라 추론할 수 있다. 여성이 성폭력으로 겪는 심리적 고통을 남성이 정확히 이해하지 못하 는 경향은 이성과의 관계에서 갈등을 유발할 뿐만 아니라, 남성들이 강 간 피해자에 대해 그다지 동정하지 않게 만드는 한 요인이 된다.[8] 여성 이 만약 강간을 도저히 못 피하겠다면 그냥 드러누워서 즐기면 된다고 냉담하게 지껄인 텍사스 어느 정치인의 발언은 성폭력에 희생당한 여 성이 겪는 외상(外傷)의 크기를 정확히 이해하지 못하는 사람만이 할 수 있는 말이다.

반면에 여성은 여성이 남성에게 가하는 성폭력이 남성에게 얼마 나 고통을 안겨 줄지에 대해 과대평가한다. 여성은 이를 5.13점, 즉 중 간 정도로 남성에게 고통스러울 것이라고 답했는데 이는 남성 자신의 평가가 겨우 3.02점인 것과 극히 대조를 이룬다.[9] 남성과 여성 모두 이러한 유의 갈등이 상대방에게 얼마나 피해를 주는지 올바로 추측하지 못하는 것이다. 지각에서의 이 같은 성적 편향은 자기 자신의 반응에 근거하여 상대방 성의 입장을 유추하려는 잘못에서 유래하는 듯하다. 즉 성폭력에 대한 반응을 놓고 볼 때 남성은 실제보다 여성이 남성에 더 가깝게 반응한다고 믿으며 여성은 실제보다 남성이 여성에 더 가깝게 반응한다고 믿는다. 똑같은 일을 지각할 때도 이처럼 성차가 존재한다는 사실을 대중에게 널리 이해시킨다면 남녀 간의 갈등을 줄이는 작은 첫걸음이 될 것이다.

성폭력이라는 동전의 이면은 성 관계 보류이다. 많은 남성의 불만을 사는 성 관계 보류에는 이를테면 성적으로 까다롭게 굴기, 성 관계 거부하기, 남자를 계속 갖고 놀며 애태우다가 마지막에 걷어차기 등이 있다. 고통의 크기를 재는 동일한 7점 척도상에서 남성은 성 관계 보류를 5.03점이라 매긴 반면에 여성은 4.29점으로 매겼다. 남녀 모두 상대의 성 관계 보류에 기분이 상하지만, 그런 경향은 여성보다 남성에서 더 유의미하게 높다.

여성에게 성 관계 보류는 몇 가지 잠재적인 기능을 하는 것 같다. 하나는 정서적으로 헌신하고 물질적인 자원을 제공해 주는 우수한 남편감을 고를 권한을 그대로 보존하는 것이다. 여성은 어떤 남성과는 성 관계를 미루는 한편 자기 입맛에 맞는 남성에게는 선택적으로 성 관계를 허락한다. 뿐만 아니라 성 관계를 보류함으로써 여성은 자신의 배우자 가치를 높인다. 자신을 희귀한 자원으로 만드는 것이다. 희귀한 자원에 대해 남성이 지불하고자 하는 가격은 뛰게 마련이다. 만약 남성이 성적 접근을 얻을 유일한 통로가 막대한 투자를 하는 길밖에 없다면 그들은 그렇게 할 것이다. 성적 접근이 극히 어려운 상황에서 투자하지 않는 남성은 짝짓기를 할 수 없다. 이로부터 남녀 간에 또 다른 갈등이 생겨난다. 여성의 성 관계 보류는 즉시 성적 접근을 이루려 하고 가능한 한 정서적인 끈을 가늘게 하려는 남성의 전략에 간섭을 일으키기 때문이다.

성 관계 보류의 또 다른 기능은 여성의 배우자 가치에 대한 남성의 인식을 조종하는 것이다. 배우자 가치가 매우 높은 여성은 정의상 평균적인 남성이 접근하기엔 어려운 상대기 때문에 여성은 성 관계를 보류함으로써 그녀의 배우자 가치에 대한 남성의 인식을 변화시킨다. 마지막으로, 적어도 초기에는 남성으로 하여금 여성을 일시적인 상대가 아닌 장기적인 배우자감으로 여기게끔 유도할 수 있다. 처음부터 성 관계를 허락하면 남성은 자칫 여성을 단순한 찰나적인 성 관계 상대로 인식하기 쉽다. 남성은 그런 여성을 성적으로 난잡하거나 헤프다고 여기기 쉬우며, 이러한 자질은 아내감을 구하는 남성들에게 기피되는 것들이다.

남성은 일반적으로 다양한 여성들과의 찰나적인 성 관계를 추구하면서 한 여성에게만 헌신하기 때문에 여성의 성 관계 보류 전술은 남성의 성 전략에 간섭을 일으켜 갈등을 유발한다. 성 관계를 보류함으로써 여성은 남성에게 손실을 입힌다. 그들은 손실을 최소화하면서 성 관계를 맺고자 하는 남성의 성 전략을 교묘하게 우회한다. 물론 여성은 언제 어디서 누구와 성 관계를 가질지 선택할 권리가 있다. 다만 불행하게도 그러한 선택권의 행사가 남성의 뿌리 깊은 성 전략 중의 하나와 충돌을 일으켜서 결국 남성들을 괴롭게 한다. 따라서 이는 남녀 간의 갈등을 유발하는 핵심 요인이 된다.


## 감정적 헌신


대단히 추상적인 의미에서 적응적 문제는 두 가지 방법, 즉 당사자 자신이 일하든가 혹은 다른 사람이 대신 일하게 만들어서 해결할 수 있다. 원칙적으로 자신이 일하는 몫은 최소한으로 하고 대신 다른 사람의 노고를 많이 얻어 내는 사람은 적응적 문제를 해결하는 데 더 큰 성공을 거둔다. 예컨대 여성의 입장에서는 자신의 모든 자원을 아내와 자식들을 위해 바칠 만큼 그녀에게 깊이 몰두하고 있는 남성을 구하는 게 가장 유리하다. 하지만 남성의 입장에서는 자기가 가진 자원 가운데 일부만 한 여성에게 투자하고 나머지는 다른 적응적 문제들, 예컨대 또다른 짝짓기 기회를 추구하거나 높은 사회적 지위를 획득하는 문제 등을 해결하기 위해 남겨 놓는 것이 가장 유리하다. 그러므로 남녀는 흔히 상대에게 요구하는 헌신의 수준을 놓고 갈등을 빚는다.

헌신에 대한 갈등을 나타내는 핵심 단서 하나는 여성들이 남자들은 자기감정을 터놓고 이야기하지 않는다며 속상해 하는 모습에서 찾을 수 있다. 남성에 대해 여성이 갖고 있는 가장 흔한 불평 가운데 하나는 남자들은 감정적으로 인색하다는 것이다. 예컨대 신혼부부 가운데 신부의 45퍼센트가, 하지만 신랑은 겨우 24퍼센트만이 배우자가 속내를 털어놓지 않는다고 불평했다.

이러한 연구 결과는 자신의 감정을 무시하는 배우자에 대한 불평에도 반영되어 있다. 데이트 기간 동안 여성의 약 25퍼센트가 애인이 자기감정을 무시한다고 불평한다. 이 수치는 결혼 첫해 만에 30퍼센트로 상승하며 결혼 4년째에 접어들면 59퍼센트에 이른다. 반면에 새신랑의 경우에는 12퍼센트, 결혼 4년차인 남편의 경우에는 32퍼센트만이 아내에게 같은 불만을 가지고 있다.

배우자에 대한 불평에서 관찰되는 이러한 성차는 남녀 각각의 시각에서 모두 검토되어야 한다. 여성의 관점에서 남성이 자기감정을 표현함으로써 그녀가 얻는 이득은 무엇이며 남성이 자기감정을 숨겼을 때 그녀가 입는 손실은 무엇인가? 남성의 관점에서 감정 표현을 자제함으로써 얻는 이득과 터놓고 표현함으로써 입는 손실은 무엇인가?

이러한 성차를 가져오는 원인 중의 하나는 남성의 경우 번식 자원이 여성보다 더 쉽게 분할된다는 사실이다. 예컨대 1년이라는 기간 동안 여성은 오직 한 남성에 의해서만 임신할 수 있으므로 그녀의 번식 자원은 더 이상 나눌 수 없다. 동일한 기간 동안 남성은 두 명 이상의 여성에게 자기가 가진 자원을 분할할 수 있다.

남성이 자기감정을 털어놓지 않는 이유 중의 하나는 다소 건조하게 애정 관계에 투자함으로써 다른 여성이나 목표를 위해 쓸 수 있는 자원을 확보하기 위함이다. 상호 협상을 통한 물품 거래와 마찬가지로 남녀 관계에서도 남성은 종종 그가 얼마나 상대를 원하는지, 그가 얼마까지 지불할 용의가 있는지, 그가 얼마나 강력하게 헌신하고자 하는지 들키지 않는 것이 가장 유리하다. 터키의 융단 상인들은 짙은 색깔의 안경을 써서 물건에 얼마나 흥미가 있는지 감춘다. 도박사들은 포커페이스를 유지해서 자기가 무슨 패를 들고 있는지 들키지 않으려 애쓴다.

감정은 종종 헌신의 정도를 누설한다. 감정을 숨기면 그 사람의 성 전략도 함께 숨겨진다. 이처럼 정보가 부재하면 여성은 몹시 괴로워하며 기존의 모든 단서들을 샅샅이 뒤져 가면서 남성의 속내가 과연 무엇인지 알아내려 애쓴다. 남자 대학생들에 비하여 여대생들은 데이트하고 있는 상대와의 대화를 하나하나 되짚어 보고 곱씹는 일에 시간을 훨씬 더 많이 보내며 애인의 '진짜' 속마음이나 의도, 혹은 동기를 분석하려고 애쓴다.[10] 헌신에 대한 갈등은 남성이 감정적으로 인색하다는 불평을 두고 벌어지는 것이다.

성 전략의 은닉이 남성의 감정을 메마르게 만드는 유일한 동인은 아니며, 남성이 모든 상황에서 반드시 감정 표현에 서투른 것도 아니다. 마찬가지로 여성도 때때로 전략적인 필요에 의해 자기감정을 숨긴다. 그렇지만 적어도 짝짓기 영역에서는 잠재적인 배우자의 장기적인 의도를 판별하는 일이 남성보다 특히 여성에게 중대한 문제이다. 조상 환경에서 이 의도를 잘 알아차리지 못한 여성은 자신한테 헌신하지 않는 남성에게 성적 접근을 허락하는 심대한 손실을 감수해야 했다. 남성으로 하여금 자신의 감정을 터놓고 표현해 달라고 요구하는 행동은 여성이 남성의 헌신 정도를 판별하기 위해 필요한 중요한 정보를 취합하기 위해 쓰는 전술이다.

남성들이 감정적으로 인색하다고 여성들이 불평하는 한편, 남성들은 여성들이 너무 감정적이고 기분을 종잡을 수 없다고 불평한다. 데이트 중인 남성의 약 30퍼센트가, 그러나 데이트 중인 여성에서는 겨우 19퍼센트가 애인의 종잡을 수 없는 변덕을 불만스러워 한다. 이 수치는 결혼한 지 1년 된 남편들에서는 34퍼센트로 상승하고, 4년 된 남편들에서는 49퍼센트로 상승한다. 아내들 사이에서는 겨우 25퍼센트만이 같은 불평을 늘어놓는 것과 대조적이다.

기분이 시시때때 바뀌는 배우자는 시간과 노력을 빼앗아 가기 때문에 많은 손실을 몰고 온다. 이런 배우자를 달래기 위한 수단, 예컨대 배우자가 우울한 기분에서 벗어나게 도와주거나 나 자신의 계획은 당분간 미뤄 놓는 등의 행동은 다른 목표를 위해 쓰일 수 있었던 에너지를 빼앗아 간다. 여성은 남성으로부터 헌신을 이끌어 내기 위한 전술로서 이러한 손실을 남성에게 지운다. 기분이 종잡을 수 없이 바뀌는 여성은 남성에게 이렇게 말하는 셈이다. "나에게 좀더 헌신하는 게 좋을걸요. 그렇지 않으면 언제 폭발할지 모르는 내 기분 상태 때문에 당신이 큰 손실을 입을 거예요." 이는 남성의 투자를 끌어내기 위한 여성의 성 전략 레퍼토리 가운데 하나이다. 남성은 다른 데 쓸 수 있었던 노력을 끌어다 써야 하므로 배우자의 이런 행동을 그리 달가워하지 않는다.

변덕스러움은 또한 애정 관계의 강도를 시험하는 평가 도구로서 기능한다.[11] 여성은 이를 통해 배우자에게 작은 손실을 입힌 다음 그 손실에 대한 반응을 살펴서 그의 헌신 정도를 측정하는 기준으로 삼는다. 작은 손실조차 참아 내지 못한다면 그러한 남성은 헌신의 정도가 낮은 것이다. 작은 손실을 기꺼이 참아 내고 점점 요구받는 투자량이 높아져도 끝까지 책임감 있게 응한다면 그러한 남성은 헌신의 정도가 매우 높은 것이다. 어느 편이든지 변덕을 부린 여성은 두 사람 간의 애정 관계의 강도에 대한 귀중한 정보를 얻는다.

변덕스러움이나 무덤덤함이 효과를 발휘하기 위해서 당사자의 의식적인 사고가 필요한 것은 아니다. 종잡을 수 없이 기분을 바꿈으로써 자신이 남성의 헌신 정도를 시험하고 있다는 것을 여성이 인지할 필요는 없다. 아내 외에 다른 여인에게 쓸 자원을 비축해 두기 위하여 아내에 대한 헌신을 최소화하려고 애쓴다는 것을 남성이 인지할 필요는 없다. 대부분의 심리 기제처럼 감정의 표현과 절제를 두고 벌어지는 갈등이 왜 존재하는지를 우리가 의식하고 있는 것은 아니다.

## 자원의 투자

감정적 헌신뿐만 아니라 시간, 에너지, 자원의 투자를 놓고도 부부는 서로 직접적으로 갈등을 빚는다. 투자에 대한 갈등은 상대방에 대한 무시나 신뢰할 수 없는 언행으로 표출된다. 데이트 중이거나 이미 결혼한 여성 가운데 3분의 1 이상이 배우자가 자신을 무시하거나, 거부하거나, 신뢰감을 주지 않는 언행을 한다고 불평을 토로한다. 흔한 불평거리 중에는 남성이 그들과 충분한 시간을 함께 보내지 않기, 전화한다고 해 놓고서 전화하지 않기, 약속 장소에 늦게 나타나기, 데이트나 기타 다른 일을 막바지에 이르러 갑자기 취소하기 등이 있다. 남성들보다 대략 2배 이상의 여성들이 이러한 일들에 대해 불평하며 결국 이러한 일들은 남성이 여성에게 가하는 손실임을 알 수 있다. 예컨대 데이트 중인 여성의 약 38퍼센트가, 그러나 데이트 중인 남성에서는 겨우 12퍼센트만이 애인이 전화한다고 해 놓고 종종 전화해 주지 않는다고 불평한다.

　　상대를 무시하거나 신뢰감이 들지 않게 행동하여 한쪽이 상처를 받는 것은 결국 시간과 노력의 투자를 둘러싼 갈등을 반영한다. 시간

약속을 정확히 지키려면 노력이 필요하다. 즉 신뢰성은 다른 목표를 위해 쓸 수 있었던 자원을 바치는 노력을 의미한다. 상대에 대한 무시는 남편의 투자가 보잘것없다는 것, 즉 남편이 아내의 이득을 위해 최소한의 손실만 감수하면 할 수 있는 행동조차 하지 않을 만큼 헌신의 깊이가 얕다는 것을 의미한다.

신뢰성 부재와 무시에 대한 불평은 결혼을 한다고 해서 끝나지 않는다. 투자를 둘러싸고 벌어지는 충돌은 계속되기 때문이다. 아내와 남편은 서로 얼마나 기꺼이 손실을 감당할 의향이 있는지 알아보기 위해 정기적으로 서로를 검사한다.[12] 상대에게 끝내 만족하지 못한 사람은 언제든지 배우자를 버리고 새로운 사람을 찾아 나서는 길을 택할 수 있다.

결혼이 투자를 둘러싼 갈등을 없애 주지는 못한다. 신혼에서 결혼 4년차까지 무시와 신뢰성 부재에 대한 여성의 불평은 수그러들지 않고 갈등은 지속된다. 신혼 여성의 약 41퍼센트와 결혼한 지 4년 된 여성의 45퍼센트가 남편이 자신과 많은 시간을 함께하지 않는다며 불만스러워한다. 하지만 남성들의 경우 그 수치는 신혼 남성의 경우 고작 4퍼센트, 결혼한 지 4년 된 남성의 경우 고작 12퍼센트였다.

상대방에 대한 무시를 정반대로 뒤집으면 상대에 대한 지나친 의존과 소유욕이 된다. 한쪽이 다른 한쪽의 에너지를 너무 많이 흡수해서 그쪽의 자유가 제한될 지경이 되면 갈등이 불거진다. 기혼 여성보다 훨씬 더 많이 기혼 남성이 제기하는 불만거리 가운데 하나는 배우자가 시간과 에너지를 너무 많이 빼앗아 간다는 것이다. 기혼 남성의 36퍼센트가, 그러나 기혼 여성은 겨우 7퍼센트만이 배우자가 너무 많은 시간을 요구한다고 불평한다. 기혼 남성의 29퍼센트가, 그러나 기혼 여성은 겨우 8퍼센트가 배우자가 너무 지나치게 많은 관심을 요구한다고 불평한다.

시간과 관심을 요구하는 데서 나타나는 이러한 성차는 투자를 두고 계속 갈등이 벌어짐을 의미한다. 여성은 배우자의 투자를 온전히 독점하려 한다. 몇몇 남성은 이러한 요구를 거부하며, 자신의 자원 가운데 일부는 지위를 끌어올리거나 배우자를 더 얻는 것 같은 다른 적응적 문제를 해결하는 데 사용하려 한다. 남성은 배우자의 이러한 소유욕에 불평을 늘어놓는 경향이 여성보다 3배 이상 더 강하며, 이는 잉여의 자원을 부가적인 짝짓기 혹은 더 많은 짝짓기 기회를 열어 줄 지위 상승에 돌림으로써 얻는 이득의 크기가 성에 따라 다르기 때문이다. 남성에게는 그에 따른 번식적 이득이 크고 직접적이다. 여성에게는 그에 따른 번식적 이득이 적고 간접적이며 때로는 오히려 손실이 더 크다. 여성이 부가적인 짝짓기를 하다 보면 현재 배우자의 시간과 자원 투자를 잃어버릴 위험을 감수해야 하기 때문이다. 아내는 남편의 투자가 다른 곳으로 새어 나가는 것을 원치 않기 때문에 소유욕이 강하고 요구 사항도 많다.

투자를 둘러싼 갈등은 또한 배우자의 이기심에 대한 불평으로 표출된다. 기혼 남성의 38퍼센트와 기혼 여성의 39퍼센트가 배우자가 이기적으로 행동한다고 불평한다. 이와 비슷하게 기혼 여성의 37퍼센트와 기혼 남성의 31퍼센트가 배우자가 자기중심적이라고 불평한다. 자기중심적이라 함은 배우자나 자식 같은 다른 가족 대신 자기 자신을 위해서만 자원을 쓰는 것을 포괄한다. 자기중심적인 성향에 대한 불평은 결혼 후 시간이 지나면서 점점 급증한다. 결혼 첫해에는 아내의 13퍼센트와 남편의 15퍼센트만이 배우자가 자기중심적이라고 불평한다. 결혼 후 4년째에는 그 수가 2배 이상으로 증가한다.

자기중심적 성향에 대한 불평이 이처럼 눈에 띄게 증가하는 이유를 알아보기 위해 결혼 전 구애 단계에서 장차 얼마나 투자할지를 알려주는 중요한 신호들을 생각해 보자. 구애에 성공하려면 배우자감에게 앞으로 배우자의 이익을 나의 이익보다 더 중시하거나 적어도 동등하게 놓겠다는 이타적인 의향을 잘 신호해야 한다. 이러한 의향을 나타내는 단서들은 배우자를 유혹하는 데 쓰이는 전술이며 구애 단계에 중점적으로 제시된다. 하지만 결혼 생활이 어느 정도 안정을 이룬 뒤에는 이렇게 사심 없는 의향을 나타내는 전술은 중요성이 많이 퇴색되므로 잦아들게 된다. 남녀 모두 어느 정도 자유롭게 자신에게 점차 더 신경 쓰게 되고 배우자에게 쏟는 노력은 줄어든다. 아마도 이것이 기혼자들이 배우자가 자신을 "당연한 사람으로 여긴다."며 불평을 털어놓을 때 의미하는 바일 것이다.

이러한 모습은 그리 아름다워 보이지 않는다. 하지만 인간은 자연선택에 의해 결혼 생활의 기쁨과 행복만을 누리며 공존하게끔 설계된 것이 아니다. 인간은 개체의 생존과 유전적 번식을 위하여 설계되었다. 이 가차 없는 기준에 의해서 만들어진 심리 기제들은 종종 개체 수준에서 이기적인 행동을 낳는다.

투자를 둘러싼 갈등은 또한 돈의 분배 문제를 두고 표출된다. 부부는 사실상 다른 그 무엇보다도 돈 때문에 싸운다는 이야기가 다소 식상하게 들릴지 모르지만 이 말에는 진실이 깃들어 있다. 미국인 부부를 조사한 한 연구는 금전적 문제가 갈등을 일으키는 가장 흔한 원인 중의 하나임을 밝혔다. 부부의 72퍼센트가 적어도 1년에 한 번은 돈 문제 때문에 싸우며 15퍼센트는 한 달에 한 번 이상 돈 때문에 싸운다.[13] 흥미롭게도 이들 부부는 집에 돈이 얼마나 있느냐보다 있는 돈을 어떻게 분배할 것인가를 둘러싸고 더 자주 싸운다.

배우자 간의 이해가 일치하는 경우는 매우 드물기 때문에 남편이 생각하는 분배 안은 아내와 때때로 다르다. 의견의 불일치는 공동 소유의 자원을 각자 얼마나 쓸 것인가, 그리고 각자 얼마나 벌 것인가에 주로 초점이 맞추어진다.

미국 남성들은 여성보다 훨씬 더 자주 배우자가 옷을 사는 데 돈을 너무 많이 쓴다고 불평하는 경향이 있다. 이러한 불평을 토로하는 남성의 비율은 결혼한 첫해에는 12퍼센트로 시작하여 결혼한 지 4년이 되는 해에는 26퍼센트까지 상승한다. 반면에 남편이 옷을 사는 데 돈을 너무 많이 쓴다고 불평하는 여성은 결혼한 첫해에 겨우 5퍼센트이고 4년째에는 겨우 7퍼센트이다. 그렇지만 남녀 모두 상대가 일반적으로 돈을 너무 많이 쓴다는 점에서는 동일하게 불평을 토로한다. 결혼한 지 4년째에는 남녀 모두 거의 3분의 1이 배우자가 부부 공동의 자원을 너무 많이 소비한다고 불평한다.

여성은 남성보다 배우자가 밖에서 벌어오는 돈을 자신을 위해 쓰지 않는다고 불평하는 경향이 더 강하며, 특히 선물을 잘 사다 주지 않는다고 불평한다. 결혼한 지 5년째에는 기혼 여성의 거의 3분의 1이 이런 불평을 한다. 반면에 기혼 남성은 겨우 10퍼센트가 비슷한 불평을 늘어놓는다. 남녀 간의 갈등은 배우자 선호의 성차와 기가 막히게 잘 들어맞는다. 여성은 부분적으로 배우자가 밖에서 가져오는 자원을 보고 배우자를 선택하며, 일단 결혼하고 나면 자원이 바로바로 들어오지 않는다고 남성보다 더 불평한다.

## 속임

성적 접근, 감정적 헌신, 그리고 자원의 투자를 둘러싸고 남녀 간에 벌어지는 갈등은 한쪽이 다른 쪽을 속이면 더욱 격화된다. 속임수가 일어나는 실례는 동식물계에서 빈번하게 찾아볼 수 있다. 예컨대 어떤 난초는 꽃잎배벌과의 한 종인 스콜리아 실리아타(Scolia ciliata) 암컷의 빛깔과 모양, 냄새를 꼭 닮은 현란한 색상의 꽃잎과 중앙 부위를 진화시켰다.[14] 배벌 수컷은 이들의 냄새와 빛깔에 끌려서 암컷의 등 위에 내려앉듯이 난초 위에 앉는다. 수컷은 암컷 배벌의 복부 털을 꼭 닮은 꽃 윗부분의 빳빳한 털 위를 이리저리 돌아다니면서 암컷의 생식기를 찾으려 애쓰는데 이 과정에서 꽃가루가 묻는다. 결국 사정하는 데 반드시 필요한 생식기를 찾지 못한 수컷 배벌은 다른 가짜 암컷에게로 날아간다. 이런 식으로 난초는 수컷 배벌을 속여 교차 수정을 한다.

인간 남녀는 때때로 서로를 속여서 상대가 가진 자원을 얻으려 애쓴다. 성적 속임수에 대한 한 연구에서 내 여자 동료 한 명은 고급 술집에 가서 자신에게 저녁을 대접할 남성을 고르곤 했다. 저녁 식사 중에 그녀는 밝고, 친절하며, 섹시하게 행동했다. 식사가 끝날 무렵이면 그녀는 화장실에 간다고 하고선 술집 뒷문으로 빠져나가 어둠 속으로 사라지곤 했다. 어떨 때는 혼자서 이런 짓을 하고, 어떨 때는 여자 친구와 같이 하곤 했다. 그녀는 주로 다시 마주칠 위험이 없는 다른 곳에서 사업차 온 남성들을 대상으로 삼았다. 비록 그녀는 한마디 거짓말도 하지 않았지만 성적인 사기꾼이었다. 그녀는 남성들로 하여금 오늘밤 함께 잘 가능성이 충분히 있다고 믿게 만들었고 성적인 단서들을 흘려 자원을 끌어낸 다음에 결국 성 관계를 갖지 않고서 자취를 감추었다.

이러한 행동이 유별나거나 지나치게 권모술수를 일삼는 것처럼 보일지 모르지만, 그 저변에 깔린 테마는 우리 일상생활 속에서 다양하게 변주되고 있다. 여성은 그들이 남성에게 끼치는 성적인 효과를 알고 있는 것처럼 보인다. 한 연구는 여자 대학생 104명을 대상으로 성 관계까지 맺을 의향은 없지만 호의나 특별한 대우처럼 뭔가 필요한 것을 얻어 내기 위해 일부러 남성과 함께 웃고 떠든 적이 얼마나 되는지 조사했다. 이 질문에 대해 여학생들은 3이 '때때로'를 뜻하고 4가 '자주'를 뜻하는 4점 척도상에서 3이라는 빈도를 답했지만, 같은 질문에 대해 남학생들은 2를 답했다. 여성은 호의나 관심을 받기 위해 성적인 암시를 얼마나 자주 주었냐는 질문에도 비슷한 반응으로 답했으며, 실제로 상대와 성 관계까지 맺을 의사는 전혀 없었다고 확인해 주었다. 요컨대 여성은 때때로 성적인 사기꾼이 된다고 스스로 인정한다.

여성은 성적인 사기꾼이 되기 쉽지만, 남성은 헌신 사기꾼이 되기 쉽다. 사랑 고백에서 내포되는 헌신에 대해 33살의 남성이 한 이야기를 들어 보자.

여자를 가슴 설레게 하고 기쁘게 하기 위해 "사랑해."라고 말하는 건 더 이상 필요치 않다고 생각할지 모르지만, 그건 그렇지 않아요. 이 세 음절 단어는 마치 강장제 같은 효과가 있어요. 내 성적인 욕구가 차오르면 사랑한다고 불쑥불쑥 고백해요. 항상 진심으로 그렇게 말하는 건 아니지만, 우리 둘 다에게 나쁠 건 없어요. 내가 딱히 그녀를 속이는 건 아니에요. 나는 그녀에게 뭔가 중요한 감정을 느낄 의무가 있어요. 뭐 아무튼, 그럴 때는 그렇게 말하는 게 옳은 것 같거든요.[15]

실제로 남성들은 정서적인 헌신을 과장하여 여성을 의도적으로 속인다고 인정한다. 112명의 남자 대학생들에게 여성과 성 관계하기 위해서 감정을 의도적으로 과장한 적이 있냐고 물은 결과, 71퍼센트가 그런 적이 있다고 답했다. 반면에 같은 질문에 긍정적으로 답한 여성은 39퍼센트에 불과했다. 여성들에게 순전히 성 관계를 갖기 위하여 감정의 깊이를 과장하는 남성으로부터 속임을 당한 적이 있냐고 물은 결과, 97퍼센트가 있다고 답했다. 반면에 같은 질문에 대해 남성들은 겨우 59퍼센트만이 그런 속임수를 쓰는 여성을 만난 적이 있다고 답했다.

감정의 깊이를 속이는 전술은 결혼한 부부에서도 성적 부정의 형태로 계속 이어진다. 남성이 외도를 저지르는 동기는 명백하다. 혼외정사를 했던 조상 남성은 자식을 가외로 더 낳아서 결국 아내에게 충실했던 다른 동시대 남성들보다 더 높은 번식적 이득을 누릴 수 있었다. 외도한 남편은 다른 여성에게 자원을 전용할 우려가 있을 뿐만 아니라 부부 관계 자체를 끝내려 할 수도 있기 때문에, 아내는 남편의 부정에 극도로 분노한다. 아내로선 결혼 생활에 지금껏 투자해 온 전부를 잃을 위험에 처하는 것이다. 이런 점을 감안해 볼 때, 여성은 감정적인 면이 생략된 외도보다 감정적인 교감까지 이루어진 외도를 훨씬 더 불쾌하게 받아들일 것이라고 기대할 수 있다. 감정적인 교감은 대개 전면적인 배신을 신호하며, 이는 자원의 일부가 다른 곳으로 한번 전용되고 그치는 것보다 훨씬 더 큰 손실이기 때문이다. 이러한 예측은 외도한 남편이 상대와 감정적인 교감까지는 하지 않았을 경우 실제로 아내들이 덜 불쾌해 하고 보다 관용적인 태도를 보인다는 사실로써 뒷받침된다.[16] 남자들도 이 사실을 알고 있는 것 같다. 바람을 피우다 들켰을 때 남자들은 대개 그 외간 여자가 자신에게 "아무런 의미도 없다."며 변명한다.

구애 단계에서 장래 배우자감의 자원과 헌신에 대해 속임을 당했을 때 부담해야 하는 손실은 여성이 더 크다. 장기적인 신붓감을 구하려다 상대를 잘못 고른 조상 남성은 소량의 시간과 에너지, 그리고 자원을 잃는 정도의 손실만 감수하면 그만이었다. 비록 질투심에 불타는 그녀의 남편이나 딸을 보호하려는 아버지의 분노를 살 위험도 있었지만 말이다. 반면에 남편감을 구하려다 상대를 잘못 고른 조상 여성은 그녀와 장기적인 관계에 돌입할 마음이 있음은 물론 자원을 다 바칠 각오가 되어 있다고 늘어놓는 남자의 거짓말에 속아 넘어가서 아무런 도움도 없이 임신과 출산, 그리고 육아의 부담을 짊어질 위험에 처했을 것이다.

속임을 당한 사람은 엄청난 손실과 고통을 겪게 되므로, 속임수를 알려 주는 단서들을 탐지하는 일종의 심리적 경계 기제가 진화하게끔 강한 선택압이 작용했을 것임에 틀림없다. 현재의 세대는 한 성의 속임수와 다른 성의 탐지 능력 간에 일어나는 진화적 군비 확장 경쟁의 끝없는 나선이 단지 한 주기 더 반복되었을 뿐이다. 속임 전술이 점점 더 정교해질수록 속임수를 탐지하는 능력도 점점 더 향상된다.

여성은 속임수에 넘어가지 않는 전략을 진화시켰다. 여성이 헌신적인 애정 관계를 추구할 때 구축하는 일차 방어선은 성 관계를 허락하기 전에 시간과 에너지, 그리고 헌신을 요구함으로써 상당한 구애 손실을 부과하는 전술이다. 함께 보내는 시간이 많을수록 남성의 의도를 더 정확히 측정할 수 있다. 이러한 전술은 여성에게 남성을 평가하고, 그가 얼마나 헌신적인지 가늠하고, 그가 과거에 다른 여성과 아이들에게 헌신한 전력으로 말미암아 현재에도 짐을 짊어지고 있는 건 아닌지 여부를 알아낼 기회를 제공해 준다. 장기적인 관계로 발전시킬 의향이 없는데도 마치 그럴 것인 양 여성을 호도하려는 남성은 대개 오랜 시간을 요구하는 구애 행위를 견디지 못한다. 그들은 좀더 쉽게 성 관계에까지 이를 수 있는 상대를 찾아 다른 곳으로 가 버린다.

속임수에 넘어가지 않도록 대비하기 위해 여성은 남편 혹은 장래의 남편감과 함께했던 일들에 대해 친구들과 장시간에 걸쳐 시시콜콜 상의한다. 그와 나눈 대화는 여러 번 곱씹어 정밀하게 분석된다. 예를 들어 여성들에게 데이트한 상대의 속마음을 파악하기 위해 친구들과 상의하냐고 물어보면, 대다수 여성들이 그렇다고 대답한다. 반면에 남성들은 상대의 속마음을 알아내려는 노력을 별로 하지 않는 경향이 있다.[17] 여성은 결혼 상대를 찾는 남자와 하룻밤 섹스 상대를 찾는 남자를 구별해야만 한다. 일반적으로 우리의 조상 남성은 배우자감의 장기적인 의향을 알아내기 위해 시간과 노력을 기울일 필요가 조상 여성에 비하면 적었다.

여성이 남성의 속임수를 간파하기 위한 전략을 진화시키긴 했지만, 남성도 여성이 꾀하는 속임수를 마냥 무시할 수는 없다. 신붓감을 찾을 때에는 특히나 더 그렇다. 신붓감의 번식 가치, 자원, 가족이나 친척 같은 인맥, 정절 등을 정확히 측정하는 일은 남성에게 매우 중요하다. 이 점은 테네시 윌리엄스의 희곡『욕망이라는 이름의 전차』의 한 장면에 잘 나타나 있다. 밋치는 한때 고등학교 선생님이었던 약혼녀 블랑쉬와 사귀는 중이다. 블랑쉬는 그녀가 학교에서 쫓겨나는 계기가 되었던 제자와의 성 관계를 포함하여 과거 다른 남자들과의 성 편력을 밋치에게 숨겼다. 친구 하나가 밋치에게 블랑쉬의 과거를 알려 주었고, 그날 저녁 밋치는 블랑쉬를 만나 성난 목소리로 그간 언제나 어두운 밤 희미한 불빛 아래서만 그녀를 만났을 뿐 밝은 실내에서 만난 적은 없었노라고 말한다. 그가 갑자기 환하게 불을 켜자 블랑쉬는 움찔한다. 밋치는 블랑쉬가 예전에 밝힌 나이는 거짓말이고, 실제로는 더 나이 들었음을 밝은 불빛 아래서 확인한다. 그는 그녀의 방탕한 성적 과거에 대해 들은 내용을 들먹이면서 따진다. 블랑쉬는 애처롭게 그래도 자신과 결혼해 줄 것이냐고 묻는다. 그는 대답한다. "아니, 이제 당신과 결혼할 마음이 없어졌어." 그는 그녀를 난폭하게 끌어안는다.

남성이 장래 신붓감의 신체적 외모와 성적 정절에 엄청난 중요성을 부과한다는 점을 감안해 볼 때, 그들은 여성의 나이 및 성 편력에 대한 속임수에 특히나 더 민감하다. 남성은 여성의 성적 평판에 대한 정보를 얻으려 애쓴다. 남성이 항구적인 배우자로부터 원하는 번식적으로 가장 중요하게 고려하는 두 가지는 여성의 번식 가치와 그 가치가 한 남성에게만 주어질 가능성이다. 이들에 대해서 여성이 자신을 속이지나 않을지 남성은 심리적으로 단단한 방어책을 세운다.

남녀 모두 이성의 손에 의해 행해지는 속임수에 민감하지만, 남성과 여성이 불철주야 경계하는 속임수의 유형은 다르다. 왜냐하면 이성의 속임수로 그들이 겪어야만 하는 손실이 다르기 때문이다. 인간의 짝짓기 전략을 제어하는 심리 기제는 이러한 손실을 꼼꼼히 측정한다. 특정한 유형의 속임수를 쓴 이성에 대한 분노는 이렇게 성적으로 분화된 전략의 본질을 이해하는 창을 제공한다.

　　불행히도 남녀 간의 갈등은 성적 접근을 둘러싼 실랑이에서 끝나지 않는다. 그것은 투자나 헌신에 대한 의견 불일치에서 끝나지 않는다. 심지어 이성이 행하는 속임수에 의해 괴로움을 받는 정도에서 끝나지도 않는다. 남녀 간의 갈등은 더욱 폭력적인 형태로 일어날 수 있다.

## 학대

학대에는 여러 가지 형태가 있다. 그중 한 가지로 심리적 학대가 있다. 이는 내 배우자로 하여금 나보다 가치가 떨어진다고 느끼게 만들고, 배우자로서의 바람직함도 상대적으로 부족하다고 느끼게 만들고, 나와 결혼한 것을 행운으로 여기게 만들며, 설사 외도를 저지른다 해도 짝짓기 시장에서 그가 새로 구매할 수 있는 상대는 형편없을 거라고 여기게 만드는 것이다.[18] 이러한 목표를 달성하기 위해 비록 혐오스럽긴 하지만 배우자를 얕보거나 비방하는 전술이 사용된다. 불행하게도 얕보거나 기타 다른 형태의 심리적 학대를 저지르는 가해자는 종종 남성이고 피해자는 종종 여성이다.

배우자 얕보기에는 여러 가지 유형이 있다. 하나는 남편이 단지 남자라는 이유로 아내의 의견보다 자신의 의견을 더 중시하는 것이다. 다른 유형은 남편이 아내가 어리석거나 열등한 것처럼 취급하는 것이다. 신혼부부의 경우 남편이 아내를 내려다보는 행동을 취하는 빈도가 아내에 비해 거의 2배 이상 높다. 이러한 행동은 남편의 배우자 가치와 비교하여 아내가 인식하는 스스로의 배우자 가치를 낮추는 효과를 발휘한다.[19] 사실상 학대는 피해자로 하여금 부부 관계에 투자하는 에너지와 헌신의 정도를 증가시키며 피해자의 에너지를 가해자 마음대로 쓰게끔 만든다. 피해자는 종종 자신이 새로운 짝짓기 대안을 구할 전망이 극히 어둡다고 생각한다. 부부 관계에 대한 투자를 늘려 현재의 배우자가 떠나가지 않게 잘 구슬려야만 한다고 느끼는 것이다. 그들은 또한 노력을 더 경주하고 유화적인 제스처를 보여서 더 이상 배우자의 분노를 사지 않게끔 애쓴다.

아내를 신체적으로 학대하는 남편은 이를 통해 아내를 강제적으로 통제하려고 한다. 한 연구자는 아내에 대한 가정 폭력 때문에 법정에 서게 된 100쌍의 캐나다 부부의 심판 과정을 지켜보았다. 정량적인 분석을 한 것은 아니지만 이 연구자는 아내를 통제하지 못하는 남편 스스로의 무능력에 대한 분노가 거의 모든 가정 폭력 사건을 일으켰으며, 종종 남편이 아내를 창녀라고 욕하거나 다른 남자와 잤다고 비난을 퍼붓는 형태를 띤다고 결론지었다.[20] 31명의 매 맞는 미국 여성을 좀더 체계적으로 조사한 다른 연구의 경우, 그중 53퍼센트의 여성이 남편의 질투가 핵심 원인이 되어 남편으로부터 신체적 학대를 당했다고 답했으며, 94퍼센트는 남편의 질투가 그동안 남편이 주먹을 휘두른 여러 요인

중에 하나라고 답했다.[21] 노스캐롤라이나의 한 병원에 도움을 요청한 60명의 매 맞는 아내들을 조사한 또 다른 연구는 그중 95퍼센트가 '병적 질투'를 하는 남편, 즉 아내가 집 밖으로 나서기만 해도, 혹은 다른 남자나 여자들과 친분을 유지하기만 해도 질투심을 폭발하는 남편에 의해 학대된 경우임을 보고하였다.[22] 여성을 강제적으로 통제하려는 욕망, 특히 성적으로 통제하려는 욕망이 아내를 신체적으로 학대한 대다수 사건들에 깔려 있다.

배우자 학대는 분명 위험한 게임이다. 가해자 남성은 아내의 투자와 헌신을 더 얻어 내려 하지만 이 전술이 되레 역풍을 몰고 와서 아내의 배신을 부추길 수도 있다. 가해자 남성은 아내를 붙잡으려는 최후의 수단으로서 점점 더 심하게 아내를 학대하여 배신을 차마 시도조차 하지 못하게 한다. 이러한 의미에서 가해자는 살얼음판을 걷고 있는 셈이다. 아내가 지금의 남편과의 생활이 너무 소모적이라 판단하고 차라리 다른 곳에서 더 나은 남자를 만나려는 결심을 하게끔 부추기는 격이 될 수 있기 때문이다. 아마도 이것이 가해자 남편들이 종종 아내를 학대한 후에 진심으로 사죄하고 울고불고 매달리면서 다시는 그런 짓을 하지 않겠다고 맹세하는 까닭일지 모른다.[23] 곧 이렇게 뉘우치는 행동은 아내를 통제할 목적으로 학대 전술을 사용하는 것에 내재된 결함, 즉 버림 받을 위험성을 피하기 위한 시도이다.

아내 학대는 서구의 발명품이 아니다. 이는 문화를 막론한 보편적인 현상이다. 예컨대 야노마뫼 족의 남편은 아내가 차를 너무 늦게 내온 것 같은 사소한 잘못을 트집 잡아 아내를 막대기로 정기적으로 때린다.[24] 흥미롭게도 야노마뫼 아내들은 종종 신체적 학대가 자신들을 향한 남편의 사랑의 깊이를 보여 주는 표시라고 여긴다. 현대 미국의 기혼 여성들은 아마도 이러한 해석에 동의하지 않을 것이다. 해석이야 어떻든 간에 이러한 구타는 야노마뫼 여성들을 남편에게 복속시키는 효과를 가져온다.

남성이 종종 배우자에게 저지르는 또 다른 형태의 학대는 아내의 신체적 외모에 대해 모욕을 주는 것이다. 신혼의 남편 중 겨우 5퍼센트만이 아내를 이런 식으로 모욕하지만, 결혼 4년째에 이르면 그 수치는 3배로 껑충 뛴다. 극히 대조적으로 신혼의 아내 중 겨우 1퍼센트만이 외모를 놓고 남편을 모욕하며, 결혼 4년째에 이르러도 겨우 5퍼센트만이 남편에게 그런 모욕을 한다. 신체적 외모가 여성의 배우자 가치에서 상당 부분을 차지하고 있음을 감안하면, 여성은 이 점을 겨냥하고 행해지는 비방을 특히 더 못 견뎌 할 것이다. 남성은 여성이 스스로의 배우자 가치를 더 낮게 인식하도록 하여 부부 관계에서의 권력 균형을 좀더 유리하게 이끌기 위해 여성의 외모를 폄하한다.

다른 파괴적인 성향과 마찬가지로 배우자를 학대하는 행동 저변에 적응적 논리가 깔려 있다는 사실이 우리가 학대를 용인해야 한다거나, 원해야 한다거나, 혹은 줄이려는 흉내만 내면 된다는 것을 의미하지는 않는다. 정반대로 배우자 학대 같은 전술에 깔린 진화적 논리와 그러한 전술이 실행되는 환경적 상황을 보다 폭넓게 이해하게 된다면, 학대를 감소하거나 제거해 줄 보다 효과적인 수단을 알아낼 수 있을 것이다. 배우자 학대를 줄이는 첩경은 배우자 학대가 획일적이고 변경 불가능한 남성의 생물학적 특성이 아니라 오히려 특정 상황에 좌우되는 반응임을 먼저 이해하는 것이다. 예컨대 신혼부부들을 조사한 연구에서 다른 사람을 잘 신뢰하지 못하고 정서적으로 불안정한 남편이 남을 잘 신뢰하고 정서적으로 안정적인 남편보다 아내를 학대할 가능성이 4배나 더 높다는 사실이 밝혀졌다. 남편의 배우자 가치가 아내보다 크게 뒤떨어져 남편이 아내를 잃을지 모른다는 두려움에 떨고 있는 상황, 처가 식구와의 물리적 거리가 크게 떨어져 있는 상황, 학대를 자행하면 큰 손실을 당하게 해 주는 법적, 사회적 제재가 부재한 상황 등도 모두 아내 구타의 발생률에 영향을 끼칠 수 있다. 이러한 상황을 정확히 판별해 낸다면 문제를 개선하는 데 큰 도움이 될 것이다.


## 성희롱

성적 접근에 대한 견해차는 데이트 중인 커플이나 부부 사이에만 일어나는 것이 아니라, 작업장에서도 일어난다. 사람들은 종종 직장에서 섹스 상대나 장기적인 배우자감을 찾는다. 때로는 이성에 대한 탐색이 도를 넘어서 성희롱이 되기도 한다. 성희롱은 "작업장에서 다른 사람에게 받는 원치 않고 의도하지 않은 성적인 관심"으로 정의된다.[25] 원치 않은 눈길이나 성적인 언사 같은 완화된 형태로부터 가슴이나 엉덩이, 음부를 만지는 것 같은 신체적인 침해까지 해당된다. 말할 것도 없이 성희롱은 남녀 간의 갈등을 불러일으킨다.

　　진화심리학은 성희롱을 낳는 몇 가지 핵심적인 심리 기제를 판별하고, 이러한 기제를 작동시키는 중요한 맥락을 밝히게끔 도와준다. 진화심리학이 던져 주는 메시지는 이러한 문제들이 생물학적으로 결정되었다거나, 변화 불가능하다거나, 불가피하다는 것이 아니다. 오히려 성희롱을 일으키는 핵심 맥락을 규명함으로써 진화심리학은 성희롱을 이해하고 예방할 수 있다는 희망을 전한다.

성희롱은 대개 단기적인 성적 접근을 이루려는 욕망에 의해서 일어난다. 물론 때때로 권력을 휘두르려는 욕망이나 장기적인 부부 관계를 맺고자 하는 욕망에 의해서 일어나는 경우도 있긴 하지만 말이다. 성희롱이 남성과 여성의 진화된 성 전략의 산물이라는 관점은 전형적인 성희롱 피해자들의 성, 나이, 결혼 여부, 신체적 매력과 같은 특질들, 원치 않은 성적 접근에 대한 피해자들의 반응, 그들이 희롱당한 환경적 조건 등을 확인함으로써 뒷받침된다.

성희롱 피해는 성별에 따라 다르게 나타난다. 일리노이 주 인권 담당국에 2년에 걸쳐 접수된 고소 사건들을 조사한 연구에 의하면, 76건의 고소를 여성이 낸 반면 남성이 낸 고소는 고작 5건에 불과했다.[26] 1만 644명의 연방 정부 고용인들을 조사한 다른 연구에서는 여성의 42퍼센트가, 그러나 남성은 겨우 15퍼센트만이 직장 생활 중에 성희롱을 당한 적이 있음을 발견했다.[27] 캐나다의 인권 보호법에 의거해 제출된 고소 사건들 중에 93건을 여성이 낸 반면 남성이 낸 고소는 겨우 2건이었다. 그나마 남성이 고소한 2건 모두에서 가해자는 여성이 아니라 남성이었다. 일반적으로 여성이 성희롱의 피해자이고 남성이 가해자임은 분명해 보인다. 그렇지만 앞서 살펴보았듯이 여성이 남성보다 성적인 치근거림이나 성폭력에 더 큰 괴로움을 겪는 경향이 있음을 되새겨 보면, 똑같은 성희롱 행동이라도 남성보다 여성에게 더 큰 고통을 안길 것이라 추측할 수 있으며, 결국 남녀가 비슷하게 성희롱을 당하더라도 남성보다 여성이 법적인 고소 절차를 밟을 가능성이 더 크다고 반론할 수 있다.

여성이라면 누구나 성희롱의 대상이 될 수 있지만, 피해자는 주로 젊고 신체적으로 매력적인 미혼 여성이다. 45세 이상의 여성은 젊은 여성에 비해 어떤 유형의 성희롱에도 피해를 훨씬 덜 입는다.[28] 한 연구는 20세에서 35세 사이의 여성이 전체 노동력의 43퍼센트를 차지하지만 전체 성희롱 고소 사건의 72퍼센트를 차지했다고 보고했다. 노동력의 28퍼센트를 차지하는 45세 이상의 여성은 고소 사건의 단 5퍼센트를 차지했다.[29] 성희롱을 조사한 그 어떤 연구에서도 나이 든 여성이 젊은 여성보다 성희롱을 당할 위험이 더 크거나 비슷하다고 보고한 연구는 없다. 성희롱의 대상은 일반적으로 남성들이 성적인 관심을 기울이는 대상과 매우 유사한 것 같다.

미혼 여성이나 이혼한 여성은 기혼 여성보다 더 성희롱을 당하기 쉽다. 한 연구에서는 성희롱을 고소한 여성 가운데 43퍼센트가 미혼이지만 이들이 전체 노동력에서 차지하는 비중은 25퍼센트에 불과하다고 보고했다. 노동력의 55퍼센트를 차지하는 기혼 여성이 낸 고소는 전체 고소에서 겨우 31퍼센트를 차지했다.[30] 이러한 현상에는 몇 가지 이유가 있을 것이다. 우선 성희롱 피해자가 기혼 여성이라면 가해자는 질투심이 치솟은 남편으로부터 상당한 손실을 당할 수 있지만 피해자가 미혼 여성이라면 그런 걱정은 없다. 뿐만 아니라 기혼 여성보다 미혼 여성에게 성적 접근을 제안하는 것이 더 효과적이라고 성희롱 가해자들이 생각할 수도 있다. 마지막으로 기혼 여성은 미혼 여성이나 이혼한 여성에 비하여 성적 접근에 대해 덜 개방적일 수 있다. 왜냐하면 자칫하다간 현재의 남편으로부터 받는 투자와 자원을 송두리째 잃어버릴 위험에 처하기 때문이다. 따라서 미혼 여성이 더 만만한 대상이 된다.

성희롱에 대한 반응도 진화심리학의 논리를 따르는 경향이 있다. 남녀 모두에게 만약 이성인 직장 동료가 성 관계를 맺자고 요청한다면 어떤 기분이 들겠냐고 물어봤더니, 여성의 63퍼센트는 모욕당한 심정일 것이라고 답했으며 겨우 17퍼센트만이 우쭐해질 것이라고 답했다.[32] 남성의 반응은 정반대였다. 겨우 15퍼센트만이 모욕당한 기분일 것이라 답했으며 67퍼센트는 우쭐해질 것이라 답했다. 이러한 결과는 남성은 하룻밤 성 관계를 이룰 가능성에 대해 긍정적인 감정 반응을 보이지만 여성은 단순히 성적 대상으로 취급받는 것에 대해 부정적인 감정 반응을 보인다는 인간 짝짓기의 진화적 논리와 잘 부합한다.

하지만 성적 접근에 대해 여성들이 느끼는 분함의 정도는 일정 부분 성희롱 가해자의 지위에 달려 있다. 제니퍼 세멜로스와 나는 비교적 순화된 형태의 성희롱에 여성들이 어떻게 반응하는지를 알아보고자 여대생 109명에게 설문 조사를 실시하였다. 우리는 그들이 계속 거절함에도 불구하고 전혀 모르는 남성이 끈덕지게 데이트 신청을 해 대는 상황을 설정하였고, 이 가상적인 남성의 직업적 지위를 낮음에서부터 높음까지 변화시켰다. 7점 만점 척도상에서 여성들은 건설 노동자(4.04점), 쓰레기 수거인(4.32점), 청소부(4.19점), 주유소 종업원(4.13점)이 자꾸 치근대는 행동이 가장 불쾌하리라 답했으며 의대생(2.65점), 대학원생(2.80점), 유명한 록 스타(2.71점)가 치근대는 행동이 가장 덜 불쾌하리라고 답했다. 다른 여성 집단 104명에게 다양한 직종에 종사하는 남성들이 끈질기게 애정 공세를 퍼부을 때 얼마나 우쭐할지 물어본 설문 조사에서도 유사한 결과가 나왔다. 지위가 서로 다른 남성들이 동일한 성희롱을 했을 때, 여성들이 느끼는 불쾌함은 결코 동일하지 않다.

성희롱에 대한 여성들의 반응은 또한 성희롱 가해자의 동기가 단순히 성적이었는지, 아니면 진지한 애정이었는지에 따라 크게 달라진다. 어떤 요구를 들어 주는 대신 성 관계를 요구하거나, 승진을 시켜 준다며 은밀한 제안을 하거나, 가해자가 오직 하룻밤 성 관계에만 관심이 있음을 알려 주는 정황들은 상대에게 진지하게 관심이 있다는 신호로 인식되기보다는 파렴치한 성희롱으로 인식되기 쉽다. 상대에게 진지하게 관심이 있다는 신호로는 성적인 암시를 주지 않는 가벼운 접촉, 외모에 대한 칭찬, 웃고 떠들며 대화함 등이 있을 것이다.[32] 110명의 여대생들에게 7점 만점 척도상에서 일련의 행동들이 얼마나 성희롱으로 생각되는지 평가해 달라고 요청했더니, 직장 동료가 여성의 사타구니에 손을 집어넣는 행동(6.81점)이나 아무도 없을 때 여성을 구석으로 모는 행동(6.03점) 등이 극도로 성희롱적인 것으로 나타났다. 이와 대조적으로 1.00점이 전혀 성희롱적인 측면이 없음을 뜻하는 이 7점 만점 척도상에서 직장 동료가 여성에게 진심으로 좋아한다며 일이 끝나면 같이 커피 한 잔 하고 싶다고 말하는 행동은 단 1.50점으로 평가되었다. 말할 것도 없이 일시적인 성적, 강압적 의도는 진지하고 낭만적인 의도보다 더 성희롱적인 측면이 강한 것으로 간주된다.

그렇지만 어떤 여성들은 강압적인 행동조차도 성희롱으로 여기지 않는다. 예컨대 직장 내 성희롱에 대한 한 연구에서 여성들의 17퍼센트는 성적인 접촉이 성희롱에 해당한다고 답하지 않았다. 여성의 진화된 성 전략은 매우 탄력적이어서 때때로 남성의 성적 접근으로부터 이득을 취하거나 이용해 먹는 것도 마다하지 않는 것 같다. 예컨대 남성뿐만 아니라 여성들도 종종 직장 내에서 진실되고 낭만적인 애인이나 찰나적인 성 관계 상대를 찾는다는 것은 명백하다. 어떤 여성들은 직장 내에서의 특권이나 지위 상승의 기회를 얻기 위해 기꺼이 성 관계를 허락할 의향도 있다. 한 여성은 직장 상사가 속으로 자신과 성 관계를 맺고 싶어 한다고 해도 그것이 성희롱이라고는 생각하지 않는다고 말했다. 왜냐하면 "모든 여자들은 똑같이 취급되는 법"이며 만약 그렇게 된다면 그녀는 좀더 "편한 일"을 얻을 수 있을 것이기 때문이다.[33] 직장 바깥에서 여성들이 찰나적인 짝짓기를 통해 물질적인 이득을 얻는 것처럼, 직장 내에서 찰나적인 짝짓기를 통해 물질적인 이득을 얻는 상황도 있는 듯하다.

성희롱 피해자의 프로필, 감정적 반응의 성차, 가해자 지위의 중요성에 대한 이 모든 발견들은 인간 짝짓기 전략의 진화적 논리에서 얻어졌다. 남성은 헌신 없는 하룻밤 성 관계를 추구할 때는 상대에 대한 기준치를 대폭 낮추게끔 진화하였고, 또한 여성의 성적 의도를 추론하는 역치가 낮아지는 방향으로 진화하였다. 그리고 이 진화된 심리 기제들이 다른 사회적 맥락에서와 마찬가지로 직장이라는 맥락하에서도 작동하는 것이다. 이 말은 우리가 성희롱을 용인하거나 그것이 끼치는 해악을 방관해야 한다는 말이 아니다. 오히려 이러한 통찰은 우리에게 성희롱을 낳는 핵심 원인과 그 저변에 깔린 심리적 원리를 알려 주어 우리로 하여금 이 개탄스러운 행동을 감소시킬 방안을 모색하게 해 준다.

## 강간

강간은 힘을 사용하여, 혹은 힘을 쓰겠다고 위협하여, 성 관계를 맺는
행동으로 정의할 수 있다. 연구자가 택한 정의가 얼마나 포괄적이냐에
따라서 강간 피해자 여성의 수에 대한 추정치는 달라진다. 몇몇 연구자
들은 여성이 당시에는 강간당하는 줄 몰랐지만 나중에야 실은 자신이
성 관계를 갖길 원치 않았다는 것을 깨닫는 경우까지 모두 포괄하는 넓
은 정의를 사용한다. 다른 연구자들은 강간을 엄격하게 정의하여 여성
의 의사에 반하여 강제로 성 관계를 맺는 행위에만 국한시킨다. 예를
들어 2,015명의 여자 대학생을 조사한 한 연구에서는 그중 6퍼센트가
강간당한 경험이 있음을 밝혔다.[34] 380명의 여자 대학생을 조사한 다른
연구에서는 거의 15퍼센트가 자신의 의사에 반하는 성 관계를 가진 적
이 있음을 밝혔다.[35] 강간 피해자에게 가해지는 엄청난 사회적 낙인을
감안하면, 이러한 추정치는 아마도 실제로 강간당한 여성의 수에 비하
면 과소평가되었을 것으로 생각된다.

　　강간이라는 문제는 인간의 짝짓기 전략과 깊은 관계를 맺고 있으
며, 이는 부분적으로 대다수 강간이 애정 관계 속에서 벌어지기 때문이
기도 하다. 데이트는 강간이 흔히 일어나는 맥락 중의 하나이다. 한 연
구는 여대생의 거의 15퍼센트가 데이트를 하다가 원치 않는 성 관계를
한 적이 있음을 보고했다. 347명의 여성을 조사한 다른 연구는 성적 피
해를 당한 모든 사례 가운데 14퍼센트는 데이트 상대, 애인, 남편, 혹은
사실혼 관계의 배우자에 의해 저질러진 것이라고 보고했다.[36] 거의
1,000명에 이르는 기혼 여성들을 대상으로 부부 강간을 가장 철저하게

조사한 한 연구에 따르면, 기혼 여성의 14퍼센트가 남편에 의해 강간을 당한 적이 있다.[37] 그러므로 강간이 어두운 골목에서 생전 처음 보는 사람에 의해 저질러지는 행동으로 간주될 수만은 없음은 분명하다. 강간은 애정 관계의 맥락하에서 다른 짝짓기 행동들과 더불어서 일어난다.

성희롱과 마찬가지로 거의 예외 없이 남성이 강간을 저지르는 가해자이고 거의 예외 없이 여성이 그 피해자이다. 이 사실은 남녀 간에 일어나는 다른 갈등과의 연속성을 암시한다. 즉 이러한 연속성에 비추어 볼 때 강간을 이해하는 실마리는 남녀의 짝짓기 전략들 안에서 발견되리라는 기대를 품을 수 있다. 하지만 연속성이 존재한다는 것이 강간 그 자체가 남성의 성 전략 레퍼토리의 하나로서 진화된 전략이라거나 진화 역사상 한때는 적응적이었다는 것을 암시하지는 않는다. 강간이 남성의 진화된 성 전략의 하나인지 아니면 저비용의 찰나적인 성 관계를 추구하려는 일반적인 남성 성 전략의 소름 끼치는 부산물인지는 오늘날 진화심리학계에서 벌어지고 있는 논쟁의 하나이다.[38] 핵심 문제는 몇몇 곤충과 새에서처럼 인간에서도 강간이 성 전략의 무기고 안에 한자리를 차지하고 있는 진화된 전략인지 여부이다. 예컨대 밑들이 수컷은 마치 조임쇠처럼 생긴 특수한 해부학적 기관을 지니고 있는데, 이것은 오로지 암컷을 꽉 잡아서 강간할 때만 쓰이고 혼인 선물을 선사하는 일반적인 짝짓기 때는 쓰이지 않는다.[39] 연구자에 의해 조임쇠를 왁스로 밀봉당한 수컷은 강제 교미를 하지 못한다는 연구 결과가 확인되었다.

남성은 밑들이와 다르긴 하지만 최근의 심리 및 생리 실험들은 몇 가지 유감스러운 연구 성과들을 보고하였다. 한 연구에서는 남성들에게 강간에 대한 시청각 자료와 상호 합의하에 이루어지는 성 관계에 대한 시청각 자료를 각각 보여 주고 자기 보고 및 음경의 발기 정도를 통해 그 반응을 관찰하였다. 남성들은 상호 합의된 상황과 강제적인 상황 모두에 대해 성적으로 흥분했다. 남성은 상호 합의가 이루어졌는지 여부와 관계없이 성적인 장면에 대해서는 성적으로 흥분하는 것처럼 보인다. 단 폭력의 사용이나 여성의 극렬한 저항 같은 다른 조건들이 추가되면 남성의 성적 흥분이 억제되는 효과가 있다.[40]

위와 같은 발견은 다음 두 가지 가능성 가운데 어느 것이 옳은지를 판별해 주지 못한다. 즉 남성은 섹스하는 장면을 보면 흥분하는 일반적인 성향을 지닐 뿐이지 별개의 강간 적응을 진화시킨 것은 아닐 수도 있다. 혹은 남성이 실제로 별개의 강간 적응을 진화시켰을 수도 있다. 음식에 비유해 보자. 개와 다름없이 사람도 맛있어 보이는 음식을 보거나 냄새 맡으면 침을 흘리며, 특히 한동안 아무것도 먹지 못했을 때 더더욱 그렇다. 어떤 과학자가 인간은 다른 사람들로부터 음식물을 강제로 빼앗는 특수한 적응을 진화시켰다는 가설을 세웠다고 해 보자. 그 과학자는 연구에 참여한 사람들에게 24시간 동안 음식을 못 먹게 한 후, 다음 두 장면 가운데 하나만 보여 준다. 하나는 한 사람이 다른 사람에게 기꺼이 맛있는 음식을 제공하는 장면이고, 다른 하나는 한 사람이 다른 사람의 맛있는 음식을 강제로 빼앗는 장면이다.[41] 만약 사람들이 두 장면 모두에서 동일한 양의 침을 흘렸다는 결과를 얻는다면, 우리는 사람들이 '음식을 강제로 빼앗기' 위한 적응을 따로 진화시켰다고 결론 내릴 수 없다. 우리가 결론 내릴 수 있는 전부는 배고픈 사람들은 음식물을 어떻게 구하는가와는 관계없이 음식물을 보면 일단

침을 흘리는 듯하다는 것이다. 이 가상적인 예는 상호 합의된 섹스 장면이든, 강제된 섹스 장면이든 상관없이 남성들은 성적인 장면을 보면 성적으로 흥분한다는 위 실험 결과와 비견할 만하다. 그러한 결과는 강간이 남성에서 별도로 진화된 전략의 하나임을 입증하는 증거가 되지 못한다.

하지만 강간 피해자들의 프로필에서 강간이 인간의 짝짓기 전략과 상응하는 측면들이 있음이 확인된다. 모든 연령대에 걸친 여성이 강간을 당하긴 하지만, 강간 피해자는 주로 젊은 여성들에 집중되어 있다. 1만 315명의 강간 피해자들을 조사한 한 연구에 따르면, 16~35세의 연령대의 여성들이 다른 어느 연령대보다도 강간을 당할 확률이 훨씬 더 높았다.[42] 모든 강간 피해자들의 85퍼센트가 36세 미만이었다. 다른 범죄와 비교해 보면, 가중 폭행이나 살해와 같은 범죄의 피해자들은 완전히 다른 연령 분포를 보인다. 예를 들어 40~49세의 여성이 가중 폭행을 당할 위험성이나 20~29세의 여성이 가중 폭행을 당할 위험성이나 거의 같다. 하지만 나이 든 여성이 강간당할 위험성은 훨씬 더 낮다. 사실 강간 피해자의 연령 분포는 여성의 번식 가치의 연령 분포와 거의 완벽하게 부합하며, 이는 다른 폭력 범죄 피해자들의 연령 분포와 판이하게 다르다. 이러한 증거는 강간이 남성의 진화된 성 심리와 무관하지 않다는 것을 강하게 암시한다.

강간 피해자들은 남성의 성적 욕망이 향하는 대상이 흔히 그렇듯이 대체로 젊고 신체적으로 매력적이다. 남성은 젊음과 건강을 나타내는 신체적인 단서들에 매료되고 흥분하는 심리 기제를 진화시켰다. 이미 서술했듯이 젊음과 건강은 아름다움의 강력한 판단 기준이다. 강간범들도 그 같은 신체적인 단서들을 매력적이라 여기며 어느 정도 이들에 의거해서 피해자를 고른다는 사실이 남성에서 강간을 위해 특수화된 전략이 따로 진화했다는 증거가 되지는 않는다. 이 사실은 단지 남성은 젊고 매력적인 여성에 대한 일반적인 욕망을 진화시켰음을 뒷받침할 뿐이다.

현재의 지식 수준으로 남성이 찰나적인 성 관계에 대한 일반적인 성 전략과는 별도로 강간을 수행하는 특수화된 성 전략을 진화시켰음을 암시하는 직접적인 증거는 하나도 없다. 그러기는커녕 남성은 그냥 여러 다양한 목표들을 이루기 위해 힘과 폭력을 사용하는 것 같다. 젊은 여성에 대한 성적 접근을 얻는 것도 그러한 목표 중 하나이므로, 몇몇 남성은 그 목표를 이루기 위해 힘을 쓰는 듯하다. 마치 다른 사람의 자원을 훔치거나 경쟁자를 제압하기 위해 힘을 쓰듯이 말이다.

남성이 갖가지 다양한 성적 맥락에서 이런저런 강제력을 사용한다는 의견은 상당한 신빙성을 띤다.[43] 태도를 조사한 한 연구에서 남성은 성적 강제를 용인하는 경향이 여성보다 더 강하다. 여자 대학생들은 남성이 종종 끈질기게 성적인 요구를 해 대며, 싫다는 소리를 들어도 아랑곳하지 않고 성적 접근을 자주 시도하며, 이따금 언어적 혹은 신체적 위협을 가하며, 때론 찰싹 때리거나 치는 것 같은 신체적 폭력까지 행사한다고 말했다.[44] 예컨대 여자 대학생을 조사한 한 연구는 강간당한 여학생들 중 55퍼센트가 강간범에게 싫다고 분명히 말했음에도 그가 일을 저질렀다고 답했으며, 14퍼센트는 신체적 강압, 예컨대 힘에 의해 밑에 깔리는 행동을 당했다고 답했으며, 5퍼센트는 협박을 당했다고 답했다.[45] 강압은 많은 성적 접촉의 일부분인 것이다.

그렇지만 남성은 성적 접촉에서만 강제력을 사용하지 않는다. 남성은 갖가지 다양한 맥락에서 강제력을 사용한다. 남성은 다른 남성을 억압하고, 다른 남성에게 폭력을 행사하며, 여성보다 다른 남성을 4배나 더 자주 살해한다. 남성은 확실히 더 강압적이고 폭력적인 성이며, 전 세계에 걸쳐 사회적으로 용납되지 않는 불법적이고 끔찍한 행위의 대부분을 저지른다.[46] 강제와 폭력은 남성이 각양각색의 대인 관계 맥락들에서 성적으로 또는 성과 무관하게 휘두르는 무기일 것이다.

페미니즘 연구자들은 강간의 끔찍한 속성을 피해자의 관점에서 밝혀내는 데 집중해 왔다. 몇몇 남성들이 믿는 것과 정반대로 기존의 증거들은 여성이 강간당하는 것을 원치 않으며 강간을 성행위로 여기지도 않음을 분명히 보여 준다. 강간 피해자들이 겪는 심리적인 외상, 분노, 공포, 자기 비하, 수치, 굴욕, 혐오 등등은 사람이 겪을 수 있는 가장 극악한 경험에 속한다고 할 것이다.

강간의 진화적 논리를 입증하는 한 가지 중요한 증거로서 강간 피해자들이 겪는 심리적 고통을 조사한 연구를 들 수 있다. 진화생물학자 낸시 손힐과 랜디 손힐은 심리적 고통은 우리로 하여금 그 고통을 유발시킨 사건에 관심을 쏟게 만들어 그 사건을 제거하거나 장차 회피하게끔 추동하는 역할을 하는 진화된 심리 기제라고 제안하였다.[47] 필라델피아의 강간 피해자 790명을 조사한 연구에서 번식 연령의 여성들은 번식기 이전의 소녀들이나 나이가 많은 여성들보다 강간에 의해 훨씬 더 심한 정신적 외상을 입는 경향이 있음이 밝혀졌다. 이 연구에서 정신적 외상의 정도는 밤에 잠을 이루지 못함, 악몽에 시달림, 낯선 남자를 두려워함, 집에 혼자 있기 두려워함 등의 증세로 파악할 수 있었다.

심리적 고통의 강도는 아마도 조상 여성들이 강간을 당한 결과로 감수해야 했던 번식적 손실과 함수 관계에 있었을 것이다. 강간으로 인해 번식 연령의 여성은 자식의 아버지를 스스로 선택하는 능력을 박탈당하는 셈이므로 결국 번식 이전 또는 번식이 끝난 연령의 여성보다 강간을 더 고통스럽게 경험할 것이다. 번식 연령의 여성들이 더 심한 심리적 고통을 겪는 것처럼 보인다는 사실은 여성이 스스로의 번식 상태에 따라 민감하게 조율되는 심리 기제를 가졌으리라는 관점을 뒷받침한다. 여성이 지닌 이 심리 기제는 배우자를 자기 의사에 따라 선택하는 전략이 크게 간섭당하고 있음을 일깨우는 기능을 수행할 것이다. 그 사실은 또한 성적 강제가 인간이 진화해 온 사회 환경에서 반복적으로 일어났던 특질 가운데 하나라고 보는 관점을 뒷받침한다.

강간 성향은 남성들마다 다르다. 한 연구에서는 남성 참여자들에게 어떤 여성과 강제로 섹스할 기회가 생긴 상황을 상상하도록 요청했다. 강간 도중에 발각될 가능성이나 사후에 누군가가 이 사실을 알게 될 가능성은 전무하며, 성병이 옮을 위험이나 평판에 금이 갈 가능성도 전무하다는 전제들도 숙지되었다. 참여자 중 35퍼센트가 이러한 상황이라면 강간을 할 가능성이 있긴 있다고 답했지만, 대부분의 경우 그 가능성은 미미했다.[48] 비슷한 방법을 사용한 또 다른 연구에서는 강간 행위를 들킬 염려가 전혀 없다는 전제하에 남성의 27퍼센트가 강간을 할 가능성이 약간 있다고 답했다.[49] 비록 이들 수치가 놀라우리만치 높긴 하지만, 이 연구들은 또한 대다수 남성은 잠재적인 강간범이 아님을 보여 주고 있다.

성 관계를 갖기 위해 강제력을 사용하는 남성들은 일련의 독특한 특질들을 지니고 있음이 알려져 있다. 그들은 대개 여성에게 적대적이며, 여성이 속마음으로는 강간당하길 바란다는 잘못된 신화를 신봉하며, 성적으로 매우 문란하며, 충동성, 호전성, 과도한 남성성 등이 두드러지는 인성적 특성을 보인다.[50] 강간범을 조사한 연구들은 또한 그들의 자존심이 낮다는 점을 발견했다. 비록 남성으로 하여금 강간을 하게 만드는 특질들이 어디서 유래하는지는 누구도 모르지만, 한 가지 가능성은 배우자 가치가 낮은 남성들이 성적으로 매우 강압적이 될 수도 있다는 것이다. 이 추측은 강간범들이 대개 수입이 적고 하류 계층에서 더 많이 유래하는 경향이 있음과 일치한다.[51] 강간범들을 면담한 결과들은 이 추측을 뒷받침한다. 예컨대 한 연쇄 강간범은 이렇게 말했다. "난 내 사회적 처지 때문에 그 여자가 날 거부한다고 느꼈어요. 그리고 내가 번듯한 남자가 될 수 있을 거라는 생각이 들지 않았어요. 어떡하면 그녀를 만날 수 있을지 몰랐어요. 그녀가 날 두려워한다는 걸 이용해서 강간했어요."[52] 여성을 유혹할 만한 지위나 돈, 혹은 기타 자원이 없는 남성들에게 성적 강제는 아마도 절박한 대안이 될지 모른다. 우수한 배우자를 끌 만한 자질이 없다는 이유로 여성들에게 비웃음을 받는 남성들이 여성에 대한 증오심을 발달시킬지 모른다. 이 증오심이 서로의 마음을 확인하는 정상적인 경로를 건너뛰게 하고 강압적인 성 행동을 촉진한다.

인성뿐만 아니라 문화와 맥락도 강간의 발생에 큰 영향을 끼친다. 예컨대 야노마뫼에서는 배우자를 삼기 위해 이웃 마을에서 여성을 납치해 오는 행위는 별 문제될 것이 없는 문화적 관습으로 인정된다.[53] 전쟁에서 승리한 군인들에 의해 전쟁 와중에 벌어지는 헤아릴 수 없이 많은 강간 사건들은 강간범이 부담해야 할 손실이 매우 적거나 아예 없을 때 강간이 일어남을 시사한다.[54] 아마도 강간을 자행한 사람에게 엄청난 손실을 부과하는 환경적 조건을 판별하고 장려함으로써 성적 갈등의 이 끔찍한 유형이 발발하는 빈도를 줄일 수 있을 것이다.

## 진화적 군비 확장 경쟁

남녀 간의 갈등은 그들의 상호 작용과 인간관계에 광범위하게 침투해 있다. 여기에는 데이트 중인 커플에서 성 관계 여부를 놓고 벌어지는 갈등, 부부 간에 투자와 헌신 정도를 놓고 벌어지는 다툼, 직장에서 벌어지는 성희롱, 데이트 강간, 처음 보는 사람에 의한 강간 등등이 포함된다. 이러한 갈등의 절대 다수는 남성과 여성의 진화된 성 전략으로부터 초래되었다고 볼 수 있다. 한 성이 추구하는 전략이 종종 다른 성이 추구하는 전략에 간섭을 일으킨다.

남녀 모두 그들 자신의 짝짓기 전략이 간섭받고 있음을 환기시켜 주는 역할을 하는 분노나 슬픔, 질투 같은 심리 기제를 진화시켰다. 여성의 분노는 남성이 그녀의 짝짓기 전략에 간섭을 일으키는 특정한 상황에서 가장 강렬하게 표출된다. 예컨대 남성이 그녀를 얕보거나, 학대하거나, 성적으로 폭력을 행사하는 상황을 생각할 수 있다. 남성의 분노는 여성이 그의 짝짓기 전략에 간섭을 일으킬 때, 예컨대 그의 성적 접근을 여성이 물리치거나, 성 관계를 갖길 거부하거나, 오쟁이를 지울 때 가장 강렬하게 표출된다.

불행히도 이러한 전투는 진화적인 시간상에서 나선형의 군비 확장 경쟁을 유발한다. 여성을 속이는 남성의 능력이 조금씩 향상될 때마다 여성은 속임수를 감지하는 능력을 그만큼 더 향상시킨다. 속임수를 더 잘 감지하는 여성의 능력은 다시 남성으로 하여금 점점 더 정교한 형태의 속임수를 진화시키게 하는 진화적 조건을 마련한다. 여성이 남성의 헌신 정도를 측정하기 위해 남성에게 부과하는 점점 더 고난이도의 시험에 맞서서 남성은 헌신을 그럴듯하게 꾸며 내는 더욱 더 정교한 전략을 발달시킨다. 이는 다시 여성이 헌신 사기꾼을 잘 가려내게끔 더욱 더 정교하고 섬세한 시험을 개발하게 한다. 한편 한 성에게 가해지는 모든 형태의 학대에 대해 다른 성은 그 같은 학대를 피하는 수단을 진화시킨다. 여성이 자신의 짝짓기 목표를 이루기 위해 점점 더 우수하고 정교한 전략을 진화시킴에 따라 남성도 자신의 짝짓기 목표를 달성하기 위해 점점 더 정교한 전략을 진화시킨다. 남녀의 짝짓기 목표가 서로 간섭을 일으키므로, 이 나선형의 군비 확장 경쟁에는 종착역이 없다.

　하지만 분노나 심리적 고통 같은 적응적 감정은 타인이 남녀의 짝짓기 전략에 간섭을 일으켜서 받게 되는 손실을 일정 부분 줄여 주는 역할을 한다. 데이트나 결혼 상황에서 이러한 감정은 때때로 관계 자체를 끝내게 만들기도 한다.

# 파경

여자는 남편이 변하리라 믿으며 결혼한다.
남자는 아내가 변치 않으리라 믿으며 결혼한다.
둘 다 틀렸다.

── 무명 씨

인간의 짝짓기가 평생 단 한번만 일어나는 일은 거의 없다. 이혼과 재혼은 미국에서 워낙 흔해서 어린아이들 가운데 거의 50퍼센트는 자신을 낳아 준 부모 둘 다와 함께 살지 않는다. 의붓자식이 포함되는 가족이 이제 예외가 아닌 전형으로 굳어지고 있다. 몇몇 사람들이 믿는 바와 달리 이러한 실상은 최근에야 생긴 현상도 아니며 가족의 가치가 갑자기 붕괴됨에 따른 것도 아니다. 구체적으로 말하면 이혼, 더 일반적으로 말하면 장기적인 애정 관계의 해소는 문화를 막론하고 보편적인 현상이다. 예컨대 쿵 족에서는 331쌍의 부부 가운데 134쌍이 결국 이혼한다.[1] 파라과이의 아체 족에서는 평균적으로 남녀 모두 나이가 40세에

이르기 전까지 11번 이상의 결혼과 이혼을 반복한다.[2]

장기적인 헌신 관계를 끝내는 이유에는 여러 가지가 있다. 예를 들어 배우자가 손실만 끼치기 시작하거나, 더 좋은 배우자를 만날 기회가 찾아올 수도 있다. 나쁜 상태의 결혼 생활을 계속 지속하다 보면 자원의 상실, 짝짓기 기회의 상실, 신체적 학대, 자식 양육 불량, 심리적 학대 등이 초래될 수 있으며, 이들은 생존과 번식에 필요한 적응적 문제들을 해결하는 데 간섭을 일으킨다. 좋지 못한 결혼 생활을 청산한 사람은 새로운 짝짓기 기회, 더 풍부한 자원, 더 나은 자식 양육, 더 믿음직한 동맹 형성 등의 이득을 기대할 수 있다.


## 조상 환경


우리의 진화적 조상 환경에서는 많은 배우자들이 노년에 접어들기도 전해 부상당하거나 죽었다. 예를 들어 남성들은 부족 간의 전투에서 큰 상처를 입거나 죽임을 당하곤 했다. 고고학적 증거들을 보면 남성들 사이에 폭력이 심각했음을 알 수 있다. 어떤 유해들은 갈비뼈 사이에 창이나 칼 조각들이 꽂힌 채 발굴된다. 두개골이나 갈비뼈에 난 상처들은 여자의 골격보다 남자의 골격에서 더 자주 발견되며, 이는 육체적인 싸움이 주로 남성들 간에 이루어졌음을 알려 준다. 아마도 가장 흥미로운 사실은 대부분의 상처가 두개골과 갈비뼈의 왼편에 나 있다는 것이다. 공격자들이 대부분 오른손잡이였다는 것을 이로부터 짐작할 수 있다. 고고학적인 증거들로 미루어 보아 오늘날 확인할 수 있는 최초의 살해

희생자는 대략 5만 년 전 오른손잡이가 휘두른 칼에 가슴을 찔린 한 네안데르탈인 남성이다.[3] 이렇게 체계적으로 난 상처들이 단순히 우연한 사고로 생겨났다고는 볼 수 없다. 오히려 이들은 다른 사람들의 손에 부상이나 죽임을 당하는 일이 우리의 진화 역사상 반복적으로 맞닥뜨린 위험이었음을 말해 준다.

오늘날의 전통 사회도 남성들 간의 폭력으로 인해 혼란스럽기는 마찬가지다. 예컨대 아체 족에서는 의례적인 몽둥이 싸움이 오직 남성들 사이에서만 벌어지며 종종 영구적인 장애나 죽음을 몰고 온다.[4] 몽둥이 싸움에 출전하러 나간 남편을 둔 아내는 그가 무사히 돌아올지 결코 확신할 수 없다. 야노마뫼 족의 남자 아이는 다른 남자를 죽이기 전까지는 온전한 남자로 취급받지 못한다. 야노마뫼 남성은 흉터를 자랑스럽게 드러내며, 종종 화려한 색깔로 흉터를 칠해서 사람들의 관심을 끌려고 애쓴다.[5] 인간 역사를 통해서 전쟁은 남성들에 의해 치러졌으며, 결국 남성들은 엄청난 위험을 감수해야 했다.

다른 남성의 손에 의한 폭력만이 조상 남성이 죽음에 직면할지도 모르는 유일한 통로는 아니었다. 사냥도 항상 남성이 도맡아 온 활동이었으며 조상 남성들은 특히 멧돼지나 들소, 물소 같은 큰 짐승을 사냥할 때면 큰 부상을 당할 위험에 처했다. 사자, 표범, 호랑이 등이 아프리카의 사바나 초원을 지배했으며 조심성 없고 미숙하거나 경솔한 사냥꾼에게 큰 부상을 입히곤 했다. 절벽에서 굴러 떨어지거나 나무에서 떨어지는 일도 빈번했을 것이다. 인간의 조상 환경에서 어떤 여성이라도 남편이 먼저 죽을 가능성이나 남편이 사냥 및 아내를 보호할 능력을 상실할 만큼 큰 부상을 당할 가능성을 무시할 수 없었으므로, 평소에 다른 대체 배우자를 잘 살피고 심지어는 유혹까지 하는 것이 여성의 입장에서는 매우 적응적이었을 것이다.

조상 여성들은 결코 전투에 나가지 않았으며 사냥에 참여하는 일도 매우 드물었다. 여성들이 주로 담당했던 채집 활동은 사냥보다 훨씬 덜 위험했으며 가족의 총 음식 수요량의 60~80퍼센트를 충당했다.[6] 하지만 출산은 아내에게 손실을 끼쳤다. 현대적 의학 기술이 없었으므로 많은 여성들이 임신과 출산이라는 위험한 경로에서 살아남지 못했다. 만약 이러한 가능성을 내다보고 대체할 배우자를 찾을 발판을 미리 마련하게 해 주는 심리 기제가 없었다면 아내가 죽어 홀로 된 남성은 다시 처음부터 배우자를 찾고 구애하는 과정을 되밟아야 했을 것이다. 배우자가 예기치 않게 죽을 때까지 마냥 시간을 보내기보다는 미리 잠재적인 대체 방안을 생각해 두는 편이 남녀 모두에게 이로웠을 것이다.

부상, 질병, 또는 배우자의 죽음만이 우리의 조상들이 다른 누군가에게 눈길을 돌리게 만든 유일한 위험이었던 것은 아니다. 남편이 집단 내에서 지위를 상실하거나, 배척당하거나, 다른 남성에게 무릎 꿇리거나, 아버지로서 부족함이 확인되거나, 불임이라는 사실이 탄로 나거나, 사냥을 잘 못한다거나, 아내나 자식들을 학대한다거나, 혼외정사를 한다거나, 다른 여성에게 자원을 바친다거나, 발기 불능임이 밝혀질 수도 있다. 아내가 음식물을 채집해 오지 못한다거나, 가족의 공동 자원을 잘못 관리하거나, 어머니로서 부족함이 확인되거나, 불임임이 탄로 나거나, 불감증이거나, 외도를 저지르거나, 다른 남성의 아이를 가질 수도 있다. 남녀 모두 치명적인 질병에 걸리거나 기생충을 뒤집어 쓸 수도 있다. 처음 선택할 때는 활기가 넘쳤던 배우자가 살아가면서 이런저런 일을 겪다 보면 전혀 딴 판으로 변모할 수 있다. 현재 배우자의 가치가 일단 하락하면, 다른 대안이 매력적으로 다가온다.

배우자의 가치 하락과 잠재적인 사망 가능성은 다른 대안으로 눈길을 가게 만들 수 있는 여러 요인들 가운데 일부일 뿐이다. 다른 중대한 요인은 자기 자신의 배우자 가치가 상승하는 것이며, 이로 인하여 이전에는 감히 넘볼 수 없었던 여러 대안들이 현실적으로 다가오게 된다. 예컨대 어떤 남성이 흉포한 동물을 죽이거나, 전투에서 승리를 거두거나, 누군가의 아이를 위험으로부터 구하는 것 같은 매우 용감한 행동을 함으로써 자기 지위를 엄청나게 상승시킬 수 있다. 지위가 갑자기 상승하면 현재의 배우자를 무색하게 만드는 젊고 더 매력적인 여성 혹은 여러 명의 여성들과 짝짓기할 기회가 열린다. 반면에 여성의 배우자 가치는 번식 가치와 밀접하게 연관되어 있으므로, 여성은 대개 남성만큼 자신의 배우자 가치를 갑자기 끌어올리지는 못한다. 그렇지만 여성도 지위나 권력을 쟁취하거나, 위기 상황에 침착하게 대처하는 면모를 보여 주거나, 비상한 지혜를 과시하거나, 집단 내에서 지위가 상승한 자식이나 친척을 둠으로써 자신의 배우자 가치를 어느 정도 향상시킬 수 있다. 이처럼 배우자 가치가 변화할 가능성은 오늘날 우리에게도 역시 존재한다.

배우자 가치가 상승 또는 하락하는 것만이 대안을 찾아 나서게 만드는 요인은 아니다. 이혼을 부추기는 또 다른 요인은 더 바람직한 대안이 존재하는 것이다. 다른 사람이 이미 차지했던 바람직한 이성이 갑자기 홀로 될 수도 있다. 예전에는 별로 나의 관심을 끌지 못했던 이성이 갑자기 강한 매력을 발산할 수도 있다. 이웃 집단에 속한 이성이 갑자기 우리 집단에 출현할 수도 있다. 이들 가운데 누군가가 나의 현재 부부 관계를 깨뜨리기 충분할 만큼 배우자 가치가 높을 수도 있다.

　　요약하면 장기적인 배우자를 버리게 만드는 세 가지 주요한 상황이 있을 수 있다. 첫째, 현재의 배우자가 자원이나 능력이 감소하거나 번식에 관련된 자원을 제때 제공해 주지 않기 시작하여 그의 배우자 가치가 떨어졌을 때, 둘째, 나 자신의 자원이나 평판이 증가해서 이전에는 얻을 수 없었던 짝짓기 가능성이 열렸을 때, 셋째, 강력한 대안이 시야에 들어왔을 때 등이다. 우리의 조상들은 이들 세 가지 상황을 반복적으로 접했을 것이므로, 인간은 기존 부부 관계의 이득과 손실을 다른 가능한 대안과 비교하여 따져 보는 심리 기제를 진화시켰으리라고 예상할 수 있다. 이러한 심리 기제는 현재 배우자의 가치 변화를 민감하게 살피고, 다른 짝짓기 대안을 판별하여 계속 주의를 기울이고, 대체 배우자에게 구애 행위를 하게끔 우리 조상들을 이끌었을 것이다.


## 진화된 심리 기제

부부 관계를 종결시키게끔 이끌었던 먼 과거의 상황들이 인간의 진화 역사 동안 반복적으로 적응적 문제를 유발시켰으며, 따라서 전략적 해결책을 진화시키도록 하는 선택압이 발생했다. 배우자 가치가 하락하는 것을 눈치 채지 못했거나, 배우자가 갑자기 죽었을 경우 재혼할 준비가 전혀 안 되어 있거나, 현재의 배우자를 그보다 더 우수한 새로운 배우자로 갈아 치울 기회가 찾아왔어도 제대로 살리지 못한 사람들은 이러한 상황 변화를 잘 감지하여 유리하게 대처한 사람들에 비하여 엄청난 번식적 손실을 감수해야 했을 것이다.

언짢게 들릴지 모르지만 한 배우자에게 헌신하는 관계를 유지하면서도 사람들은 다른 잠재적인 배우자감들을 이리저리 살피고 평가한다. 기혼 남성들끼리 하는 농담은 운동이나 업무에 대해서가 아니라면 흔히 그들 주변에 있는 여성들의 외모와 성적 접근 가능성을 놓고 행해진다. 기혼 여성들끼리도 어떤 남성이 매력적인지, 접근 가능한지, 바람기가 있는지, 아니면 지위가 높은지를 두고 수다를 늘어놓는다. 이러한 유형의 대화를 통해 정보를 서로 교환하고 짝짓기 전망을 살핀다는 목적을 달성한다. 짝짓기 기회에 대한 관심을 접지 않은 채 계속 대안들을 살피는 것이 유리하다. 그다지 바람직하지 않은 배우자와 좋을 때나 어려울 때나 동거 동락하는 사람은 주위로부터 칭찬을 들을지 모르지만, 이러한 형질을 지닌 조상들은 과거에 성공적으로 번식하지 못했으며 따라서 오늘날 이런 형질은 거의 찾아보기 어렵다. 남녀 모두 다른 짝짓기 기회를 끊임없이 살핀다. 비록 그런 기회가 생겼을 때 즉시 행동을 취할 의도는 지금 당장에는 없다고 하더라도 말이다. 미리 대비해 두는 것이 이로운 법이다.

배우자에 대한 심리적인 선호는 결혼 생활 동안에도 계속 작동하며, 잠재적인 배우자 후보군을 비교할 때뿐만 아니라 그러한 대안들을 현재의 배우자와 비교할 때도 쓰인다. 젊고 매력적인 여성에 대한 남성의 선호는 혼인 서약이 공표된 후에도 사라지지 않는다. 지위와 명성이 높은 다른 남성에 대한 여성의 선호도 마찬가지다. 사실 현재의 배우자는 결혼 후에도 다른 이성들을 계속 저울질할 때 쓰이는 기준점이 될 뿐이다. 현재의 배우자를 지킬 것이냐 혹은 내칠 것이냐는 이러한 저울질이 어떤 결론을 내리느냐에 달려 있다. 이 과정은 아마도 무의식적으로 이루어질 것이다.

지위가 상승하여 더 좋은 짝짓기 대안이 열린 남성이 물론 이렇게 생각하지는 않는다. "흠, 지금의 안사람과 헤어진다면 더 젊고 더 번식 가치가 높은 여자와 새로 짝짓기해서 번식 성공도를 높일 수 있겠군." 그는 단지 다른 여성들을 더 매력적으로 인식하며 결혼 전에 비해서 더 획득하기 쉬워졌다고 느낄 뿐이다. 남편에게 학대당하는 여성이 이렇게 생각하지는 않는다. "이렇게 손실만 끼치는 남편과 헤어진다면 내 번식 성공도가 증가할거야." 그녀는 단지 남편을 피해 자신과 아이들이 안전한 곳으로 옮기는 게 좋겠다고 생각할 뿐이다. 지방, 당분, 단백질에 대한 우리의 미각 선호가 그 적응적 기능을 의식적으로 인식하는 과정을 거치지 않고서 이루어지는 것처럼 결혼 종결 기제도 그것이 해결하는 적응적 문제를 의식적으로 인식하는 과정을 거치지 않으면서 작동한다.

일반적으로 사람들은 장기적인 배우자를 왜 버려야 하는지 명확하게 정당화해 줄 근거를 필요로 한다. 친구나 가족, 심지어 자기 자신에게 파경을 설득력 있게 설명함으로써 사회적 체면을 유지하거나 최소한으로 훼손되게끔 해 줄 근거가 필요한 것이다. 물론 어떤 이들은 그냥 조용히 관계를 청산하기도 하지만 이런 식의 해결책이 채택되는 경우는 거의 없다. 배우자와 헤어지는 행위를 정당화시키는 논리 중의 하나는 배우자가 자신에게 거는 기대를 충족시켜 주지 못했더니 배우자가 먼저 더 이상 관계를 유지하길 원치 않게 되었다는 논리이다. 우리의 조상 남성은 자원을 제공하길 거부하거나 투자의 일부를 다른 여성에게 제공하고 있다는 낌새를 내비칠 수 있었다. 조상 여성은 외도를 저질러서 남편의 부성 확실성을 낮추거나 남편과의 성 관계를 거부할 수 있었다. 무정하고, 불친절하고, 배려심 없고, 악의적이고, 해롭고, 가시 돋친 행동은 남녀 모두에게 배우자를 쫓아내는 전술로서 효과적이었을 것이다. 이러한 행동은 남녀 모두가 지니고 있는 친절하고 이해심 많은 배우자에 대한 보편적인 선호에 역행하기 때문이다. 우리 모두는 배우자의 부적절한 행동에 반응하여 배우자를 현명하지 못하게 선택했을 가능성이나, 혹은 배우자가 이상하게 변모했을 가능성을 우리에게 일깨워 주고, 더 이상 손실을 보지 않게끔 뭔가 조치를 취하라고 명령하는 심리 기제를 갖고 있는데, 위와 같은 전술들은 바로 이러한 심리 기제를 착취한다고 할 수 있다.

우리의 조상 환경에서 행해진 장기적인 짝짓기로부터 남성은 한 여성의 번식 능력을 독점함으로써 주로 이득을 얻었고 여성은 한 남성의 투자를 독점함으로써 주로 이득을 얻었다. 이렇게 장기적인 짝짓기로부터 얻는 이득에서 존재하는 성차는 별거와 이혼을 일으키는 원인과 관련해서도 중요한 함의를 던진다. 즉 남성과 여성은 시간에 따라 자신의 배우자에게 일어나는 변화를 평가할 때 매우 다른 기준에 의거해서 평가를 내린다는 결론을 끌어낼 수 있는 것이다. 예컨대 여성이 25세에서 50세가 되면 그녀의 번식 가치는 급락한다. 물론 그녀의 배우자 가치 가운데 다른 부분들이 증가하여 이러한 손실분을 메울 수도 있지만 일반적으로 봤을 때 쉬운 일은 아니다. 남성이 만약 똑같이 25세에서 50세가 되면 운이 좋은 남성은 사회적 지위가 상승하여 그전에는 감히 기대할 수 없었던 짝짓기 기회가 갑자기 활짝 열리게 된다. 반면에 운이 나쁜 남성은 지위가 하락하여 원래의 배우자를 지키는 일에 필사적으로 매달리게 된다. 그러므로 조상 남성과 여성은 서로 상당히 다른 이유로 인해서 갈라섰으리라 예상할 수 있다. 이 상이한 이유들은 남녀 각각이 성공적인 짝짓기를 위해 풀어야 했던 적응적 문제들의 핵심과 연결되어 있다.

진화인류학자 로라 벳직이 160개 사회를 대상으로 이혼의 원인을 비교문화적으로 분석한 연구가 지금껏 이혼에 대해 수행된 연구 가운데 가장 심층적이며, 이 연구를 통해 사람들이 파경에 이르는 원인이 상당 부분 밝혀졌다.[7] 그녀는 기존의 인류학자들이 각 사회 내에서 함께 살면서 기록했거나 각 사회의 원주민들이 들려 준 부부 결별의 원인 43가지를 종합하였다. 불충분한 자료와 자료를 수집한 기법의 차이 등 여러 가지 제한 요인들로 인해 각각의 이혼 원인의 절대적인 빈도는 계산할 수 없었다. 그렇지만 상대적인 빈도는 구할 수 있었다. 벳직은 어떤 특정한 이혼 원인이 포착된 사회가 많을수록 그 원인이 이혼을 낳는 보편적인 원인일 가능성이 높다고 추론했다. 이혼의 원인을 열거한 목록 최상단에 위치하는 두 가지는 번식에 직접적으로 관련되는 것들이었다. 바로 부정(不貞)과 불임이었다.

## 부정(不貞)

남편이 아내의 번식 능력에 대한 독점적인 위치를 잃어버렸음을 가장 강력하게 알려 주는 신호는 그녀의 외도이다. 아내가 남편의 자원에 대한 독점적인 위치를 잃어버렸음을 가장 강력하게 알려 주는 신호는 그의 외도이다. 아들을 낳지 못함에서부터 성적 무관심에까지 이르는 43가지 이혼 사유 중에 간통은 부부의 결별을 초래하는 가장 강력한 원인이었으며 무려 88개 사회에서 보고되었다. 간통을 원인으로 꼽은 사회에서도 그 구체적인 발현 양상에서는 강한 성차가 관찰되었다. 25개 사회에서는 양쪽 가운데 어느 한쪽이라도 간통하면 이혼이 성립되었고, 54개 사회에서는 아내가 간통했을 때만 이혼이 성립되었으며, 남편이 간통했을 때만 이혼이 성립하는 사회는 단 2개에 불과했다. 이들 두 사회에서도 부정을 저지른 아내가 처벌을 받지 않고 넘어가는 일은 거의 없으므로, 간통을 바라보는 이중 잣대에 대한 예외를 보여 준다고 말하기는 어렵다. 즉 두 사회 모두에서 남편은 아내의 부정을 발견하면 아내를 헌신짝처럼 버린다고 보고되고 있으며, 어떤 경우에는 아내를 때려죽이기까지 한다. 이들 두 사회에서 부정을 저지른 아내는 다행히 이혼을 피할지는 모르지만, 결코 가벼운 처벌로 상황이 종결되지는 않는다.

여성의 부정이 보다 광범위하게 나타나는 이혼 사유라는 사실은 남성이 부정을 저지르기 더 쉽다는 점에서 특별히 흥미를 끈다.[8] 예를 들어 「킨제이 보고서」에 따르면 설문 조사에 답한 남편의 50퍼센트가, 그러나 아내는 단지 26퍼센트만이 부정을 저지른 적이 있다고 밝혔다. 부정에 대한 반응에서 보이는 이중 잣대는 미국이나 서구 문화만이 아닌 전 세계 보편적으로 나타난다. 이중 잣대가 이토록 광범위하게 나타나는 까닭으로 다음 세 가지를 생각할 수 있다. 첫째, 남성은 힘이 강해서 자기 뜻을 관철할 수 있으므로, 남편이 아내의 부정을 참아 낼 수밖에 없는 경우보다는 아내가 남편의 부정을 참아 낼 수밖에 없는 경우가 더 흔할 것이다. 둘째, 부정을 저지른 남편이 내연녀에게 자원과 헌신을 전면적으로 쏟아 붓지 않는다는 전제하에서 성적 부정 그 자체는 인간의 진화 역사상 남성보다는 여성에게 덜한 손실을 끼쳤을 것이므로, 전 세계적으로 여성이 남성보다 배우자의 성적인 과오를 더 쉽게 용서해 줄 것이다. 셋째, 이혼 시 여성이 겪어야 할 손실이 남성보다 훨씬 더 컸을 것이므로 전 세계적으로 아내가 남편의 부정을 참아 낼 수밖에 없는 경우가 더 흔할 것이다. 이는 특히 여성이 이미 자식을 낳아서 짝짓기 시장에서의 가치가 대폭 삭감된 상태라면 더욱 더 그러했을 것이다. 이 모든 이유들로 인해 아내의 부정은 상대적으로 부부 사이에 회복할 수 없는 균열을 더 자주 일으켜 이혼으로 치닫는 원인이 된다.

부정이 결혼 생활에서 파경을 초래하기 쉽다는 사실은 사람들 사이에서 워낙 잘 알려져 있는지라, 때때로 사람들은 원치 않는 결혼 생활에서 빠져나오기 위해 고의적으로 부정을 저지르기도 한다. 부부 간의 파경을 조사한 한 연구에서 우리는 100명의 남녀에게 원치 않는 결혼에서 빠져나오기 위해 어떤 전술을 사용할 것인지 적어 달라고 부탁했다. 그러고 나서 54명으로 구성된 다른 집단에게 각각의 전술이 이러한 목표를 달성하기에 얼마나 효과적일지 평가해 달라고 했다. 원치 않는 배우자를 치워 없애는 가장 흔한 방법 가운데 하나는 혼외정사를 시작하는 것으로 나타났다. 즉 노골적으로 외박을 한다든가 의심스러운 시간과 장소에서 이성과 함께 있는 장면이 배우자에게 목격되게끔 하는 전술이 높은 평가를 받았다.

때때로 혼외정사까지 실제로 감행하지는 않고 단지 슬쩍 언급이나 암시만 주기도 한다. 어떤 이들은 다른 이성과 시시덕대거나 배우자에게 다른 누군가와 사랑에 빠졌다고 말하는 전술을 구사함으로써 현재의 배우자로 하여금 관계를 끝내게 만든다. 이와 비슷한 전술로 둘 간의 부부 생활이 옳은 방향으로 가고 있는지 확인하기 위해 다른 사람과 데이트하고 싶다고 말하는 전술이 있는데, 이는 헌신의 강도를 점차 줄여 나감으로써 부부라는 굴레로부터 우아하게 빠져나오려는 방책으로 보인다.

배우자를 치워 버리게 만드는 요인으로 부정은 매우 타당한 사유로 받아들여지기 때문에, 때때로 사람들은 실제로는 혼외정사가 일어나지 않았지만 이러한 인식을 이용하여 부부 관계를 정리하기도 한다. 예컨대 트룩 섬에서는 남편이 결혼 생활을 끝내고 싶다면, 그냥 아내가 간통을 저질렀다고 소문을 퍼뜨린 뒤 그 소문을 믿는 척하고 분개하여 이혼하면 된다.[9] 확실히 사람들은 사회적 인맥으로 맺어진 사람들에게 자신의 이혼을 정당화시키고자 크게 신경 쓰는 것 같다. 혼외정사가 일어난 척하는 것은 그런 정당화를 가능하게 해 준다. 부정은 이혼을 하게 만드는 강력한 사유로 널리 받아들여지기 때문이다.

## 불임

다른 많은 종들보다도 일부일처제를 지키는 산비둘기의 경우에도 한 해 약 25퍼센트의 이혼율을 보인다. 파경에 이르는 주된 요인은 불임, 즉 암수 한 쌍이 새끼를 낳지 못하는 것이다.[10] 어떤 번식기에 새끼를 낳은 산비둘기 쌍은 다음 번식기에도 쌍을 이룰 확률이 대단히 높다. 새 끼를 낳지 못한 산비둘기 쌍은 다음 번식기에는 다른 배우자를 찾아 나 선다.

자식을 낳지 못하는 것은 인간에서도 주된 이혼 사유이다. 자식 이 없는 부부는 둘 이상의 자식을 둔 부부보다 훨씬 더 많이 이혼한다. 55개 사회의 수백만 명의 사람들을 조사한 국제 연합의 연구에 따르면, 이혼의 39퍼센트는 아이가 없는 가정에서 일어나고, 26퍼센트는 아이 를 하나만 둔 가정에서, 19퍼센트는 아이를 둘 둔 가정에서, 그리고 3퍼 센트 미만이 아이를 넷 이상 둔 가정에서 일어난다. 자녀가 없는 가정 이 치르는 대가는 결혼한 기간에 관계없다.[11] 자식은 남편과 아내 사이 의 유전적 이해를 함께 묶는 매개체가 되므로 부부 간의 유대를 공고히 해 주며 이혼할 확률을 낮춰 준다. 부부의 유전자를 다음 세대로 전달 해 주는 이 작은 운반체를 만들지 못한다면, 부부 사이를 이어 주는 강 력한 끈이 끊기는 셈이다.

여러 문화에 걸쳐서 불임은 이혼을 일으키는 원인으로 간통 다음 으로 많이 꼽힌다. 부부의 결별에 대한 비교문화적 연구에서 75개 사회 에서 불임은 부부가 결별하는 원인으로 보고되었다. 이들 가운데 20개 사회에서 남편이 불임이든 아내가 불임이든 어느 한쪽이 불임이면 이 혼이 발생하는 것으로 나타났다. 그러나 간통과 마찬가지로 불임이 이 혼에 끼치는 영향도 성에 따라 달라지는 것처럼 보인다. 20개 사회에서 는 남편이 불임일 때만 이혼이 성립되는 것으로 조사된 반면, 30개 사 회에서는 아내가 불임일 때만 이혼이 성립되는 것으로 조사되었다. 이 는 남성보다 여성을 더 심하게 질책하는 이중 잣대의 또 다른 실례를 보여 주는 것으로 보인다. 나머지 21개 사회에서는 부부의 결별을 가져오는 원인이 남편 쪽의 불임인지 아내 쪽의 불임인지 혹은 둘 다인지 판별하는 것이 불가능했다.

모든 사회가 이혼을 허용하는 것은 아니다. 이혼이 허용되지 않는 경우에도 아이를 낳지 못한 부부가 서로 결별하게끔 해 주는 조항이 종종 만들어진다. 예컨대 아시아 남부 해안의 안다만 제도에서는 아기가 태어나기 전에는 결혼이 완전하게 성립된 것으로 여기지 않는다.[12] 아이가 아직 만들어지지 않은 시범 결혼은 구속력이 있는 진짜 결혼으로 간주되지 않는다. 일본의 많은 촌락에서는 결혼식이 끝난 지 한참 지난 후에도 결혼 신고를 하지 않고 기다리며, 첫 아이가 태어나고 나서야 비로소 마을 사무소의 호적에 결혼 사실을 등재하곤 한다.[13] 아이가 태어나기 전까지는 결혼을 법적으로 허용하지 않는 사회라면, 불임은 사실상 부부 간의 결별을 낳는 원인이 된다.

나이가 많으면 번식력도 감소하는데, 이런 연관 관계는 남성보다 여성에서 더 뚜렷하게 나타난다. 한 번 사정 시 정자량은 나이를 먹으면서 다소 감소하지만 60대나 70대, 혹은 80대의 남성도 여전히 자식을 볼 수 있으며 많은 문화권에서 실제로 이런 일이 벌어진다. 야노마뫼 족에서 특히 원기 완성한 한 남성은 나이 차가 50년이나 나는 자식들을 두고 있었다. 북부 오스트레일리아의 티위 족에서는 나이 든 남성이 30년 이상 연하인 아내들을 거느리고 자식을 보는 경우가 비일비재하다. 비록 서구 문화권에서는 티위 족이나 야노마뫼 족 부부들만큼 나이 차이가 많이 나지는 않지만 남성이 폐경기를 거친 아내와 이혼하고 더 젊은 여성과 새 가정을 꾸리는 일이 드물지 않게 일어난다.[14]

남녀의 번식생물학적 특성의 차이를 감안하면, 고령의 아내는 고령의 남편보다 더 자주 이혼을 초래하는 사유가 되리라고 예측할 수 있다. 부부의 결별에 대한 비교문화적 연구에서는 고령의 나이가 이혼을 초래하는 사유로 흔히 언급된다는 증거를 찾지 못했다. 하지만 8개 문화에서 고령이 이혼을 초래한다고 언급되긴 했으며, 이들 문화 모두에서 남편이 아니라 오직 아내의 고령만이 이혼을 낳는 사유로 꼽혔다. 이혼하면 남성들은 거의 예외 없이 더 젊은 여성과 결혼한다.

　　진화적인 관점에서 전 세계적으로 불임과 부정이 이혼을 일으키는 가장 흔한 사유라는 사실은 완벽하게 이치에 들어맞는다. 둘 다 장기적 짝짓기의 진화적 존재 이유인 번식 자원을 후대에 남기는 과업이 직접적이고 총체적으로 실패함을 의미한다. 이런 사건을 겪는 사람들이 의식적으로 번식 적응도의 손실을 계산하지는 않는다. 부정과 불임은 인간 조상들이 번식적 실패에 적절히 대응하는 심리 기제를 갖게끔 선택압을 발생시킨 적응적 문제들이다. 성 관계를 갖는 당사자들은 그 저변에 깔린 번식적 논리를 전혀 의식하지 못하지만 그들이 행한 성 관계로 인해 자식이 태어나는 것처럼, 부정하거나 불임인 배우자를 둔 사람은 그 저변에 깔린 적응적 논리를 의식적으로 이해하지 못하지만 그를 휘감는 분노로 인해 배우자를 버리게 된다. 상호 합의하에 일부러 자식을 안 가진 부부라도 어느 한쪽의 부정에 의해 결혼 생활이 파탄이 난다는 사실은 우리의 심리 기제가 자신들을 빚어낸 선택압이 더 이상 존재하지 않는 오늘날에도 여전히 작동함을 보여 준다.

## 성 관계 거부

남편과의 성 관계를 거부하는 아내는 남편이 그녀의 번식 가치에 접근하는 것을 효과적으로 차단하는 셈이다. 물론 두 사람 중 그 누구도 이 문제를 이런 식으로 해석하지는 않겠지만 말이다. 인간의 진화 역사에 걸쳐 성 관계는 번식의 필요 조건이었으므로 남성에게서 섹스를 박탈하는 행동은 그가 아내를 얻기 위해 쏟아 부었던 투자에 따른 배당금을 한 푼도 돌려받지 못하게 하는 것이다. 이러한 행동은 또한 아내가 자신의 성을 다른 남성에게 허락하고 있음을 암시할 수 있다. 남성은 자신의 성 전략이 이렇게 간섭당하고 있음을 환기시켜 주는 심리 기제를 진화시켰을 것이다.

앞에서 살펴본 부부의 결별에 대한 비교문화적 연구에서 20개 사회가 부부의 결별을 가져오는 원인으로 성 관계 거부를 지목했다. 그리고 이 20개 사회 모두에서 남편에 의한 성 관계 거부가 아닌 오직 아내에 의한 성 관계 거부를 결별의 원인으로 보았다. 또한 부부의 이혼에 대한 연구에서도 성 관계를 거부하는 행동이 정이 떠난 배우자를 치워 버리는 주요한 전술로 여겨진다는 것이 밝혀졌다. 여성들은 이러한 전술로서 남편과 신체적 접촉 자체를 거부하기, 성적으로 냉담하고 무관심하게 변모하기, 남편이 자기 몸에 손대지 못하게 하기, 성 관계 요구를 거절하기 등을 다양하게 지목했다. 이러한 전술은 오직 여성들에 의해서만 사용된다.

성 관계 거부 전술의 효과는 부부의 이혼에 대한 연구에 참여한 한 여성의 이야기에서 짐작할 수 있다. 그녀는 친구에게 남편과 갈라서기 위해 여러 번 시도했지만 번번이 실패로 돌아갔다고 한탄했다. 그녀는 무언가 조언을 듣고 싶었다. 친구와 차근차근 대화한 결과, 그녀가 남편을 갈아 치우기를 간절히 원하긴 했지만 그의 성적 접근을 거절한 적은 한번도 없음이 드러났다. 친구는 한번 시도해 보라고 제안했다. 일주일 후, 그녀의 남편은 성 관계를 번번이 거부당하자 불같이 화를 냈고, 이틀이 지난 다음에는 짐을 꾸려 집을 나가 버렸다. 그들은 얼마 후에 이혼했다. 여성이 사랑을 얻기 위해 섹스를 제공하고 남성이 섹스를 얻기 위해 사랑을 제공한다면, 남성에게서 섹스를 빼앗는 행동은 그의 사랑을 차단하고 이별을 돕우는 효과적인 방책이 될 것이다.

## 경제적 원조의 부재

여성에게 자원을 제공하고자 하는 남성의 능력 및 의향은 남성의 배우자 가치를 이루는 핵심 요소이며, 여성이 애초에 남성을 배우자로 선택하게 하는 핵심 요소이며, 남성이 배우자감을 유혹하는 전술의 핵심 요소이며, 남성이 배우자를 지키는 전술의 핵심 요소이다. 진화적인 관점에서 남편이 아내와 자식들에게 자원을 제대로 제공하지 못하는 것은 부부 간 결별을 불러오는 주요한 원인으로 생각된다. 자원을 제공할 능력이 없거나 제공할 의사가 없는 남성은 그가 애초에 아내로부터 남편감으로 선택되면서 맺은 약속을 깬 것이라 볼 수 있다.

실제로 남성이 자원을 제공하지 않는 상황은 세계 보편적으로 이혼의 원인이 된다. 부부 간 결별에 대한 비교문화적 연구는 20개 사회가 불충분한 경제적 원조를, 4개 사회가 부적절한 주거 환경을, 3개 사회가 부족한 음식 공급을, 4개 사회가 부족한 의복 공급을 이혼의 주된 사유로 들고 있음을 발견했다. 이들 사유들은 전적으로 남성의 탓으로 돌려진다. 여성이 자원을 공급하지 못하는 것이 이혼의 사유가 되는 사회는 한 군데도 없다.

남성이 경제적인 원조를 하지 못하는 것이 얼마나 심각한 일인지는 부부의 이혼에 대한 연구에 참여한 20대 후반의 한 여성에게서 확인할 수 있다.

> 제 남편은 여러 군데 직장에서 쫓겨나면서 무척 풀이 죽어 있었어요. 한 직장에 오래 있지 못했죠. 한두 해쯤 직장을 다니다가 쫓겨나고, 그리고 또 다른 곳에 1년쯤 다니다가 쫓겨나고 그런 식이었죠. 그는 정말로 의기소침해 했어요. 사회 복지 담당자도 만나 보았지만 별 도움이 되는 것 같지 않았죠. 그때부터 그는 잠을 많이 잤어요. 그리고 마침내 제가 그의 자는 모습을 마지막으로 보게 되는 날이 왔죠. 어느 날 밤 저는 외출했다가 늦게 들어왔어요. 그는 아이들을 재우는 것도 잊은 채 침대에서 계속 자고 있었어요. 외출하면서 아이들이 텔레비전을 보게 했는데, 제가 돌아왔을 때에도 아이들은 계속 텔레비전 앞에 있었어요. 다음날 저는 그에게 나가라고 말했죠. 아주 강하게요.[15]

오늘날 미국에서 남편보다 돈을 더 많이 버는 아내는 남편을 떠나는 경향이 있다. 미국인 부부들을 조사한 한 연구에 따르면, 아내가 남편보다 더 많이 버는 부부는 남편이 아내보다 더 많이 버는 부부보다 이혼하는 확률이 50퍼센트나 더 높은 것으로 나타났다.[16] 사실 직장에서 승승장구하는 아내를 둔 남편은 때때로 분노를 터뜨린다. 여성이 이혼하는 원인을 조사한 한 연구에서 어떤 여성은 그녀의 남편을 두고 이렇게 말했다. "그이는 내가 자기보다 많이 번다는 사실을 참지 못했어요. 그 사실이 자기는 남자 구실도 못한다고 느끼게 만들었죠." 여성도 야심이 없는 남편에 대해 분노를 터뜨린다. 다른 여성은 이렇게 말했다. "저는 풀타임으로 일했지만, 남편은 파트타임으로 일하고 풀타임으로 술을 마셔 댔어요. 결국 저는 제 앞길에 좀더 도움이 될 사람을 찾아야겠다고 생각하게 되었죠."[17] 자원을 제공해 줄 배우자에 대한 여성의 근본적인 선호를 채워 주지 못하는 남성은 정리해고를 당한다. 특히 여성이 남성보다 더 많이 벌 때 그렇다.


## 아내들 사이의 갈등


일부다처제는 많은 문화권에 널리 퍼진 관습이다. 853개의 문화를 분석한 연구에 따르면, 그중 83퍼센트가 일부다처제를 허용하는 것으로 나타났다. 몇몇 서아프리카 사회에서는 나이 든 남성의 25퍼센트가 두 명 이상의 아내를 동시에 거느리고 있다. 일부다처제가 법적으로 허용되지 않은 문화에서도 일부다처 현상이 때때로 관찰된다. 한 연구는 미국 내에 2만 5000~3만 5000건의 일부다처적 결혼이 존재하며 주로 서부에 분포한다고 추정했다.[18] 경제적으로 성공을 거둔 미국 남성 437명을 조사한 다른 연구는 그중 일부가 아내 몰래 두 집 살림을 하고 있

음을 발견했다.[19]

　여성의 입장에서 보면, 남편이 아내를 또 얻음으로써 받는 주된 불이익은 다른 여자와 그 자식들에게로 한번 가 버린 자원은 그녀와 그녀의 자식들에게 다시 돌아오지 않는다는 것이다. 비록 남편을 공유하는 아내들끼리 서로의 존재로 인해 상당한 이득을 얻을 수도 있겠지만, 많은 경우에 한 아내의 이득은 다른 아내의 손실이 된다. 부부의 결별에 대한 비교문화적 연구에서 여러 아내를 거느렸다는 것은 25개 사회에서 이혼을 야기하는 한 원인이 되는 것으로 밝혀졌다. 이러한 사회에서는 주로 한 남자의 여러 아내들 간에 벌어지는 갈등 때문에 이혼이 발생한다.

　아내들 사이에서 벌어지는 갈등은 여러 아내를 거느린 조상 남성이 아내들을 계속 효과적으로 통제하기 위해서 풀어야 했던 적응적 문제였을 것이다. 그 적응적 문제는 어떻게 모든 아내들을 행복하게 만들어서 그 누구도 외도하지 않게 하느냐이다. 아내 중의 누구 한 명이 바람을 피우게 되면 남편에게서 귀중한 번식 자원을 박탈하는 셈이 된다. 몇몇 남편들은 자원 분배에 대한 엄격한 규칙을 세워서 모든 아내들에게 동일한 관심과 동일한 잠자리를 제공한다. 케냐의 킵시기스 족에서 한 남편에게 딸린 여러 아내들은 남편에 의해 공평하게 나뉘어진 땅을 각자 자기 몫으로 가진다.[20] 킵시기스 족 남편은 아내들 모두와 떨어진 곳에 거처를 마련하고, 각각의 아내와 함께 지내는 시간을 공평하게 할당해서 차례대로 돌아가면서 같이 지낸다. 친자매가 한 남자의 아내가 되는 자매 일부다처제(sororal polygyny)도 갈등을 줄여 주는 경향이 있다. 이는 유전적 중첩이 여성들의 이해관계를 심리적으로 수렴시켜 주는

역할을 함을 암시한다.[21]

아내들 사이에 평화를 유지하려는 남편의 노력에도 불구하고 감비아 같은 사회의 여성들은 아무리 일부다처제가 합법적으로 인정된다 하더라도 자기 남편이 두 번째 아내를 맞이하려 들면 종종 그에게서 떠나 버린다.[22] 여성은 자기 남편의 시간과 자원을 결코 다른 여성과 공유할 수 없다고 생각하는 것 같다.

## 잔인성과 불친절

세계 어디에서나 장기적인 배우자의 특질 가운데 가장 높이 평가받는 것 중의 하나는 친절함이다. 왜냐하면 친절은 장기적인 짝짓기에서 성공하기 위한 필수 요소인 서로 협동하는 결합을 꾸려 나가겠다는 의향을 신호하기 때문이다. 성미가 까다로운 사람은 좋은 배우자가 되지 못한다. 성질 급하고, 폭력적이고, 학대를 일삼고, 남을 헐뜯기 좋아하고, 아이들을 때리고, 가재도구를 부수고, 집안일을 도외시하고, 친구 사이를 이간질하는 사람은 배우자에게 심리적, 사회적, 육체적으로 극심한 손실을 끼친다.

이러한 손실로 인해 배우자의 잔인함, 학대, 무자비함 등은 부부의 결별에 대한 비교문화적 연구에서 파경을 불러오는 가장 흔한 사유에 포함되는 것으로 밝혀졌으며, 구체적으로 55개 사회에서 이혼의 원인으로 지목되었다. 사실 모든 문화권에서 이런 성향들은 간통과 불임 다음으로 부부 간의 결별을 가져오는 원인이 되었다.[23] 여성들을 대상으로 이혼 사유를 조사한 한 연구에 따르면, 이혼한 여성의 63퍼센트가 남편이 그들을 정서적으로 학대했으며, 29퍼센트가 남편이 신체적으로 학대했다고 밝혔다.[24]

불친절함과 심리적 잔인성은 어떤 경우에는 결혼 생활의 행로에서 일어나는 사건들, 특히 간통과 불임에 연관되어 나타난다. 예를 들어 불임은 종종 인도의 부족들에서 거친 말다툼의 불씨가 되곤 한다. 한 인도 남편은 이렇게 말했다. "우리는 7년이나 지겹도록 같이 살았지만 자식이 없었습니다. 집사람은 월경 주기가 시작될 때마다 절 이렇게 모욕했어요. '당신도 남자야? 힘이라곤 하나도 없지?' 저는 몹시 비참하고 처량했습니다."[25] 결국 이 부부는 이혼했다.

간통도 잔인성과 불친절함을 유발한다. 퀴쉬 족 여성이 간통을 저지르면 그 남편은 그녀를 못살게 굴고, 모욕을 주고, 욕을 퍼붓고, 학대하고, 심지어 굶기기까지 한다.[26] 전 세계적으로 간통한 아내들은 분노한 남편으로부터 매 맞고, 강간당하고, 조소받고, 욕설을 듣고, 상처를 입는다.[27] 그러므로 몇몇 불친절한 태도는 부부 사이에서 일어나는 번식적으로 해로운 사건들에 의해서 촉발된다. 다시 말하면 잔인성과 불친절함은 일정 부분 이혼의 다른 원인들이 나타내는 증상일지 모른다. 심리 기제와 행동 전략들이 배우자로 인해 손실을 입는 적응적 문제를 해결하기 위해 진화한다.

그 밖의 경우에 불친절한 태도는 시간이 지나도 안정적으로 유지되는 배우자의 성격적 특성으로 볼 수 있다.[28] 신혼부부를 대상으로 한 연구에서 우리는 한쪽 배우자의 성격적 특성과 그가 배우자에게 초래하는 문제들 사이의 연관 관계를 조사했다. 성미가 까다로운 남편들은 아내를 깔보고, 아내를 신체적으로나 언어적으로 학대하고, 바람을 피우고, 배려심이 없고, 변덕스럽고, 아내를 자주 모욕하고, 자기중심적이어서 이러한 남편을 둔 아내들은 괴로움을 호소했다.[29] 이들은 남편이 자기를 열등한 사람으로 취급한다고 불만을 토로했다. 성미가 까다로운 남편들은 너무 많은 시간과 관심을 요구하며, 아내의 감정을 무시한다. 그들은 아내의 뺨을 치고, 주먹으로 때리며, 상스러운 욕을 퍼붓는다. 다른 여자와 바람을 피운다. 집안일을 도와주지 않는다. 과하게 술을 마시며, 아내의 외모를 비하하고, 거칠게 보이려고 자신의 모든 감정을 꼭꼭 숨긴다. 당연한 일이겠지만 까다로운 배우자를 둔 사람들은 결혼에 만족하지 못하는 경향이 있으며 결혼 4년차에 이르면 대부분 별거나 이혼을 택한다.

사람들이 배우자의 친절함을 지극히 중시함을 감안하면, 마음에 안 드는 배우자를 치워 없애는 효과적인 전술 가운데 하나가 비열하고, 잔인하고, 냉정하고, 분란을 일으키게 행동하는 전술이라는 사실은 그다지 놀랍지 않다. 남녀 모두 배우자가 떠나 버리게 만드는 효과적인 전술로 냉랭하게 대하기, 사람들 앞에서 모욕 주기, 의도적으로 감정을 건드리기, 말다툼 하기, 별 이유도 없이 고함지르기, 사소한 견해차를 싸움으로 확대하기 등을 들었다.

잔인성과 불친절은 배우자를 내쫓기 위한 전술로서 전 세계적으로 사용된다. 퀴쉬 족 남편이 아내의 외도 등의 이유로 아내와 헤어지려 할 때에는 여러 가지 방법을 동원해 아내가 못 견디게 만들어서 스스로 나가게끔 유도한다. "미움을 산 아내는 끊임없이 들볶이고, 모욕당하며, 굶겨진다. 남편은 그녀를 꾸짖고 학대한다. 보란 듯이 바람을 피운다. 다른 여성과 결혼하거나, 심지어 창녀를 집으로 들여 아내의 체면을 깔아뭉갠다."[30] 이 모든 행동은 잔인성을 뜻하며, 이는 전 세계적으로 남녀의 배우자 선호에서 핵심적인 위치를 차지하는 친절성과 대척을 이룬다.

## 오래 지속되는 결혼에 던지는 함의

전 세계적으로 부부의 결별을 가져오는 주된 요인은 진화 역사상 한쪽 편의 배우자에게 번식적 손실을 입히고 그가 선호하는 짝짓기 전략에 간섭을 일으킴으로써 그의 번식 성공도를 감소시키는 것들이다. 가장 해로운 사건 및 변화들로서 다음을 들 수 있다. 첫째, 부정은 남편의 부성 확실성을 낮추고 남편이 주는 자원의 일부 또는 전부를 아내에게서 박탈할 수 있다. 둘째, 불임은 부부가 자식을 못 두게 만든다. 셋째, 성 관계 거부는 남편에게서 아내의 번식 가치에 대한 접근을 박탈하거나 아내에게 남편이 그의 자원을 다른 곳에 투자하고 있음을 신호한다. 넷째, 경제적 원조를 하지 못하는 남편은 아내가 처음 남편을 선택할 때 기대한 번식에 관련된 자원 공급을 제대로 받지 못하게 한다. 다섯째, 다른 아내를 또 얻는 남편은 원래의 아내에게 돌아가야 할 자원의 일부를 빼앗는다. 여섯째, 불친절함은 학대나 배신, 혼외정사 등을 겪을 수 있음을 암시하며 서로 협동하는 결합을 이루려는 능력이나 의향이 없음을 뜻한다.

　　인간 짝짓기 심리의 이 같은 근본적인 특성들이 오래도록 이어지는 결혼 생활을 하고자 하는 사람들에게 던지는 함의는 심오하다. 결혼을 잘 보전하기 위해 부부는 정절을 지켜야 하며, 함께 아이를 만들어야 하며, 충분한 경제적 자원을 가져야 하며, 친절하고, 관대하고, 이해심이 넓어야 하며, 배우자를 성적으로 거부하거나 등한시하지 말아야한다. 이러한 요건들이 성공적인 결혼을 보장해 주는 것은 아니지만, 그 가능성을 상당 부분 높여 준다.

불행히도 손실을 끼치는 사건이나 변화를 모두 피할 수는 없다. 인간의 조상 환경은 누구도 통제할 수 없는 적대적인 힘들, 예컨대 불임, 노년, 성욕 결핍, 질병, 지위 하락, 사회적 배척, 심지어 죽음과 같은 사건들을 우리에게 부과했다. 이러한 적대적인 힘들로 인해 배우자가 아무리 선량하다 한들 그의 배우자 가치가 회복이 불가능할 정도로 파괴되기도 했다. 다른 잠재적인 이성이 현재의 배우자가 갖지 못한 것을 때때로 채워 줄 수 있었으므로, 자연선택에 의한 진화는 이러한 상황에서 원래의 배우자를 떠나게 추동하는 심리 기제를 만들어 냈다.

짝짓기를 둘러싼 상황 변화를 민감하게 살피게끔 설계된 심리적 측정 기제는 작동을 쉽게 멈추지 않는다. 배우자를 갑자기 잃었을 때를 대비해서 예비 배우자를 눈여겨봐 두고 수지가 맞는 거래를 할 기회가 찾아오면 배우자를 교체하는 전략이 우리가 진화해 온 환경에서는 번식적으로 유리했을 것이다. 준비되지 않은 상태에서 배우자를 갑자기 잃어버린 사람, 언제 일어날지 모르는 여러 가능성들에 제대로 대처하지 못한 사람, 번식적으로 해만 끼친 배우자를 차마 버리지 못한 사람은 모두 우리의 조상이 되지 못했다. 현재의 배우자가 주는 손실과 이득은 항상 다른 대체 배우자가 줄 수 있는 손실과 이득에 비교하여 평가되어야 하기 때문에 배우자 교체의 심리 기제는 반드시 비교 과정을 포함한다. 평생에 걸친 행복을 얻으려는 사람들에게는 불행하게 들리겠지만 현재의 배우자가 유감스럽게도 결점이 많거나, 대체 배우자에 못 미친다거나, 배우자 가치가 하락했을 수 있다.

적대적인 힘의 대부분은 오늘날에도 우리 곁에 존재한다. 배우자의 지위는 올라가거나 추락할 수 있고, 행복한 부부가 불임으로 인해 파탄이 나고, 외도가 찾아오고, 슬프게 흐르는 세월이 젊은 시절의 안타까운 짝사랑을 이룰 수 없는 피폐한 사랑으로 바꾸어 놓는다. 이러한 사건들이 부부의 결별을 담당하게끔 진화된 심리 기제를 작동시켜 우리의 번식을 위협하는 일들을 피하게 해 준다. 이는 마치 뱀과 낯선 사람을 담당하게끔 진화된 심리인 두려움이 우리의 생존을 위협하는 일들을 피하게 해 주는 것과 같다. 부부의 결별을 초래하는 진화된 심리 기제들은 작동이 잘 꺼지지 않는 것처럼 보인다. 적응적으로 중요한 사건들이 일생에 걸쳐 계속 일어남에 따라 이 심리 기제들은 사람들이 새로운 배우자를 찾게 만들고 때로는 여러 번 이혼하게 만든다.

# 시간에
# 따른
# 변화

**세상은 불평하는 사람들로 가득해.**
**한 가지 진실은 확신할 수 있는 건 아무것도 없다는 거야.**

— 영화 「분노의 저격자」에 나오는 사립 탐정

네덜란드 아른헴의 동물원이 보호하는 침팬지 군락에서 이에론은 가장 높은 지위를 차지하는 어른 수컷이었다.[1] 그는 잔뜩 거들먹거리며 걸어 다녔으며 실제보다 더 커 보였다. 아주 가끔씩만 위세를 과시하는 것만으로도 충분했으며, 그럴 때는 털을 꼿꼿이 세우고 주변에 보이는 아무 침팬지들에게 닥치는 대로 무시무시한 속도로 달려들곤 했다. 이에론의 지배는 물론 성생활에까지 이어졌다. 군락에는 어른 수컷이 모두 네 마리나 있었지만, 암컷들이 발정기에 접어들 때면 이에론이 모든 짝짓기의 거의 75퍼센트를 차지하곤 했다.

그러나 이에론이 나이를 먹어 감에 따라 상황은 변하기 시작했다.

젊은 수컷인 루이트가 갑자기 훌쩍 성장하면서 이에론의 지위를 위협하기에 이르렀다. 루이트는 서서히 이에론에게 굽실대며 복종하는 자세를 취하지 않게 되었고, 이에론을 더 이상 두려워하지 않는 배짱을 보이기 시작했다. 한번은 루이트가 이에론에게 다가가서 그를 철썩 때리기도 했다. 또 한번은 그의 치명적인 무기인 어금니로 이에론을 물어 피를 내기도 했다. 하지만 대부분의 경우 피를 보는 진짜 싸움까지 가는 대신에 서로 위협하고 허세를 부리는 등의 상징적인 싸움에서 그쳤다. 처음에는 모든 암컷들이 이에론의 편을 들어서 그의 지위가 탄탄히 유지되었다. 하지만 판도가 바뀌면서 암컷들은 하나둘 루이트에게로 옮겨 갔다. 두 달 후에 권력의 쟁투는 마무리되었다. 이에론은 왕좌에서 물러나서 루이트에게 굽실대는 자세를 취하기 시작했다. 짝짓기 행동도 사태 변화에 따랐다. 이에론이 권세를 휘두르던 시절 루이트는 모든 짝짓기의 겨우 25퍼센트만 차지했지만, 왕좌에 등극하면서 50퍼센트 이상을 차지하게 되었다. 이에론은 단 한번도 암컷과 짝짓기하지 못하는 신세로 전락했다.

권력에서 내쫓겨 짝짓기도 못하게 되었지만, 이에론은 아직 끝나지 않았다. 서서히 그는 니키라는 떠오르는 수컷과 동맹을 형성해 나갔다. 이에론도 니키도 혼자서는 감히 루이트에게 도전할 수 없었지만, 둘이 힘을 합쳐 연합 전선을 이루자 위협적인 존재가 되었다. 몇 주에 걸쳐 그들은 점점 대담하게 루이트에게 도전했다. 마침내 진짜 싸움이 터졌다. 승자나 패자 모두 부상을 입긴 했지만, 니키와 이에론의 연합이 승리를 거두었다. 그 결과, 니키는 짝짓기의 50퍼센트를 차지하게 되었다. 이에론도 니키와의 연합 덕분에 짝짓기의 25퍼센트를 누리게 되었다. 그가 암컷을 감히 넘볼 수 없었던 것은 그저 한순간에 지나지 않았다. 예전의 지배적인 위치를 다시는 회복할 수 없었지만, 이에론은 실패를 딛고 일어서서 군락 내의 실력자로 다시 힘을 떨치게 되었다.

침팬지와 마찬가지로 인간의 짝짓기에서도 평생 동안 변치 않는 것은 아무것도 없다. 한 개인의 배우자로서의 가치는 그의 성과 처해진 상황에 따라 변한다. 개인이 겪는 변화의 상당수는 인간의 진화 역사에 걸쳐 반복적으로 일어났으며 따라서 우리 조상들에게 지속적인 적응적 문제가 되었기 때문에, 인간은 이러한 문제를 해결하게끔 설계된 심리 기제를 진화시켰다. 지위 서열에서 꾸준히 상승 가도를 달리던 사람이 보다 재능 있는 신참에게 갑자기 추월당할 수도 있다. 사냥꾼의 탄탄한 장래가 어느 날 당한 심각한 부상으로 인해 갑자기 어두워질 수도 있다. 늙은 여인이 낳은 아들이 부족의 장이 될 수도 있다. 배우자로서의 가치가 형편없다고 멸시당해 온 내성적인 샌님이 집단 전체에 이득을 가져오는 멋진 발명품을 만들어 내서 명성을 획득할 수도 있다. 건강이 넘치던 젊은 신혼부부가 갑자기 한쪽이 불임이라는 사실을 알게 될 수도 있다. 변화를 무시하고 방관하는 성향은 부적응적인 형질이었을 것이며, 먼 옛날 적응적 문제에 대한 해결책을 찾는 데 지장을 초래했을 것이다. 우리는 이러한 변화에 주목하고 이에 맞추어 적응적인 행동을 하게끔 추동하는 심리 기제를 진화시켰다.

어떤 의미에서 모든 짝짓기 행동은 시간에 따라 변화한다. 사춘기에 접어들어 샘솟는 호르몬 작용에 의한 가슴 설렘에서부터 노년기에 접어들어 자식들의 짝짓기 결정에 영향력을 행사하려는 욕심에 이르기까지 말이다. 자신이 누군가와 사귀고 싶어 하는지 명확히 알아내는 데

는 시간이 걸린다. 이성을 유혹하는 기술을 향상시키려면 연습을 해야
한다. 짝짓기는 일생에 걸쳐서 결코 정적이지 않다. 이 장의 목적은 세
월이 흐름에 따라 남녀 모두의 짝짓기에 닥치는 몇 가지 전반적인 변화
들, 곧 무엇을 얻고 무엇을 잃는지, 무엇이 불확실하며 무엇이 불가피
한지 살펴보는 것이다.

## 여성의 배우자 가치 변화

여성의 배우자로서의 가치는 그녀의 번식 잠재력을 나타내는 단서에
의해 주로 결정되기 때문에 나이를 먹음에 따라 일반적으로 감소한다.
다른 요인들이 다 같다면, 20살 때 대단히 바람직한 남편감을 유혹한
여성이라도 나이가 들어 40살이 되면 그보다 덜 바람직한 남편감 외엔
유혹하지 못한다. 이러한 하향세는 케냐의 킵시기스 족처럼 남성들이
신부에 대한 값을 지불하고 문자 그대로 여성을 구매하는 사회에서 잘
드러난다.[2] 신부 값은 신랑이나 그 가족이 신부를 사는 대가로 신부의
가족에게 지불하는 것인데 소, 염소, 양 같은 가축이나 케냐 실링으로
이루어진다. 예비 신랑의 아버지는 예비 신부의 아버지에게 먼저 협상
을 시도하여 소, 염소, 양, 케냐 실링을 내놓겠다고 제안한다. 신부의 아
버지는 들어온 모든 제안들을 검토한다. 그러고 나서 어떤 구혼자들이
제안한 가격보다도 높은 신부 값을 모두에게 요구한다. 협상은 종종 몇
달을 끌기도 한다. 마침내 구혼자 가운데 한 명이 신부의 아버지에 의
해 선택되며, 기본적인 신부의 자질에 따라 최종 가격이 매겨진다. 신

부의 번식 가치가 클수록 받을 수 있는 신부 값도 높아진다. 나이 든 여성은 설사 겨우 네다섯 살 연상이라도 적은 신부 값밖에 받지 못한다. 그 외에 나쁜 건강 상태, 신체적 장애, 임신, 전남편, 아기를 출산한 경험 등등 몇 가지 다른 요인들이 신부의 가격을 떨어뜨린다.

여성의 나이와 신체적 상태를 중시하는 킵시기스 족의 관습은 결코 유별나지 않다. 예를 들어 탄자니아의 투루 족은 부부가 이혼할 경우 신부 값의 일부를 남자 측에게 환불해 주는데, 이때 아내의 나이가 많으면 '여자 몸의 감가상각' 때문에 남편 측은 그만큼 적게 돌려받는다.[3] 우간다의 세베이 족에서도 늙은 과부보다는 젊은 과부에게 더 많은 신부 값을 지불하며, 그 이유가 늙은 과부는 아이를 낳을 수 있는 기간이 얼마 남지 않았기 때문이라고 분명히 못박는다.[4]

나이가 여성의 배우자 가치에 미치는 효과는 나이가 들면서 매력도에 대한 인식이 변화하는 현상에서 찾아볼 수 있다. 독일에서 실시된 한 연구에서는 18세에서 64세에 이르는 여성들을 찍은 32장의 사진에 대해 16세에서 60세에 이르는 남녀 252명에게 각 사진의 매력도를 9점 척도상에서 평가하도록 했다.[5] 평가자의 나이나 성에 관계없이 사진 속 여성의 나이가 매력도 판정에 강력한 영향을 끼치는 것으로 밝혀졌다. 젊은 여성이 높은 평가를 받았고, 늙은 여성은 낮은 평가를 받았다. 나이의 이러한 효과는 평가자가 남성일 때 한층 더 두드러졌다. 나이가 듦에 따라 여성의 매력도에 대한 사람들의 평가가 변하는 현상은 의심할 여지없이 여성에게 피해를 끼친다. 하지만 이를 극도로 성차별적인 문화가 낳은 전횡적인 양상으로 단정 지을 수는 없다. 오히려 이러한 인식 변화는 여성의 나이를 알려 주는 단서와 여성의 배우자 가치를 동일시하게끔 진화된 남성의 보편적인 심리 기제를 반영한다고 볼 수 있다.

물론 예외도 많이 있다. 어떤 여성은 지위나 명성, 돈, 인성, 혹은 사회적 인맥 덕분에 나이가 들어서도 기존의 배우자 가치를 그대로 유지한다. 평균은 개인에 따라 나타나는 폭넓은 변이를 제대로 보여 주지 못한다. 궁극적으로 배우자로서의 가치는 전적으로 개인적인 문제이며 그를 배우자로 택하는 이성의 특정한 필요에 의해 결정된다. 아내와의 사이에 자식 셋을 둔 매우 성공한 50세의 회사 중역의 실례를 살펴보자. 그의 아내는 암에 걸려서 일찍 세상을 떠났다. 그는 3살 연상인 여성과 새로 결혼했으며, 새로운 아내는 아이들을 돌보는 데 많은 정성을 기울였다. 나이는 훨씬 어릴지언정 아이를 키우는 데 서툴고 자신의 아이를 낳길 원하는 여성은 이 남성에게 별 가치가 없을 것이며, 전처와의 사이에서 낳은 아이들을 잘 키우고자 하는 그의 목표에 간섭을 일으킬 것이다. 53세 된 여성은 그녀의 양육을 필요로 하는 아이들을 둔 남성에게는 매우 가치 있겠지만, 전처와의 사이에 아이가 없고 새로 가정을 꾸미려는 남성에게는 별 가치가 없을 것이다. 배우자를 실제로 선택하는 사람에게는 평균적인 경향보다 개별적이고 구체적인 상황이 더 중요하다.

똑같은 여성이라도 그녀를 선택한 남성의 상황이 변한다면 그에게 다른 가치를 띨 수 있다. 앞서 예를 든 회사 중역의 경우, 그의 세 아이들이 대학에 갈 나이가 되자 아이들을 키워 준 아내와 이혼하고서 23살 난 일본인 여성과 결혼해 새로운 가정을 꾸렸다. 그의 행동이 인정머리 없고 결코 칭찬받을 만한 일은 아닐지언정 어쨌든 그의 상황은 변했다. 그의 개인적인 시각에서 두 번째로 결혼한 나이 든 여성은 아이들이 다 큰 순간 배우자로서의 가치가 급격하게 추락했으며, 이렇게 새로이 변화된 상황에 맞추어 젊은 일본인 여성의 매력도가 올라갔다.

평균적인 경향이 개개인의 상황을 매몰시킬 수도 있지만 많은 사람들의 평생에 걸친 변화를 포괄적으로 이해하는 윤곽을 그려 줄 뿐만 아니라, 인간의 짝짓기 심리를 빚어낸 적응적 문제가 어떤 것들이었는지를 암시해 준다. 아내의 입장에서는 나이가 듦에 따라 번식 가치가 점차 떨어지면서 자신의 유전자를 후대로 전파시키는 운반체 역할을 하는 아이들을 키우는 일이 점점 더 번식 성공도를 좌우하게 된다. 남편의 입장에서는 아내의 양육 솜씨가 매우 가치 있고 거의 대체 불가능한 자원이 된다. 여성들은 종종 경제적 자원이나 집안일, 혹은 기타 자원을 결혼 후에도 계속 제공하는데 이런 자원들 중 상당수는 여성이 나이 들어도 번식 능력만큼 급락하지는 않으며 일부는 증가하기까지 한다. 예를 들어 티위 족에서는 나이 든 여성이 남편의 강력한 정치적 동맹자가 될 수 있다. 남편이 사회적 동맹의 확장된 관계망에 들어갈 수 있게끔 도와주고 심지어 아내를 더 맞이하는 것까지 도와준다.[6] 그러나 짝짓기 시장에서 배우자를 구하는 다른 티위 족 남성의 시각에서 보면 나이 든 여성이 짝짓기 시장에 다시 들어왔을 때 그녀의 신붓감으로서의 가치는 일반적으로 낮을 수밖에 없다. 그녀의 번식 가치는 이미 하락했을 뿐만 아니라, 기존의 자식들을 돌보고 향후에는 손자들을 돌보는 데 대부분의 노력을 남김없이 쏟아부을 것이기 때문이다. 이러한 변화는 결혼 생활을 통해 계속해서 파장을 일으킨다.

## 욕망의 상실

시간이 흐름에 따라 결혼 생활에서 일어나는 가장 뚜렷한 변화 하나는 성과 관련해서 일어난다. 신혼부부들을 조사한 앞의 연구에서 남편들은 해가 갈수록 아내가 성 관계를 거부한다며 점점 더 불만을 갖는 경향이 있었다. 결혼한 지 첫해에는 신랑 가운데 14퍼센트만이 신부가 성 관계를 거부한다고 불평했지만, 4년이 지난 후에는 신랑의 43퍼센트, 즉 3배 이상이 이러한 불평을 늘어놓았다. 남편이 성 관계를 기피한다고 불평하는 여성의 빈도는 첫해에 4퍼센트에서 5년째에는 18퍼센트로 증가했다. 배우자가 성 관계를 기피한다고 불평하는 남성이 여성보다 2배 이상 더 많긴 하지만, 남녀 모두 시간이 지남에 따라 이러한 불평이 점점 더 심해짐을 알 수 있다.

시간이 흐르면서 결혼한 부부가 성적으로 서로에게 덜 열중하게 됨을 알려 주는 하나의 지표는 성 관계 빈도의 감소이다. 아내가 19세보다 어릴 때 성 관계는 한 달에 대략 11~20번 갖는 것으로 나타난다.[7] 30세에 이르면 횟수는 한 달에 9번으로 감소하고, 42세에 이르면 한 달에 6번으로 감소한다. 50세가 넘으면 부부 사이의 평균 성 관계 횟수는 일주일에 1번으로 떨어진다. 이 같은 결과는 여성의 관심이 식었거나, 남성의 관심이 식었거나, 아니면 둘 다 식었기 때문일 것이다.

나이가 들면서 성적인 결합이 느슨해진다는 것을 보여 주는 또 다른 지표는 부부들을 대상으로 성적 만족감의 정도와 성 관계 빈도를 연령별로 파악한 갤럽 여론 조사에서 찾아볼 수 있다.[8] 일주일에 적어도 1번은 성 관계를 갖는 부부의 비율은 30대에서는 거의 80퍼센트였다가 60대에서는 대략 40퍼센트로 감소한다. 성적 만족감도 비슷하게 감소한다. 30대에는 거의 40퍼센트의 부부들이 성생활에 "매우 큰 만족감"을 표명하지만, 60대에 이르면 그 비율은 20퍼센트로 떨어진다.

아이가 생기면 성 관계 횟수는 크게 영향을 받는다. 한 연구에서는 21쌍의 부부들에게 결혼 첫날부터 이후 3년 동안 성 관계 횟수를 매일 기록하게 했다.[9] 1년이 지난 후의 성 관계 빈도는 첫 달에 가진 성 관계의 절반으로 감소했다. 아이가 태어나면서 성 관계 빈도는 더더욱 감소하여 결혼 첫 달에 가진 빈도의 약 3분의 1로 떨어졌다. 더 긴 기간에 걸쳐 보다 더 자세한 연구가 앞으로 이루어져야 하겠지만, 이 연구는 짝짓기 노력이 양육 노력으로 전환됨에 따라 아이의 출생이 부부 간의 성 관계에 길게 지속되는 효과를 초래함을 암시한다.

결혼해서 함께 산 기간이 성 관계에 미치는 영향은 아내의 신체적 외모의 변화와도 상관이 있는 것처럼 보인다. 1,500명의 기혼 남녀를 조사한 한 연구에 의하면, 나이가 듦에 따라 자연스럽게 진행되는 신체적 외모의 변화에 대해 남녀는 각기 다른 반응을 보인다.[10] 아내가 나이 들어 감에 따라 남편은 성적인 흥미가 줄어들고 성생활에서 느끼는 행복도 덜 해진다. 이러한 경향은 특히 아내의 신체적 외모가 급격하게 떨어졌다고 느끼는 남편들에게서 특히 두드러지게 나타난다. 다른 연구에서도 신혼이 지난 남편은 상대에 대한 성적 흥미를 아내보다 더 많이 잃는 것으로 확인되었다.[11] 배우자가 나이를 먹으면서 신체적 외모가 하락하는 것에 대해 남성은 여성보다 더 민감하게 반응한다.

## 헌신의 감소

나이가 들면서 남녀 모두 배우자와의 성생활에 점점 더 행복감을 느끼지 못할 뿐만 아니라 배우자가 자신에게 애정과 관심을 잘 보여 주지 않는 것에 대해서도, 즉 헌신이 줄어드는 것에 대해서도 점점 더 큰 고통을 겪게 된다. 세월이 흐름에 따라 애정이 줄어드는 것에 대해 여성이 남성보다 더 괴로워한다. 신혼의 신부에서는 겨우 8퍼센트가 신랑이 사랑을 잘 표현해 주지 않는다고 불평하는 반면, 결혼 4년차에 접어든 아내에서는 18퍼센트가 이러한 불평을 한다. 그와 대조적으로 신혼의 신랑에서는 겨우 4퍼센트가 아내가 사랑을 잘 표현하지 않는다고 불평하며 결혼 4년차에 접어든 남편에서는 이 수치가 8퍼센트로 증가한다. 신혼 신부의 64퍼센트가 남편이 종종 자기가 말할 때 주의를 기울이지 않는다고 불평하는 반면, 결혼한 지 4년 내지 5년차인 아내의 80퍼센트가 이 같은 불평을 한다. 아내가 자기 말을 귀담아 듣지 않는다고 불평하는 남편의 수는 전반적으로 더 적었지만, 시간이 지남에 따라 불평하는 빈도가 증가하는 현상은 아내에서와 다를 바가 없었다. 이같은 불평을 하는 남편은 신혼 초기 18퍼센트에서 4년차에는 34퍼센트로 증가한다.

시간이 지남에 따라 헌신이 점점 옅어짐을 보여 주는 또 다른 지표는 배우자의 감정을 무시하는 태도에서 찾을 수 있다. 신혼 신부의 35퍼센트가 남편으로부터 감정을 무시당한다고 불평하는 반면, 4년 후에는 57퍼센트로 급증한다. 같은 불평을 늘어놓는 남편은 결혼 첫해에는 12퍼센트이고 4년 후에는 32퍼센트이다. 이러한 변화는 시간이 갈수록 배우자에 대한 헌신이 점점 줄어듦을 의미한다. 남녀 모두에서 이 같은 변화가 일어나지만 남성보다는 여성에게서 더 문제가 된다.

　배우자가 애정과 관심을 통해 헌신을 표현하는 모습이 점점 사라지는 것에 대해 아내가 더 언짢아하는 반면, 배우자가 점점 더 헌신을 요구하는 것에 대해서는 남편이 더 언짢아한다. 신혼 남편에서는 22퍼센트가 아내가 너무 많은 시간을 같이 있어 달라 요구한다며 불평하지만, 결혼한 지 4년째 남편의 경우에는 36퍼센트가 이 같은 불평을 한다. 같은 불평을 늘어놓는 아내의 비율은 각각 2퍼센트와 7퍼센트에 불과하다. 마찬가지로 신혼 남편의 16퍼센트가 아내가 지나치게 관심을 요구한다며 불평하는 반면, 결혼 4년차 남편들은 29퍼센트가 이러한 불평을 한다. 같은 불평을 늘어놓는 아내는 각각 3퍼센트와 8퍼센트에 불과하다. 남녀 모두 세월이 흐르면서 배우자의 헌신에 대한 요구에 점점 더 괴로워하지만, 여성보다 남성이 이러한 변화에 더 고통스러워 한다.

　부부 사이에 대한 헌신을 보여 주는 또 다른 지표인 남편이 배우자를 호위하는 방식도 위와 같은 변화에 맞추어 변한다. 진화적인 관점에서 배우자를 호위하려는 남성의 노력은 그의 배우자가 가장 젊을 때, 따라서 번식 가치가 가장 높을 때 가장 강해야 한다. 배우자가 가장 높은 번식 가치를 지닐 때 그를 지키지 못한다면 번식적으로 얻는 손실도 가장 크기 때문이다. 그러나 아내가 남편을 지키려고 애쓰는 노력의 강도와 남편의 나이는 반드시 상응하지는 않는다. 여성과 달리 남성의 배우자로서의 가치는 20세에서 40세가 된다고 해서 반드시 하락하는 것은 아니며, 이는 남성의 경우 자원을 획득하는 능력이 종종 나이가 듦에 따라 오히려 더 커지기 때문이다. 그러므로 아내가 배우자를 지키고자 쏟는 노력의 강도는 남편의 나이보다는 아내에게 귀중한 자원을 제공할 수 있는 남편의 효율성에 더 크게 관련되어 있다.

남녀의 서로 다른 행동 양식은 부부가 각자 배우자를 지키기 위해 사용하는 방법에 대해 조사한 나의 연구에서도 확인된다.[12] 20대에서 40대에 이르는 다양한 연령의 신혼부부들을 대상으로 나는 선물을 해 주거나 아낌없이 관심을 쏟아 붓는 것 같은 긍정적인 유인에서 위협이나 폭력 같은 부정적인 유인에 이르는 19가지 전술의 실제 쓰이는 빈도를 조사했다. 그러고 나서 각 전술들이 쓰이는 빈도가 전술을 쓰는 사람의 나이, 그 배우자의 나이, 결혼해서 함께 산 기간 등의 요인들과 상관관계가 있는지 통계적으로 처리해 보았다. 그 결과 남편이 배우자를 지키려는 노력의 강도나 빈도는 아내의 나이에 직결되는 함수라는 것이 밝혀졌다. 30대 중후반의 아내들은 20대 초중반의 아내들보다 배우자 호위를 당할 가능성이 유의미하게 더 낮았다. 젊은 아내를 둔 남편들은 다른 남성들에게 접근하지 말라는 신호를 보내는 행동을 취할 확률이 특히 더 높았다. 젊은 아내를 둔 남편들은 다른 남성들에게 자기 아내는 임자가 있는 몸이라고 딱 부러지게 이야기하고, 다른 남성들 앞에서 노골적으로 애정 표현을 하며, 유부녀임을 표시하는 반지나 다른 장신구를 착용해 줄 것을 아내에게 요구한다. 또한 나이 든 여성을 아내로 둔 남편보다 자기 아내에게 관심을 보이는 다른 남성들을 노려보거나 두들겨 패 주겠다고 위협할 가능성이 더 높다. 반면에 나이 든 남편을 지키기 위해 아내가 기울이는 노력은 젊은 남편을 지키기 위해 아내가 기울이는 노력과 별 차이가 없다. 남편의 나이에 관계없이 아내들은 다른 여자들을 경계하고, 남편의 시간을 독점하며, 외모를 가꾸는 전술을 비슷한 빈도로 구사한다. 그러므로 아내가 남편을 호위하기 위해 기울이는 노력의 강도는 남편의 나이와 무관하며, 이는 남편들이 아내를 호위하기 위해 기울이는 노력이 아내의 나이에 따라 달라진다는 사실과 대조를 이룬다.

이러한 성차를 가장 설득력 있게 설명하는 길은 여성의 번식 능력이 나이가 들면서 감소하는 현상에서 찾을 수 있을 것이다. 만일 배우자 호위가 감소하는 이유가 단순히 그 전술을 쓰는 당사자 또한 나이를 먹어 감에 따라 다른 신체 기능들의 쇠퇴와 더불어 배우자에게 싫증이 난 때문이라면, 배우자 호위의 정도는 전술을 쓰는 당사자의 나이에 직접적으로 연관될 것이다. 그러나 배우자를 지키는 전술에 대한 연구에서 입증되었듯이 남녀를 막론하고 호위 전술을 쓰는 당사자의 나이는 그가 배우자를 호위하는 전술에 쓰는 노력의 정도와 거의 연관이 없다. 즉 호위 전술에 쓰이는 노력은 당사자의 나이에 따라 아주 미미하게 감소할 뿐이다. 그리고 만약에 남편들의 배우자 호위 노력이 결혼해서 함께 보낸 기간에 연관된다면, 결혼 후 세월이 흐를수록 배우자 호위도 줄어들어야 할 것이다. 그러나 앞에서 이야기한 연구에 따르면, 결혼해서 함께 보낸 기간은 배우자 호위 노력의 강도와 무관함이 밝혀졌다. 요컨대 아내의 나이가 남편의 배우자 호위 노력의 강도에 끼치는 영향을 가장 설득력 있게 설명할 수 있는 길은, 아내의 나이에 따라서 배우자 가치도 달라지기 때문에 남편들이 늙은 아내보다는 젊은 아내를 경쟁자들로부터 호위할 때 더 큰 노력을 기울인다는 것이다.

카리브 해의 트리니다드 섬 주민들도 이러한 행동 패턴을 보인다.[13] 주민 480명을 일정 간격을 두고 계속 관찰한 결과, 인류학자 마크

플린은 비옥한(젊고 당장 임신하지 않은) 아내를 둔 남편은 아내와 더 오랜 시간을 함께 보내고, 아내와 더 자주 말다툼하며, 경쟁자 남성들과 더 자주 싸운다는 사실을 발견했다. 반면에 비옥하지 않은(늙었거나, 임신했거나, 혹은 막 출산한) 아내를 둔 남편은 아내와 상대적으로 시간을 더 적게 보내고, 다른 남성들과 잘 어울린다. 플린은 배우자의 번식 잠재력이 남편의 배우자 호위 행동의 강도를 결정하는 핵심 원인이라고 결론 내렸다.

여성을 외부와 격리시키는 관습이 있는 중동 사회에서는 사춘기가 지난 젊은 여성은 베일에 꼭꼭 가려 숨겨지며 여성이 나이 듦에 따라 그 정도는 점차 덜 해진다.[14] 외도한 혹은 외도했다는 의심을 불러일으키는 아내를 남편이 살해하는 사건은 전 세계적으로 남편의 나이와는 관계없이, 아내가 젊을 때 가장 자주 일어난다. 20세 미만의 아내들은 20세가 넘는 아내들보다 질투의 불길에 타오르는 남편에게 살해당할 확률이 2배 이상 높다.[15] 이들은 다른 남자들이 젊은 아내에게 성적으로 접근하는 것을 막기 위해 남편이 취하는 극단적인 전략의 일부에 지나지 않는다. 아내가 나이 들수록 아내를 통제하려는 남편의 노력은 점차 그 강도가 잦아든다.


## 혼외정사의 빈도 변화

남편의 철저했던 배우자 호위 전술이 점차 잦아들면서 아내는 다른 남성과의 성적 행동에 비교적 구속을 덜 받게 된다. "일부일처제는 아내를 하나 두고 내연녀는 별로 안 두는 서구의 관습이다."[16] 혼외정사에 대한 신빙성 있는 정보를 얻기란 쉽지 않다. 킨제이의 성 연구에 포함된 다른 어떤 질문보다도 바로 이 주제에 대한 질문으로 인해 많은 사람들이 애초부터 설문 조사를 거부했다. 연구에 참여한 사람들이 가장 많이 답변을 거부한 질문도 바로 이 주제에 대한 질문이었다. 혼외정사에 대한 수많은 연구들에도 불구하고, 혼외정사는 아직 비밀의 장막에 둘러싸여 있다.

그러므로 혼외정사의 발생률에 대한 기존의 통계치들은 실제로는 혼외정사가 그보다 더 자주 일어날 것이라는 점을 염두에 두고 보수적으로 해석해야 한다. 「킨제이 보고서」는 혼외정사의 실제 발생률이 통계적으로 조사된 수치보다 적어도 10퍼센트는 더 높으리라고 추정했다. 750명의 기혼 남녀를 조사한 다른 연구는 실제 발생률이 킨제이의 주장보다도 더 높을 것임을 암시했다. 처음에 참여자들 가운데 30퍼센트만이 혼외정사를 한다고 인정했지만, 그 후에 좀더 집중적으로 질문을 던진 결과 30퍼센트가 혼외정사를 한다고 추가로 고백했다. 결국 총 60퍼센트 정도가 혼외정사를 하는 셈이었다.[17]

여성들의 혼외정사 발생률은 나이에 따라 뚜렷한 경향성을 보인다. 혼외정사는 아주 젊은 아내들에서는 드물어서 16~20세의 아내는 겨우 6퍼센트, 21~25세의 아내는 겨우 9퍼센트가 혼외정사를 한다고 인정했다. 혼외정사 발생률은 나이가 26~30세가 되면 14퍼센트로 상승하며 31~41세에는 17퍼센트로 절정에 이른다. 30대 후반과 40대 초반 이후에 여성들의 혼외정사 발생률은 꾸준히 감소하여, 51~55세의 여성들은 단 6퍼센트가, 56~60세의 여성들은 단 4퍼센트가 혼외정사를 인정했다. 그러므로 여성의 혼외정사와 나이 사이에는 위로 볼록한 곡선 관계가 성립한다. 즉 여성의 번식 가치가 가장 높을 때와 가장 낮을 때는 혼외정사 발생률이 낮고 번식 가능 연령이 끝나는 40대 주변에서는 높다.

연령에 따른 비슷한 곡선 관계가 여성의 오르가슴에 대해서도 발견된다. 킨제이는 부부 성 관계, 자위, 혼외정사 등등의 성 활동 전체로부터 느끼는 오르가슴을 100퍼센트라 할 때 각각의 성 활동으로부터 오르가슴을 경험하는 퍼센트를 계산하였다. 여성의 경우에 혼외정사로부터 느끼는 오르가슴은 나이에 따라 곡선 관계를 나타낸다. 이러한 오르가슴은 21~25세에서는 전체 오르가슴의 겨우 3퍼센트를 차지하지만, 여성의 번식 연령이 점차 끝나 가는 36~45세에는 거의 3배나 증가해서 11퍼센트가 되며, 폐경기 이후 56~60세에는 단 3퍼센트로 다시 하락한다.

왜 여성의 혼외정사와 오르가슴이 번식 연령의 말기에 다다르면 절정에 달하는지에 대해서는 여러 가지 이유가 있다. 이 시기에 여성들은 남편에 의해 빈틈없이 호위당할 가능성이 낮으므로 이따금 찾아오는 성적 기회를 젊은 여성들보다 더 잘 잡을 수 있다. 나이 든 여성은 또한 질투심에 휩싸인 남편에 의해 당하게 되는 손실이 상대적으로 적으므로 혼외정사의 유혹을 억제하기가 젊은 여성보다 더 어렵다.[18] 바람을 피우다 걸렸을 때 당하게 되는 피해가 적으므로 나이 든 여성은 상대적으로 더 자유롭게 혼외정사에 대한 욕망을 추구하는 듯하다.

혼외정사가 여성들이 번식 가치의 추락에 앞서 배우자를 교체하려는 노력을 나타낼지도 모른다. 이러한 추측은 혼외정사를 한 기혼 남녀 205명을 조사한 연구에 의해 뒷받침된다. 무려 72퍼센트나 되는 여성들이, 그러나 겨우 51퍼센트의 남성들이, 하룻밤 일탈을 통해 성적 욕구를 채우기보다는 오래 지속되는 사랑이나 헌신을 찾고자 혼외정사를 했다고 답했다.[19] 다른 연구에서는 다른 사람과 탈선하긴 했지만 성적인 측면에만 국한되었을 뿐 감정적인 교감까지 나눈 것은 아니라고 답하는 남성이 여성보다 2배나 더 많음을 발견했다.[20] 또 다른 연구에서는 탈선한 아내들 가운데 겨우 33퍼센트만이 결혼 생활이 행복하다고 믿는 반면, 탈선한 남편들 가운데는 무려 56퍼센트나 결혼 생활이 행복하다고 믿는 것으로 조사되었다.[21] 혼외정사를 한 여성들이 현재의 결혼 생활이 불행하다고 믿기 쉬우며 혼외정사 상대와 감정적인 유대를 맺는 경향도 있다는 사실은 그들이 혼외정사를 배우자 교체 수단으로 이용할지도 모른다는 것을 시사한다.

남성의 혼외정사 패턴은 여성과 다르다. 평생에 걸쳐서 남성은 여성보다 혼외정사 횟수도 더 많고 혼외정사에 빠지는 기간도 더 길다. 결혼한 부부의 욕망을 살펴보면 혼외정사에 대한 남성의 욕망을 미루어 짐작할 수 있다. 한 연구에서는 48퍼센트의 미국 남성이 혼외정사에 빠져들고 싶다는 욕망을 표현했다. 같은 욕망을 표현한 여성은 겨우 5퍼센트에 불과했다.[22] 미국인 남녀 각각 769명과 770명을 대상으로 결혼 생활의 행복을 조사한 다른 연구에서는 남성의 72퍼센트가, 그러나 여성의 27퍼센트만이, 때때로 혼외정사를 하고 싶다는 욕망을 느낀다고 답했다.[23] 독일의 근로자 계층을 조사한 한 연구도 비슷한 경향을 발견했다. 기혼 남성의 46퍼센트가, 그러나 기혼 여성은 6퍼센트만이 만일 매력적인 누군가와의 성적 기회가 찾아온다면 붙잡겠노라고

답했다.[24]

이러한 욕망은 종종 실제 정사로 이어진다. 「킨제이 보고서」에 따르면 16세에서 60세까지의 모든 연령대에서 남편에 의해 행해진 혼외정사가 여성에 의한 혼외정사보다 더 빈번하게 나타났다.[25] 가장 낮은 연령대인 16세에서 20세 사이의 기혼 남성 가운데 무려 37퍼센트가 적어도 한 번 이상 혼외정사를 한 경험이 있다고 답했으며, 이는 같은 연령대의 기혼 여성은 겨우 6퍼센트가 혼외정사를 한 경험이 있다고 답한 것과 대조적이다. 남편에 의한 혼외정사 발생률은 모든 연령대에서 거의 일정하게 높았으며 노년에 이르러서야 아주 약간 감소하는 추세를 보였다.

부부의 울타리 바깥에서 섹스를 찾는 남성들에게 혼외정사는 이따금 벌어지는 사소한 일이 아니다. 그러기는커녕 혼외정사는 평생에 걸쳐서 모든 연령의 남성들에게 성적 배출구로서 상당한 비중을 차지한다. 혼외정사는 16~35세 남성의 성적 배출구 가운데 5분의 1을 차지한다. 이는 36~40세에는 26퍼센트, 41~45세에는 30퍼센트, 46~50세에는 35퍼센트로 꾸준히 증가한다. 동료나 매춘부와 혼외정사를 하는 남성들에게 이러한 형태의 성 관계는 나이가 들수록 점점 더 중요해지며, 이에 따라 전체 성적 배출구에서 아내와의 성 관계가 차지하는 비율은 점차 감소한다. 남성의 진화된 성 심리에 대해 이미 살펴본 것들을 상기해 보면, 남성들에게 혼외정사가 점점 중요해지는 현상은 아마도 같은 상대와 계속 성 관계를 맺는 것에 지루함을 느끼거나 아내가 나이 듦에 따라 점차 성적 매력이 떨어지기 때문이라고 생각된다.

일생 동안 혼외정사를 하는 남녀의 비율은 어떤 짝짓기 제도가 시행되고 있는가에 따라서도 달라진다. 예컨대 일부다처제에서는 많은 남성들이 배우자 없이 살게 되지만 번식 가능한 대다수 여성들은 남편을 만나 혼인하게 됨을 감안하면, 일부다처제 사회에서 혼외정사를 하는 남녀의 비율은 공식적으로나마 일부일처제 사회에서의 혼외정사 비율과 상당히 다를 것이다. 일부다처제 사회에서 많은 경우에 성 관계를 원하는 총각들이 고를 수 있는 여성이라곤 유부녀밖에 없다. 뿐만 아니라 높은 계층의 남성들 소수가 낮은 계층의 남성들 다수에게 오쟁이를 지게 만드는 일은 역사적으로나 비교문화적으로 흔한 일이다. 일례로 카이사르 같은 로마 제국의 황제들은 다른 남성의 아내를 취하는 일이 법적으로 허용되어 있었다.[26] 이런 상황에서는 혼외정사를 하는 여성의 비율이 혼외정사를 하는 남성의 비율보다 높을 수밖에 없다.

우리의 진화된 성 전략에 대한 핵심 논제는 남성이 여성보다 혼외정사를 어쩔 수 없이 더 많이 한다는 것도 아니며 남성은 예외 없이 부정을 저지른다는 것도 아니다. 단지 남성의 성 심리는 남성으로 하여금 성적 다양성을 추구하기 쉬운 성향을 지니게 만들었으며, 따라서 손실과 위험이 낮을 때 남성은 혼외정사를 추구한다는 것이다. 여성도 혼외정사를 포함해서 단기적인 성 관계를 추구하지만 여기에 대한 욕망이나 환상, 동기는 남성에 비하면 덜 열정적이다. 마크 트웨인은 이렇게 말했다. "많은 남자들이 호색한이어서 기회가 생기면 간통을 저지를 수밖에 없다. 상대가 별로 매력적이지 않다면 지조를 지키고 기회가 그냥 지나가도록 내버려두는 기질을 타고난 남자들도 있긴 하지만."[27] 혼외정사는 일생에 걸쳐서 남성의 욕망에서 큰 부분을 차지한다.

As time goes by

# 폐경

생애를 통해 여성의 성 활동에서 일어나는 중대한 변화 하나는 폐경기를 맞이하여 번식 능력이 완전히 없어지는 것이다. 매우 놀라운 사실은 수명이 끝나기도 훨씬 전에 이러한 폐경이 일어난다는 것이다. 많은 여성들이 70세 혹은 그 이상까지 사는데도 불구하고 대다수가 50세에 이를 즈음이면 번식이 완전히 끝난다. 이러한 현상은 다른 모든 영장류와 비교해서도 이례적이다. 수명이 긴 포유동물에서도 번식이 끝난 후의 수명은 평균 수명 전체에 대해 10퍼센트 이하를 차지한다. 예컨대 코끼리의 경우, 전체 코끼리의 단 5퍼센트만이 55살에 이르지만 이 나이 때 암컷의 번식력은 여전히 높아서 번식력이 최대일 때의 50퍼센트에 육박한다.[28]

여성의 다른 신체 기능은 나이가 들면서 서서히 감소한다. 예를 들어 20대 초반 여성의 심장과 허파 효율이 100퍼센트라 한다면, 이 효율은 50세에 이르렀을 때 단지 80퍼센트로 떨어진다.[29] 반면에 번식력은 20대 초반에 절정에 다다른 다음 50세에 이르면 거의 0퍼센트로 떨어진다. 다른 신체 기능과 비교했을 때 유독 번식력에서만 나타나는 이러한 급격한 감소는 반드시 설명을 필요로 한다.

과거 한때 여성들은 폐경을 한다는 이유만으로 비난을 감수해야했다. "지나친 사치와 불규칙한 정욕" 때문에 폐경이 찾아온다는 것이었다.[30] 오늘날 이 곤혹스러운 현상을 설명해 주는 한 가지 가설은 개선된 영양 상태와 건강관리 덕분에 여성의 번식 후기가 인위적으로 연장되었다는 것이다. 이 가설에 따르면 우리의 인간 조상들은 폐경기까지 사는 일이 드물었으며 요행으로 폐경기까지 산다고 해도 그 시점을 넘어 오랫동안 더 사는 일은 거의 없었다. 그러나 현대에 들어서 인간의 평균 수명이 늘어나게 된 주된 요인이 유아 사망률의 감소라는 점을 감안하면, 이 가설은 그리 타당하지 않은 것 같다. 20세까지 죽지 않고 생존한 우리 조상들은 그 후에는 오늘날 우리의 수명과 거의 같은 최대 수명, 즉 70~80세까지의 수명을 누릴 수 있었다. 사실 의학 기술이 인간의 최대 수명을 바꾸어 놓았다는 증거는 전혀 없다.[31] 덧붙여 폐경이 늘어난 수명의 예기치 않은 부산물이라는 관점은 왜 여성의 다른 신체 기능은 마치 원래부터 긴 수명에 맞추어 설계된 것처럼 서서히 감소하는데 유독 번식 기능만 급격하게 감소하는지 설명하지 못한다. 만약 우리의 조상들이 50세를 넘어서 살지 못했다면, 자연선택이 50대나 60대까지도 잘 작동하는 신체 기능을 굳이 만들어 낸 까닭을 찾기 어렵다. 뿐만 아니라 수명 연장 관점은 남성의 번식력은 서서히 줄어드는데 여성의 번식력만 추락하는 성적 차이를 설명할 수 없다.[32]

여성의 긴 번식 후기에 대한 좀더 그럴듯한 설명은 폐경이 짝짓기 및 직접 번식으로부터 자식 및 손자의 양육 등과 같은 가족에 대한 다른 형태의 투자로 이행하는 과정을 촉진하는 여성의 적응이라는 설명이다. 이 할머니 가설(grandmother hypothesis)은 우리의 조상 여성이 죽을 때까지 계속 자식을 낳았다면, 번식을 일찍 중단하고 이미 낳은 자식들과 다른 혈족들에게 투자를 집중하는 편에 비해 오히려 번식 성공도가 더 낮아졌으리라고 가정한다. 이 가설은 또한 나이 든 여성이 자식이나 손자들에게 매우 가치 있었으리라고 가정한다. 이를테면 나이 든 여성은 오랜 세월을 살아오면서 위생 관리, 혈족 관계, 스트레스 대처 등 여러 가지 지식과 지혜를 축적했을 것이며 이러한 장점은 젊은 여성에게서는 찾아보기 어려운 것들이다. 나이 든 여성은 또한 자원에 대한 통제력이나 다른 사람에 대한 영향력도 클 것이다. 나이 든 여성의 이 같은 우월한 권력과 기술이 그녀의 자식들이나 손자, 그리고 그녀의 모든 유전적 혈족들에게 전수될 수 있다.[33]

아체 족을 대상으로 할머니 가설을 시험적으로 조사한 연구에서는 아체 족의 경우에 직접 번식에서 할머니 투자(grandparental investment)로 이행함에 따라 얻게 되는 번식적 이득이 자식을 낳는 능력을 상실함에 따라 잃게 되는 번식적 손실을 상쇄할 만큼 크지는 않으리라는 결과가 얻어졌다.[34] 그렇지만 폐경을 설명하는 할머니 가설이 여성이 나이 듦에 따라 혈연에 대한 투자가 증가한다는 일반적인 관찰과 잘 맞아떨어진다는 점을 감안하면 여전히 가능성 있는 이야기라 볼 수 있다. 최근 발표된 한 연구 결과는 할머니 가설을 입증하는 듯하다. 미르카 라덴페라와 동료들은 18, 19세기의 핀란드와 캐나다의 두 인구 집단을 연구하여 여성의 폐경기 이후의 생존 기간이 그 자식의 번식 성공도와 손자의 생존율에 정비례함을 밝혔다.[35]

여성의 폐경을 설명하는 또 다른 가설은 생애의 비교적 이른 시기에 서둘러 번식하는 것과 평생 동안 장기간에 걸쳐 꾸준히 번식하는 것 사이에 일종의 타협이 존재한다는 설명이다. 초기부터 고비용의 자식들을 여럿 생산하다 보면 여성의 번식 기구가 일찍 닳아 마모될 수 있다. 그러므로 폐경은 그 자체가 적응이기보다는 일찍, 그리고 서둘러 번식함에 따른 부산물일 것이다.[36] 이 가설에서는 조상 여성들로 하여금 생애 초기부터 서둘러 번식을 하게 만든 환경적 조건을 파악하는 것이 매우 중요하다.

인간에서 보이는 이른 번식과 평균 3~4년의 짧은 출산 간격은 우리의 조상 여성이 남편에게 음식과 보호를 많은 부분 의존할 수 있었기 때문에 가능했을 것이다. 다시 말해서 남성이 배우자와 자식들에게 제공해 준 엄청난 양의 자원 덕분에 일찍부터 재빨리 번식하기 유리한 상황이 조성되었을 것이다. 대조적으로 암컷 침팬지와 고릴라는 혼자서 모든 자원을 조달해야 하기 때문에 인간처럼 자식 간의 터울을 가깝게 할 수 없다. 이러한 종들의 암컷은 5년 내지 6년마다 한 마리의 자식을 낳으면서 어른으로서의 생애 거의 전체를 아우를 만큼 번식 간격을 넓게 띄운다. 그러므로 직접적인 번식을 멈추고 유전적 혈연들을 돕는 방향으로 전환하는 인간 여성의 삶은 남성의 부모 투자가 높다는 사실과 직접적으로 연관될지도 모른다. 한편 남성의 투자는 투자할 능력과 의향이 있는 남성을 고르려는 여성의 선택에서 유래하기 때문에 결국 여성의 삶에서 일어나는 변화는 남녀 간의 짝짓기 관계와 밀접하게 연관된다고 할 수 있다.


## 남성의 가치의 변화

여성의 배우자 가치는 나이가 들면서 급격히 감소하는 데 반해 남성에게서는 그러한 경향이 발견되지 않는다. 그 이유는 남성의 가치에 공헌하는 여러 가지 핵심 자질들이 그다지 나이에 밀접하게 혹은 예측 가능하게 연관되어 있지 않기 때문이다. 이러한 자질에는 남성의 지능, 협동심, 아이를 돌보는 성향, 제휴, 정치적 동맹, 혈연 인맥, 그리고 아마도 가장 중요한 것으로서 여성과 자식들에게 자원을 제공할 능력 및 의향 등이 포함된다.

수입이나 사회적 지위와 같은 단서에 의해 짐작되는 자원을 제공하는 면에서의 남성의 가치는 여성의 번식 가치에 비교하면 나이에 따라 판이하게 다른 양상을 보인다. 남녀 사이에는 두 가지 중요한 차이가 있다. 일반적으로 남성의 자원과 사회적 지위는 여성의 번식 가치보다 훨씬 더 나이가 들어서야 절정에 오르며, 같은 남성들끼리도 자원 획득 능력과 사회적 지위에서 대단히 큰 편차가 존재한다. 나이가 들면서 남성의 자원과 지위는 때론 폭락하며, 때론 일정하게 유지되며, 때로는 급상승하는 반면에 여성의 번식 가치는 꾸준히 무자비하게 감소한다.

남성의 경우 그의 배우자 가치를 이해하기 위해서는 사회적 지위와 자원 획득 능력을 명확히 구분할 필요가 있다. 먼 과거의 수렵-채집 사회에서는 개인의 사냥 능력에도 한계가 있었고 잡은 사냥감을 오래 보관하기도 어려웠으므로 한 남성이 그다지 많은 고기를 비축할 수 없었다. 현대의 수렵-채집 사회에 사는 남성들을 보아도 각자가 소유한 땅이나 보관하고 있는 고기의 양은 그리 크게 차이가 나지 않는다.[37] 사실 남성들의 사냥 능력이 각자 다르긴 하지만, 아체 족 같은 몇몇 사회에서는 사냥한 고기를 공동으로 나누어 가지기 때문에 각자가 사냥에서 결국 습득하는 자원의 양은 엇비슷하다.

그러나 공동으로 고기를 분배하는 사회에서도 솜씨 좋은 사냥꾼은 형편없는 사냥꾼보다 더 많은 번식적 성공을 거둔다. 사냥꾼이 자기가 잡은 동물을 독차지하지 않는 사회에서 이런 일이 일어날 수 있는 까닭은 두 가지이다. 첫째, 여성들은 탁월한 사냥꾼과 성 관계를 갖는 것을 선호하기 때문에 좋은 사냥꾼은 나쁜 사냥꾼보다 더 많이 혼외정사를 한다. 둘째, 좋은 사냥꾼의 자식들은 나쁜 사냥꾼의 자식들보다 부족 내의 다른 사람들로부터 더 잘 길러진다. 비록 남성들이 각자 얻는 고기의 양 자체는 차이가 많지 않지만, 사냥을 통해 얻는 사회적 지위는 분명한 차이를 보인다. 사회적 지위 덕분에 바람직한 여성에게 성적으로 접근하고 자식에 대한 보살핌을 더 많이 끌어낼 수 있다.[38] 그러므로 자원의 소유와 사회적 지위는 서로 다른 자질이다.

약 1만 년 전에 농경이 시작되고 이후 현금 경제가 일어나면서 수렵-채집 사회의 우리 조상들은 감히 상상할 수 없을 만큼 엄청난 양의 자원을 비축하게 되었다. 대부호 록펠러와 거리의 걸인이 가진 물질적 자원의 차이는 아체 족의 우두머리와 더 이상 사냥도 할 수 없고 바닥의 지위로 내려앉은 늙은이 사이의 차이보다 훨씬 더 크다. 그러나 똑같은 명제가 사회적 지위에서는 성립하지 않는다. 현금 경제가 남성이 가진 자원의 차이를 확대시키긴 했지만, 현대를 사는 남성들 간의 지위차가 우리의 조상 남성들보다 꼭 크다고만은 할 수 없다.

수입에 비해 사회적 지위를 측정하는 것이 더 어렵긴 하지만, 전 세계 곳곳에 분포하는 현대의 수렵-채집 사회들로부터 나이에 따른 사회적 지위의 분포에 대한 실마리를 얻을 수 있다. 티위 족 남성은 일반적으로 적어도 30세는 되어야, 그리고 적지 않은 경우 중년에 이르러서야, 아내를 한두 명 얻을 수 있는 지위에 올라서게 된다.[39] 티위 족의 젊은 남성은 상당한 지위를 얻을 만한 정치적 동맹을 맺지 못하기 때문에 아내를 맞이하지 못한다.

쿵 족에서는 20대의 10년 세월을 사냥에 필요한 지식과 지혜를 습득하고 기술을 연마하는 데 바친다.[40] 쿵 족 남성은 30대가 되어서야 혼자서 큰 동물을 잡아 와 집단에 기여할 수 있다. 아체 족에서도 남성의 지위는 사냥 능력과 결부된다. 아체 사회에서 남성의 사냥 능력은 20대 중후반이 되어서야 절정에 이르러 30대 이후까지 유지된다.[41] 쿵 족과 아체 족 모두에서 60세 이상의 남성은 사냥을 제대로 할 수 없기 때문에 화살과 활을 더 이상 휴대하지 않으며, 결국 젊은 아내를 맞이하는 데 필요한 정치적 지위와 권력이 급강하게 된다. 아체 족 남성의 지위는 25세에서 50세 사이의 어느 한 시점에 절정에 다다르며, 이때 사냥 능력도 마찬가지로 최대가 된다.[42] 아체, 야노마뫼, 티위 족의 나이든 남성들은 수많은 방망이 싸움, 창 싸움, 도끼 싸움에서 살아남았기 때문에 젊은 남성들로부터 존경심과 지위, 경외감을 얻는다. 중년이 될 때까지 다른 남성들의 공격 세례를 이기고 살아남은 남성은 중년까지도 그 지위를 유지한다.

나이에 따른 비슷한 경향이 현대 서구 사회에서도 관찰된다. 현대 서구 사회에서 남성이 평생에 걸쳐 습득하는 자원을 나타내는 지표 하나는 금전적 수입이다. 전 세계 남녀의 나이에 따른 소득 변화를 조사한 통계치는 안타깝게도 존재하지 않는다. 하지만 미국에서의 나이에 따른 수입 분포는 오랜 세월에 걸쳐 여러 번 보고되었다. 예컨대 1987년 미국 남성들의 나이에 따른 평균 수입은 10대와 20대 초반이 가장 낮았다. 25~34세 남성의 수입은 이후 얻게 되는 최대 수입의 3분의 2에 불과하다. 35~54세의 연령이 되어서야 미국 남성의 수입은 정점에 다다른다. 55세부터 남성의 수입은 감소하며, 이는 의심할 여지없이 남성들이 은퇴하거나 무력해지거나 예전의 고소득을 유지할 능력을 상실하기 때문이다.[43]

　나이 든 남성이 젊은 남성보다 지위와 자원을 더 많이 얻는 경향이 있기 때문에 서로 동갑인 남성과 여성의 배우자 가치는 평균적으로 서로 다르다. 여성의 번식력과 번식 가치가 정점에 다다르는 15~24세의 기간에 남성의 소득과 지위는 최저점에 머무른다. 35~44세의 대다수 여성이 급격히 번식기의 종착점에 가까워지는 데 반하여 같은 기간 동안 대다수 남성은 그들의 최대 소득 수준을 향해 계속 상승한다. 여성의 배우자 가치의 핵심 요소가 번식 가치이고 남성의 배우자 가치의 핵심 요소가 자원 능력인 한 남녀의 나이가 엇비슷하더라도 각각의 배우자 가치는 엇비슷하지 않다.

　다양한 연령을 놓고 봤을 때 여성보다 남성의 배우자 가치에서 더 큰 변이가 존재한다는 사실은 짝짓기 시장에서 남성의 나이는 상대적으로 덜 중요한 요인이라는 것을 시사한다. 서구 사회에서 남성의 직업상 지위는 건물 관리인과 주유소 종업원에서부터 회사 대표나 성공한 기업가에 이르기까지 매우 다양하다. 나이가 같은 남성이라도 그 소득은 남루한 걸인이 얻는 동전 몇 푼에서 석유 왕 록펠러나 게티가 보유한 억만금의 예금 통장에 이르기까지 매우 다르다. 30세에서 50세 사이의 남성이 자원을 얻는 능력은 천차만별이다.

　하지만 이러한 경향성은 배우자를 선택하는 여성들의 개인적 상황에 존재하는 엄청난 변이는 드러내 주지 못한다. 여성의 입장에서는 평균이 아니라 구체적인 상황이 더 중요하다. 어떤 중년 여성은 연상의 남성이 많은 자원을 지니고 있기 때문이 아니라 연상의 남성이라면 자신과 동년배인 남성보다 더 많은 사랑을 쏟아 줄 것이라는 믿음 때문에 선호한다. 이를테면 아프리카의 아카 족에서는 일생 동안 높은 지위를 누리고 자원을 많이 모은 남성은 결혼하면 자식들을 직접 양육하는 일에는 별로 참여하지 않는다. 반면에 지위도 낮고 아내와 자식들에게 자원도 많이 못 가져다주는 아카 족 남성은 자식들을 직접 키우는 데 더 많은 시간을 보냄으로써 자원을 보충한다.[44] 이런 사회에서 아버지의 투자를 알 수 있는 핵심 지표 하나는 하루에 아기를 안고 보내는 시간이다. 아기를 안고 있는 행동은 여기에 소모되는 육체적 에너지와 이를 위해 다른 활동을 포기해야 한다는 점에서 비용이 많이 드는 활동이기 때문이다. 물론 아기를 안음으로써 주변의 위험, 온도 변화, 사고, 타인의 폭력 등으로부터 아기를 보호하는 역할을 하기도 한다. 집단 내에서 높은 지위를 차지한 아카 족 남성은 하루에 평균 30분 아기를 안고 지내는 반면 지위가 낮은 남성은 하루에 평균 70분 이상 아기를 안고 지낸다. 여성이 일반적으로 지위와 자원을 지닌 남성을 선호하긴 하지만, 자녀를 열심히 기르려는 남성의 태도 또한 다른 자질이 부족하다는 단점을 부분적으로 보충해 줄 수 있는 귀중한 자원이 된다.

어떤 여성은 이미 엄청난 양의 경제적 자원을 소유하고 있어서 굳이 자원 획득 능력을 따져서 남편감을 고를 필요가 없을 수도 있다. 남성의 배우자 가치는 여성의 심리 기제로부터 평가받으며, 이 기제는 여성을 둘러싼 상황에 대단히 민감하다. 이 말이 평균적인 경향의 중요성을 부인하는 것은 아니다. 사실 바로 자연선택이 인간 진화 역사의 수천 세대에 걸쳐서 그와 같은 경향을 만들어 냈다. 우리의 진화된 심리 기제들에는 남성 혹은 여성이라는 성에 의거해서 전형적인 배우자 선택을 하게 만드는 기제뿐만 아니라 각 개인을 둘러싼 구체적인 상황에 맞추어 배우자를 선택하게 하는 기제도 있다.

## 남성의 높은 사망률

인간의 짝짓기 기제는 모든 사회에서 남성이 여성보다 빨리 죽는 미스터리를 잘 설명해 준다. 이 문제에서 자연선택은 여성보다 남성에게 더 혹독했다. 남성은 여성보다 더 짧게 살고 생애의 모든 단계에서 더 많은 요인들에 의해 더 많이 죽어 나간다. 예컨대 미국에서 남성은 여성보다 평균 6~8년 일찍 죽는다. 남성은 여성보다 더 많이 병원균에 감염되고 훨씬 더 다양한 질병에 걸려 죽는다. 남성은 여성보다 추락, 식중독, 익사, 총기 오발, 자동차 충돌, 화재, 폭발 등 사고에 의해 더 많이 죽는다. 남성은 생애 첫 4년 동안의 우발적인 사고에 의한 사망률이 여성보다 30퍼센트 더 높으며, 성인이 될 때까지의 사고 사망률은 400퍼센트 더 높다.[45] 남성은 여성보다 위험을 자초하여 더 많이 죽으며, 여성보다 더 많이 자살한다. 성 내 경쟁이 귀에 거슬리는 파열음을 내는 단계에까지 이르는 16세에서 28세 사이의 연령대는 남성에게 특히 안 좋은 시기여서 이 기간에 남성의 사망률은 여성보다 거의 200퍼센트 더 높다.

　남성의 높은 사망률은 다른 포유동물의 수컷과 마찬가지로 남성의 성 심리, 특히 배우자를 두고 벌이는 경쟁에서 직접적으로 초래된다. 번식 성공도의 차이가 커질수록 경쟁에서 위험한 전술을 사용하는 빈도도 높아진다. 몇몇 수컷이 여러 암컷을 독점하는 사회에서는 승자에게 엄청난 번식적 이득이 따르고 패자에게는 엄청난 번식적 불이익이 따른다. 붉은사슴이 좋은 실례이다. 몸집이 크고 큰 뿔을 지닌 수사슴은 평균적으로 다른 수사슴보다 더 높은 짝짓기 성공을 거둔다. 그들은 다른 동성 경쟁자와 머리를 맞부딪히며 싸워 제압할 수 있다. 그러나 그들의 짝짓기 성공은 생존이라는 대가를 치르면서 얻어지는 것이다. 짝짓기 성공을 가져다준 바로 그 형질들이 더 높은 사망률을 유발한다. 이를테면 자원이 부족한 추운 겨울이면 몸집이 큰 수컷은 그만큼 많은 음식물을 섭취해야 하기 때문에 먹이를 제대로 못 구해 굶어 죽기 쉽다. 또한 몸집이 크기 때문에 포식자로부터 잽싸게 도망치지도 못한다. 이러한 위험성에다가 다른 수컷과의 결투로 인해 직접적으로 목숨을 잃을 위험도 추가된다. 이 모든 위험들은 배우자를 얻기 위한 경쟁에서는 이득을 가져다주는, 그러나 또한 암컷에 비해 수컷의 생존율을 하락시키는 붉은사슴의 성 전략으로부터 유래한다.

동물계 전체를 통해 대체적으로 짝짓기 체계가 일부다처적 성향이 강할수록 성에 따른 사망률의 차이는 더 커진다.[46] 일부다처제는 위험을 마다하지 않는 남성을 진화시킨다. 다른 남성들과 경쟁함에 따르는 위험, 여성들이 바라는 자원을 얻을 때 따르는 위험, 여성을 찾아 구애하기 위해 자신을 외부의 위해 요소에 노출시킬 때 따르는 위험 등을 기꺼이 감수하는 남성이 자연선택되는 것이다. 어떤 남성은 여러 번의 결혼으로 여러 명의 배우자를 얻고 혼외정사까지 하는가 하면 어떤 남성은 아예 배우자 없이 살아간다는 점에서 온건한 일부다처제라 볼 수 있는 인간 종에서도 남성들 간의 경쟁과 높은 지위, 자원을 지닌 배우자에 대한 여성들의 선호가 위험을 기꺼이 감수하는 남성들의 성향을 결과적으로 진화시켰다. 즉 성공적인 짝짓기를 위해 수명 단축을 대가로 치르는 성향을 말이다.

번식적인 배당금이 여성보다 남성에게 더 크기 때문에 짝짓기에서 완전히 밀려나는 위험까지 감수하는 사람도 여성보다 남성이 더 많다. 어느 사회에서나 평생 짝 없이 지내는 독신남이 독신녀보다 더 많다. 예컨대 1988년 미국에서는 남성의 43퍼센트가, 그러나 여성의 29퍼센트만이 29세가 될 때까지 한번도 결혼하지 못했다.[47] 34세가 될 때까지 남성의 25퍼센트가, 그러나 여성은 고작 16퍼센트만이 결혼하지 못했다. 이러한 성차는 티위 족 같은 강력한 일부다처제 사회에서 극에 달한다. 티위 사회에서는 문자 그대로 모든 여성들이 유부녀이며, 소수의 남성들이 많게는 29명의 아내를 거느리는 바람에 대다수 남성들은 독신으로 떠밀려 살 수밖에 없다.[48]

적응의 논리는 짝짓기 후보군의 최하 지점에 위치하고 있어서 짝짓기에서 완전히 밀려날 위험이 큰 사람들일수록 더 많은 위험을 감수할 것이라고, 따라서 더 높은 사망률을 보이리라고 시사한다. 젊고 미혼이고 무직인 남성들이 도박에서부터 치명적인 싸움에 이르는 위험한 활동에 압도적으로 많이 관여한다.[49] 예컨대 1972년 디트로이트에서 벌어진 살인 사건 중에서 성인인 남자 범인의 41퍼센트가 무직이었으며, 이는 도시 전체의 실업률이 11퍼센트였던 것과 대조를 이룬다. 남자 희생자의 69퍼센트와 남자 가해자의 73퍼센트가 미혼이었으며, 이는 도시 전체의 미혼자 비율이 43퍼센트였던 것과 대조적이다. 살인 사건은 또한 16세에서 30세 사이의 연령대에 집중적으로 분포하고 있었다. 요컨대 젊고 미혼이고 무직인 현 상태가 알려 주듯 배우자 가치가 낮은 남성은 특히나 더 위험을 무릅쓰기 쉬우며, 이런 성향이 때로는 선을 넘어서 치명적인 사태를 몰고 온다. 요점은 살인 자체가 반드시 적응이라는 것이 아니라 남성의 진화된 성 심리가 특정한 환경적 조건들에 대해 기꺼이 감수하고자 하는 위험의 정도를 증가시킴으로써 반응하게끔 설계되었다는 것이다.

먼 옛날 우리 조상들이 살던 시절, 위험을 기꺼이 감수했던 사람들이 거두었던 크나큰 번식적 이득과 보다 소심한 사람들을 기다리고 있던 번식적 소멸이 수명에서의 성공을 희생시키고 대신 남성들 간의 경쟁에서의 성공을 낳는 형질을 진화시켰다. 생존과 수명이라는 측면만 놓고 보면 성 내 경쟁을 통한 선택이 남성들에게는 혹독했다.

## 결혼 압착

남성의 더 이른 사망은 짝짓기 시장에서 성비의 심각한 불균형을 초래하는 몇 가지 중요한 요인 가운데 하나다. 자연히 이 불균형은 시간이 흐를수록 더욱 심해진다. 이와 같은 현상을 가리켜 결혼 압착(marriage squeeze)이라고 하는데, 이는 어떤 여성들은 짝짓기 시장에서 함께 어울릴 만한 남성이 부족해서 억지로 밖으로 밀려나기 때문이다. 많은 요인들이 남녀의 상대적인 수에 영향을 미친다. 남성이 일생에 걸쳐서 항상 더 빨리 죽기 때문에 영유아기, 청소년기, 성인기의 사망률은 성에 따른 차이를 보인다. 남성은 여성보다 더 자주 밖으로 이주해 나가며, 이 역시 집단 내부에 성적 불균형을 야기한다. 베이비 붐도 이러한 불균형에 기여했는데, 왜냐하면 베이비 붐 시기에 태어난 많은 여성들이 선택할 수 있는 남성의 수가 적기 때문이다. 이는 여성들은 대개 자기보다 연상의 남성을 택하며, 이 연상의 남성들은 베이비 붐 이전, 즉 상대적으로 출생률이 낮았던 시기에 태어났다는 사실을 생각하면 쉽게 이해된다. 베이비 붐 이전에 출생한 남성의 경우 선택할 수 있는 여성 후보군이 상대적으로 더 넓다. 왜냐하면 그들은 베이비 붐 시기에 태어난 연하의 여성들을 주로 선택하기 때문이다. 여성보다 훨씬 더 많은 남성들이 감옥에 투옥되며, 이 역시 짝짓기 시장의 성비를 불균형하게 만드는 데 기여한다. 그리고 전쟁은 여성보다 훨씬 더 많은 남성들의 목숨을 앗아 가며, 이 역시 짝짓기 시장에서 여성의 수가 남성의 수보다 많은 데 한몫한다.

일생 동안 이혼과 재혼이 이루어지는 패턴도 결혼 압착을 초래하는 주요 원인의 하나다. 이혼한 남성은 점점 더 자기보다 어린 여성과 재혼하는 경향이 있다. 뿐만 아니라 여성보다 남성이 더 많이 재혼하며, 이러한 성차는 생애가 진행될수록 점점 더 커진다. 예컨대 이혼한 여성은 남성에 비해서 두 번째 결혼 상대를 구하기가 훨씬 더 어렵다. 캐나다에서 20~24세의 이혼남이 재혼할 확률은 83퍼센트이며, 25~29세의 이혼남이 재혼할 확률은 88퍼센트이다.[50] 20~24세의 이혼녀의 경우에는 61퍼센트이며, 25~29세의 경우에는 40퍼센트에 불과하다. 미국에서 14~29세의 이혼녀 중 76퍼센트가 재혼하지만, 이 수치는 30~39세에서는 56퍼센트로 하락하며, 40~49세에는 32퍼센트, 그리고 50~75세에는

겨우 12퍼센트로 하락한다.[51]

이러한 재혼 양상은 북아메리카 대륙에서만 유별하게 나타나는 것이 아니라 신뢰할 만한 정보를 구할 수 있는 어느 나라에서나 반복적으로 나타난다. 47개 나라를 조사한 한 연구에서 여성의 재혼율은 남성보다 나이에 의해 더 크게 영향을 받는 것으로 나타났다.[52] 25~29세의 연령대에서는 성에 따른 재혼율의 차이가 미미하다. 젊은 여성은 신붓감으로서 높은 배우자 가치를 유지하기 때문이다. 그러나 50~54세에 이르면 재혼율은 성에 따라 크게 달라진다. 예를 들어 이집트에서 이 연령대 남성의 재혼율은 여성보다 4배나 더 높다. 에콰도르에서는 9배나 더 높다. 튀니지에서는 19배나 더 높다.

1980년 미국에서 다양한 연령의 흑인 여성들의 결혼 기회를 조사한 한 연구는 이러한 누적적인 효과를 잘 보여 준다. 번식 가치의 정점에 다다른 10대 후반의 여성들이 결혼할 기회를 가장 많이 얻는다. 이 연령대에는 여성 100명에 대해 108명의 남성이 있다. 하지만 20대 후반에 이르면 이 성비는 역전된다. 예컨대 26~28세에는 여성 100명에 대해 겨우 80명의 남성이 있다. 성비는 여성의 번식 가치가 감소함에 따라 계속 감소한다. 여성이 38~42세의 연령대에 이르면 여성 100명에 대해 겨우 62명의 남성이 존재한다. 이는 이 연령군에서 여성 100명당 38명은 잠재적으로 남편을 얻지 못한다는 뜻이다. 여성이 결혼할 기회는 나이가 들면서 계속 줄어들어 60세가 넘으면 여성 100명당 고작 40명의 남성만이 존재하는 엄청난 성비 불균형에 봉착한다.[53]

여성이 나이 듦에 따라 나타나는 결혼 압착은 상당 부분 남녀의 성 심리에 따른 결과이다. 이러한 압착의 중심에는 여성의 번식 가치가 나이 듦에 따라 빠르게 감소한다는 사실이 자리 잡고 있다. 이 때문에 조상 남성이 연하의 여성을 배우자로 선호하게끔 진화하였으며, 조상 여성이 자원을 지닌 연상의 남성을 배우자로 선호하게끔 진화하였다. 궁극적으로 남녀 모두 이러한 결혼 압착에 책임이 있다. 젊고 건강하고 매력적인 여성들은 나이 많고 자원이 넘치는 배우자에 대한 그들의 욕망을 충실히 이행해서 나이 많은 여성의 남편이 되었을지도 모를 남성들을 독차지한다. 지위와 자원을 지닌 남성들은 젊고 건강하고 매력적인 여성에 대한 그들의 선호를 실행하려 한다. 그리고 자원을 가진 남성에 대한 조상 여성의 선호가 더 심한 남성 간의 경쟁과 위험 부담을 낳는 선택압을 만들어 냈으므로, 남성은 여성보다 더 빨리 사망하며 결국 남성의 희소성은 더 악화된다.

일생 동안 남녀의 비율 변화는 남성과 여성의 성 전략에 예측 가능한 변화를 초래한다. 가장 먼저 변하는 전략은 선택의 폭이다. 남성이 남아도는 경우에는 높은 선택 기준을 고집할 수 있는 남성의 수가 줄어들며, 남성들은 만약 성비가 어느 정도 균형을 이루었다면 유혹할 수 있었을 여성보다 덜 바람직한 배우자에게 정착해야 한다. 반면에 남성이 부족한 경우에는 여성이 선택할 대상이 줄어들므로 여성의 선택의 폭이 제한된다. 그러므로 성비는 남녀 모두 자신의 이상적인 선호를 실현시킬 수 있는 정도에 영향을 끼친다.[54]

남성의 비율이 상대적으로 낮으면 또한 결혼 생활의 불안정이 초래된다. 짝짓기 시장에서 구할 수 있는 남성의 수에 비해 여성의 수가 더 많다는 사실은 남성으로부터 강한 헌신을 요구할 수 없는 여성이 많아짐을 의미한다. 접근 가능한 여성이 많은 남성은 찰나적인 성적 밀회를 침착하면서도 신속하게 성취할 수 있다. 미국 현대사에서의 남녀 성비의 변화가 이 점을 확인시켜 준다. 이혼율이 증가했던 1970년대는 짝짓기 시장에 여성이 과잉으로 공급된 시기였다.[54]

한편 1980년대 후반의 신혼부부의 이혼율은 그 이전 10년간의 이혼율보다 낮았는데, 이 시기는 남성의 비율이 상승했던 시기이기도 하다.[55] 이 시기에 미국 여성들이 결혼 생활에서 느낀 행복감은 그들 남편보다 더 높았는 데 반해 그 이전, 즉 남성이 부족했던 15년간 아내가 느끼는 행복감은 남편보다 더 낮았다.[56] 1973년에서 1980년대 후반에 전문 직종을 추구하는 남성의 수는 2배로 늘었으며, 이는 여성에 대한 남성의 비율이 낮았다가 높아진 시기와 일치한다. 즉 시대의 변화에 따라 남성들이 경제적 성공에 더 신경 쓰게 되었음을 암시한다. 아이를 양육하는 데 직접적으로 참여하고 헌신하고자 하는 남성의 의향도 이러한 시기에는 더 늘어날 것이라 예측할 수 있지만, 아직까지 이런 사실을 뒷받침하는 증거는 없다. 접근 가능한 여성이 그리 많지 않을 때 남성은 여성의 배우자 선호를 채워 주기 위해 더 친절하고 더 상냥해야 한다.

짝짓기할 남성이 부족함에 따라 여성은 자원을 공급하는 데도 더 큰 책임을 부담해야 한다. 한 가지 이유는 여성이 남성의 자원 공급에 전적으로 의존하기가 어렵다는 것이다. 여기에 덧붙여 여성이 경제적 자산을 증대시키려 하는 것은 마치 전통 사회에서의 지참금 경쟁처럼 자신의 배우자 가치를 높이려는 전략일 수도 있다. 역사적으로 보면 유급 노동에서 여성이 차지하는 비중은 여성에 비해 남성의 수가 더 적은 시기에 맞추어 증가했다. 1920년대에 이민법의 개정으로 미국 내 외국 태생의 여성의 수가 외국 태생의 남성의 수를 능가하게 되었을 때 이들 여성들이 노동력에서 차지하는 비율도 급증했다.[57] 기꺼이 투자해 줄 남성이 별로 없으면 여성은 자원을 스스로 얻어야만 하는 책임을 더 많이 지게 된다.

남성이 별로 없는 짝짓기 환경에서 여성들은 외모를 향상시키고, 신체를 더 건강하게 유지하려고 애쓰며, 심지어 남성을 유혹하기 위해 성적 자원까지 제공하는 등 치열하게 경쟁한다. 1960년대 후반과 1970년대에 미국에서 일어난 성 혁명은 많은 여성으로 하여금 성적인 경직성을 버리고 남성에게 큰 투자를 요구하지 않는 가벼운 성 관계를 즐기게 했다. 성에 대한 관념의 이 같은 변화는 베이비 붐 세대 여성들에게 맞는 연상의 남성이 부족했던 시기와 일치한다. 외모를 두고 여성들 간의 경쟁이 더욱 심화되는 현상도 남성이 부족했던 이 시기에 일어났다. 다이어트 산업의 득세, 여성의 화장 및 외모 향상 산업의 활황, 복부 주름 제거술, 유방 확대술, 얼굴 주름 제거술 등 성형 수술의 증가 등이 이러한 추세를 반영한다.

여성의 수가 상대적으로 적고 서로 경쟁하는 남성은 많을 때 힘의 균형은 여성에게로 기운다. 여성은 그들이 원하는 것을 남성들로부터 더 쉽게 받아 낼 수 있고, 한편 남성은 바람직한 배우자를 유혹해서 지키기 위해 서로 더 치열하게 경쟁한다. 결혼은 보다 안정적이 되는데, 왜냐하면 남성이 더 기꺼이 헌신을 제공하려 하고 되도록 파경을 맞지 않으려 애쓰기 때문이다. 여성이 부족하기 때문에 남성은 선택 가능한 다른 대안이 별로 없으며 찰나적인 성 관계도 추구하기 어렵다. 따라서 남성은 장기적인 배우자에 대한 여성의 선호를 채워 주기 위해 자원을 얻으려 애쓰고 아버지로서 아낌없이 투자할 의향을 과시하는 식으로 점점 더 치열하게 서로 경쟁한다.

그러나 성비가 남성으로 기울 때 일어나는 모든 변화가 여성에게 이로운 것만은 아니다. 중요한 난점의 하나는 여성에 대한 폭력이 증대 될 가능성이 높아진다는 것이다. 남성이 남아도는 상황에서는 접근할 수 있는 여성 자체가 많지 않으므로 수많은 남성들이 짝짓기로부터 밀려난다. 게다가 이러한 악조건에서 배우자를 유혹하는 데 성공한 남성들은 다른 경쟁자들로부터 아내를 극성맞게 호위한다. 아내에게는 여전히 다른 대안이 많이 있으므로 여차하면 남편을 떠나 버리겠다고 위협하는 말을 남편이 단순한 빈말로 넘기기 어렵게 된다. 이러한 상황이 남성의 성적 질투를 촉발시켜 아내를 통제하기 위해 위협과 폭력을 쓰고 아내를 꼬드기려는 남성들에게 폭력을 행사하게 된다.[58]

많은 수의 남성이 배우자를 얻지 못함에 따라 성폭력과 강간이 증가할 수도 있다. 폭력은 여성의 자발적인 동의하에 성적 욕망을 충족시키게끔 해 주는 자원이 없는 남성들이 종종 기대는 수단이다.[59] 강간은 여성이 장기적인 배우자에게서 원하는 지위와 자원이 없는 막다른 상태의 남성에 의해 자주 자행된다.[60] 뿐만 아니라 전쟁이 발발할 확률도 남성의 비율이 낮은 사회보다는 남성의 비율이 높은 사회에서 더 높은 것처럼 보이며, 이 역시 남성이 남아돌 때 남성들 간의 갈등이 더 악화된다는 견해를 뒷받침한다.[61]

일생 동안 남녀의 성비가 변화함에 따라 짝짓기 전략에도 이에 상응하는 변화가 생긴다. 여성은 대개 높은 지위와 자원을 가진 연상의 남성을 선호하기 때문에 젊은 남성들은 종종 상대할 수 있는 여성이 매우 부족한 세계에서 살아간다. 젊은 남성들의 전략은 여성이 부족하다는 이러한 국지적인 환경 조건을 반영한다. 그들은 더 위험한 경쟁 전략에 몰두하며 성적 강제, 강도, 구타, 살인과 같은 폭력 범죄의 거의 전부를 저지른다.[62] 이런 범죄들은 긍정적인 유인만으로는 여성을 유혹하거나 통제하지 못하는 남성들이 여성을 강제하기 위해 벌이는 행동들이다.

남성이 30, 40대로 들어섬에 따라 성비는 대개 남성에게 유리한 방향으로 변한다. 그때까지 위험에서 살아남아 어느 정도의 지위를 얻은 남성이라면 이들이 선택할 수 있는 여성의 폭은 매우 넓으며, 과거에 젊을 때보다 더 높은 배우자 가치를 갖게 된다. 그들은 짧은 하룻밤 성 관계나 혼외정사, 여러 번의 결혼 혹은 두 집 살림 등을 통해 여러 배우자를 유혹해 낼 수 있다. 그러나 나이가 몇 살이든 간에 배우자로서의 바람직함이 낮은 남성이라면 이런 이득을 누리지 못하며, 어떤 남성은 짝짓기에서 완전히 밀려난다. 여성은 나이가 들면서 여성에게 점점 더 불리한 성비에 직면하여, 눈높이를 낮추고 동성 간의 경쟁에 더 열심히 뛰어들며, 스스로 더 많은 자원을 얻는 등 자신의 성 전략을 절충할 수밖에 없게 된다. 시간에 따른 이러한 변화는 모두 우리의 진화된 짝짓기 전략에서 유래한다.


## 평생에 걸친 짝짓기를 향한 전망

인간의 짝짓기 행동은 가슴 설레는 사춘기부터 배우자에게 유산을 남길 때까지 일생 동안 변화한다. 남녀 모두 시간에 따른 변화가 부과하는 문제들을 풀게끔 설계된 심리 기제를 진화시켰다. 번식 가치의 변화, 지위와 자원의 변화, 그리고 짝짓기 기회의 변화에 민감한 심리 기제가 진화된 것이다. 이러한 변화는 남녀에게 다르게 다가오며, 그중 어떤 것들은 그리 유쾌하지 않은 변화이다. 여성은 남성보다 2년 먼저 사춘기가 시작되지만, 번식을 할 수 있는 능력은 남성보다 20년에서 30년 먼저 끝난다. 아이가 아직 없는 여성들이 번식 가능한 연수가 점점 줄어듦에 따라, 즉 생물학적 시계의 똑딱거림이 점점 더 크게 들림에 따라 느끼는 조바심은 특정한 문화가 명한 임의적인 관습에 의해 생긴 것이 아니라 번식 현실에 맞추어진 심리 기제를 반영한다고 할 수 있다.

시간에 따라 변하는 여성의 번식 가치는 여성 자신의 성 전략뿐만 아니라 동일한 사회적 환경에 속한 다른 남성들에게도, 예컨대 남편과 다른 잠재적인 배우자들에게도, 영향을 끼친다. 여성이 젊을 때는 남편이 아내를 열심히 호위한다. 그들은 애써서 얻은 귀중한 번식 자원에 착 달라붙어 떨어지지 않으려 한다. 이처럼 강력한 호위는 아내가 혼외 정사를 할 기회를 봉쇄하며 종종 남성의 헌신을 나타내는 증표로 여겨진다. 많은 부부의 성생활은 짜릿한 흥분으로 시작되며, 호시탐탐 눈독을 들이는 경쟁자의 존재로 인해 더욱 더 흥분을 자아낼 것이다. 하지만 해가 갈수록 아내의 번식 가치가 하락하면서 성 관계의 횟수도 하락한다. 타는 듯한 질투를 표출하는 경우가 점차 잦아든다. 남편은 점점 불만스러워 하며, 아내에 대한 관심도 점점 줄어든다. 아내는 남편의 관심이 점차 줄어드는 것을 한탄하며, 남편이 자신을 무시한다고 자주 불평하게 된다. 동시에 남편은 아내가 시간과 관심을 지나치게 요구한다며 괴로워한다.

여성이 나이 들수록 남성의 배우자 호위가 느슨해지기 때문에 점점 더 많은 수의 여성들이 혼외정사를 추구하여 여성의 번식 가능 기간이 끝날 때쯤에는 최고점에 도달한다. 남성에서 혼외정사는 주로 성적 다양성을 향한 욕망에 의해 유발되는 데 반해, 여성에서 혼외정사는 주로 정서적인 목적에 의해 유발된다. 또한 여성의 혼외정사는 아직 번식 능력이 있을 때 배우자를 교체하려는 노력일지도 모른다. 여성은 남편을 한시라도 더 빨리 버릴수록 다시 짝짓기 시장에 들어갔을 때 자신의 배우자 가치가 조금이라도 더 높게 매겨진다는 것을 아는 것처럼 보인다. 폐경 이후 여성은 자녀 양육과 손자 양육으로 노력을 전환시킴으로써 직접 번식을 계속하는 것 대신 후손들의 생존과 번식을 돕는다. 여성은 번식 가능 시기의 단축이라는 대가를 치르면서 생애 초기부터 일찍 번식하는 전략을 구사한다.

일생에 걸친 남성의 변화는 수컷 침팬지와 마찬가지로 짝짓기와 번식이라는 측면에서 더 부침이 심하다. 지위와 자원을 계속 증대시키는 남성은 세월이 가도 여전히 매우 바람직한 배우자로 남는다. 지위와 자원을 모으지 못하는 남성은 점점 짝짓기의 장에서 구석으로 밀려난다. 모든 기혼 남성의 약 절반이 일생 동안 혼외정사를 추구하며, 이렇게 혼외정사를 한 남성들은 아내와의 성 관계를 희생하면서 은밀한 만남을 갖는 셈이다. 뿐만 아니라 많은 남성들이 평생을 통해서 새로운 배우자를 얻으려 경쟁하고, 나이 든 아내와 이혼하고, 더 젊은 여성과 결혼한다. 나이가 들수록 더 젊은 여성과 결혼하려는 남성의 노력은 전통적인 과학자들에 의해 깨지기 쉬운 남성의 자아, 성 심리적 미성숙함, '남성의 폐경', 혹은 젊은이 문화 탓이라 여겨져 왔지만, 실은 기나긴 진화 역사를 지닌 보편적인 욕망을 반영한다.

일생 동안 남녀의 짝짓기 전략이 서로 다르기 때문에 생기는 경악스러운 부산물은 남성이 여성보다 더 이른 나이에 사망한다는 것이다. 이는 남성이 짝짓기의 성공을 담보해 줄 지위와 자원을 추구하기 위해 더 많은 위험 부담과 더 극심한 남성 간의 성 내 경쟁을 감수함에 따른 예측 가능한 결과이다. 남성이 짝짓기 후보자군에서 서서히 떨어져 나감에 따라 여성에 대한 남성의 비율은 점차 감소하여 여성이 남아도는 상황을 낳는다. 짝짓기 시장에 재진입하는 여성에게 결혼 압착은 해가 갈수록 점점 더 단단하게 조여 들어온다. 남녀 모두 성비의 변화에 따라 전략을 바꾸게끔 설계된 기제를 진화시켰다.

일생에 걸쳐 남성과 여성에게 들이닥치는 이 모든 변화들을 감안하면, 실제로 그중 50퍼센트의 사람들이 기쁠 때나 슬플 때나 평생을 함께한다는 사실은 주목할 만하다. 유전자를 전혀 공유하지 않은 두 사람의 이해가 평생토록 포개어진다는 것은 인간 짝짓기의 진화에서 아마도 가장 탁월한 성취일 것이다. 우리로 하여금 서로 갈등을 빚게 하는 기제가 진화했듯이 이성과 화목하게 살게 해 주는 기제 또한 진화했다. 예컨대 앞에서 이야기한 국제 연구는 남녀 모두 나이가 들수록 배우자의 신체적 외모는 점점 덜 중시하는 대신 신뢰성이나 타인을 즐겁게 해 주는 성향 등을 점점 더 중시한다는 것을 발견했다. 이러한 자질은 결혼 생활의 성공과 자녀에 대한 투자에 절대적으로 중요한 기능을 한다. 남녀 간의 전략적 화합을 증진하는 기제는 남녀 간의 다툼을 일으키는 기제와 마찬가지로 인간 짝짓기의 적응적 논리로부터 유래한다.

# 남녀의
# 화합

모든 인간의 역사와 선사에 걸쳐서 모든 사람들이 행한
모든 일들이 가능한 일들의 최소치를 설정해 준다.
최대치에 대해서는, 만약 그런 게 있다 하더라도,
완벽하게 알 수 없다.

—— 존 투비와 리다 코스미즈, 『적응된 마음』

인간 성 전략의 핵심 메시지는 짝짓기 행동은 엄청나게 유연하며 사회
적 맥락에 매우 민감하다는 것이다. 진화의 오랜 역사를 거쳐 설계된
우리의 복잡한 심리 기제 덕분에 우리는 짝짓기의 적응적 문제를 해결
하기 위한 융통성 있는 일련의 행동 레퍼토리를 장착하고 있다. 이들
레퍼토리를 사용하여 욕망을 충족시키기 위해 우리는 각각의 개별적
인 상황에 따라 우리의 짝짓기 결정을 변형시킬 수 있다. 그러므로 성
이라는 문제에서 어떤 행동도 불가피하거나 유전적으로 예정되어 있
지 않다. 외도도 일부일처제도 미리 정해져 있지 않으며, 성적 폭력이
나 성적 평정도 미리 정해져 있지 않으며, 질투심에 따른 배우자 호위

도 성적 무관심도 미리 정해져 있지 않다. 남성은 영원히 채워질 수 없는 성적 다양성에 대한 욕망 때문에 어쩔 수 없이 외도를 할 숙명을 타고나지 않았다. 여성은 헌신을 하려 하지 않는 남성을 조롱할 숙명을 타고나지 않았다. 우리는 진화가 명한 성 역할에 속박된 노예가 아니다. 각각의 짝짓기 전략을 초래하는 조건들을 잘 이해함으로써 어떤 전략을 작동시키고 어떤 전략을 휴지 상태로 둘지 우리 스스로 선택할 수 있다.

왜 성 전략이 발달했으며 이들이 어떤 기능을 수행하게끔 설계되었는지 이해한다면 인간 행동을 변화시킬 수 있는 강력한 지렛대를 얻을 수 있다. 마치 생리 기제의 적응적 기능을 이해하면 생리적 현상을 어떻게 변화시킬지에 대한 실마리를 얻을 수 있듯이 말이다. 예를 들어 피부의 특정 부위에 반복적으로 마찰이 가해지면 굳은살을 발달시키는 생리 기제가 우리 인간에서 진화했다고 해서 반드시 우리가 그 부위에 굳은살을 발달시켜야 하는 것은 아니다. 심한 마찰을 피한다면 우리는 굳은살이 생기지 않게 할 수 있다. 마찬가지로 질투가 남성에게는 부성을 보호해 주고 여성에게는 배우자의 헌신을 지켜 내는 기능을 한다는 것을 이해한다면, 성적 부정이나 감정적 부정을 의미하는 단서들과 같이 질투심을 불러일으키는 환경적 조건들에 자연히 주의를 기울이게 된다. 마찰을 최소화하는 환경을 만들어 낼 수 있듯이 우리는 원론적으로 질투심의 촉발을 최소화하는 애정 관계 또한 만들어 낼 수 있다.

이 책 전체를 통해서 나는 성 행동의 이론을 세우기 위해 인간 짝짓기에 대한 실증적 연구들을 핵심 자료로서 활용했다. 필요하다면 추측도 마다하지 않았지만, 모든 논의는 이미 알려진 증거에 기반하여 이루어졌다. 이제 이러한 증거들이 넓게는 사회적 상호 작용에, 좁게는 남녀 사이의 관계에 던지는 광범위한 함의에 대해 서술하고자 한다.

## 남녀의 차이

남녀 관계에 대한 통찰은 반드시 성적 동일성과 성적 차이의 수수께끼를 꿰뚫어야 한다. 남녀 모두 진화 역사상 많은 동일한 문제들에 직면했기 때문에 많은 적응적 해결책을 공유한다. 남녀 모두 체온을 조절하기 위해 땀을 흘리고 몸을 벌벌 떤다. 남녀 모두 평생 함께할 배우자를 고를 때는 상대의 지능과 신뢰성을 매우 중시한다. 남녀 모두 협동심이 강하고, 믿을 수 있고, 충실한 배우자를 원한다. 남녀 모두 자신에게 감당할 수 없는 손실을 끼칠 사람을 배우자로 원하지 않는다. 우리는 모두 한 종에 속한 개체들이며, 남녀 공히 지니고 있는 심리적, 생물학적 특성을 잘 이해하는 것이 남녀 간의 조화를 이룩하는 첫걸음이다.

남녀가 공유하는 적응들을 배경으로 성차는 뚜렷이 도드라져 있으며 이는 설명을 필요로 한다. 남녀의 짝짓기 심리는 서로 다르며, 특히 그들이 진화 과정에서 풀어야 했던 적응적 문제가 상이했던 영역에서 그렇다. 우리의 조상 여성은 아이들에게 영양을 공급해야 한다는 문제에 정면으로 맞서야 했기 때문에 젖을 물리는 가슴을 소유하게 된 쪽은 남성이 아니라 여성이다. 수정이 여성의 체내에서 이루어지기 때문에 우리의 조상 남성은 자신의 부성이 불확실하다는 번식적 문제에 직면했다. 그 결과, 남성은 성적으로 충실한 배우자에 대한 특별한 선호, 성적 부정에 초점을 맞추는 질투 심리, 그리고 오쟁이를 졌을 경우 헌신을 철회해 버리는 성향 등을 진화시켰으며 이들 모두는 여성의 적응적 기제와 매우 다르다.[1]

이러한 성차 가운데 어떤 것들은 불쾌하게 여겨질 수도 있다. 여성은 성적 대상으로 취급받거나, 젊음이나 아름다움처럼 주로 자신이 어찌할 수 없는 속성들에 의해 자신의 가치가 매겨진다는 것을 달가워하지 않는다. 남성은 출세의 대상으로 취급받거나, 지갑이 두툼한 정도나 이 치열한 경쟁 사회에서 자신이 차지한 지위에 의해 자신의 가치가 매겨진다는 것을 달가워하지 않는다. 성적 다양성에 대한 욕망에 이끌려 성적 부정을 저지르는 남성의 아내로 산다는 것은 고통스럽다. 감정적인 친밀함에 대한 욕망에 이끌려 다른 남성과 정사를 갖는 여성의 남편으로 산다는 것은 고통스럽다. 이성이 배우자에게서 바라는 자질을 갖지 못했다는 이유만으로 배우자 가치가 낮게 매겨지는 것은 남녀 모두에게 고통스럽다.

전통적인 사회과학에서 흔히 가정하듯이 남성과 여성이 심리적으로 동일하다고 보는 것은 우리의 진화된 성 심리에 대해 현재까지 밝혀진 지식에 역행하는 것이다. 각각의 성이 바람직한 이성 배우자에게 접근하기 위해 서로 경쟁하는 상황에서 발휘되는 성선택의 영향력을 감안해 볼 때, 수백만 년 동안 서로 다른 번식적 문제에 직면해야 했던 짝짓기의 측면에서 남녀의 심리가 동일하다고 밝혀진다면 참으로 놀라운 일일 것이다. 오늘날 배우자에 대한 남녀의 선호가 서로 다르다는 것은 더 이상 의심할 여지가 없다. 한쪽에서는 젊음과 신체적 외모를,

다른 쪽에서는 지위, 성숙함, 그리고 경제적 자원을 선호한다. 남녀는 또한 감정적 교류 없이 하룻밤 정사를 즐기려는 성향, 성적 다양성에 대한 욕망, 성적 판타지의 속성 등에서 서로 다르다. 각자 추구하는 성행동을 가로막을 수 있는 간섭의 종류도 남녀에 따라 서로 다르며, 따라서 남녀에게 분노나 질투 같은 격한 감정을 터뜨릴 수 있는 사건의 종류도 서로 다르다. 남성과 여성은 배우자를 유혹하고, 지키고, 교체하는 전술도 서로 다르다. 이러한 성차들은 진화된 우리 자신들의 보편적인 특성으로 보인다. 그들이 남녀 관계를 지배한다.

몇몇 사람들은 이러한 성차를 맹렬히 비난하며, 그 같은 성차가 존재하는 것을 부정하거나 혹은 더 이상 존재하지 않기를 소망한다. 그러나 부정하거나 소망한다고 해서 심리적인 성차가 사라지지는 않는다. 부정하거나 소망한다 해서 수염의 성장이나 젖가슴의 발달이 멈추지 않듯이 말이다. 남성과 여성의 조화는 이러한 부정을 쓸어버리고 남녀의 서로 다른 욕망에 정정당당하게 맞서야 비로소 이루어질 것이다.

## 페미니즘적 시각

퍼트리샤 고와티, 제인 랭카스터, 바버라 스무츠 같은 페미니스트 진화학자들이 지적했듯이 성차의 진화는 페미니즘에 밀접하게 연관될 수밖에 없다. 많은 페미니스트들의 담론에 따르면, 대략 남성의 자원 통제와 여성의 신체적, 심리적, 성적 종속으로 정의할 수 있는 가부장제는 남녀 간의 다툼을 일으키는 주요한 한 원인이다. 남성들이 자원을 통제하고 여성을 복종시켜 억압하려 하는 것은 여성의 성애와 번식을 통제하려는 남성의 욕망에서 나온다고 일컬어진다. 인간의 성 전략은 이러한 페미니즘적 시각의 주요 얼개들을 지지해 준다. 과연 전 세계적으로 남성이 자원을 통제하는 경향이 있다. 남성은 자원의 통제권을 써서 여성을 억압할 뿐만 아니라 때로는 성적 강제와 폭력까지 동원하여 여성을 억압한다. 여성을 통제하려는 남성의 노력은 확실히 여성의 성애와 번식에 초점을 맞춘다. 그리고 남성뿐만 아니라 여성도 여성에 대한 억압을 영속화하는 데 종종 기여한다.[2]

성 전략에 대한 진화적 시각은 남성의 자원 통제는 물론 여성의 성애를 통제하려는 남성의 노력이 어떻게 생겨나서 유지되고 있는가에 대해 귀중한 통찰을 제공해 준다. 예컨대 성 전략에 따른 놀라운 결과 가운데 하나는 전 세계적인 남성의 자원 통제가 부분적으로는 여성의 배우자 선호로부터 유래했다는 것이다.[3] 수천 세대에 걸쳐 계속 작동하고 있는 이러한 선호가 여성들로 하여금 지위와 자원을 소유한 남성을 택하고 그 같은 자산이 없는 남성을 기피하게 했다. 그러한 자원을 얻지 못한 조상 남성은 배우자를 유혹할 수 없었다.

여성의 선호는 그러므로 남성들끼리 서로 경쟁하는 전장에서 반드시 준수되어야 할 기본 규칙들을 확립시켰다. 오늘날의 남성들은 그들의 조상으로부터 자원과 지위를 우선시하는 심리 기제뿐만 아니라 자원과 지위를 얻기 위해 위험도 마다하지 않게 만드는 심리 기제까지 물려받았다. 자원과 지위를 별로 중시하지 않았던 남성들, 그리고 경쟁자들을 제치고 자원과 지위를 얻기 위해 위험을 무릅쓰지 않았던 남성들은 배우자를 유혹할 수 없었다.

남성의 핵심 전략 중 하나는 다른 남성들과 동맹을 맺는 것이다. 이렇게 조직화된 동맹은 자원과 성적 접근을 얻기 위한 항로에서 다른 남성들을 제압하는 힘이 되었다. 비비, 침팬지, 돌고래에서도 강력한 동맹을 볼 수 있다.[4] 예컨대 병코돌고래 수컷은 암컷을 몰기 위해 수컷들끼리 동맹을 맺으며, 이를 통해 혼자 애쓰는 경우보다 더 많은 성적 접근을 얻는다.[5] 우리와 가장 가까운 영장류 친척인 침팬지에서는 다른 무리와의 신체적 싸움에서 승리를 거두고, 집단 내의 서열에서 자기 지위를 높이고, 암컷에게 성적으로 접근하기 위해 수컷들끼리 동맹을 이룬다. 자기 편 수컷의 도움 없이 침팬지 수컷 혼자서 집단 내의 우두머리가 되는 일은 거의 없다. 동맹 파트너가 없는 외톨이 수컷은 다른 집단의 수컷들에게 크게 얻어맞거나 때로는 목숨을 잃을 위험이 더 크다.[6]

　　인간 남성도 큰 사냥감, 집단 내에서의 권력, 다른 적대적인 남성 집단에 대한 방어, 여성에 대한 성적 접근 등의 자원을 얻기 위해 동맹을 형성한다.[7] 인간의 진화사를 통해서 동맹으로부터 얻을 수 있었던 이 같은 생존 및 번식상의 이득은 남성들로 하여금 계속해서 다른 남성들과 동맹을 맺게끔 하는 엄청난 선택압으로 작용해 왔다. 조상 여성들은 큰 동물을 사냥하지도 않았고, 다른 부족에게 전쟁을 개시하지도 않았으며, 이웃 부족의 남자들을 납치하려고 시도하지도 않았으므로, 여성은 여성들끼리 동맹을 맺게 하는 유사한 선택압을 받지 않았다.[8] 물론 여성도 아이를 양육하기 위해 다른 혈연들과 동맹을 맺긴 하지만, 이러한 동맹은 여성이 자기 혈족을 떠나 남편이 있는 씨족으로 떠나가 버리면 어쩔 수 없이 약화되었다. 바버라 스무츠에 따르면, 남성들 간의 강한 연합과 여성들 간의 상대적으로 약한 연합이 서로 짜 맞추어져서 남성이 여성을 지배해 온 역사의 한 원인이 되었다.[9] 야심에 차 있고, 자원이 풍부하고, 성공한 남성에 대한 여성의 배우자 선호와 남성의 경쟁적인 짝짓기 전략은 함께 진화했다. 남성들이 여성이 욕망하는 부분에 대해서 경쟁자를 제압하기 위해 쓰는 짝짓기 전략에는 위험 감수, 지위 상승 추구, 경쟁자 비방, 동맹 형성, 그리고 기타 개인적인 여러 가지 노력 등이 포괄된다. 남녀 모두에서 공진화한 이들 기제들이 서로 씨줄과 날줄로 연결되어 자원이라는 영역에서 남성이 여성을 지배하는 상황을 낳았다.

남성의 자원 통제의 기원은 단순히 호기심으로 짚고 넘어가는 역사의 각주에 불과하지 않다. 오히려 이는 남성이 자원을 통제하고 있는 현 상황을 초래하게 된 원인을 밝혀 주기 때문에 오늘날에도 중대한 함의를 떤다. 오늘날에도 여성은 자원을 지닌 남성을 원하며 자원이 없는 남성을 여전히 거부한다. 이러한 선호는 전 세계 수십 개 국가에서 수만 명의 사람들을 대상으로 수행된 수십 개의 연구들에서 변함없이 되풀이되어 발견된다. 그것들은 일상생활에서 헤아릴 수조차 없이 여러 번 발현된다. 특정한 한 해를 놓고 볼 때 여성과 결혼한 남성은 여성과 결혼하지 못한 같은 나이의 남성보다 더 많이 번다. 남편보다 더 많이 버는 여성은 남편이 더 많이 버는 여성보다 이혼할 확률이 2배 더 높다. 뿐만 아니라 남성들은 여성들의 호감을 살 수 있는 지위와 자원을 얻기 위해 줄기차게 다른 남성과 동맹을 맺거나 경쟁한다. 처음에 남녀 간의 자원 불평등을 초래했던 힘, 즉 여성의 배우자 선호와 남성의 경쟁적인 전략은 오늘날에도 자원 불평등을 유지시키는 데 기여하고 있다.[10]

페미니스트들의 결론과 진화학자들의 결론은 남성이 여성의 성애를 통제하려는 노력이 전반적인 남성의 여성에 대한 통제의 핵심을 이룬다고 내포한다는 점에서 일치하는 부분이 있다. 우리의 진화된 성 전략은 왜 이런 일이 일어나는지, 왜 여성의 성애를 통제하는 것에 남성들이 그토록 몰두하는지 설명해 준다.[11] 인간의 진화 역사를 통해서 여성의 성애를 통제하지 못한 남성, 예컨대 배우자를 유혹하지 못했거나, 아내의 간통을 막지 못했거나, 배우자를 간수하지 못한 남성은 여성의 성애를 잘 통제했던 남성들보다 낮은 번식 성공도를 거두었다. 우리는 배우자를 얻고, 배우자의 외도를 막고, 배우자가 떠나지 못하게끔 충분한 이득을 제공하는 일을 성공적으로 완수했던 조상 남성들의 길고 끊이지 않는 행렬로부터 왔다. 우리는 또한 이로운 자원을 제공하는 남성들에게 성적 접근을 허락했던 조상 여성들의 기나긴 행렬로부터 왔다.

페미니즘 이론은 때때로 여성을 억압한다는 공동의 목표를 달성하기 위해 모든 남성들이 서로 어깨를 나란히 해 협력하는 것처럼 이야기한다.[12] 그러나 인간 짝짓기의 진화는 이러한 시나리오가 참일 수 없음을 암시한다. 왜냐하면 남녀 모두 근본적으로 동성의 구성원들에 맞서서 경쟁하기 때문이다. 남성은 주로 다른 남성들을 희생해 가며 자원을 통제하려 노력한다. 남성은 다른 남성에게서 자원을 빼앗고, 다른 남성을 지위와 권력으로부터 밀어내며, 다른 남성을 비방해서 여성들에게 탐탁치 못한 사람으로 비추어지게 만든다. 모든 살인 사건의 거의 70퍼센트가 남성들끼리 벌인 것이라는 사실은 남성들이 동성 간 경쟁으로 인해 당하는 전체 손실의 일각을 드러낼 뿐이다.[13] 남성이 여성보다 평균 6년 일찍 사망한다는 사실도 남성이 다른 남성들과 투쟁하여 겪는 불이익을 입증해 준다.

여성도 동성 구성원들이 가하는 피해에서 자유롭지 못하다.[14] 여성은 높은 지위의 남성에게 다가서기 위해 여성들끼리 서로 경쟁하며, 다른 여성의 남편과 잠자리를 가지며, 아내가 있는 남편을 꼬드겨 파멸시킨다. 여성은 동성 경쟁자를 헐뜯고 비방하며, 특히 경쟁자가 찰나적인 성 관계를 주로 추구할 때 더욱 그렇다. 남녀 모두 동성 구성원들이 구사하는 성 전략의 피해자이므로, 그들이 어떤 공동의 목표를 이루기 위해 동성 구성원들과 똘똘 뭉친다고 하기 어렵다.

뿐만 아니라 남녀 모두 이성이 행하는 전략에 의해 이득을 얻는다. 남성은 그들의 아내, 언니, 여동생, 딸, 그리고 내연녀 등 어떤 특정한 여성들에게 아낌없이 자원을 쏟아 붓는다. 한 여성의 아버지, 오빠, 남동생, 그리고 아들들은 그녀가 지위와 자원을 가진 배우자를 택함에 따라 모두 이득을 얻는다. 남성이나 여성이 이성을 억압한다는 목표를 달성하기 위해 같은 성의 모든 구성원들과 굳건히 뭉친다는 시각과 정반대로, 각각의 개인은 특정한 동성 구성원들과 이해관계를 공유하기도 하고 다른 동성 구성원들과는 갈등을 빚기도 한다. 동성 간의 결탁이라는 단순한 시각은 현실 상황에서 아무런 근거도 갖지 못한다.

비록 오늘날 남성의 성 전략이 그들의 자원 통제에 기여하기는 하지만, 그러한 전략이 유래한 과정은 여성의 욕망이 진화한 과정과 결코 분리될 수 없다. 이러한 분석은 남성이 자원을 통제하게 했다는 죄명으로 여성을 단죄해야 함을 뜻하지 않는다. 반대로 조화와 평등을 이루고자 한다면 남녀가 나선형의 공진화 과정에 함께 얽힌 관계임을 먼저 인식해야 한다. 이 공진화 과정은 욕망의 진화와 더불어 아주 오래전에 시작되었으며, 우리의 짝짓기 전략들을 통해 오늘날에도 가동되고 있다.


## 짝짓기 전략의 다양성

남녀의 욕망의 차이는 인간 종에서 관찰되는 다양성 가운데 많은 부분을 차지하지만, 각각의 성 내부에서도 엄청난 변이가 존재한다. 비록 여성보다 남성이 순전히 찰나적인 성 관계를 추구하는 경향이 더 강하기는 하지만, 어떤 남성은 평생 동안 한 여성과 결혼해서 함께 살고 어떤 여성은 결혼보다는 찰나적인 성 관계만을 즐긴다. 일반적인 경향과 정반대로 어떤 남성은 여성을 고를 때 경제적 자원을 중시하기도 하고 어떤 여성은 남성을 고를 때 외모만 보기도 한다. 각 성 내에 존재하는 이러한 차이를 단순히 통계적인 이상치로 무시할 수는 없다. 이러한 차이는 인간의 짝짓기 전략의 풍부한 레퍼토리를 이해하는 데 대단히 중요하다.

　　성적 다양성은 개개인이 자신의 성 전략 레퍼토리 안에서 어떤 특정한 전략을 선택하도록 이끄는 개별적이며 특수한 상황에 달려 있다. 물론 이러한 선택이 우리의 의식 차원에서 명료하게 이루어지는 것은 아니다. 예컨대 아카 족의 남성은 경제적인 자원이 없는 상황에 처했을 때는 부모 투자를 많이 하는 짝짓기 전략을 택한다.[15] 쿵 족의 여성은 투자할 의향이 있는 남성들을 계속해서 유혹할 수 있을 만큼 자신의 배우자 가치가 뛰어난 상황에서는 여러 남성들과 연이어 짝짓기하는 전략을 택한다.[16] 아무리 우리의 진화된 심리 안에 깊숙이 뿌리내리고 있다고 한들 그 어떤 짝짓기 전략도 맥락과 무관하게 고정되어 발현되지는 않는다. 각각의 성 전략을 초래하는 중요한 사회적 맥락을 안다면 남녀 사이와 각각의 성 내부에 존재하는 다양한 짝짓기 행동들을 더 깊이 이해할 수 있을 것이다.

이러한 다양성을 알게 되면, 몇몇 가치 판단에는 각자 자신의 성 전략을 추구해 자신의 이익을 넓히려는 이기적인 본바탕이 깔려 있다는 것을 알게 된다. 서구 사회에서는 평생에 걸친 일부일처가 흔히 이상형으로 떠받들어진다. 누구라도 이 관습에 순응하지 않으면 비정상적이고 미숙하고 벌 받을 만하다거나 실패자로 간주된다. 이러한 가치 판단은 일부일처제를 떠받드는 사람이 구사하는 성 전략의 발현일 수 있다. 예컨대 여성으로서는 다른 사람들에게도 평생에 걸친 사랑이라는 이상을 수긍시키는 게 종종 최선의 이익이다. 성적으로 문란한 여성은 일부일처를 하는 여성에게 위협이 되며 남편의 자원, 관심, 그리고 헌신을 빨아들일 수 있기 때문이다. 남성으로서도 비록 자기 자신은 다른 여성을 만날지언정 다른 사람들에게 한 여성에게만 충성하는 일부일처 전략을 따르라고 수긍시키는 게 종종 최선의 이익이 된다. 성적으로 문란한 남성은 미혼 남성의 짝짓기 기회를 강탈하며 기혼 남성에게 오쟁이를 지게 만들 수도 있다. 우리가 성에 대해 떠받드는 가치는 종종 우리의 진화된 짝짓기 전략의 발현이다.

인간의 진화사에서 찰나적인 성 전략은 남녀 모두에게 깊숙이 뿌리박혀 있다. 성적으로 가리지 않는 남성과 성적으로 다소곳한 여성을 강조하는 진화적 설명은 사실을 과장하는 것이다. 남성이 헌신하는 능력을 자신의 전략 레퍼토리의 일부로서 지니고 있듯이, 여성도 자신의 레퍼토리 안에 찰나적인 성 관계를 하는 능력을 지니고 있으며 실제로도 찰나적인 성 관계가 이득이 되는 상황이라 느끼면 이를 서슴없이 추구한다. 찰나적인 성 관계가 여성에게 주는 이득은 인간 짝짓기에서 가장 덜 연구된 영역이자 가장 무시되어 온 영역이다.

찰스 다윈이 성선택 이론을 제안한 지 100여 년이 흐르는 동안 성선택 이론은 남성 과학자들에게 크나큰 저항을 받았다. 이는 부분적으로 남성 과학자들이 여성은 짝짓기 과정에서 수동적이라고 오랫동안 생각해 왔기 때문이다. 여성이 능동적으로 자기 짝을 고르고, 이러한 선정 과정이 강력한 진화적 힘이 된다는 제안은 과학적 사실이라기보다는 공상 과학 소설에 가깝다고 여겨졌다. 1970년대에 과학자들은 서서히 동물계에서 암컷의 배우자 선택이 매우 중요함을 인정하게 되었다. 1980년대에 과학자들은 바로 우리 종에서 여성이 배우자를 고르고 배우자를 두고 경쟁하기 위해 사용하는 능동적인 전략들을 연구하기 시작했다. 그러나 1990년대에도 많은 과학자들은 여전히 여성이 영속적인 배우자를 추구하는 단 한 가지 짝짓기 전략만을 갖고 있다고 주장한다.

과학적인 증거는 이 주장에 힘을 실어 주지 않는다. 헌신적인 짝짓기가 아니라 찰나적인 성 관계에 몰두하는 여성들이 남성의 사치스러운 생활 방식과 신체적 매력을 욕망한다는 사실은 여성이 일시적인 짝짓기를 위해 설계된 특정한 심리 기제를 갖고 있음을 알려 준다. 혼외정사를 하는 여성이 남편보다 지위가 높은 남성을 상대로 택한다는 사실은 여성이 일시적인 짝짓기를 위해 설계된 특정한 심리 기제를 갖고 있음을 알려 준다. 그리고 여성에게 투자하려는 남성이 부족하거나 성비가 여성에게 극히 불리할 때와 같이 예측 가능한 상황에서 여성이 짧은 하룻밤 만남을 주로 추구한다는 사실은 여성이 일시적인 짝짓기를 위해 설계된 특정한 심리 기제를 갖고 있음을 알려 준다.

사람들은 종종 배우자를 자주 바꾸거나 성적으로 문란한 행각을 맹렬히 비난한다. 그리고 그들은 종종 이러한 도덕적 관점을 강조함으로써 이득을 챙긴다. 그러나 진화라는 엄청난 시간대를 고려하는 과학적 관점에서 바라보면, 인간의 전체 성 전략 레퍼토리 가운데 유독 하나의 전략을 특별히 중시하는 것이 도덕적으로 정당화되지는 않는다. 우리의 인간 본성은 우리 성 전략의 다양성에서 발견된다. 인간의 성 전략 레퍼토리에 내재한 다양한 욕망들을 이해한다면 화합을 향해 한 걸음 더 내디딜 수 있을 것이다.


## 짝짓기 행동의 문화적 변이

문화적 변이는 인간의 다양성에서 가장 흥미롭고도 불가사의한 부분 가운데 하나이다. 서로 다른 사회에 속한 구성원들은 결혼 상대의 순결에 대한 욕망과 같은 몇몇 특성들에 대해 판이하게 다르다. 예컨대 중국에서는 남성이든 여성이든 거의 모든 사람들이 배우자의 순결을 필수 불가결한 요건으로 본다. 순결하지 않은 중국 여성은 사실상 결혼하기 어렵다. 스웨덴이나 노르웨이 같은 스칸디나비아 국가에서는 배우자의 순결은 중요하지 않다. 이러한 문화적 변이는 인간 짝짓기를 설명하는 모든 이론에 난제를 던진다.

진화심리학은 짝짓기 전략의 변이를 설명하기 위해 생애 초기의 경험, 양육 태도, 기타 환경적 요인들에 초점을 맞춘다. 예를 들어 심리학자 제이 벨스키와 그의 동료들은 가혹하고 소원하고 변덕스러운 자녀 양육 태도, 불규칙적으로 제공되는 자원, 부부 간의 불화 등이 자식들로 하여금 일찍 번식하고 여러 상대를 즉시 갈아 치우는 짝짓기 전략을 채택하게 한다고 주장한다.[17] 그와 반대로 섬세하고 따뜻하고 이해심 있는 양육 태도, 꾸준히 제공되는 자원, 부부의 화합 등은 자식들로 하여금 천천히 번식하고 안정적인 결혼 유대를 맺는 등의 장기적이고 헌신적인 짝짓기 전략을 택하게 한다. 요컨대 불확실하고 예측 불가능한 환경에서 자라난 아이들은 한 명의 배우자에만 의존해선 안 된다는 것을 배운다. 따라서 그들은 빨리 성생활을 시작하고 여러 명의 일시적인 상대로부터 즉각적인 자원을 얻는 단기적인 짝짓기 전략을 택한다. 반면에 예측 가능하게 투자해 주는 부모가 꾸리는 안정적인 가정에서 자라난 아이들은 자신이 안정적이고 투자를 아끼지 않는 배우자를 만날 수 있으리라 기대하므로 영속적인 짝짓기 전략을 택한다. 이혼한 가정에서 자라난 아이들로부터 얻은 증거들은 이 이론을 뒷받침한다. 이러한 아이들은 일찍 사춘기에 도달하며, 이른 시기에 첫경험을 하며, 양친이 모두 있는 가정에서 자란 아이들보다 더 많은 섹스 상대를 둔다.

생애 초기의 경험에 의해 짝짓기 전략이 민감하게 영향을 받는다는 사실이 아마도 각 문화권이 정절에 부여하는 가치가 서로 다른 현상을 설명하는 데 도움이 될 것이다. 이를테면 중국에서는 결혼이 오래 지속되고 이혼이 드물며 부모들이 장기간에 걸쳐 자식들에게 집중적으로 투자한다. 스웨덴에서는 많은 아이들이 사생아로 태어나며 이혼이 흔한 일이며 아버지가 장기간에 걸쳐 자식들에게 투자하는 일이 비교적 드물다. 중국인과 스웨덴 인들은 아마도 초기의 발달 경험이 다르기 때문에 인간의 성 전략 레퍼토리에서 서로 다른 전략을 택하는 것일지도 모른다. 생애 초기 경험의 중요성은 좀더 검증이 이루어져야 하겠지만, 지금까지의 증거들은 남녀 모두 성 전략 레퍼토리 안에 일시적인 짝짓기 전략과 헌신적인 짝짓기 전략을 함께 지니고 있다는 관점에 힘을 실어 준다. 그들이 이 메뉴에서 어떤 전략을 택하는지는 부분적으로 생애 초기의 경험에 의존하며, 이는 문화에 따라 다르다.

성적으로 문란한 아체 족과 비교적 일부일처제인 히위 족 간의 차이도 인간 성 전략의 문화적 변이를 잘 보여 준다. 이 두 종족에서 남녀 성비가 서로 다르다는 사실이 상이한 성 전략을 도출시킨 중요한 요인일 것이다. 아체 족에서는 남성 1명당 약 1.5명의 여성이 존재한다. 반면에 히위족에서는 정확한 수치는 얻을 수 없지만 여성보다 남성이 더 많다. 짝짓기 가능한 여성이 더 많으므로 아체 족 남성에게는 히위 족 남성이 누릴 수 없는 성적 기회가 열린다. 아체 족 남성들은 이 기회를 움켜잡으며, 이는 배우자 교체와 하룻밤 정사가 성행한다는 사실에서 확인된다. 아체 족 남성은 일시적인 성 전략을 히위 족 남성보다 더 성공적으로 추구할 수 있다. 아체 족과 비교하여 히위 족 남성은 배우자를 유혹하고 지키기 위해 반드시 자원을 공급해야만 하기 때문에 히위 족 여성은 남성들로부터 더 높은 수준의 투자를 받아 낼 수 있다.[18]

진화된 심리 기제는 성 전략이 문화들마다 다른 현상을 이해하는 핵심이다. 문화에 따라서 이용 가능한 성적 기회, 생태적 환경으로부터 얻을 수 있는 자원, 남녀의 성비, 일시적인 혹은 영속적인 짝짓기를 촉진하는 정도 등이 다르다. 우리의 진화된 심리 기제는 이러한 문화적 입력에 맞추어져 있다. 그러므로 짝짓기 행동의 문화적 변이는 인간성 전략의 전체 레퍼토리로부터 부분적으로 문화적 입력에 근거해서 서로 다른 선택이 이루어졌음을 반영한다. 오늘날의 모든 사람들은 과거에 성공을 거두었던 조상들로부터 이 전체 레퍼토리를 온전히 물려받았다.

## 짝짓기 투기장에서의 경쟁과 갈등

인간 짝짓기에서 유감스러운 사실 중 하나는 바람직한 배우자를 원하는 사람이 바람직한 배우자보다 항상 많다는 것이다. 어떤 남성은 자원을 많이 얻는 우월한 능력을 과시한다. 여성들은 대개 이런 남성을 원하기 때문에 이들을 차지하기 위해서 여성들끼리 서로 경쟁한다. 하지만 배우자 가치가 높은 여성만이 승자가 된다. 빼어나게 아름다운 여성은 많은 남성들에게 선호받지만, 아주 소수의 남성들만이 그들을 유혹하는 데 성공한다. 친절, 지성, 신뢰성, 운동 능력, 용모, 경제적 전망 등등의 조합이 한 사람에게서 몽땅 일어나는 일은 아주 드물다. 우리 대부분은 바람직한 자질들의 총집합을 모두 소유하지는 못한 누군가에게 정착할 수밖에 없다.

이 준엄한 사실이 동성의 구성원들끼리 짝짓기 게임을 아예 포기함으로써만 피할 수 있는 경쟁과 갈등을 일으킨다. 그러나 짝짓기를 향한 근본적인 욕망은 쉽게 없어지지 않는다. 이 욕망을 채우기 위한 노력이 사람들로 하여금 동성의 구성원들과의 경쟁이라는 투기장으로 앞뒤 가리지 않고 뛰어들게 만든다. 경쟁은 다양한 모습으로 나타나기 때문에 사람들이 항상 쉽게 경쟁을 인식하는 것은 아니다. 새로 나온 미용 용품을 구매하는 남성이나 여성은 피부에 대한 그러한 관심을 경쟁으로 여기지 않을 수도 있다. 최신형 헬스 기구 위에서 땀을 쏟거나 밤늦게까지 일하는 남성이나 여성은 그러한 행동을 경쟁으로 여기지 않을 수도 있다. 그러나 사람들이 짝짓기 욕망을 지니고 있으며 이성에 의해 바람직하게 여겨지는 자질들에서 서로 차이를 보이는 이상, 동성 간에 벌어지는 경쟁은 인간 짝짓기의 불가피한 한 단면이다.

남녀 간의 갈등도 마찬가지로 쉽게 소멸하지 않는다. 몇몇 남성은 여성의 성 심리를 고려하지 않는 둔감함을 보여 준다. 남성은 때론 여성이 원하는 것보다 더 일찍, 더 자주, 더 끈질기게, 혹은 더 공격적으로 성 관계를 원한다. 남녀의 짝짓기 전략들이 가진 근본적인 차이로 인해 성희롱과 성적 강제는 거의 전적으로 남성이 여성에게 행한다. 남성의 전략은 여성의 욕망과 갈등을 일으켜 분노와 고통을 유발한다. 마찬가지로 여성은 바람직한 특질이 없는 남성을 상대조차 해 주지 않음으로써 퇴짜를 맞은 남성에게 분노와 원한을 심어 준다. 그러므로 남성이 여성의 성 전략에 간섭을 일으키는 것과 마찬가지로 여성은 남성의 성 전략에 간섭을 일으킨다. 물론 여성은 덜 난폭하고 덜 강압적인 방식으로 간섭을 일으키지만 말이다.

부부 사이의 갈등도 완전히 없애기란 불가능하다. 행복하게 함께 조화를 이루며 살아가는 부부도 많긴 하지만 갈등을 전혀 겪지 않는 부부는 어디에도 없다. 갈등을 일으키는 요인들은 종종 피할 수 없다. 자신이 어찌할 수 없는 회사 사정으로 직장을 그만두게 된 남성은 어느 날 아내로부터 이혼을 요구받을지도 모른다. 더 이상 아내가 처음 그를 선택할 때 약속했던 자원을 공급해 주지 못하기 때문이다. 점점 주름이 깊어 가는 여성은 비록 그녀의 잘못이 절대 아니지만 어느 날 직장에서 승승장구하는 남편이 더 젊은 여인을 욕망한다는 사실을 알게 될지도 모른다. 남녀 간의 어떤 갈등은 결코 사라지지 않으며, 이는 그런 갈등을 일으키는 환경적 조건들을 피할 수 없기 때문이다.

남녀 간의 갈등이 우리의 진화된 심리 기제에서 유래한다는 사실은 몇몇 사람들을 불편하게 만드는데, 이는 부분적으로 이 사실이 기존에 널리 퍼진 믿음과 상반되기 때문이다. 많은 사람들이 남녀 간의 갈등은 인간 본성의 자연스러운 조화를 더럽히는 특정한 문화적 관습을 반영한다는 전통적인 관점하에서 교육받아 왔다. 그러나 여성이 성적 강제를 당했을 때 느끼는 분노나 오쟁이를 진 남편이 폭발하는 노여움은 우리의 진화된 짝짓기 전략에서 나오는 것이지, 자본주의나 문화, 혹은 사회화 과정에서 나오는 것이 아니다. 아무리 우리가 진화에 의해 만들어진 전략들을 불쾌하게 여길지라도, 아무리 이러한 전략들의 결과가 견딜 수 없이 싫더라도, 자연선택에 의한 진화는 번식 성공도라는 가차 없는 기준에 의해 작동된다.

동성 구성원 간의 경쟁이 특별히 치명적으로 표출되는 경우의 하나가 전쟁이다. 전쟁은 인간의 역사에서 반복적으로 일어났다. 짝짓기에서 성공을 거두는 데 필요한 자원을 획득하기 위해서라면 신체적 위험도 마다하지 않는 남성의 성향을 감안하면, 전쟁이 거의 전적으로 남성들의 일이라는 사실이 별로 놀랍게 다가오지 않는다. 야노마뫼 사회에서 다른 집단에게 전쟁을 선포하는 핵심 동기는 두 가지이다. 하나는 다른 남성들의 아내들을 생포하려는 욕망이며, 다른 하나는 지난 번 전투에서 빼앗겼던 아내들을 다시 생포하려는 욕망이다. 인류학자 나폴레옹 샤농이 야노마뫼 족 사람들에게 미국에서는 자유나 민주주의 같은 이상을 지키기 위해서 전쟁을 선포한다고 전하자, 그들은 놀라움을 금치 못했다고 한다. 그들에게는 여성을 생포한다는 목적 외에 다른 목적을 위해 목숨을 건다는 것이 바보같이 생각되었을 것이다.[19]

인류의 문자 역사에 기록된 전쟁 중에 행해진 강간의 빈도를 살펴보면 야노마뫼 남성들의 성적인 동기가 이상하거나 비정상적인 것이 아님을 알 수 있다.[20] 여성들이 군대를 조직해 이웃 마을을 습격하여 남편을 생포한 사례는 역사에 단 한 건도 기록된 적이 없다는 사실은 성차의 본성에 대해 뭔가 중요한 것을 우리에게 알려 준다. 즉 남성의 짝짓기 전략은 여성보다 종종 더 난폭하고 공격적이라는 것이다.[21] 폭력을 유발하는 성적 동기는 또한 한 성 **안에서** 벌어지는 갈등과 두 성 **사이에서** 벌어지는 갈등이 밀접하게 연관됨을 보여 준다.

일상생활에서 남녀 간의 전쟁은 문자 그대로 전장에서 벌어지는 것은 아니다. 남녀 개개인이 서로 사회적으로 만나는 장소, 즉 파티장이나 직장, 혹은 집에서 벌어진다. 예를 들어 배우자 선택에서 제외당하는 비극은 모든 사람들에게 일어나는 것이 아니라 이성이 원하는 특질을 갖추지 못한 사람들에게만 일어난다. 성적 질투는 모든 남성이 모든 여성에게 가하는 손실이 아니라 아내보다 가치가 떨어지는 남편과 같은 특정한 사람이 부정이 벌어지고 있는 정황과 같은 특정한 상황에서 하룻밤 섹스 상대보다는 아내와 같은 특정한 여성에게 가하는 손실이다. 또 다른 예를 들면 성적 강제는 오직 몇몇 남성에 의해서만 저질러진다. 대다수 남성은 강간범이 아니며 발각될 위험성이 전혀 없더라도 대부분의 남성은 강간을 저지를 가능성이 별로 없다.[22]

남녀 간의 갈등을 일으키는 모든 남성들 혹은 모든 여성들 간의 연대 따위 없다. 단지 한 성의 구성원들은 일련의 전략들을 공통적으로 선호하며, 이 전략들의 집합이 다른 성의 구성원들이 추구하는 전략들의 집합과 다를 뿐이다. 남녀가 각기 동성 구성원들과 공유하고 있는 전략이 충돌함으로써 남녀 간의 갈등이 초래된다고 이야기할 수는 있다. 그렇지만 여전히 우리는 어떤 남성이나 여성도 근본적으로 자신의 동성 구성원들과 연대하지 않으며 근본적으로 이성 구성원들과 불화하지도 않는다는 것을 유념해야 한다.

아마도 인간의 진화사를 통해 그 어느 때보다도 우리는 우리 자신의 미래를 만들 능력을 부여받은 시대에 살고 있다. 학대를 비롯한 다른 끔찍한 행동들이 우리의 짝짓기 전략으로부터 기인한다는 사실이 그러한 행동이 저질러지는 것을 정당화하지는 않는다. 집단적으로 배척당하는 것에 대한 두려움이나 평판에 해가 되는 행동을 유난히 피하려는 성향과 같이 사적인 손실에 민감한 우리의 진화된 심리 기제들을 활용함으로써 인간 성 전략의 레퍼토리의 잔인한 측면들이 발현되는 것을 줄일 수 있을 것이다.

## 남녀 간의 협동

남성과 여성은 그들의 유전자를 후세에 전수하기 위해 언제나 서로에게 의존해 왔다. 결혼의 유대는 다른 종에서 찾을 수 없는 장기적인 신뢰와 호혜성이 교직하는 복잡한 그물로 특징지워진다. 이러한 의미에서 남녀 간의 협동은 인간 종에서 정점에 다다른다. 우리의 협동 전략은 우리의 의식이나 문화의 창조 능력만큼이나 인간 본성을 정의한다.

성 전략은 평생 지속되는 사랑을 이룰 수 있는 토대의 일부를 우리에게 제공해 준다. 아이, 곧 두 사람의 유전자를 다음 세대로 전달시켜 주는 공동의 운반체가 남성과 여성의 이해관계를 중첩시키고 영속적인 결혼을 촉진해 준다. 부모는 새로운 생명을 잉태해서 그 아이들을 어른이 될 때까지 키우는 기쁨을 함께 나눈다. 부모는 두 사람의 결합이 낳은 선물이 생명의 순환에 동참하는 모습에 함께 경탄한다. 그러나 낮에 아이를 돌보는 것을 어떻게 분담할지 다투는 것에서부터 밤에 성적 화합을 이룰 기회가 줄어드는 것에 이르기까지 아이들은 새로운 종류의 갈등을 만든다. 고통 없는 축복은 없다.

성적 충실도 부부의 화합을 높인다. 부정을 암시하는 아주 조그마한 가능성도 서로 어긋나는 이해관계의 간극을 넓힌다. 부정은 결혼의 유대를 부수고 이혼을 야기한다. 일부일처제는 한 남성과 한 여성 사이의 오랜 신뢰 관계를 북돋는다. 만일 아내가 부정을 저지른다면, 그녀는 가외의 물질적 자원을 얻거나 자식들에게 더 좋은 유전자를 전해 줌으로써 이득을 얻는다. 그러나 부정을 통해 아내가 거두는 그러한 이득은 남편의 부성 확실성을 낮추고 신뢰가 깨지는 등 남편에게 큰 손실을 끼친다. 남편의 부정은 성적 다양성에 대한 욕망을 채워 주고 일부다처제하의 남성이 느낄 법한 황홀감을 순간적으로 맛보게 해 줄지 모른다. 그러나 남편이 거두는 그러한 이득은 아내에게 돌아가야 할 사랑과 헌신이 다른 여성에게 새어 나가는 등 아내에게 큰 손실을 끼친다. 평생에 걸친 정절은 남녀 간의 화합을 증진하지만, 남녀 모두에게 또 다른 기회를 포기해야 한다는 대가를 치르게 한다.

서로의 진화된 욕망을 만족시켜 주는 것이 남녀의 화합을 이루는 열쇠이다. 여성의 행복은 남성이 충분한 경제적 자원을 가져오고 친절, 애정, 그리고 헌신을 보여 줄 때 증대된다. 남성의 행복은 여성이 자기보다 신체적으로 더 매력적이고 친절, 애정, 그리고 헌신을 보여 줄 때 증대된다.[23] 서로의 욕망을 만족시켜 주는 이들은 더욱 만족스러운 관계를 이룬다. 요컨대 우리의 진화된 욕망은 남녀 간의 화합이라는 미스터리를 해결하는 데 필수적인 요소들을 제공해 준다.

우리의 다차원적인 욕망은 아마도 남녀의 화합을 이끌어 내는 가장 강력한 도구일 것이다. 서로 피 한 방울 안 섞인 사람들이 각자의 자원을 모두 동원하여 사랑이라 불리는 평생의 연대에 투자하는 것은 인류가 지금껏 성취한 것 중 최고이다. 이런 일이 가능한 까닭은 서로가 결혼의 유대 관계에 가져오는 엄청난 양의 자원, 서로 협력하는 이들이 누리는 막대한 이득, 그리고 다른 사람과 호혜적인 동맹을 맺게끔 우리에게 진화된 정교한 심리 기구 때문이다. 각자가 가져오는 자원 중에 어떤 것들은 그 사람의 성과 관련된 것들로서 여성의 번식 능력이나 남성의 물질적 부양 능력 등이 해당된다. 그러나 짝짓기에 투자되는 자원은 이들 필수적인 자원들뿐만 아니라 위험으로부터의 보호, 적의 제압,

동맹 형성, 자식 교육, 부재 시 정절 유지, 아플 때 돌보아 주기 등의 자원도 포함한다. 이러한 자원들 각각이 우리의 인간 본성을 정의하는 많은 특별한 욕망들 가운데 하나를 충족시켜 준다.

이성에 대한 진정한 존중은 우리 모두가 생존과 번식에 필요한 자원을 얻기 위해 서로에게 언제나 의존해 왔음을 깨닫는 것에서 시작된다. 마찬가지로 우리는 욕망을 충족하기 위해 언제나 서로에게 의존해 왔다. 사람들이 사랑의 도취에 빠져들 때 흔히 경험하는 독특한 감정인 충만감은 위와 같은 사실들로 어느 정도 설명될 수 있을 것이다. 사랑으로 맺어진 평생의 결연은 인간 짝짓기 전략의 탁월한 성취이다.

오늘날 우리는 우리 조상 중의 그 누구도 경험하지 못한 새로운 성적 환경에 처해 있으며 그 예로써 불임 치료제, 효과적인 피임, 인공 수정, 폰 섹스, 화상 데이트 서비스, 유방 확대술, 복부 주름 제거술, 시험관 아기, 정자 은행, 에이즈 등을 들 수 있다. 짝짓기의 결과를 스스로 통제할 수 있는 능력은 인간의 진화사에서 유례를 찾아볼 수 없을 뿐만 아니라 지구상의 어떤 생물 종도 감히 넘볼 수 없는 수준으로 높아졌다. 그러나 이러한 현대의 새로운 조건들에 대해 우리는 머나먼 과거 시대에 다시는 돌아갈 수 없는 장소에서 작동했던 오래된 짝짓기 전략들로써 대처한다. 우리의 짝짓기 기제는 우리가 누구이고 어디에서 왔는지 이야기해 주는 살아 있는 화석이다.

우리는 35억 년 간의 지구상의 생명 역사에서 우리 자신의 운명을 통제할 수 있는 최초의 종이다. 우리의 진화적 과거를 잘 이해한다면 우리 자신의 운명을 설계할 수 있는 가능성은 여전히 높다. 인간 성 전략의 복잡한 레퍼토리를 차분히 살핌으로써만 우리가 어디에서 왔는지

알 수 있다. 왜 이러한 인간 전략이 진화했는지 이해함으로써만 우리가
어디로 갈 것인지 통제할 수 있다.

# 여성의 은밀한
# 성 전략

> 투자를 더 많이 하는 성, 즉 암컷의 기호가 종이 진화하는
> 방향을 잠재적으로 결정하며, 그 영향력은 실로 놀라울
> 정도이다. 언제 누구와 짝짓기하고 얼마나 자주
> 짝짓기할지 최종적으로 판단하는 주체는 암컷이기
> 때문이다.
>
> —— 세라 블래퍼 하디, 『여성은 진화하지 않았다』

여성의 짝짓기 전략은 쉽게 이해하기 어려울 정도로 복잡 다양하다. 우리에게 주어진 숙제는 단순히 여성이 무엇을 원하는가 하는 문제에 대한 답을 찾는 것만이 아니다. 여성이 그 욕망을 충족시키기 위해 진화해 온 전략들까지 규명하는 것이 우리의 목표다. 우리의 육체 안에 숨어서 우리의 마음속 깊숙이 감추어진 얼떨떨할 만큼 복잡다단한 성 심리가 과학적인 이해를 열망하고 있다. 어떤 전략들은 우리의 의식이 결코 닿을 수 없는 곳에 숨겨져 있으며 여기에는 아주 합당한 진화적 이유가 있다. 만약 진정한 목적을 우리가 쉽게 알 수 있다면 그런 전략들은 오히려 성공적으로 실행될 수 없기 때문이다. 그러나 사람은 알고

싶어 한다. 우리는 여성들을 알고 싶은 깊숙한 욕망을 느낀다. 남성은 비교적 이해하기 쉬워 보이지만, 이는 잘못된 생각일 수 있다. 공진화의 원리에 따르면, 여성은 점점 더 복잡하고 정교한 전략들을 진화시키는데 남성만 진화적으로 제 자리에 머물러 있을 것이라 기대할 수 없다. 여성의 짝짓기 적응은 남성의 대항 적응(counter-adaptation)에 투영되어 나타나기 마련이다. 마치 남성의 적응이 여성의 대항 적응에 투영되듯이 말이다.

이 장은 인간 여성의 짝짓기 전략에 대한 최근 연구들이 활발히 다루어 온 네 가지 진화적 난제에 초점을 맞춘다. 여성의 오르가슴은 특정한 기능을 수행하는가? 여성들은 왜 혼외정사를 갖는가? 여성의 성 전략은 월경 주기에 따라 변하는가? 남성은 여성이 언제 배란하는지 알 수 있는가?

## 여성의 성적 오르가슴은 적응인가?

인기 있는 HBO 시리즈인 「식스 피트 언더(Six Feet Under)」(HBO 채널에서 방송되었던 텔레비전 시리즈로서 제목 '식스 피트 언더'는 무덤에 관을 6피트 아래 묻는 것을 의미하며 죽은 자를 상징한다. 장의사 집안이라는 독특한 소재를 다룬 작품이다.—옮긴이)에서 매력적이지만 정서적으로 부침이 심하고 성적으로 자유분방한 여성인 브렌다는 네이트와 약혼한 상태이다. 그들의 성생활은 이야기책에 나오는 행복과는 도통 거리가 멀다. 한 방영분은 이렇게 시작한다. 혼자 차를 운전하던 브렌다는 신호등이 녹색으로 바뀔 기다리며 옆 차선의 픽업트럭에 있는 건장한 남자를 힐끗 올려다본다. 그도 브렌다를 내려다본다. 다음 장면에서 둘은 픽업트럭 안에서 미친 듯이 부둥켜안고 섹스를 한다. 브렌다는 엄청 달아올랐으며, 온몸이 열정으로 홍조를 띤다. 막 오르가슴의 찰나에 도달하려 할 때, 우리는 그 성 접촉이 순전히 그녀의 환상임을 알게 된다. 현실로 돌아와서 신호등이 녹색으로 바뀌고 그녀는 차를 몰아 교차로에서 비틀거리듯 빠져나온다. 그날 밤, 자기 집에서 약혼자 네이트와 함께 있던 그녀는 네이트 보고 밖에 잠시 나갔다가 집 안에 무단으로 침입하는 악한처럼 연기해 달라고 부탁한다. 네이트는 거절한다. 대신에 그 둘은 부드럽게 사랑을 한다. 이 장면은 네이트가 그녀 위에서 천천히 앞뒤로 움직이며 "사랑해."라며 속삭이는 것으로 끝난다. 브렌다는 "더 세게" 해 달라고 그를 닦달하지만, 네이트는 그의 부드럽고 지나치게 상냥한 사랑 행위만 계속한다. 자극과 오르가슴을 느끼기는커녕 그녀는 짜증과 불만에 가득 찬다. 화면은 점점 어두워진다.

여성의 성적 오르가슴은 수백 년 동안 남성을 곤혹스럽게 하고, 놀라게 하고, 기쁘게 하고, 혼란스럽게 하고, 당혹스럽게 했다. 여성의 오르가슴은 "매우 다양하게 나타나는 성 경험상의 절정으로서 질의 바깥 부분 3분의 1이, 그리고 종종 자궁, 직장 괄약근, 요도 괄약근까지도 불수의적으로 리드미컬하게 수축하고, 그에 따라서 강한 성적 흥분과 함께 울혈과 근육 강직성이 풀어지는 현상"으로 정의된다.[1] 여성의 오르가슴이 실제로 어떻게 나타나는지 알아보기 위해 오르가슴을 체험한 여성들이 기술한 다음 내용을 살펴보자.

온몸의 근육이, 특히 등과 다리가 아주 팽팽하게 긴장되고, 약 5초간 몸이 뻣뻣하게 펴지면서 고조된 흥분감을 맛본 다음에 몸이 갑자기 이완되고 기분 좋게 지치면서 안도감을 느낌.

매우 강렬한 쾌감과 긴장의 고조가 파도처럼 여러 번 밀려오면서 마침내 환상적인 극치감과 긴장이 탁 풀어짐을 경험함.

기대에 찬 긴장과 흥분으로 시작하며, 직장이 수축되어 일련의 짜릿한 느낌이 등골에 전해진다. 긴장되고 열렬한 느낌이 갑자기 생식기에서 폭발을 일으킨 다음, 어지럽고 축 늘어지는 감정을 느끼며 거의 정신을 잃어버리지나 않을까 걱정이 든다. 생식기에서 시작된 폭발이 온몸 구석구석으로 전해진다.[2]

위의 글들은 이 극적인 순간을 잘 묘사하고 있다. 어떤 여성에게 오르가슴은 깊고 느리게 북을 두들겨 대는 듯한 느낌 이후에 편안한 이완이 찾아오는 것으로 묘사된다.

여성의 오르가슴은 여성에 따라 매우 변이가 심하다. 전형적인 한 연구에서는 여성의 15퍼센트가 성 관계마다 항상 오르가슴을 경험하고, 48퍼센트가 대부분의 경우 경험하며, 19퍼센트가 때때로 경험하며, 11퍼센트가 가끔 경험하며, 7퍼센트는 한번도 경험하지 못한 것으로 조사되었다.[3] 각기 조금씩 다른 표본과 방법을 사용했지만 비교적 유사한 결과들이 터맨, 킨제이, 헌트, 체스터, 피, 하이트와 같은 학자들과 좀더 최근에는 로만과 객논에 의해 보고되었다. 여성의 오르가슴에 대한 우리의 관심은 부분적으로 그 불확실성과 예측 불가능성으로부터 유래한다. "존재하지 않는다는 바로 그 이유 때문에 특별히 흥미로운 대상인 유니콘과 달리, 그리고 따분할 정도로 획일적이고 규칙적으로 존재하는 남성의 오르가슴과 달리 여성의 오르가슴은 분명히 존재하면서도 관심, 토론, 논쟁, 이데올로기, 기술적 지침서, 논문과 대중 문헌 등을 유발시킨다. 존재하지 않을 때가 매우 잦다는 이유 하나 때문에."[4]

왜 어떤 여성은 자주 오르가슴을 경험하고 다른 여성은 그렇지 못하는 것일까? 왜 어떤 남성과는 쉽게 오르가슴에 도달하는 반면 다른 남성과는 오르가슴에 도달하지 못하는 것일까?[5] 여러 분야의 과학자들이 이러한 문제들에 도전하여 여성의 성적 오르가슴에 관련된 많은 측면들을 탐구했다. 오르가슴이 일어나는 애정 관계의 특성, 주관적 경험, 생리적 반응, 심리적 전 단계, 정서적 여파 등등. 이 모든 측면들을 포괄하는 핵심적인 **진화적** 질문은 이것이다. 여성의 성적 오르가슴이 어떤 특정한 기능을 수행하기 위해 진화한 적응인가?

이 논쟁의 한쪽 끝에는 도저히 서로 어울릴 것 같지 않은 이론가들이 나란히 함께 서 있다. 진화인류학자 도널드 시먼즈와 얼마 전 타계한 진화고생물학자 스티븐 제이 굴드가 그들이다. 1979년 시먼즈는 여성의 오르가슴이 남성의 오르가슴과 달리 특정한 기능을 수행하기 위해 진화하지 **않았다고** 주장했으며, 이 주장은 1987년에 굴드에 의해 지지받았다.[6] 남성의 오르가슴과 그에 따른 사정은 두말할 필요 없이 기능을 수행하는 것처럼 보인다. 즉 그들은 정자를 여성의 생식관 안으로 깊숙이 밀어 넣어 수정이 무사히 이루어지게 하기 위해 설계된 것처럼 보인다. 성적 쾌감은 사정 시에 극에 달하며, 결과적으로 남성의 오르가슴은 수정이 성공적으로 이루어질 가능성이 최대화되는 시점과 일치한다. 하지만 여성의 오르가슴은 수정이 이루어지는 데 필요치 않다. 시먼즈에 따르면, 오르가슴을 경험한 조상 여성이 오르가슴을 경험하지 못한 다른 조상 여성보다 번식을 더 많이 할 수 있게끔 해 준 어떤 특별한 설계상의 특질도 여성의 오르가슴에서는 찾아볼 수 없다. 그러므로 여성의 오르가슴은 적응이라 볼 수 없다. 시먼즈는 대신 여성의 오르가슴은 남성의 젖꼭지와 일맥상통한다고 본다. 두 형질 모두 포유류가 출생 이전의 발달 과정에서 불가피하게 겪어야만 하는 발달상의 절충에 따른 부산물이며 그 자체로는 아무런 기능을 하지 않는다. 우리 인간이 기능적인 여성의 젖꼭지 또는 무기능적인 남성의 젖꼭지에 대한 유전적 잠재력을 모두 갖추고 있듯이, 우리는 또한 기능적인 남성의 오르가슴 또는 무기능적인 여성의 오르가슴에 대한 유전적 잠재력도 모두 갖추고 있다. 어떤 성 특이적인 기제가 실제로 태내에서 발달하고 어떤 성 특이적 기제가 억눌려지는지는 태아의 발달 과정의 각 단계에서 호르몬이 조정하는 유전적 스위치의 개폐에 따라 중재된다. 남성과 여성은 서로 별개의 독립적인 개체가 아니라 "단일한 기초 계획안으로부터 유래하여 발생학적 과정에 의해 다듬어진 상이한 버전들"이다.[7] 요약하자면 성적 적응인 남성의 오르가슴에 결부된 비적응적인 발달상의 부산물이 바로 여성의 오르가슴이다.

굴드는 여성의 오르가슴이 어떤 기능을 갖고 있을지 모른다고 제안하는 사람들을 참지 못했다. 예컨대 진화인류학자 세라 블래퍼 하디가 여성의 오르가슴이 여러 명의 남성들로부터 원조를 끌어내기 위한 일종의 부성(paternity) 혼동 장치로 기능한다는 가설을 제안하자, 굴드는 하디가 "적응 이야기"나 꾸며 대고 "상상 속에나 가능한 이론"을 제안했다며 비난을 퍼부었다. 시먼즈는 좀더 신중하게 부산물 가설을 뒷받침하는 여러 가지 논증과 증거들을 제출했다. 그는 여성의 오르가슴을 부산물이라 보는 설명을 지지하는 네 가지 논증을 내놓았다. 첫째, 그는 비인간 영장류 암컷이 교미 중에 오르가슴을 경험한다는 설득력 있는 증거가 전혀 없다고 주장했다. 많은 영장류 암컷이 클리토리스를 문지르는 것 같은 특정한 자극을 받으면 오르가슴을 경험할 수 있는 **능력**이 있지만 그들은 그 능력을 교미 중에는 쓰지 않는 것 같다. 둘째, 여성의 오르가슴은 수정이 성공적으로 이루어지는 데 필요하지 않다. 전 세계에 걸쳐 보편적으로 성적 극치를 경험하지 못하는 여성들도 임신을 한다. 셋째, 여성의 오르가슴은 대단히 변이가 심하다. 성 관계를 하기만 하면 반드시 일어나는 남성의 오르가슴과 달리, 여성의 오르가슴은 어떨 때는 일어나고 어떨 때는 마치 유니콘처럼 자취를 찾을 길이 없다. 넷째, 어떤 문화권에서는 여성의 오르가슴을 아예 모르는 것처럼 보인다. 시먼즈는 이 마지막 논증을 뒷받침하기 위해 다음의 민족지적 증거를 들었다.

자료가 수집된 대다수 사회에서 남성이 주도권을 쥐고 오래 전희하는 법도 없이 극치를 향해 격렬히 내달리며, 이때 여성도 함께 오르가슴에 도달하도록 보조를 맞추려는 배려는 찾기 어렵다고 조사되었다. 성 관계는 남성의 열정과 쾌락에 의해 주로 이루어지며 여성의 반응에 큰 관심이 기울여지는 경우는 거의 없다고 수많은 조사들이 입을 모아 결론을 내린다. 만약 여성이 정말로 오르가슴을 경험한다면, 그들은 지극히 수동적

으로 오르가슴을 경험하는 셈이다.[8]

그는 또한 서구 문화권의 여성들은 오르가슴이 섹스를 즐기는 **일차적인** 목적이 아니라고 말하는 경향이 있다고 지적했다. 그 대신 대다수 여성은 **정서적인 합일**이 섹스를 즐기는 핵심적인 이유이며 성기가 삽입되는 순간에 가장 쾌감을 느낀다고 종종 말하곤 한다.

1979년에 인간 성애의 진화에 대한 시먼즈의 고전적 저작이 출간된 이래, 그 후 이루어진 새로운 연구들에 따르면 몇몇 비인간 영장류의 암컷은 교미 중에 실제로 오르가슴을 느낄 소지가 다분하다는 것이 밝혀졌다.[9] 예를 들어 동강꼬리마카크원숭이를 연구한 학자들은 교미 중에 암컷의 자궁이 수축되는 현상을 원격 탐지하여 기록했다. 흥미로운 사실은 이러한 생리적 수축과 동시에 암컷이 '극치감에 도달한 얼굴 표정'을 짓는다는 것이다. 이 얼굴 표정은 수컷 원숭이의 '사정하는 표정'과 대단히 닮았다. 자궁 수축이 중단되면서 암컷의 극치감 표정도 10초 이내에 중단된다. 인간과 같은 주관적 경험을 한다는 증거를 얻기 위해 연구자들이 암컷 원숭이를 인터뷰할 수는 없는 노릇이지만, 생리적 수축과 얼굴 표정이 강하게 상호 연관된다는 사실은 이 영장류 암컷들이 오르가슴을 경험함을 시사한다. 이와 유사한 반응이 암컷 침팬지들에서도 관찰되었다. 요약하면 최근의 몇몇 증거들은 교미 중에 암컷이 오르가슴을 느끼는 능력이 영장류 계통 초기에 이미 진화했음을 암시한다.

영장류에서 발견되는 증거들이 인간 여성의 오르가슴이 기능적인 적응인가 아니면 무기능적인 부산물인가라는 질문에 직접적으로 해답을 제공해 주는 것은 아니다. 사실 모든 영장류 암컷이 오르가슴을 경험할 능력을 이미 다 갖고 있다면, **유독 인간 종에서만** 새로운 무언가가 진화하지는 않았을 가능성도 반대로 제기할 수 있다. 적응을 입증하기 위해서는 어떠한 생물학적 적응에도 반드시 요구되는 다음 판단 기준을 적용해야 한다. 첫째, 종 특이성이고, 둘째, 경제성이고, 셋째, 어떤 특정한 적응적 문제를 해결하고자 한다는 목적의 정확성이다. 인간의 어떤 적응이 종 특이성을 보이는지 검토하려면 비교문화적 기록을 살펴보아야 한다.

비교문화적인 민족지적 증거에 의존한 논증은 여러 가지 문제점을 안기 쉬우며, 특히 성에 관련된 영역에서 더욱 심하다. 대다수 인류학자들은 남성이었으며 원주민으로서 그들에게 정보를 제공해 준 사람들도 대부분 남성이었다. 원주민 여성이 낯선 남성 인류학자에게 개인적인 성 경험을 속속들이 털어놓기란 당연히 어려웠을 것이다. 결국 연구자들은 종종 여성의 짝짓기 행동의 세세한 부분들에 대한 정보를 얻을 수 없었다. 이러한 요인들이 여성의 오르가슴이 얼마나 존재하는지에 대한 민족지적 측정을 부정확하게 만들었을 수 있다.

여성에게 오르가슴이 없다는 증거로써 종종 인용되는 몇몇 문화권의 예를 살펴보자. 예컨대 인도의 무리아 족의 한 정보 제공자는 이렇게 말했다. **"그가 그 여자 위에 올라타면, 그녀는 손을 내밀어 그의 물건을 그녀의 속 안으로 집어넣는다. 그녀는 아무 말도 하지 않으며, 그 역시 마찬가지다. 그들은 매우 조용하다. 그는 아주 열심히 그 짓을 해야 한다. 만약 둘 다 흠뻑 땀 흘리지 않는다면, 그리고 욕정에 푹 빠지지 않는다면, 그들은 만족하지 못한다. 그녀는 말한다. '더 힘껏 넣어,**

더 힘껏.' 그녀는 자기가 만족할 때까지 그를 놓아 주지 않는다."[10] 오르가슴이 없는 문화의 실례로 인용되지만, 인용된 글은 마치 오르가슴에 대한 여성의 욕망을 서술하는 것처럼 보인다. 여성 인류학자가 작성한 민족지적 연구에서는 오르가슴이 더 흔하게 보고된다. 마조리 쇼스택은 『니사 : 쿵 족 여성의 삶과 이야기』에서 다음과 같이 기록했다.

> 어떨 때는 그 여자가 먼저 끝내고, 남자는 나중에 끝낸다. 어떨 때는 둘이 함께 끝난다. 두 경우 모두 똑같이 좋다. 유일하게 나쁜 경우는 여자는 아직 안 끝났는데 남자가 먼저 끝낸 경우다. 모든 여성들이 성적 쾌감을 안다. 섹스를 정말로 좋아하는 어떤 여자들은, 만약 아직 안 끝났는데 남자가 먼저 끝냈다면, 남자가 좀 쉴 동안 기다린 다음 다시 일으켜서 그 남자와 섹스한다. 왜냐하면 여자도 끝내고 싶기 때문이다. 그녀는 만족할 때까지 그와 섹스할 것이다. 그렇게 못한다면 그녀는 병이 날지도 모른다.[11]

비록 민족지적 문헌들을 검토하다 보면 한 관점을 지지하는 증거뿐만 아니라 다른 관점을 지지하는 증거도 어딘가에서 찾을 수 있을 것이다. 하지만 여기서 중요한 것은 여성의 오르가슴이 전혀 알려지지 않았거나 실재하지 않는 사회가 정말 존재하는지 여부를 확실하게 규명할 수 있는 수많은 문화권의 여성들을 **체계적으로** 조사한 연구는 없다는 것이다.[12] 한 연구자가 결론 내렸듯이 "여성의 오르가슴의 존재 여부에 대한 정보를 얻는 일은 민족지학자들 사이에 그리 중요하게 취급되지 않았다."[13]

여러 문화들 사이에서, 그리고 각 문화권 내부에서 여성의 오르가슴이 변이를 보인다는 사실이 때때로 여성의 오르가슴을 부산물로 설명하는 이론들을 뒷받침하는 증거로 제시된다. 그러나 몇몇 적응주의적 가설에 따르면 단일성이 아닌 변이성은 바로 여성의 오르가슴이 적응이기 때문에 나타낼 수 있는 속성이다. 적응에 대한 증거는 설계의 보편성에서 찾아야지 외부적인 발현의 보편성에서 찾아서는 안 된다. 굳은살을 만드는 기제는 보편적인 인간 적응이지만 실제 굳은살의 두께와 신체상의 분포에는 다양한 개인적 변이와 문화적 변이가 존재한다. 믿음직하고 정확하고 효율적으로 기능을 **수행하기** 위해 그 발현에는 변이가 존재하게끔 **설계될** 수 있다. 사실 기능적인 신호가 획일적으로 모든 사람들에게 있거나 모든 사람들에게 없다면 아무런 가치가 없다.[14] 몇몇 적응주의적 가설이 제안하듯이 오르가슴이 신호의 일종이라면 그 발현상의 변이는 여성의 오르가슴의 설계상 특질 가운데 절대적으로 필요한 한 부분이라 할 수 있다.

## 여성의 오르가슴이 지닌 잠재적 기능

적어도 다섯 가지 상이한 적응적 기능이 여성의 오르가슴을 설명하기 위해 제안되었다. 가장 흔하게 제시되는 첫 번째 기능은 **쾌락 가설**(hedonic hypothesis)로서 여자들은 단지 즐기기를 원한다는 것이다.(원문은 "Girls just want to have fun", 즉 여가수 신디 로퍼의 1980년대 히트 곡 제목을 패러디한 것이다.— 옮긴이) 쾌락 가설은 오르가슴이 여성으로 하여금 월경 주기 내내 성 관계를 갖게끔 유도하여 수정이 성공적으로 이루어질 가능성을 높인다는 이론이다.[15] 오르가슴은 여성들이 섹스를 더욱 즐기게끔 만들어 그들이 더 자주 섹스를 하게 충동한다. 따라서 오르가슴을 경험하는 여성은 오르가슴을 경험하지 못하는 여성보다 더 자주 성 관계를 가져서 더 많은 자식들을 낳을 수 있었을 것이다. 이 가설은 오늘날 여성들이 보편적으로 오르가슴을 경험하리라는 예측을 내포하므로, 설계의 보편성 판단 기준을 적용할 수 있다. 그러나 앞에서 이야기했듯 실제로 여성들의 오르가슴 경험에는 다양한 변이가 관찰된다. 이 사실은 쾌락 가설이 타당하지 않거나 잘 봐줘야 불완전한 이론임을 시사한다. 게다가 쾌락 가설은 왜 여성이 섹스를 좋아하는가를 설명하긴 하지만, 왜 오르가슴의 독특한 설계상 특질들, 예컨대 긴장감의 고조, 급격한 클라이맥스, 쾌락의 최고점, 특정한 근 수축과 같은 특질들이 이러한 쾌락을 즐기는 데 굳이 필요한지는 설명하지 못한다.

두 번째 적응적 기능은 **이상적인 남편감 가설(Mr. Right hypothesis)**로서 여성의 오르가슴이 배우자 선택 도구로 기능한다는 것이다. 과학 저널리스트 나탈리 앤지어가 말했듯이 "여성의 오르가슴은 여성 선택의 궁극적인 표출이다. 조용하지만 치열하게 진행되는 논쟁의 주도권을 여성이 쥐게 한다."[16] 자신을 오르가슴으로 이끄는 남성을 택함으로써 여성은 항상 가까이서 자신과 자기 아이들에게 투자할 남성을 얻는다. 아마도 여성의 욕망에 대한 감수성, 여성의 요구를 잘 읽어 내는 능력, 여성에게 성적 쾌감을 안겨 주는 능력이 좋은 남편과 아빠로서의 장래 가능성과 강하게 관련될 것이다. 한 여성이 여러 남성과 각기 다르게 오르가슴을 느끼는 것과 같은 오르가슴의 변이는 이 이론에서 상정하는 배우자 선택 기능을 수행하는 데 필수 불가결하다.

이상적인 남편감 가설이 여성의 오르가슴이 여성에게 주는 정보적 가치에 초점을 맞추는 반면, **부성 확신 가설**(paternity confidence **hypothesis**)은 오르가슴이 그녀의 배우자에게 주는 신호로서의 가치에 초점을 맞춘다.[17] 오르가슴은 남편에게 그녀가 성적으로 만족하고 있고 따라서 다른 곳에서 성적 만족을 찾을 동기를 느끼지 못할 것임을 알려준다. 결과적으로 여성의 오르가슴은 성적 정절을 신호하는 역할을 한다. 그녀가 나와 관계를 맺을 때마다 절정에 이르니 앞으로도 계속 탈선하지 않고 내게 머무르리라. 여성의 정절 신호는 그녀의 배우자의 행동을 변화시키는 기능을 한다. 즉 남편이 계속 그녀에게 헌신하며 그녀의 아이들에게 투자할 가능성이 증가된다.

네 번째 기능은 **부성 혼동 가설**(paternity confusion hypothesis)로서 20여 년 전에 진화학자 세라 블래퍼 하디가 랑구어원숭이와 마카크원숭이 연구의 일환으로 처음 제안하였다.[18] 이 관점에 따르면, 여성의 오르가슴은 문란한 짝짓기를 촉진하기 위해 진화하였다. 각양각색의 다양한 수컷들과 짝짓기하면 누가 자식들의 진짜 유전적 아버지인지가 모호해진다. 부성 불확실성을 증대시킴으로써 암컷은 집단 내의 수컷들이 그녀가 낳은 자식들을 죽일 가능성을 감소시킨다. 수컷 입장에선 그녀가 낳은 자식이 바로 자기 피를 이어받은 녀석일 수도 있기 때문이다. 이렇게 부성을 혼동시키면 여러 수컷들로부터 자식에 대한 투자를 이끌어 낼 수 있으며, 이 편이 한 수컷으로부터만 투자를 받는 편보다 더 유리하다.

시먼즈는 부성 혼동 가설에 내재된 중요한 개념적 문제를 지적하였다.[19] 이 가설은 수컷이 자신의 부성을 어느 정도 판단할 수 있다고 가정한다. 따라서 수컷은 자신의 부성 가능성이 감소됨에 따라 투자량도 그에 맞추어 감소시키지 않겠는가? 만일 그렇다면, 암컷이 한 수컷으로부터 다섯 단위의 투자량을 받는 것보다 다섯 수컷으로부터 각각한 단위의 투자량을 받는 게 딱히 더 이로울 까닭이 어디 있겠는가? 이개념적 문제뿐만 아니라 인간에서 부성 혼동 가설을 실험적으로 검증한 연구는 하나도 없으며, 최근에는 하디 자신도 이 가설을 폐기한 듯하다.[20]

앞에서 기술했듯이 여성의 오르가슴을 설명하기 위해 몇몇 진화생물학자들은 **정자 보유 가설(sperm retention hypothesis)**을 제안했다. 이 가설에 따르면, 여성의 오르가슴은 정자를 흡수하여 자궁 경부와 자궁 안으로 끌어들여 수정 확률을 높이는 기능을 한다.[21] 비록 이런 기능을 하게 만드는 정확한 생리 기제는 알려지지 않았지만, 다음 세 가지중 하나를 통해 그 기능을 수행할 것이다. 첫째, 자궁 경부가 내려앉게만들어 정액이 고인 곳에 잠기게끔 할지도 모른다. 둘째, 자궁 경부가정액이 고인 곳에 더 오래 머무르게끔 할지도 모른다. 셋째, 오르가슴에 따른 수축으로 인해 자궁 경관의 점액이 정액을 자궁 내부로 끌어들일지도 모른다.[22]

진화학자들은 이들 경쟁 가설들 가운데 무엇이 옳은지 판별하기 위해 기존에 알려진 실험적 증거들을 모으고 새로운 연구를 수행했다. 이러한 증거들을 살펴보기 전에 먼저 많은 여성들이 오르가슴이 전혀 없이도 섹스로부터 크나큰 쾌락을 맛볼 수 있다고 믿는다는사실을 상기해 보고자 한다. 예컨대 영국에서 실시된 최근 연구에 따르면 여성의 71퍼센트가 오르가슴 **없는** 섹스도 여성에게 진한 만족 감을 줄 수 있다고 믿는다. 흥미롭게도 여성보다 10퍼센트나 더 많은 남성들이 여성이 진정한 쾌락을 맛보기 위해선 오르가슴이 필요하다 고 믿는다. 이는 여성의 오르가슴이 여성보다는 남성에게 더 큰 고민 거리일지도 모른다는 것을 시사한다.[23]

다니엘 랑쿠어라페리에는 그가 "가정의 행복 기능"이라 명명한 이상적인 남편감 가설을 지지한다. 10만 명의 여성을 대상으로 한 **레드 북** 연구에 따르면 여성은 결혼 전과 후를 막론하고 장기적이고 헌신적 인 애정 관계를 통해 성 관계를 맺을 때 가장 오르가슴을 느끼기 쉽다. 하룻밤의 짧은 만남을 통해 관계를 맺은 여성의 77퍼센트가 **단 한번도** 오르가슴을 느끼지 못했다고 했다. 반면에 장기적으로 헌신하는 상대 와 통상적으로 관계 맺는 여성은 단지 23퍼센트만이 한번도 오르가슴 에 이르지 못했다고 말했다.[24] 50년도 훨씬 전에 이루어진 킨제이 연구 또한 기혼 여성이 미혼 여성보다 오르가슴을 더 쉽게 느낀다고 보고했 다.[25] 그리고 1994년에 이루어진 **미국의 섹스** 설문 조사에 따르면, 독신 여성의 3분의 2 이상이 성 관계 동안 오르가슴에 이르지 못하는 반면, 기혼 여성의 대략 75퍼센트가 보통 혹은 항상 오르가슴을 경험한다.[26] 이 모든 발견들은 오르가슴이 장기적으로 헌신하는 짝짓기에서 가장 흔하다는 것을 암시한다. 이는 이상적인 남편감 가설과 잘 들어맞긴 하 지만 한 사람과 계속 성 관계를 맺으며 시행착오를 거친 덕분이라고도 볼 수 있기 때문에 배우자 선택 기능을 위한 적응적 설계를 명확하게 나타내는 증거라고 보기는 어렵다.

오르가슴을 자주 경험하는 기혼 여성은 드물게 경험하는 기혼 여성보다 결혼 생활에 더 행복감을 느낀다고 답한다. 이러한 결과는 이상적인 남편감 가설을 뒷받침하지만, 이는 어디까지나 오르가슴이 처음에 배우자를 선택할 때뿐만 아니라 이미 선택한 배우자와 계속 함께 살 것인지를 결정할 때에도 기능한다고 가설이 수정될 때에만 가능하다.[27] 6,000명의 영국 여성을 조사한 한 연구는 오르가슴과 결혼 생활의 질 사이의 연관 관계를 확증해 주었다. 남편과 자주 또는 항상 오르가슴을 경험하는 여성 가운데 단지 3퍼센트만이 혼외정사에 관심을 표명한 반면, 오르가슴을 드물게 경험하는 여성의 10퍼센트가 다른 남성과의 정사에 관심을 보였다.[28] 킨제이의 연구에서 혼외정사를 갖는 6,927명의 여성들 가운데 42퍼센트가 남편보다는 내연 관계의 남성과 정사를 가질 때 오르가슴을 더 자주 경험한다고 답했다. 겨우 24퍼센트만이 남편과 성 관계를 가질 때 오르가슴을 더 자주 맛본다고 했으며, 나머지 34퍼센트는 남편이든 내연 관계의 남성이든 오르가슴의 빈도는 비슷하다고 답했다. 흥미롭게도 남편과 더 자주 오르가슴을 느낀다는 기혼 여성의 94퍼센트가 신혼 때와 별 다름 없이 지금도 여전히 남편을 사랑한다고 말했다. 이 질문에 대해 남편과 오르가슴을 드물게 경험하는 기혼 여성의 61퍼센트가 같은 대답을 했다. 그러므로 사랑과 오르가슴이 연관되어 있긴 하지만 오르가슴이 사랑의 필요조건인 것은 아니다. 뿐만 아니라 인과 관계의 흐름을 이들 연구만으로는 결정할 수 없다. 오르가슴을 자주 느껴서 행복한 게 아니라 행복한 결혼 생활로 인해 오르가슴을 더 자주 느끼는 것일 수도 있다. 아마도 어떤 남성들은 아내에게 특별히 더 친절하고, 특별히 더 신체적으로 매력적이며, 특별히 더 아내를 사랑해 주며, 따라서 아내가 성적인 만족감이 들게끔 더욱 더 많은 노력을 경주하기 때문에 사랑과 오르가슴이 연관되어 있다는 결과가 나오는지도 모른다.

정리하자면 이상적인 남편감 가설이 어느 정도 실증적인 증거들에 의해 지지를 받긴 하지만, 원래 제안된 형태 그대로는 아니다. 이상적인 남편감 가설이 주장하듯이 여성의 오르가슴은 결혼 생활의 행복에 일정 부분 역할을 할 것이다. 하지만 오르가슴이 없다면 혼외정사가 초래될 수 있으며 이는 오르가슴이 불행을 이끄는 기능도 가짐을 암시한다.

여성의 오르가슴은 천국 같은 결혼 생활을 위한 '이상적인 남편감'을 선택하는 데 사용된다기보다는 유전적 간통을 위한 기제로서 진화했을지 모른다. 즉 여성 자신의 귀중한 난자를 수정시킬 남성을 고르는 정자 선택 도구로서 여성의 오르가슴이 진화했다는 것이다. 이러한 추측에 힘을 싣는 단서는 일본 마카크원숭이에 대한 한 연구에서 얻어졌다.[29] 알폰소 트로이시와 모니카 카로시는 수컷 16마리와 암컷 26마리로 이루어진 집단에서 벌어진 240회의 짝짓기를 연구했다. 암컷이 수컷을 움켜쥐고, 몸에 근육 경련이 일어나고, 큰소리를 내는 행동으로 암컷의 오르가슴을 판단한 결과, 오르가슴은 총 짝짓기의 33퍼센트에서 관찰되었다. 인간에서처럼 교미 시간이 길고 골반의 급작스러운 경련 횟수가 잦을수록 오르가슴을 경험할 가능성이 높았다. 대단히 흥미롭게도 암컷들은 사회적으로 우위인 수컷과 교미할 때, 특히 지위가 낮은 암컷이 지위가 높은 수컷과 교미할 때 오르가슴을 더 자주 경험한다는 사실이 드러났다.

인간에서도 이와 꽤 유사한 연구들이 대칭적인 외형이나 신체적 매력 같은 남성의 특질과 여성의 오르가슴 사이의 연관성에 초점이 맞춰져 진행되었다. 앞에서 유전적 이상과 환경적 스트레스가 얼굴과 몸에 신체적인 비대칭을 일으킬 수 있다고 서술했었다. 많은 생물학자들이 신체적 대칭을 유전 가능한 적응도의 표지, 즉 그 사람의 유전적 특질을 알려 주는 것으로 여긴다. 부부 86쌍을 조사한 연구에서 랜디 손힐과 동료들은 비교적 더 대칭적인 배우자를 둔 여성이 비대칭적인 배우자를 둔 여성보다 오르가슴을 유의미하게 더 자주 경험한다는 사실을 발견했다.[30] 이보다 더 큰 규모로 독일과 미국에 거주하는 388명의 여성을 대상으로 실시한 연구도 유사한 경향을 발견했다. 신체적으로 더 매력적인 남성과 결혼한 여성은 가장 최근의 성 관계에서 오르가슴을 느꼈을 가능성이 더 높았다.[31] 이러한 발견은 여성이 우수한 유전적, 표현형적 특질을 지닌 남성과 성 관계를 가질 때 더 쉽게 오르가슴을 느낀다는 점에서 이상적인 남편감 가설이 주장하는 배우자 선택 기능을 부분적으로 지지한다. 하지만 인과 관계의 흐름이 명확히 밝혀질 수 없기 때문에 이 연구들은 모두 문제점을 내포하고 있다. 즉 매력적이고 대칭적인 남성들은 아마도 성경험이 풍부하기 때문에 여성들을 오르가슴에 이르게 할 수 있는 방법을 배울 기회가 많았을 것이다. 뿐만 아니라 이들 최근 연구들에서 여성이 남편으로부터 극진한 사랑을 받음, 여성이 가정의 행복을 위해 헌신적으로 투자함, 남편의 사랑과 헌신이 충분하다고 여성이 인정함 등등과 여성의 오르가슴은 아무런 관련이 **없었다.** 결국 이상적인 남편감 가설에서 '결혼 생활의 행복'을 중시하는 변형 판은 기각되어야 할 듯하다.

　자, 그러면 이제 어떡할 것인가? 이 미스터리를 풀 열쇠는 여성의 오르가슴과 정자 억류 사이에 연결된 고리에 있을 듯하다. 여성 성애의 숨겨진 일면인 성적 외도까지 함께 결합되어서 말이다. 킨제이 연구에서 남편보다 외도 상대와 성 관계를 할 때 오르가슴을 더 자주 느낀다는 여성이 거의 2배 이상 더 많았음을 되새겨 보자. 최근에 영국에서 실시된 연구를 통해서도 여성은 남편보다 외도 상대와 성 관계를 가질 때 정자 억류 오르가슴(남성의 오르가슴 이후 2분 내에 일어나는 오르가슴)을 더 자주 경험한다는 사실이 발견되었다.[32] 아마도 결정적인 요인은 '묻지마' 모텔에서 대낮에 이루어지는 로맨스의 **타이밍**일 것이다. 외도를 하는 여성들은 월경 주기에서 가장 번식력이 높은 시기, 곧 배란 직전 시기에 맞추어서 성적인 회합을 갖는 것처럼 보인다. 실제로 번식력이 최고인 기간 동안에 외도 상대와 성 관계를 하는 빈도는 배란이 다 끝나서 번식력이 낮은 기간 동안보다 3배나 더 높다.[33]

여성의 오르가슴이라는 미스터리에 대한 해답이 마침내 서서히 모습을 드러내고 있다. 시먼즈와 굴드가 주장했듯이 여성의 오르가슴 능력이 **원래**는 일종의 부산물로서 생겨났을 것이다. 그러나 자연선택은 여성의 오르가슴에 작용하여 오르가슴이 **언제 누구와** 할 때 일어나야 하는지를 적응적으로 다듬은 것 같다. 실증적인 증거들이 이상적인 남편감 가설을 지지하긴 하지만 이 가설이 처음 제안되었을 때의 모습 그대로를 지지하는 것은 아니다. 오르가슴은 어떤 남성으로 하여금 자신의 난자를 수정시키게 할지 고르는 배우자 선택 도구로서 기능하는 것처럼 보이며, 이때 그 남자가 반드시 남편일 필요는 없다. 여성은 우수한 유전적 특질을 지닌 정규적인 배우자와 성 관계를 맺을 때 더 자주 오르가슴을 겪는다.(유전적 특질의 좋고 나쁨은 대칭도의 해부학적 측정과 신체적 매력에 대한 판단으로써 짐작할 수 있다.) 그러나 만약에 여성이 혼외정사를 갖는다면, 여성은 우수한 유전적 특질을 지닌 외도 상대를 우선적으로 선택하며 그와의 관계에서 더 자주 오르가슴을 경험한다. 외도하는 여성에게 오르가슴은 양쪽의 좋은 점만 취하는 성 전략을 추구하게 해 준다. 곧 그녀의 자식들에게 양육과 자원을 제공하는 남성으로부터 부성 투자를 얻고, 투자는 거의 하지 않지만 그녀의 자식들의 유전적 특질을 높여 주는 다른 남성으로부터 우수한 유전자를 얻는 것이다.

과학적 증거들을 검토한 끝에 나는 여성의 오르가슴이 적응임을 입증하는 몇 가지 뚜렷한 설계상의 특질을 갖고 있다고 결론 내렸다. 하지만 이 결론에 회의적인 이들, 즉 부산물 가설을 주장하는 학자들은 여전히 강력한 반박 수단을 다량으로 보유하고 있다. 예를 들어 현재까지 제안된 적응주의적 가설 가운데 그 어느 것도 왜 각각의 문화마다 여성의 오르가슴이 존재하는 빈도에서 큰 차이를 보이는지에 대해 만족스러운 설명을 제시하지 못한다. 덧붙여 여성의 오르가슴이 100퍼센트 적응도 아니고 100퍼센트 부산물도 아닌, 몇몇 적응적인 변형이 가해진 부산물적인 특질을 보일 가능성도 있음을 인정해야 한다.

마지막으로 덧붙이면, 여성의 오르가슴이 지닌 잠재적 기능에 대한 진화적 입론들에서 흔히 생략되는 논의는 그러한 기능이 남성의 성 전략에 어떤 영향을 끼치는가이다.[34] 만일 여성의 오르가슴이 이상적인 남편감을 찾는 탐지기로 기능한다면, 즉 특정한 남성의 정자와 수정할 확률을 높여 주는 역할을 한다면, 자연선택은 남성에게서도 여성의 성적 극치에 도달할 확률을 끌어올리는 적응을 공진화시켰을 것이다. 남성은 (1) 여성의 오르가슴을 탐지하고, (2) 여성이 오르가슴을 거짓으로 꾸미는 것에 속아 넘어가지 않고, (3) 여성이 오르가슴에 도달하기 전까지 사정을 보류하고, (4) 여성의 오르가슴 직후에 지체 없이 사정하게끔 설계된 적응을 가졌으리라고 예측할 수 있다. 이들 가설적인 공진화 적응을 뒷받침하는 증거는 어디에도 없다. 이는 여성의 오르가슴이 지닌 잠재적 기능에 대한 과학 논쟁에 의연하게 뛰어들려는 미래의 학자들에게 남겨진 숙제이다.


## 왜 여성은 혼외정사를 하는가?

349명의 남녀의 성적 판타지를 조사한 최근의 한 연구는 주목할 만한 결과를 하나 얻었다. 87퍼센트의 사람들이 지난 두 달 동안 정규적인 상대 이외의 다른 누군가와의 성적 판타지를 꿈꾼 적이 있다고 밝힌 것이다.[35] 이 연구는 또한 뚜렷한 성차를 발견했다. 여성에 비해 18퍼센트 더 많은 남성들이 이러한 혼외정사에 대한 판타지를 즐기는 경향이 있었다. 그럼에도 불구하고 무려 80퍼센트나 되는 여성들이 현재 사랑하는 남성이 아닌 다른 누군가와의 성적 판타지를 최근에도 즐겼다는 것은 이채롭다. 물론 여성은 현재 상대와의 성적 판타지도 자주 꿈꿨다. 사실 남녀를 막론하고 성적 판타지의 대부분(여성의 64퍼센트와 남성의 54퍼센트) 현재의 상대에 초점을 맞춘다. 그러나 여성의 색정적인 백일몽의 34퍼센트는 다른 누군가를 향한 것이다. 왜 그럴까?

한 가지 힌트를 성적 판타지의 기능에서 찾을 수 있다. "마음은 드물게 일어나고 복잡하고 앞으로 일어날 일들에 대처하게끔 적응되어 있다. 마음의 기능은 행동을 유발하는 것이다. 만약 1,000번 성적 충동을 느껴서 단 한번이라도 실제 성 관계로 이어진다면, 성욕의 기능은 성 관계를 이끄는 것이라고 할 수 있다."[36] 성적 판타지는 짝짓기 마음을 엿보는 창이 되어 주지만, 사실 그 이상의 일을 수행한다. 즉 성적 판타지는 시의 적절하게 기회가 열렸을 때 욕망에 따라 행동하게끔 우리를 추동하는 역할을 한다.

성적 판타지가 정사를 유발한다는 증거가 있는가? 다음의 통계들을 살펴보자. 다른 여성에 대한 남성의 성적 판타지는 그들이 현재 배우자 몰래 외도를 했는지 안 했는지와 유의미하게 연관되어 있지 않다. 정절을 지키는 남편이 꿈꾸는 성적 판타지의 54퍼센트가 외간 여자에 대해서이며, 외도한 남편이 꿈꾸는 판타지의 55퍼센트가 외간 여자에 대해서이다. 이와 대조적으로 정절을 지키는 아내가 하는 성적 판타지는 겨우 30퍼센트가 외간 남자에 대해서인 반면, 외도를 하는 아내가 하는 성적 판타지는 무려 53퍼센트 이상이 외간 남자에 대해서이다. 물론 이들 연구 결과만으로는 인과 관계가 어디에서 어디로 향하는지 판정할 수 없다. 성적 판타지가 아내의 외도를 낳는다기보다는 외도로 인해 아내가 더 많은 성적 판타지를 하게 될 수도 있다. 그럼에도 불구하고 이 연구 결과가 혼외정사에 대한 여성의 성적 판타지가 외간 남자와의 성 관계를 부추긴다는 생각과 잘 들어맞음에는 틀림없다.

진화적 시각에서 볼 때 왜 여성이 위험한 회합을 추구하는가 하는 문제가 과학자들을 고민하게 만드는 이유는 대략 두 가지이다. 첫 번째 이유는 남성에 비하면 여성은 성 관계 상대를 추가로 더 둠으로써 직접적인 번식 성공도를 곧바로 증가시키는 것이 거의 불가능하다는 사실이다. 진화 역사상 남성은 성 관계 상대를 추가할 때마다 번식 성공도를 직접적으로 증가시킬 수 있었지만, 여성은 그럴 수 없었다. 임신에 소요되는 9개월간의 투자는 성 관계 상대가 한 명이든 수십 명이든 수백 명이든 한 해에 아이를 한 명밖에 낳을 수 없게 만든다.

두 번째 이유는 여성이 외도를 저질렀을 때 겪어야만 하는 어마어마한 손실이다. 외도한 여성은 현재의 남편으로부터 버림 받을 위험에 처한다. 남성은 다른 남자와 성 관계하다가 들킨 아내와 이혼하는 경향이 있다. 운 좋게 버림 받지 않더라도 여성은 질투심에 불타는 남편으로부터 심리적, 신체적 학대를 받을 위험이 있다. 사회적인 평판도 탈선으로 말미암아 땅에 떨어진다. 만약 다시 짝짓기 시장에 나가야 할 경우 이미 결혼을 경험한 여성의 배우자 가치는 하락해 있다. 오쟁이를 진 남편이 자식들을 버리거나 투자를 대폭 축소할 가능성이 크기 때문에 자식의 앞길에도 어두운 그림자가 드리운다. 외도 상대로부터 전염성 성 질환이 옮을 수도 있다. 게다가 이렇게 손실이 많은데도 아직도 모자라다는 듯이 혼외정사에는 시간, 에너지, 노력 등이 소요된다. 다른 적응적 과업에 썼다면 더 좋았을 귀중한 자원들을 송두리째 바쳐야 하는 것이다. 왜 여성은 단지 몇 분간의 성적 쾌감을 즐기기 위해서, 그리고 정자는 이미 남아도는 마당에 다른 남성의 정자를 별 의미 없이 더 얻기 위해 이토록 많은 손실을 감수하고 열심히 노력을 쏟아 붓는 것인가? 외도로 인해 여성이 감수해야 하는 이 모든 손실들을 상쇄할 만큼 크나큰 이득이 과연 무엇이란 말인가?

이러한 의문에 답하기 위해 여러 가설들이 제안되었다. 앞에서 단기적인 짝짓기 전략을 설명하면서 **자원 획득 가설**(resource accrual hypothesis)과 **보호 가설**(protection hypothesis)을 이미 검토하였다. 여성은 외도 상대로부터 음식, 선물, 그리고 때론 금전적 이득을 받을 수 있으며 실제로도 그런 경향이 관찰된다. 이는 자원 획득 가설을 뒷받침하는 증거로 볼 수 있다.[37] 하지만 보호 가설은 좀더 의문시된다. 여성이 외도 상대로부터 실제로 보호를 받는다는 증거가 없을 뿐만 아니라 여성은 그들의 현재 배우자에게 외도를 들키거나 아니면 그냥 의심만 산다고 해도 당장 폭행을 당할 위험에 처한다.[38] 여성이 어차피 남편보다는 자신에게 투자를 훨씬 덜 해 줄 것 같은 외도 상대로부터 신체적 보호를 받기 위해 질투심에 휩싸인 남편에게서 폭행당할 위험을 기꺼이 감수한다는 말은 왠지 선뜻 신뢰하기 어렵다.

최근의 연구들은 여성이 외도를 통해 얻을 수 있는 보다 신빙성 있는 잠재적 이득에 집중하고 있다. **우수한 유전자 가설**(good gene hypothesis)은 여성의 성적 오르가슴에 대한 증거들에서 이미 살펴본 이득에 초점을 맞춘다. 짝짓기 시장의 경제학적 논리에 의하면, 적어도 원칙적으로는 여성은 자신의 정규적인 상대보다 더 뛰어난 외도 상대로부터 유전자를 얻을 수 있다. 매우 바람직한 남성은 종종 덜 바람직한 여성과 기꺼이 하룻밤을 같이 보낼 용의가 있다. 그녀가 자꾸 헌신을 요구해서 너무 큰 부담을 지우지만 않는다면 말이다. 사실 손실만 따르지 않는다면, 진화적 적응도라는 냉정한 통화 가치로 환산해 보았을 때 여성에게 최적인 짝짓기 전략은 남편으로부터 지속적인 투자를 받아 내는 한편 외도 상대로부터는 우수한 유전자를 받는 전략일 것이다. 하룻밤 외도를 통해 여성은 더 우수한 유전자, 더 다양한 유전자, 그리고 '섹시한 아들 유전자'를 얻으며, 이들 모두는 그녀의 자식들의 생존력과 번식 성공도를 높일 수 있다. 그러므로 조상 여성들이 외도를 통해 직접적인 번식 성공도를 높이진 않았겠지만, 유전적으로 우수한 자식들을 낳음으로써 궁극적으로 자신의 번식 성공도를 높였을 것이다. 물론 여성은 이러한 번식적 이득을 얻고자 현재의 남편에게 큰 손실을 떠맡긴다.[39]

여성의 혼외정사에 대한 '우수한 유전자' 설명을 뒷받침하는 증거의 하나는 유전적 간통의 빈도에 대한 연구에서 얻어졌다. 혈형 검사법이나 DNA 지문 분석법을 사용하는 이들 연구는 실제로 수행하기가 지극히 어려울 뿐더러 그 결과가 엄청난 충격을 몰고 올 위험성이 있기 때문에 학술지에 출판된 논문을 거의 찾아볼 수 없다. 출판된 논문들에 따르면, 유전적 간통의 추정치는 1~30퍼센트이며 평균은 어림잡아 10퍼센트 정도이다. 예컨대 스위스에서 실시된 한 연구는 겨우 1퍼센트의 유전적 간통 빈도를 보고한 데 비하여 멕시코의 몬테레이에서 실시된 연구는 12퍼센트의 유전적 간통 빈도를 보고했다.[40] 익명으로 남길 원하는 내 여자 동료 한 사람은 DNA 지문 분석법을 사용하여 미국 내 유방함에 대한 유전학적 연구를 실시한 결과, 10퍼센트의 유전적 간통 빈도를 발견했다고 말했다. 그러므로 이 책을 읽는 독자 여러분의 10퍼센트는 어머니의 비밀스러운 외도로 인해 지금껏 아버지로 알고 왔던 사람이 아닌 별도의 유전적 아버지를 따로 두고 있는 셈이다. 이러한 연구들이 우수한 유전자 가설을 직접적으로 지지하지는 않지만, 그 가설이 참이기 위한 필요조건은 충족시켜 준다. 즉 여성의 정규적인 배우자가 아닌 외간 남성에 의해 자식들이 태어나서 길러져 왔다는 역사적인 사실을 밝혀 주는 것이다.

우수한 유전자 가설은 스티브 갱지스태드와 랜디 손힐이 행한 기가 막힌 연구에 의해서 시험되었다.[41] 그들은 이렇게 질문했다. 여성이 혼외정사 상대로 선택하는 남성은 어떤 특질을 지니는가? 그들은 성경험, 나이, 사회경제적 지위, 평균 연 수입, 애착 유형 등의 변수들을 조사했다. 또한 유전적 특질을 나타내는 두 가지 지표, 즉 캘리퍼스로 측정되는 신체적 대칭, 그리고 신체적 매력을 측정하였다. 누군가가 신체적인 대칭을 잘 이루고 있다는 사실은 그가 발달을 교란하는 나쁜 유전자를 갖고 있지 않을 뿐만 아니라 환경적 스트레스에 대한 저항을 촉진하는 유전자를 갖추고 있음을 알려 주기 때문에 대칭은 적응도를 나타내는 유전 가능한 표지로 간주된다는 것을 다시 한번 상기해 보자. 대칭적인 남성은 그리 대칭적이지 않은 남성에 비하여 좀더 건장하며, 더 원기 왕성하며, 몸집이 더 크며, 신체적, 정신적으로 더 건강하며, 지능도 조금 더 높은 경향이 있다.[42] 가장 중요한 발견은 다음과 같았다. **여성은 외도 상대로서 비대칭적인 남성보다 대칭적인 남성을 택하는 경향이 있다.** 뿐만 아니라 이들 대칭적인 남성은 약간 균형을 잃은 다른 남성들에 비하여 유부녀와 더 자주 성적인 만남을 갖는 경향이 있다. 요컨대 대칭적인 남성을 택하는 여성은 궁극적으로 자식의 생존과 번식 성공도를 높여 줄 수 있는 유전자를 지닌 상대를 택하는 것이다.

우수한 유전자를 얻는다는 것 이외에 여성의 외도가 줄 수 있는 다른 중요한 이점으로는 외도가 대체 배우자로 옮겨 가기 위한 지렛대 역할을 한다는 점이다. 외도의 **배우자 교체 가설**(mate switching hypothesis)

에는 몇 가지 변형된 형태들이 있다. 하나는 별로 득될 것이 없거나 성가시기만 한 관계를 정리하는 방편으로 아내가 먼저 외도를 해서 남편으로 하여금 자신과 갈라서게 만든다는 관점이다. 도널드 시먼즈가 말했듯이 외도는 "그녀 자신에게서 현재의 남편을 떼어 내고 더 좋은 남편을 얻기 위함"이다. 둘째, 혼외정사는 외도 상대와 일종의 '시운전'을 하는 것에 비견할 수 있으며, 그 남자와 여성 자신이 서로 얼마나 잘 맞는지, 그가 얼마나 자신에게 투자할 의향이 있는지 등의 정보를 얻기 위함이라는 관점이다. 사실 이러한 정보는 어느 정도의 친밀한 접촉이 없다면 얻어 내기 매우 힘들다. 혼외정사는 또한 여성으로 하여금 자신이 짝짓기 시장에서 얼마나 바람직한지 평가하게 도와줄 것이다. 물론 이러한 정보는 자신에게 성적 혹은 진지한 관심을 보이는 남성들의 수와 그들의 배우자 가치를 그저 관찰하거나 아니면 남성들과 시시덕거리는 행동처럼 비교적 비용이 덜 드는 수단으로도 알아낼 수 있긴 하지만 말이다.

배우자 교체 가설을 지지하는 증거들이 최근에 실시된 연구들에서 나왔다. 하이디 그레일링과 나는 여성이 외도를 통해 거두는 이득을 조사한 네 건의 연구들을 통해서 이 가설을 포함한 여러 가설들을 시험하였다.[43] 한 연구에서 우리는 58명의 여성에게 혼외정사로부터 거둘 수 있는 28개의 잠재적인 이득에 대한 가능성을 각각 평가해 달라고 요청했다. 잠재적인 이득의 목록에는 "그녀는 남성을 이끌고 유혹하는 기술을 숙련시킬 수 있다", "그녀는 돈이나 공짜 저녁, 혹은 옷을 선사받을 수 있다" 등의 항목이 포함되어 있었다. 가장 높은 평가를 받은 항목은 성적 쾌락이었으며, 이는 아마도 혼외정사에서 오르가슴이 차지하는 중요성을 반영하는 것으로 여겨진다. 그러나 가장 높은 평가를 받은 항목 중의 다수는 배우자 교체에 깊이 관련된 것들이었다.

- □ 현재의 상대보다 더 바람직한 상대를 찾음
- □ 현재의 상대와 헤어지는 것을 더 쉽게 만듦
- □ 현재의 상대를 갈아 치울 수 있게 함
- □ 그녀에게 예전부터 관심을 두었던 다른 잠재적인 배우자를 발견함
- □ 그녀로 하여금 장기적인 결혼 상대가 꼭 지녀야 할 중요한 특성이 무엇인지 더 명확히 깨닫게 함
- □ 다른 잠재적인 상대들이 그녀를 어떻게 생각하는지 더 정확하게 알 수 있게 됨

두 번째 연구에서 우리는 101명의 여성에게 47가지 상황들을 제시하고 각각의 상황이 현재의 상대가 아닌 다른 누군가와 성 관계를 맺을 가능성을 증가시켜 줄지 여부를 평가해 달라고 했다. 그러한 상황에는 "현재의 상대가 혼외정사를 해 왔다는 사실을 알게 됨" 혹은 "현재의 상대가 직업을 계속 유지하지 못하게 됨" 등등이 포괄되었다. 다시 한번 여성들은 배우자 교체를 촉진하는 상황에서라면 혼외정사가 일어날 가능성이 매우 높다고 평가했다.

- □ 현재의 상대보다 그녀와 더 잘 맞는 누군가를 만날 수 있다고 느낌
- □ 그녀와 많은 시간을 함께 보낼 의향이 있는 누군가를 만남
- □ 현재의 상대보다 더 잘 생겼으며 그녀에게 관심을 보이는 누군가를

신체적 매력이 부분적으로 유전 가능하다는 것을 고려하면, 위에서 마지막으로 제시된 상황은 '우수한 유전자 가설'을 간접적으로 지지한다고도 할 수 있다.

세 번째 연구에서는 다수의 단기적 짝짓기 경험이 있는 여성들을 대상으로 외도가 어떤 이득을 준다고 생각하는지 조사했다. 다시 한번 배우자 교체 기능이 가장 뚜렷하게 드러났다. 성 경험이 많은 여성들은 "외도 상대를 통해서 다른 상대를 만나기"와 "그녀에게 관심 있는 다른 상대를 만나기"가 외도를 통해 얻는 커다란 이득이라고 답했다. 물론 이러한 인식은 좀더 일부일처제에 충실한 다른 여성들에게서는 발견되지 않는 것들이었다.

우리의 네 번째 연구는 여성의 혼외정사에서 그간 숨겨져 있던 이득을 밝혀냈다. 혼외정사로 인해 **여성의 자존심이 높아진다**는 것이다. 우리는 53명의 여성들에게 외도 상대로부터 받을 수 있는 81가지 잠재적인 이득 각각이 **얼마나 이로운지**를 평가해 달라고 요청했다. 가장 높은 평가를 받은 이득은 다음과 같다.

□ 그녀의 외도 상대가 다른 어느 누가 한 것보다도 더 그녀를 기분 좋게 만듦

□ 그녀의 외도 상대가 그녀를 존중해 주는 덕분에 스스로에 대해 기분이 좋아짐

□ 그녀의 외도 상대가 그녀 삶의 사소한 부분까지 신경을 써 주기 때문

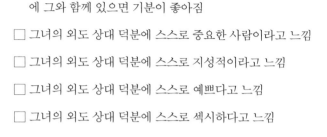

에 그와 함께 있으면 기분이 좋아짐

☐ 그녀의 외도 상대 덕분에 스스로 중요한 사람이라고 느낌

☐ 그녀의 외도 상대 덕분에 스스로 지성적이라고 느낌

☐ 그녀의 외도 상대 덕분에 스스로 예쁘다고 느낌

☐ 그녀의 외도 상대 덕분에 스스로 섹시하다고 느낌

왜 자존심을 높여 주는 것이 여성의 혼외정사에서 중요한 역할을 하는가? 자존심은 여러 가지 다양한 측면으로 이루어지며 두말할 것 없이 많은 기능을 수행한다.[44] 한 가지 기능은 배우자 교체와 관련되어 있다. 길고 지루한 결혼 생활에서 권태감만 깊어 갈 즈음 다른 섹스 상대가 북돋아 주는 급격한 자존심의 고양은 여성에게 마치 기사회생의 묘약과 같다. 여성은 자신이 배우자로서 매우 뛰어나고, 지성적이고, 활달하고, 섹시하다는 속삭임을 듣는다. 바깥에 더 좋은 남성들이 널려 있다는 낙관론에 휩싸인다. 지금의 남편을 내칠 수 있다는 자신감이 넘친다. 지금 남편과의 안정적인 보금자리를 떠나는 위험을 감수하면서 짝짓기 시장에 스스로를 내던질 동력을 얻는다. 남편은 다른 남자와 잠자리를 한 아내를 용서하는 일이 거의 없으므로, 혼외정사는 결혼의 굴레에서 벗어나게 해 주는 또 다른 지렛대가 되는 셈이다. 외도 상대와 결국 재혼하게 될지 여부는 별 상관이 없다. 여성은 이제 스스로 매력적이라 느끼며 다른 사람들도 그녀의 매력을 알아주리라는 자신감에 넘친다. 요컨대 자존심의 고양은 배우자를 교체하는 데 필요한 심리적인 자기 확신을 제공해 준다.

혼외정사의 배우자 교체 기능에 대한 마지막 실마리는 실제로 혼외정사를 하는 경향이 있는 여성들의 애착 유형을 조사한 연구에서 얻어졌다. 애착 유형은 사람들이 대인 관계를 꾸려 나가는 방식을 말하는데, 어릴 때 어머니나 다른 돌보아 준 사람과 어떤 관계를 맺었느냐에 따라서 인생 초기에 확립되는 성향이다. 심리학자들은 세 가지 애착 유형을 판별해 냈다. **안정적인 애착 유형**(secure attachment style)인 사람들은 다른 사람들과 쉽게 친해지고, 자신이 난처한 상황에 처했을 때 다른 사람들이 자신을 챙겨 주리라 신뢰하며, 도와준 다른 사람들에게 나중에 기꺼이 보답하며, 성숙하고 근심 없는 애정 관계를 형성하는 경향이 있다. **회피적인 애착 유형**(avoidant attachment style)인 사람들은 다른 사람과 심리적으로 가까워지면 불편해 하며, 다른 사람에게 쉽게 의지하지 못하며, 다른 사람의 의지가 되는 것도 피하려 한다. 이들은 친해지려고 다가오는 사람들을 밀쳐 내는 경향이 있다. **불안한 혹은 양가적인 애착 유형**(anxious/ambivalent attachment style)인 사람들은 다른 사람이 진정 자신을 사랑해 주는지 매우 불안해 한다. 이들은 다른 사람과 가까워지고 싶어 하고 사랑하는 사람과 융화되려 하지만, 다른 사람이 자신과 진정 친밀해지는 것을 탐탁치 않게 여긴다고 믿는다. 이들은 다른 사람과 함께 있고 싶어 하는 자신의 욕망이 오히려 사람들을 쫓아 버릴 것이라고 느낀다.

어떤 애착 유형이 혼외정사를 갖는 성향과 더 관련이 있을까? 안정적 애착 유형은 혼외정사를 가질 확률과 무관하다. 즉 안정적인 여성은 다른 사람들보다 혼외정사를 할 확률이 더 높지도 더 낮지도 않다.[45] 다른 두 유형은 혼외정사와 강하게 관련되어 있다. 회피적인 여성은 혼외정사를 할 가능성이 더 낮다. 아마도 그들은 남편과도 친하게 지내는 것을 기피하므로 다른 남자와 친하게 지낼 욕망은 더더욱 없는 듯하다. 그러나 불안한 혹은 양가적인 여성은 혼외정사를 할 가능성이 더 높다. 친밀한 사이에 대한 끝없는 갈망이 남편으로부터 버림 받을지 모른다는 두려움과 결합하여 이들로 하여금 다른 남자의 품을 찾게 만드는 것처럼 보인다. 만약 남편에게 버림 받을지 모른다는 그들의 예감이 정확하다면(아마도 과거에 버림 받았던 경험에 바탕한 인식일 듯하다.) 혼외정사는 다른 남자에게서 그들이 그토록 필요로 하는 심리적 친교를 얻음과 동시에 남편에게서 버림 받는 고통을 미리 피하려는 전략일지 모른다. 요컨대 불안한 혹은 양가적인 여성의 혼외정사는 배우자 교체 기능을 수행하리라 생각된다.

이제 우리는 왜 여성이 혼외정사를 하는가에 대해 부분적으로나마 해답을 얻게 되었다. 혼외정사의 기능에 대한 실마리는 어떤 여성이 혼외정사를 하는가, 어떤 상황에서 그들이 혼외정사를 하는가, 그들은 혼외정사를 통해 어떤 이득을 얻는가, 그들이 외도 상대로 택하는 남성은 어떤 특성을 갖는가 등을 질문함으로써 얻을 수 있다. 정규적인 상대와의 결혼을 계속 유지하는 여성들에게 혼외정사는 '우수한 유전자' 기능, 즉 한 사람으로부터 투자를 얻고 다른 사람으로부터 우수한 유전자를 얻는 기능을 수행하리라 생각된다. 또 다른 여성들에게 혼외정사는 배우자 교체 기능을 수행할 것이다. 혼외정사는 여성들의 자존심을 높여 주어 지금의 관계를 털고 새로운 관계를 시작할 추진력을 제공해 준다.

# 여성의 월경 주기가 성 전략에 영향을 끼치는가?

다음은 심리학자들 사이에 도는 유머 한마디이다. **"최근의 한 연구는 여성이 매력적이라고 여기는 남성의 얼굴은 그녀가 월경 주기 중 어느 지점에 있는지에 달려 있다는 것을 보였다. 예를 들어 만약 여성이 배란 중이라면, 그녀는 거칠고 남성적인 얼굴을 지닌 남성에 끌린다. 하지만 여성이 막 월경을 할 시점이면, 관자놀이에 가위를 쑤셔 박은 채 장작불에서 태워지는 남성에 끌리기 쉽다."** (월경이 막 시작하면 여성의 심리가 불안정하고 종잡을 수 없어짐에 착안한 유머이다.—옮긴이)

여성의 월경 주기는 비상한 흥미를 불러일으키지만, 최근까지 월경 주기가 여성의 성 전략에 끼치는 영향을 탐구한 연구는 극히 적다. 이러한 공백을 초래한 요인은 대략 두 가지이다. 첫째, 연구하기가 어렵다. 이상적인 연구는 다수의 여성 참여자들의 월경 주기 변화를 정밀한 기구로써 계속해서 측정하는 것인데 이는 참 어려운 일이다. 둘째, 짝짓기 행동이 월경 주기에 따라 어떻게 달라질지 예측해 줄 수 있는 설득력 있는 이론이 아직 제시되지 않았다. 최근 들어 진화심리학자, 생물학자, 그리고 인류학자들이 이 공백을 채우기 시작했다.

많은 사람들이 궁금해 하는 첫 번째 질문은 이것이다. 여성은 언제 가장 섹스를 하고 싶어 하는가? 그에 대한 답은 어느 정도 분명하다. 한 연구에서는 먼저 배란 바로 직전에 상승하는 기초 체온을 측정하여 배란 시기를 결정했다. 24개월 동안 여성 참여자들은 성욕을 느낄 때마다 일일 차트에 'X' 표시를 했다.[46] 이들 X 표시들을 28일 월경 주기에 대한 그래프로 작성했다. 여성의 성적 욕망은 배란이 가까워짐에 따라 꾸준히 증가해서 배란 바로 전에 가파른 정점에 다다랐으며 이는 월경 주기의 14일째 되는 날에 해당했다. 성욕은 이후 여성의 월경이 시작되는 시기에 접근하면서 꾸준히 하강 곡선을 그린다. 비록 여성이 월경 주기 내내 섹스를 원할 수 있고 실제로 때때로 원하긴 하지만, 그리고 어떤 연구들은 월경 바로 직전에 성욕이 약간 상승한다고 보고하긴 하지만, 엄정한 방법론을 사용하고 많은 표본들을 대상으로 한 연구들은 한결같이 난포기 중기에, 즉 배란 바로 직전에, 여성이 가장 번식력이 높은 시점에 성욕이 정점에 이른다고 보고하고 있다.[47] 비록 생물학의 오래된 정설 가운데 하나가 "배란은 은폐되거나 숨겨진다."이지만 태고로부터 내려온 성적 열망은 여성들이 가장 임신하기 쉬울 때 기지개를 켜는 것 같다.

이러한 발견이 정확히 무엇을 의미하는지가 최근 쏟아진 연구들에서 주의 깊게 분석되었다. 한 연구는 51명의 여성 표본들을 대상으로 배란 바로 전에(약 24에서 48시간 전) 급증하는 황체 호르몬의 양을 측정하는 배란 탐지기를 이용해 배란 주기를 판별했다.[48] 여성 참여자들은 두 번의 시기에 걸쳐서 설문지를 작성했다. 한 번은 가장 번식력이 강한 난포기였으며 다른 한 번은 가장 번식력이 낮은 황체기였다. 이들이 현재의 낭만적인 상대 이외의 다른 남성에 대해서 갖는 성적 욕망과 성적 판타지를 조사한 설문들 가운데 몇 가지를 예로 들어 보자.

---

☐ 현재의 상대가 아닌 다른 사람에게 강한 성적 끌림을 느꼈다.

☐ 처음 만난 사람, 그냥 알고 지내던 사람, 혹은 옛날 애인과의 성 관계를 상상한 적이 있다.

☐ 신체적으로 대단히 매력적인 사람(현재의 상대를 제외하고)의 모습을 보고 성적으로 흥분한 적이 있다.

☐ 누군가(현재의 상대를 제외하고)의 냄새에 성적으로 흥분한 적이 있다.

---

연구자들은 또한 현재의 낭만적인 상대에 대한 이끌림과 성적 판타지에 대해 물어보았다. 가장 번식력이 높은 시기에 여성들은 외간 남자와의 성적 판타지를 더 빈번하게 꿈꾸었으며 외간 남자에 대해 가장 강한 성적 흥분을 느꼈다. 외간 남자에 대한 여성의 욕망과 판타지는 번식력이 높은 시기에 접어들면 적어도 65퍼센트 이상 증가했다. 반면에 현재의 낭만적인 상대에 대한 성적 이끌림은 배란 주기 내내 아무런 변화도 보이지 않았다. 혼외정사에 대한 여성의 성 전략은 배란과 밀접하게 연관되어 있는 것처럼 보인다.


## 마초 남성 가설

정규적인 배우자가 있는 여성이 배란 바로 직전에 외간 남자에게 성적인 끌림을 경험한다면, 논리적으로 그 뒤를 따르는 질문은 이것이다. 여성들이 끌리는 남성은 어떤 자질을 지녔는가? 영국의 두 심리학자들이 얼굴 모습을 인위적으로 만들어 내는 정교한 컴퓨터 기법을 사용하여 이 질문을 탐구했다.[49] 그들은 디지털 사진을 만들어 낸 다음, 더 '남성적으로' 만들거나 더 '여성적으로' 만들었다. 예컨대 여성의 턱은 남성의 턱보다 작으며 남성의 눈두덩은 여성의 눈두덩보다 더 돌출한 경향이 있다. 이러한 특질들을 인위적으로 조작하여 사진이 더 남성적으로 혹은 더 여성적으로 보이게끔 변형시켰다. 그러고 나서 남성성-여성성의 척도에서 각기 다른 다섯 개의 남성 사진을 139명의 여성에게 보여 주고 평가해 줄 것을 요청했다. 다섯 개의 남성 사진들은 각기 50퍼센트 여성화된 것, 30퍼센트 여성화된 것, 0퍼센트 변화된 것(여성화도 남성화도 되지 않은 것), 30퍼센트 남성화된 것, 50퍼센트 남성화된 것들이었다. 여성들은 자기가 가장 매력적이라 생각하는 사진 **단 하나**만 고르게끔 지시받았다. 이들은 각자 마지막 월경이 언제 있었는지에 따라 '임신 위험성이 높은' 집단과 '임신 위험성이 낮은' 집단으로 분류되었다.(기초 체온이나 황체 호르몬의 양을 측정하는 기법보다는 덜 정확한 측정법이라는 한계가 있다.) 그 결과는 놀라웠다. 월경 주기에서 **가장 번식력이 낮은** 시기의 여성들은 약간 여성화된 얼굴에 가장 많이 이끌렸다. 정반대로 주기에서 **가장 번식력이 높은** 시기의 여성들은 30퍼센트 남성화된 얼굴에 이끌렸다. 비슷한 결과가 일본인 참여자들을 대상으로 실시한 연구에서도 얻어졌다.[50]

배란기의 여성들이 왜 남성적인 얼굴을 선호하는 것일까? 이러한 현상을 설명하는 이론에 의하면, 얼굴의 남성성은 그 사람의 면역 능력을 신빙성 있게 알려 주는 신체적 표지이다. 남성적인 특질을 만드는 일에 관여하는 테스토스테론을 많이 생산하면 면역계의 기능이 떨어진다. 얼굴형이 성숙한 어른에 가까워지는 시기인 사춘기의 발달 과정에서 아주 건강한 남성만이 다량의 테스토스테론을 만들어 내는 '여유를 부릴 수' 있다. 번식적으로 강건하지 못한 남성은 상대적으로 허약한 면역계에 쏟아지는 테스토스테론의 폭격을 견디지 못하므로,

발달 과정에서 몸 안에 생성되는 테스토스테론의 양을 억제한다. 매우 우수한 상태의 남성들만이 평균보다 더 뛰어난 이차적 성적 형질들을 생산하는 비용을 부담할 수 있다.

결과적으로 어느 정도 남성화된 얼굴은 유전 가능한 적응도를 신호한다. 다시 말해서 그러한 얼굴의 소유자는 테스토스테론의 해로운 영향을 이겨 낼 만큼 우수한 유전적 특질을 갖고 있으며, 이 특질이 자식들에게도 전해진다는 것이다. 요컨대 배란기 여성들은 남성적인 얼굴을 선호함으로써 정규적인 배우자보다는 외도 상대를 통해 더 얻기 쉬운 '우수한 유전자'를 추구한다. 월경 주기 중 가장 번식력이 낮은 시기의 여성들은 덜 남성적인 얼굴을 협동심, 정직성, 좋은 부모로서의 자질을 나타내는 신호로 생각한다. 정규적인 배우자감을 고를 때에는 여성들은 이러한 '좋은 남자' 자질을 지닌 남성에 끌린다. 왜냐하면 이러한 형질이 곧 그녀와 자식들에 대한 장기적인 투자와 헌신을 가리키기 때문이다. 그러므로 마음씨 좋은 남자가 일등한다는 말은 맞는 말이다. 단 그 상대가 배란기가 아닐 때만이다.

진화심리학자 빅터 존스턴과 동료들은 여기에서 한 걸음 더 나아가 1,200프레임의 퀵타임(Quick Time) 동영상 형태로 구성된 정교한 실험 도구를 개발했다.[51] 이 컴퓨터 프로그램은 남성성, 여성성, 기타 다른 특질에서 제각기 다른 수백 개의 얼굴들을 포함하는 다차원적 공간 내에서 자신이 원하는 얼굴을 선택할 수 있게 해 준다. 연구에 참여한 사람들은 슬라이더 컨트롤과 단일 프레임 버튼을 사용해서 1,200개의 프레임으로 구성된 동영상을 앞뒤로 움직여 가며 '단기적인 상대로서 가장 매력적인 얼굴' 같이 자신이 찾으려는 대상을 담은 프레임을 직접 찾을 수 있다. 존스턴은 경구 피임약을 복용하고 있지 않은 18세에서 35세 사이의 여성 42명을 두 번에 걸쳐 실험했는데, 한 번은 번식력이 높은 난포기에, 또 한 번은 번식력이 낮은 후기 불임기에 실험했다. 배란은 월경이 시작된 날로부터 14일 이전에 이루어진 것으로 계산했다. 여성마다 월경 주기의 길이가 조금씩 다른데 이는 주로 월경의 시작에서 배란까지의 기간이 각자 조금씩 다르기 때문이며 전체 월경 주기의 길이에 관계없이 배란은 거의 항상 다음 달 월경이 시작되기 14일 전에 일어난다.

존스턴과 그의 동료들은 세 가지 중요한 발견을 했다. 첫째, 어떤 월경 시기에 있든 상관없이 여성들은 모두 평균적인 얼굴보다는 좀더 남성적인 얼굴을 선호했다. 이 결과는 앞에서 언급한 영국에서의 연구 결과와 상충되는 것이다. 영국에서 실시된 연구는 임신할 가능성이 가장 낮은 시기의 여성들은 보다 여성적인 얼굴을 선호한다고 보고했었다. 이들 두 연구 사이의 간극을 메울 연구가 앞으로 더 수행되어야 할 듯하다. 둘째, 임신 위험성이 높은 시기의 여성들은 임신 위험성이 낮은 시기의 여성들이 선호한 남성적인 얼굴보다 훨씬 더 남성적인 얼굴을 선호했다. 이 결과는 영국과 일본에서의 선행 연구 결과들을 그대로 재현한 것이다. 보다 구체적으로 말하면 이 같은 선호도 변화는 남성적인 방향으로 평균 29프레임 더 나아 감으로써, 즉 프레임 299번에서 프레임 270번으로 변함으로써 이루어졌다. 셋째, '남성성'에 대한 심리 검사에서 낮은 수치를 기록한 여성은 월경 주기를 통해서 특별히 더 강력한 선호도 변화를 보였다. 이들의 선호도 변화는 남성적인 방향으로 무려 53프레임이나 나아 가는 것이었다. 즉 임신 가능성이 낮을 때는 프레임 298번을 선호하다가 배란기에는 프레임 245번을 선호했다. 또한 남성성이 낮은 이들 여성 집단은 매우 남성적인 얼굴을 지닌 남성들을 찰나적인 성 관계 상대로서 특별히 더 바람직하다고 여겼다.

존스턴은 남성적인 특질이 주로 사춘기 호르몬에서 비롯된 결과라고 주장한다. 높은 수준의 테스토스테론이 길고 넓은 아래턱, 더욱 돌출된 눈두덩, 더욱 튀어나온 광대뼈를 만든다. 즉 이러한 남성적 특질들은 좋은 건강 상태를 나타내는 표지가 된다. 실제로 여성들에게 '가장 건강한' 얼굴을 골라 달라고 요청한 결과 얻어진 남성의 얼굴은 그들에게 '가장 매력적인' 얼굴을 골라 달라고 했을 때 나오는 얼굴과 별 차이가 없다. 요약하면 여성은 건강하고 면역 능력이 뛰어난 남성에게 끌리는 것처럼 보이며, 특히 그들이 번식력이 높을 때, 그리고 단기적인 짝짓기 상대를 고를 때 더 그러하다. 이는 자식들에게 전해 줄 우수한 유전자를 얻기 위한 방책으로 보인다.


## 대칭의 냄새

지독한 냄새는 성적인 흥분을 삽시간에 꺼뜨리는 스위치라고 사람들은 흔히 말하곤 한다. 실험 연구에 참여한 많은 여성들도 냄새는 성적 욕망에서 핵심적인 위치를 차지한다고 자발적으로 대답해 주었다.[52] 인간 짝짓기에서 화학 신호의 중요성은, 즉 후각 기제를 통하여 냄새나 페로몬을 탐지하는 일의 중요성은 최근 제임스 콜, 칼 그라머, 그외 다른 이들에 의해서 주창되었다.[53] '페로몬(pheromone)'이라는 단어는 자극하거나 흥분시킨다는 뜻인 **호르몬(hormon)**과 운반한다는 뜻인 **페레인(pherein)**이 결합된 그리스 어이다. 페로몬은 사람의 몸에서 분비되어 다른 사람에게 생리적, 행동적 변화를 일으키는 화학적 메신저이다. 페로몬은 입, 발, 질뿐만 아니라 피부의 아포크린 샘에서도 분비된다. 아포크린(apocrine) 샘은 태아가 자궁 내에 있을 때 생기지만 사춘기가 되어서야 제 기능을 발휘하게 되는데, 이 사실로부터도 인간 짝짓기에서 차지하는 잠재적인 중요성을 짐작할 수 있다.

여성은 남성보다 일반적으로 후각이 더 예민할 뿐만 아니라 후각적 예민함은 배란 시 혹은 배란 바로 직전에 극치에 다다른다. 이러한 특성은 어떤 진화된 기능을 수행하기 위한 것인가? 스티브 갱지스태드와 랜디 손힐은 신체적 대칭성이 저마다 다른 남성들에게 동일한 티셔츠를 이틀 연속으로 입고 자되, 그 기간 동안 샤워를 하거나 방취제를 쓰지 말 것을 요청했다.[54] 또한 그 기간 동안 고추, 양파, 마늘 등의 향신료를 넣은 음식을 절대 먹지 말라고 했다. 이틀 후, 그들은 티셔츠를 수거해서 일단의 여성들을 실험실로 불러들여 각각의 냄새를 맡게 했다. 그녀들은 각각의 티셔츠에서 나는 냄새가 좋은지 나쁜지를 평가했다. 연구 참여자들에게 실험의 목적은 알리지 않았으며, 그 어느 누구도 티셔츠를 입었던 남성들과 개인적으로 아는 사이가 아니었다. 흥미롭게도 오직 월경 주기의 배란기에 있던 여성들만 대칭적인 남성이 입었던 티셔츠에서 상쾌한 냄새가 (아마 어떤 여성들은 그나마 덜 지독한 냄새라 표현했겠지만) 난다고 대답했다. 배란 중인 여성은 대칭적인 남성에서 나는 체취가 섹시하다고 느끼며, 아니면 적어도 덜 대칭적인 남성에서 나는 체취보다는 섹시하다고 여겼다. 인간 짝짓기에서 체취가 수행하는 다른 중요한 기능에 대해서는 앞으로 더 연구가 이루어져야 할 것이다. 물론 현대인들은 매일 목욕을 하는 데다 원래의 체취를 방취제로 없애기 때문에 오늘날에는 체취의 역할이 크지 않을 수도 있다.[55]

18세기 프랑스의 철학자 몽테스키외는 이렇게 적었다. "인간은 배고프지 않을 때 먹고, 목마르지 않을 때 마시고, 사철 내내 사랑을 하는 유일한 동물이다." 한 해의 사계절을 놓고 보면 그가 한 발언의 대의는 옳다고 해야 할 것이다. 그러나 한 달을 놓고 보면 여성의 월경 주기는 미묘한 성적 리듬을 탄다. 비록 여성의 배란이 발정기의 암컷 침팬지들에서 흔히 관찰되는 생식기의 팽창 같은 것을 동반하지는 않지만, 월경 주기가 여성의 성 전략을 수수방관하지만 않는다는 사실은 이제 이론의 여지가 없다.


## 여성이 언제 배란하는지 탐지할 수 있는가?


만약 여성의 짝짓기 전략의 수많은 측면들이 배란에 의해 영향 받는다면 성적 욕망, 다른 남자와의 성적 판타지, 대칭적인 남성의 냄새에 대한 이끌림, 남성적인 얼굴에 대한 선호 등등 다음으로 흥미로운 질문은 남성이 여성의 배란을 탐지할 수 있는가이다. 지금까지의 과학적 통념은 인간 남성에게는 그런 능력이 없다는 것이다. 도널드 시먼즈에 따르면, "비인간 동물에 대한 연구와 간단한 번식적 논리에 의거하여 내가 할 수 있는 가장 솔직한 예측은 남성은 여성이 언제 배란하는지 탐지할 수 있을 것이며, 배란하는 여성을 가장 성적으로 매력적이라 느끼리라는 것이다. 그러한 적응을 인간 남성에게서 발견하려는 시도가 여러 차례 있었지만 한번도 발견된 적은 없다."[56]

하지만 그런 능력이 존재해야 하는 적응적 이유는 강력하다.[57] 첫째, 여성이 언제 배란하는지 탐지할 수 있는 남성은 배란기의 여성에게만 성적 제안을 하고 갖가지 유혹 전술에 집중할 수 있었을 것이며, 따라서 성공적으로 난자를 수정시켜 번식 가능성을 최대화했을 것이다. 둘째, 그런 능력을 갖춘 남성은 배란 중이 아닌 여성에게 구애 행동을 함으로써 감수해야 하는 손실을 피해 쓸데없는 기회비용을 줄일 수 있었을 것이다. 셋째, 배란 중인 여성에게만 배우자 호위 전술을 펼침으로써 그 효율을 최대화할 수 있었을 것이다. 경계를 소홀히 해서 당하는 손실은 여성이 배란 중일 때 가장 크기 때문이다.

여성의 배란을 탐지할 수 있었던 남성에게 돌아갔을 적응적 이득은 인간이 진화해 온 장구한 세월 내내 대단히 컸을 것이다. 이는 진화학자 마지 프라펫의 날카로운 관찰에 의해 얻어진 통찰이다.[58] 원시적인 전통 사회에서 얻어진 자료를 바탕으로 다음과 같이 조상 여성의 여건을 합리적으로 가정해 보자. 여성의 번식 가능 기간은 16세에서 42세까지 어림잡아 평균 26년이었을 것이다. 이 기간 중의 상당 부분, 아마도 전체 기간의 92퍼센트에 이르는 기간 동안 여성은 임신 중이거나 젖을 물리고 있었을 것이다. 모유 수유와 임신은 배란을 억제시킨다. 그러므로 우리의 조상 여성이 평생 동안 실제로 겪었던 배란 횟수는 기껏해야 20~30번에 불과했을 것이다! 이 기념비적인 사건이 이토록 드물었다는 사실은 배란을 탐지하는 적응이 남성에게서 진화하게 하는 선택의 강도를 훨씬 더 강력하게 증대시켰을 것이다. 이토록 드문 사건을 놓친 남성들은 진화의 먼지 속으로 스러져 갔다.

요컨대 배란은 짝짓기 생활사의 시간적인 흐름에서 하나의 중대한 사건이다. 배란은 그 희귀한 번식의 장이 시작될 수 있는 출발점이다. 우리의 침팬지 친척들에서는 배란이 매우 요란하게 이루어진다는 것을 감안하면, 인간 여성의 배란이 **상대적으로** 은폐되었음은 분명하다. 여성은 장기적인 짝짓기에 이득이 되기 위해, 혹은 은밀한 정사를 성공적으로 해내기 위해, 혹은 그 둘 다를 위해 배란의 신호를 감추는 적응을 진화시켰다. 다른 한편으로 배란의 신호가 어둠 속으로 점점 자취를 감추는 판에 남성이 진화적으로 그 광경을 우두커니 바라만 보고 있었다면, 이 또한 번식적 논리에 역행한다 할 것이다. 원칙적으로 이야기하면 남성에서도 점점 더 희미해져 가는 여성의 배란 신호를 점점 더 잘 탐지해 내는 적응이 공진화했을 것이다. 그렇지 않다면 여성들이 이 공진화 군비 확장 경쟁에서 그야말로 완승을 거둔 것일까?

몇 년 전에 나는 인간 남성에게는 배란을 탐지하는 능력이 전혀 없다는 일반적인 통념이 곧 뒤집히리라고 예측했다.[59] 그 예측은 배란을 탐지할 수 있는 남성이 성공적으로 해결할 수 있는 적응적 문제들, 즉 성적 제안에서 배우자 호위에 이르는 문제들을 분석함으로써 부분적으로 도출되었다. 다른 한 편으로 그 예측은 내 남자 동료와의 사적인 대화에서 나왔다. 그는 어느 날 파티에서 예전에는 별 흥미 없이 지나쳤던 한 여성을 다시 마주치게 되었다고 말했다. 그날 그녀는 눈부시게 빛났고 섹시한 매력을 찬란하게 내뿜었다. 그는 도저히 그녀에게서 눈을 뗄 수가 없었다. 일주일 후에 우연히 그녀를 다시 만났을 때 파티에서의 광채는 온데간데없었다. 그는 단 일주일 만에 이토록 급격한 변화가 일어난 까닭이 그녀에게 있는지, 아니면 자신에게 있는지 궁금해 했다. 비록 많은 여성들이 머릿결이 잘 받는 날이 있고 잘 안 받는 날이 있다고 오래전부터 주장해 오긴 했지만, 그때부터 나는 매력도가 급격하게 오르내리는 것처럼 보이는 현상이 월경 주기에서 기인한 것은 아닐까 의문을 품기 시작했다.

최근의 연구들이 이러한 매력도의 변동 현상을 탐구하기 시작했다. 지금껏 행해진 연구 중 가장 통제가 잘된 실험으로, 진화심리학자 데벤드라 싱과 매트 브론스태드는 월경 주기가 각기 다른 17명의 여성에게 흰색 면 티셔츠를 입혀 체취를 얻었다.[60] 여성들은 월경 주기에 '코퓰린(copulin)'이라는 질 내 지방산을 분비한다. 대부분의 코퓰린은 배란기에 만들어지며, 여성이 황체기에 접어들어 월경에 가까워질수록 분비량은 꾸준히 감소한다. 여성은 또한 가슴의 젖꽃판 같은 부위에 집중적으로 분포하는 아포크린 땀샘에서도 체취를 분비한다. 연구의 목적이나 연구에 참여한 여성들에 대해 전혀 알지 못하는 남성 52명에게 각각의 티셔츠의 '상쾌함'과 '섹시함'을 평가해 달라고 부탁했다. 남성들은 가장 번식력이 높은 난포기 여성이 입은 티셔츠에서 나는 체취가 가장 섹시하고 상쾌하다고 답했으며, 평균 7.76점을 부여했다. 이 점수는 황체기 여성이 입은 티셔츠에서 나는 체취보다 거의 7점이나 더 높았다. 비슷한 결과가 부부나 동거 중인 커플들에게서도 얻어졌다. 여기서는 여성의 타액, 질, 겨드랑이에서 체취를 얻었으며, 어떤 여성에게서 나온 체취인지 모르는 남성들을 대상으로 연구가 진행되었다.[61]

다른 정황적인 증거들도 남성이 잠재적으로 탐지할 수 있는 단서들이, 즉 성적인 이끌림과 연관된다고 알려진 신호가 실제로 존재한다고 이야기한다. 여성의 피부 빛깔은 월경 주기에 걸쳐 변화하며 배란기에 가장 엷어진다.[62] 또한 배란이 가까워 오면 피부 아래 혈관이 팽창하여 남성들로 하여금 여성이 "빛나는" 것처럼 주관적으로 느끼게 만든다. 여성은 또한 배란기에 가슴이나 귀와 같이 부드러운 조직들이 더 대칭적으로 변한다.[63] 마지 프라펫은 체내에 순환하는 에스트로겐 수준이 높으면 여성의 허리 대 엉덩이 비율이 감소하리라고 추측했다. 피부 변화에서 대칭을 거쳐 허리 대 엉덩이 비율에 이르는 이 모든 단서들은 **잠재적으로** 관찰 가능하며 남성들에게 성적 매력을 호소하는 것으로 **알려져 있다.** 물론 이 단서들이 매우 미세한 변화임을 감안하면, 이들은 여성과 매일 만나는 남성에게 가장 잘 포착될 것이다. 우리의 진화 역사에서 조상들은 주로 소집단을 이루어 생활했을 것이므로 많은 남성들이 이 조건에 부합했을 것이다.

외모와 냄새뿐만 아니라 배란기에 접어든 여성은 행동도 바뀐다. 진화심리학자 칼 그라머는 독신자 술집에 연구팀의 일원을 보내 여성들의 옷이 꽉 끼는 정도를 기록하고 그녀들이 얼마나 자주 남성들에게 성적인 제안을 받는지 관찰하게 했다.[64] 그리고 연구팀의 또 다른 일원으로 하여금 여성들이 술집을 떠날 때 함께 따라가서 그녀의 사진을 찍고 월경 주기에서 어떤 시기인지 알아내게끔 했다. 그라머는 사진을 디지털화해서 각 여성들이 노출시킨 피부의 비율을 컴퓨터 프로그램으로 계산했다.

피임약을 복용하지 않는 여성들의 경우, 독신자 술집의 남성들은 배란 중인 여성에게 더 자주 작업을 시도했다. 또한 배란 중인 여성은 다른 여성보다 더 많은 성적인 신호를 보냈다. 이는 더 끼는 블라우스와 더 짧은 스커트, 더 많이 드러난 피부들로 나타난다. 그러므로 남성들이 여성의 배란기를 알아채는 데 귀신같은 솜씨를 보인다기보다는 배란 중인 여성들 스스로가 더 섹시한 감정을 느끼고 남성들을 유혹하게끔 설계된 성적 신호를 더 많이 발산하는 것일지 모른다. 이러한 해석은 다른 연구에 의해서도 뒷받침된다. 배란기의 여성은 월경 주기의 다른 시기에 있는 여성들보다 배우자와의 성적 회합을 더 많이 **시도했다.**[65]

배란 미스터리에 대한 마지막 실마리는 남성이 그들의 애인이나 아내를 호위하는 정도에서 찾을 수 있다.[66] 배란기 여성들은 이 시기에 그들의 배우자가 **소유욕**을 부쩍 끌어올리며(예: "내가 다른 남자와 단 둘이 걷고 있는 걸 보면 화를 내요."), **시간을 독점**하려 하며(예: "가능한 한 최대로 여가를 나와 함께 보내서 내가 다른 남자를 못 만나게 해요."), **대대적인 서비스를 실시**한다고(예: "나를 기쁘게 하려고 최대한 선심을 베풀려고 노력해요.") 답했다. 가장 극적인 변화는 경계 행동에서 일어난다. 배우자가 배란 중이면 남성은 불시에 전화를 걸어 누구와 함께 있는지 확인하고, 개인 소지품을 뒤지고, 자기가 없을 때 뭘 했는지 꼬치꼬치 캐물을 가능성이 더 높아진다. 요컨대 남성은 배우자가 배란 중이면 배우자를 호위하는 데 훨씬 더 많은 노력을 쏟아 붓는다.

그러나 이러한 연관 관계가 정확히 왜 일어나는가는 위의 연구들만으로는 알 수 없다. 첫째, 여성으로부터 남성의 행동에 대한 진술이 얻어졌음을 고려하면 여성이 배란기가 되어 남편의 배우자 호위에 더 민감해진 것뿐일 수도 있다. 특히 배란기의 여성이 다른 남성에게 성적으로 끌린다면 남편을 더 신경 쓰게 될 것이다. 남편이 정말로 아내의 배란 신호를 탐지하여 배우자 호위 행동을 강력하게 펼친다기보다는 배란기의 아내가 남편의 배우자 호위 행동에 괜한 신경을 더 많이 써서 그 강도를 실제보다 과장해서 진술했을지도 모른다는 것이다. 둘째, 남편이 단순히 아내가 다른 남성들과 시시덕거린다거나 안절부절 못하는 낌새를 눈치 채고 배우자 호위 행동을 더 강하게 펼치는 것일 수도 있다. 마지막으로, 남편이 아내가 배란하지 않을 때보다 배란하고 있을 때 아내를 더 매력적이고 바람직하게 지각할 수도 있다. 매력적인 아내를 둔 남편은 배우자 호위 행동을 강력하게 펼친다고 이미 앞에서 살펴보았다.[67] 앞으로 연구가 좀더 진행되어 위에서 서술한 흥미로운 발견들이 여성의 신체, 또는 행동 변화를 남성이 탐지하기 때문인지, 혹은 여성이 배란기에 접어들면 남편의 배우자 호위 행동에 대한 민감성이 증가하기 때문인지 밝혀져야 할 것이다.

배란이 은밀하게 이루어진다는 가정은 인간 짝짓기에서만 유별나게 관찰되는 현상들, 예컨대 월경 주기 내내 성 관계가 행해짐, 암수 결합을 장기적으로 지속함, 남성의 부성 투자가 매우 큰 몫을 차지함 등의 현상을 설명하려는 많은 진화적 시나리오들에서 핵심적인 위치를 차지해 왔다. 그리고 침팬지처럼 인간과 가까운 영장류들과 비교해 볼 때 인간의 배란이 대부분 숨겨진다는 것은 의심할 여지없는 진실이다. 그렇지만 최근의 연구들은 배란이 완전히 숨겨진다는 과거의 통념에 의문을 제기하고 있다. 여성은 배란기가 되면 미묘한 시각적, 후각적 신호를 발산한다. 남성은 이들 신호를 섹시하다고 지각한다. 여성은 배란기에 더 강한 성적 욕구를 느끼며 정규적인 상대가 아닌 다른 누군가와의 성적 판타지에 더 많이 빠져 든다. 그들은 더 꽉 끼는 옷을 입고, 살결을 더 드러내고, 더 많은 성 관계를 시도한다. 남성이 자기 배우자를 호위하려는 노력을 끌어올리는 것도 바로 이 시점이다. 배란이 번식에 미치는 중요성이 엄청나다는 것을 생각해 볼 때 그리고 조상 여성들이 경험했던 배란기가 상대적으로 아주 드물었음을 생각해 볼 때, 남성과 여성이 이 중대한 사건으로 인해 일어나는 적응적 변화들에 잘 대처하게 해 주는 특수한 짝짓기 전략들을 진화시키지 않았다면 오히려 그게 더 이상할 것이다.

짝짓기 연구는 바야흐로 '배란 혁명'에 접어들고 있다. 월경 주기에 묶여 있는 다른 짝짓기 전략과 관련해서 아직 밝혀지지 않은 여러 문제들에 대해 앞으로 많은 연구가 이루어질 것이다. 여성은 배란기에 의도적으로 다른 남성과 시시덕거려서 질투를 유발하고 남성들 간의 경쟁을 더욱 심하게 부채질하는가? 남성은 이 시기에 더욱 더 끈질기게 성적인 요구를 하는가? 외도 중인 여성은 배란기에 특히 강화되는 남편의 경계에 맞대응해서 이 시기가 되면 남편을 속이는 솜씨가 더욱 더 향상되는가? 아직 애인이나 남편이 없는 여성은 배란기에 '스스로를 짝짓기 시장에 내놓을' 가능성이 더 높은가? 왜냐하면 가장 바람직한 남성을 구할 수 있는 시기가 이때이기 때문에? 남성은 애인이나 아내가 배란 중일 때 더 큰 사랑을 진심으로 쏟아 붓는가? 남성은 애인이나 아내가 배란 중이 아닐 때 그들의 애정 관계에 대해 더 회의하는가? 향후 10년 안에 이 모든 흥미로운 질문들에 대한 답을 얻게 되길 기대한다.

# 인간
# 짝짓기의
# 미스터리

이 장에서는 인간 짝짓기에 얽힌 일련의 미스터리를 탐구해 보고자 한다. 아직까지도 과학자들을 당혹스럽게 하는 미스터리, 지금은 명명백백하게 밝혀진 미스터리, 폭발력이 너무 강해서 냉정한 과학적 탐구가 거의 불가능한 미스터리 등이 모두 포함될 것이다. 첫 번째 미스터리로 우리는 동성애라는, 일견 진화적 설명에 정면으로 위배되는 것처럼 보이는 현상을 다룰 것이다. 자연선택에 의한 진화는 번식을 잘할 수 있게끔 치밀하게 우리 몸을 설계해 놓고선 왜 몇몇 사람들의 마음에는 번식이라는 목적에 상반되는 것처럼 보이는 욕망을 장착했을까?

두 번째 미스터리로 우리는 강간이라는, 즉 논쟁과 정치와 열띤 감정에 휩싸여 있으면서 정작 체계적인 연구는 실망스럽게도 거의 이루어지지 않은 주제를 다룬다. 이 책의 초판이 출간되었을 때에는 짝짓기 세상을 어지럽히는 이 혐오스러운 재앙을 파헤칠 만한 과학적 정보가 거의 없었다. 그동안 새로운 증거와 신선한 논증들이 쌓이면서 우리는 강간이 남성의 진화된 성 전략인지, 혹은 그 자체로서는 아무런 기능을 못하지만 다른 적응에 결부되었기에 덩달아 존재하는 부산물인지, 혹은 현대 사회가 낳은 병폐인지 다시 검토해야 하는 시점에 이르렀다. 이 문제와 동일한 실제적, 이론적 중요성을 내포하는 문제는 **반강간**(反强姦, **anti-rape**) 적응, 즉 강제적인 성 관계를 방지하게끔 설계된 전략이 여성에게 진화했는지 여부이다.

　　짝짓기의 다른 난제들에 대해서도 새로운 과학적 조망이 이루어지고 있다. 인간은 이성의 성적 마음을 읽을 때 어떤 특정한 방향으로 편향되어 있는가? 왜 사람들은 '배우자 밀렵'에 나서는가? 언제 친구가 연적으로 변하는가? 남성과 여성은 '그냥 친구'가 될 수 있는가? 최근의 과학적 연구들은 이들 복잡한 문제에 대해 실질적인 해답을 제시하고 있다.

## 동성애는 어떤가요?

"이성애 지향은 심리적 적응의 한 범례(範例)이다." 성적 지향을 연구하는 세계적으로 저명한 과학자 중의 한 사람인 마이클 베일리가 한 말이다. 그의 논거는 설득력이 있다. 유성 생식을 하는 종이 성공적으로 번식하기 위해선 반드시 암수가 만나 짝짓기를 해야 한다. 번식의 성공 가능성을 떨어뜨리는 성적 지향은 진화 과정에서 가차 없이 제거될 것이다. 정확한 추정치에 대해서는 약간의 논란이 있지만 대다수 과학자들은 모든 남성의 96~98퍼센트가, 그리고 모든 여성의 98~99퍼센트가 이성애에 대한 일차적 지향을 보인다는 데에 동의한다. 이처럼 높은 빈도는 이성애 지향이 종 특이적인 적응으로서 보편적으로 존재함을 웅변한다.

그러나 레즈비언 여성이나 동성애 남성처럼 성적 지향이 일차적으로 오직 동성으로만 향하는 사람들이 적은 빈도로나마 계속 존재한다는 사실은 진정 풀기 힘든 진화적 문제이다. 인간의 성 전략에 대해 내가 지금껏 해 온 수백 번의 대중 강연 중에 가장 흔히 들은 질문은 바로 "동성애는 어떤가요?"라는 질문이었다. 동성애는 인간 짝짓기의 미스터리이며 진화 이론에 대한 현상적 수수께끼이다.[1] 이 문제가 왜 풀기 어려운지는 다음 두 가지 알려진 사실로부터 확인할 수 있다. 첫째, 수많은 쌍생아 연구들로부터 성적 지향은 어느 정도 유전 가능하다는 것, 곧 부분적으로나마 유전적 토대에 기반하고 있음이 밝혀졌다.[2] 둘째, 소수의 연구들에 의하여 동성애 남성은 이성애 남성에 비해 매우 낮은 번식률을 보인다는 사실이 의심할 여지없이 확인되었다.[3] 어떻게 부분적으로나마 유전 가능한 성적 지향이 지속적으로 그것을 축출해 내는 선택압에도 불구하고 개체군 내에 지속될 수 있는 것일까?

동성애를 설명하는 초기의 진화 이론 가운데 하나는 에드워드 윌슨에 의해 처음 제기되었던 **혈연 이타성 이론**(kin altruism theory)이다.[4] 이 이론에 따르면, 동성애자들이 비록 직접적인 번식률은 낮지만 그들의 조카 같은 유전적 혈연들에 많은 투자를 함으로써 포괄 적응도를 높이기 때문에 동성애 지향을 만드는 유전자는 자연선택에 의해 계속 유지될 수 있다. 이러한 관점은 대개의 동성애 남성들은 이성과의 짝짓기에 성공할 가능성이 원래 낮은 사람들이기 때문에 직접적인 번식을 포기함으로써 발생하는 적응도 손실이 그리 크지 않을 것이라고 후에 좀 더 정교하게 이론화되었다. 결국 이 이론은 이렇게 제안하는 셈이다. 만약 당신이 배우자를 잘 유혹하지 못한다면 이성과의 짝짓기를 아예 깨끗이 포기하고 대신 당신이 가진 자원을 번식력 있는 당신 혈연에게 투자하는 게 어떨까? 동성애의 혈연 이타성 이론을 뒷받침하는 두 가지 간접적인 증거가 있다. 첫째, 게이 남성은 종종 출생 순서가 나중이어서 형을 한 명 또는 여러 명 둔 경우가 많으므로 자신의 투자를 받을 수 있는 혈연이 이미 존재하기 쉽다. 둘째, 평균적으로 동성애 남성은 이성애 남성보다 정서가 더 풍부하고 여성적인 면이 있는데 이러한 성향이 이타적 행동을 촉진할 수 있다.

그러나 혈연 이타성 이론에는 심각한 개념적, 실험적 문제점이 있다. 우선 이 이론은 왜 사람들이 애당초 동성 구성원들에게 성적으로 끌리는지를 설명하지 못한다. 만약 자연선택이 유전적 혈연에게 이득을 주게끔 설계된 기제를 만들었다면, 왜 군이 잠재적으로 손실을 끼치는 동성애적 욕망을 그 안에 집어넣었을까? 그냥 단순하게 혈연에 대한 이타 행위자는 번식을 하지 않게 만들었으면 되지 않았을까?[5] 둘째, 이 이론이 제시하는 핵심 예측이 바로 동성애자는 이성애자보다 혈연을 더 도와주리라는 것임을 감안할 때 **일반적으로** 정서가 더 풍부한 성향이 과연 유전적 혈연에 대해서만 **특정하게** 이타적 행동을 하는 성향으로 자연스럽게 동치될 수 있을지가 불명확하다. 셋째, 이 이론이 기대고 있는 기본 전제들에 개념적인 오류가 내포되어 있다는 점을 제쳐 두고서라도 동성애자들이 혈연에 대한 이타적인 투자로 거두는 간접적인 이득이 직접적 번식을 포기하는 손실을 보충할 만큼 막대하게 커야만 한다

　과학 이론의 타당성을 최종적으로 결정하는 주체는 오로지 건조무미한 실험 자료들이다. 정신의학자 데이비드 바브로와 진화심리학자 마이클 베일리는 이 이론에 대한 검증을 실시했다. 이들은 나이, 학력, 인종 등을 동등하게 맞추어 동성애자 남성과 이성애자 남성들의 표본을 수집한 다음에 그들이 혈연에게 투자하는 형태와 그 정도를 조사했다. 가족 구성원에 대한 금전적, 정서적인 면에서의 관대함, 조카에게 선물이나 현금, 혹은 심리적 후원을 해 주려는 의향과 같은 자상한 면모, 유전적 혈연에 대한 포괄적인 친밀감 등이 측정되었다. 결과는 분명했다. 연구자들은 동성애의 혈연 이타성 이론이 제시하는 핵심 예측을 뒷받침하는 어떤 증거도 찾지 못했다. 혈연에게 자원을 투자할 가능성을 놓고 볼 때 게이 남성은 이성애 남성과 어떠한 차이도 보이지 않았다. 또한 혈연 이타성 이론과 정반대로 동성애 남성은 이성애 남성과 비교할 때 유전적 혈연과 다소 소원한 관계임이 밝혀졌다. 새로운 개념적 혁신이나 실험적 증거가 거꾸로 뒤집히는 일이 일어나지 않는다면, 성적 지향을 설명하는 혈연 이타성 이론은 학문의 뒤안길로 조용히 퇴장시켜도 무방할 것처럼 보인다.

　여전히 우리에게는 어떻게 동성애가 기원하여 계속 유지되었는가라는 수수께끼가 남아 있다. 몇 가지 새로운 이론들이 최근에 이 문제를 풀기 위해 제안되었다. 우선 진화심리학자 프랭크 무스카렐라는 동성애적 지향보다는 동성욕적(同性慾的, homoerotic) 행동, 즉 생식기를

접촉시켜 쾌감을 얻는 동성 간의 성적 행동에 초점을 맞추어야 한다고 주장한다. 무스카렐라는 동성욕적 행동이 동맹 형성이라는 특정한 기능을 수행한다고 보는데 이러한 기능은 몇몇 진화영장류학자들도 이미 제안한 바 있다.[6] **동맹 형성 이론**(alliance formation theory)에 따르면, 동성욕적 행동은 동성 간의 동맹을 공고히 하기 위해 진화했다. 동성 간의 동맹이 진화 역사상 청춘 남성들에게 특히 중요했다는 것은 이미 알고 있는 사실이다. 지위가 높은 남성과 동맹을 형성함으로써 막 어른이 된 젊은 남성들은 자원을 얻고, 적대적인 남성들로부터 자신을 지키고, 계층 서열에서 위로 올라서고, 궁극적으로 여성들과 성 관계를 가질 수 있었다. 이 이론에 의하면, 동성과 성적 행동을 한 사람은 동맹 관계를 통해 이득을 얻을 수 있었고 따라서 동성욕적 성향도 진화했다.

동맹 형성 이론은 몇 가지 장점을 지니고 있다. 예를 들어 이 이론은 실제로 이루어지는 동성애 행동의 기능(이는 동성애 지향을 설명하는 이론들에서는 때때로 간과되고 있다.)에 초점을 맞추며 여러 종들 간의 포괄적 비교를 강조한다.(동성 간의 성적 접촉은 인간에서만 관찰되는 게 아니라 비인간 영장류에서도 관찰된다.) 하지만 이 이론 또한 몇 가지 개념적, 실험적 문제를 내포하고 있다. 첫째, 이 이론은 동성애 행동이 문화를 넘어 **보편적으로** 존재하며 각 문화권 내에서도 절대 다수의 사람들에 의해 흔히 행해진다고 예측하는 듯하다. 이 이론이 고대 그리스나 뉴기니의 몇몇 부족 사회에서 소수의 사람들이 벌이는 행동 양상을 설명할 수는 있을 것이다. 하지만 대다수 문화권에서 젊은 남성의 절대 다수가 나이 든 남성들에게 성적 쾌감을 일상적으로 제공해 준다는 증거는 없다. 둘째, 만약 동맹을 맺는 것이 적응적이었다면, 자연선택은 동맹을 맺으면서 감수해야 하는 손실을 최소한으로 낮추면서 동맹을 맺게끔 만들었을 것이다. 왜 동성 간 섹스라는 비용을 지불할 필요 없이 동맹만을 깔끔히 맺는 행동은 진화하지 않았을까? 사실 동성 간의 비성적(非性的, non-sexual) 동맹은 비인간 영장류뿐만 아니라 인간에서도 매우 흔하며, 이는 동성 간의 동맹이 굳이 성적 접촉을 필요로 하지 않는다는 사실을 보여 준다.[7] 셋째, 동맹 형성 이론은 왜 배타적인 동성애 지향만을 보이는 남성이나 여성이 존재하는지는 설명하지 못한다. 배타적인 동성애 지향은 이성애적 번식을 저해하지 않으면서 이루어지는 동성애적 행동보다 훨씬 더 풀기 힘든 진화적 난제인 것이다. 마지막으로, 동성애적 행동을 하는 젊은 남성이 실제로 그 이론이 주장하는 것처럼 동맹을 통해 지위 상승이나 여성과의 성 관계 획득 같은 이득을 얻는다는 증거는 없다.

또 다른 새로운 이론은 경제학자 에드워드 밀러가 제안한 **좋은 남자 이론(nice-guy theory)**이다.[8] 지금까지 살펴본 이론들이 주장하는 바와 달리 그는 먼저 동성애도 동성욕적 행동도 그 자체로는 적응이 아니라고 선을 긋는다. 동성애는 다른 기능, 즉 공감이나 감수성, 자상함, 친절함 같은 '여성적인' 자질을 발현하는 기능을 수행하게끔 설계된 유전자로 인해 비교적 드물게 존재하는 부산물이다. 밀러에 따르면, 이런 '좋은 남자' 자질을 지닌 남성은 좀더 마초적인 자질을 지닌 남성보다 더 좋은 부모가 되고 자원을 더 많이 공급해 주기 때문에 여성에게 매우 매력적으로 평가된다. 좋은 남자 자질을 만드는 데 여러 유전자들이 관여한다고 했을 때 자연히 각각의 남성이 보유한 유전자의 수는 조금씩 다를 것이다. 대다수의 남성은 적절한 수의 유전자들, 즉 여성에게 매력적으로 여겨질 만큼 남성성과 여성성이 알맞게 조화된 상태를 이룰 정도의 유전자를 가질 것이다. 그러나 극소수의 몇몇 남성들은 이 유전적 제비뽑기에서 재수 없게 '여성적인' 자질을 너무 많이 뽑는 바람에 두뇌가 동성애 지향으로 발달하게 된다. 이러한 부산물에도 불구하고 이들 '여성적인' 자질을 만드는 유전자들은 대부분의 경우에 이성애자 남성의 몸 안에서 번식을 증대시키는 기능을 함으로 자연선택이 된다. 즉 평균적으로 볼 때 여성들은 그러한 유전자를 정상적으로 지닌 남성을 매력적이라 여기기 때문에 이들 유전자는 선택이 되는 것이다. 요약하면 동성애 지향은 여성들에 의해 일반적으로 선호된 '좋은 남자' 유전자로 인해 이따금 생겨나는 부산물이다.

유감스럽게도 좋은 남자 이론 역시 개념적, 실험적 문제점을 내포하고 있다. 개념적으로 동성애 지향이 끼치는 번식적 손실을 감안하면, 왜 자연선택은 '좋은 남자' 자질이 이성애와 공존하게끔 만들어 주는 변경 유전자(modifier gene)를 택하지 않았을까? 이 이론은 자연선택이 남자를 마음씨 좋게 만들 수 있는 수단이 남성에게 여성성 유전자를 장착시키는 길밖에 없을 때만 유효하다. '마음씨 좋은' 이성애자는 있을 수 없다는 주장이 과연 타당한가? 실험적으로 게이 남성이 이성애 남성보다 평균적으로 약간 더 정서가 풍부하고, 감수성이 예민하고, 덜 공격적이라는 증거가 몇몇 있긴 하지만 여성이 과감성이나 대담성 같이 좀더 '남성적인' 자질을 지닌 남성보다 '여성적인' 유전자를 지닌 남성을 더 선호한다는 증거는 없다.[9] 게다가 좋은 남자 이론은 동성애 지향을 설명하는 다른 많은 이론들과 마찬가지로 레즈비언 여성에 대해서는 설명하지 못한다.

이처럼 기존의 이론들은 근본적인 개념적, 실험적 문제를 안고 있기 때문에 동성애를 새로이 설명하려는 작업들이 계속 뒤를 잇고 있다. 한때 X 염색체의 Xq28 부분에서 이른바 '게이 유전자'가 발견되었다는 보고가 일면서 학계를 흥분시켰으나, 다른 연구에서 재현되지 않아 곧 잦아들었다.[10] 몇몇 학자들은 동성애가 인간이 진화해 온 과거 환경과 현대 사회의 비정상적인 면들의 괴리로 생긴 새로운 현대 환경의 부산물일지 모른다고 제안하였다. 이 가능성을 전적으로 배제할 수 있는 것은 아니지만 그 누구도 그토록 어긋나는 환경적 특성이 구체적으로 무엇인지는 명쾌하게 밝히지 못했다. 뿐만 아니라 "번식 가능한 상대성에게 끌리는 현상은 진화적 적응도에 너무나 중요하기 때문에 동성 구성원과의 배타적인 성 관계만을 선호하게 만드는 사회적 효과로부터 거의 영향을 받지 않을 것이라 예상할 수 있다."[11]

또 다른 최근의 한 이론은 가히 '올해에 가장 논쟁을 불러일으킨 상'을 수상할 만하다. 이 이론은 동성애 지향을 낳는 일차적인 유전적 토대는 아마 **없을** 것이며, 동성애 지향이 성적 혹은 비성적 수단을 통해 전파되는 전염성 질병의 매개체로 인해 발생하는 부작용일 것이라고 제안한다.[12] 전염성 매개체 이론은 아직 실험적으로 검증되지 않았으며 그 이론에 따른 상세한 예측도 아직 제시되지 않았다. 이 이론은 동성애 지향이 유전적으로 전달되기보다는 환경적으로 전달된다고 주장한다. 따라서 앞서 언급한 성적 지향의 유전 가능성이 꽤 높다는 발견은 강한 유형의 전염성 매개체 이론을 부정한다고 볼 수 있다. 그러나 최근의 쌍생아 연구는 쌍생아가 동일한 성적 지향을 보일 확률이 겨우 20~30퍼센트에 불과함을, 즉 지금껏 생각되어 온 것보다 유전 가능성이 낮다는 사실을 발견했다. 이는 유전 가능성에 대한 연구 성과만으로는 전염성 매개체 이론을 완전히 배제할 수 없음을 시사한다. 마찬가지로 성적 활동을 시작하기 **이전의** 나이에 성적 지향의 초기 발달 과정이 거의 완성된다는 사실은 전염성 매개체가 **성적**으로 전달될 가능성은 배제할 수 있지만 전염성 매개체가 **비성적** 수단을 통해 전달될 가능성은 배제할 수 없음을 시사한다. 남성 동성애를 설명하는 전염성 매개체 이론을 확실하게 검증하려면 좀더 상세한 예측과 그에 따른 실험적 검증이 이루어져야 할 것이다. 이 이론을 제안한 학자들은 일리 있게 다음과 같이 말했다. "(동성애를 설명하는) 다른 경쟁 가설들이 중대한 결점을 지님을 고려하면, 탄탄한 이론적 토대를 지닌 어떤 가설이라도 철저하게 검증할 필요가 있다. 설령 그 가설이 불쾌하거나 당황스럽게 여겨진다 해도."[13]

앞으로 10여 년간 동성애의 본질과 기원, 그리고 그 결과에 대해 더욱 더 큰 과학적 관심이 기울여질 것이다. 동성애의 진화적 미스터리를 해결하려면, 마이클 베일리, 프랭크 무스카렐라, 제임스 댑스 같은 이론가들이 말했듯이 **동성애는 단일한 현상이 아니라**는 중요한 명제를 잊어서는 안 된다. 예컨대 여성 동성애와 남성 동성애는 본질적으로 매우 다르며 그 발달 경로도 다르다. 남성의 성적 지향은 발달 초기에 나타나서 이미 상당 부분 고정되지만, 여성의 성적 지향은 일생을 통해 남성보다 훨씬 더 유연한 것처럼 보인다. 예를 들어 남성의 성적 지향은 2개의 최빈값을 보이게끔 분포된다. 대다수 남성은 강한 이성애자이거나 강한 동성애자이며 극히 적은 수의 양성애자가 그 사이에 분포한다. 반면에 여성의 성적 지향은 강한 이성애로부터 서서히 단계적 변화가 진행되면서 결국 강한 동성애까지 이어지는, 남성에 비해 좀더 부드러운 분포를 나타낸다.

또 다른 차이점은 여성은 좀더 쉽게 성적 지향을 바꿀 수 있는 것 같다는, 즉 성 행동이 남성보다 더 탄력적인 것 같다는 사실이다. 웃자고 하는 이야기로 여자 대학에는 "LUG 현상", 즉 "졸업 전까지만 레즈비언(Lesibian Until Graduation) 현상"이 존재한다고 한다. 여배우 앤 헤이시는 코미디언이자 배우인 엘렌 디제너레스와 수년간 레즈비언 관계를 유지했다. 그들이 서로 갈라선 후, 앤 헤이시는 남자와 결혼하여 최근에는 아이까지 낳았다. 마찬가지로 어떤 여성들은 남자와 결혼하는 것에서 시작하여 아이까지 낳은 다음에 중년에 들어서서 레즈비언 생활을 시작하기도 한다.(우리나라에서도 선풍적인 인기를 끌었던 드라마 「섹스 앤 더 시티」에서 여피 족 변호사 미란다로 분했던 여배우 신시아 닉슨이 그 예이다. — 옮긴이) 비록 몇몇 남성들이 별로 성적으로 끌리지 않았던 여성과의 사회적으로 강제된 결혼을 끝내고 '벽장에서 갑자기 튀어나와서' 동성애 남성으로 살아가긴 하지만, 남성의 일차적인 성적 지향은 비교적 생애 초기에 결정되며 한쪽에서 다른 쪽으로 갑자기 변하는 일은 매우 드물다. 장차 동성애를 설명하는 이론들은 여성 동성애와 남성 동성애가 이처럼 본질적으로 차이가 나는 이유를 설명해야 할 것이다. 즉 하나의 이론을 가지고 남성 동성애와 여성 동성애 모두를 설명하게끔 억지로 짜 맞추는 일은 없어야 할 것이다.

또한 앞으로 제기될 이론은 현재 '레즈비언'과 '게이'로 분류되는 사람들 사이에 **내재된** 상당한 개인차에 대한 최근의 연구 성과에 주목해야 할 것이다. 예컨대 자신을 "버치(butch, 여성 동성애자 가운데 남성 역을 맡은 이 — 옮긴이)" 또는 "팜므(femme, 여성 동성애자 가운데 여성 역을 맡은 이 — 옮긴이)"로 인식하는 레즈비언들은 그에 따라 배우자 선호도 다르다.[14]

버치 레즈비언들은 좀더 남성적이고, 위압적이며, 단정적인 반면에 팜므 레즈비언들은 좀더 예민하고, 쾌활하며, 여성적이다. 이 차이는 단순히 심리적인 차원에서 끝나지 않는다. 팜므에 비해서 버치들은 테스토스테론 호르몬 수치도 더 높고, 남성에 가까운 허리 대 엉덩이 비율을 보이며, 찰나적인 성 관계에 대해 더 관대하고, 아이를 얻으려는 욕망이 상대적으로 적다.[15] 팜므들은 버치보다 장래의 낭만적인 배우자가 제공할 수 있는 금전적 자원을 더 중시하고, 자기보다 매력적인 연적에 대해 더 강한 질투심을 드러낸다. 버치들은 배우자를 구할 때 금전적인 자원은 별로 중시하지 않지만, 자기보다 재산이 더 많은 연적에 대해서는 강한 질투심을 보인다. 이 같은 심리적, 형태적, 그리고 호르몬적 상관관계들로 미루어 보면 "버치"와 "팜므"가 단순히 임의적인 꼬리표가 아니라 진정한 개인차를 반영함을 알 수 있다.

동성애 지향과 동성 간의 성 행동을 설명하고자 하는 최근의 이론적, 실험적 관심에도 불구하고 동성애의 기원은 여전히 과학적 미스터리로 남아 있다. 단 하나의 이론으로써 게이 남성과 레즈비언을 동시에 설득력 있게 설명할 뿐만 아니라 동성에 대한 성적 지향 내부에 존재하는 뚜렷한 개인차까지 설명하기란 사실상 불가능하다는 것을 유념한다면, 좀더 이 문제에 대해 과학적으로 유의미한 진척을 이룰 수 있을 것이다.


## 정말로 남성은 찰나적인 성 관계에 더 관심을 기울이는가?

이성을 유혹하는 방법을 담은 아래와 같은 글이 이메일로 전파된 적이 있다.

> 여자에게 깊은 인상을 주는 방법 : 여자를 칭찬한다, 여자를 껴안아 준다, 여자에게 키스한다, 여자를 사랑한다, 여자를 어루만진다, 여자에게 어리광 부린다, 여자를 편안하게 해 준다, 여자를 보호한다, 여자를 포옹한다, 여자의 손을 잡는다, 여자를 위해 돈을 쓴다, 여자에게 포도주와 식사를 제공한다, 여자를 위해 선물을 사 준다, 여자에게 귀 기울여 준다, 여자를 챙겨 준다, 여자 곁에 있어 준다, 세상이 끝나는 날까지 여자와 함께한다.
>
> 남자에게 깊은 인상을 주는 방법 : 벌거벗은 채 맥주를 가져다준다.

비록 이 유머가 성적 다양성에 대한 여성의 욕망을 지나치게 과소평가하긴 하지만, 그리고 남성의 욕망을 아마 과대평가하고 있겠지만, 여기에는 엄청난 증거의 축적으로 밝혀진 명백한 성차가 매우 잘 반영되어 있다. 진화심리학의 몇몇 부분들에 대해 비판의 날을 세웠던 스티븐 제이 굴드조차도 이 영역에 관한 한 남성과 여성의 진화된 성 전략이 서로 다르다는 사실을 인정했다.[16] 그럼에도 불구하고 몇몇 학자들은 다양한 성 관계 상대를 원하는 욕망이 정말로 남녀에 따라 다른지 의문을 제기해 왔다. 자, 새롭게 밝혀진 증거들을 한번 살펴보도록 하자.

421개의 단과 대학과 종합 대학에서 28만 1064명의 대학생을 설문 조사한, 사상 유례없이 대규모로 실시된 최근의 한 연구에서는 대학생들에게 다음 문장에 동의하는지 동의하지 않는지를 물었다. **"만약 두 사람이 정말로 사랑하고 있다면, 비록 서로 만난 지 극히 짧은 시간밖**

에 지나지 않았다 하더라도 둘이 성 관계를 가지는 것은 아무런 문제가 없다."[17] 그 결과, 크나큰 성차가 관찰되었다. 남성의 55.2퍼센트가, 그러나 여성은 겨우 31.7퍼센트만이 이 문장에 대해 강력하게 혹은 어느 정도 동의하였다. 이 연구는 대학생들에게 찰나적인 성 관계를 할 의향을 물은 것이 아니므로 찰나적인 성 관계에 대한 그들의 일반적인 인식만을 밝혀냈을 따름이다. 하지만 개인적인 의향을 직접 조사한 연구들도 있다. 진화심리학자 미셸 서베이는 200명의 대학생을 상세히 설문 조사한 끝에 남성은 "여성에 비해서 모든 조건하에서 성 관계에 응하고자 하는 더 강한 의향을" 보인다고 하였다.[18] 또 다른 연구에서는 **정서적인 교감 없이 자기 의사에 따라 성 관계를 가진 적이 있습니까?**라는 질문에 대해 남성의 73퍼센트가, 그러나 여성은 고작 27퍼센트가 긍정적인 답변을 했다.[19] 다른 연구에서는 남성이 "정절을 잘 안 지키고, 여러 상대를 원하며, 바람둥이고, 난봉꾼 기질이 있다고" 스스로 평가하거나 남들로부터 듣는 경향이 여성보다 유의미하게 더 높았으며, "정절을 잘 지키고, 한 사람만을 원하며, 지조 있다고" 남들로부터 듣는 경향은 여성보다도 낮았다.[20]

찰나적인 성 관계의 심리를 더 확실히 규명하기 위하여 진화심리학자 데이비드 슈미트와 동료들은 연령이 각기 다른 1,458명의 참여자들을 대상으로 네 개의 연구를 수행했다. 기존의 연구들과 마찬가지로 슈미트는 남성은 평생 동안 섹스 상대를 여성보다 훨씬 더 많이 원하고, 성 관계까지 이르는 데 소요되는 시간이 훨씬 더 짧으며, 찰나적인 성 관계 상대를 더 강하게 추구함을 발견했다. 동일한 자질에 대해서 여성들에게 남성들이 어떻게 답할지 추측해 달라고 부탁하고 남성들에게도 마찬가지로 추측해 달라고 부탁했더니 정확히 똑같은 성차가 나타났다. 대다수 여성은 남성이 그들보다 찰나적인 성 관계를 훨씬 더 열망하고, 더 많은 수의 상대를 원하며, 성 관계를 시작하기까지 시간이 덜 걸리길 바란다는 것을 아주 잘 알고 있었다.[21]

슈미트는 6개 대륙, 13개 섬, 27개 언어, 52개 나라를 포괄하는 전 세계 10개 주요 지역의 1만 3551명의 사람들을 대상으로 한 대규모 연구를 실시했다. 피지의 아주 작은 섬에서부터 대만이라는 큰 섬에 이르기까지, 탄자니아 남부에서 노르웨이 북부에 이르기까지, 모든 섬, 모든 대륙, 모든 문화권에서 남성은 여성보다 성적 다양성에 대해 훨씬 더 강한 욕망을 나타냈다.[22]

진화심리학자 마티 헤이즐턴은 남성들에게서 단기적 짝짓기의 성공을 촉진하는 잠재적인 적응의 증거를 발견하였다. 바로 성 관계 직후에 일어나는 감정의 변화이다.[23] 섹스 상대를 많이 거느린 남성은 성 관계 직후에 상대를 매력적으로 인식하는 정도가 급락하는 반면, 여성이나 성 경험이 별로 없는 남성은 그러한 감정 변화를 보이지 않았다. 이 같은 매력도 감소 효과가 향후 다른 연구들에 의해 확증된다면, 남성은 단기적 성 전략을 성공시키기 위해 설계된 또 다른 심리적 적응을 지니고 있다는 가설이 힘을 받게 될 것이다. 한 여성에 대한 투자를 최소화하기 위해 성 관계 후 즉시 여성을 버리게끔 동기를 부여하거나, 아니면 지금의 아내와의 관계를 유지하면서 다른 여성에게 곁눈질하게끔 자극하는 적응이 바로 그것이다.

여성도 물론 단기적인 짝짓기를 하지만 낯선 사람의 품에 안기게 만드는 동기는 남녀가 각기 다르다. 심리학자 패멀라 리건은 여성의 44퍼센트가, 그러나 남성은 겨우 9퍼센트가 "장기적인 헌신을 끌어낼 가능성을 높이기 위해서"라는 이유를 단기적인 성적 만남을 시도하는 동기로 꼽았다. 다음 세 명의 여성들을 한번 살펴보자.

"아주 불안정한 시기를 보내고 있던 때라 누군가와 진지한 관계를 시작하고 싶었어요. 그런 걸 시작이라도 하려면 일단 하룻밤 만남이라도 갖는 게 옳은 길이겠구나, 그때 그런 생각이 들었죠."

"그 남자와 짧은 성적인 만남을 시작하게 된 이유는 그 사람이랑 장기적인 관계를 시작하길 바랐기 때문이에요."

"남자가 나랑 섹스하고 싶다고 하면, 난 기분이 좋아져요. 꼭 그 사람이 진정으로 날 좋아하고 아껴 주는 것 같은 기분이 들죠. 만약 그와 지금 당장 섹스하면 더 오래 연애할 수 있을 것 같고 그가 날 떠나지 않을 것 같아요."

남성은 찰나적인 성 관계를 이끄는 동기로서 순수한 성적 욕망을 언급하는 경향이 더 뚜렷하다.

"그때는 순수하게 육체적이었습니다. 섹스를 한다는 건 즐거운 일이고 난 그 여자에게 반해 있었죠."

"내가 원했던 것은 오직 그녀와의 섹스였어요. 그 외에 바라는 것은 아무것도 없었습니다. 장기적인 관계나 데이트 따위는 다 집어치우고, 오직 섹스만요."

"내가 짧은 성적인 만남에 빠져 든 이유는, 그냥 나도 그런 걸 할 수 있다는 걸 나뿐만 아니라 다른 모든 사람들에게 보여 주고 싶어였던 것 같아요. 섹스를 하면 뭔가 목표를 달성해 낸 듯한 기분이 들어요."[24]

찰나적인 성 관계를 추구하는 사람들이 사회 부적응자라거나 일종의 정신 병을 지니고 있다는 말도 사실이 아니다. 수많은 상대들과 성 관계를 경험한 사람이라도 한 명 혹은 두세 명과 경험했거나, 아니면 단 한 명도 경험하지 못한 사람들과 똑같이 정서적인 안정을 유지한다.[25] 사실 많은 수의 성 관계 상대를 경험한 남성이 적은 수를 경험한 남성보다 오히려 더 높은 자존심을 보인다.[26]

나이를 먹어 감에 따라 다양한 성 관계 상대를 향한 욕망에서 관찰되는 뚜렷한 성차가 어떻게 달라지는지를 조사한 흥미로운 연구가 최근에 수행되었다. 심리학자 유진 매시스는 10대, 20대, 30대의 세 개 연령군으로 이루어진 남녀를 연구 대상으로 했다.[27] 비록 이들 세 개 연령군 모두에서 남성이 여성보다 더 많은 수의 성 관계 상대를 바라긴 하지만 그와 같은 성차는 나이가 들어 감에 따라 점차 감소했다. 이러한 감소는 남성의 성향이 변화하는 탓에 일어났다. 이 연구에 참여한 나이든 남성들은 젊은 남성들보다 성적 다양성에 대한 욕망을 상대적으로 더 낮게 표현한 반면, 여성들의 욕망은 연령 집단에 관계없이 거의 일정했다. 남녀 간의 갈등이 상당 부분 찰나적인 성 관계에 대한 남성의 멈출 줄 모르는 욕망 때문임을 감안하면, 이 연구 결과는 부부 간의 금실이 일생 동안 유지되길 바라는 이들에게는 기쁜 소식이 될 듯하다.

그동안 몇 명의 성 관계 상대를 실제 경험했는지를 설문 조사한 결과로 얻어진 성차로 인한 논쟁은 이제 해결된 것처럼 보인다. 지금껏 수많은 설문 연구들이 남성은 여성보다 더 많은 성 관계 상대를 가진다고 보고했지만, 수학적으로 이는 불가능하다. 짝짓기 후보군 내에 동일한 성비를 가정하면, 실제 성 관계 상대의 평균 숫자는 남성이든 여성이든 똑같아야 한다. 보고된 수치에 나타나는 이러한 성차를 설명하기 위해 과학자들은 몇 가지 가설을 제안했다. 아마도 남성이 부풀려서 대답했을 것이다, 아마도 여성이 축소해서 대답했을 것이다, 아마도 어디서부터 성 관계로 간주할 것이냐에 대한 정의가 남녀에 따라 다를 것이다 등이었다. 이러한 요인들이 다소나마 작용하긴 하겠지만 진짜 이유는 의외로 간단하다는 사실이 밝혀졌다. 진정한 이유는 성에 관한 설문 연구에서 매춘부 여성들은 간과되었다는 것이다. 당연한 말이 되겠지만 매매춘의 주요 구매자는 남성이다. 매춘부들은 대개 매우 많은 수의 남성과 성 관계를 가진다. 한 연구에 따르면 1년 평균 694명이다. 간과되어 온 직업적인 성 근로자까지 감안하면, 보고된 성 관계 상대의 수에서 외관상 나타나는 성 간의 불일치는 사라진다.[28] **성 관계 상대의 수**가 수학적으로 남녀 사이에 일치해야 한다는 전제는 다양한 상대를 바라는 **성적 욕망**에 뚜렷한 성차가 존재한다는 사실을 무너뜨리지 못한다.

남녀 모두 찰나적인 성 관계에서 시작하여 백년해로하는 부부에 이르기까지 일련의 다양한 성 전략을 지닌다. 인간 짝짓기의 복잡한 스펙트럼을 장기적인 짝짓기 같은 단 하나의 전략으로 축소하려는 시도는 현상적 실체보다는 이데올로기나 낭만주의를 반영한다. 남녀 모두 단기적인 짝짓기를 추구하며, 왜 이런 유의 짝짓기가 남녀 모두의 성 전략 레퍼토리에 포함되었는지 설득력 있게 설명해 주는 적응적 이유가 존재한다. 세계 보편적으로 남성이 여성보다 성적 다양성에 대한 욕망이 평균적으로 더 강하다는 것은 이제 그 어떠한 심리학적 발견 못지 않게 잘 확립된 사실이다. 어떤 이들은 이러한 욕망이 메스껍다고 본다. 어떤 이들은 이런 욕망이 존재하지 않길 희망하며, 바로 그 때문에 이런 욕망이 존재하지 않는다고 주장한다. 이러한 오류를 나는 '반자연주의적 오류'라 부르며 스티븐 핑커는 최근에 '도덕주의적 오류(moralistic fallacy)'라 명명했다.[29] 어떤 이들은 이 욕망이 장기적으로 헌신하는 관계를 추구하는 사람들에게 끼치는 고통을 두고 탄식을 금치 못한다. 성적 다양성에 대한 욕망을 놓고 볼 때 남성과 여성이 전혀 다른 행성에서 오지는 않았을 것이다. 그러나 그 욕망이 남녀 모두에서 동일하리라고 믿는 것은 어리석은 일이다.


## 남녀 사이에 '그냥 친구'란 있을 수 없는 것일까?


영화 「해리가 샐리를 만났을 때」에서 멕 라이언이 분한 샐리는 빌리 크리스털이 분한 해리와 다음과 같은 대화를 주고받는다.

> **해리** 물론 너도 알겠지. 우린 결코 친구로 지낼 수 없다는 걸.
>
> **샐리** 왜 안 돼?
>
> **해리** 남자랑 여자는 친구가 될 수 없어. 섹스가 언제나 둘 사이에 끼어드니까.
>
> **샐리** 그렇지 않아! 내 친구들 중에는 남자도 많은데, 걔네들이랑 사이에는 섹스 따윈 없어.

**해리** 아니, 그렇지 않아.

**샐리** 그렇다니까.

**해리** 아니, 그렇지 않아.

**샐리** 그렇다니까!

**해리** 그렇다고 네가 생각하는 것뿐이야.

**샐리** 내가 걔네들이랑 나도 모르는 사이에 섹스하고 있단 말이야?

**해리** 아니. 내가 말하려는 것은 걔네들이 다 너랑 섹스하고 싶어 한단 말이야. 왜냐하면 어떤 남자도 자기가 예쁘다고 생각하는 여자랑 친구로 지낼 수 없거든. 항상 그 여자랑 섹스를 하고 싶어 해.

**샐리** (말싸움에서 이겼다고 생각하고 미소를 씩 지으며) 그러니까 남자는 자기가 보기에 예쁘지 않은 여자랑은 친구로 지낼 수 있다는 말이군.

**해리** (좀 생각해 본다.) 아니, 예쁘지 않은 친구도 침대에 눕히고 싶어 해.

내 여자 동료 가운데 하나가 어느 날 눈물을 흘리면서 내 사무실에 찾아왔다. 그녀는 같은 혼성 소프트볼 팀에 있는 한 남성과 우정을 쌓아 오고 있었다. 몇 개월 동안 그들은 서로 속내를 털어놓고, 각자 조언도 해 주고, 따뜻하고 가까운 관계를 지속했었다. 어느 날 경기가 끝나고 맥주를 한 잔 마시면서 그녀는 좋은 소식을 친구에게 전했다. 그녀의 애인으로부터 청혼을 받았고, 그녀는 승낙했다는 소식을 말이다. 그러나 함께 기뻐하기는커녕 그 친구는 내내 심각하고 기분이 언짢아 보였다. 다음 날 그 친구는 그녀에게 이메일을 보내서 더 이상 친구로 지내지 않았으면 한다고 통보했다. 그녀가 결혼한다는 소식에 그는 무척 혼란스러운 듯했다. 그녀가 대체 어떻게 했기에 그 친구가 그렇게 된 것

The Mystery of Love

일까? 틀림없이 그녀는 그 친구가 자기를 어떻게 생각하는지 이미 알고 있었을 것 아닌가? 내 동료는 나에게 어떻게 이런 일이 일어났는지 물었다. 그녀는 그가 아주 좋은 친구라고 생각했다. 애인이 있다는 사실도 결코 그에게 숨긴 적이 없었다. 그 후 얼마 되지 않아 그 친구는 소프트볼 팀을 그만두었다. 지금까지도 그 친구는 그녀와 연락을 끊은 상태다.

최근까지도 이성 친구 간의 심리에 대한 연구는 거의 불모지였다. 진화심리학자 에이프릴 블레스케는 이 공백을 채우기 위한 연구를 실시했다.[30] 블레스케는 이성 친구를 나와 낭만적인 연애를 하지 **않는** 절친하고 중요한 이성 상대로 정의했다. 그녀는 사람들이 이성과의 우정에 따른 **이득**으로 무엇이 있다고 생각하는지, 그러한 이득을 받는 빈도는 얼마나 되는지, 우정에 따르는 손실은 무엇인지, 그 손실을 치르는 **빈도**는 어떻게 되는지 등을 조사했다. 블레스케는 또한 우정을 처음 **시작한 이유**, 두 친구 사이에 **성적 이끌림**이 얼마나 존재하는지, 그리고 **성적인 상호작용**이 조금이라도 일어났었는지에 대한 정보를 수집했다.

예술을 모방하는 과학의 한 사례로서 매우 흥미로운 성차가 「해리가 샐리를 만났을 때」의 빌리 크리스털과 멕 라이언 사이의 논쟁에 정확히 발 맞추어 도출되었다. 남녀 모두에서 이성 친구에 대한 성적 접근 가능성이 이성과의 우정이 가져올 수 있는 잠재적인 이득으로 떠올랐는데, 같은 질문에 대해 여성이 그 이득의 크기를 생각하는 정도보다 남성은 2배 이상 더 크게 생각하는 것으로 나타났다. 남성은 이성 친구에 대하여 성적으로 끌리는 경향이 여성보다 거의 2배 가까이 더 높았다. 남성은 또한 이성 친구와 성 관계를 갖고자 하는 욕망이 여성보다 거의 2배 가까이 더 강렬했다. 흥미롭게도 블레스케가 현재 애인이 없는 사람들과 현재 연애 중이거나 결혼한 사람들로 나누어 다시 조사했을 때도 이 성차는 똑같이 관찰되었다. 이미 애인이나 배우자가 있는 남성도 혼자인 남성과 똑같이 이성 친구에게 성적으로 끌리고 성 관계를 갖고 싶은 욕망을 느낀다. 그리고 이러한 욕구는 모두 여성보다 2배 이상 더 강력했다. 애인이나 배우자의 존재는 남성이 여성 친구에게 성적 욕망을 품는 것에 아무런 문제가 되지 않는 것 같다.

연구 참여자들의 **이성 친구가 그들에게 얼마나 성적으로 끌리고 있는 것 같은지** 물어본 설문에서는 더욱 더 놀라운 결과가 얻어졌다. 여성들은 그들의 남성 친구들이 자신에게 끌리고 있는 정도를 약간 과소평가하는 경향이 있다. 남성들이 실제로 여성 친구에게 성적으로 끌리는 정도를 고백한 정도는 7점 척도상에서 5.3점이었지만, 여성들이 추정한 남성 친구들이 자신에게 끌리는 정도는 4.7점이었다. 하지만 남성들이 추정한 여성 친구들이 자신에게 끌리는 정도는 현실을 한참 벗어난 것이었다. 남성들은 여성 친구들이 자신에게 중간 정도로 성적으로 끌리고 있다고 믿으며, 그 점수는 4.7점이었다. 그러나 사실은 여성들은 남성 친구들에게 겨우 3.6점의 성적 끌림을 표명할 뿐이었다. 다시 말하면 남성은 정작 여성 친구는 성 관계 따위는 꿈도 꾸지 않는데 그녀가 자기에게 어느 정도 성적으로 끌리고 있다고 잘못 믿어 버리는 경향이 있다. 마지막으로 남성은 '섹스가 없기 때문에' 이성과의 우정을 먼저 끝내 버리는 경향이 여성보다 62퍼센트 더 강하며, '애정이 식었기 때문에' 이성과의 우정을 끝내는 경향도 여성보다 65퍼센트 더 강했다. 블레스케의 연구는 내 여자 동료의 경험을 확인시켜 주었다. 즉 남성은 섹스가 더 이상 관계에 끼어들 여지가 없음이 분명해졌을 때 이성과의 우정을 끝내 버리는 경향이 있다는 것을 말이다.

그렇다면 남성과 여성은 '그냥 친구'가 될 수 없을까? 각자의 성에 따른 관점에서 본다면 맥 라이언과 빌리 크리스털 둘 다 옳았을지 모른다. 여성은 남성 친구를 두고 싶어 한다. 그들은 우정과 자원을 나눠 주고, 어려울 때 보호를 제공하며, 남성의 속성에 대한 정보를 제공하고, 때로는 자존심을 높여 주는 역할까지 한다. 남성도 여성 친구로부터 우정, 정보, 그리고 때로는 잠재적인 애인까지 소개받는 등 많은 도움을 얻는다. 하지만 많은 남성들이, 그리고 고작 일부 여성들이 이성 친구에 대한 성적 욕망을 품는다. 때때로 이 욕망은 결실을 맺는다. 연구에 참여한 이들의 20퍼센트가 이성 친구와 성 관계를 가진 적이 있다고 대답했다. 그러나 '명성을 주는 친구', '이익을 주는 친구', 혹은 뉴욕에서 때로 이야기하듯이 '키스하는 사이의 친구'는 소수이다. 대다수 여성은 남성 친구의 성적 욕망을 채워 주려 하지 않는다. 비록 때때로 남성은 자신의 여성 친구가 그렇게 해 줄 것이라는 헛된 희망에서 헤어나지 못하지만 말이다. 서로의 믿음이 어긋났다는 사실이 밝혀지면 내 동료의 경우에서 알 수 있듯이 처음엔 '그냥 친구'로 시작한 두 남녀가 불행한 결말을 맞게 된다. 다른 사람들에게는 이성 친구가 평생 함께하는 연인으로 발전할 수도 있다. 영화 「해리가 샐리를 만났을 때」에서 그랬듯이.

## 친구의 가면을 쓴 연적

물론 자신과 매우 친하고 허물없이 지내는 친구의 대부분은 동성 친구들이다. 동성 친구는 우리의 사회적 삶에서 독특한 위치를 차지한다. 그들은 어려울 때 보호를 제공하고, 중요한 정보를 나눠 주며, 명망 있는 사람과 다리를 놓아 주고, 문제가 생겼을 때 조언을 해 준다. 「전도서」 6장엔 다음과 같이 나와 있다.

> 어떤 친구는 자기에게 이익이 있을 때에만 우정을 보이고 네가 불행하게 되면 너를 버린다. 네가 망하게 되면 등을 돌려 네 앞에서 자취를 감춰 버린다. 성실한 친구는 안전한 피난처요, 그런 친구를 가진 것은 보화를 지닌 것과 같다. 성실한 친구는 무엇과도 비길 수 없다.

친구는 또한 적수들은 할 수 없는 방식으로 우리를 해칠 수도 있다. 친구는 우리의 장점과 취약한 부분을 꿰뚫고 있다. 친구는 우리가 언제 일하는지, 언제 출장을 가는지, 언제 아픈지, 언제 약한지 등의 생활 습관을 잘 알고 있다. 그들은 대개 우리의 배우자도 알고 있으며 언제 우리의 결합이 내부의 소동이나 과거의 상처에 의해서 헐거워지는지 알고 있다. 배우자와 마찬가지로 친구끼리는 바람직함, 관심, 가치관 등등이 서로 유사하기 때문에 우리의 친구는 우리의 배우자와 비슷할 뿐만 아니라 물리적으로도 가깝다. 유사성과 근접성은 짝짓기의 기본 법칙이며, 종종 우리의 친구와 배우자를 함께 묶는 쌍둥이 요인이기도 하다. 친구는 다른 그 누구보다도 성적인 트로이의 목마가 되기에 유리한 위치에 있다. 우정이라는 미명하에 그들은 배우자 밀렵이라는 숨겨진 목표를 향해 나아갈 수 있는 것이다.

진화심리학자 에이프릴 블레스케와 토드 쉐켈포드가 동성 친구에 의해 일어나는 배우자 밀렵과 난잡한 성 행동, 속임수를 처음으로 연구하였다.[31] 그들은 169명의 남녀에게 그들이 친구를 속였거나 친구에게 속임을 당한 예를 적고 그러한 속임수의 동기까지 기록해 줄 것을 요청했다. 단연 최고로 빈번하게 나타난 속임수는 짝짓기에 관련된 것이었다. 즉 고의로 혹은 예기치 않게 저지른 배우자 밀렵에 대한 거짓말이나, 배우자를 두고 벌이는 다툼에 대한 거짓말이나, 혹은 배우자의 성적 부정에 대한 거짓말 등이었다. 여기 몇 가지 예가 있다.

---

□ 나는 내 친구에게 그의 아내와 잤다고 말하지 않았습니다.

□ 내 친구는 자기가 내 옛날 남자 친구와 섹스한 걸 나한테 말하지 않았어요.

□ 나는 내 친구에게 그가 좋아한 그 여자가 실은 나를 좋아했다고 말하지 않았습니다.

□ 내 친구는 내 아내가 바람을 피우고 있었다고 나에게 말하지 않았습니다.

---

친구의 속임수라는 문제의 심각성은 사람들로 하여금 친구를 현명하게 고르라고 명한다. 여성은 동성 친구의 성적 속임수를 특별히 더잘 알고 있는 것 같으며, 친구가 자기 배우자에게 성적인 접근 가능성을 흘리면 남성보다 더 괴로워한다. 여성들은 성적으로 자유분방한 여

자는 배우자 가치가 형편없다고 판단하며, 이는 그런 헤픈 여자들이 자신의 장기적인 애정 관계에 큰 위협을 초래함을 알고 있기 때문이다. 많은 남성들이 성적 기회에 지체 없이 이끌린다는 것을 감안하면, 헤픈 여자들은 남자를 찰나적인 하룻밤의 정사로 꼬드겨서 진정한 사랑을 파멸시킬 수 있다. 이러한 삼자 관계는 일종의 공진화 군비 확장 경쟁을 작동시킨다. 몇몇 여성은 바로 이 지점에서 그들의 동성 친구를 속인다. 그들은 자신이 과거에 가졌던 성 경험을 터무니없이 축소해 말함으로써 친구에게 성적 위협으로 여겨지지 않게끔 위장한다.

진정한 친구는 삶을 윤택하게 한다. 친구가 없다면 삶은 아마도 공허할 것이다. 그러나 친구는 배신을 할 수 있는 위치에 있다. 친구가 당신을 속여서 당신의 배우자를 밀렵해 간다면, 당신은 속임수에 따른 이중의 손실을 겪게 된다. 한 번에 친구와 배우자를 모두 잃는 것이다.

## 배우자 밀렵이라는 유령

바람직한 배우자는 언제나 부족하다. 늘씬하고, 유쾌하고, 매력적이고, 사교성이 뛰어난 사람들은 수많은 구애 공세를 받아 짝짓기 후보군에서 재빨리 사라진다. 10점 만점에서 '9점'이나 '10점'을 유혹해 내는 데 성공한 이들은 배우자 호위에 엄청난 노력을 쏟아 부어 행여나 빼앗기는 일이 없도록 한다.[32] 미인에게 연애와 연애 사이의 휴지기는 언제나 짧다. 현대의 일부일처제 사회에서 화려한 짝짓기의 군무에서 밀려나 구석으로 쫓겨난 사람들에게 배우자 부족은 해가 갈수록 심해진다. 대다수 여성이 사춘기가 끝나자마자 결혼해 버리는 전통적인 일부다처제 사회는 독신 남성들에게 커다란 고통을 안긴다. 이 모든 요인들로 인해 매력적인 상대는 짝짓기 시장에 나오자마자 순식간에 사라져 버린다. 이러한 판국에 바람직한 배우자를 어디서 어떻게 구할 수 있을까?

계속되는 난국을 타개할 수 있는 그다지 아름답지 못한 해결책의 하나가 배우자 밀렵이다. 많은 사람들이 이미 다른 누군가와 깊은 관계를 맺고 있는 사람을 꾀어내려는 행동을 혐오하지만 배우자 밀렵은 오랜 역사를 갖고 있다.[33] 배우자 밀렵을 기록한 고대 문헌 가운데 하나는 성서에 실린 다윗 왕과 밧세바의 이야기이다. 어느 날 다윗 왕이 왕궁 지붕에서 바람을 쐬던 중 우연히 이웃집에서 목욕을 하던 우리아의 아내 밧세바를 훔쳐보게 되었다. 다윗 왕은 그녀에 대한 욕정에 온통 사로잡히게 되었다. 그는 밧세바와 동침하는 데 성공하여 밧세바를 임신시켰다. 다윗 왕은 우리아를 최전선에 내보낸 다음 갑자기 병사들을 퇴각시켜 홀로 남은 우리아가 적에게 피살되도록 했다. 우리아가 전사한 다음, 다윗 왕은 밧세바와 결혼했다. 첫아이가 죽긴 했지만 그들의 결혼은 성공적이어서 네 명의 자식을 두었다.

데이비드 슈미트와 나는 남성의 60퍼센트와 여성의 53퍼센트가 다른 누군가의 배우자를 꼬드겨 장기적으로 헌신하는 관계를 맺으려 한 적이 있음을 확인했다. 이러한 시도들의 절반 이상이 실패하긴 했지만 거의 절반은 성공했다. 장기적인 배우자 밀렵을 시도한 비율에서는 남녀가 비슷한 데 비해 짧은 성 관계를 나누기 위해 남의 배우자를 밀렵하려 한 비율에서는 뚜렷한 성차가 관찰되었다. 남성의 60퍼센트가, 그러나 여성은 38퍼센트만이 누군가의 배우자를 꼬드겨 하룻밤의 정사를 즐기려 한 적이 있다고 대답했다. 이보다 훨씬 높은 비율로 남녀 모두 다른 사람이 이미 임자가 있는 자신을 꼬드긴 적이 있다고 답했다. 남성의 93퍼센트와 여성의 82퍼센트가 다른 사람이 장기적인 사랑을 나누자며 자신을 유혹한 적이 있다고 했으며, 남성의 87퍼센트와 여성의 94퍼센트가 다른 사람이 하룻밤 정사를 나누자며 자신을 유혹한 적이 있다고 했다. 누군가 자신의 배우자를 밀렵하려 시도한 적이 있다고 답한 사람들의 비율은 위와 비교하면 다소 적은데, 이는 배우자 밀렵이 한 치의 의심도 않는 '희생자'의 호기심 어린 눈망울을 피해 은밀히 시도된다는 것을 암시한다. 표본 집단의 약 3분의 1이, 즉 남성의 35퍼센트와 여성의 30퍼센트가 자신의 애인이 배우자 밀렵꾼에 의해서 **성공적으로** 약탈된 적이 있다고 답했다. 요컨대 배우자 밀렵이 흔한 짝짓기 전략의 하나임은 분명하다. 비록 실패로 돌아가는 경우도 적지 않지만 3분의 1가량은 성공하는 듯하다. 슈미트는 이러한 기본적인 발견들을 30개 국 이상을 조사한 대규모의 비교문화 연구를 통해 재현했다.[34] 아마도 배우자 밀렵은 별개의 짝짓기 전략으로 진화하기 충분할 만큼 높은 빈도로 수행되었을 것이다.

사람들은 원래 짝짓기를 하는 이유와 대부분 같은 이유들로 인해서 남의 배우자를 밀렵한다. 즉 감정적 친밀함을 얻기 위해서, 열정적인 섹스를 맛보기 위해서, 보호를 얻기 위해서, 자원을 얻기 위해서, 사회적 지위를 높이기 위해서, 사랑에 빠지기 위해서, 혹은 자식을 낳기 위해서 등등의 이유는 둘 다에서 마찬가지다. 그러나 배우자 밀렵꾼들은 배우자 밀렵에서만 독특하게 나타나는 이득 두 가지를 인지한다. 첫 번째는 경쟁자의 배우자를 밀렵함으로써 경쟁자에게 복수를 한다는 것이다. 진화된 동기의 하나인 복수심은 과거 적응적인 기능을 수행했기 때문에 진화했을 것이다. 예컨대 복수심은 내게 해를 끼친 경쟁자에게 손실을 입혀 그의 번식 성공도를 떨어뜨리거나 다른 잠재적인 경쟁자가 내게 해를 못 끼치게 하는 기능을 수행했을 수 있다. 두 번째는 이미 검증된 배우자에게 접근할 수 있다는 것이다. 배우자 밀렵의 대상은 다른 사람의 판단 기준을 이미 통과했기 때문에 여러모로 믿을 만하다. 이미 '임자가 있는' 이성을 꼬드김으로써 이러한 이득을 누릴 수 있지만, 때때로 그 이득에는 만만치 않은 가격표가 달려 있다. 배우자 밀렵꾼은 밀렵 대상의 현재 애인으로부터 부상이나 심지어 살해 등의 폭력을 당할 위험에 처한다. 밀렵꾼들은 또한 남의 애인을 유혹한 사실이 공개되면 사회적 평판이 하락할 수 있다. 이 사실이 세상에 널리 알려짐에 따라 다른 잠재적인 배우자를 유혹하는 것도 어려워질 수 있다. 뿐만 아니라 설혹 남의 배우자를 밀렵하는 데 성공한다 하더라도 남의 유혹에 쉽게 넘어갈 수 있음이 밝혀진, 따라서 더 많은 배우자 호위 행동을 기울여야만 하는 사람을 배우자로 둔다는 것은 잠재적으로 손해이다.

슈미트와 나는 배우자를 유혹하는 데 쓰이는 전술들 대부분이 다른 사람의 배우자를 밀렵하는 데에도 유용하게 쓰인다는 것을 발견했다. 이를테면 외모를 향상시키기, 자원을 과시하기, 친절하게 대하기, 유머 감각을 드러내기, 상대에게 공감해 주기 등의 전술이 유용했다. 그러나 다른 사람의 배우자를 꼬드기는 데 특별하게 맞추어진 전술도 있음이 확인되었다. 첫 번째는 **시간적 침입**(temporal invasion)으로서 빼앗을 대상의 현재 애인보다 대상의 주위에 더 자주 머무르기 위해 일정을 바꾸기, 현재 애인이 근무 중이거나 출장 중일 때 불쑥 찾아가기 등이 있다.

　두 번째는 **쐐기를 박아 넣기**(driving a wedge)로서 두 사람 사이에 억지로 비집고 들어가서 이별을 적극적으로 부채질하는 것이다. 쐐기를 박는 한 가지 방법으로 대상의 자존심을 높여 주어 스스로의 배우자 가치에 대한 자각을 높여 주는 전술이 있다. 동시에 배우자 밀렵꾼은 대상의 현재 애인이 대상의 진가를 제대로 알아주지 않는다고 이야기할 수 있다. "그가 너를 함부로 대하는 것 같던데.", "넌 더 좋은 대접을 받아야 해.", 또는 "네가 그보다 훨씬 더 나아."라고 이야기하는 것이다. 대상의 자존심을 높여 주는 동시에 애인으로부터 과소평가되고 있다는 느낌을 심어 주면 때때로 두 사람 사이에 난 작은 틈을 크게 벌릴 수 있다. 이러한 양동 작전을 구사하여 배우자 밀렵꾼은 이미 임자가 있는 배우자를 꾀어내 차지할 기회를 엿보게 된다.


## 성적 배반을 막아 내기 - 질투와 배우자 호위

성적 배반은 인간의 짝짓기 도처에 침투해 있다. 남녀 모두 다른 이성과의 성적 판타지를 즐긴다. 여성은 배란할 때 특히 낯선 사람과의 성적 판타지에 빠져 든다. 그들은 정규적인 배우자보다 더 바람직한 남성과의 혼외정사를 추구한다. 만약 은밀한 정사를 갖는다면 그 외도 상대와의 성 관계에서 성적 오르가슴을 더 느끼기 쉽다. 친구는 때때로 연적이 된다. 배우자를 밀렵하려는 사람들이 주위를 어슬렁대다가 갑자기 배우자를 채 가서 순조로웠던 애정 관계를 파멸시킨다. 이 모든 속임수와 표리부동한 짓들을 고려했을 때 자연선택이 이들에 맞설 강력한 방어 기제를 만들지 않았다면 그것이야말로 진화의 논리에 역행하는 일이 될 것이다.

유전적 간통은 남성에게 항상 현존하는 위협으로 다가온다. 체내수정은 여성으로 하여금 아이들이 진정 자기 자식임을 확신하게 해 준다. "엄마의 아기, 아빠의 아마(Mama's baby, papa's maybe)"라는 문구는 이러한 성적 비대칭을 잘 요약해 준다. 앞에서 설명했듯이 아내의 성적 부정이 역사적으로 남편의 부성을 위태롭게 했으므로, 남성의 질투는 여성의 **성적** 배신을 나타내는 신호에 몹시 민감하다. 한편 남편의 부정도 아내에게는 남편의 시간과 관심, 에너지, 양육, 투자, 그리고 헌신을 잃어버릴지 모른다는 번식적 위험으로 다가온다. 결과적으로 여성의 질투는 이러한 상실을 예고하는 신호, 예컨대 배우자가 다른 여성과 **정서적으로** 유대를 맺으려 한다는 신호에 몹시 민감하게 반응할 것이다. 어떤 배우자의 성적 부정과 정서적 부정은 물론 상호 연관되어 있다.[35] 사람들은 성 관계를 가진 상대와 정서적인 유대를 맺는 경향이 있다. 그리고 사람들은 종종 정서적으로 가까운 상대와 성 관계를 맺는 경향이 있다. 하지만 항상 그렇지는 않다. 하룻밤 만남이나 휴가철의 방종처럼 정서적인 유대 없이도 성 관계는 맺어질 수 있다. 몇몇 이성 친구와의 우정처럼 아무런 성 행동 없이도 정서적으로 유대를 맺을 수 있다. 두 가지 형태의 부정 모두 남성과 여성을 매우 괴롭게 하며, 둘 다 번식적으로 귀중한 자원의 갑작스러운 상실을 신호할 수 있다.[36]

그러나 어떤 형태의 부정이 더 괴로울지 하나만 선택해야 하는 상황에서는 일관되게 크나큰 성차가 나타난다. 남성은 여성보다 성적 부정에 더 괴로워하는 경향이 있다. 여성은 남성보다 정서적 부정에 더 괴로워하는 경향이 있다. 이 같은 성차는 다양한 문화권에서 많은 과학자들에 의해 재확인되었다. 조사된 나라로 중국(데이비드 기어리), 스웨덴(마이클 위더만), 네덜란드(브람 분크와 피터널 데익스트라), 독일(알로이스 안가이트너와 빅터 오우바이트), 일본(마리코 하세가와와 토시가즈 하세가와), 그리고 한국(최재천)이 있었다.[37]

질투 방어의 설계상 특질에서 나타나는 성차는 짝짓기 게임의 다른 측면들에서도 갖가지 다양한 과학적 탐구 방법에 의해 반복, 확인되었다. 예컨대 토드 쉐켈포드와 동료들은 여성보다 남성이 상대의 성적 부정을 이유로 연애 관계를 끝내는 경향이 더 강함을 발견했다. 즉 여성은 단 한번의 성적 일탈을 용서해 주는 경향이 남성에 비해 더 강하다.[38] 앞에서 살펴본 실제 이혼 통계 수치는 이러한 성차를 확증해 준다. 최근 클락 대학교의 로버트 피트르잭은 심리적 고통을 측정하는 네 가지 서로 다른 척도를 사용해서 질투의 근본적인 성차를 재확인했다. 예컨대 정서적 부정을 상상할 때 여성의 피부 전도도, 심장 박동율, 근전도 활동, 체온은 모두 급증했다. 이들 생리적 활동은 실제로 겪은 괴로움에 대한 주관적인 체험과 강력한 상관관계가 있다.[39] 남성은 배우자가 연적과 색다른 체위를 시도하려 하는 모습을 상상할 때 더 큰 심리적 고통을 겪는다.

이러한 성차에 대한 진화적 설명에 이의를 제기하는 연구자들도 물론 있으며, 이들에 의해 성차를 설명하는 다른 대안적 가설들이 제안되었다. 진화적 설명에 반대하는 논증에는 크게 두 가지 흐름이 있어

왔다. 하나는 이러한 성차가 어떤 특정한 연구 방법에 따른 인위적인 산물이라고 주장함으로써 성차의 존재 자체를 부정하는 흐름이다.[40] 그러나 지금까지 축적된 과학적 증거들을 살펴보면, 제한된 선택지에서 하나를 택하는 설문 형식에서부터 생리적 반응, 그리고 질투심이 일어나는 상황을 자발적으로 기록하게 하는 설문 형식에 이르는 갖가지 다양한 연구 방법들에 대해 질투심의 성차가 일관되게 나타남을 알 수 있다.[41] 다른 하나는 질투심의 성차를 인정하긴 하지만 이러한 성차는 한 종류의 부정이 이미 일어났을 때 다른 종류의 부정도 일어날 가능성에 대해 남녀가 갖는 '믿음'이 다르기 때문이라고 보는 대안적 설명을 시도한다.[42] 그러나 여러 다양한 연구자 집단에서 이 대안 가설을 체계적으로 검증하여 얻은 결과들은 모두 이 가설을 지지하지 않는 것으로 밝혀졌다.[43] 예컨대 한 연구에서는 234명의 참여자들에게 가장 끔찍한 악몽을 상상하도록 요청했다. 그들의 배우자가 다른 누군가와 성적으로, **그리고** 정서적으로 유대를 맺었다고 상상하게 한 것이다. 그리고 나서 참여자들에게 그 배신의 **어떤 측면**이 더 괴롭게 느껴지는지 물어보았다. 남성의 69퍼센트가, 그러나 여성은 겨우 13퍼센트만이 부정의 **성적인 측면**이 더 괴롭게 느껴진다고 답했다. 반면에 여성의 87퍼센트가 **정서적인 측면**이 더 괴롭게 느껴진다고 답했다. 이 같은 성차는 한국과 일본에서도 발견되었다.

요컨대 질투 방어 기제의 발현이 성에 따라 달라지는 현상을 설명하는 진화적 가설은 지금껏 수많은 실험적 검증들을 잘 견뎌 냈다. 그것은 다른 어떤 이론도 설명할 수 없는 갖가지 다양한 발견들을 간명하게 설명해 준다. 그것은 원래의 부정 딜레마에 대한 고통 반응에서 나타나는 성차를 설명해 준다. 그것은 두 종류의 부정이 모두 일어났을 때 어느 측면이 더 괴롭게 느껴지는가에 대해서 나타나는 성차를 설명해 준다. 그것은 왜 이러한 성차가 심리적으로 또 생리적으로 나타나는지 설명해 준다. 그것은 왜 이러한 성차가 스웨덴이나 네덜란드처럼 성적으로 자유분방한 문화에서부터 중국이나 한국처럼 성적으로 비교적 보수적인 문화에 이르기까지 각양각색의 여러 문화권들에서 일관되게 나타나는지 설명해 준다. 그것은 왜 여성에 의한 성적 부정이 남성에 의한 성적 부정보다 별거, 폭력, 그리고 이혼을 초래할 가능성이 더 높은지 설명해 준다.

부정의 위협에 맞서는 방어는 물론 우리가 질투라고 부르는 감정적 반응에서 끝나지 않는다. 진화심리학자들은 배신에 맞서는 방어라는 이 중대한 적응을 특징짓는 다른 많은 설계상의 특질들을 발견했다. 그러한 설계상 특질 중에 하나는 **어떤 경쟁자가** 가장 위협적이냐에 초점을 맞춘다. 네덜란드, 한국, 미국인들은 자신을 가장 불편하게 만들 것 같은 경쟁자의 특질 11개에 대해 각각 평가했다.[44] 경쟁자의 특질로는 "당신보다 더 뛰어난 유머 감각을 갖고 있음"에서부터 "당신보다 더 성적으로 능숙함" 등이 포함되었다. 세 개의 문화권 모두에서 남성은 경쟁자가 **경제적 전망, 직업적 전망, 신체적 힘**의 차원에서 자신을 능가하면 더 괴로울 것 같다고 대답하는 경향이 여성에 비해 더 강했다. 세 개의 문화권 모두에서 여성은 경쟁자가 **매력적인 얼굴과 아름다운 몸매**의 차원에서 자신을 능가하면 더 괴로우리라고 대답하는 경향이 남성보다 더 강했다.

신혼 부부 107쌍을 조사한 한 연구는 개인이 배우자 호위에 들이는 노력의 정도를 다르게 만드는 요인을 탐구했다.[45] 젊고 신체적으로 매력적인 여성과 결혼한 남성은 가장 열성적으로 배우자를 호위한다. 그들은 배우자를 숨기며, 부정을 암시하는 낌새가 조금만 눈에 띄어도 감정을 폭발하며, 다른 남성을 폭력으로 위협하는 경향이 다른 남성들보다 더 강하다. 이들이 하는 구체적인 행동에는 다음과 같은 예가 있다.

---

☐ 다른 남자들도 참석하는 파티에 그녀를 데리고 가지 않기.

☐ 그녀가 여가 시간을 모두 자신과 보내야 한다고 고집하기.

☐ 다른 남자와 이야기했다고 그녀에게 고함을 질러 대기.

☐ 그녀가 행여나 자신을 떠난다면 죽어 버리겠다고 말하기.

☐ 다른 남자의 지능을 비방하기.

☐ 그녀를 쳐다보는 다른 남성을 싸늘하게 노려보기.

---

여성의 젊음과 신체적 매력은 남성의 초기 배우자 선호에 크게 작용할 뿐만 아니라 남성이 여성을 붙잡기 위해 쏟는 노력의 강도에도 영향을 미친다.

반면에 여성의 배우자 호위는 남성의 신체적 외모나 나이에 영향을 받지 않는다. 오히려 남성의 소득과 그가 지위 서열에서 상승하기 위해 얼마나 굳은 결심을 갖고 있는가에 의해 영향을 받는다. 지위와 풍부한 자원을 지닌 남성과 결혼한 여성은 경계 수준을 높이고, 남성이 조금이라도 한눈을 팔려는 낌새만 엿보여도 감정적인 고통을 표출하고, 외모를 향상시키는 데 전력을 다하며, 남성을 붙잡기 위해 지극히 순종적인 자세를 취하는 경향이 다른 여성들보다 더 강하다. 이렇게 배우자를 호위하는 여성이 취하는 구체적인 행동으로 다음과 같은 예가 있다.

---

□ 파티에 함께 갔을 때 남편 옆에 딱 붙어 있기.

□ 그가 조금이라도 바람을 피운다면 당장 이혼하겠다고 위협하기.

□ 그의 관심을 계속 붙잡아 두기 위해 자신을 '얼짱으로' 보이게 하기.

□ 그를 기쁘게 하기 위해서라면 기꺼이 변하겠다고 말하기.

□ 남편이 이미 임자가 있는 몸임을 알리기 위해 남편에게 반지를 껴 달
라고 부탁하기.

---

남성의 지위와 자원은 여성이 처음에 배우자를 선택하는 데 영향을 미칠 뿐만 아니라 여성이 남성을 붙잡기 위해 쏟는 노력의 강도에도 영향을 미친다.

우리가 질투라고 부르는 방어는 항상 존재해 온 성적 탈선이나 정서적 배신에 맞서 애정 관계를 계속 잘 유지해야 한다는 적응적 문제를 풀기 위해 진화한 해결책이다. 연적들이 친구의 탈을 쓴 채 기회를 엿보고, 배우자는 다른 사람에 대한 욕망을 품고, 부정이 평생에 걸친 사랑을 물거품으로 만들 수 있는 이 위험한 세상에서 자연선택에 의한 진화가 이러한 위협들을 탐지하고 막을 수 있는 정교한 전략들을 만들어 낸 것은 그리 놀라운 일이 아니다. 그러나 여성과 그 배우자에게는 더 음산한 위협이 기다리고 있다. 너무나 혐오스럽기 때문에 이 문제를 건드리는 것만으로도 모든 이의 감정적 체온을 올릴 수 있는 위협, 곧 강간이다.

## 남성은 강간에 대한 적응을 갖고 있는가?

그녀의 첫 사교 클럽 파티였다. 맥주가 마음껏 제공되었고 그녀는 주량을 훨씬 초과해서 마셔 댔다. 무더운 데다 온 집안 어디에나 사람들이 빽빽하게 들어 차 있었기 때문에 남자 셋이 이층에 올라가자고 했을 때 그녀는 함께 따라갔다. 그들은 그녀를 침실에 데려간 다음, 문을 잠그고 그녀의 옷을 벗기기 시작했다. 잔뜩 술에 취한 그녀가 힘없이 저항하려 애썼지만 아무 소용이 없었다. 그들은 그녀를 강간했다. 모든 것이 끝나자 그녀는 벌거벗은 채 복도에 내던져졌다. 그녀의 옷들은 침실에 그대로 두고 밖에서 잠가 버린 상태였다.[46]

수천 마일 떨어진 브라질과 베네수엘라에 접한 아마존 밀림에 사는 한 여성도 비슷한 운명을 겪었다.

내가 바라보는 동안 10여 분 정도 줄다리기가 계속되었고, 내 피 끓는 본능은 당장 가서 중지시키라고 나를 채근했다. 그 소년들은 루베미(아마존 원주민의 한 처녀)를 몇 미터 정도 끌고 갔고, 그녀는 균형을 유지하려 악착같이 애썼다. 루베미의 머리가 이쪽으로 젖혀졌으며 나는 옆에 있던 처제에게 이렇게 물었다. "처제, 쟤네들 뭐 하려는 거지?" "아," 처제는 나를 향해 웃으면서 대답했다. "저 여자를 숲으로 끌고 가려는 거예요." "왜?" "강간하려 그러는 거죠." 대답이 돌아왔다. 그 10대 소년들은 힘을 합쳐 그녀를 들어올렸다. 왁자지껄 소리를 지르면서 그들은 루베미를 함께 잡고 길을 따라 뛰어 내려갔다. 이러한 일들이 계속 이어졌다. 만약 여자 혼자 마을을 벗어나서 아무도 대동하지 않고서 외딴 곳에 나타난다면, 강간당할 가능성은 매우 높았다. 모두 다 그 사실을 알고 있었다. 당연한 사실인 것이다.[47]

강간은 모든 문화권에서 일어난다. "모든 메히나쿠 여성은 강간을 두려워하면서 살아간다." 브라질의 아마존 원주민들과 함께 생활한 인류학자 토머스 그레고어의 말이다.[48] 베네수엘라의 야노마뫼 부족을 연구한 케네스 굿의 야노마뫼 아내도 강간당한 적이 있는데, 그는 이 문제에 대해 이렇게 말했다. "강간을 당한 적이 없는 야노마뫼 여성은 단 한 명도 없는 것으로 알고 있다."[49] 마거릿 미드에 의해 유토피아로 칭송받았던 사모아 제도에서는 강간 발생률이 미국보다 2배에서 5배 더 높다. "사모아 소녀들은 강간을 몹시 두려워한다. 실제로 강간을 당한 적 있는 소녀의 가족이라면 누구라도 강간을 대단히 심각한 문제로 받아들인다."[50] 문화에 따라 강간율이 엄청나게 다르긴 하지만 (예컨대 노르웨이에서는 극히 낮은 반면 미국에서는 비교적 높다.) 강간이 전혀 일어나지 않는 문화는 단 한 곳도 보고된 적이 없다.

비인간 영장류에서도 강간은 일어난다. 오랑우탄을 연구하는 영장류학자들에 의해 오랑우탄 수컷들 사이에 뚜렷한 개인차가 존재한다는 사실이 알려졌다. 어떤 수컷들은 사춘기를 지난 후에 정상적인 크기와 형태를 지닌 어른(약 90킬로그램)으로 성장하는 반면에 다른 수컷들은 흔히 '발육 부진(arrested development)'이라 일컫는 상태에 계속 남아 있게 된다. 이러한 수컷들은 몇 년이 지나도 계속 왜소한 체형을 하고 있으며 다른 커다란 수컷들처럼 행동하지 않는다. 그들은 처음에 영토를 갖지도 않고, 시끄럽게 소리 내지도 않으며, 다른 성숙한 수컷과 싸우지도 않는다. 처음에 영장류학자들은 이들 발육 부진 수컷들이 지위가 높은 어른 수컷과의 경쟁을 피해야 한다는 스트레스 때문에 미성숙 상태로 남아 있는 것이라고 해석했다.

그 후 이러한 시각을 뒤엎는 세 가지 발견이 얻어졌다.[51] 첫째, 스트레스 호르몬의 수치가 발육 부진 수컷이라고 해서 더 높지 않다. 둘째, 발육 부진 수컷은 수염도 제대로 나지 않고 시끄러운 소리를 내게 하는 큰 주머니도 목구멍에 안 달려 있는 등 신체적으로 미성숙하지만 정자와 고환은 정상적으로 발달해 있다. 즉 이들 수컷은 스트레스에 치였거나 번식적으로 미성숙한 게 아니다. 셋째, 발육 부진 수컷은 정상적으로 발달한 어른 수컷과의 직접적인 경쟁을 피하고 그 앞에서는 저자세를 취하지만, 때론 며칠 동안 조용히 암컷의 뒤를 밟다가 강제로 암컷과 교미하곤 한다. 영장류학자들은 암컷이 교미를 피하기 위해 갖은 애를 다 쓴다는 사실로부터 강간을 유추한다. 암컷은 도망치려 하고, 목구멍에서부터 나오는 소리로 구슬프게 울부짖고, 수컷을 깨물려고 한다. 이러한 행동은 정상적으로 발달한 어른 수컷들과의 교미에선 보이지 않는 것들이다. 인류학자 존 미타니가 보르네오에서 관찰한 바에 따르면, 발육 부진 수컷이 행한 총 151번의 교미 중 141번이 강제된 것이었다. 반면에 정상적으로 발달한 어른 수컷은 암컷에게 교미를 강제하는 일이 거의 없었다. 이 문제에서 오랑우탄은 영장류 중에 유별나다는 점을 강조할 필요가 있다. 오랑우탄의 명백한 강간 전략과 같이 특정한 부류의 수컷들이 빈번하게 강간을 행하는 현상은 보노보나 침팬지처럼 인간에 보다 가까운 다른 영장류에서는 관찰되지 **않는다.** 그렇지만 오랑우탄의 경우는 강간이 특정한 조건하에 있는 동물 종에서 실제로 진화할 **가능성**이 있음을 보여 준다.

이러한 가능성을 둘러싼 논쟁이 2000년 생물학자 랜디 손힐과 인류학자 크레이그 파머가 『강간의 자연사 : 성적 강제의 생물학적 기초』라는 책을 출간하면서 촉발되었다.[52] 인간의 강간에 대한 진화 이론은 책이 출간되기 이미 20여 년 전부터 계속 학술지에 게재되어 왔지만, 이 책은 논쟁을 폭발시키는 인화물이 되었다. 책에서 저자들은 강간에 대한 두 가지 경쟁 이론을 설명했으며, 각자가 다른 이론을 지지했다. 랜디 손힐은 남성이 **강간 적응**(rape adaptation), 즉 하나의 번식 전략으로서 원치 않는 여성과 강제로 성 관계를 맺게끔 하는 특수화된 심리 기제을 진화시켰다고 제안했다. 반면에 크레이그 파머는 강간은 다른 진화된 심리 기제의 **부산물**(by-product)이라고 제안한다. 강간을 뜻하지 않게 낳는 심리 기제로는 성적 다양성에 대한 남성의 욕망, 저비용의 상호 합의된 성 관계에 대한 욕망, 성적 기회에 대한 심리적 감수성, 여러 가지 목표를 달성하고자 종종 신체적 폭력을 사용하는 남성의 일반적인 성향 등을 들 수 있다.

**강간 적응 이론**(rape-as-adaptation theoy)에 따르면 다음의 여섯 가지 특수화된 적응이 남성의 마음속에 진화했으리라 기대할 수 있다.

---

☐ 잠재적인 강간 피해자의 취약성을 파악함.(예: 전쟁 중이거나 전쟁이 아닌 상황에서라도 여성이 남편이나 가족의 보호를 받지 못할 때)

☐ 성 관계를 허락하는 상대가 없는 남성으로 하여금 강간을 행하게 만드는, 맥락에 따라 선택적으로 작동되는 '스위치'.(예: 정상적인 구애 행

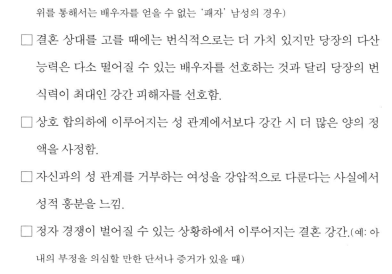

위를 통해서는 배우자를 얻을 수 없는 '패자' 남성의 경우)

☐ 결혼 상대를 고를 때에는 번식적으로는 더 가치 있지만 당장의 다산 능력은 다소 떨어질 수 있는 배우자를 선호하는 것과 달리 당장의 번 식력이 최대인 강간 피해자를 선호함.

☐ 상호 합의하에 이루어지는 성 관계에서보다 강간 시 더 많은 양의 정 액을 사정함.

☐ 자신과의 성 관계를 거부하는 여성을 강압적으로 다룬다는 사실에서 성적 흥분을 느낌.

☐ 정자 경쟁이 벌어질 수 있는 상황하에서 이루어지는 결혼 강간.(예: 아 내의 부정을 의심할 만한 단서나 증거가 있을 때)

---

불운하게도 위에서 상정된 적응들을 입증할 만한 증거는 없거나 있다고 해도 다소 애매모호하다. 강간은 전시에 빈번히 발생한다. 전쟁 이 여성이 강간에 보다 쉽게 노출될 수 있는 맥락임은 명백하다. 하지 만 절도나 약탈, 기물 파괴도 전시에는 흔히 일어난다. 이 모든 행동들 을 제각기 유발시키는 특수화된 적응들이 있단 말인가? 아니면 이들은 단지 다른 심리 기제, 예컨대 보다 일반적으로 이득 및 손실을 가늠하 는 심리 기제의 부산물에 불과할 따름인가? 이 문제를 명확히 밝혀 주 는 연구는 아직 수행되지 않았다.

유죄가 확정된 강간범 중에는 낮은 사회경제적 계층에 속한 남성 들이 훨씬 더 많으며, 이는 이른바 '배우자 결핍 가설(mate deprivation hy-pothesis)'를 뒷받침하는 증거이다. 그러나 높은 사회 계층에 속한 남성 의 경우에는 강간을 저질렀다 한들 경찰에 보고될 확률이 낮거나 값비싼 변호사를 고용해 구속이나 유죄 판결을 피해 가기 쉬울 수도 있다. 아니면 지위가 높은 남성에게 강간당한 여성은 어차피 남들이 강간 사실을 믿어 주지 않거나 강간범에게 응분의 죗값을 치르게 만들 가능성이 낮음을 깨닫고 이 사실을 처음부터 아예 입 밖에 내지 않을 가능성도 있다.

강간을 설명하는 배우자 결핍 가설에 **반하는** 직접적인 증거도 있다. 평균 연령 20세인 이성애 남성 146명을 대상으로 한 연구에서 진화 심리학자 마틴 랄루미어와 동료들은 성적 강제가 어떻게 이루어지는지를 다음과 같은 질문들로 측정했다. "실제로는 당신과의 성 관계를 원치 않는 여성과 어느 정도 신체적 힘을 동원하여 관계를 맺은 적이 있습니까?"[53] 이와 별도로 그들은 짝짓기 성공도를 측정했다. 짝짓기 성공도가 높은 남성은 **또한** 성적 폭력에서도 높은 수치를 기록했다. 즉 성관계 상대를 많이 두었던 남성은 힘을 사용하여 관계를 맺은 적이 있다고 대답할 가능성이 **더 높았다.** 더욱이 자신의 향후 소득 전망이 밝다고 대답한 남성은 짝짓기 전술을 구사할 때 신체적 강제를 더 빈번하게 사용한다고 답했다. 좀더 연구가 이루어져야 하겠지만 강간을 설명하는 배우자 결핍 가설의 단순한 유형은 기각되었다고 조심스럽게 결론 내릴 수 있다.

그러나 위와 같은 결과는 이 가설의 복잡한 유형까지 배제시켜 주지는 않는다. 즉 아마도 남성은 특정한 맥락에서만 작동하는 두 종류의 강간 적응을 진화시켰을 것이며, 이들 가운데 하나는 짝짓기에서 실패를 경험했을 때에만 작동하며, 다른 하나는 사회경제적으로 상류 계층에 속한 경우처럼 강간을 해도 감수해야 할 손실이 매우 낮을 때에만 작동하리라는 가설을 생각해 볼 수 있다.[54] 현재로서는 이 복잡한 유형의 배우자 결핍 가설을 지지하는 증거도 없지만, 부정하는 증거도 없다.

강간 피해자는 번식 연령의 젊은 여성들에 크게 집중되는 경향이 있다. 대부분의 연구에서 피해자의 연령 분포는 20대에서 정점에 달하며, 16세에서 35세 사이의 여성이 전체 피해자의 70퍼센트 이상을 차지한다.[55] 그러나 강간범들이 젊고 번식 가능한 여성들을 유독 제물로 삼는다는 사실이 강간에 대한 어떤 이론도 지지하거나 반박하는 결정적인 증거는 되지 못한다. 강간 특이적인 적응이 아닌 정상적인 짝짓기 맥락에서 번식 가능한 여성을 알려 주는 단서에 대해 반응하도록 진화된 남성의 일반적인 배우자 선호 때문에 젊은 여성들이 더 강간당하기 쉬울 수도 있기 때문이다. 강간 적응 가설의 비판자들은 번식이 불가능한 여성들도 적지 않게 강간당한다고 지적한다. 몇몇 연구들에 따르면, 모든 강간 피해자의 거의 3분의 1은 11세 미만의 소녀들이나 45세 이상의 번식기가 지난 여성들이다. 이러한 결과는 강간 적응 이론과 선뜻 합치되기 어렵다.

강간을 설명하는 이론들과 깊이 관련되어 있다고 많은 과학자들이 믿는 증거의 한 부류는 강간으로 인한 임신 확률이다. 만약 강간이 하나의 번식 전략으로 진화했다면, 역사적으로 적어도 일부 시기에는 번식까지 이어졌어야 했다. 물론 현대의 강간-임신 확률은 강간이 과거에 임신을 유발했는지 여부와는 직접적으로 관련이 없다. 피임 기구가 빈번히 사용되면서 현대의 강간-임신 확률은 과거 먼 조상 시절보다 낮아졌을 것이다. 그러므로 **번식 연령대 여성들의 음경-질 강간**으로 인한 임신 확률(6.42퍼센트)이 상호 합의하의 성 관계로 인한 임신 확률(3.1퍼센트)보다 훨씬 더 높다는 것을 밝힌 최근의 한 연구 사례는 우리를 더더욱 놀라게 만든다.[56] 이 발견으로 강간범이 대상으로 하는 여성들이 젊고 번식력 있는 연령대에 집중되어 있다는 선택상의 편향이 일부 설명될 수 있을 것이다. 그렇지만 피해자의 나이에 따른 영향을 통계적으로 조정한 후에도 연구자들은 강간-임신 확률이 상호 합의에 따른 성 관계의 임신 확률보다 여전히 약 2퍼센트 더 높음을 확인했다. 이 직관에 반하는 발견이 **만일 다른 후속 연구에 의해 재현된다면**, 어떤 식으로든지 설명이 이루어져야만 할 것이다.

조나단 고트쉘과 티파니 고트쉘이 제안하는 가설은 정상적인 짝짓기 전략을 써서 여성들에게 구애하는 남성은 '까다로운 여성이 처분하는 대로' 따라야 하는 데 반해 강간범들은 그렇지 않다고 먼저 전제를 세운다. 여성의 방어 기제나 범죄를 실행할 기회 등 여전히 제한은 있지만, 그래도 강간범들은 자신과의 짝짓기를 한사코 거부했을 피해자를 골라 짝짓기할 수 있다. 그러므로 강간범들은 젊을 뿐만 아니라 엄청나게 신체적으로 매력적인 여성을 택할 것이다. 매력적인 여성들은 보다 많은 자식을 낳을 수 있으므로, 이 가설은 왜 강간-임신 확률이 그토록 유별나게 높은지에 대해 부분적인 해답을 제공해 줄 수 있다.

하지만 강간-임신 확률에 대한 발견이 강간 적응 가설을 직접적으로 지지하는 것은 아니다. 우리는 이미 남성이 상호 합의된 짝짓기 맥락하에서 번식력과 연관된 특질들(예: 젊음과 건강을 알려 주는 단서들)에 끌린다는 것을 알고 있다. 따라서 위 결과를 설명하는 데 어떠한 특수화된 강간 적응도 필요치 않다. 단 강간-임신 확률에 대한 발견은 '착상은 착상 불가능하다는 논증(argument from inconceivable conception)'을 명백히 기각시켜 준다. 강간 적응 가설을 반대하는 이들이 주장하는 이 논증은 진화 역사상 강간이 실제로 임신까지 이어진 경우는 거의 없으므로 강간이 적응으로서 진화했을 리가 없다는 것이다.[57]

마지막으로 파경이 한창 진행 중이거나 파경 직후처럼 남편이 잠재적인 성적 부정에 특히 민감할 때 결혼 강간이 저질러질 확률이 높다는 증거가 몇몇 존재한다.[58] 이러한 발견은 강간이 정자 경쟁을 위한 적응으로 진화했을 가능성을 암시한다. 그렇지만 인과 관계의 흐름은 불확실하다. 아마도 원치 않는 성 관계를 힘으로 강요하는 남편을 둔 여성들이 파경을 맞을 가능성이 높을 수도 있다. 요약하면 도널드 시먼즈가 20년도 전에 내린 결론은 오늘날에도 유효한 듯하다. "나는 현존하는 증거들이 강간 그 자체가 인간 남성에서 진화된 하나의 탄력적인 (facultative) 적응이라는 결론을 충분히 뒷받침한다고 믿지 않는다."[59]

그러나 증거의 부재가 부재의 증거인 것은 아니다. 강간의 원인에 대한 탐구가 이데올로기적으로 엄청난 폭발성을 띤다는 사실로 인해 이 혐오스러운 현상에 대해서는 연구가 제대로 이루어지지 못했다. 손힐과 파머의 책은 최근의 과학사를 통틀어 그 어떤 책보다도 더 심하게 비난받고, 탄핵당하고, 조소당했다. 마시모 피글리우치와 진화법학자 오웬 존스[60]가 쓴 균형 잡힌 서평들에서 지적되었듯이 비록 손힐과 파머의 책이 결점을 지니고 있긴 하지만, 강간을 설명하는 경쟁 이론들을 제안하고 그들을 평가해 줄 증거를 수집하는 등의 과학적 용기를 보여줬다는 점에서 응당 칭찬받을 만하다. 남성이 강간 적응을 진화시켰을 이론적 **가능성**을 제안했다는 이유로 수많은 사람들이 득달같이 달려들어 그들에게 비난을 퍼부었다는 것은 불행한 일이 아닐 수 없다. 그렇게 퍼부어진 힐난들은 강간의 실질적인 원인을 밝히기 위해 수행되었어야 할 신중한 과학적 연구들을 중단시키는 뜻하지 않은 결과를 가져왔다. 강간이라는 뿌리 깊은 난제를 풀기 위해 필요한 지식 체계를 습득할 길이 막힌 것이다.

이론가들이 성적 강제를 하나의 단일한 실체로 보기보다는 먼저 강간의 다양한 유형들을 판별한다면 보다 빨리 과학적 진보가 이루어질 것이라고 나는 전망한다. 데이트 강간, 불면식범에 의한 강간, 전쟁 강간, 남편에 의한 강간, 동성애 강간, 그리고 계부에 의한 의붓딸 강간을 고려해 보자. 어떤 강간 유형을 낳은 원인은 다른 강간 유형을 낳은 원인과 상당히 다를 수 있다. 예컨대 데이트 강간은 부분적으로는 현대의 생활 여건이 낳은 부산물일지도 모른다. 친족들이 한 곳에 집중적으로 모여 살면서 서로 보호를 제공해 주는, 따라서 자연스럽게 여성에 대한 폭력을 억제할 수 있는 환경에 사는 사람은 오늘날에는 쉽게 찾아보기 어렵다. 연쇄 강간을 저지르는 불면식범은 종종 지리적 이동이 자유롭고 익명성이 보장되는 현대 도시 생활의 환경적 조건 덕에 검거를 피한다. 지리적 이동이 극히 제한되어 있는 소집단 생활을 한 우리 조상들의 먼 과거 환경에서는 아마도 몇몇 유형의 불면식 강간은 사실상 불가능했을 것이다. 반면에 전쟁 중의 강간은 강간을 하나의 적응으로 진화시킨 요인이라 해도 크게 어색하지 않을 만큼 오랜 역사를 지니고 있으며 문화를 막론하고 광범위하게 분포한다. 한편 어떤 유형의 강간은 진화된 심리 기제의 기능 장애나 정신 병리에 의해서 유발될지도 모른다. 또 다른 몇몇은 특정한 강간 적응에 의해 유발될지도 모른다. 모든 유형의 강제 성교에 '강간'이라는 단일한 이름표를 붙여 다루는 것은 각각의 개별적인 범죄 유형을 초래했던 독특한 환경적 요인들을 알아내는 데 오히려 장애가 될 것이다.

## 여성은 반강간 방어를 진화시켰는가?

> 나는 한번도 강간에 대한 두려움에서 벗어난 적이 없다. 아주 어릴 때부터 대다수 여성들과 마찬가지로 나는 강간이 나를 둘러싼 자연스러운 환경의 일부라고 생각했다. 화재나 벼락과 같이 두려워하고 신의 도움을 간청하게 만드는 대상으로서 말이다. 왜 남자들이 강간하는지 나는 궁금해 하지조차 않았다. 나는 그냥 강간은 인간 본성의 수많은 미스터리의 하나라고 여겼다. ──수전 그리핀[61]

강간에 대한 논쟁은 주로 무엇이 남성을 여성과 강제로 성 관계하게끔 이끄는가에 초점을 맞춰 왔다. 강간 피해자의 심리에 대한 학문적인 관심은 이 치열한 다툼에서 거의 무시되어 왔다. 그러나 논쟁에 참여한 모든 편이 강간 피해자의 심리에 대해 전폭적으로 합의하는 지점이 하나 있다. **강간은 대개 피해자에게 엄청난 손실을 끼치는 잔혹하고 극악무도한 행위라는 것이다.** 이 통찰을 얻기 위해 어떠한 이론도 필요치 않다. 그렇지만 **왜** 강간이 엄청난 정신적 충격을 주는 경험인지를 살펴보는 것은 중요하다.

진화적인 관점에서 강간이 끼치는 손실은 일단 강간이 여성의 성 전략 중 핵심 요소인 배우자 선택을 무력화시킨다는 사실에서 찾을 수 있다. 강간당한 여성은 자신이 택하지 않는 남성과 원치 않은 시기에 임신할 위험에 처한다. 그는 그녀의 의사에 반해서 자신의 의지를 관철한 남성, 그녀가 낳은 자식에게 투자할 가능성이 거의 없는 남성, 강간당하지 않았더라면 그녀가 택할 수 있었던 남성들에 비하여 아마도 뒤떨어지는 유전자를 지녔을 남성인 것이다. 또한 강간당한 여성은 남편이나 애인으로부터 강간이 혹시 합의된 성 관계는 아니었는지, 아니면 강간을 은근히 자초하지나 않았는지 등의 의심을 받아 버려지거나, 질책받거나, 처벌받을 위험에 처한다. 강간이 초래하는 손실은 파키스탄에서 최근 벌어진 다음 사례에 잘 나타나 있다.

> 파키스탄에 사는 26살의 열렬한 무슬림인 자프란 비비는 돌에 맞아 죽는 형벌이 선고되었다. 그녀는 간통을 저질렀으며 이슬람 법에 의하면 사형에 처해지는 범죄였다. 증거는 이러했다. 남편으로부터 버림 받았지만 이혼은 당하지 않은 그녀가 버림 받은 지 1년이 지난 후에 아이를 낳은 것이다. 이는 일반적인 간통이 아니었다. 자프란은 시동생에 의해 강간당했다고 진술했다. 하지만 그것은 문제되지 않았다. 재판관은 사생아가 태어났다는 사실이 간통을 입증한다고 했다. 시동생이 자신을 강간했다는 자프란의 고발은 범죄의 자백이나 마찬가지로 간주되었다.[62]

강간당한 여성은 심리적으로 고통 받는다. 그들은 두려움, 굴욕, 수치, 불안, 우울, 분노, 광분을 겪는다. 여성은 남성이 여성에게 해를 입힐 수 있는 적어도 147가지의 일들 중에서 강간이 가장 고통스러운 일이라고 여기며, 심지어 남성에게 미친 듯이 구타당하는 일보다도 더 고통스럽다고 답한다.[63] 강간당한 여성은 또한 후유증에 시달린다. 어떤 피해자들은 집 밖을 나서는 걸 두려워하며, 남자와의 접촉을 피하며, 사회적으로 스스로를 격리시키며, 어떠한 유예도 없는 심리적 감옥에서 지낸다.

심리적인 고문에 더하여 강간당한 여성은 사회적으로 고통 받는다. 자프란 비비의 사례가 보여 주듯이 피해자들은 자신이 당한 범죄에 책임을 지라고 요구당한다. 그들의 평판은 땅에 떨어진다. 짝짓기 시장에서의 바람직함도 깎인다. 혈연들은 가문의 치욕이라는 이유로 그들을 거부하거나 배척하여 내쫓는다. 그들은 때때로 사회적으로 경원시된다. 강간의 원인이 무엇이든 간에 무지하거나 냉혈한이 아닌 다음에야 강간이 피해자에게 끼치는 무시무시한 피해를 누구도 의심하지 않는다.

이처럼 엄청난 손실을 감안하면, **만약** 강간이 인간의 진화 역사를 통해 반복해서 일어났다고 할 때 자연선택이 여성으로 하여금 강간을 피할 수 있는 방어 기제를 만들지 않았다면 진화의 논리에 어긋날 것이다. 이는 남성이 강간을 하는 적응을 진화시켰는지 여부와 별개의 문제이다. 강간이 강간과 무관한 기제의 부산물이라 해도 여성은 원칙적으로 반강간 적응을 진화했을 수 있다. 우리에게는 과거를 촬영한 비디오테이프가 없기 때문에 강간이 여성의 반강간 심리를 만들어 낼 만큼 빈번했는지 절대적으로 확신할 방법은 없다. 그러나 기존의 역사적, 비교문화적 증거들을 조합하여 몇 가지 근거 있는 추측을 할 수는 있다. 성경에까지 거슬러 올라가는 여러 역사 기록들이 강간에 대한 이야기를 가득 싣고 있으며, 심지어는 종교적인 지도자에 의해 남성이 여성을 강제로 취할 수 있는 조건들이 명시되기도 했다. 예컨대 마이모니데스에 의해 성문화된 탈무드의 현자들은 다음의 계명을 제공한다.

> 침략한 군대의 군인은 만약 열정에 도저히 못 이기겠다면 생포한 여인과 동거해도 된다. (그러나) 그녀와 결혼하기 전까지는 다음에 또 동거하는 것은 금지된다. 그녀와의 성 관계는 그녀가 포로로 사로잡힌 그 시점에만 허용된다. 전쟁터의 열린 장소에서 그녀를 취해서는 안 된다. 즉 그는 사적인 장소로 그녀를 데리고 가서 동거해야 한다.[64]

비록 여러 문화들을 비교하면서 전통 사회에서 일어나는 강간의 발생률과 빈도를 조사한 연구는 아직까지 시도되지 않았지만, 그동안 출간된 민족지들을 약식으로 살펴보면 강간이 많은 사회에서 보고됨을 알 수 있다. 사실 브라질의 아마존 밀림에서부터 보다 평화로운 보츠와나의 쿵 족에 이르기까지 비교문화적 증거들은 강간 사례들로 넘쳐난다. 중부 말레이시아의 세마이 족은 말레이 인 습격자들의 공격을 받아 남자들이 학살되고 여자들이 강간당하는 등 빈번한 피해를 입었다.[65] 토머스 그레고어가 연구한 아마존 사람들은 강간을 **안타파이**(antapai), 윤간을 **아인티아와카키나파이**(aintyawakakinapai)로 별도로 지칭하는 용어들을 갖고 있다. 수전 브라운밀러가 그녀의 명저 『우리 의지에 반하여』에서 자세히 서술했듯이 전쟁 중에 행해지는 강간은 문자 기록이 생겨난 이후로 줄곧 기록되어 왔다. 800년도 더 전에 칭기스 칸은 강간을 통해 얻는 쾌락을 마음속으로 음미하며 이렇게 말했다.

가장 큰 기쁨은 적을 격파하고, 도망가는 그들을 추격하고, 그들의 재산을 약탈하며, 그들의 가족들이 펑펑 눈물을 쏟는 모습을 보며, 그들의 말을 타고 그들의 아내와 딸의 하얀 배 위에서 잠을 청하는 것이다.[66]

진화인류학자 바버라 스무츠는 이들 비교문화적 증거를 이렇게 요약했다. "여성에 대한 남성의 폭력이 얼마나 퍼져 있는가는 장소에 따라 다르지만, 비교문화적 연구들은 남성이 여성을 공격하거나 강간하지 않는 사회는 표준이 아니라 예외에 속함을 보여 준다."[67]

타라 사반느, 고든 갤럽, 퍼트리샤 고와티, 세라 메스닉, 크레이그 파머, 샌드라 페트랄리아, 바버라 스무츠, 낸시 손힐, 랜디 손힐, 마고 윌슨과 같은 진화학자들이 강간에 맞서 진화된 잠재적인 방어 기제를 밝히는 데 선도적인 역할을 해 왔다. 가설로 제안된 반강간 적응으로는 다음을 들 수 있다.

---

□ 앞으로 강간을 다시 당하지 않게끔 동기를 부여하는 심리적 고통.

□ 보호받기 위해 다른 남성을 '특별한 친구'로 삼아 동맹을 맺음.

□ 보호받기 위해 여성들 간의 동맹을 맺음.

□ 강간당할 위험에 처할 수 있는 상황을 피하게끔 동기를 부여하는 특수화된 공포.

□ 임신할 가능성이 가장 높을 때 성폭행당할 확률을 감소시키기 위해 배란기에는 위험한 활동을 하지 않는 것.

---

여성이 강간당하지 않기 위한 적응을 진화시켰을 가능성에 대한

첫 번째 실마리는 여성의 월경 주기에 걸쳐서 강간 사건이 일어나는 빈도를 조사한 두 연구에서 얻어진다. 785명의 강간 피해자를 조사한 한 연구에서는 월경 주기의 10일에서 22일 사이의 중반기에 강간당한 여성이 상대적으로 적다는 결과가 나왔다.(기간이 다소 넓어서 부정확할지도 모른다는 단점이 있다.)[68] 또 다른 연구는 배란 중인 여성이 성폭력의 피해자가 되는 비율이 낮다는 것을 발견했다.[69] 이러한 양상을 탐구하기 위해 타라 사반느와 고든 갤럽은 여자 대학생 300명을 대상으로 위험 감수를 연구했다.[70] 참여자들은 성폭력에 노출되는 위험성이 각기 다른 18가지 활동들 가운데 최근에 어떤 활동을 했는지를 답했다. 교회에 가거나 텔레비전을 보는 행동 등이 위험성이 낮은 활동의 예였으며 술집에 가거나 조명이 어두운 거리를 걷는 행동은 위험성이 높은 활동의 예였다.

경구 피임약을 복용하는 여성들의 경우에는 성적 주기와 위험 감수 사이에 어떠한 연관성도 발견되지 않았다. 하지만 피임약을 복용하지 않는 여성들의 경우에는 배란 중인 여성은 위험을 감수하는 행동을 적게 하는 것으로 나타났다. 연구자들은 위험 회피가 반강간 적응의 후보가 될 수 있으며 위험을 무릅쓰는 행동이 낮아지는 이유를 설명하는 다른 대안 가설들을 성공적으로 제거할 수 있다고 주장한다. 예컨대 위험을 무릅쓰는 행동이 감소하는 현상을 배란기에 성적 감수성이 낮아지기 때문으로 설명할 수는 없다. 사실 여성들은 상호 합의된 성 관계에 대해서는 월경 주기 중기에 성적 감수성이 정점에 다다른다. 월경 주기 중기의 위험 회피는 또한 여성의 일반적인 활동 수준이 이 시기에 전반적으로 낮아지기 때문으로 돌릴 수도 없다. 만보계로 측정한 여성의 활동 수준은 배란 중에 오히려 증가하는 경향을 보인다.[71] 요약하면 배란 중인 여성은 강간당할 위험이 높은 행동을 피하는 것처럼 보이며, 이는 **특수화된 위험 회피**(specialized risk-avoidance)가 반강간 적응으로 진화했을 가능성을 시사한다.

많은 여성들이 자신에게 해가 될 수 있는 상황을 피하기 위해 위험 회피 전략을 **일상적으로** 사용한다.[72] 도시 여성을 조사한 한 연구에서는 여성의 41퍼센트가 밤에 길거리에 나가지 않기 등의 '고립 전술'을 사용하며, 71퍼센트가 공격받았을 때 즉시 달아날 수 있는 운동화를 착용하기 등의 '길거리 맞춤형 전술'을 쓴다고 밝혔다. 시애틀에서 실시된 또 다른 연구에서는 여성의 67퍼센트가 도시 내의 특정한 우발 지역을 기피하며, 42퍼센트가 혼자서 외출하지 않으며, 27퍼센트가 때때로 문밖에 누가 찾아와도 대꾸를 하지 않는다고 답했다. 그리스 여성을 조사한 연구에서는 71퍼센트가 밤에 혼자서 돌아다니지 않으며, 78퍼센트가 도시 내의 우발 지역을 기피한다고 밝혔다. 여성들은 또한 섹스에 대해 지나치게 많이 이야기하는 남성, 성적으로 공격적인 남성, 혹은 수많은 여성들과 잤다고 소문이 난 남성을 경계한다. 그들은 아직 잘 모르는 남성과 데이트할 때는 공개적인 장소를 고른다. 그들은 어떤 남성들에게 잘못해서 성적인 신호를 보내지 않도록 각별히 신경 쓴다. 때때로 가스총이나 호루라기, 또는 무기를 지니고 다닌다. 그리고 때때로 잘 모르는 남성과 함께 술을 마실 때는 음주량에 신경을 쓴다.[73]

이웃에 좀도둑이 기승을 부린다는 신문기사를 접하고 도난 경보기를 다는 것처럼 위와 같은 위험 회피 전략들은 신중한 선택을 하게끔 학습된 조치일 수도 있다. 다른 대안으로서 이러한 위험 회피가 부분적으로는 **강간에 대한 특수화된 공포**(specialized fear of rape)에 의해 유발될 수 있다. 이것이 여성으로 하여금 성폭행이 일어나기 쉬운 상황을 피하게 해 주는 잠재적인 반강간 적응의 두 번째 후보이다. 특수화된 공포를 지지하는 증거는 여성들이 강간을 두려워하는 정도와 그들이 강간을 피하기 위해 행하는 예방 조치들의 수가 강한 상관관계를 보인다는 것이다.[74] 강간을 특히 더 두려워하는 여성들은 강간을 비교적 덜 두려워하는 여성들보다 잘 모르는 남성과 단 둘이 남겨지는 것을 피하며, 남성이 차로 바래다 주겠다는 제의를 거절하며, 남성이 너무 지나치게 성적으로 접근해 올 때 자리에서 나가 버리며, 혼자서 바깥에서 여가 활동을 하는 것을 피하며, 술을 마실 때 절제하는 경향이 더 강하다. 뉴질랜드에서 수행된 한 연구는 젊은 여성들이 나이 든 여성들보다 성폭행에 대한 공포를 더 강하게 느낀다는 것을 발견했다. 나이 든 여성들의 공포는 강간당하는 것보다는 강도당하거나 약탈당하는 것에 더 주목하는 경향이 있었다.[75] 강간 사건이 빈번하게 발생하는 곳에 사는 여성은 안전한 곳에 사는 여성보다 강간에 대한 공포를 더 강하게 호소한다. 이러한 연구들은 물론 여성이 자신의 나이와 취약성에 맞추어 강간에 대해 특수화된 공포를 진화시켰는지, 아니면 이러한 공포심이 보다 더 일반적인 심리 기제의 발현, 곧 모든 사람이 갖고 있는 공포 기제가 위험 수준에 대한 합리적인 측정과 결합되어 발현하는 것인지 명확히 판별해 주지는 못한다.

심리학자 수전 힉맨과 샬린 뮐렌하드는 여성들이 알고 지내던 사람보다는 낯선 사람에 의해 강간당하는 걸 더 두려워한다는 사실을 발견했다. 낯선 사람에 의한 강간이 전체 강간의 고작 10~20퍼센트를 차지하는 반면에 면식범에 의한 강간이 80~90퍼센트를 차지할 만큼 훨씬 더 흔하다는 사실에 비추어 보면, 이와 같은 발견은 뜻밖이다.[76] 힉맨과 뮐렌하드는 여성의 공포가 강간의 실제 양상과 부합되지 않는다고 결론을 내렸다. 또 다른 대안적인 해석은 여성의 염려가 사실은 효과적이라는 것이다. 낯선 사람에 대한 공포가 강간을 예방하는 행동을 하게 하므로, 결국 낯선 사람에 의한 강간의 실제 발생률은 이러한 기능적 공포가 없었을 경우의 수치보다 훨씬 더 하락하게 된다. 이 관점에 따르면, 낯선 사람에 대한 여성의 공포는 강간을 예방하는 데 효과적이다.

세 번째로 살펴볼 반강간 적응의 후보는 세라 메스닉과 마고 윌슨이 제안한 **보디가드 가설**(Bodyguard hypothesis)에서 유래한다. 이 가설에 따르면, 여성이 남성과 이성애적 결합을 하는 부분적인 이유는 다른 남성들로부터 성폭행을 당할 위험을 줄이기 위해서이다.[77] 보디가드 가설은 성폭행을 당하기 쉬운 맥락에서 여성은 몸집이 크고 사회적으로 우월한 남성에 특히 끌린다고 제안한다. 보디가드 가설을 검증하기 위해 윌슨과 메스닉은 훈련된 질문자를 활용하여 1만 2252명의 여성들과 전화 인터뷰를 했다. 성폭행에 대한 질문은 이렇게 시작되었다. **"처음 보는 남성이 당신을 위협하거나, 당신을 눕히거나, 아니면 어떤 식으로든 당신을 해쳐서 당신과 강제로 성적인 행위를 하거나, 아니면 하려고 시도한 적이 있습니까?"** 그 다음 질문은 원치 않는 성적 접촉에 대한 질문이었다. **"(당신이 방금 저한테 이야기한 사건을 제외하고) 처음 보는 남성이 원치 않는 접촉, 붙잡기, 키스, 애무와 같은 성적 수단을 통해 당신 의사에 반하여 당신을 만진 적이 있습니까?"**[78] 인터뷰가 이루어진 시점부터 과거 12개월 동안에 일어난 성적인 피해에 초점이 맞추어졌으며, 남편이나 애인에 의한 성폭력은 제외되었다.

총 410명의 미혼 여성과 258명의 기혼 여성이 한 번 이상의 성폭력을 경험했다고 대답했다. 결혼 여부는 성적 피해에 극적인 영향을 끼치는 것으로 밝혀졌다. 18~24세의 가장 어린 연령대의 여성들 중에서 미혼 여성 100명당 18명이 처음 보는 남성에 의해 성적 피해를 당한 적이 있다고 대답한 반면, 기혼 여성 100명당 겨우 7명만이 성적 피해를 당했다고 답했다. 메스닉과 윌슨은 이러한 연구 결과가 그들의 보디가드 가설을 뒷받침해 준다고 결론 내렸다. 비록 본인들도 인정했듯이 기혼 여성이 동년배의 미혼 여성보다 강간당할 가능성을 낮게 만드는 인과적 기제를 판별하지는 못했지만 말이다. 미혼 여성보다 기혼 여성이 강간당할 확률이 낮다는 사실은 아마도 생활 방식의 차이를 반영할 것이다. 즉 미혼 여성은 집보다 공개된 장소에서 시간을 더 많이 보낼 것이므로 강간범들에게 그만큼 더 노출될 것이다. 이 사실은 또한 짝짓기 전략의 개인차를 반영할지도 모른다. 즉 미혼 여성들은 기혼 여성보다 단기적인 짝짓기를 더 추구할 것이므로 성적 강제를 당할 위험에 크게 노출되는 맥락에 더 자주 처하게 될 것이다. 아니면 이 사실은 보디가드 가설이 제안하는 대로 남편이 잠재적인 강간범들을 억제하는 효과를 반영할지도 모른다. 보디가드 가설은 더 직접적으로 검증될 필요가 있다. 비교적 강간당할 위험이 높은 사회적 환경에서 사는 여성들은 몸집이 크고, 신체적으로 위압적인 남성을 택할 확률이 특별히 더 높은가? 그런 우람한 남편을 둔 여성은 강간을 더 적게 당하는가?

반강간 적응으로 제안된 네 번째 후보는 **특수화된 심리적 고통**(**specialized psychological pain**)이며, 이 가설은 손힐과 파머의 책에서 분명하게 표명되었다. 이 가설에 따르면, 강간당한 여성이 겪는 심리적인 외상이 앞으로 유사한 일을 또다시 당하지 않게끔 피하게 해 주는 동기를 부여한다. 이 가설을 뒷받침하는 증거는 가장 극심한 고통과 심리적 외상을 경험하는 여성들은 (1) 사춘기 이전이나 폐경기 이후의 여성들이 아니라 젊고 번식 가능한 여성들이며, (2) 미혼이 아니라 기혼 여성이며, (3) 구강이나 항문이 아니라 생식기를 통해 강간당한 여성임을 보인 한 연구에서 얻어진다. 뿐만 아니라 (4) 신체적 폭력의 상흔이 시각적으로 가장 뚜렷하게 남은 여성들이 심리적 고통을 가장 적게 경험한다는 사실이 밝혀졌는데, 이는 이렇게 몸에 심하게 상처가 남은 피해자들은 다른 사람들로부터 강간을 은근히 즐겼다는 의심을 받거나 함께 비난받을 가능성이 가장 적기 때문인 것으로 추측된다. 이 심리적 고통 가설을 주장하는 사람들은 (5) 배우자 가치가 낮은(예: 외모가 매력적이지 않거나 사회경제적 지위가 낮은) 남성으로부터 강간당한 여성은 배우자 가치가 높은(예: 외모가 매력적이거나 지위가 높은) 남성으로부터 강간당한 여성보다 더 심한 심리적 외상을 경험할 것이라는 예측도 추가로 내놓을 수 있을 것이다.

손힐과 파머의 책에 대해 가시 돋친 비난을 퍼부은 생물학자 제리 코인은 심리적 고통 가설을 지지한다는 증거들이 저자들이 제안하는 것보다 훨씬 더 빈약하다고 주장한다.[79] 코인은 방법론에 문제가 있었다고 올바르게 지적한다. 예컨대 12세 이하의 소녀들이 고통과 외상에 대한 질문에 답할 때 보호자들이 옆에서 도와주었음을 감안하면, 이 소녀들의 반응과 자신의 심리적 상태를 직접 답한 다른 연령대의 여성들의 반응을 동등하게 비교하기는 어렵다. 뿐만 아니라 번식 가능한 연령의 여성들과 번식기가 지난 연령의 여성들의 반응 사이에는 어떤 유의미한 차이도 발견되지 않았으며, 이는 특수화된 고통 가설을 반박하는 증거가 된다.

이상 살펴본 이론적, 실험적 논제들과 관계없이 한 가지는 분명하다. 강간에 대한 여성의 방어를 상세하게 뒷받침하는 양질의 증거는 아직 없다는 것이다. 여성의 반강간 전략들과 그 상대적인 효율성에 대한 연구가 시급하다. 그러한 전략들이 특수화된 진화적 적응으로 밝혀지든지, 더욱 일반적인 인지적, 감정적 기제의 산물로 밝혀지든지 간에 말이다.

## 성적 마음을 읽을 때의 인지적 편향

인간은 불확실한 사회적 세계에서 산다. 우리는 다른 이의 의도와 감정적 상태에 대해 추론을 해야만 한다. 그가 그녀에게 얼마나 성적으로 이끌리는가? 그녀는 그에게 얼마나 헌신하는가? 저 미소가 성적인 관심을 나타내는가, 아니면 단순한 친절인가? 다른 이를 향한 마음속에 사무친 열정과 같은 어떤 상태는 의도적으로 숨겨지므로 불확실성을 더 부채질하고 추론을 비비 꼬이게 만든다. 우리는 이미 일어난 행위에 오직 확률적으로만 연관되어 있는 수많은 혼돈된 단서들에 의존해서 행위가 일어난 경위와 그 행위자의 의도를 추론할 수밖에 없다. 애인에게서 나는 정체불명의 향기는 배신을 신호할 수도 있고, 누군가와 가볍게 대화를 나누다 옮은 것일 수도 있다.

타인의 마음을 읽으려 할 때 틀릴 수 있는 길은 두 가지가 있다. 하나는 실제로는 없는 심리 상태를 있다고 추론하는 실수이다. 이를테면 타인이 내게 성적 관심이 없는데 있다고 믿어 버리는 것이다. 다른 하나는 실제로는 있는 심리 상태를 추론하지 못하는 실수이다. 이를테면 타인의 진정한 성적 갈망을 알아차리지 못하는 것이다. 진화심리학자 마티 헤이즐턴이 새롭게 제안한 실수 관리 이론(Error Management Theory)에 따르면, 실제 여러 가지 상황에 걸쳐 이 두 가지 종류의 실수에 따른 손실이나 이득이 완전히 동일할 가능성은 거의 없다.[80] 우리는 연기가 아주 조금이라도 있으면 울리게끔 극도로 민감하게 설정된 연기 탐지기의 예를 통해 이 논리를 직관적으로 이해할 수 있다. 가끔 잘못 울리는 경보에 따르는 손실은 집안에 진짜로 화재가 났을 때 제대로 탐지하지 못해서 겪는 엄청난 손실에 비하면 극히 미미하다. 실수 관리 이론은 이 논리를 진화적 적응도의 손실 혹은 이득에 적용하며, 특히 이성의 짝짓기 마음을 읽는 상황에 중점적으로 적용한다.

　　실수 관리 이론에 따르면, 마음을 읽는 추론의 손실 혹은 이득의 비대칭성으로 인한 선택압이 장구한 진화적 시간에 걸쳐 작용하여 예측 가능한 **인지적 편향(cognitive bias)**을 만들어 냈다. 연기 탐지기가 있는 것을 없다고 하는 음성 오류(false negative)보다 없는 것을 있다고 하는 양성 오류(false positive)를 더 많이 만들도록 '편향'되어 있듯이 실수 관리 이론은 마음을 읽는 심리 기제가 특정한 종류의 추론 실수를 더 잘 저지르도록 편향되어 있으리라 예측한다. 헤이즐턴과 나는 두 가지 종류의 잠재적인 독심 오류를 연구하였다. 첫 번째는 성적 과지각 편향(sexual over-perception bias)으로서 성적 기회를 놓치는 손실을 최소화하게끔 설계된 독심 편향이 남성에게서 진화했으리라는 것이다. 이 이론은 여성이 단순히 미소를 짓거나, 팔을 스치거나, 바에서 우연히 만나 함께 술 한 잔 했을 뿐인데도 그녀가 나에 대해 성적인 관심을 보인다고 남성들이 잘못 추론하는 경향을 설득력 있게 설명해 준다.

두 번째 편향은 여성에게 존재하는 **헌신 회의 편향**(commitment skepticism bias)이다. 이 가설에 따르면, 여성은 구애 단계 초기에 남성이 자신에게 진실하게 헌신하는 정도를 과소평가하게끔 설계된 독심 편향을 진화시켰다. 이 편향은 하룻밤 성 관계를 얻기 위해 거짓으로 헌신을 꾸며 내는 남성에게 성적으로 속아 넘어가는 손실을 최소화하는 기능을 수행한다. 예를 들어 남성이 여성에게 꽃이나 선물을 선사했을 때 받는 여성은 이러한 선물이 남성의 헌신을 의미하는 정도를 '객관적인' 외부 관찰자에 비해서도 **과소평가**하는 경향이 있다. 물론 이렇게 헌신을 회의하는 편향에는 합당한 이유가 있다. 남성은 하룻밤의 성 관계를 강하게 추구하게끔 되어 있기 때문에 자주 여성들에게 자신의 헌신 정도와 사회적 지위, 심지어 아이들에 대한 애정까지 거짓으로 꾸미려 애쓴다. 따라서 이러한 유형의 속임수에 넘어가지 않도록 여성이 미리 잘 대처하는 편이 유리한 것이다.[81]

세 번째 편향은 성적 질투와 연관이 되는데 배우자의 부정에 대해 잘못 추론하는 것이다.[82] 남녀 모두 자신의 배우자가 사실은 더할 나위 없이 정숙한데도 부정하다고 잘못된 의심을 하는 경우가 때때로 있다. 이러한 편향은 진화사적으로 부정을 초래하기 쉬웠던 맥락에서, 즉 배우자가 성적으로 불만족스러워 할 때, 성욕이 갑자기 식은 직후에, 혹은 부부의 배우자 가치의 차이가 점점 더 커질 때 작동된다.

실수 관리 이론은 몇몇 유형의 실수는 심리 장치에 탈이 난 고장이기는커녕 잘 기능하고 있는 적응을 반영한다고 제안하므로 인간의 짝짓기 문제에 대해 신선한 시각을 제공한다. 이 이론은 왜 남성과 여성이 특정한 형태의 갈등을 일으키는지에 대한 새로운 통찰을 제공한다. 예컨대 원치 않은 성적 치근거림은 남성의 성적 과지각 편향 때문으로 설명할 수 있다. 이러한 편향을 이해하고 편향이 생겨난 진화적 논리를 이해한다면 남녀 모두가 서로의 짝짓기 마음을 보다 정확히 읽는 데 도움이 될 것이다.


## 그 밖의 미스터리들

인간 짝짓기에 대한 다른 미스터리들이 아직 여럿 남아 있다. 인간은 **정자 경쟁**(sperm competition)에 대한 적응을 갖고 있는가? 최근의 한 연구는 다른 남성의 정자를 부수는 역할을 하는 것으로 제안된 '가미가제 정자'의 존재를 뒷받침해 주는 어떤 증거도 발견하지 못했다.[83] 한편 다른 연구에서는 정자 경쟁에 대한 적응으로서 심리적 수준에서 제안된 적응 하나를 입증하였다. 토드 쉐켈포드는 배우자와 떨어져 지낸 시간이 늘어날수록, 즉 경쟁자 남성이 아내와 짝짓기할 기회가 더 커질수록 남성은 아내가 성적으로 더 매력적이라고 느끼며 아내와 당장 성 관계를 가지려는 강한 욕망을 품는다.[84] 이러한 경향은 부부가 따로 떨어져 지낸 시간에 따른 함수로서 일어나며, 마지막으로 동침한 후의 기간을 통계적으로 통제한 후에도 여전히 나타난다. 여성의 혼외정사가 무시 못할 빈도로 일어남을 생각하면 생리적, 심리적인 수준 모두에서 정자 경쟁 적응을 찾으려는 연구가 앞으로 더욱 활발히 수행되리라 기대할 수 있다.

짝짓기가 오직 욕망에 의해서만 영향을 받는 것은 아니다. 혐오도 일정한 역할을 한다. 비록 이 책이 욕망의 진화에 주로 초점을 맞추긴 했지만 욕망이 부재함으로써 짝짓기가 이루어지기도 한다. 즉 유전적 친족에 대한 성적 끌림이 부재함으로써 생기는 **친족 회피**(incest-avoidance) 현상이 그것이다. 사회학자 에드워드 웨스터마크가 1891년에 낸 명저 『인간 결혼의 역사』에서 이 현상을 처음으로 기록했다.[85] 이후 유전적 친족에 대한 성적 혐오를 웨스터마크 효과(Westermarck effect)라 부르게 되었다. 거의 세계 보편적인 이러한 혐오를 만든 선택압으로 두 가지를 들 수 있는데 바로 동계교배(同系交配, inbreeding)에 따른 손실과 이계교배(異系交配, outbreeding)에 따른 이득이다. 동계교배는 해로운 열성 유전자 쌍을 지닌 자식을 낳기 쉬우며, 따라서 이들 자식들은 지능이 낮거나 선천성 이상을 안고 태어날 확률이 높다. 이계교배는 유전적으로 보다 다양한 자식을 생산하므로 기생체와 병원균에 맞서 싸우기 유리하다.[86]

사람들은 가까운 유전적 친족에 단순히 성적으로 이끌리지 **않을** 뿐만 아니라 성적인 혐오를 지니며, 억지로 가까운 친족과 성 관계를 갖는 상상을 하게 되면 감정적인 구역질까지 느낀다는 가설이 수많은 증거들에 의해 지지되고 있다.[87] 중국, 이스라엘, 북아메리카 대륙에서 수행된 연구들은 누군가와 아주 가까운 거리에서 함께 자랐을 경우 그 사람에 대한 성적 이끌림이 억제된다는 것을 명확하게 밝혀냈다. 진화심리학자 아이린 벅과 어윈 실버만의 최근 연구는 함께 자란 형제자매들이 겪는 성적 혐오는 특히 생식기 성교에 집중된다는 사실을 발견했다. 동계교배에 따른 손실을 초래하고 이계교배에 따른 이득을 잃게 만드는 바로 그 성교 형태를 정확히 혐오하는 것이다.[88] 근친상간 회피가 후각적인 각인이나 혈연 인지 도구 등 현재 제안된 기제들 중 정확히 어떤 기제에 의해 일어나는지, 근친상간의 금기를 깨뜨렸을 때 생길 수 있는 유전적, 심리적 악영향은 어떤 것인지에 대해 앞으로 더 연구가 이루어져야 할 것이다.[89]

또 다른 미스터리는 배우자 가치의 심리에 초점을 맞춘다. 상당히 많은 증거들에 따르면, 전체적인 배우자 가치가 높은 남녀는 배우자 가치가 낮은 사람들보다 배우자를 고를 때 더 까다로우며 선택하는 판단 기준도 더 높다.[90] 진화심리학자 노먼 리는 각각의 사람들이 소유할 수 있는 "짝짓기 달러(mating dollar)"를 연구자가 변화시키는 "예산 분배" 방법이라는 독창적인 연구 기법을 개발하였다. 다시 말해서 이 방법을 통해 연구자는 (인위적이긴 하지만) 각각의 사람들의 배우자 가치를 변화시킬 수 있다.[91] 짝짓기에 쓸 수 있는 예산이 빠듯할 때, 즉 어떤 사람의 배우자 가치가 상대적으로 낮을 때 사람들은 짝짓기의 "필수재(必須財, necessity)"라고 리가 일컫는 것들을 먼저 차지하려고 한다. 여성에게는 지능, 경제적 자원, 근무 태도, 유머 감각이 이러한 필수재 목록에서 상위에 오른다. 남성에게는 신체적 매력이 필수재이다. 예산이 더 많아지면, 즉 자신의 배우자 가치가 증가하면 짝짓기의 "사치재(奢侈財, luxury)"에 점차 눈길이 쏠린다. 지능, 매력, 자원 등의 필수재가 어느 정도 확보된 다음에는 사람들은 "가외의" 짝짓기 달러를 특별히 창의적이거나 유쾌한 인성을 가진 배우자를 구매하는 데 쓴다.

우리는 이제 배우자 가치의 개인차가 던져 주는 비교적 명확한 함의를 이해할 수 있다. '8점'과 '9점'짜리 사람들은 자기 눈높이를 까다롭게 고집하며 자기들이 선호하는 성 전략을 더 용이하게 추구할 수 있는 위치에 있다. '4점'과 '6점'짜리 사람들도 선택할 수 있는 잠재적인 배우자가 적은 건 아니지만 어쩔 수 없이 눈을 낮춰야만 한다. 배우자 가치가 던져 주는 좀더 미묘한 함의에 대해선 앞으로 연구가 더 이루어져야 할 것이다. 여성의 배우자 가치는 월경 주기의 함수로서 예측 가능하게 변하는가? 배란기에는 정점에 다다랐다가 그 후 하락하는 식으로? 머릿결이 잘 듣는 날과 잘 안 듣는 날에서 짐작할 수 있듯이 여성의 배우자 가치는 남성의 그것보다 심한 월간 변이(monthly variability)를 보이는가? 왜냐하면 실제로 여성은 배란 중이 아닐 때보다 배란 중일 때 더 번식 가치가 높기 때문에? 더 긴 시간 척도에서 볼 때 남성의 배우자 가치는 더 심하게 변동하는가? 사회적 지위가 갑자기 치솟거나 폭락하는 변화에 맞추어서? 남녀 간의 짝짓기 관계 안에서 이러한 일간, 월간, 그리고 장기적인 변동이 남녀의 상대적인 권력 균형, 사랑의 감정, 그리고 타인에 대한 성적 판타지에 어떤 영향을 끼치는가? 이들 질문들 모두 탐구해 볼 만한 가치가 있으며, 앞으로 10년 이내에 틀림없이 답이 나오리라 믿는다.

## 사회적 삶에서 짝짓기의 중심적 위치

자연선택에 의한 진화는 복잡하고, 정교하며, 때로는 불가사의한 짝짓기 기제를 조각해 냈다. 우정의 맺음에서 경쟁자에 대한 비방까지, 명성의 추구에서 살인 충동까지 이르는 성공적인 짝짓기를 향한 탐사는 수많은 인간의 노력 중에서도 단연 핵심적인 위치를 차지한다. 언어의 진화는 유혹, 유머, 구애, 성적 농담 등에 쓰였던 언어적 신호에 기댄다. 큰 동물의 사냥과 이를 위해 필요했던 신체적, 심리적 진화가 배우자에게 구애할 때 다량의 자원을 제공할 수 있게 했다. 전쟁은 배우자를 얻고, 그들을 지키는 데 필요한 자원을 얻기 위한 노력에서 부분적으로 진화했다. 문화적 창조 활동에 대한 욕구조차도 잠재적인 배우자에게 적응도를 신호하려는 노력에서 진화했을지 모른다.[92] 우리의 해부학적, 생리적, 심리적, 문화적 전통은 우리의 원시 인류 조상들의 짝짓기 성공과 실패에 의해서 정교하게 다듬어졌다.

어떤 사회적 관계도 짝짓기의 손길에서 벗어나지 않는다. 남성은 여성의 미소를 잘못 읽어 성적 착취로 한 걸음 나아간다. 여성은 남성의 헌신 신호에 회의적으로 반응하여 성적 희생물이 되는 것을 피한다. 아버지는 딸을 호위하여 딸의 배우자 선택에 영향력을 행사하며, 딸은 아버지를 조작하여 자신이 원하는 남자와 결혼하려 한다. 남녀 모두 기만적인 신호를 구사한다. 남성과 여성은 '그냥 친구'로 지내는 데 커다란 어려움을 겪는다. 동성 친구가 때때로 트로이의 목마로 돌변한다. 웃는 얼굴 뒤에 배우자 밀렵의 의도가 숨어 있다. 때때로 다행히도 우리는 평생을 함께하는 사랑을 찾는다. 개인들의 모임으로서 우리가 하는 많은 일들에 짝짓기가 깊숙이 침투해 있다. 하나의 종으로서 우리가 누구인지 짝짓기가 정의해 준다.

주(註)

## 짝짓기 행동의 기원

1. Jankowiak and Fisher 1992.
2. Beach and Tesser 1988; Sternberg 1988.
3. Darwin 1859,1871.
4. 진화심리학의 중요한 학자들은 다음과 같다. Cosmides and Tooby (1897), Daly and Wilson (1988), Pinker (1994), Thornhill and Thornhill (1990a), Symons (1979), and Buss (1989a, 1991a).
5. Rozin 1976.
6. Collias and Collias 1970.
7. Le Boeuf 1974.
8. Vandenberg 1972.
9. Smuts 1987; Lindburg 1971; Seyfarth 1976.
10. Thornhill and Alcock 1983.
11. Daly, Wilson, and Weghorst 1982; Symons 1979; Buss, Larsen, Westen, and Semmelroth 1992.
12. Erickson and Zenone 1976.
13. Betzig 1989.
14. Thornhill 1980a.
15. Buss and Schhmitt 1993.
16. Symons 1987.
17. Low 1989.
18. Guttentag and Secord 1983; Kim Hill, personal communication, 1991.
19. Daly and Wilson 1988.
20. Chagnon 1988.

## 여자가 원하는 것

1. Trivers 1972; Williams 1975.
2. Trivers 1985.
3. Trivers 1972.
4. Yosef 1991.
5. Draper and Harpending 1982; Belsky, Steinberg and Draper 1991.
6. Smuts, in press.
7. Hudson and Henze 1969; McGinnis 1958; Hill 1945.
8. Buss 1989a.
9. Kenrick, Sadalla, Groth, and Trost 1990.
10. Wiederman, in press.
11. Buss 1989a.
12. Betzig 1986; Brown, and Chai-yun n.d.
13. Betzig 1986.

14. Hill 1945; Langhorne and Secord 1955; McGinnis 1958; Hudson ar 1986.
15. Langhorne and Secord 1955.
16. Buss 1989a.
17. Buss 1989a.
18. Jencks 1979.
19. Hart and Pilling 1960.
20. Kim Hill, personal communication, May 17, 1991; Don Symons, 1990.
21. McGrae and Costa 1990; Gough 1980.
22. Jankowiak, Hill, and Donovan 1992.
23. Martin Whyte, personal communication, 1990.
24. Townsend 1989; Townsend and Levy 1990; Wiederman and Allgei
25. Buss 1989a; Willerman 1979; Kyle-Heku and Buss, unpublished; .
26. Langhorne and Secord 1955.
27. Buss and Schmitt 1993; Betzig 1989.
28. Buss 1991b.
29. Jencks 1979.
30. Herrnstein 1989; Brown 1991; Brown and Chai-yun, n.d.
31. Barkow 1989.
32. Hill, Rubin, and Peplau 1976.
33. Buss 1984, 1985, n.d.
34. Buss 1987b; Buss et al. 1990.
35. Buss and Barnes 1986; Kenrick, Groth, Trost, and Sadalla 1993; Thibeau and Kelley 1986.
36. Trivers 1985.
37. Buss and Schmitt 1993.
38. Jackson 1992.
39. Brown and Chai-yun n.d.
40. Ellis 1992, 279~281.
41. Gregor 1985, 35, 96.
42. Buss et al. 1990.
43. Ford and Beach 1951.
44. Hamilton and Zuk 1982.
45. Farrell 1986, 50.
46. Jankowiak and Fesher 1992; Sprecher, Aron, Hatfield, Cortese, Potapova, and Levitskaya 1992.
47. Buss 1988c.
48. Sprecher et al. 1992.
49. Thiessen, Young, and Burroughs, in press.
50. Harrison and Saeed 1977.
51. Wiederman, in press.
52. Buss 1991b.
53. Buss 1991b.
54. Buss and Barnes 1986.
55. Secord 1982; Ardener, Ardener, and Warmington 1960.
56. Wiederman and Allgeier 1992; Townsend 1989.
57. Buss 1989a.

## 그리고 남자가 원하는 것

1. Hill and Hurtado, in press.
2. Symons 1979, 271.
3. Symons 1979; Williams 1975.
4. Hill 1945; McGinnis 1958; Hudson and Henze 1969; Buss 1989a.
5. Symons 1989, 34~35.
6. Hart and Pilling 1960; see also Buss 1989a.
7. Kenrick and Keefe 1992.
8. Guttentag and Secord 1983; Low 1991.
9. Buss 1989a.
10. Hatr and Pilling 1960.
11. Orions and Heerwagen 1992; Symons 1979.
12. Ford and Beach 1951.
13. Malinowski 1929, 244.
14. Jackson 1992.
15. Berscheid and Walster 1974; Langlois, Roggman, Casey, Ritter, Rieser-Danner, and Jenkins 1987.
16. Langlois, Roggman, and Reiser-Danner 1990; Cross and Cross 1971.
17. Cunningham, Roberts, Richards, and Wu 1989.
18. Thakerar and Iwawaki 1979; Morse, Reis, Gruzen, and Wolff 1974; Cross and Cross 1971; Jackson 1992.
19. Langlois and Roggman 1990.
20. Gangestad and Thornhill, in press.
21. Ford and Beach 1951.
22. Rosenblatt 1974.
23. Symons 1979.
24. Rozin and Fallon 1988.
25. Singh, 1993, in press a, b.
26. Langhorne and Secord 1955.
27. Hill 1945; McGinnis 1958; Hudson and Henze 1969; Buss 1985, 1989a; Buss and Barnes 1986.
28. Buss 1987a.
29. Buss, in preparation a.
30. Low 1979.
31. Buss 1987a.
32. Buss, in preparation b.
33. Symons 1979.
34. Posner 1992.
35. Wilson 1975, 1978.
36. Ruse 1988.
37. Jankowiak, Hill, and Donovan 1992.
38. Deaux and Hanna 1984.
39. Tripp 1975; Hoffman 1977; Symons 1979, 295.
40. Blumstein and Schwatrz 1983.
41. Voland and Engel 1990; Borgerhoff Mulder 1988; Røskraft, Wara, and Viken 1992.
42. Betzig 1992.
43. Elder 1969; Taylor and Glenn 1976; Udry and Eckland 1984.
44. Grammer 1992.
45. Wolf 1991.

46. Kenrick, Neuberg, Zierk, and Krones, in press.

47. Kenrick, Gutierres, and Goldberg 1989.

48. Alexander and Noonan 1979; Daniels 1983; Strassman 1981.

49. Alexander and Noonan 1979.

50. Hill 1945; McGinnis 1958; Hudson and Henze 1969; Buss, in preparation a.

51. Dickemann 1981.

52. Posner 1992.

53. Buss 1989a.

54 Tooby and Cosmides 1989a, 39.

55. Thompson 1983; Weiss and Slosnerick 1981.

56. Buss and Schmitt 1993.

57. Buss 1989b.

58. Symons 1987.

## 하룻밤의 정사

1. Clark and Hatfield 1989.

2. Smith 1984.

3. Smith 1984.

4. Smith 1984; Short 1979.

5. Baker and Bellis, in press a.

6. Baker and Bellis, in press b.

7. Baker and Bellis, in press c.

8. Symons 1979, 207.

9. Buss and Schmitt 1993.

10. Buss and Schmitt 1993.

11. Bermant 1976.

12. James 1981; Kinsey, Pomeroy, and Martin 1953; Symons 1979.

13. Anthanasiou, Shaver, and Travis 1970; Hite 1987; Hunt 1974.

14. Thompson 1983; Lawson 1988.

15. Symons 1979.

16. Elwin 1968, 47.

17. Schapera 1940, 193.

18. Gregor 1985, 84, 72.

19. Kinsey, Pomeroy, and Martin 1948, 589.

20. Ellis and Symons 1990.

21. Hunt 1974.

22. Wilson 1987, 126.

23. Barclay 1973, 209.

24. Ellis and Symons 1990, 544.

25. Barclay 1973, 211.

26. Ellis and Symons 1990.

27. Gladue and Delaney 1990; Nida and Koon 1983; Pennybaker, Dyer, Caulkins, Litowixz, Ackerman, and Anderson 1979.

28. Symons 1979.

29. Saghir and Robins 1973.

30. Ruse 1988.

31. Symons 1979, 300

32. Burley and Symanski 1981; Smith 1984; Symons 1979.
33. Thornhill 1992a; Welham 1990.
34. Buss and Schmitt 1993; Small 1992; Smith 1984; Smuts 1985; Barkow 1989; Thornhill 1992a; Wilson and Daly 1992.
35. Malinowski 1929, 269.
36. Buss and Schmitt 1993.
37. Burley and Symanski 1981.
38. Janus and Janus 1993.
39. Buss and Schmitt 1993.
40. Buss and Schmitt 1993.
41. Smuts 1991.
42. Biocca 1970.
43. Smuts 1985.
44. Smith 1984, 614.
45. Colwell and Oring 1989.
46. Greiling 1993; Spanier and Margolis 1983, and Terman 1938.
47. Symons 1979; Baker and Bellis, in press, c; Gangestad 1989; Gangestad and Simpson, 1990.
48. Fisher 1958.
49. Buss and Schmitt 1993; Kenrick et al. 1993.
50. Symons 1979.
51. Daly and Wilson 1988.
52. Kim Hill personal communication, 1991.
53. Muehlenhard and Linton, 1987.
54. Hill and Hurtado, in press.
55. Daly and Wilson 1988.
56. Wilson and Daly 1992.
57. Holmes and Sherman 1982.
58. Draper and Belsky 1990; Moffitt, Caspi, and Belsky 1990.
59. Frayser 1985; Gregor 1985.
60. Secord 1983; Pedersen 1991.
61. Gaulin and Schlegel 1980.
62. Hill and Kaplan 1988; Kim Hill, personal communication, 1991.
63. Posner 1992.
64. Betzig 1992.

## 배우자 유혹하기

1. Kevles 1986.
2. Buss 1988a; Schmitt and Buss, in preparation.
3. Buss and Dedden, 1990.
4. Cloyd 1976.
5. Hill, Nocks, and Gardner 1987; Townsend and Levy, in preparation.
6. Holmberg 1950, 58.
7. Ovid 1982, 199.
8. Tooke and Camire 1991.
9. La Cerra, Cosmides, and Tooby 1993.
10. Schmitt and Buss, in preparation.
11. Margulis and Sagan 1991, 103; Trivers 1985, 395; Thornhill and Alcock 1983.

12. Allan and Fishel 1979, 150.

13. Chagnon 1988.

14. Barkow 1989.

15. Cloyd 1976, 300.

16. Kiesler and Baral 1970; Stroebe 1977.

17. Cloyd 1976; Nesse 1990.

18. Howard 1981.

19. Schmitt and Buss, in preparation.

20. Schmitt and Buss, in preparation.

21. Dawkins 1976; Symons 1979; Buss and Chiodo 1991.

22. Allan and Fishel 1979, 152.

23. Buss, in preparation, b.

24. Graziano, Jensen-Campbell, Shebilske, and Lundgren, in press.

25. Wolf 1991, 11.

26. Buss and Dedden 1990.

27. Barth 1987.

28. Buss 1988a; Schmitt and Buss, in preparation.

29. Hatfield and Rapsom 1993.

30. Hatfield, Walster, Piliavin, and Schmidt 1973.

31. Kim Hill, personal communication, 1991.

32. Cashdan 1993.

33. Hill, Nocks, and Gardner 1987.

34. Allan and Fishel 1979, 137; 139.

35. Abbey 1982.

36. Givins 1978.

37. Daly and Wilson 1988; Guttentag and Secord 1983; Pedersen 1991.

## 두 사람이 함께 살아가기

1. Thornhill and Alcock 1983.

2. Alcock 1981.

3. Alexander 1962.

4. Thornhill and Alcock 1983.

5. Abele and Gilchrist 1977; Parker 1970.

6. Buss 1988b; Buss and Barnes 1986; Kenrick, Groth, Trost, and Sadalla, 1993.

7. Alexander and Noonan 1979; Daly, Wilson, and Weghorst 1982.

8. Shettel-Neuber, Bryson, and Young 1978; Buss, in preparation c.

9. Daly and Wilson 1988, 182.

10. Safilios-Rothschild 1969, 78~79.

11. White 1981.

12. Buunk and Hupka 1987.

13. Teisman and Mosher 1978.

14. Francis 1977.

15. Buss et al. 1992.

16. Gottschalk 1936.

17. Buunk and Hupka 1987.

18. Chimbos 1978, 54.

19. Daly and Wilson 1988, 196.

20. Miller 1980.

21. Daly, Willson, and Weghorst 1982.

22. Lobban 1972; Tanner 1970; Bohannan 1960.

23. Lobban 1972.

24. Daly, Wilson, and Weghorst 1982.

25. Daly and Wilson 1988.

26. Buss 1988b.

27. Buss, in preparation d.

28. Shettel-Neuber, Bryson, and Young 1978.

29. Dickemann 1981.

30. Betzig, in preparation, 17.

31. Dass 1970, 78.

32. Saletore 1978, 64; Saletore 1974, 61.

33. Van Gulik 1974, 17.

34. Cienza de Leon 1959, 41.

35. Smuts and Smuts 1993.

36. Daly and Wilson 1988; Russell 1990; Margo Wilson 1989 and personal communication.

37. Hosken 1979.

38. Daly, Wilson, and Weghorst 1982; Hosken 1979, 2.

39. Miller 1980.

40. Handy 1923, cited in Daly and Wilson, 1988, 204.

41. Rasmussen 1931.

42. Wilson and Daly 1992, 311.

## 성적 갈등

1. Buss 1989b.

2. Byers and Lewis 1988.

3. Saal, Johnson, and Weber 1989; 비교 결과로 Abbey 1982를 볼 것.

4. Abbey and Melby 1986.

5. Abbey 1982; Saal, Johnson, and Weber 1989.

6. Semmelroth and Buss, unpublished data.

7. Ellis and Symons 1990; Hazan 1983.

8. Thornhill and Tornhill 1990a, 1990b.

9. Buss 1989b.

10. Semmelroth and Buss, unpublishhed data.

11. Zahavi 1977.

12. Zahavi 1977.

13. Blumstein and Schwartz 1983.

14. Trivers 1985.

15. Cassell 1984, 155.

16. Semmelroth and Buss, unpublished data.

17. Semmelroth and Buss, unpublished data.

18. Daly and Wilson 1988.

19. Margo Wilson 1989 and personal communication.

20. Whitehurst 1971.

21. Rounsaville 1978.

22. Hilberman and Munson 1978.

23. Daly and Wilson 1988; Russell 1990.

24. Chagnon 1983.

25. Studd and Gattiker 1991, 251.

26. Terpstra and Cook 1985.

27. Studd and Gattiker 1991.

28. Studd and Gattiker 1991.

29. Terpstra and Cook 1985.

30 Terpstra and Cook 1985.

31. Gutek 1985.

32. Studd and Gattiker, in preparation.

33. Gutek 1985; Studd and Gattiker 1991; Quinn 1977.

34. Koss and Oros 1982.

35. Muehlenhard and Linton 1987.

36. Gavey 1991.

37. Russell 1990.

38. Malamuth, Heavey, and Linz 1993; Thornhill and Thornhill 1992.

39. Thornhill 1980a 1980b.

40. Malamuth 1992; Thornhill and Thornhill 1992.

41. Mazur 1992.

42. Thornhill and Thornhill 1983.

43. Thornhill and Thornhill 1992; Clark and Lewis 1977.

44. Byers and Lewis 1988; McCormick 1979; Muehlenhard and Linton 1987.

45. Muehlenhard and Linton 1987.

46. Daly and Wilson 1988; Thornhill and Thornhill 1992.

47. Thornhill and Thornhill 1990a, 1990b.

48. Malamuth 1981.

49. Young and Thiessen 1992.

50. Malamuth 1986; Malamuth, Sockloskie, Koss, and Tanaka 1991.

51. Thornhill and Thornhill 1983.

52. Freemont 1975, 244~246.

53. Chagnon 1983.

54. Brownmiller 1975.

**파경**

1. Howell 1979.

2. Kim Hill, personal communication, 1991.

3. Daly and Wilson 1988; Trinkaus and Zimmerman 1982.

4. Hill and Hurtado, in press.

5. Chagnon 1983.

6. Tooby and DeVore 1987.

7. Betzig 1989.

8. Daly and Wilson 1988.

9. Gladwin and Sarason 1953, 128.

10. Erickson and Zenone 1976.

11. Fisher 1992.

12. Radcliffe-Brown 1922.

13. Beardsley et al. 1959.

14. Chagnon 1983; Hart and Pilling 1960; Buss 1989a.
15. Weiss 1975, 19.
16. Cherlin 1981; Fisher 1992; Whyte 1990.
17. Bowe 1992, 200.
18. Seiler 1976.
19. Cuber and Harroff 1965.
20. Borgerhoff Mulder 1985, 1988.
21. Murdock and Wilson 1972.
22. Ames 1953.
23. Berzig 1989.
24. Bowe 1992.
25. Elwin 1949, 70.
26. Bunzel 1952, 132.
27. Daly and Wilson 1988.
28. McCrae and Costa 1990.
29. Buss 1991b.
30. Bunzel 1952, 132.

## 시간에 따른 변화

1. de Waal 1982.
2. Borgerhoff Mulder 1988.
3. Schneider 1964, 53.
4. Goldschmidt 1974.
5. Henss 1992.
6. Hart and Pilling 1960.
7. Udry 1980.
8. Greeley 1991.
9. James 1981.
10. Margolin and White 1987.
11. Pfeiffer and Davis 1972.
12. Buss, in preparation d.
13. Flinn 1988.
14. Dickemann 1979.
15. Daly and Wilson 1988.
16. Byrne 1988.
17. Green, Lee, and Lustig 1974.
18. Dally and Wilson 1988.
19. Spanier and Margolis 1982.
20. Thompson 1984.
21. Glass and Wright 1985.
22. Johnson 1970.
23. Terman 1938.
24. Sigusch and Schmidt 1971.
25. Kinsey, Pomeroy, and Martin 1948, 1953.
26. Betzig 1992.
27. Quoted in Symons 1979, 166.
28. Hill and Hurtado 1991; Jones 1975; Croze, Hillman, and Lang 1981.

29. Hill and Hurtado 1991.

30. Utian 1980, cited in Pavelka and Fedigan 1991.

31. Alexander 1990.

32. Hill and Hurtado 1991.

33. Alexander 1990; Dawkins 1976; Hill and Hurtado 1991; Williams 1957.

34. Hill and Hurtado 1991.

35. Lahdenper, M., et al. 2004.

36. Hill and Hurtado 1991.

37. Hill and Hurtado, in press.

38. Kaplan and Hill 1985a; Kaplan, Hill, and Hurtado 1984; Hill and Hurtado 1989; Hill and Kaplan 1988.

39. Hart and Pilling 1960.

40. Shostak 1981.

41. Kim Hill, personal communication, 1991.

42. Hill and Hurtado, in press.

43. Jencks 1979.

44. Hewlett 1991.

45. Trivers 1985.

46. Daly and Wilson 1988; Trivers 1985.

47. U. S. Bureau of the Census 1989.

48. Hart and Pilling 1960.

49. Wilson and Daly 1985.

50. Kuzel and Krishnan 1979.

51. Mackey 1980; U. S. Bureau of the Census 1977.

52. Chamie and Nsuly 1981.

53. Guttentag and Secord 1983, 204~205.

54. Pedersen 1991.

55. Pedersen 1991.

56. Markman, Stanley, and Storaasili 1991.

57. Gaulin and Boster 1990; Pedersen 1991.

58. Flinn 1988.

59. Wilson 1989, 53.

60. Thornhill and Thornhill 1983.

61. Divale and Harris 1976.

62. Daly and Wilson 1988.

63. Thornhill and Thornhill 1983.

## 남녀의 화합

1. Baker and Bellis, in press c; Buss and Schmitt 1993; Betzig 1989.

2. Gowaty 1992; MacKinnon 1987; Smuts, in press; Ortner 1974; Ortner and Whitehead 1981; Daly and Wilson 1988.

3. Buss 1989a.

4. Hall and DeVore 1965; de Waal 1982.

5. Conner, Smolker, and Richards 1992.

6. Nishida and Goodall 1986; Goodall 1986.

7. Alexander 1987; Chagnon 1983.

8. Tooby and Cosmides 1989b.

9. Smuts, in press.

10. 물론 자원 불평등에 대한 이러한 분석은 다른 요인들, 예컨대 똑같은 일을 해도 성에 따라 임금을 차등적으로 지급하는 것 같은 성차별주의적 관습의 존재 등도 여기에 기여함을 부정하지 않는다.

11. Smuts, in press.

12. Brownmiller 1975.

13. Daly and Wilson 1988; Smuts 1992.

14. Buss and Dedden 1990; Hrdy 1981.

15. Hewlett 1991.

16. Shostak 1981.

17. Belsky, Steinberg, and Draper 1991.

18. Kim Hill, personal communication, 1992.

19. Chagnon 1983, personal communication, 1991.

20. Brownmiller 1975.

21. Tooby and Cosmides 1989.

22. Malamuth 1981; Young and Thiessen 1992.

23. Weidfeld, Russell, Weisfeld, and Wells 1992.

## 여성의 은밀한 성 전략

1. Symons 1979, 75.

2. Bancroft 1989.

3. Tavris and Sadd 1977.

4. Symons 1979, 86.

5. 어떤 여성 독자는 남성도 오르가슴을 얼마나 쉽게 느끼는가와 얼마나 많은 섹스 상대를 두는가에 대해 여성만큼이나 크나큰 다양성이 존재한다고 내게 말해 주었다. 이에 대해서는 아직까지 연구가 덜 되었다.

6. Symons 1979; Gould 1987.

7. Gould 1987, 16.

8. Davenport 1977, 149.

9. Slob and van der Werff ten Bosch 1991; Dixon 1998; Baker and Bellis 1995.

10. Elwin 1968, 131.

11. Shostak 1981, 286~287.

12. Rancour-Laferriere 1985.

13. Rancour-Laferriere 1985, 79.

14. Rancour-Laferriere 1985, 70.

15. Rancour-Laferriere 1985, 105.

16. Angier 1999, 74.

17. Alexander and Noonan 1979, 449.

18. Hrdy 1999.

19. Symons 1982.

20. Hrdy 1999, 223.

21. Fox, Wolff, and Baker 1970 등이 이 가설을 처음으로 제안했다. 최근 들어 이 문제는 많은 학자들에 의해 연구되고 있는데, 특히 Baker and Bellis 1995를 들 수 있다.

22. Baker and Bellis 1995.

23. Welling, Field, Johnson, and Wadsworth 1994.

24. Tavris and Sadd 1977.

25. Kinsey et al. 1953.

26. Michael, Gagnon, Laumann, and Kolata 1994.

27. Fisher 1973, Terman 1938.

28. Chesser 1957.

29. Troisi and Carosi 1998.

30. Thornhill, Gangestad, and Comer 1995.

31. Shackelford, LeBlanc, Euler, and Hoier 2000.

32. Baker and Bellis 1995.

33. Baker and Bellis 1995.

34. 이 점을 지적해 준 Don Symons에게 감사한다.

35. Hicks and Leitenberg 2001.

36. Symons 1979, 206~207.

37. Greiling and Buss 2000.

38. 이 증거에 대한 요약으로 Buss 2000을 볼 것.

39. 이 논리에 대한 반론 가운데 하나는 이렇다. 왜 여성들은 남성이 한꺼번에 우수한 자원 공급자와 우수한 아버지가 되게 해 주는 유전자를 인식하게끔 진화하지 않았는가? 남성으로 하여금 단기적인 성 관계에서만 좋은 사람이 되게 하는 유전자를 인식하는 것보다는 그 편이 더 나을 텐데?

40. Cerda-Flores, Barton, Marty-Gonzalez, Rivas, and Chakraborty 1999; Sasse, Muller, Chakreborty, and Ott 1994; MacIntyre and Sooman 1991.

41. Gangestad and Thornhill 1997.

42. Thornhill and Gangestad, in press.

43. Greiling and Buss 2000.

44. Kirkpatrick and Ellis 2001.

45. Gangestad and Thornhill 1997.

46. Stanislaw and Rice 1988; see also Regan 1996.

47. 상세한 요약과 결론은 Gangestad and Cousins, in press을 볼 것.

48. Gangestad, Thornhill, and Garver, in press.

49. Penton-Voak and Perrett 2000.

50. Penton-Voak, Perrett, Castles, Kobayashi, Burt, Murray, and Minamisawa 1999.

51. Johnston, Hagel, Franklin, Fink, and Grammer 2001.

52. Regan and Berscheid 1995.

53. Kohl, Atzmueller, Fink, and Grammer 2001.

54. Gangestad and Thornhill 1998; 이 결과는 Rikowski and Grammer 1999에서도 발견된다.

55. 냄새의 중요성을 시사하는 다른 연구는 여성이 자기와 유사하지 않은 MHC(major histocompatibility, 조직 적합성 복합체) 유전형을 지닌 남성의 냄새를 선호한다는 사실을 발견했다.(Wedekind, seeback, Bettens, and Paepke 1995 참조)

56. Symons 1987, 133.

57. Buss 1999, 145.

58. Margie Profet, personal communication, cited in Symons 1995, 90~91.

59. Buss 1999.

60. Singh and Bronstad 2001.

61. Poran 1994; Kuukasjarvi, Eriksson, Koskela, Mappes, and Rantala, under review; see also Doty, Ford, Preti, and Huggins 1975; Thornhill and Gangestad 1999. 그러나 다른 방법을 사용하여 이 결과를 재현하는 데에는 실패했다.

62. Van des Berghe and Frost 1986.

63. Manning and Scutt 1996.

64. Grammer 1996.

65. Gangestad and Cousins, in press.

66. Gangestad, Thornhill, and Carver, in press.

67. Buss and Shackelford 1997.

## 인간 짝짓기의 미스터리

1. Bobrow and Bailey 2001.
2. 최근의 요약 논문으로는 Rahman and Wilson, in press를 볼 것. 대다수 연구들이 약 50퍼센트라는 상당한 유전 가능성을 보고하고 있지만, 어떤 연구들은 일란성 쌍둥이의 동성애 성향은 겨우 20~30퍼센트만 일치함을 발견했다. 이는 유전의 영향이 종래 생각하던 정도보다는 다소 미약함을 시사한다.
3. Bobrow and Bailey 2001, Muscarella 2000, and McKnight 1997.
4. Wilson 1975.
5. Dobrow and Bailey 2001.
6. Kirkpatrick 2000; Parish 1994; Vasey 1995.
7. de Waal 1989; Wrangham 1999.
8. Miller 2000; see also McKnight 1997.
9. Rahman and Wilson, in press.
10. 게이 유전자(gay gene)'를 찾기 위한 초창기 노력에 대한 요약으로 Hamer and Copeland 1998을 볼 것. 재현을 하지 못한 연구로서 Anderson, Rische, and Ebers 1999를 볼 것. 모계를 통해 동성애가 전해진다는 증거를 찾지 못한 유사한 연구 사례로는 Bailey et al. 1999를 볼 것. 대다수 연구들이 X 염색체에 놓인 유전자가 남성의 성적 지향에 영향을 끼친다는 것을 확인했음을 보여 주는 연구로 Taman and Wilson, in press를 볼 것.
11. Cochran, Ewald, and Cochran 2000, 437~438.
12. Cochran, Ewald, and Cochran 2000.
13. Cochran, Ewald, and Cochran 2000, 438.
14. Bailey, Kim, Hills, and Linsenmeier 1997; Bassett, Pearcey, and Dabbs 2001.
15. Singh, Vidaurri, Zambarano, and Dabbs 1999.
16. Gould 1997.
17. Cooperative Institutional Research Program, University of Califonia, Los Angeles, 2001.
18. Surbey and Conohan 2000, 367.
19. Townsend, Kline, and Wasserman 1995.
20. Schmitt and Buss 2001.
21. Schmitt, Shackelford, Duntley, Tooke, and Buss 2001.
22. Schmitt, under review.
23. Haselton and Buss 2001.
24. Regan and Dreyer 1999.
25. Schmitt et al. 2001.
26. Walsh 1991; Schmitt et al. 2001.
27. Mathes, King, Miller, and Reed 2002.
28. Brewer et al. 2000.
29. Pinker 2002.
30. Bleske and Buss 2000, 2001.
31. Bleske and Shackelford 2001.
32. Buss and Shackelford 1997.
33. Schmitt and Buss 2001.
34. Schmitt 2001.
35. Buss et al. 1992.
36. Buss 2000.
37. Buunk et al. 1996; Wiederman and Kendall 1999; Geary et al. 1995; Buss et al. 1999.
38. Shackelford, Buss, and Bennett 2002.
39. Pietzak et al. 2002. 성차는 이제 전 세계에 걸쳐 수십 명의 연구자들에 의해 반복되어 입증되었으며, 과학 문헌에 보고된 심리적 성차들 가운데 가장 잘 확립된 성차의 하나로 인정되고 있다. 이러한 진화적 해석에

반박하는 이들조차 두 가지 생리적 측정 기법을 다 사용하여 성차를 재현하였다.(예컨대 Harris 2000)

40. DeSteno, Bartlett, Braverman, and Salovey, in press.

41. 상세한 요약으로 Buss 2000을 볼 것. 여러 방법론을 동원한 연구로서 가장 훌륭한 연구로는 Poetrzak et al. 2002를 볼 것.

42. DeSteno and Salovey 1996; Harris and Christenfield 1996.

43. Cramer, Abraham, Johnson, and Manning-Ryan 2001~2002; Buss et al. 1999; Pietrzak et al. 2002.

44. Buss, Shackelford, Choe, Buunk, and Dijkstra 2000.

45. Buss and Shackelford 1997.

46. Sanday 1990, 3.

47. Good 1991, 102.

48. Gregor 1985, 103.

49. Good 1991, 199.

50. Freeman 1984.

51. Maggioncalda and Sapolsky 2002; Mitani 1985.

52. Thornhill and Palmer 2000.

53. Lalumiere et al. 1996.

54. Thornhill and Palmer 2000.

55. Thornhill and Thornhill 1983.

56. Gottschall and Gottschall, in press; 강간에 의한 임신 확률을 합의하의 성 관계에 의한 임신 확률과 비교한 대부분의 연구들은 여러 가지 면에서 문제가 있다. 어떤 연구는 강제 구강성교, 항문 성교, 음경-질 강간과 같은 모든 유형의 강간들을 종합한 다음에 그에 따른 임신 확률을 합의하의 성관계에 의한 임신 확률과 비교하였다. 대다수 연구들은 강간 피해자들에게 응급 피임약이 광범위하게 주어지는 현실을 간과하였다. 고트쉘 연구는 이러한 변인들을 통계적으로 제어한 최초의 연구이다.

57. Jones 1999를 참조. 이 논문은 적응으로서의 강간 이론에 대한 이러한 반박에 별칭을 붙여 주었다.

58. Russell 1990.

59. Symons 1979, 284.

60. 손힐과 파머가 저술한 책의 강점과 약점을 가장 공정하게 비평한 서평은 Owen Jones 2001와 Massimo Pigliucci 2002에서 찾을 수 있다.

61. Griffin 1971; cited in Hickman and Muehlenhard 1997.

62. S. Mydans. Austin American Statesman, March 24, 2002, p. A25.

63. Buss 1989.

64. Hartung, n. d.

65. Gilmore 1990.

66. Royle 1989.

67. Smuts 1992, 1.

68. Rogel 1976. 이 발견은 강간에 의한 임신 확률이 의외로 높음을 발견한 고트쉘 연구와 상치되는 것처럼 보인다. 이 두 연구가 왜 서로 반대되는 결과를 보고했는지 앞으로의 연구를 통해 밝혀야 할 것이다.

69. Morgan 1981.

70. Chavanne and Gallup 1998.

71. Morris and Udry 1970.

72. Hickman and Muehlenhard 1997.

73. Hickman and Muehlenhard 1997.

74. Hickman and Muehlenhard 1997.

75. Pawson and Banks 1993.

76. Hickman and Muehlenhard 1997.

77. Wilson and Mesnick 1997.

78. Wilson and Mesnick 1997, 507.

79. Coyne 2000. 코인의 비평이 손힐과 파머의 책에 내재한 몇 가지 약점들에 대해 주의를 환기시킨 했지만, 그의 비평은 인신공격을 빈번히 사용할 뿐만 아니라 진화 심리학의 논리에 대해 심각한 개념적 오해를 노출하고 있다.

80. Haselton and Buss 2000; Haselton, in press; Haselton and Buss, in press.

81. Keenan, Gallup, Goulet, and Kulkani 1997.

82. Buss 2000, 2001.

83. Moore, Martin, and Birkhead 1997.

84. Shackelford, LeBlanc, Weekers-Shackelford, Bleske-Rechek, Euler, and Hoier 2002.

85. Westermarck 1891.

86. Hamilton 1982.

87. Lieberman 2002.

88. Bevc and Silverman 2000; Immerman and Mackey 1997.

89. Schneider and Hendrix 2000; Immerman and Mackey 1997.

90. Pawlowski and Dunbar 1999.

91. Li and Bailey 2002.

92. Miller 2002.

# 참고문헌

Abbey, A. (1982). Sex differences in attributions for friendly behavior: Do males mispercerive females' friendliness? *Journal of Personality and Social Psychology* 32, 830~838.

Abbey, A., & Melby, C. (1986). The effects of nonverbal cues on gender differences in perceptions of sexual intent. *Sex Roles, 15*, 283~298.

Abele, L., & Gilchrist, S. (1977). Homosexual rape and sexual selection in acanthocephalan worms. *Science, 197*, 81~83.

Alcock, J. (1981). Seduction on the wing. *Natural History, 90*, 36~41.

Alexander, R. D. (1962). Evolutionary Change in cricket acoustical communication, *Evolution, 16*, 443~467.

Alexander, R. D. (1987). *The biology of moral systems*. New York: Aldine de Gruyter.

Alexander, R. D. (1990). *How did humans evolve? Refledctions on the unique species* (Special Publication No. 130. Ann Arbor: The University of Michigan, Museum of Zoology.

Alexander, R. D., & Noonan, K. M. (1979). Concealment of ovulation, parental care, and human social evolution. In N. A. Chagnon & W. Irons (Eds.), *Evolutionary biology and human social behavior: An anthropological perspective* (pp. 402~435). North Scituate, MA: Duxbury Press.

Allan, N., & Fishel, D. (1979). Singles bars. In N. Allan (Ed.), *Urban life styles* (pp. 128~179). Dubuque, IA: William C. Brown.

Ames, D. (1953). *Plural marriage among the Wolof in Gambia*. Ph.D. dissertation, Northwestern University, Evanston, Illinois.

Ardener, E. W., Ardener, S. G., & Warmington, W. A. (1960). *Plantation and village in the Cameroons*. London: Oxford University Press.

Athanasiou, R., Shaver, P., & Trvris, C. (1970, July). Sex. *Psychology Today*, pp. 37~52.

Baker, R. R., & Bellis, M. A. (in press a). Human sperm competition: Ejaculate adjustment by males and the function of mastutbation. *Animal Behavior, 45*.

Baker, R. R., & Bellis, M. A. (in press b). Human sperm competition: Ejaculate manipulation by females and a function for the female orgsm. *Animal Behavior, 45*.

Baker, R.R., & Aellis, M. A. (in press c). *Sperm competition: Copulation, masturbation, and infidelity*. London: Chapman Hall.

Barclay, A. M. (1973). Sexual fantasies in men and women. *Medical Aspects of Human Sexuality, 7*, 205~216.

Barkow, J. (1989). *Darwin, sex, and status*. Toronto: University of Toronto Press.

Barth, J. (1987). *The sot-weed factor*. Garden City, NY: Anchor Books.

Beach, S. T., & Tesser, A. (1988). Love in marriage: A cognitive account. In R. J. Sternberg & M. L. Barnes (Eds.), *The psychology of love* (pp. 330~358). New Haven: Yale University Press.

Beardsley, R. K., Hall, J. W., & Ward, R. E. (1959). *Village Japan*. Chicago: University of Chicago Press.

Becker, G. S., Landes, E. M., & Michael, R. T. (1977). An economic analysis of marital instability. *Journal of Political Economy*, 85, 1141~1187.

Belsky, J., Steinberg, L., & Draper, P. (1991). Childhood experience, intrpersonal development, and reproductive strategy: An evolutionary theory of socialization. *Child Development*, 62, 647~670.

Bermant, G. (1976). Sexual behavior: Hard times with the Coolidge effect. In M. H. Siegel & H. P. Ziegler (Eds.), *Psychological research: The inside story* (pp. 76~103). New York: Harper & Row.

Berscheid, E., & Walster, E. (1974). Physical attractiveness. In L. Berkowitz (Ed.), *Advances in experimental social psychology* (pp. 157~215). New York: Academic Press.

Betzig, L. (1986). *Despotism and differential reproduction: A Darwinian view of history.* Hawthorne, NY: Aldine de Gruyter.

Betzig, L. (1989). Causes of conjugal dissolution: A cross-cultural study. *Current Anthropology*, 30, 654~676.

Betzig, L. (1992). Roman polygyny. *Ethology and Sociobiology*, 13, 309~349.

Betzig, L. (in preparation). Why monogamy? Submittes to *Behavioral and Brain Sciences*.

Biocca, E. (1970). *Yanomama: The narrative of a white girl kidnapped by Amazonian Indians.* New York: E. P. Dutton.

Blumstein, P., & Schwartz, P. (1983). *American couples.* New York: William Morrow.

Bohhannan, P. (1960). *African homicide and suicide.* Princeton: Princeton University Press.

Borgerhoff Mulder, M. (1985). Polygyny threshold: A Kipsigis case study. *National Geographic Research Reports*, 21, 33~39.

Borgerhoff Mulder, M. (1988). Kipsigis bridewealth payments. In L. L. Betzig, M. Borgerhoff Mulder, & P. Turke (Eds.), *Human reproductive behavior* (pp. 65~82). New York: Cambridge University Press.

Bowe, C. (1992). Everything we think, feel, and do about divorce. *Cosmopolitan*, 212 (2), 199~207.

Brown, D. E. (1991). *Human universals.* Philadelphia: Temple university Press.

Brown, D. E., & Chai-yun, Y. (n.d.). *"Big Man:" Its distribution, meaning and origin.* Unpublished manuscript, Department of Anthropogy, University of California, Santa Barbara.

Brownmiller, S. (1975). *Against our will: Men, women, and rape.* New York: Banta, Books.

Bunzel, R. (1952). *Chichicastenango.* New York: J. J. Augustin.

Burley, N., & Symanski, R. (1981). Women without: An evolutionary and cross-cultural perspective on prostitution. In R. Symanski, *The immoral landscape: Female prostitution in Western societies* (pp. 239~274). Toronto: Butterworths.

Buss, D. M. (1984). Toward a psychology of person-environment (PE) correlation: The role of spouse selection. *Journal of Personality and Social Psychology*, 47, 361~377.

Buss, D. M. (1985). Human mate selection. *American Scientist*, 73, 47~51.

Buss, D. M. (1987a). Sex differences in human mate selection criteria: An evolutionary perspective. In C. Crawford, D. Krebs, & M. Smith (Eds.), *Sociobiology and psychology: Ideas, issues, and applications* (pp. 335~352). Hillsdale, NJ: Erlbaum.

Buss, D. M. (1987b). Selection, evocation, and manipulation. *Journal of Personality and Social Psychology*, 54, 1214~1221.

Buss, D. M. (1988a). The evolution of human intrasexual competition. *Journal of Personality and Social Psychology*, 54, 616~628.

Buss, D. M. (1988b). From vigilance to violence: Mate guarding tactics. *Ethology and Sociobiology*, 9, 291~317.

Buss, D. M. (1988c). Love acts: The evolutionary biology of love. In R. J. Sternberg & M. L. Barnes (Eds.), *The psychology of love* (pp. 100~118). New Haven, CT: Yale University Press.

Buss, D. M. (1989a). Sex differences in human mate preferences: Evolutionary hypotheses tested in 37 cultures. *Behavioral and Brain Sciences*, 12, 1~49.

Buss, D. M. (1989b). Conflict between the sexes: Strategic interference and the evocation of anger and upset. *Journal of Personality and Social Psychology*, 56, 734~747.

Buss, D. M. (1991a). Evolutionary personality psychology. *Annual Review of Psychology*, 42, 459~491.

Buss, D. M. (1991b). Conflict in married couples: Personality predictors of anger and upset. *Journal of Personality*, 59, 663~688.

Buss, D. M. (n. d.). *Contemporary worldviews: Spousal assortment or convergence?* Department of Psychology, University of Michigan, Ann Arbor.

Buss, D. M. (in preparation a.). *Cross-generational preferences in mate selection.* Department of Psychology, University of Michigan, Ann Arbor.

Buss, D. M. (in preparation b.). *Human prestige criteria.* Department of Psychology, University of Michigan, Ann Arbor.

Buss, D. M. (in preparation c). *Humiliation, anger, sadness, and abandonment: Emotional reations to sexual infidelity.* Department of Psychology, University of Michigan, Ann Arbor.

Buss, D. M. (in preparation d). *Mate guarding in marries couples: A four year longitudinal study.* Department of Psychology, University of Michigan, Ann Arbor.

Buss, D. M., Abbott, M., Angleitner, A., Asherian, A., Biaggio, A., Blanco-VillaSeñor, A., Bruchon-Schweitzer, M., Ch'u, Hai-yuan, Czapinski, J., DeRaad, B, Ekehammar, B., Fioravanti, M., Georgas, J., Gjerde, P., Guttman, R., Hazan, F., Iwawaki, S., Janakiramaiah, N., Khosroshani, F., Kertler, S., K. Lachenicht, L., Lee, M., Liik, K., Little, B., Lohamy, N., Makim,S., Mika, S., Moadel-Shahid, M., Moane, G., Montero, M., Mundy-Castle, A. C., Little, B., Nitt, T., Nsenduluka, E., Peltzer, K., Pienkowski, R., Pirttila-Backman, A., Ponce De Leon, J., Rousseau, J., Runco, M. A. Safir, M. P., Samuels, C., Sanitioso, R., Schweitzer, B., Serpell, R., Smid, N., Spencer, C., Tadinac, M., Todorova, E. N., Troland, K., Van den Brande, L., Van Heck, G., Van Langenhove, L., & Yang, Kuo-Shu. (1990). International preferences in selecting mates: A study of 37 cultures. *Journal of Cross-Cultural Psychology*, 21, 5~47.

Buss, D. M., & Barnes, M. F. (1986). Preferences in human mate selection. *Journal of Personality and Social Psychology*, 50, 559~570.

Buss, D. M., & Chiodo, L. A. (1991). Narcissistic acts in everyday life. *Journal of Personality*, 59, 179~216.

Buss, D. M., & Dedden, L. A. (1990). Derogation of competitors. *Journal of Social and Personal Relationships*, 7, 395~422.

Buss, D. M., Larsen, R. J., Westen, D., & Semmelroth, J. (1992). Sex differences in jealousy: Evolution, physiology, and psychology. *Psychological Science*, 3, 251~255.

Buss, D. M., & Schmitt, D. P. (1993). Sexual strategies theory: An evolutinary perspective on human mating. *Psychological Review*, 100, 204~232.

Buunk, B., & Hupka, R. B. (1987). Cross-cultural differences in the elicitation of sexual jealousy. *Journal of Sex Research*, 23, 12~22.

Byers, E. S., & Lewis, K. (1988). Datind couples' disagreements over desired level of sexual intimacy. *Journal of Sex Research*, 24, 15~29.

Cashdan, E. (1993). Attracting mates: Effects of paternal investment on mate attraction strategies. *Ethology and Sociobilogy*, 14, 1~24.

Cassell, C. (1984). *Swept away: Why Women confuse love and sex.* New York: Simon & Schuster.

Cattell, R. B., & Nesserlroade, J. R. (1967). *"Likeness" and "completeness" theories sxamined by 16 personality factor measures on stably and unstably married couples.* (Advances Publication No. 7.). Urbana: University of Illinois, Laboratory of Personality and Group Analysis.

Chagnon, N. (1983). *Yanomamö: The fierce people* (3rd ed.). New York: Holt, Rinehart & Winston.

Chagnon, N. (1988). Life histories, blood revenge, and warfare in a tribal population. *Science*, 239, 985~992.

Chamie, J., & Nsuly, S. (1981). Sex differences in remarriage and spouse selecrion. *Demography*, 18, 335~348.

Cherlin, A. J. (1981). *Marriage, divorce, remarriage.* Cambridge: Harvard University Press.

Chimbos, P. D. (1978). *Marital violence: A study of interspouse homicide.* San Francisco: R & E Research Associates.

Cienza de Leon, P. (1959). *The Incas.* Norman: University of Oklahoma Press.

Clark, L., & Lewis, D. (1977). *Rape: The price of coercive sexuality.* Toronto: Women's Educational Press.

Clark, R. D., & Hatfield, E. (1989). Gender differences in receptivity to sexual offers. *Journal of Psycholoty and Human Sexuality,* 2, 39~55.

Cloyd, J. W. (1976). The market-place bar: The interrelation between sex, situation, and strategies in the pairing ritual of Homo Ludens. *Urban Life,* 5, 293~312.

Collias, N. E., & Collias, E. C. (1970). The behavior of the West African village weaverbird. *Ibis,* 112, 457~480.

Colwell, M. A., & Oring, L. W. (1989). Extra-pair mating in the spotted sandpiper: A female mate acquisition tatic. *Animal Behavior,* 38, 675~684.

Connor, R. C., Smolker, R. A., & Richards, A. F. (1992). Two levels of alliance formation among male bottlenose dolphins (Tursiops sp.). *Proceedings of the National Academy of Sciences,* 89, 987~990.

cosmides, L., & Tooby, J. (1987). Evolutionary psychology as the missing link. In J. Dupre (Ed.), *The latest in the best: Essays on evolution and optimality* (pp. 277~306). Cambridge, MA: MIT Press.

cosmides, L., & Tooby, J. (1989). Evolutionary psychology and the generation of culture: 2. Case study: A computational theory of social exchange. *Ethology and Sociobiology,* 10, 51~97.

Cross, J. F., & Cross J. (1971). Age, sex, race, and the perception of facial beauty. *Developmental Psychology,* 5, 433~439.

Croze, H. A., Hillman, A. K., & Lang, E. M. (1981). Elephants and their hhacitats: How do they tolerate each other? In C. W. Fowler & T. D. Smith (Eds.), *Dynamics of large mammal populations.* New York: Wiley.

Cuber, J. F., & Harroff, P. B. (1965). *Sex and the significant Americans: A study of sexual behavior among the affluent.* New York: Penguin Books.

Cunningham, M. R., Roberts, T., Richards, T., & Wu, C. (1989). *The facial-metric prediction of physical attractiveness across races, ethnic groups, and cultures.* Unpublished manuscipt, Department of Psychology, Univercity of Louisville, Kentucky.

Daly, M., & Wilson, M. (1988). *Homicide.* Hawthorne, NT: Aldine de Gruyter.

Daly, M., Wilson, M., & Weghorst, S. J. (1982). Male sexual jealousy. *Ethology and Sociobiology,* 3, 11~27.

Daniels, D. (1983). The evolution of concealed ovulation an self-deception. *Ethology and Sociobiology,* 4, 69~87.

Darwin, C. (1859). *On the origin of the species by means of natural selection, or preservation of favoured races in the struggle for life.* London: Murray.

Darwin, C. (1871). *The descent of man and selection in relation to sex.* London: Murray.

Dass, D. J. (1970). *Maharaja.* Delhi: Hind.

Dawkins, R. (1976). *The selfish gene.* Oxford: Oxford University Press.

Deaux, K., & Hanna, R. (1984). Courtship in the personals column: The influuence of gender and sexual orientation. *Sex Roles,* 11, 363~375.

de Waal, F. (1982). *Chimpanzee politics: Power and sex among apes.* Baltimore: John Hopkins University Press.

Dickemann, M. (1979). The scology of mating systems in hypergynous dowry societies. *Social Science Information,* 18, 163~195.

Dickemann, M. (1981). Pateranl confidence and dowry competiton: A biocultural analysis of purdah. In R. D. Alexander & D. W. Tinkle (Eds.), Natural analysis of purdah. In R. D. Alexander & D. W.

Tinkle (Eds.), *Natural selection and social behavior: Recent research and new theory* (pp. 417~438). New York: Chiron Press.

Divale, W., & Harris, M. (1976). Population, warface, and the male supermacist complex. *American Anthropologist*, 78, 521~538.

Draper, P., & Belsky, J. (1990). Personality development in evolutionary perspective. *Journal of Personality*, 58, 141~162.

Draper, P., & Harpending, H. (1982). Father absence and reproductive strategy: An evolutionary perspectuve. *Journal of Anthropological Research*, 38, 255~273.

Elder, G. H., Jr. (1969). Appearance and education in marriage mobility. *American Sociological Review*, 34, 519~533.

Ellis, B. J. (1992). The evolution of sexual atraction: Evaluative mechanisms in women. In J. Barkow, L. Cosmides, & J. Tooby (Eds.), *The adapted mind: Evolutionary psychology and the generation of culture* (pp 267~288). New York: Oxford University Press.

Ellis, B. J., & Symons, D. (1990). Sex differences in sexual fantasy: An evolutionary psychological approach. *Journal of Sex Research*, 27, 527~556.

Elwin, V. (1949). *The Muria and their Ghotul*. Bombay: Oxford University Press.

Erickson, C. J., & Zenone, P. G. (1976). Courtship differences in male ring doves: Avoidance of cuckoldry? *Science*, 192, 1353~1354.

Farrell, W. (1986). *Why men are the way they are*. New York: Berkley Books.

Fisher, H. (1992). *Anatomy of love*. New York: Norton.

Fisher, R. A. (1958). *The genetical theory of natural selection*, 2nd edition. New York: Dover.

Flinn, M. (1988). Mate guarding in a Caribbean village. *Ethology and Sociobiology*, 9, 1~28.

Ford, C. S., & Beach, F. A. (1951) *Patterns of sexual behavior*. New York: Harper & Row.

Francis, J. L. (1977). Toward the management of heterosexual jealousy. *Journal of Marrige and the Family*, 10, 61~69.

Frayser, S. (1985). Varieties of sexual experience: An anthropological perspective. New Haven: HRAF Press.

Freemont, J. (1975). Rapists speak for themselves. In D. E. H. Russell, *The politics of rape: The victim's perspective* (pp. 241~256). New York: Stein and Day.

Gangestad, S. W. (1989). The evolutionary history of genetic variation: An emerging issue in the behavioral genetic study of personality. In D. M. Buss & N. Cantor (Eds.), *Personality: Recent trends and emerging directions*. New York: Springer.

Gangestad, S. W., & Simpson, J. A. (1990). Toward an evolutionary history of female sociosexual variation. *Journal of Personality*, 58, 69~96.

Gangestad, S. W., & Thornhill, R. (in press). Facial attractiveness, dsvelopmental stability, and fluctuatind asymmetry. *Ethology and Sociobiology*.

Gaulin, S. J. C., & Boster, J. S. (1990). Dowry as female competiton. *American Anthropologist*, 92, 994~1005.

Gaulin, S. J. C., & Schlegel, A. (1980). Paternal confidence and paternal inverstment: A cross-cultural test of a sociobiological hypothesis. *Ethology and Sociobiology*, 1, 301~309.

Gavey, N. (1991). Sexual victimization prevalence among New Zealand university students. *Journal of Consulting and Clinical Psychology*, 59, 464~466.

Givins, D. B. (1978). The nonverbal basis of attraction: Flirtation, courtship, and seduction. *Psychiatry*, 41, 336~359.

Gladue, B. A., & Delaney, J. J. (1990). Gender differences in perception of attractiveness of men and women in vars. *Personality and Social Psychology Bulletin*, 16, 378~391.

Gladwin, T., & Sarason, S. B. (1953). *Truk: Man in paradise*. New York: Wenner-Gren Foundation for

Anthropology Research.

Glass, D. P., & Wright, T. L. (1985). Sex differences in type of extramarital involvement and marital dissatisfaction. *Sex Roles*, 12, 1101~1120.

Goldschmidt, W. (1974). The economics of bridewealth among the Sebei in East Africa. *Ethnology*, 13, 311~333.

Goodall, J. (1986). *The chimpanzees of Gombe: Patterns of behavior.* Cambridge, MA: Havard University Press.

Gottschalk, H. (1936). *Skinsygens problemer* [Problems of jealousy]. Copenhagen: Fremad.

Gough, H. G. (1980). *Manual for the California Psychological Inventory.* Palo Alto, CA: Consulting Psychologists Press.

Gowaty, P. A. (1992). Evolutionary biology and feminism. *Human Nature*, 3, 217~249.

Grammer, K. (1992). Variations on a theme: Age dependent mate selection in human. *Behavioral and Brain Science*, 15, 100~102.

Graziano, W. G., Jensen-Campbell, L. A., Shebilske, L. J., & Lundgren, S. R. (in press). Social influence, sex differences, and judgments of beauty: Putting the "interpersonal" back in interpersonal attraction. *Journal of Personality and Social Psychology.*

Greeley, A. M. (1991). *Faithful attraction: Discovering intimacy, love, and fidelity in American marriage.* New York: Tom Doherty Associates.

Green, B. L., Lee, R. R., & Lustig, N. (1974, September). Conscious and unconscios factors in marital infidelity. *Medical Aspects of Human Sexuality*, 87~91, 97~98, 104~105.

Gregor, T. (1985). *Anxios pleasures: The sexual lives of an Amazonian people.* Chicago: University of Chicago Press.

Greiling, H. (1993, June). *Women's short-term sexual strategies.* Paper presented at the Conference on Evolution and the Human Sciences, London School of Economics Centre for the Philosophy of the Natural and Social Sience, London, England.

Gutek, B. A. (1985). *Sex and the workplace: The ompact of sexual behavior and harassment on women, men, and the organization.* San Francisco: Jossey-Bass.

Guttentag, M., & Secord, P. (1983). *Too many women?* Beverly Hills, CA: Sage.

Hall, K., & DeVore, I. (1965). Baboon social behavior. In I. DeVore(Ed.), *Primate behavior* (pp. 53~110). New York: Holt.

Hamilton, W. D., & Zuk, M. (1982). Heritable true fitness and bright birds: A role for parasites: *Science*, 218, 384~387.

Handy, E. S. C. (1923). *The native culture in the Marquesas* (Bulletin No. 9.) Honolulu: Bernice A. Bishop Museum.

Harrison, A. A., & Saeed, L. (1977). Let's make a deal: An analysis of revelations and stipulations in lonely hearts' advertisements. *Journal of Personality and Social Psychology*, 35, 257~264.

Hart, C. W., & Pilling, A. R. (1960). *The Tiwi of North Australia.* New York: Holt, Rinehart & Winston.

Hatfield, E., & Rapson, R. L. (1993). *Love, sex, and intimacy: Their psychology, biology, and history.* New York: HarperCollins.

Hatfield, E., Walster, G. W., Piliavin, J., & Schmitt, L. (1973). Playing hard-to-get: Understanding an elusive phenomenon. *Journal of Personality and Social Psychology*, 26, 113~121.

Hazan, H. (1983). *Endless rapture: Rape, romance, and the female imagination.* New York: Scribner's.

Henss, R. (1992). *Perceiving age and attractiveness in facial photographs.* Unpublished manuscript, Psychologisches Institüt, University of the Saarland, Germany.

Herrnstein, R. (1989, May). IQ and falling birth rates. *Atlantic Monthly*, pp. 73~79.

Hewlett, B. S. (1991). *Intimate fothers.* Ann Arbor: University of Michigan Press.

Hillberman, E., & Munson, K. (1978). Sixty battered women. *Vicitimology*, 2, 460~470.

Hill, C. T., Rubin, Z., & Peplau, L. A. (1976). Breakups before marriage: The end of 103 affairs. *Journal of Social Issues*, 32, 147~168.

Hill, E. M., Nocks, E. S., & Gardner, L. (1987). Physical attractiveness: Manipulation by physique and status displays. *Ethology and Sociobiolgy*, 8, 143~154.

Hill, K., & Hurtado, A. M. (1989). *Hunter-gatherers of the new world American Scientist*, 77, 437~443.

Hill, K., & Hurtado, A. M. (1991). The evolution of premature reproductive senescence and menopause in human females. *Human Nature*, 2, 313~350.

Hill, K., & Hurtado, A. M. (in press). *Demographic/life history of Ache foragers*. Hawthorne, NY: Aldine de Gruyter.

Hill, K., & Kaplan, H. (1988). Tradeoffs in male and female reproductive strategies among the Ache (parts 1 and 2). In L. Betzig, M. Borgerhoff Mulder, & P. Turke (Eds), *Human reprosuctive behavior* (pp. 277~306). New York: Cambridge University Press.

Hill, R. (1945). Campus values in mate selection. Journal of Home *Economics*, 37, 554~558.

Hite, S. (1987). *Women and love: A cultural revolution in progress*. New York: Knopf.

Hoffman, M. (1977). Homosexuality. In F. A. Beach (Ed.), *Human sexuality in four perspectives* (pp. 164~169). Baltimore: Johns Hopkins University Press.

Holmberg, A. R. (1950). *Nomads of the long bow: The Siriono of Eastern Bolivia*. Washington, DC: U.S. Government Printing Office.

Holmes, W. G., & Sherman, P. W. (1982). The ontogeny of kin recognition in two species of ground squirrels. *American Zoologist*, 22, 491~517.

Hosken, F. P. (1979). *The Hosken Report: Genital and sexual mutilation of females* (2nd ed., rev.). Lexington, MA: Women's International Network News.

Howard, R. D. (1981). Male age-size distrburtion and male mating success in bullfrogs. In R. D. Alexander & D. W. Tinkle (Eds.), *Natural selection and social behavior* (pp. 61~77). New York: Chiron Press.

Howell, N. (1979). *Demogrphy of the Dobe Kung*. New York: Academic Press.

Hrdy, S. B. (1981). *The woman that never evolved*. Cambridge, MA: Harvard University Press.

Hudson, J. W., & Henze, L. F. (1969). Campus values in mate selection: A replication. *Journal of Marriage and the Family*, 31, 772~775.

Hunt, M. (1974). *Sexual behavior in the 70's*. Chicago: Playboy Press.

Jackson, L. A. (1992). *Physical appearance and gender: Sociobiological and sociocultural perspectives*. Albany: State University of New York Press.

James, W. H. (1981). The honeymoon effect on marital coitus. *Journal of Sex Reserch*, 17, 114~123.

Jankowiak, W. R., & Fisher, E. F. (1992). A cross-cultural perspective on romantic love. *Ethnology*, 31, 149~155.

Jankowiak, W. R., Hill, E. M., & Donovan, J. M. (1992). The effects of sex and sexual orientation on attractiveness judgements: An evolutionary interpretation. *Ethology and Sociobiology*, 13, 73~85.

Janus, S. S., & Janus, C. L. (1993). *The Janus Report on sexual behavior*. New York: Wiley.

Jencks, Cl. (1979). *Who gets ahead? The determinants of economic success in America*. New York: Basic Books.

Johnson, R. E. (1970). Some correlates of extrmarital coitus. *Journal of Marriage and the Family*, 32, 449~456.

Jones, E. C. (1975). The post-reproductive phase in mammals. In P. van Keep & C. Lauritzen (Eds.), *Frontiers of hormone research* (vol. 3, pp. 1~20). Basel: Karger.

Kaplan, H., & Hill K. (1985a). Food sharing among Ache foragers: Tests of explanatory hypotheses. *Current Anthropology*, 26, 223~245.

Kaplan, H., & Hill K. (1985b). Hunting ability and reproductive success among male Ache foragers.

*Current Anthropology*, 26, 131~133.

Kaplan, H., & Hill K., & Huratado, M. (1984). Food sharing among the Ache hunter-gatherers of eastern Paraguay. *Current Anthropology*, 25, 113~115.

Kenrick, D. T., Groth, G. E., Trost, M. R., & Sadalla, E. K. (1993). Integrating evolutionary and social exchange perspectives on relationships: Effects of gender, self-appraisal, and involvment level on mate selection. *Journal of Personality and Social Psychology*, 64, 951~969.

Kenrick, D. T., Gutierres, S. E., & Goldberg, L. (1989). Influence of erotica on ratings of strangers and mates. *Journal of Experimental Social Psychology*, 25, 159~167.

Kenrick, D. T., & Keefe, R. C. (1992). Age preferences in mates reflect sex differences in reproductive strategies. *Behavioral and Brain Sciences*, 15, 75~133.

Kenrick, D. T., Neuberg, S. L., Zierk, K. L., & Krones, J. M. (in press). Contrast effects as a function of sex, dominanace, and physical attractiveness. *Personality and Social Psychology Bulletin*.

Kenrick, D. T., Sadalla, E. K., Groth, G., & Trost, M. R. (1990). Evolution, traits, and the stages of human courtship: Qualifying the parental investment model. *Journal of Personality*, 57, 97~116.

Kevles, B. (1986). *Females of the species*. Cambridge, MA: Hatvatd University Press.

Kiesler, S. B., & Baral, R. L. (1970). The search for a romantic partner: The effects of self-esteem and physical attractiveness on romantic behavior. In K. H. Gergen & D. Marlow (Eds.), *Personality and social behavior*. (pp. 155~165). Reading, MA: Addison-Wesley.

Kinsey, A. C., Pomeroy, W. B., & Martin, C. E. (1948). *Sexual behavior in the human male*. Philadelphia: Saunders.

Kinsey, A. C., Pomeroy, W. B., & Martin, C. E. (1953). *Sexual behavior in the human female*. Philadelphia: Saunders.

Koss, M. P., & Oros, C. J. (1982). Sexual esperiences survey: A research instrument investigating sexual aggression and victimization. *Journal of Consulting and Clinial Psychology*, 50, 455~457.

Kyl-Heku, L., & Buss, D. M. (unpublished.). *Tacitics of hierarchy negotiation*. Department of Psychology, Universoty of Michigan, Ann Arbor.

La Cerra, P., Cosmides, L., and Tooby, J. (1993, August). *Psychological adaptations in women for assessing a man's wiooingness to invest in offspring*. Paper presented at the Fifth Annual Meeting of the Human Behavior and Evolution Society, Binghamton, New York.

Landhorne, M. C., & Secord, P. F. (1955). Variations in marital needs with age, sex, marital status, and regional composition. *Journal of Social Psychology*, 41, 19~37.

Langlois, J. H., & Roggman, L. A. (1990). Attractive faces are only average. *Psychological Science*, 1, 115~121.

Langlois, J. H., Roggman, L. A., Casey, R. J., Rotter, J. M., Rieser-Danner, L. A., & Jenkind, V. Y. (1987). Infant preferences for attractive faces: Rudiments of a stereotype. *Developmental Psychology*, 23, 363~369.

Langlois, J. H., Roggman, L. A., & Reiser_Danner, L. A. (1990). Infants' differential social responses to attractive and unattractive faces. *Developmental Psychology*, 26, 153~159.

Lawson, A. (1988). *Adultery: An analysis of love and betrayal*. New York: Basic Books.

Le Boeuf, B. J. (1974). Male-male competition and reproductive success in elephant seals. *American Zoology*, 14, 163~176.

Lindburg, D. G. (1971). The rhesus monkey in northern India: An ecological and begavioral study. In L. A. Rosenblum (Ed.), *Primate behavior* (vol. 2.). New York: Academic Press.

Lobban, C. F. (1972). *Law and anthropolsy in the Sudan* (an analysis of homicide caese in Sudan) (African Studies Seminar Series No. 13). Sudan Research Unit, Khartoum University.

Low, B. S. (1979). Sexual selection and human ornamentation. In N. A. Chagnon & W. Irons (Eds.), *Evolutionary biology and human social behavior*. Boston: Duxbury Press.

Low, B. S. (1989). Cross-cultural patterns in the training of children: An evolutionary perdpective. *Journal of Comparative Psychology*, 103, 313~319.

Low, B. S. (1991). Reproductive life in nineteenth century Sweden: An evolutionary perspective on demogrphic penomena. *Ethology and Sociobiology*, 12, 311~448.

Mackey, W. C. (1980). A sociobiological perspective on divorce patterns of men in the united States. *Journal of Anthropological Research*, 20, 419~430.

MacKinnon, C. (1987). *Feminism unmodified*. Cambridge: Harvard University Press.

Malamuth, N. M. (1981). Rape procivity among males. *Journal of Social Issues*, 37, 138~157.

Malamuth, N. M. (1986). Predictors of naturalistic sexual aggression. *Journal of Personality and Psychology*, 50, 953~962.

Malamuth, N. M. (1992). Evolution and laboratory research on men's sexual arosal: What do the data show and how can we explain them? *Behbavioral and Brain Sciences*, 15, 394~396.

Malamuth, N. M., Heavy, C., & Linz, D. (1993). Predicting men's antisocial behavior against women: The "interaction model" of sexual aggression. In N. G. Hall & R. Hirshman (Eds.), *Sexual agression: Issues in etiology, assessment, treatment, and policy*. New York: Hemisphere.

Malamuth, N. M., Sockloskie, R., Koss, M., & Tanaka, J. (1991). The characteristics of aggressors againg women: Testing a model using a national sample of college women. *Journal of Comsultion and Clinical Psychology*, 59, 670~681.

Malinowski, B. (1929). *The sexual life of savages in North-Western Malanesia*. London: Routledge.

Margolin, L., & White, L. (1987). The continuing role of physical attractiveness in marriage. *Journal of Marriage and the Family*, 49, 21~27.

Margulis, L., & Sagan, D. (1991). *Mystery dance: On the evolution of human sexuality*. New York: Summit Books.

Markman, H. S., Stanley, S., & Storaasili, R. (1991). *Destructive fighting predicts divorce: Results from a 7-year follow-up*. Unpublished menuscipt, Department of Psychology, University of Denver.

Mazur, A. (1992). The wvoutionary psychology of rape and good robbery. *Behavioral and Brain Sciences*, 15, 397.

McCormick, N. B. (1979). Come-ons and put-offs: Unmarried students' strategies for having and avoiding sexyal interdourse. *Psychology of Women Quuarterly*, 4, 194~211.

McCrae, R. R., & Costa, P. T., Jr. (1990). *Personality in adulthood*. New York: Guilford Press.

McGinnis, F. (1958). Campus values in mate selection. *Social Forces*, 35, 368~373.

Miller, D. J. (1980). *Battered women: Perceptiond of their problems and their perception of community response*. Unpublishes MSW thesis, University of Windsor, Ontario.

Moffit, T., Caspi, A., & Belsky, J. (1990, March). *family context, girls' begavior, and the onset of puberty: A test of a sociobiological model*. Paper presented at the biennial meetings of the Society for Research in Adolescence. Atlanta, Georgia.

Morse, S. J., Reis, H. T., Gruzen, J., & Wolff, E. (1974). The "eye of the beholder": Determinants of physical attrativeness judgments in the U. S. and Couth Africa. *Journal of Personality*, 42, 528~542.

Muehlenhard, C. L., & Linton, M. A. (1987). Date rape and sexual aggression in dation situations: Incidence and risk factors. *Journal of Counseling Psychology*, 2, 186~196.

Murdick, G. P., & Wilcon, S. F. (1972). Settlement patterns and community organization: Cross-cultural codes 3. *Ethnology*, 11, 254-297.

Nesse, R. M. (1990). Evolutionary explanations of emotions. *Human Nature*, 1, 261~289.

Nida, S. A., & Koon, J. (1983). They get better looking at closing time around here, too. *Psychological Peports*, 52, 657~658.

Nishida, T. (1983). Alpha status and agonistic alliance in wild chimpanzees (Pan troglodytes schweinfuthii). *Primates*, 24, 318~336.

Orions, G. H., & Heerwagen, J. H. (1992). Evolved responses to landscapes. In J. Barkow, L. Cosmides, & J. Tooby (Eds.), *The adapted mind: Evolutionary psychology and the gennernation of culture* (pp. 555~579). New York: Oxford University Press.

Ortner, S. B., (1974). Is female to male as nature is to culture? In M. Z. Rosaldo & L. Lamphere (Eds.), *Woman, culture, and society* (pp. 67~88). Stanford: Stanford University Press.

Ortner, S. B., & Whitehead, H. (1981). *Sexual meanings: The cultural construction of gender and sexuality.* New York: Cambridge University Press.

Ovid (1982). *The erotic poems* (Peter Green, Tran). New York: Penguin Books.

Parker, G. A. (1970). Sperm competition and its evolutionary consequences in the insects. *Biological Reviews*, 45, 525~568.

Pavelka, M. S., & Fedigan, L. M. (1991). Menopause: A comprartive life history perspective. *Yearbook of Physical Anthropology*, 34, 13~38.

Pedersen, F. A. (1991). Secular trends in human sex ratios: Their influence on individual and family behavior. *Human Nature*, 3, 271~291.

Pennybaker, J. W. Dyer, M. A., Caulkins, F. s., Litowixz, D. L., Ackerman, P. L., & Anderson, D. B. (1979). Don't the girls get prettier at closing time: A country and western application to psychology. *Personality and Social Psychlogy Bulletin*, 5, 122~125.

Pfeiffer, E., & Davis, G. C. (1972). Determinants of sexual behavior in middle and old age. *Journal of the American Geriatrics Society*, 20, 151~158.

Posner, R. A. (1992). *Sex and reason.* Cambridge, MA: Harvard University Press.

Quinn, R. E. (1977). Coping with Cupid: The formation, ompact, and management of romantic relationships im organizations. *Administrative Science Quarterly*, 22, 30~45.

Radcliffe-Brown. A. R. (1922). *The Andaman Islanders.* Cambridge: Cambridge University Press.

Rasmussen, K. (1931). *The Netsilik Eskimos: Social Life and Spirityal Culture.* Copenhagen: Gyldendalske Boghandel, Nordisk Forlag.

Rhode, D. L. (Ed.). (1990). *Theoretical perspectives on sexual difference.* New Havem: Yale University Press.

Rosenblatt, P. C. (1974). Cross-cultural perspective on atractiveness. In T. L. Huston (Ed.), *Foundations of interpersonal attraction* (pp. 79~95). New York: Academic Press.

Røskaft, E., Wara, A., & Viken, A. (1992). Reproductive success in relation to resource-access and parental age in a small Norwegian farming parish during the period 1700~1900. *Ethology and Sociobiology*, 13, 443~461.

Rounsaville, B. J. (1978). Theories in marital violence: Evidence from a study of battered women. *Bictimology*, 3, 11~31.

Rozin, P. (1976). Psychological and cultural determinants of food choice. In T. Silverstone (Ed.), *Appetite and food intake* (pp. 286~312). Berlin: Dahlem Konferenzen.

Rozin, P., & Fallon, A. (1988). Body image, attitudes to weight, and mispercepions of figure prefernces of the opposite sex: A comparison of men and women in two generations. *Jorunal of Abnormal Psychology*, 97, 342~345.

Ruse, M. (1988). *Homosexuality: A philosophical inquiry.* Ocford: Basil Blackwell.

Russell, D. E. H. (1990). *Rape in marriage.* Bloomington: University of Indiana Press.

Saal, F. E., Johnson, C. B., & Weber, N. (1989). Freindly or sexy? It may depend on whom you ask. *Psychology of Women Quarterly*, 13, 263~276.

Safiliolos-Rothschild, C. (1969). Attitudes of Greek spouses toward marital infidelity. In G. Neubeck (Ed.), *Extramarital relations* (pp. 78~79). Englewood Cliffs, NJ: Prentice Hall.

Saghir, M., & Robins, E. (1973). *Male and female homosexuality.* Baltimore: Williams and Wilkins.

Saletore, R. N. (1974). *Sex life under Indian rulers.* Delhi: Hind Pocket Books.

Saletore, R. N. (1978). *Sex in Indian harem life*. New Delhi: Orien paperbacks.

Schapera, I. (1940). *Married life in an African tribe*. London: Faber & Faber.

Schmitt, D. P., & Buss, D. M. (in preparation). *Sexual strategies: Mate competition tactics in temporal perspective*. Department of Psychology, University of Michigan, Ann Arbor.

Schneider, H. K. (1964). A model of African indigenous economy and society. *Comparative Studies in Society and History*, 7, 37~55.

Secord, P. F. (1982). The origin and maintenance of social roles: The case of sex roles. In W. Ickes & E. S, Knowles (Eds.), *Personality, roles, and social behavior* (pp. 33~53). New York: Springer.

Seiler, M. (1976, February 9). Monogamy is "unnatural," man wuth 9 wives says. *Los Angeles Times*, pt. 2, p. 1.

Semmelroth, J., & Buss, D. M. (unpublished). *Studies on conflict between the sexes*. Department of Psycholosy, University of Michigan, Ann Arbor, Michigan.

Seyfarth, R. M. (1976). Social relationships among adult female baboons. *Animal Behavior*, 24, 917~938.

Shettel-Neuber, J., Bryson, J. B., & young, C. E. (1978). Physical attractiveness of the "other person" and jealousy. *Personality and Social Psydhology Bulletin*, 4, 612~615.

Short, R. V. (1979). Sexual selection and its component parts, somatic and genital selection, as illustrated by man and great apes. *Advances in the Study of Behavior*, 9, 131~158.

Shostak, M. (1981). *Nisa: The life and words of a !Kung woman*. Cambridge, MA: Harvard University Press.

Sigusch, V., & Schmidt, G. (1971). Lower-class sexuality: Some emotional and social aspects in west German males and females. *Archives of Wexual Behavior*, 1, 29~44.

Singh, D. (1993). Adaptive significance of waist-to-hip ratio and female physical attractiveness. *Journal of Personality and Social Psychology*, 65, 293~307.

Singh, D. (in press a). Body shape and female attractiveness: Critical role of waist-to-hip ratio. *Human Nature*.

Singh, D. (in press b). Is thin really beautifull and good? Relationship between waist-to-hip ration and female attractiveness. *Personality and Individual Differences*.

Small, M. (1992). The evolution of female sexuality and mate selection in humans. *Human Nature*, 3, 133~156.

Smith, R. L. (1984). Human sperm competition. In R. L. Smith (Ed.), *Sperm competition and the svolution of mating systems* (pp. 601~659). New York: Academic Press.

Smuts, B. B. (1985). *Sex and friendship in baboons*. New York: Aldine de Gruyter.

Smuts, B. B. (1987). Sexual competition and mate choice. In B. B. Smuts, D. L. Cheney, R. M. Seyfarth, R. W. Wrangham, & T. T. Struhsaker (Eds.), *Primate societies* (385~399). Chicago: University of Chicago Press.

Smuts, B. B. (1992). Male aggression againgr women: An evolutionary perspective. *Human Nature*, 3, 1~44.

Smuts, B. B. (in press). The origins of patriarchy: An evolutionary perspective. In A. Zagarell (Ed.), *Origins of gender inequality*. Kalamazoo, MI: New Issues Press.

Smuts, B. B., & Smuts, R. W. (1993). Male aggression against female primates: Evidence and theoretical implications. In P. J. B. Slater, J. S. Rosenblatt, M. Milinski, & C. T. Snowden (Eds.), *Advances in the study of behavior*. New York: Academic Press.

Spanier, G. B., & Margolis, R. L. (1983). Martial separation and extramarital sexual behavior. *Journal of Sex Research*, 19, 23~48.

Sprecher, S., Aron, A., Hatfield, E., Cortese, A., Potapova, E., & Levitskaya, A. (1992). *Love: American style, Russian style, and Japanese style*. Paper presented at the Sixth International Conference on Personal Relationships, Orono, Maine.

Sternberg, F. J. (1988). *The triangle of love*. New York: Basic Books.

Strassman, B. I. (1981). Sexual selection, parental care, and concealed ovulation in humans. *Ethology and Sociobiology, 2*, 31~40.

Stroebe, W. (1977). Self-esteem and interpersonal attraction. In S. W. Duck (Ed.), *Theory and practice in interpersonal attraction* (pp. 79~104). London: Academic Press.

Studd, M. V., & Gattiker, U. E. (1991). The evolutionary psychology of sexual harassment in organizations. *Etholosy and Sociobiology, 12*, 249~290.

Studd, M. V., & Gattiker, U. E. (in preparation). *Evolutionary psychology of sexual harassment: Effect of initiator profile and social context on response of recipoents of sexual advances in the workplace.* Faculty of Management, University of Lethbridge, Alberta.

Symons, D. (1979). *The evolution of human sexuality*. New York: Oxford University Press.

Symons, D. (1987). If we're all Darwinians, what's the fuss about? In C. B. Crawford, M. F. Smith, D. L. Krebs (Eds.), *Sociobiology and psychology: Ideas, issues, and applications* (121~146). Hillsdale, NJ: Erlbaum.

Symons, D. (1989). The psychology of human mate preferences. *Behavioral and Brain Sciences, 12*, 34~35.

Tanner, R. E. S. (1970). *Homicide in Uganda, 1964: Crime in East Africa*. Uppsala: Scandinavian Institute of African Studies.

Taylor, P. A., & Glenn, N. D. (1976). The utility of education and attractiveness for females' status attaunment through marriage. *American Sociological Review, 41*, 484~498.

Teisman, M. W., & Mosher, D. L. (1978). Jealous conflit in dating couples. *Psychological Reports, 42*, 1211~1216.

Terman, L. M. (1938). *Psychological factors in marital happiness*. New York: McGraw-Hill.

Terpsrea, D. E., & Cook, S. E. (1985). Complainant characteristics and reported behaviors and consequences associated wuth formal sexual harassment charges. *Personnel Psychology, 38*, 559~574.

Thakerar, J. N., & Iwawaki, S. (1979). Cross-cultural comparisons of interpersonal attraction of females toword males. *Journal of Social Psychology, 108*, 121~122.

Thibeau, J. W., & Kelly, H. H. (1986). *The social psychology of groups* (2nded.). New Brunswick, NJ: Transaction Books.

Thiessen, D., Young, R. K., & Burroughs, R. (in press). Lonely hearts advertisements reflect sexually dimorphic mating strategies. *Ethology and Sociobiology.*

Thompson, A. P. (1983). Extramarital sex: A review of the research literature. *Journal of Sex Research, 19*, 1~22.

Thompson, A. P. (1984). Emotional and sexual components of extramarital relations. *Journal of Marriage and the Family, 46*, 35~42.

Thornhill, N. W. (1992a, August). *Female short-term sexual strategies: The self-sdteem hypothesis.* Paper presented at the Human Behavior and Evolution Society, Albuquerque, New Mexico.

Thornhill, N. W. (1992b). *Human inbreeding* (Research Report No. 20/92). Resezrch Group on Biological Foundations of Human Culture, Center for Interdisciplinry Research, University of Bielefeld, Germany.

Thornhill, N. W., Thornhill, R. (1990a). An evolutionary analysis of psychological pain following rape: 1. The effects of victim's age and marital status. *Etholosy and Sociobiology, 11*, 155~176.

Thornhill, N. W., & Thornhill, R. (1990b). An evolutionary analysis of psychological pain following rape: 2. The effects of stranger, friend, and family-member offenders. *Ethology and Sociobiology, 11*, 177~193.

Thornhill, R. (1980a). Mate choice in Hylobittacus apicalis (Insecta: Mecoptera) and its relation to some models of female choice. *Evolution, 34*, 519~538.

Thornhill, R. (1980b). Rape in Panorpa scorpionfiles and a general rape hypothesis. *Animal Behavior*, 28, 52~59.

Thornhill, R., & Alcock, H. (1983). *The evolution of insect mation systems.* cambridge, MA: Harvard University Press.

Thornhill, R., Thornhill, N. (1983). Human rape: An evolutionary analysis. *Ethology and Sociobiology*, 4, 63~99.

Thornhill, R., Thornhill, N. (1992). The evolutionary psychology of men's coercive sexuality. *Behavioral and Brain Sciences*, 15, 363~421.

Tooby, J., & Cosmides, L. (1989a). The innate versus the manifest. How universal does universal have to be? *Behavioral and Brain Sciences*, 12, 36~37.

Tooby, J., & Cosmides, L. (1989b). Evolutionary psychology and the generation of culture: 1. Theoretical considerations *Etology and Sociobiology*, 10, 29~49.

Tooby, J., & Cosmides, L. (1990). On the universality of human nature and the uniqueness of the individual: The role of genetics and adaptation. *Journal of Personality*, 58, 17~68.

Tooby, J., & Cosmides, L. (1992). Psychologucal foundations of culture. In J. Barkow, L. Cosmides, & J. Tooby (Eds.), *The adapted mind: Evolutionary psychology and the generation of culture* (pp. 19~136). New York: Oxford University Press.

Tooby, J., & DeVore, I. (1987). The reconstruction of hominid behavioral evolution through strategic modeling. In W. G. Kinzey (Ed.), *The evolution of human behavior: Primate models* (pp. 183~237). New York: State University of New York Press.

Tooke, J., & Camire, L. (1991). Patterns of deception in intrasexual mating strategies. *Ethology and Sociogiology*, 12, 345~364.

Townsend, J. M. (1989). Mate selection criteria: A pilot study. *Ethology and Sociogiology*, 10, 241~253.

Townsend, J. M., & Levy, G. D. (1990). Effects of potential partners' physical attractiveness and socioeconomic status on sexuality and partner selection. *Archives of Wexual Behavior*, 371, 149~164.

Townsend, J. M., & Levy, G. D. (in preparation). *Effects of potential partner's costume and physical attractiveness on sexuality and partner selection: Sex differences in reported preferences of university students.* Department of Anthropology, Syracuse University, New York.

Trinkaus, E., & zimmerman, M. R. (1982). Trauma among the Shanidar Neanderthals. *American Journal of Physical Anthropolgy*, 57, 61~76.

Tripp, C. A. (1975). *The homosexual matrix.* New York: Signet.

Trivers, R. (1972). Parental investment and sexual selection. In B. Campbell (Ed.), *Sexual selection and the descent of man* (pp. 136~179). New York: Aldine de Gruyter.

Trivers, R. (1985). *Social evolution.* Menlo Park, CA: Benjamin/Cummings.

Udry, J. R. (1980). *Changes in th frequency of marital intercourse from panel data: Archives of Sexual Behavior*, 9, 319~325.

Udry, J. R., & Eckland, B. K. (1984). Benefits of being attractive: differential payoffs for men and women. *Psychological Reports*, 54, 47~56.

U. S. Bureau of the Census (1977). *Marrige, divorce, widowhood, and remarriage by family characteristics: June, 1975* (Curren Population Reports Series P-20, 312). Washington, DC: U. S. Government Printing Office.

U. S. Bureau of Census (1989). *Marital status and living arrangements, March 1988.* Washington, DC: U. S. Government Printing Office.

Utian, W. H. (1980). *Menopause in modern perspective: A guide to clinical practice.* New York: Appleton-Century-Crofts.

Vandesberg, S. (1972). Assortative mating, or who marries whom? *Behavior Genetics*, 2, 127~158.

Van Gulik, R. H. (1974). *Sexual life in ancient China.* London: E. J. Brill.

Voland, E., & Engel, C. (1990). Female choice in humans: A conditional mate selection strategy of the Krummerhörn women (Germany 1720~1874). *Ethology*, 84, 144~154.

Weisfeld, G. E., Russell, R. J. H., Weisfeld, C. C., & Wells, P. A. (1992). Correlates of satisfaction in British marriages. *Ethology and Sociobiology*, 13, 125~145.

Weiss, D. L., & Slosnerick, M. (1981). Attitudes toward sexual and nonsexual extramarital invovements aming a sample of college students. *Joutnal of Marriage and the Family*, 43, 349~358.

Weiss, D. S. (1975). *Marital separation*. New York: Basic Books.

Welham, C. V. J. (1990). Incest: An evolutionary model. *Ethology and Sociobiology*, 11, 97~111.

White, G. L. (1981). Some correlates of romantic jealousy. *Journal of Personality*, 49, 129~147.

Whitehhust, R. N. (1971). Violence potential in extramarital sexual responses. *Journal of Marriage and the Family*, 33, 683~691.

Whyte, M. K. (1990). Changes in mate choice in Chengdu. In D. Davis & E. Vogel (Eds.), *China on the eve of Tiananmen*. Cambridge, MA: Harvard University Press.

Wiederman, M. W. (in press). Evolved genger differences in mate preferences: Evidence from personal advertisements. *Ethology and Sociobiology*.

Wiederman, M. W., & Allgeier, E. R. (1992). Gender differences in mate selection criteria: Sociobiological or socioeconomic explanation? *Ethology and Sociobiology*, 13, 115~124.

Willerman, L. (1979). *The psychology of individual and group differences*. San Francisco: Freeman.

Williams, G. C. (1957). Pleiotropy, natural selection, and the evolution of senescence. *Evolution*, 11, 398~411.

Williams, G. C. (1975). *Sex and evolution*. Princeton, NJ: Princeton University Press.

Wilson, E. O. (1975). *Sociobiology: The new systhesis*. Cambridge, MA: Harvard University Press.

Wilson, E. O. (1978). *On human nature*. Cambridge, MA: Harvard University Press.

Wilson, G. D. (1987). Male–female differences in sexual activity, enjoyment, and fantasies. *Personality and individual differences*, 8, 125~126.

Wilson, M. (1989). conflict and homicide in evolutionary perspective. In r. Bell & N. Bell (Eds.), *Sociobiology and the social sciences* (pp. 45~62). Lubbock: Texas Tech University Press.

Wilson, M., & Daly, M. (1985). Competitiveness, risk taking, and violence: The young male syndrome. *Ethology and Sociobiology*, 6, 59~73.

Wilson, M., & Daly, M. (1992). The man who mistook his wife for a chattel. In J. Barkow, L. Cosmides, & J. Tooby (Eds.), *The adapted mind: Evolutionary psychology and the generation of culture* (pp. 289~322). New York: Oxford University Press.

Wolf, N. (1991). *The beauty myth*. New York: William Morrow.

Yosef, R. (1991, June). Females seek males with ready cache. *Natural History*, p. 37.

Young, R. R., & Thiessen, D. (1992). The Texas rape scale. *Ethology and Sociogiology*, 13, 19~33.

Zahavi, A. (1977). The testing of a bond. *Animal Behavior*, 25, 246~247.


## 개정판에 추가된 참고 문헌

Angier, N. (1999). *Woman: An intimate geography*. Boston: Houghton Mifflin Company.

Bailey, J. M., Kim, P. Y., Hills, A., & Linsenmeier, J. A. W. (1997). Butch, femme, or straight acting? Partner preferences of gay men and lesbians. *Journal of Personality and Social Psychology*, 73, 960~973.

Bailey, J. M., Pillard, R. C., Dawood, K., Miller, M. B., Farrer, L. A., Trivedi, S., & Murphy, R. L. (1999). A family history study of male sexual orientation using three independent samples. *Behavior Genetics*, 29, 79~86.

Baker, R. R., & Bellis, M. (1995). *Human sperm competiton*. London: Chapman Hall.

Bancroft, J. (1989). *Human sexuality and its problems*. Edinburgh: Churchill Livingston

Bassett, J., Pearcey, S., & Dabbs, J. M., Jr. (2001). Jealousy and partner preference aming butch and femme lesbians. *Psychology, Evolution, and Gender*, 3(2), 155~165.

Bevc, I., & Silverman, I. (2000). Early separation and sibling incest: A test of the revised Westermarck theory. *Evolution and Human Behavior*, 21, 151~161.

Bleske, A. L., & Buss, D. M. (2000). Can men and women be just friends? *Personal Relationships*, 7, 131~151.

Bleske, A. L., & Buss, D. M. (2001). Opposite sex friendship: sex differences and similarities in initiation, selection, and dissolution. *Personality and Social Psychology Bulletin*, 27, 1310~1323.

Bleske, A. L., & Shackelford, T. K. (2001). Poaching, promiscuity, and deceit: Combating mating rivalry in same-sex friendships. *Personal Relationships*, 8, 407~424.

Bobrow, D., & Bailey, J. M. (2001). Is male homosexuality maintained via kin selection? *Evolution and Human Behavior*, 22, 361~368.

Brewer, D. D., Potterat, J. J., Garrett, S. B., Muth, S. Q., Roberts, J. M., Kasprzyk, D., Montano, D. E., & Darrow, W. W. (2000). Prostitution and the sex discrepancy in reported number of sexual partners. *Proceedings of the National Academy of Science*, 97, 12385~12388.

Buss, D. M. (1999). *Evolutionary psychology: The new science of the mind*. Boston: Allyn & Bacon.

Buss, D. M. (2000). *The dangerous passion: Why jealousy is ad necessary ad love and sex*. New York: Free Press.

Buss, D. M. (2001). Cognitive biases and emotional wisdom in the evolution of conflict between the sexes. *Current Directions in Psychological Science*, 10, 219~223.

Buss, D. M., & Shackelford, T. K. (1997). From vigilance to violence: Mate retention tactics in married couples. *Journal of Personality and Social Psychology*, 72, 346~361.

Buss, D. M., & Shackelford, T. K., Choe, J., Buunk, B., & Dijkstra, P. (2000). Distress about rivals: Reactions to intrasexual competitors in Korea, the Netherlands, and America. *Personal Relationships*, 7, 235~243.

Buss, D. M., & Shackelford, T. K., Kirkpatrick, L. A., Choe, J., Hasegawa, m., Hasegawa, T., & Bennett, K. (1999). Jealous and the nature of beliefs about infidelity: Tests of competing hypoeheses about sex differences in the United States, Korea, and Japan. *Personal Relationships*, 6, 125~150.

Buunk, A. P., Angleitner, A., Oubaid, V., & Buss, D. M. (1996). Sex defferences in jealousy in evolutionary and cultural perspective: Tests from the Netherlands, Germany, and the United States. *Psychological Science*, 7, 359~363.

Cerda-Flores, R. M., Barton, S. A., Marty-Gonzalez, L. F., Rivas, F., & Chakraborty, R. (1999). Estimation of nonpaternity in the Mexican population of Nueveo Leon: A validation study with blood group markers. *American Journal of Physical Anthropolgy*, 109, 281~293.

Chavanne, T. J., & Gallup, G. G., Jr. (1998). Variation in risk taking behavior among female college students as a function of thhe menstrual cycle. *Evolution and Human Behavior*, 19, 27~32.

Chesser, E. (1957). The sexual, marital and family relationships of the English woman. New York: Roy.

Cochran, G. M., Ewald, P. W., & Cochran, K. D. (2000). Infection causation of disease: an evolutionary perspective. *PBM*, 43, 406~448.

Cooperative Institutional Research Program, University of California, Los Angeles (2001). *The American freshman: National norms for fall 2001*.

Coyne, J. A. (2000). Of vice and men. Review of R. Thornhill & C. Palmer, a natural history of rape: Biological bases of sexual coercion. *The New Republic*, April 3, pp. 27~34.

Cramer, R. E., Abraham, W. T., Johnson, L. M., & Manning-Ryan, B. (2001~2002). Gender differences in subjective distress to emotional and sexual infidelity: Evolutionary or logical inference explanation? *Current Psychology*, 20, 327~336.

Davenport, W. H. (1977). Sex in cross-cultural perspective. In F. A. Beach (Ed.), *Human sexuality in four perspectives* (pp. 115~163). Baltiomore: The Johns Hopkins University Press.

DeSteno, D. A., & Salovey, P. (1996). Evolutionary origins of sex differences in jealousy: Questioning the "fitness" of the model. *Psychological Science*, 7, 367~372.

DeSteno, D., Bartlett, M. Y., Braverman, J., & Salovey, P. (in press). Sex differences in jealousy: Evolutionary mechanism or artifact of measurement? *Journal of Personality and Social Psychology*.

Dixon, A. F. (1998). *Primate sexuality*. New York: Oxford University Press.

Doty, R. L., Ford, M., Preti, G., & Huggins, G. R. (1975). changes in the intensity and pleasantness of human vaginal odors during the menstrual cycle. *Science*, 190, 1316~1318.

Fisher, S. (1973). The female orgasm: Psychology, physiology, and fantasy. New York: Basic Books.

Fox, C. A., Wolff, H. S., & Baker, J. A. (1970). Measurement of intra-vaginal and intra-uterine pressures during human coitus by radio-telemetry. *Journal of Reproductive Fertility*, 22, 243~251.

Freeman, D. (1984). Margaret mead and Samoa: *The making and unmaking of an anthropological myth*. Middlesex, England: Penguin.

Gangestad, S. W., & Cousins, A. J. (in press). Adaptive design, female mate preferences, and shifts across the menstrual cycle. *Annual Review of Sex Research*.

Gangestad, S. W., & Thornhill, R. (1997). The evolutionary psychology of extrapair sex: The role of fluctuating asymmetry. *Evolution and Human Behavior*, 18, 69~88.

Gangestad, S. W., Thornhill, R. (1988). Menstrual cycle variation in women's preferences for the scent of symmetrical men. *Proceedings of the Royal Society of London B*, 265, 927~933.

Gangestad, S. W., Thornhill, R., & Garver, C. (in press). Changes in women's sexual interest and their partners' mate retention tactics across the menstrual cycle: Evidence for shifting conflicts of interest. *Proceedings of the Royal Society of London*

Geary, D. C., Rumsey, M., Bow-Thomas, C. C., & Hoard, M. K. (1995). Sexual jealousy as a facultative trait: Evidence from the pattern of sex differences in adults from China and the United States. *Ethology and Socioiology*, 16, 355~383.

Gilmore, D. D. (1990). *Manhood in the making: Cultural concepts of masculinity*. New haven: Yale University Press.

Good, K. (1991). *Into the heart*. New York: Simon & Schuster.

Gottschall, J., & Gottschall, T. (in press). Are per-incident rape-pregnancy rates higher than per-incident consensual pregnancy rates? *Human Nature*.

Gould, S. J. (1987). freudian slip. *Natural History*, 2(87), pp. 14~21.

Gould, S. J. (1997). Evolutionary psychology: An exchange. New York Review of Books, 44, 53~58.

Grammer, K. (1996). *The human mating game: The battle of the sexes and the war of signals*. Paper presented to the Human Behavior and Evolution Society Annual Meeting, Norhtwestern University, Evanston, Illionis, June 29.

Greiling, H., & Buss, D. M. (2000). Women's sexual strategies: The hidden dimension of extra-pair mating. *Personality and Individual Differences*, 28, 929~963.

Griffin, S. (1971). Rape: The all-American crime. *Ramparts*, 10, 26~36.

Hamer, D. H., & Copeland, P. (1998). *Living with our genes: Why they matter more than you think*. New York: Doubleday.

Hamilton, W. D. (1982). Pathogens as causes of genetic diversity in their host populations. In R. M. Anderson & R. M. May (Eds.), *Population biology of infectious diseases* (pp. 269~296). New York: Springer Verlag.

Harris, C. R. (2000). Psychophysiological responese to imagined infidelity: The specific innate modular view of jealousy reconsidered. *Journal of Personality and Social Psychology*, 78, 1082~1091.

Harris, C. R.m & Christenfeld, N. (1996). Gender, jealousy, and reason. *Psychological Science*, 7,

364~366.

Hartung, J. (n. d.). *Rape: Biblical roots of the long leash on women*. Unpublished manuscript.

Haselton, M. G. (in press). The sexual overperception bias: Evidence of a systematic bias in men from a survey of naturally occurring events. *Journal of Research in Personality*.

Haselton, M. G., & Buss, D. M. (in press). Biases in social judgment: Design flaws or design features? In J. Forgas, W. von Hippel, and K. Williams (Eds.), *Responding to the social world: Explicit and implicit processes in social judgment and decisions*. Cambridge: Cambridge University Press.

Haselton, M. G., & Buss, D. M. (2000). Error Management Theory: A new perspective on biases in cross-sex mind reading. *Journal of Personality and Social Psychology*, 78, 81~91.

Haselton, M. G., & Buss, D. M. (2001). The affective shift hypothesis: The functions of emotional changes followung sexual intercourse. *Personal Relationships*, 8, 357~369.

Hickman, S. E., & Muehlenhard, C. L. (1997). College women's fears and precautionary behaviors relating to acquaintance rape and stranger rape. *Psychology of Women Quarterly*, 21, 527~547.

Hicks, T. V., & Leitenberg, H. (2001). Sexual fantasies about one's partner versus someone else: Gender differnces in incidence and frequency. *The Journal of Sex Research*, 38, 43~50.

Hrdy, S. B. (1999). *Mother nature*. New York: Pantheon Books.

Immerman, R. S., & Mackey, W. C. (1997). An additional facet of the incest taboo: a protection of the mating-strategy template. *The Journal of Genetic Psychology*, 158, 151~164.

Johnston, V. S., Hagel, R., Franklin, M., Fink, B., & Grammer, K. (2001). Male facial attractiveness: Evidence for hormone-mediated adaptive design. *Evolution and Human Behavior*, 22, 251~267.

Jones, O. D. (1999). Sex, culture, and the biology of rape: Toward explanation and prevention. *California Law Review*, 87, 827~941.

Jones, O. D. (2001). Realities of rape: Of science and politics, causes and meanings. *Cornell Law Review*, 86, 1386~1422.

Keenan, J. P., Gallup, G. G., Jr., Goulet, N., & Kulkarni, M. (1997). Attributions of deception in human mating strategies. *Journal of Social Behavior and Personlity*, 12, 45~52.

Kirkpatrick, L. A., & Ellis, B. J. (2001). Evolutionary perspectives on self-evaluation and self-esteem. In M. Clark & G. Fletcher (Eds.), *The Blackesll handbook of social psychology*, Vol. 2: Interpersonal processes. Oxford: Blackwell Publishers.

Kirkpatrick, R. C. (2000). The evolution of human homosexual behavior. *Current Anthropology*, 41, 385~413.

Kohl, J. V., Atzmueller, M., Fink, B., & Grammer, K. (2001). Human pheromones: Inegrating neuroendocrinology and ethology. *Neuroendocrinology Letters*, 22, 309~321.

Kuukasjarvi, S., Eriksson, C. J. P., Koskela, E., Mappes, T., & Rantala, M. J. (under review). Is ovulation truly concealed in women? *Manuscript under editorial review*.

Lalumiere, M. L., Chalmers, L. J., Quinsey, V. L., & Seto, M. C. (1996). A test of the mate deprivation hypothesis of sexual coercion. *Ethology and Sociobiology*, 17, 299~318.

Li, N., & Bailey, J. M. (2002). The necessities and luxuries of mate preferences. *Journal of Personality and Social Psychology*, 82, 947~955.

Lieberman, D. (2002). *The psychological mechanisms mediating the development of a sexual aversion between siblings*. Paper presented to the Annual Meeting of the American Psychological Society, New Orleans, June 7.

MacIntyre, S., & Sooman, A. (1991). Nonpaternity and prenatal genetic screening. *Lancet*, 338, 869~871.

Maggioncalda, A. N., & Sapolsky, R. M. (2002). Disturbing behaviors of the orangutan. *Scientific American*, 286, 60~65.

Manning, J. T., & Scutt, D. (1996). Symmetry and ovulation in women. *Human Reproduction*, 11, 2477~2480.

Mathes, E. W., King, C. A., Miller, J. K., & Reed, R. M. (2002). An evolutionary perspective on the interation of age and sex differences in short-term sexual strategies. *Psychological Reports*, 90, 949~956.

McKnight, J. (1997). Straight science: Homosexuality, evolution and adaptation. New York: Routledge.

Michael, R. T., Gagnon, J. H., Laumann, E. O., & Kolata, G. (1994). *Sex in America: A definitive survey*. New York: Little Brown.

Miller, E. M. (2000). Homosexuality, birth order and evolution: Toward an equilibrium reproductive economics of homosexuality. *Archives of Sexual Behavior*, 29, 1~34.

Miller, G. (2000). *The mating mind*. New York: Doubleday.

Mitani, J. (1985). Mating behaviour of male orangutans in the Kutai Game Reserve, Indonesia. *Animal Behaviour*, 33, 392~402.

Moore, H. D. M., Martin, M., & Birkhead, T. R. (1999). No evidence fir killer sperm or other selective interactions between human spermatozoa in ejaculates of different males in vitro. *Proceedings of the Royal Society of London B*, 266, 2343~2350.

Morgan, J. B. (1981). *Relationship between rape and physical damage during rape and phase of sexual cycle during which rape occurred*. Unpublished doctoral dissertation, University of Texas at Austin.

Morris, N. M., & Udry, J. R. (1970). Variations in pedometer activity during the menstrual cycle. *Obstetrics and Gynecology*, 35, 199~201.

Muscarella, F. (2000). The evolution of homoerotic behavior in humans. *Journal of Homosexuality*, 40, 51~77.

Parish, A. R. (1994). Sex and food control in the "uncommon chimpanzee": How bocobo females overcome a phylogenetic legacy of male dominance. *Ethology and Sociobiology*, 15, 157~179.

Pawlowski, B., & Dunbar, R. I. M. (1999). Impact of market value on human mate choice decisions. *Proseedings of the Royal Society of London B*, 266, 281~285.

Pawson, E., & Banks, G. (1993). Rape and fear in a New Zealand city. *Area*, 25, 55~63.

Penton-Voak, I. S., & Perrett, D. I. (2000). Female preference for male faces changes cyclically: Fruther evidence. *Evolution and Human Behavior*, 21, 39~48.

Penton-Voak, I. S., Perret, D. I., Castles, D. I., Kobayashi, T., Burt, D. M., Murray, L. K., & minamisawa, R. (1999, June). Menstual cycle alters face preference. *Nature*, 399, 741~742.

Pietzak, R., Laird, J. D., Stevens, D. A., & Thompson, N. S. (2002). Sex differences in human jealousy: A coordinated study of forced-choice, continuous rating-scale, and physiological responses on the same subjects. *Evolution and Human Behavior*, 23, 83~94.

Pigliucci, M (2002). Rape, sex and the research of evolutionary psychology. *Skeptic*, 9, 96~98.

Pinker, S. (1997). *How the mind works*. New York: Norton.

Pinker, S. (2002). *The blank slate: The modern denial of human nature*. New York: Viking.

Poran, N. S. (1994). Cycle attractivity of human female odours. *Advances in Bioscience*, 93, 555~560.

Rahman, Q., & Wilson, G. D. (in press). Born gay? The psychobiology of human sexual orientation. *Personality and Individual Differences*.

Rancour-Laferriere, D. (1985). *Signs of the flesh: An essay on the evolution of human sexualoty*. New York: Mouton de Gruyter.

Regan, P. C. (1996). Rhythms of desire: The association between menstrual cycle phaese and female sexual desire. *The Canadian Journal of Human Sexuality*, 5, 145~156.

Regan, P. C., & Berscheid, E. (1995). Gender defferences in beliefs about the causes of male and female sexual desire. *Personal Relationships*, 2, 345~358.

Regan, P. C., & Dreyer, C. S. (1999). Lust? Love? Status? Young adults' motives for engaging in casual sex. *Journal of Psychology and Human Sexuality*, 11, 1~24.

Rice, G., Anderson, N., Rische, N., & Ebers, G. (1999). Male homosexuality: Absence of linkage to microsatellite markers at Xq28. *Science*, 284, 665~667.

Rikowski, A., & Grammer, K. (1999). Human body odor, symmetry, and attractiveness. *Proceedings of the Royal Society of London B*, 266, 869~874.

Rogel, M. J. (1976). *Biosocial aspects of rape*. Unpublished doctoral dissertation, University of Chicago.

Royle, T. (1989). *A dictionary of military quotations*. New York: Simon & Schuster.

Sanday, P. R. (1990). *Fraternity gang rape*. New York: New York University Press.

Sasse, G., Muller, H., Chakraborty, R., & Ott, J. (1994). Estimating the frequency of nonpaternity in Switzerland. *Human Heredity*, 44, 337~343.

Schmitt, D. P. (under review). Sex differences in the desire for sexual variety: Tests from 52 nations, six continents, and 13 islands. *Manuscript under editorial review*.

Schmitt, D. P. (2001). *Desire for sexual variety and mate poaching experiences across multiple languages and cultures*. Paper presented to the Annual Meeting of the Human Behavior and Evolution Society, London, June.

Schmitt, D. P., & Buss, D. M. (2000). Sexual dimensions of person desciption: Beyond of subsumed by the big five? *Journal of Research in Personality*, 34, 141~177.

Schmitt, D. P., & Buss, D. M. (2001). Human mate poaching: Tactics and temptations for infiltrating existing mateships. *Journal of Personality and Social Psychology*, 80, 894~917.

Schmitt, D. P., Shackelford, T. K., Duntley, J., Tooke, W., & Buss, D. M. (2001). The desire for sexual variety as a key to understanding basic human mating strategies. *Personal Relationships*, 8, 425~455.

Schneider, M. A., & Hendrix, L. (2000). Olfactory sexual inhibition and the Westermarck effect. *Human Nature*, 11, 65~91.

Shackelford, T. K., Buss, D. M., & Bennett, K. (2002). Forgiveness or breakup: Sex differences in responses to a partner's infidelity. *Cognition and Emotion*, 16, 299~307.

Shckelford, T. K., LeBlanc, G. J,m Weekes-Shackelford, V. A., Bleske-Rechek, A. L., Euler, H. A., & Hoier, S. (2000). Psychological adaptations to human sperm competition. *Evolution and Human Behavior*, 23, 123~138.

Shackelford, T. K., Weekes-Shackelford, V. A., LeBlanc, G. J., Bleske, A. L., Euler, H. A. & Hoier, S. (2000). Female coital orgasm and male attractiveness. *Human Nature*, 11, 299~306.

Singh, D., & Bronstad, P. M. (2001). Female body odour is a potential cue to ovulation. *Proceedings of the Royal Society of London B*, 268, 1~5.

Singh, D., Vidaurri, M., Zambarano, R. J., & Dabbs, J. M. (1999). Lesbian erotic role identification: Behavioral, morphological, and hormonal correlates. *Journal of Personality and Social Psychology*, 76, 1035~1049.

Slob, A. K., & van der Werff ten Bosch, J. J. (1991). Orgasm in nonhuman species. In P. Kothari & R. Patel (Eds.), *Proceedings of the First International Conference on Orgasm*. Bombay: VRP.

Stanislaw, H, & Rice, F. J. (1988). Correlation between sexual desire and menstrual cycle characteristics. *Archives of Sexual Behavior*, 17, 499~508.

Surbey, M. K., & conohan, C. D. (2000). Willingness to engage in casual sex: The role of parental qualities and perceived risk of aggression. *Human Nature*, 11, 367~386.

Symons, D. (1982). Another woman that never existed. Review of S. B. Hrdy's The woman that never evolved. *Quarterly Review of Biology*, 57, 297~300.

Symons, D. (1995). Beauty is in the adaptations of the beholder: The evolutionary psychology of human female sexual attractiveness. In P. R. Abramson & S. D. Pinkerton (Eds.), *Sexual nature, sexual culture* (pp. 80~118). Chicago: The University of Chicago Press.

Tavris, C., & Sadd, S. (1977). *The Redbook report on female sexuality*. New York: Delacorte Press.

Thornhill, R., & Gangestad, S. W. (in press). Do women have evolved adaptation for extra-pair copulation? In E. Voland & K. Grammer (Eds.), *Evolutionary aesthetics*. Heidelberg, Germany:

Springer-Verlag.

Thornhill, R., & Gangestad, S. W. (1999). The scent of symmetry: A human sex pheromone that signals fitness? *Evolution and Human Behavior, 20*, 175~201.

Thornhill, R., & Palmer, C. (2000). *A natural history of rape: Biological bases of sexual coercion.* Cambridge, MA: MIT Press.

Thornhill, R., Gangestad, S. W., & Comer, R. (1995). Human female orgasm and mate fluctuating asymmetry. *Animal Behavior, 50*, 1601~1615.

Townsend, J. M., Kline, J., & Wasserman, T. H. (1995). Low-investment copulation: Sex differences in motivations and emotional reactions. *Ethology and Sociobiology, 16*, 25~51.

Troisi, A., & Carosi, M. (1998). Female orgasm rate increaes with male dominance in Japanese macaques. *Animal Behavior, 56*, 1261~1266.

van den Berghe, P. L., & Frost, P. (1986). Skin color preferences, sexual dimorphism and sexual selection: A case of gene culture co-evolution? *Ethnic and Racial Studies, 9*, 87~113.

Vasey, P. L. (1995). Homosexual behavior in primates: A review of evidence and theory. *International Journal of Primatology, 16*, 173~204.

Vasey, P. L. (1996). Interventions and alliance formation between female Japanese macaques during homosexual consortships. *Animal Behavior, 52*, 539~551.

de Waal, F. B. M. (1989). *Peacemaking among primates.* Cambridge, MA: Havard University Press.

Walsh, A. (1991). Self-esteem and sexual behavior: Exploring gender differences. *Sex Roles, 25*, 441~450.

Wedekind, C., Seeback, T., Betterns, F., & Paepke, A. J. (1995). MHC-dependent mate preferences in humans. *Proceedings of the Royal Society of London B, 260*, 245~249.

Wellings, K., Field, J., Johnson, A. M., & Wadsworth, J. (1994). *Sexual behaviour in Britain.* London: Penguin Books.

Westermarck, E. (1891). *The history of human marriage.* London: Macmillan.

Wiederman, M. W., Kendall, E. (1999). Evolution, gender, and sexual jealousy: Invesigation wuth a sample from Sweden. *Evolution and Human Behavior, 20*, 121~128.

Wilson, M., & Mesnick, S. L. (1997). An empirical test of the bodyguard hypothesis. In P. A. Gowaty (Ed.), *Feminism and evolutionary biology: Boundaries, intersections, and frontiers.* New York: Chapman & Hall.

Wrangham, R. (1999). Evolution of coalitionary killing. *Yearbook of Physical Anthroplogy, 42*, 1~30.

Zuk, M. (2002). *Sexual selections: What we can and can't learn about sex from animals.* Berkeley, CA: University of California Press.

# 역자 후기

    진화생물학자는 어디서나 진화를 본다. 더운 날씨에 흘러내리는 땀 한 줄기에서도 진화를 볼 수 있다. 체온이 높아지면 우리 신체는 정상적으로 활동하기 어렵기 때문에 땀을 공기 중에 수증기로 확산시켜 체온을 식힌다. 체온 상승이라는 적응적 문제를 풀기 위해 땀이라는 해결책이 진화한 것이다.

    초콜릿 무스 치즈 케이크의 유혹을 뿌리치기 힘든 까닭도 마찬가지다. 우리의 먼 조상들이 살았던 당시에는 달콤하고 풍부한 맛을 내는 음식물은 그 안에 영양분이 다량으로 들어 있음을 뜻했다. 달콤한 음식물에 자석처럼 이끌렸던 사람들이 영양분을 더 많이 섭취해서 오늘날 우리들의 조상이 되었다. 놀라지 마시라. 초콜릿 무스 치즈 케이크 안에는 티끌만큼의 달콤함도 들어 있지 않다. 자연선택에 의해 설계된 우리의 지각 체계가 초콜릿 무스 치즈 케이크를 달콤한 대상으로, 매력적인 대상으로 인식할 뿐이다. 요컨대 우리가 어떤 자극을 매력적이라고 느끼는 까닭은 그 특정한 자극이 과거의 진화적 환경에서 우리의 적응도를 높여 주는 데 기여했기 때문이다.

    탤런트 김태희가 선전하는 핸드폰 광고에 자꾸 눈길이 가게 되는 까닭도 마찬가지다. 김태희의 얼굴이 본질적으로 아름답기 때문에 김태희에게 끌리는 것이 아니다.(김태희의 안티팬이 아님을 밝혀 둔다.) 김태희의 얼굴에서 찾을 수 있는 특정한 단서(예컨대 대칭적인 얼굴, 깨끗한 피부, 탐스러운 입술, 긴 머리카락)가 과거의 진화적 환경에서는 그 소유자의 번식 능력이 아주 뛰어남을 의미했다. 따라서 남성들은 그러한 단서들을 고루 갖춘 여성을 매력적으로 여기게끔 진화했다. 마찬가지로 여성들의 경우, 상대방 남성이 지닌 여러 가지 특성들 가운데 자신들의 적응도를 높일 수 있는 특정한 단서들만을 매력적으로 여기게끔 진화했다. 그 단서들이 남녀 모두에서 반드시 일치할 이유는 없으므로, 남녀의 배우자 선호는 서로 다르게 진화했으리라고 기대할 수 있다.

게다가 어떤 상대를 고를 것인가 하는 숙제는 성공적인 짝짓기로 가기 위한 수많은 관문들 가운데 하나일 뿐이다. 마음에 드는 배우자를 동성 경쟁자들을 물리치고 쟁취해야 하며, 배우자 밀렵을 시도하는 무리들을 쫓아내야 하며, 배우자로부터 어느 날 갑자기 차이지 않게끔 계속 관심을 쏟아야 하며, 들키지 않게 바람도 피워야 하며, 자식을 잘 키우게끔 배우자의 협력을 이끌어 내야 한다. 이 모든 관문들에서 남성과 여성은 각기 다른 적응적 문제들에 맞닥뜨렸기 때문에, 남녀가 구사하는 짝짓기 전략의 레퍼토리들도 매우 다르게끔 이루어졌다.

진화심리학자 데이비드 버스는 1994년에 출간된 『욕망의 진화』 초판에서 남녀의 다양한 짝짓기 전략들이 왜, 어떤 목적을 달성하기 위하여 자연선택에 의해 만들어졌는지 규명한 바 있다. 이 책은 저자가 그동안의 최신 연구 성과들을 두 개의 새로운 장으로 보충하여 2003년에 낸 개정판을 완역한 것이다. 짝짓기 행동의 연구에서 최근 가장 두드러진 흐름은 여성의 단기적 짝짓기 전략이 특히 월경 주기의 변화와 맞물려 어떻게 진화했는가에 대한 탐구인데, 저자는 이를 '여성의 은밀한 성 전략'에서 요약해서 설명하고 있다. 그 밖에 동성애는 어떻게 진화했는가, 강간은 생물학적 적응인가와 같이 흥미롭고 때론 예민한 문제들이 '인간 짝짓기의 미스터리'에서 다루어지고 있다.

사실 이 책의 초판이 출간된 바로 다음 해에 우리나라에서 번역본이 출간되었으니, 진화심리학 관련 도서들 가운데 이례적으로 빨리 국내에 알려진 경우이다. 절판이 되긴 했지만 이미 한번 번역이 된 책을 새로 씌여진 두 개 장 때문에 다시 내는 것이 그리 큰 의미가 있을까 싶어 처음에 역자는 번역을 망설였다. 그러나 절판된 초판 번역본을 원서와 대조한 결과, 놀랄 수밖에 없었다. 초판의 번역자가 진화심리학 전공자가 아니다 보니 잘못 번역한 부분이 곳곳에 눈에 띄는 점은 차라리 논외로 하자. 한 문단에서 그저 몇 문장만 뽑아서 옮긴다든지, 아예 한 문단을 통째로 빠뜨리고 넘어가는 일이 부지기수였다. 초판 번역본을 아직 가지고 계신 독자들은 이 개정판의 번역본이 새로 덧붙여진 두 개 장을 제외해도 훨씬 더 두껍다는 사실을 쉽게 알아차릴 것이다. 그러니 유감스럽게도 개정판을 번역한 이 책이 데이비드 버스의 저서 『욕망의 진화』를 우리나라에 처음으로 제대로 소개하는 셈이다.

진화심리학은 인간의 모든 심리와 행동을 연구 대상으로 삼지만, 특히 인간의 짝짓기 행동은 진화심리학자들이 가장 활발히 연구하고 있는 주제 가운데 하나이다.(진화심리학을 아예 남녀의 성행동을 진화적으로 연구하는 분야로 정의하는 사람도 있을 정도다!) 짝짓기의 심리에 대한 진화적 논쟁들이 교양 과학서 등을 통해 국내에도 자주 소개된 덕분에 이 책에 실린 내용들 중에는 이미 널리 알려진 것들도 있다. 하지만 역자는 짝짓기 행동의 진화심리학을 잘 알고 있다고 자부하는 사람들조차 사실은 그릇되게 알고 있는 경우를 종종 접했다. 예컨대 진화심리학은 남성은 수많은 배우자들과 능동적으로 짝짓기하는 반면에 여성은 대개 한 명의 배우자만을 수동적으로 고를 수밖에 없는 이유를 설명하는 학문이라는 믿음이 그것이다. '여성의 은밀한 성 전략'에서 다루어지고 있듯이 진화심리학자들 사이에서 여성들의 혼외정사가 배란기에 어떻게 급증하는가라는 문제가 최근 가장 뜨거운 연구 과제임을 감안하면, 대체 이러한 고정관념이 어떻게 유지되고 있는지 쉽게 이해하기 어렵다.(데이비드 버스는 자신의 대학원생들에게 월경 주기에 따른 여성의 혼외정사라는 주제는 이미 너무 많은 학자들이 연구하고 있으니 다른 연구 주제를 택하라고 진지하게 권할 정도다.) 어쨌든 남성은 예쁜 여성을, 여성은 돈 많은 남성을 선호하게끔 유전자에 의해 프로그램되어 있다고 주장하는 학문이 진화심리학이라고 믿는 분이 혹시라도 있다면, 이 책이 그러한 선입견을 바로잡는 데 도움이 될 것이다.

　　진화심리학이라는 새로운 학문을 함께 확립한 다른 동료들이 대개 생물학자로 경력을 시작한 데 비하여 데이비드 버스는 성격심리학 전공으로 박사 학위까지 마친 경우이다. 그는 일찍부터 진화적 사고에 관심이 있었기 때문에 1980년대 초 조교수로서 처음 자리를 잡은 하버드 대학교에서 성격심리학을 강의하면서도 남녀의 짝짓기에 대한 진화적 해석을 강조하였다. 그가 진화에 관심이 많다는 소문이 당시 하버드 대학교의 심리학과와 인류학과 대학원생으로 진화심리학의 이론적 토대를 닦고 있던 리다 코스미즈와 존 투비 부부에게 흘러 들어가게 되어 결국 버스는 이들과 의기투합하기에 이른다. 당시 하버드 대학교에 방문 교수로 머무르고 있던 행동생태학자 마틴 데일리와 마고 윌슨 부부도 여기에 합류하여 이 세 연구팀의 주도로 유전자 중심의 신다윈주의에 토대를 둔 진화심리학이 태동하게 되었다. 진화심리학은 1992년에 코스미즈와 투비 부부가 인류학자 제롬 바코와 함께 편저한 학술서 『적응된 마음(The adapted mind)』을 통해 본격적으로 출범하였다. 이후 『언어 본능(The language instinct)』, 『도덕적 동물(The moral animal)』 등의 과학 대중서가 잇달아 출간되어 큰 반향을 일으키면서 진화심리학이 빠르게 학계에 자리 잡는 계기를 마련하였다. 오늘날 진화심리학은 거의 모든 심리학 개론에서 소개될 뿐만 아니라 인지심리학, 사회심리학, 성격심리학, 임상심리학 등 여러 세부 분야에서 그 영향력을 넓히고 있다.

역자는 학부 및 석사 과정의 스승이신 최재천 선생님을 통해 버스 선생님의 연구를 접하게 되면서 진화심리학을 전공하는 꿈을 키우게 되었다. 결국 행동생태학으로 석사까지 마친 후 텍사스 대학교 심리학과 대학원생으로 입학했을 때 역자가 버스 선생님으로부터 받은 첫인상은 이러했다. "키 정말 크다." 두뇌가 명석해 보인다든지 안광이 뿜어져 나온다든지 등등이 아니어서 버스 선생님께 죄송스럽다.(다행히 한글을 읽지 못하신다.) 여하튼 2미터에 육박하는 선생님의 거대한 체구는 비교적 큰 키인 역자를 간단히 압도하고도 남았다. 나중에 선생님의 수업을 듣고 함께 연구에 대해 토론해 가면서 진화심리학에 대한 선생님의 열정이 그보다 훨씬 더 높고 크다는 것을 알게 되었다. 심지어 같은 심리학과에 재직하는 동료 교수들 가운데서도 진화에 대한 무지와 반감을 드러내는 동료들이 적지 않지만, 버스 선생님은 진화적 관점이 우리 종에 대한 이해를 얼마나 넓힐 수 있는지에 대해 설득하기를 결코 포기하지 않는다. 이 책이 같은 내용에 대해 지나치게 되풀이해서 설명한다고 느껴진다면, 그만큼 진화심리학에 대해 아무리 이야기해 줘도 돌아서서 엉뚱한 소리를 하는 사람들까지 붙들고 싶어 하는 저자의 애타는 마음으로 이해해 주길 바란다.

명랑하고 위트가 넘치면서도 핵심을 찌르는 버스 선생님의 모습은 선생님이 쓰시는 글에도 잘 반영되어 있다. 물론 독자가 그러한 맛을 제대로 느낄 수 없었다면 이는 온전히 역자의 책임이다. 게으른 번역자를 탓하지 않고 기다려 준 (주)사이언스북스에 감사드린다. 마지막으로 번역 작업 내내 큰 힘이 되어 준 아내에게 고마움을 전한다.

# 찾아보기

옮긴이 **전중환**

서울 대학교 생물학과를 졸업하고 동 대학원의 최재천 교수 연구실에서 「한국산 침개미의 사회 구조 연구」로
행동생태학 석사 학위를 받았다. 미국으로 건너가 오스틴 소재 텍사스 대학교 심리학과의 데이비드 버스 교수
연구실에서 「가족 내의 갈등과 협동에 관한 진화심리학적 연구」로 진화심리학 박사 학위를 받았다. 가족들 간
협동과 갈등, 먼 친족에 대한 이타적 행동, 근친상간이나 문란한 성관계에 대한 혐오 감정 등을 연구하고 있다.
《영국 왕립 학술원 회보(*Proceedings of the Royal Society B: Biological Sciences*)》, 《아메리칸 내추럴리스트
(*American Naturalist*)》, 《심리학 탐구(*Psychological Inquiry*)》 등의 국제 학술지에 논문을 게재하였다. 사촌에
대한 이타적 행동 연구는 《가디언(*Guardian*)》, 《데일리 텔레그래프(*The Daily Telegraph*)》, 《슈피겔(*Der
Spiegel*)》 등의 일간지 및 잡지에 자세히 소개되기도 했다. 이화 여자 대학교 통섭원의 박사후 연구원을 거쳐
현재 경희 대학교 후마니타스 칼리지 교수로 재직하면서 진화적 관점에서 들여다본 인간 본성을 강의하고 있
다. 저서로 『본성이 답이다』, 『오래된 연장통』, 『진화한 마음』, 역서로 『적응과 자연선택』이 있다.

## 욕망의 진화

1판 1쇄 펴냄 2007년 8월 15일
1판 44쇄 펴냄 2024년 2월 29일

지은이 데이비드 버스
옮긴이 전중환
펴낸이 박상준
펴낸곳 (주)사이언스북스

출판등록 1997. 3. 24.(제16-1444호)
(06027) 서울특별시 강남구 도산대로1길 62
대표전화 515-2000, 팩시밀리 515-2007
편집부 517-4263, 팩시밀리 514-2329
www.sciencebooks.co.kr

한국어판 ⓒ 사이언스북스, 2007. Printed in Seoul, Korea.

ISBN 978-89-8371-207-3 03180